이극로

전집

I

유럽 편

지은이

이극로(李克魯, Yi, Geugno, 1893~1978)_ 호는 물불·고루·동정, 독일명은 Kolu Li. 경남 의령 출신 한글학자·독립운동가. 마산 창신학교에서 수학하다가 일제강점 후 도만하여 환인현 동창학교와 무송현 백산학교 교사를 지내고 상하이 동제대학을 졸업했다. 1922년 독일 베를린 프리드리히-빌헬름대학(지금의 훔볼트대학)에 입학해 1927년 「중국의 생사 공업」으로 박사 학위를 받았다. 같은 해 벨기에 세계피압박민족대회에 한국 대표로 참가했고, 영국·프랑스·미국·일본을 시찰한 뒤 귀국해 조선어학회 간사장을 지냈다. 1942년 조선어학회 사건으로 일경에 붙잡혀 6년형을 선고받고 옥고를 치렀다. 광복 후 『조선말 큰사전』 첫째 권을 간행하고서 1948년 남북연석회의에 조선건민회 대표로 참석, 평양에 잔류해 북한 국어학의 토대를 닦았고, 조국평화통일위원회 위원장 등을 역임했다. 묘소는 평양 애국렬사릉에 안장되어 있다. 저서에 『한국의 독립운동과 일본의 침략정책』(독일어), 『한국, 그리고 일제에 맞선 독립투쟁』(독일어), 『고투사십년』, 『조선어음성학』, 『국어학논총』, 『조선어 조 연구』가 있다.

엮은이

조준희(趙埈熙, Cho, Junhee)_ 평북 정주 출신 조현균 애국지사(광복회 평안도지부장·대한독립단 정주지단장)의 현손으로, 연세대학교를 졸업하고 국학인물연구소 소장으로 재임 중이다. 이극로의 독일명이 Kolu Li임을 최초로 찾고서 다년간 유럽(독일·프랑스·영국·이탈리아·체코·러시아·에스토니아)을 답사해 그의 친필 편지와 저술을 다수 발굴했고, 2010년 독립기념관에 이극로 거주지, 유덕고려학우회 건물더, 피압박민족대회 개최지 등 「유럽지역 독립운동사적지 제안서」를 올려 모두 선정되었다. 주요 저서에 『대통령이 들려주는 우리 역사』, 『지구를 한 바퀴 돈 한글운동가 이극로 자서전-고투사십년』, 『만주 무장투쟁의 맹장 김승학』, 『근대 단군 운동의 재발견』, 『백봉전집』(2018 우수학술도서)이 있다. intuitio@hanmail.net

이극로 전집 I 유럽 편

초판 인쇄 2019년 9월 25일 초판 발행 2019년 10월 7일

지은이 이극로 엮은이 조준희 펴낸이 박성모 펴낸곳 소명출판 출판등록 제13-522호

주소 서울시 서초구 서초중앙로6길 15, 1층

전화 02-585-7840 팩스 02-585-7848 전자우편 somyungbooks@daum.net 홈페이지 www.somyong.co.kr

ISBN 979-11-5905-416-7 94080
     979-11-5905-415-0 (세트)

값 45,000원 ⓒ 조준희, 2019

Japanische Blutherrschaft in Korea.

Die Geschichte Koreas, dessen Bevölkerung mit den brutalsten und grausamsten Mitteln von den Japanern unterdrückt und dezimiert wird, läßt sich um 4250 Jahre zurück verfolgen. Noch niemals war dieses Volk unter der Herrschaft fremder Eroberer. Als gegen das 13. Jahrhundert das Groß-Mongolenreich (Dschengis-Chan) sich über den größten Teil Asiens bis nach Osteuropa erstreckte, haben die mongolischen Soldaten mehr als zwanzig Jahre vergeblich gekämpft, um Korea zu erobern. Erst gegen das Ende der letzten Dynastie wurde die sich selbständige koreanische Regierung so schwach, daß es dem modernen japanischen Imperialismus gelang, in das Land einzudringen.

Seit zwei Jahrhunderten hat Japan hunderten Angriffe auf Korea ausgeführt. Insbesondere in den Jahren 1592–1908 gaben sich japani-

sche Eroberungszüge die größte Mühe, das Land in ihre Gewalt zu bekommen; letzten Endes wurden aber die japanischen Soldaten und die japanische Marine von den Koreanern besiegt. Korea ist für das Mittelländische Meer, was für die Balkanhalbinsel für das Mittelländische Meer ist. Seit 30 Jahren ist die Koreafrage der Brennpunkt der politischen Auseinandersetzungen der Mächte im Fernen Osten.

Bei dem chinesisch-japanischen Kriege 1894 und bei dem russisch-japanischen Krieg 1903 hat Japan gesiegt. Die Japaner zwangen, durch diese Siege gestärkt, den Koreanern, gestützt auf ihre Militärgewalt, Verträge auf, die es ihnen ermöglichten, die vollkommene Annexion am 29. August 1910 durchzuführen. Durch diese Annexion wurden 218.650 qkm Land mit 20 Millionen Menschen der brutalen Militärherrschaft der japanischen Generale ausgeliefert.

Unter der japanischen Herrschaft leben unzählige von Koreanern im Kampf um ihre Freiheit und Selbständigkeit.

Im März 1919 erhob sich das gesamte koreanische Volk zu einer unbewaffneten Demonstration für Freiheit und Selbständigkeit. Diese Demonstration gab den japanischen Gewaltmenschen Veranlassung, einen noch blutigeren Unterdrückungsfeldzug zu unternehmen. Männer und Frauen, Kinder und Greise wurden erschossen, erschlagen, verbrannt und in den Gefängnissen barbarisch mißhandelt. Von den mehr als zwei Millionen betragenden Demonstranten in Korea wurden 7509 getötet, 15.961 verletzt, 46.948 ins Gefängnis geworfen, 47 Kirchen und 2 Schulen wurden abgebrannt. In der Mandschurei, wo unter den koreanischen Auswanderern die Selbständigkeitsbewegung besonders stark ist, wurden den nach vorläufigen Feststellungen 3000 Menschen getötet, etwa 2500 Häuser, 31 Schulen, 7 Kirchen und ungeheure Mengen von Feldfrüchten verbrannt. Die Japaner haben für die Mißhandlung koreanischer politischer „Verbrecher" ein besonderes System erfunden, das sie seit der Annexion bis heute anwenden und das in seiner Brutalität die europäischen Inquisitoren des Mittelalters übertrifft. Bekannte intellektuelle Gefangene, deren Tötung zu viel Unruhe hervorrufen würde, verblödet man nach und nach durch starke elektrische Ströme, die man in das Nervensystem einführt. Einträufelung von Bambusnägeln in die Geschlechtsteile von Frauen und Männern, Abziehen der Haut und Ausreißen der Augen u. a. sind an der Tagesordnung.

In den Märztagen 1919 wurde in Seoul eine provisorische koreanische Regierung gebildet, die später ihren Sitz unter dem Druck Japans nach Shanghai verlegen mußte. Diese provisorische Regierung besteht fort und leitet alle Bewegungen, die der Selbständigkeit Koreas dienen.

Die japanische Regierung versteht es, ihre unmenschlichen Handlungsweisen vor der Öffentlichkeit zu verbergen.

Sie erklärt sogar, daß es dem koreanischen Volke unter der japanischen Herrschaft viel besser gehe als früher, und daß sich die gesamte Kultur Koreas hebe. „Daß diese Behauptungen nicht den Tatsachen entsprechen, bestätigt ein Artikel, den ein Berliner Kunsthändler, Dr. Otto Burchardt, über seine Erlebnisse beim letzten japanischen Erdbeben in der „Vossischen Zeitung" Nr. 477 vom 9. Oktober 1923 veröffentlichte. Er zeigt uns die wahre Behandlung der koreanischen Bevölkerung durch die japanische Macht. Dr. Burchardt schreibt unter der Überschrift:

Massaker unter den Koreanern

„Die japanische Regierung schickte nach dem ersten Bekanntwerden des Unglücks Kriegsschiffe und Soldaten, um die Ordnung aufrecht zu erhalten und Plünderungen zu verhüten. In Yokohama war ein Gefängnis mit dreitausend Sträflingen geöffnet worden, die nun in die Überbleibsel der Stadt stürmten, um zu rauben und zu plündern. Unter den vielen Japanern mögen wohl auch einige koreanische Plünderer gewesen sein, jedenfalls war es aber das erste, was die Soldaten taten: sie gaben die Parole aus, die Koreaner: halten die Stadt angezündet, die Brunnen vergiftet, und sie seien jetzt die Plünderer. Die Folge war ein grausiges Massaker unter den Koreanern. Wo immer sie sich sehen ließen, wurden sie von der, tierisch ge-

wordenen Menge gelyncht. Die Soldaten wurden schließlich gezwungen, die Koreaner in „Schutzhaft" zu nehmen und zu den Militärstationen zu bringen. Wie diese Schutzhaft aussah, ist mir von deutschen Augenzeugen berichtet worden: Unter die schlafenden Koreaner wurde scharf geschossen. Sprang dann jemand auf, so war das für die Bluthunde wieder nur das Signal, um aufs neue ein Blutbad anzurichten. Von den in Schutzhaft genommenen 15.000 Koreanern sind nicht viele mit dem Leben davongekommen. Selbst die Europäer wurden von den Truppen dauernd in Angst gehalten, daß die Koreaner alle ermordet würden, trotzdem nicht das geringste davon zu sehen war. Man nützte einfach die Gelegenheit aus, um sie auszurotten."

Das schlechte Gewissen der japanischen Regierung kommt in folgenden Satze des Artikelschreibers zum Ausdruck:

„Die japanische Regierung aber verbot den gesamten Kabel- und drahtlosen Verkehr, aus Angst vor politischen Schwierigkeiten und Aufständen in Korea."

Wir Koreaner aber tragen in Herz und Hirn den Gedanken der Freiheit und Selbständigkeit unseres Landes, für die wir alles zu geben bereit sind. Wir appellieren an alle Völker, für Recht und Menschlichkeit einzutreten: bereit sind, uns beizustehen in unserem schweren Kampf.

Groß-Versammlung der Koreaner in Deutschland.

Berlin, im Oktober 1923.

Wer im Interesse über die Beziehungen zwischen Korea und Japan, wende sich an folgende Adresse:

K. L. LI, Berlin W 50, Augsburger Straße 23, bei Barfschoff.
Tel.: Steinplatz 10735.

Japan's Bloody Rule in Korea.

The history of Korea, whose inhabitants are being most brutally and ruthlessly oppressed and decimated by Japan, can be traced back 4256 years. Until recently, the Korean people were never under the yoke of a foreign conqueror. When towards the 13th century the great Mongolian Empire of Genghis Khan extended from Asia to Europe, the Mongolian soldiers fought for decades in vain attempts to conquer Korea. And Japan, ever since the second century took continual attacks upon Korea. Especially in the years between 1592—1598 the Japanese expeditions took utmost pains to bring the land into their power. It was only towards the end of the last dynasty that the complacent Korean Government became so weak that the modern Japanese Imperialism succeeded in penetrating the country.

Korea, strategically and geographically, occupies a similar position to the Balkan Peninsula in Europe. Since 30 years Korea has been the focus of the political rivalries of the Powers in the Far East. Japan emerged victorious from the Chino-Japanese War of 1894 and the Russo-Japanese War of 1903. Thus strengthened by victory, she compelled the Koreans through military force to conclude treaties which made possible the final complete annexation on August 29, 1910. Through this annexation, 82,000 square miles of territory together with 20 million human beings were delivered over to the brutal military domination of the Japanese generals.

Under the Japanese rule there fell innumerable Koreans in their struggle for freedom and independence. On March 1st, 1919 the entire Korean people rose in an unarmed demonstration for their inalienable rights to independence and self-development. This demonstration was the occasion for the Japanese, to give a further bloody display of force. Men and women, children and old folk were shot down, beaten and burnt, and treated most barbarously in confinement. Of the two million demonstrators 7509 were killed, 15,961 wounded, and 46,948 sentenced to long terms of imprisonment. 47 churches, two schools and 715 houses were also wantonly burnt. In Manchuria, where the Movement for independence is especially strong according to the reports to hand, more than 3000 people were killed, 2,500 houses and many schools, churches and enormous quantities of cereals were burnt. The Koreans have invented an ingenious method of torturing political prisoners, which in brutality surpasses even the Inquisition of the Middle Ages. Widely known intellectuals whose execution might cause unrest are made insane by sending strong currents of electricity through their nervous system. Driving bamboo nails in the sex organs, of men and women, tearing off the skin, and wrenching, out the eye-balls are matters of course.

During the March days of 1919 a Provisional Korean Government was formed in Seoul which later, owing to the Japanese pressure, moved to Shanghai. This Government still functions and conducts all the movements which serve the independence of Korea.

The Japanese Government, of course, knows how to conceal its inhuman activities from the world. It even declares that the Koreans are faring better than formerly and that it is raising the whole cultural level of Korea. That these assertions do not correspond to the facts is confirmed by an article in the Vossische Zeitung of October 4, in which a Berlin art dealer describes his experiences in the recent Japanese earthquake. He gives a true picture of how the Japanese are treating the Koreans. Dr. Burchardt, under the headline: "Massacre among the Koreans", writes as follows:

The Japanese Government, as soon as the news of the misfortune was known, despatched warships and soldiers in order that order might be maintained and plundering prevented. In Yokohama, a prison containing three thousand prisoners was opened and the released prisoners began to plunder the remnants of the city. Among these there may have been some Koreans, however the first thing the soldiers did was to spread the cry that the Koreans had set the city on fire, that the Koreans had poisoned the wells, and that the Koreans were now the plunderers. The result was a fearful massacre of the Koreans. Wherever they were seen, they were lynched by the brutal mobs. The soldiers were finally compelled to take the Koreans under "protection" and bring them to the military stations. What sort of protection this turned out to be was reported to me by German eye witnesses. "A sharp fire was opened on the sleeping Koreans. If anyone sprang up, so it was the signal to a new blood bath. Of the 15 000 Koreans gathered for protection not many emerged alive. Even the Europeans were continually kept in fear by the troops asserting that the Koreans would murder everyone, notwithstanding the fact that not the slightest sign of such a thing was to be seen. The opportunity was simply utilized to exterminate them.

The guilty conscience of the Japanese Government finds expression in the following sentence: "The Japanese Government moreover, for fear of political difficulties and uprisings in Korea, prohibited all cable and wireless communications with the outside world".

We Koreans however, still cherish in our hearts and minds the ideal of freedom and independence. For which we are ready to make any sacrifices. We appeal to all the people in the world to whom Humanity and justice mean anything, to stand by us in our difficult struggle.

Great Meeting of Koreans in Germany

held in Berlin on 26th. October 1923.

On behalf of the Meeting

[signatures]

Those who are interested in the relations between Korea and Japan should apply to the following address:

K. L. I. Berlin W 50, Augsburger Strasse 23, bei Barlschoff.
Tel.: Steinplatz 10,735.

Map labels: Ochotskisches Meer — Sibirien — Russisches Reich — Mongolei — China — Mandschurei — Korea — Japanisches Meer — Gelbes Meer — Peking — Mukden — Seoul

Gedruckt in der Friedrichshall- Druckerei G. m. b. H. Berlin SW 48, Friedrichstr. 195.

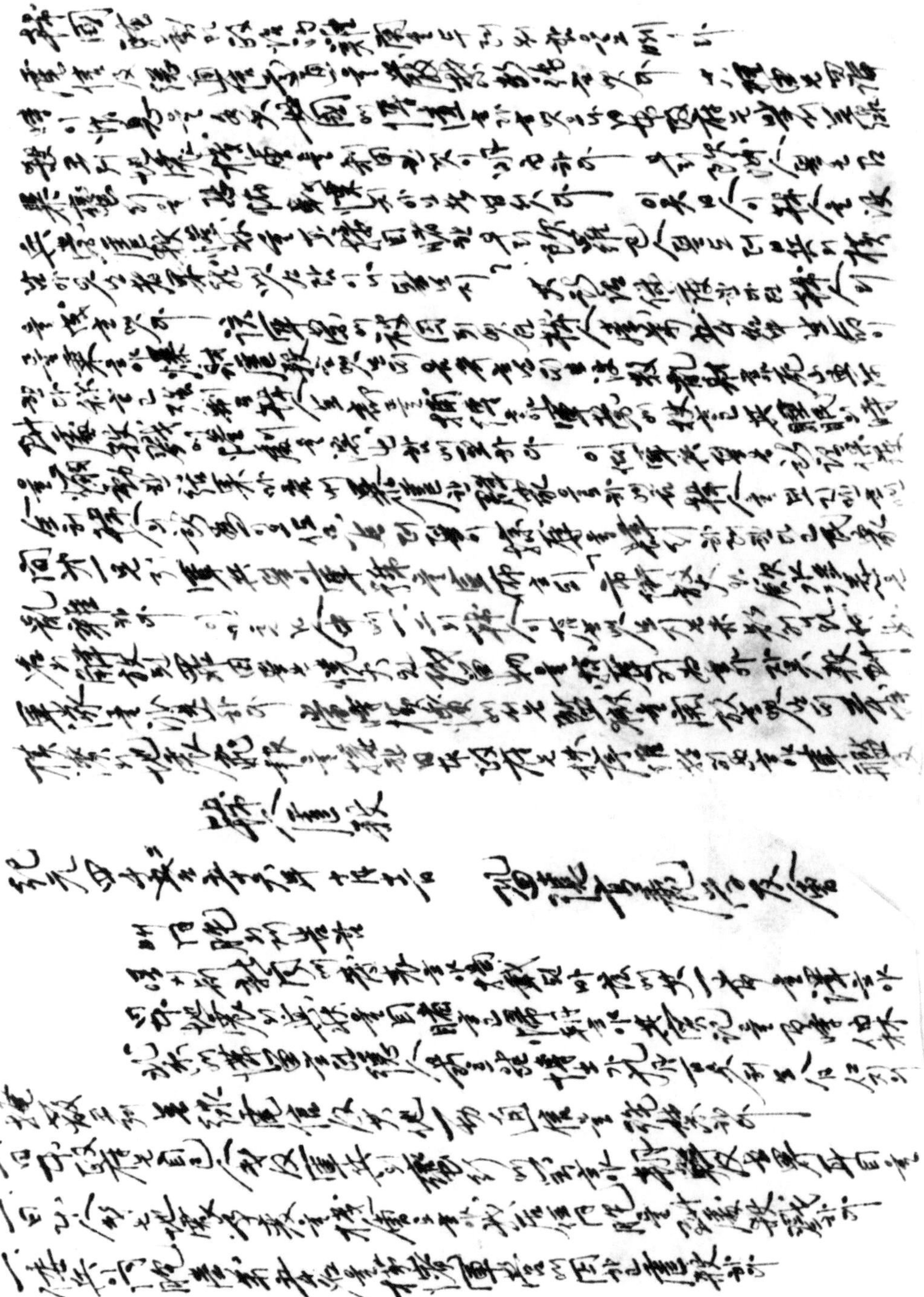

「한인학살」 ☞ 본문 38쪽

Berlin, den 7. Dezember 1923.

Sehr geehrter Herr !

Für Ihr warmes Interesse, das Sie uns in unserer koreanischen Angelegenheit entgegenbringen, sagen wir hiermit unseren Dank.

Wir sind dabei, die Lage Koreas in einer Broschüre zusammenzufassen. Bei Erscheinen derselben werden wir uns Ihrer erinnern.

Hochachtungsvoll
K. A. Li

Adr.: Augsburger Str.23

Drucksache !

Herrn Karl Schulze
Orientalisches Seminar
(Chinesisches Klasse)
Berlin

Abs. K. A. L. Li
Augsburgerstr 23
Berlin W.50

「이극로 발송 편지 1」 ☞ 본문 41쪽

III Fa 203

Ir Polizeipräsident
Abteilung I A
42 I A 3. 23.

Abschrift.

Berlin, den 24. Januar 1924.
C.25, Alexanderstr.5.

Urschriftlich mit Anlagen

an den Herrn Minister des Innern,   h i e r .

zurückgereicht.

Die Flugblätter "Japanische Blutherrschaft in Korea"
sind von den drei Unterzeichneten gemeinsam herausgegeben und
mittels der Post zur Versendung gebracht worden. Im Ganzen
sind etwa 5000 Exemplare in deutscher, etwa 2000 in englischer
Sprache und einige in chinesischer Schrift - letztere hand-
schriftlich - hergestellt worden. Die Unterlagen haben zum
Teil angeblich eigene Erlebnisse der Verfasser, zum Teil Zu-
schriften ihrer Landsleute gebildet.

Jh Tsing K a o, chinesischer Staatsengehöriger, am
14. Dezember 1893 zu Shanghai geboren, evang. Religion, hält
sich seit 17. Dezember 1920, von Würzburg kommend, hier zum
Studium der Staatswissenschaft auf und wohnt seit 18. November 1923 in Charlottenburg, Niebuhrstr.71 b/Grofundel. Seine
Aufenthaltsgenehmigung läuft vorläufig bis Juni d.Js.

C.J. K i m ist ebenfalls Student und soll in Potsdam
wohnen, seine nähere Adresse konnte noch nicht festgestellt
werden.

Li - Kolu ist am 10. April 1896 in Mukden geboren, chinesischer Staatsengehöriger, von Mukden kommend, und seit 10.
Januar 1922 Charlottenburg, Augsburgerstrasse 23 b/Barischoff
wohnhaft. Er hat vom Auswärtigen Amt am 10. Januar 1922 bis
auf weiteres die Aufenthaltsgenehmigung zum Studium erhalten.
Die hiesigen Koreaner hatten bisher nur einmal eine Zusammen-
kunft,

kunft, auf der die Ereignisse in Korea besprochen und der Beschluss gefasst wurde, diese Vorkommnisse durch ein Flugblatt
in der ganzen Welt bekannt zu geben. Diesen Beschluss haben
die drei Vorgenannten durch die Herausgabe des eingangs erwähnten Flugblattes ausgeführt.

Weiteres ist in dieser Angelegenheit bisher nicht
geschehen. Insbesondere ist es zur Bildung eines Vereis, der
diese antijapanische Propaganda weitertreibt, nicht gekommen.

Jn Vertretung
gez. Unterschrift.

nister des Innern.
b 5989 II/23.

Abschriftlich
an das Auswärtige Amt

Berlin, den 5. Februar 1924.

unter Bezugnahme auf das gefällige Schreiben vom 14. Dezember
1923 - IV b Ja. 2060 - zur gefälligen Kenntnisnahme ergebenst
übersandt.

Im Auftrage
gez. L o e h r s .

Auswärtiges Amt
IV b Ja 203
19 FEB 1924

Resolution
der Koreanischen Delegation.

Durch einmütigen Kundgebungen aller koreani-
schen nationalem Organisationen, durch blutige Aufstände, in denen
zehntausende ihr Leben eingesetzt haben, hat Korea seinen Anspruch
auf völlige Unabhängigkeit vor der ganzen Welt begründet.

Solange die japanische Regierung unsere Unabhängigkeit
nicht anerkennt, werden wir gezwungen sein, den Kampf gegen den
japanischen Imperialismus bis aufs äusserste fortzusetzeh. All unsere
Kräfte und Mittel werden wir gebrauchen, um unser Volk von der japanischen Unterjochung zu befreien.

Im festen Glauben, dass unsere Konferenz lediglich auf der
Basis der nationalen Freiheit und der sozialen Gleichheit fusst,
fühlen wir uns berechtigt, von der Konferenz Anerkennung der folgenden Punkte zu verlangen:

1.) Korea ist als ein von Japan unabhängiger Staat anzusehen.

2.) Die sämtlichen Sonderrechte, die sich die Japaner in
Korea angeeignet haber, sind nichtig.

Brüssel, den 9. Februar 1927
Koreanische Delegation.

RESOLUTION
der
KOREANISCHEN DELEGATION.

Durch die Erklaerung der Unabhaengigkeit des koreanischen Volkes am 1. Maers 1919 und durch die Bildung der
koreanischen republikanischen Regierung (provisorisch in
Schanghai) sind die saemtlichen Abkommen ausser Kraft getreten, die bis dahin zwischen der koreanische und
jetzigen japanischen Regierung mit Gewalt und Betrug fuer das
Wohl des japanischen Volkes gemacht worden sind.

Da die japanische Regierung noch nicht unse politische
Autoritaet anerkennt, sind wir gezwungen, den japanischen
Imperium mit Waffen zu begegnen. All unsere Kraefte und Mittel
werden wir gebrauchen, um unser Volk von der japanischen Unterjochung zu befreien.

Im festen Glauben, dass unsere Konferenz lediglich auf
der Basis der nationalen Freiheit und der sozialen Gleichheit
fusst, fuehlen wir uns berechtigt von der Konferenz Anerkennung der folgenden Punkte zu verlangen:

I. Korea ist als ein von Japan unabhaengiger Staat en-
zusehen, an dessen Spitze die republikanische Regierung (provisorisch in Schanghai) steht.

2. Die saemtlichen Rechte, die sich Japaner staatlich
oder privat in Korea angeeignet haben, sind nichtig.

Brussel den 9. Februar 1927
Koreanische Delegation

「조선대표단 결의안」 ☞ 본문 49쪽

THE KOREAN PROBLEM
LE PROBLÈME CORÉEN
DAS KOREANISCHE PROBLEM

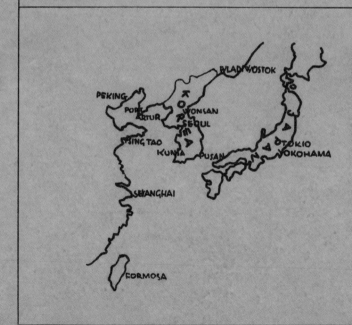

「한국의 문제」 ☞ 본문 53쪽

KOREA

Korea gehört seit jeher, soweit die Geschichte zurückreicht, einem uralaltaiischen Volksstamm, den Koreanern, die weder mit den Chinesen verwandt noch mit den Japanern gleichzusetzen sind. Ueber 4000 Jahre hindurch genossen die Koreaner die volle Freiheit in ihrer inneren und äußeren Politik. Sie verstanden es, eine eigene Kultur zu bilden und zu pflegen, fremde Kultur aufzunehmen und die ihrige auf die Nachbarn zu übertragen. Chinesische Kultur und indisches Wissen fanden in diesem Lande beste Aufnahme, und Japaner können nicht leugnen, daß ihr Leben durch die koreanische Kultur verfeinert worden ist.

Die Japaner, die die Koreaner an Zahl übertrafen, unternahmen oft Raubversuche bei ihren friedlichen Nachbarn. Einmal — 1592 bis 1598 — überfielen sie des Nachbars Land mit einem Kriegsheer, dann kamen sie als Piraten und Banditen zur Küstenbevölkerung Koreas. Solche Unternehmen steigerten die Feindseligkeiten zwischen den beiden Völkern von Jahr zu Jahr. Endlich, als die Japaner die moderne europäische Kriegskunst genügend kennen gelernt hatten, endete der tausend Jahre hindurch eigentlich nie ruhende Krieg damit, daß Korea mit 220 000 qkm Flächeninhalt und 20 000 000 Einwohnern japanisches Eigentum wurde.

Das geschah am 29. August 1910.

Die damaligen Großmächte, an ihrer Spitze die Vereinigten Staaten von Amerika, wetteiferten um die Anerkennung dieser Annexion.

*   *   *

Wir wußten, was das für uns Koreaner zu bedeuten hatte: Verlust unseres Vaterlandes, Verlust unserer Freiheit und die Erwartung unsäglicher Leiden, die bis zum heutigen Tage noch nicht ihr Ende erreicht haben.

*   *   *

Um zu zeigen, was die Japaner in Korea seit der Annexion bis jetzt, also in 17 Jahren, mit Gewalt erreicht haben, fügen wir nur einiges aus dem jetzigen Wirtschaftsleben an, das uns Koreanern aufgezwungen worden ist.

Wenn wir unseren Blick auf den wirtschaftlichen Verlust der Koreaner werfen, so fallen uns vor allem die Unterhaltungskosten der in Korea schmarotzenden Japaner auf, deren stets zunehmende Zahl im letzten Jahr fast eine halbe Million betrug. Wenn wir der früheren Statistik folgen, verbrauchen diese Schmarotzer pro Jahr 1 000 000 000 Mark. Der größte Teil der koreanischen führenden Klasse ist infolge der Tributpflicht verarmt bzw. arbeitslos geworden. Vor drei Jahren zählte man schon 997 000 Arbeitslose. Das bedeutet aber nur

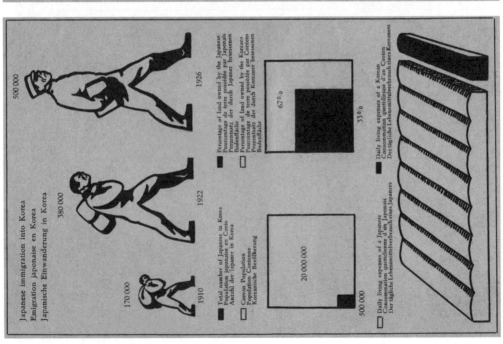

Japanese immigration into Korea
Emigration japonaise en Corée
Japanische Einwanderung in Korea

170 000 — 1910
380 000 — 1922
500 000 — 1926

■ Total number of Japanese in Korea
Population japonaise en Corée
Anzahl der Japaner in Korea

□ Corean Population
Population coréenne
Koreanische Bevölkerung

20 000 000
500 000

Percentage of land owned by the Japanese
Pourcentage de terre possédée par japonais
Prozentsatz der durch Japaner besessenen Bodenfläche

□ Percentage of land owned by the Koreans
Pourcentage de terre possédée par Coréens
Prozentsatz der durch Koreäern besessenen Bodenfläche

67 %
33 %

□ Daily living expenses of a Japanese
Consommation quotidienne d'un Japonais
Der tägliche Lebensmittelverbrauch eines Japaners

■ Daily living expenses of a Korean
Consommation quotidienne d'un Coréen
Der tägliche Lebensmittelverbrauch eines Koreaners

ein minimaler Bruchteil dessen, was wir als Verlust der koreanischen Wirtschaft zu berichten haben. Mit diesem Schmarotzertum der Japaner hängt zusammen, daß keine wirtschaftliche Unternehmung für die Koreaner übrigbleibt. Das Prinzip der japanischen Wirtschaftspolitik enthält einen festgedruckten Paragraphen, nach dem jede aussichtsvolle Unternehmung nur Japanern zu genehmigen ist.

Nicht nur der Außenhandel, auch sämtliche wichtigen inneren Handelszweige sind japanische Unternehmungen. Da der gesamte Warenumsatz zwischen Korea und dem Ausland über 1,5 Milliarden Mark beträgt, ist zu ermessen, was die Japaner durch Monopolisierung dieses Marktes, mit 20 Millionen gezwungenen Kunden, jährlich profitieren können. Die vielversprechenden koreanischen Bergwerke lieferten den Japanern im vorigen Jahr 50 Millionen Mark als Gewinn.

Der Rohertrag der Landwirtschaft, in der mehr als drei Viertel der Bevölkerung arbeiten, beträgt jährlich ca. drei Millionen Mark. Ein Drittel des gesamten Ackerbodens Koreas gehört jetzt schon den japanischen Kapitalisten als Privateigentum. Die zu Arbeiten in ihren Diensten gezwungenen koreanischen Bauern werden derartig ausgebeutet, daß eine Familie im Durchschnitt pro Jahr mit ca. 200 Mark ihren ganzen Lebensunterhalt bestreiten muß.

Wir besitzen leider keine sichere, gewissenhaft zusammengestellte Statistik aus anderen Wirtschaftsgebieten. Wir behaupten aber sicher nicht zu viel, wenn wir sagen, daß mindestens die Hälfte der gesamten Wirtschaftsprodukte Koreas durch Japaner fortgenommen wird.

Wie kann eine Familie von fünf Mitgliedern mit ca. 200 Mark jährlich ihr Leben fristen?

Der elende Zustand der koreanischen Wirtschaft kommt nicht etwa daher, daß die Koreaner nicht imstande wären, ihr Land mit allen modernsten Mitteln zu bewirtschaften. Im Gegenteil, man fand bis zur Annexion eine stetig aufsteigende Phase der wirtschaftlichen Entwicklung. Wer selbst in Korea war, der weiß, wie stark der Wissensdrang der koreanischen Jugend ist.

Ausbeuterische Japaner verstehen es, ihre verbrecherische Tätigkeit in Korea nach außen zu verdecken. Nach ihren Behauptungen erscheint Korea als ein Land, dessen Bevölkerung noch nicht genug kultiviert, wie die Wilden des innersten Afrikas, Australiens usw. hausen; höchstens gehören die Koreaner zu solchen Völkern, die zwar in der Vergangenheit einmal eine hohe Kultur besessen, jetzt aber nicht mehr die Kraft hätten, um mit anderen Mächten zu konkurrieren oder fremden Angriffen Widerstand zu leisten. Deshalb dürften sie der japanischen kulturellen und wirtschaftlichen Führung und des militärischen Schutzes. Um dieser Behauptung eine Stütze zu verleihen, beschäftigen sich alle in Korea schmarotzenden

Japaner damit, die schlechtesten Seiten der Koreaner und die Vergehen einzelner Personen zu beschreiben und der verallgemeinern. Alle Verbesserungen jedoch kämen nur auf das Konto der Japaner. So wird eine falsche Vorstellung von koreanischem Leben ins Ausland getragen.

Mit der angeblichen japanischen wohlwollenden Kulturpolitik verträgt es sich, daß alle tüchtigen koreanischen Männer in der Politik und Wirtschaft seit der Annexion in dunklen Gefängnishöllen schmachten, ohne daß sie irgendein Verbrechen begangen haben. Viele schon mußten ihr Leben opfern! Für die japanische Kulturpolitik erscheint es notwendig, jede Schule, jede höhere Lehranstalt, die heranwachsende Hochschule, soweit sie zum koreanischen Betrieb gehörte, im Keim zu vernichten.

Und es ist japanische humane Politik, daß die koreanischen Kinder schon mit 6–7 Jahren japanisch sprechen müssen, wenn sie in den japanischen Anstalten die nötige Schulbildung genießen wollen!

Koreaner dürfen keine Zeitung, keine Bücher koreanisch drucken!

Kein Koreaner darf mit seinem eigenen Kapital, auf eigenem Boden, mit einheimischen Arbeitern wirtschaftliche Unternehmungen beginnen!

Jede Organisation der koreanischen Wirtschaft und Kultur ist mit Zuchthausstrafen bedroht, wird unterdrückt.

Jeder, der koreanische Geschichte liest, oder ein koreanisches Lied singt, wandert ins Zuchthaus, wenn Japans Herrscher solche „Verbrechen" verspüren. So fördert man — koreanische Kultur—

Jeder logisch denkende Mensch muß zugeben, daß der jetzige Zustand Koreas kein Ruhm für Japan, keine Besserung von Mißständen bedeutet, sondern das Ergebnis der Raubgier ist, die Kultur und Entwicklung erstickt.

Die durch die japanische Diplomatie irregeführten Menschen glauben, die Koreaner seien zufrieden mit der japanischen Politik. Das ist falsch. Das koreanische Volk war stets ein Feind der japanischen Herrschaft.

Es ist der Welt nicht bekannt, wie viele Revolten gegen den militärischen Zwang der Japaner in Korea vor sich gingen. Manche Parteien standen im Kampf gegen die Unterjochung Koreas durch die kulturell primitiveren Nachbarn. In vielen Gegenden Koreas vereinigten sich die kräftigen Männer, um das Eindringen der Schmarotzer mit Gewalt zu hindern. Jede gegen die japanische Politik gerichtete Tätigkeit wird seitens Japans mit solcher Grausamkeit beantwortet, daß wir nicht zaudern, die Werkzeuge des japanischen Imperialismus als die wildesten Menschen der Welt zu bezeichnen.

KOREA

From time immemorial, as far back as history reaches, Korea has belonged to the Koreans, an ancient Uralaltaic race, which can not be considered as being immediately related either to the Chinese or to the Japanese. The Koreans enjoyed unbroken freedom in both their internal and their foreign politics for over four thousand years. They knew to create and develop a culture of their own, to assimilate that of foreigners and to carry their own into neighbouring countries. Chinese culture and Indian thought enjoyed the best reception. Japan cannot deny that her life has been enriched by coming into contact with the culture of the Koreans.

The Japanese, who in numbers exceeded the Koreans, often undertook plundering expeditions in the land of their peaceful neighbours. Once from 1592 to 1598 they invaded the neighbouring country with an army of soldiers and then later on came as pirates and bandits among the inhabitants living on the coasts of Korea. Such events strengthened the enmity between the two peoples from year to year, till at last the Japanese, who had learnt enough of the modern European methods of warfare, ended the war which had continously lasted for thousands of years, and Korea with an area of 220,000 sq.km. and 20,000,000 inhabitants became the property of the Japanese. This happened on the 29th of August, 1910.

The Great Powers of the period, with the United States at their head, vied with each other to recognize this annexation.

We knew what that meant for the Koreans: loss of our fatherland, loss of liberty and the prospect of unspeakable misery which has not yet reached its lowest depths.

In order to show what the Japanese have achieved by force of arms in Korea since the annexation, that is in 17 years, we shall mention here a few facts from the economic life that has been forced upon the Koreans. When we consider the economic losses of the Koreans, the fact that stands out most glaringly is the expense of maintaining in Korea the parasitical Japanese, whose numbers are steadily on the increase und amounted last year to nearly half a million. Even if we take the old statistics, we find that these parasites consume £ 50,000,000 per year. As a result of the tribute they have to pay, the greater part of the upper classes of Korea have been reduced to poverty or unemployment. Three years ago the number of unemployed amounted to 997,000. This represents only a very small fraction of unemployed amounted to 997,000. This represents only a very small fraction of that which we must include under the losses to Korean economy. Connected with this parasitism of

Es geschieht nicht selten, daß alle Mitglieder einer Familie wegen des Verdachtes, daß ein Glied dieser Familie etwas gegen Japan unternommen habe, oder unternehmen wolle — niedergeschossen werden. Manchmal wird auch ein ganzes Dorf wegen antijapanischer Bewegung samt Kirche und Schule verbrannt; die Einwohner werden vorher eingesperrt, damit sie der Massenvernichtung nicht entgehen können.

Nicht nur Koreaner, die tatsächlich gegen die japanische Raubpolitik etwas unternehmen, sondern auch jene, in denen Japaner glauben wegen ihrer Tüchtigkeit Konkurrenten erblicken zu müssen, werden beseitigt, damit jede Aussicht für eine koreanische Entwicklung hoffnungslos wird. Geistig hervorragende Koreaner werden der japanischen Folter unterworfen. Die Folter besteht darin, daß man die Menschen im strengen Winter mit kaltem Wasser übergießt, ihnen Nadeln zwischen Fingerfleisch und Nagel treibt, daß man einen glühenden Bohrer in ihre Haut sticht, daß man die Glieder auseinanderreckt, daß man einige Stellen der Haut abträgt, oder daß man in die Geschlechtsöffnung ätzende Stoffe hineinzwängt. Wir sind Zeugen dafür, daß solche Folter heute noch von der japanischen Polizei angeordnet werden, als Repressalien gegen antijapanische Bestrebungen.

* *

Trotz aller Barberei haben die Koreaner, an ihrer Spitze die Studenten, am ersten März 1919 ihre Unabhängigkeit erklärt. Das ist kein letzter Schritt gewesen. Wir werden auch fernerhin alles daran setzen, um unsere Freiheit wiederzuerlangen.

Gegen die Freiheitsbewegung kämpft Japan mit Gewalt und Hinterlist. Gewalt wird auch dort angewandt, wo die Unabhängigkeitsbewegung absolut friedlichen Charakters ist. Verdoppelung des Militärs und der Polizeibehörden war die erste Antwort Japans auf koreanische Freiheitsforderungen. Dann wechselte man die Gouverneure, mit der Ausrede, daß unsere Unabhängigkeitsbewegung nur auf die Unzufriedenheit der Koreaner mit dem früheren Gouverneur und dessen Gewaltpolitik zurückzuführen sei. Sie lockerten das Pressegesetz, um den Koreanern für drei Zeitungen Pressefreiheit zu verleihen; aber mit wiederholtem Verkaufsverbot oder durch Bestechung wissen sie unbequeme Veröffentlichungen zu verhindern.

Nach der Erklärung der koreanischen Unabhängigkeit ist die organisierte Arbeiter- und Jugendbewegung bis zur völligen Erstickung erdrosselt worden.

Weder mit Gewalt, noch mit Hinterlist kann uns Japan weiter unterdrücken. Wir sind uns zu deutlich dessen bewußt, daß der Kampf gegen Japan der letzte und einzige Weg ist, der uns zu freiheitlichem Leben führt.

Entweder muß Japan Korea räumen, oder wir sind der Schande, dem Elend, der Not, dem Hunger und Tod geweiht.

is compatible with the imprisonment of all able Koreans who have taken a leading part in the economic and political life of Korea and who have faded away in dark prison cells without having committed any crime. Many have been forced to sacrifice their lives.

It was necessary for Japan's cultural policy to crush every school, every higher educational institution and the growing universities insofar as these were being run by Koreans.

It is also the humane politics of Japan to compel children who want to enjoy the necessary school training to speak Japanese, even as early as at the age of 6 or 7.

The Koreans are not allowed to print newspapers or books in the Korean language.

No Korean is allowed to establish any industrial institution on his own land with his own capital and with Korean workmen. Every attempt to organise Korean economic life and promote Korean culture is suppressed by sentences of imprisonment. Every man who reads Korean history or sings Korean songs finds himself in prison, when the Japanese ruler comes to hear of these "crimes". This is the way in which Korean culture is being promoted. Every reasonable man must admit that the existing conditions in Korea not only do no credit whatsoever to Japan nor help in removing misunderstandings, but that, on the contrary, this robbery results in the stunting of the cultural and general development of the Koreans.

Those who are misled by Japanese diplomacy believe that the Koreans are satisfied with the Japanese policy. They are wrong. The Koreans have always been enemies of Japanese rule.

It is not known to the world that many revolts have taken place against Japanese military despotism in Korea. Many parties are fighting against the oppression of Korea by her culturally primitive neighbours. In several parts of Korea, the people united to prevent by force the penetration of the country by the parasites. Every activity directed against the policy of the Japanese was answered by the latter in such a brutal manner that we do not hesitate in calling the tools of Japanese Imperialism the wildest savages on earth.

It happens not seldom that all the members of the family of a man who has been suspected of attempting anything against Japan — old men and children not excluded — are shot down. Sometimes a whole village is burnt down, including church and school, for its anti-Japanese feeling. Before this is done, the inhabitants of the village are locked up, so that they may not escape from the mass butchery.

In reality, not only Koreans who work against the robber politics of Japan, but also those in whom they see clever competitors are crushed, and every prospect of Korean development made hopeless. Prominent Korean intellectuals have been subjected to Japanese instruments of torture. The tortures

the Japanese is the fact that no national undertaking remains open to the Koreans. The principles of Japanese political economy contain a paragraph printed in bold characters, according to which every undertaking with good prospects is to be reserved only for the Japanese. Not only the foreign trade but also the whole of the important internal trade is in Japanese hands. As the total turnover in the trade between Korea and the outside world amounts yearly to £75,000,000, it can easily be calculated what the Japanese profit amounts to every year through the monopoly of this market with its 20,000,000 forced customers. The very promising Korean coal mines delivered to Japan last year a net profit of £2,500,000.

The net output of agriculture, in which more than three-fourths of the total population is engaged, amounts yearly to about £150,000,000. One-third of the total soil of Korea now belongs to Japanese capitalists as their private property. The Korean peasants who are forced to work in their service are so heavily exploited that the average income of a family per year amounts to no more than £10!

Unfortunately we do not possess any sure and correctly compiled statistics for the other branches of economy. We maintain, however, that we do not exaggerate when we assert that at least half of the total Korean economic products are taken away by the Japanese.

How can a family with five members live on about £10 a year?

The wretched condition of Korean economic life is by no means due to the fact that the Koreans are not in a position to cultivate their land by modern methods; on the contrary, till the annexation, steady improvement was observable in the economic development. Those who have been to Korea know how strong is the desire for knowledge among the Korean youth.

The exploiting Japanese know how to conceal their criminal activities in Korea from outsiders. According to their allegations, Korea is a land whose population is not yet sufficiently civilised, living like the wild men of the interior of Africa, Australia etc.; at the best, the Koreans belong to those races that possessed a high culture in the past, but are at present without the strength to compete with other Powers or to defend themselves against foreign invasions. They, therefore, need the cultural and economical guidance and military protection of the Japanese. In order to create evidence in support of their allegations, all the parasitical Japanese in Korea devote themselves to describing and generalising the worst customs of the Koreans and the faults of isolated individuals. All improvements are put down to the credit of the Japanese. Thus an entirely false picture of Korean life has been conveyed to foreign countries.

The alleged well-meaning cultural policy of the Japanese

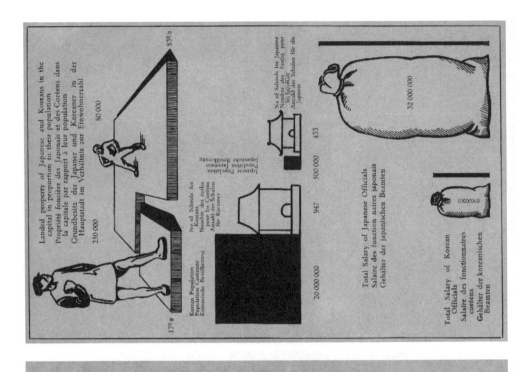

have taken the following forms: in severe winter cold water was thrown on the victim, needles pushed into the flesh under the finger nails, red-hot rods pierced into the skin, the limbs stretched and the skin removed from certain parts of the body. Corrosive substances were forced into the anus. We are witnesses - to the fact that such methods of torture still exist, employed by the Japanese police as a remedy against any anti-Japanese activities.

Inspite of all this barbarism, the Koreans led by the student class declared their independence on the 1st of March, 1919. That is by no means the last step. We shall in the future do all we can to recover our freedom.

The Japanese are fighting this movement for freedom with force and treachery. Force is also used even where the movement is of a peaceful nature. Redoubling of the military and police forces was the first answer given by the Japanese to this Korean movement for freedom. Then the Governor was recalled and a new man brought, the reason given being that our movement for freedom was the result of dissatisfaction with the methods of the ex-Governor, whose "régime of force" had to be changed. They relaxed the press regulations for the Koreans in favour of three papers, but at the same time knew how to render this ineffective by repeated prohibitions of their sale and by the use of bribery to prevent inconvenient publications.

After the declaration of Korean independence, the organised working men and the youth movement were strangled to suffocation.

Neither with force nor with treachery can the Japanese oppress us further. We are clearly conscious that our fight against Japan is the last and only way that will lead us to a life of freedom.

Either Japan must evacuate Korea or we are doomed to disgrace misery, hunger and death.

8

Salderuck Zieger & Steinkopf, Berlin SO 16, Köpenicker Str. 114.

X.

Der Kampf des koreanischen Volkes gegen Japan.

Rede des Begründers der japanischen Arbeiterbewegung

Sen Katayama (Japan).

Ich bin sehr froh, an diesem Kongreß teilnehmen zu können. Es ist jetzt ein Vierteljahrhundert her, seitdem ich den Kampf gegen den japanischen Imperialismus aufgenommen habe. Ich sympathisiere mit Euch, kämpfe mit Euch gegen den Imperialismus. Der einzige Unterschied liegt darin, daß mein Feind in Japan steht. Ich kämpfe gegen den japanischen Imperialismus, Ihr kämpft gegen den Imperialismus anderer Länder, der Euch unterdrückt, niederwirft und ausbeutet. Als ich vor 23 Jahren zum ersten Male in Amsterdam an einem internationalen Kongreß teilnahm, da gab es nur zwei Vertreter aus dem Osten. Einer war aus Indien, der andere war ich. Aber heute sind hier Genossen der ganzen Welt vertreten, um den Kampf gegen den Imperialismus aufzunehmen.

Der Imperialismus ist nicht nur der Feind der Kolonien und halbkolonialen Länder, sondern der Feind der ganzen Menschheit. Wir müssen ihn bekämpfen. Wir müssen uns befreien. Der Imperialismus ist die Ursache vieler Dinge. Vor allem des Krieges. Der letzte Krieg, der vier Jahre andauerte, tötete, mordete, martyrisierte Europa. Seine Ursache war der Imperialismus. Wir müssen den Imperialismus bekämpfen, weil er die Welt mit Kriegen bedroht. Nicht nur die Arbeiter unterdrückter Nationen, sondern auch die Arbeiter und Bauern aller kapitalistischen Länder müssen sich gegen die neuen Kriege rüsten, die uns bedrohen. Die Arbeiter und Bauern müssen die Fackel des Weltproletariats sein. Ich begrüße die Delegierten aus den unterdrückten und niedergehaltenen Kolonien und halbkolonialen Ländern. Ich begrüße Euch besonders deshalb, weil dies die bedeutendste Versammlung ist, die je zum Kampf gegen den Imperialismus stattgefunden hat. Aber ein Kampf gegen den nationalen Imperialismus ist nicht genug. Der Kampf muß für die Selbständigkeit und Unabhängigkeit von imperialistischen Ländern geführt werden. Die Nationalisten müssen erkennen, daß sie ohne die Selbständigkeit und ohne völlige Unab-

hängigkeit von imperialistischen Ländern niemals die Freiheit erhalten. Überdies müssen die Nationalisten erkennen, daß wir ohne Zusammenarbeit mit den Arbeitern und Bauern niemals unser Ziel erreichen werden. Die Imperialisten sind geschickt. Sie werden zu Euch mit verschiedenen Reformen kommen, um die Arbeiter zu täuschen. Die imperialistischen Kapitalisten werden zu Euch mit diesen Reformen und verschiedenen verführerischen Programmen kommen, aber andererseits werden sie versuchen, jede liberale und radikale Bewegung mit Gewalt, Polizei, Gendarmen, ja sogar mit dem Faszismus zu zerschmettern. Der Faszismus ist heute der Handlanger des Kapitalismus. Darum müssen wir gegen den Faszismus und auch gegen diese Reformen kämpfen. Wir dürfen keine Kompromisse durch diese kleinlich, untauglichen Reformen schließen.

Zum Schluß muß ich vor China erwähnen. Denn heute erhebt China das Banner der revolutionären Bewegung, es beeinflußt die Welt. Schaut auch auf Java. Dort kämpfen sie gegen den Imperialismus und vergießen ihr Blut für die Freiheit Javas. Ich muß hier vor Euch Vertretern unterdrückter Völker darauf hinweisen, daß sie denken, wir können, weil wir keine Armeen und kein Geld haben, auch nicht gegen den Imperialismus kämpfen. Aber Genossen, seht auf China. China hat England, dem stärksten Imperialismus der Welt, der mit Armeen und Kanonen kam, einen schweren Schlag versetzt. Nein! Wir haben nicht mit Waffen gekämpft, sondern mit dem Boykott, der stärksten Waffe eines schwächeren Volkes. Die kolonialen Völker müssen die Bedeutung des Boykottes im Kampfe gegen den Imperialismus erkennen, und ihn auch in den anderen Ländern anwenden. Der Boykott, die Solidarität der Arbeiter und Bauern, ist die stärkste Waffe, mit der man den mächtigsten Imperialismus einen Schlag versetzen kann. Wir versuchen, die revolutionären Kräfte in Korea und Java und natürlich in China, zu organisieren. Die nationalen Bewegungen müssen einsehen lernen, daß ein Land allein nicht gegen den Imperialismus kämpfen kann. Es ist notwendig, sich international zu organisieren. Alle unterdrückten Völker international zu organisieren und sie mit den Arbeitern und Bauern der kapitalistischen Länder zu verbinden, ist eine Aufgabe dieses Kongresses. Dieser Kongreß sollte das Werkzeug zur Vereinigung der revolutionären Kräfte Chinas und Indiens gegen den britischen Imperialismus sein. Diese beiden großen Länder würden vereint mächtig genug sein, nicht nur den britischen, sondern auch den japanischen und amerikanischen Imperialismus zu bekämpfen. Wir sind hierher gekommen, um den Kampf gegen den Imperialismus vorzubereiten. Wir müssen uns hier organisieren, um in China die imperialistischen Mächte zu bekämpfen, die versuchen, die revolutionären Kräfte niederzuwerfen. Die Proletarier der Welt müssen ihre Energien zusammenfassen, und die Massenkräfte gegen den Imperialismus konsolidieren.

「일본에 맞선 한민족의 투쟁—일본 노동자운동 설립자의 연설」 ☞ 본문 59쪽

148   Der Kampf des koreanischen Volkes gegen Japan.

Es lebe die chinesische Revolution!
Es lebe die revolutionäre Bewegung der unterdrückten und niedergeworfenen Kolonien und der halbkolonialen Länder!
Es lebe dieser Kongreß!

Im Namen der koreanischen Delegation spricht

Kin Fa Lin (Korea),

Vertreter des koreanischen Verbandes in Frankreich:

Bevor ich meine Darlegung über die imperialistische Kolonialpolitik Japans in Korea beginne, bitte ich Sie, mir zu erlauben, Ihnen kurz auseinanderzusetzen, was der japanische Imperialismus eigentlich bedeutet. In Japan besteht allgemein die Ansicht, daß die höchste Aufgabe einer Nation darin besteht, sich mit allen Mitteln auszubreiten, und daß es wenig ausmache, ob diese Vergrößerung zum Schaden der Nachbarn oder gegen die Moral geschehe, wenn nur das Ziel erreicht werde. Diese Ausdehnung bedeute die größte Wohltat, für die alle Menschenwerte geopfert werden dürften.

Der Ursprung des imperialistischen Dogmas geht bis zum Anfang des japanischen Geisteslebens zurück. Schon 200 Jahre nach Christi Geburt versuchte der Kaiser Jingo in das Königreich der koreanischen Halbinsel einzubrechen. Dieser Eroberungsgedanke wurde entschlossen weiter verfolgt bis Ende des 16. Jahrhunderts, zu welcher Zeit Hidegashi einen neuen Versuch machte, Korea zu erobern. Innere Unruhen lenkten in den folgenden Jahren das japanische Volk wieder von diesen Bestrebungen ab. Aber der Gedanke wurde anfangs des 19. Jahrhunderts wieder von neuem lebendig, als Joshida Soin, der am meisten geachtete der unter dem Namen „Genro" (Rat der Ältesten) bekannten Staatsmänner (der Männer wie Inouyé, Ito, Yamagata usw. umfaßte), den japanischen Geist und einen skrupellosen Imperialismus predigte. Er riet zur „Öffnung von Hokkaido, zur Eroberung von Kamtschatka und der kurilischen Inseln, zur Einverleibung der Inseln Loochou, zur teilweisen Besetzung der Mandschurei und Formosas und zur Präzisierung der Beziehungen zwischen Japan und Korea, mit dem Bestreben, die Souveränität Japans über dieses Königreich zu verlangen und gradweise eine aggressivere Tendenz zu zeigen".

Das war das Programm des Imperialismus des modernen Japans. Sie wissen, mit welchen brutalen und verwerflichen Mitteln dieses Programm von dem durch die unerwarteten Siege über das kaiserliche China von 1894 und das zaristische Rußland von 1904 berauschten Reich „der aufgehenden Sonne" ausgeführt wurde. Die Gier der japanischen Imperialisten begnügte

RAPPORT SUR LA POLITIQUE
IMPERIALISTE COLONIALE

DU JAPON EN COREE

上 : 「한국에서 일본제국주의 정책 보고」 ☞ 본문 65쪽

RAPPORT SUR LA POLITIQUE IMPÉRIALISTE
COLONIALE DU JAPON EN CORÉE

Messieurs,

Avant d'entrer dans l'exposé de la politique impérialiste coloniale du Japon en Corée, permettez-moi de vous rappeler ce que c'est que l'Impérialisme Japonais.

Au Japon, c'est une croyance universelle que la plus haute tâche d'une nation est de chercher à s'étendre par tous les moyens. Peu importe que cet agrandissement se fasse aux dépens des autres ou contre l'idéal moral dès lors qu'il peut s'accomplir. Cette extension elle-même est le plus grand des biens et toute valeur humaine peut y être sacrifiée.

L'origine du dogme impérialiste remonte à l'aurore de la vie intellectuelle Japonaise. Déjà, en 200 après Jésus-Christ, l'Empereur Jingo avait essayé d'envahir le Royaume de la Péninsule Coréenne. Cette idée de conquête fut délibérément poursuivie jusqu'à la fin du XVIe siècle quand Hidegashi fit une autre tentative pour conquérir la Corée. Ce furent seulement des désordres intérieurs qui en détournèrent le peuple Japonais pendant des années suivantes. Mais le renaître à la nouvelle vie commence en 1868 avec l'avènement de Genro (Conseil d'Anciens), qui comprenait des hommes tels que Inouyé, Ito, Yamagada, etc... Précha, l'esprit Japonais avec l'impérialisme le moins scrupuleux. Il conseilla "l'ouverture du Hokhaido, la prise du Kamtcheka et des Kuriles, l'absorption des îles Loochoo, l'occupation temporaire de la Mandchourie, Formose et la mise au point des relations du Japon et de la Corée, avec l'intention de revendiquer la suzeraineté du Japon sur ce royaume et de montrer graduellement une tendance agressive".

Voilà d'abord la formidable conception de l'impérialisme du Japon moderne. Vous savez tous avec quels procédés méprisables et brutaux ce programme fut systématiquement exécuté par l'Empire du Soleil Levant, grisé par des victoires inattendues avec la Chine Impériale en 1894 et la Russie tsariste en 1904. Mais la cupidité des impérialistes Japonais ne se borna pas à cela seulement; ils conquèrent deux autres programmes bien fameux, à savoir: 1°) Encourager l'émigration, tout à la fois aux continents Américains et aux Iles Océaniques, autant que les circonstances le permettent, c'est la politique d'extension d'outre-mer; 2°) Pénétrer dans les sphères occidentales de la Chine, de telle sorte que la Chine entière soit réellement sous la domination du Japon en favorisant la dissolution de la République Chinoise et en y créant les partis antagonistes, pénétrer aussi en Mongolie et imposer un protectorat sur le vaste pays, tout en extorquant autant que possible les avantages économiques de la Sibérie; c'est la politique continentale.

Telles sont les trois colonnes de l'ambitieux édifice de l'Impérialisme Nippon. La première était déjà exécutée, il s'efforce actuellement après d'achever les deux dernières. Est-il besoin de vous rappeler le triste souvenir d'insolentes et fameuses "21 demandes", exigées de la Chine au cours de la grande Guerre ?

Quel est l'objectif définitif de cette politique agressive ? Aux Yeux Japonais, ainsi qu'il est noté au commencement, l'extension nationale aux dépens des autres est la plus grande chose de l'humanité. L'agression Japonaise n'a pas d'autre but que celui de conquête pour l'intérêt seul des Japonais et du Japon.

Pour préciser et démontrer ces affirmations, nous allons maintenant exposer la politique Coréenne du Japon sous le double point de vue: l'agression Japonaise contre la Corée et la domination Japonaise en Corée depuis 1910.

I° - L'agression Japonaise contre la Corée.

Depuis le Traité d'amitié en 1876, le Japon se mit à intervenir d'abord dans la politique intérieure de la Corée et en conséquence, en 1885 dans la démocratie anti-Japonaise, éclatèrent à Séoul. Les Japonais demandèrent satisfaction à la Chine, car dans les émeutes du Séoul, les troupes Chinoises furent présumées avoir pris part. Le résultat de la négociation fut la Convention de Tientsien en 1885, aux termes de laquelle le Japon et la Chine s'accordèrent à retirer leurs troupes respectives de la Corée, et ne pas en envoyer sans que l'une des deux puissances en ait au préalablement avisé l'autre. Plus tard quand il y eut un soulèvement contre le Gouvernement corrompu de Corée, ce gouvernement requit l'assistance du gouvernement chinois pour réprimer la rébellion. Et lorsqu'elle fut étouffée, aucune des deux puissances ne voulut retirer ses troupes.

La Chine ayant refusé de se mêler de la politique intérieure de la Corée, le Japon a déclaré la guerre et avec la victoire, il acquit l'autorité suprême à Séoul. Sa politique rencontra des résistances chez les Coréens qui déchainèrent leurs intrigues, une des unes après les autres. En 1895, exécuté officiellement par les troupes Japonaises qui ont forcé le Palais. C'est cette façon le Japon écrasa le parti anti-Japonais en Corée, sans autre résultat que de faire du peuple coréen tout entier son ennemi implacable. Mais lorsque se manifestèrent les convoitises de la Russie tsariste touchant la Corée, toute la péninsule s'unit comme un seul homme contre la formidable agression du Nord.

Le Japon eut une belle occasion d'intervenir et les Coréens se virent dans la nécessité d'une réconciliation temporaire avec les "défenseurs de l'Asie Orientale". Une alliance Coréo-Japonaise fut formée en 1904, et la Corée devint pour le Japon une base d'opérations militaires. En matériel et en hommes, la nation Coréenne fut pour le Japon d'une aide très efficace.

Au début de la guerre Russo-Japonaise, le Japon déclara au Monde qu'il luttait pour préserver l'indépendance politique et l'intégrité territoriale de la Corée. Il donna à la Corée un engagement. Puis à cet égard. C'est ainsi que l'article III du traité Corée-Japonais conclu le 23 Février 1904, déclare: Le gouvernement impérial Japonais garantit expressément l'indépendance et l'intégrité des communications postales coréennes. En vertu de Corée fut donné au Japon pour faciliter ses opérations militaires. Mais le Japon n'eut pas plus tôt gagné la guerre qu'il rompit le traité solennellement contracté avec la Corée, ainsi que sa déclaration au monde, en s'emparant de la Corée à la pointe de la baïonnette. D'où le traité de protectorat conclu le 17 Nov. 1905, malgré le refus énergique de l'Empereur et ses ministres du cabinet, au milieu des pétitions et des lamentations populaires, des suicides et en manière désarmée contre les luttes entreprises par la population toute entière, je m'attarderai pas à vous décrire la douloureuse scène de cet histoire, seule force des baïonnettes et des canons des soldats Nippons, résistance d'un peuple de 20 millions d'âmes, fières pour la souveraine de 42 siècles, qui éclata à cette épouvantable sombre. Vous vous en imaginerez le cruel dégrié par vos propres expériences nationales, éprouvées comme nous dans ce coup brutal du banditisme international!!

Au moment de la Conférence de La Haye en 1907, l'Empereur Coréen y envoya ses représentants pour faire un appel aux puissances. Ah! quelle naïveté! pour la restauration de l'indépendance de la Corée.

Ces envoyés ne réussirent pas à se faire donner une audience, mais ce cas fournit une ample excuse aux autorités Japonaises en Corée pour affermir leur gouvernement de fer. Une pression menaça d'inciter l'Empereur à abdiquer en faveur de son fils, faible d'esprit. Au même moment, un traité fut signé entre les ministres du Cabinet qui agissaient dans l'exercice de leur charge comme les instruments du gouvernement Japonais, et le Marquis Ito, alors Résident Général en Corée. Le contenu essentiel de ce traité est de concéder entre les mains du Résident Général Japonais tout le pouvoir d'administration intérieure du pays, tandis qu'il s'agissait seulement, dans le traité du protectorat de la concession du droit de représentations diplomatiques et de règlement des affaires extérieures. Voici le texte de deux articles de ce traité:

ARTICLE II — Le gouvernement de la Corée s'engage à n'édicter aucune loi, ordonnance ou règlement à ne prendre aucune importante mesure d'administration sans l'assentiment préalable du Résident Général.

ARTICLE IV — La nomination et le renvoi de tous les fonction- naires supérieurs de la Corée seront faites avec le concours du Résident Général.

Vous voyez comme ils sont caractéristiques et insolents. Ensuite, on a dispersé l'armée nationale de la Corée, et le peuple tout entier soulevait des protestations contre ce procédé cynique, en organisant la célèbre " Armée Juste " dont les héroïques débris restent encore dans tous les coins du pays, parsemés, cachés et prêts à lutter à tout moment opportun pour la Corée.

Il ne me reste maintenant qu'à vous rappeler le dernier geste criminel de cette longue agression progressive du Japon contre la Corée. Après le coup justicier, en 1909, d'un jeune courageux Coréen, An-Chung- Gun, sur la fête du criminel initiateur et auteur de la politique im- périaliste du Japon en Corée, je veux parler du Marquis Ito, au moment la Mandchourie, le Japon se hâta de briser la dernière promesse solen- nelle qu'il assura, au moment du protectorat, le monde extérieur aussi bien que le peuple Coréen, à savoir que le protectorat était plus ou moins une mesure temporaire pour mieux assurer la paix en Orient jus- qu'à ce que le gouvernement Coréen soit mieux affermi, le 29 Août 1910, la Corée a été annexée et faite province Japonaise, par le Comte Teranchi qui sera le premier Gouverneur Général avec une méthode d'ad- ministration à la fois sanglante et honteuse devant la conscience de l'Humanité.

2° – La domination Japonaise en Corée.

Le rapport annuel du gouvernement général expose au monde, avec la scandaleuse hypocrisie le progrès continu de la Corée depuis l'An- nexion et vante de son heureuse administration. Et les observations superficielles de certaines catégories d'Etrangers confirmeront, avec candeur, la vérité d'une partie de cette déclaration officielle. Cer- tes, nous admettons que la Corée d'aujourd'hui n'est pas la même que celle d'il y a vingt ans, et que, sans compter le progrès spirituel dans le sens du réveil de la conscience nationale sous les leçons san- glantes de la politique brutale et égoïste d'éminents sujets du Mikado, il y a aussi certains progrès matériels, notamment l'établissement des Chemins de fer et la construction des routes. Mais d'abord, qui osse- rait permettre au Japon le droit de se vanter de ce progrès, avant que la Corée n'ait retrouvé son indépendance ? car sa gouvernant elle-même, n'aurait-elle pas progressé comme le fait n'importe quelle autre nation moderne par l'accroissement du commerce extérieur et l'application des sciences à l'industrie ? Ensuite comment des progrès ont-ils été réali- sés pour et au profit de qui la Corée est-elle gouvernée ? Voilà ce qui nous intéresse à ces questions que nous allons essayer de répondre par une analyse sommaire des différents rouages de l'administration Japonaise en Corée.

a) L'organisation administrative.

La forme et le principe de l'organisation administrative sont ceux des autres gouvernements impérialistes; d'ailleurs, ils sont d'ordre public. Insistons sur un principe spécial qui domine toutes les relations—il doit de nous... Voici celles-ci la fonction du gouverneur général, représentant l'autorité la plus haute dans un pays où n'existe aucune institution parlementai- re, est quelque chose de très intéressant. D'après la loi, qui peut être appelé la constitution de la Corée, ce général n'est en général qu'un amiral Japonais. Il n'est pas responsable devant le parlement Ja- ponais, mais directement devant le Mikado. Il n'y a pas une seule ins- titution au Japon ou en Corée qui puisse critiquer sa politique, tous les journaux Japonais ou Coréens qui essayent d'élever la voix sur sa politique sont suspendus ou achetés.

Le Japon vient s'imposer par un esprit militaire. Tous les fonctionnaires doivent porter des uniformes et des sabres qui ne se distinguent guère de l'armée Japonaise. Il est élevé des soldats de tous rangs aux places des fonctionnaires depuis le général gouverneur jusqu'au docteur de l'hôpital gouvernemental et aux instituteurs. D'où mille et mille petites scènes de la brutalité atroce et mesqui- nes qui énervent quotidiennement l'esprit pacifique et probe d'un peuple élevé depuis 42 siècles par sa grande culture morale !

Le Japon a commencé avec une garnison de deux divisions en Corée; mais il a fait le renfort de deux divisions en 1915-1916. Ce renforcement était d'ailleurs superflu, car il y a assez de policiers et gendarmes pour étouffer tout le mouvement révolutionnaire contre le régime existant. La statistique officielle de 1915 montre qu'il y avait 273 quartiers généraux de polices et de gendarmes. C'est un nombre étonnamment considérable comparé à celui des institutions cha- ritables telles qu'hôpitaux et écoles qui étaient respectivement de 14, 366 établis par le gouvernement.

La politique d'écrasement d'opinions publiques et de la presse est inimaginable. Ecoutons la lamentation éloquente d'un grand journal Japonais. " La croisade du Comte Teranchi contre la presse a été quel- que chose de vraiment efficace. Il a écrasé tous les journaux des plus puissants et forcé les faibles à se soumettre; il a bouché toutes les issues de libre courant des opinions et n'a pas permis au monde exté- rieur de connaître l'état réel de la Corée." (Tokio Asahi, Octobre 1916

b) L'administration judiciaire.

Le Japon a déclaré que la Corée était gouvernée par les mêmes lois que le peuple Japonais. Malheureusement ce gouvernement par la loi est une formalité pure et simple. D'après la maxime légale que la loi spéciale précède la loi générale dans son application, ... si des codes spéciaux sont particulièrement inutiles quand les codes vo- lumineux Japonais sont spécialement appliqués aux Coréens, pou- que les codes spéciaux du général appliqués aux Japonais, peu- ple tout à fait étranger aux Coréens, qui ignorent l'histoire, les institutions traditionnelles, les coutumes et surtout les sentiments du peuple Coréen. Même admettant que les lois conviennent aux Coréens, l'application elle-même est arbitraire, le fameux procès appelé " Conspiration Coréenne " démontre à lui seul comment un Coréen est protégé par la loi. Arrêter d'innocents cultivateurs, de jeunes Etu- diants, et beaucoup d'intellectuels à cause de cette conspiration présumée contre la vie de Teranchi, c'est excessif. Aucune personne réfléchie n'aurait voulu croire à ces nouvelles contradictoires d'après lesquelles on aurait systématiquement torturé afin d'obtenir une confession. Malheureusement ces rumeurs se révèlent fondées: les prisonniers torturés au nombre de 123 sont maintenant délivrés et ils ont raconté chacun de leur côté, quelles agonies ils avaient souffert.

La plupart des injures politiques sont ainsi torturés comme des criminels ordinaires pour empêcher sans aucune preuve préalable devant un tribunal, le jugement et prononcé à la gendarmerie d'après les soi- disantes " lois particulières ".

Et la liberté individuelle n'existe pas chez les Coréens. Les correspondances privées sont censurées et les maisons d'habitations perquisitionnées à tout instant voulu, avec une brutalité scandaleuse. Les Coréens n'ont pas le droit de se déplacer librement; il leur faut indiquer aux autorités l'endroit et l'objet de son déplacement! Ainsi le nombre de prisonniers augmente-t-il d'année en année. Voici la statistique officielle demonstrative :

1911........	16.807
1912........	21.499
1913........	21.846
1914........	24.434
1915........	27.255
1916........	32.836

c) L'éducation.

La tendance générale de la méthode d'éducation appliquée en Corée est celui que les Coréens doivent rester ignorants et ne pas être très instruits; que c'est seulement pour la forme qu'on parle de l'éducation des Coréens. C'est ce que démontrent les faits suivants. Dans l'annuaire officiel pour 1917 le nombre des écoles publiques pour les Coréens est de 526, c'est-à-dire une pour 31.650 habitants (la population coréenne fut alors de 16.648.129), tandis que le nombre des écoles publiques destinées aux Japonais est de 367, c'est-à-dire une pour 874 habitants japonais (la population d'immigrants Japonais fut alors de 320.938). Voici le détail de la statistique :

Écoles Coréennes

441	Écoles primaires .... élémentaires	avec 81.845	élèves
7	" " élémentaires d'agriculture.	" 1.791	"
74	" " commerce, industrie....	" 2.029	"
1	" de médecine	" 253	"
1	" droit	" 138	"
1	" industrielle............	" 282	"
1	" d'agriculture forestière.	" 72	"

soit au total 526 Écoles pour 86.410 élèves

Écoles Japonaises

342	Écoles primaires	" 37.911	élèves
3	" " moyennes	" 1.478	"
10	" " supérieures de filles......	" 1.648	"
7	Collèges Oriental	" 899	"
1	École coloniale Orientale	" 18	"
1	École technique et commercial.	" 513	"

soit au total 367 écoles pour 42.467 élèves

Malgré cette grande inégalité dans la répartition de l'éducation pour les 2,5 sette même année 19 nouvelles écoles pour les Japonais, contre 25 écoles seulement pour les Coréens. Pour donner la même facilité d'éducation aux Coréens qu'aux Japonais, mais 19.048. Et il faut souligner particulièrement ce qui se dégage par un coup d'œil jeté sur les statistiques à savoir, la quasi-suppression de l'Enseignement supérieur.

L'instruction se donne dans toutes les écoles en langue Japonaise. En 1908, il y avait 203 professeurs Coréens dans les écoles publiques, contre 63 Japonais; en 1913, les professeurs Coréens étaient de 1.138 contre 455 Japonais, c'est-à-dire les professeurs Coréens sont en augmentation: 44.8 contre 7.2 Japonais en cinq années.

Un élève Coréen doit employer les deux tiers de son temps scolaire à apprendre la langue Japonaise qui lui est pourtant familière au bout d'un an. Quelle autre raison y a-t-il, pour faire une différence entre l'éducation donnée aux deux sortes d'écoles différent en quantité et en degré. Dans l'école coréenne de Gen-po?... l'enseignement de l'histoire et et la géographie de la Corée est défendu. Les langues étrangères sont aussi prohibées. L'horaire des classes est rempli d'histoire, de géographie et de littérature japonaises.

Depuis l'annexion, aucun étudiant Coréen n'est allé à l'étranger, excepté au Japon. S'il arrive à partir en se déguisant, il ne pourrait rentrer, son nom était mis sur les listes des "personnes dangereuses ". Chacune de ces dernières est surveillée par un détective du gouvernement.

L'accès aux examens pour les services supérieurs n'est pas permis aux Coréens. Il y a, seulement quelques fonctionnaires judiciaires, qui servent plutôt d'interprètes que de juges. Ils n'ont pas le droit de se mêler aux affaires d'un Procureur public. Aucun jugé Coréen n'est autorisé à examiner le cas d'un Japonais. Leurs appointements sont à peu près le tiers de ceux de leurs collègues Japonais qui reçoivent une somme considérable d'indemnités outre leurs appointements, quoi qu'ils soient sortis d'une même école. Ainsi les Coréens sont complètement exclus du Gouvernement et n'ont pas le droit de critiquer contre les mesures prises contre leurs intérêts qui sont souvent les intérêts vitaux. Voici encore la statistique officielle des fonctionnaires du Gouvernement Général en 1924.

Nombre de fonctionnaires		Appointements
Japonais 30.433		32.529.575 Y
Coréens 19.920		10.352.960 Y

La statistique de la population de la Corée, en cette même année, est répartie comme suit :

Japonais	411.595
Coréens	17.619.540

La proportion des fonctionnaires japonais, comme les chiffres indiquent avec clarté avec la population japonaise est 1/10, tandis que celle des fonctionnaires coréens avec la population coréenne est 1/1.000 !

d) La Politique Economique et la Colonisation.

D'abord il n'existe pas la liberté économique en Corée. Presque chaque famille aisée, est obligée d'avoir chez elle un contrôleur japonais qui surveille la gestion de ses propriétés et de ses finances. Les Coréens qui ont des dépôts en banque - qui sont, du reste, toutes japonaises - ne peuvent en retirer des sommes importantes sans être obligés d'indiquer au Directeur de la banque l'objet et l'emploi de cet argent. La contrainte officielle sur le libre exercice des affaires commerciales des entreprises industrielles est écrasante. Tous commandent, dans ce but la population japonaise avait d'ouvrir un établissement. L'autorisation préalable au Gouvernement général revient; par conséquent les milliers d'entreprises neurent-elles avant même de naître.

En Corée, le sentiment de propriété foncière est très intense. il est un des éléments du patriotisme coréen. Cet instinct chez le fermier et le paysan est un obstacle à la colonisation Japonaise, et les meilleures terres arables étant naturellement dans des agriculteurs coréens; l'expropriation de leurs propriétaires fut un des principaux buts de la Politique Japonaise. Pour ce faire une compagnie fut institué en 1908, avec un capital de 10.000.000 Y dont 60.000 Y obligation exigées du gouvernement coréen (c'est-à-dire représentait les actions publics les meilleures), sous la direction du gouvernement Japonais qui subventionne d'une somme annuelle 250.000 ₤ prélevée sur le Trésor Impérial. Selon un article du New-York Times du 26 Janvier 1919, le but de cette compagnie est de coloniser la Corée avec les Japonais qui sont incapables de se créer une situation dans leur propre pays. Chacun de ces émigrants reçoit les frais de son transfert en Corée; il lui est donné une habitation avec une portion de terre à cultiver, des approvisionnements, des semences, etc..Cette compagnie achète les terrains des fermiers Coréens. C'est là que le Gouvernement Japonais, continue l'article, intervient d'une façon asiatique: toute l'organisation financière est contrôlée à Séoul, à la Banque de Chosen, sous le contrôle gouvernemental; cette puissante organisation comparable à la banque d'Angleterre, à la Trésorerie des Etats-Unis, à la Banque de France, grâce à ses succursales, draine, comme intermédiaire, toutes les espèces du pays et fait baisser la valeur des terrains. D'autre part, les Coréens, pour payer leurs impôts et pourvoir aux besoins de leurs existences, doivent réaliser leurs terres; de ce fait la baisse s'accentue rapidement, et les Agents de la Banque, à l'affût de ces ventes, achètent ces terrains au 5è de leur valeur réelle.

" Plus du 5è des terrains les plus riches de Corée est dans les mains des immigrants Japonais, qui en ont été pourvus grâce aux opérations de cette Banque ".

Plus de 35.000 familles Japonaises sont établies pendant moins de dix ans ! Que font les paysans Coréens qui ont vendu ces terrains ? Entreprennent-ils le commerce ou l'industrie ? Mais comment surmonter les difficultés de la politique monstrueuse de l'autorisation des entreprises ? Hélas ! ils n'ont qu'une seule issue: quitter leur chère patrie et aller chercher leur pain quotidien et leur liberté spirituelle dans la désolante contrée de la Manchourie du Nord! D'après une information récente, ils sont partis en centaines par jour durant la dernière quinzaine de Novembre 1926. Il y a déjà longtemps que le nombre des paysans Coréens en Manchourie a atteint à un million. En résumé, l'explosion des Coréens, l'immigration illimitée des Japonais, tel est l'essentiel de la politique de la Compagnie du Développement Oriental.

e) Le travail.

C'est le travailleur qui souffre le plus des mesures prises par le gouvernement parce qu'il est forcé de travailler sans recevoir de salaire. Pour donner seulement un exemple caractéristique, disons avec quel procédé le gouvernement construit de nouvelles routes qui ne sont pas du tout construites en vue de développer l'industrie ou le commerce, mais pour la facilité de l'opération militaire et la circulation policière. Sans considération des terrains, sans pitié, il a eu recours aux lois pour l'expropriation des terrains. Les ouvriers sont forcés de travailler à la construction de ces routes, sans être payés. Sans qu'on ait le temps des jours qui peuvent être incommodes aux pauvres ouvriers et paysans, ils doivent travailler aux jours convenables des autorités. L'esprit caractéristique dans lequel on fonde ces constructions des routes est le suivant: quels que soient les dommages ou les injustices, commis envers le peuple, les plans sont établis, les ordres donnés, les gens convoqués, on leur ordonne de commencer le travail. A leurs plein par des semences, à leurs supplications par des coups de fouets, et ceux qui résistent sont simplement mis en prison. Résultat, on construit les routes pour mettre aux troupes Japonaises un déploiement plus facile, et une marche plus commode dans le pays pour opprimer la construction de ces routes !

Aussi l'état de la vie des travailleurs est-il d'année en année lamentable. D'après la statistique de 1924, le revenu annuel d'un travailleur agricole coréen est à peine, un peu plus de 12y, qui est, au cours actuel du franc 120 f. environ! Songez qu'avec cette somme dérisoire chacun de plus de 10 millions de travailleurs agricoles, doit entretenir sa vie durant toute l'année ! Tels sont les faits dominants de la domination Japonaise en Corée depuis l'annexation. Sans pousser plus loin notre analyse, il est déjà amplement démontré que la politique impérialiste coloniale du Japon en Corée est la plus criminelle et la plus honteuse des politiques des brigands internationaux. Le moment est venu de laver et justicier cette honte, et crime qui tachent et dégradent la civilisation et l'humanité.

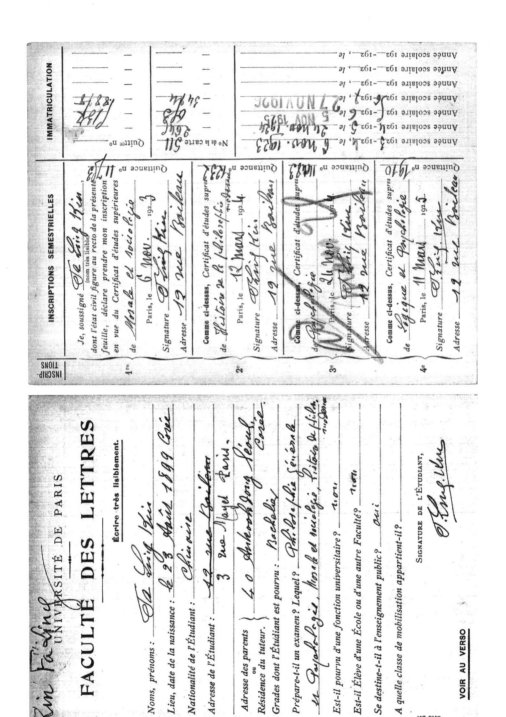

Unabhängigkeitsbewegung Koreas und japanische Eroberungspolitik

Von

KOLU LI

BERLIN 1924

Unabhängigkeitsbewegung Koreas und japanische Eroberungspolitik

Von

KOLU LI

BERLIN 1924

Gedruckt bei
Julius Sittenfeld, Berlin W 8

Vorwort.

Das vorliegende Büchlein hat den Zweck, zu zeigen, wie ein Volk, das über 4000 Jahre politische Selbständigkeit und die Errungenschaften einer hohen Kultur genoß, zum ersten Male unter fremde Herrschaft gezwungen worden ist und wie es bestrebt ist, seine Unabhängigkeit wieder herzustellen. Das unten Geschilderte ist nur ein kleiner Ausschnitt aus der Geschichte des brutalen Kampfes der Japaner und unserer Gegenwehr, — es soll dem Europäer zur allgemeinen Orientierung dienen.

Korea ist für den fernen Osten das, was die Balkanhalbinsel für das Mittelländische Meer ist. Seit 30 Jahren ist die Koreafrage der Brennpunkt der politischen Auseinandersetzungen der Mächte im fernen Osten. Durch die Annexion am 29. August 1910 wurden 218 650 qkm Land mit 20 Millionen Menschen der brutalsten Militärherrschaft der Japaner ausgeliefert.

Berlin, im Februar 1924.

Kolu Li.

Inhaltsverzeichnis

Geschichtliche Einleitung.

In früherer Zeit hatten die Vorfahren der Koreaner den Nordosten von Asien, und zwar vom Gebiet des Sungariflusses über die Mandschurei bis in die Korea-Halbinsel, bewohnt. Im Jahre 2333 v. Chr. wurde der erste koreanische Staat gegründet, als neun Stämme der Koreaner Tankun zu ihrem Kaiser gekrönt hatten. Sein Reich wurde Chosen genannt. Das Gebiet von Chosen bestand aus einem Teil der Ostmongolei, aus der ganzen Mandschurei einschl. des Amurgebietes und der Korea-Halbinsel. Tankun hatte seinen Sohn Buru nach China geschickt, um ihn an einer Konferenz, die vom Kaiser Yü der Hia-Dynastie nach Tuschan einberufen wurde, teilnehmen zu lassen. Die Konferenz war friedlicher Natur. Das war der Anfang des Verkehrs der Koreaner mit den Chinesen. Tankun hatte sein Volk gelehrt, den Himmel zu verehren und das soziale Leben zu ordnen. Seine Dynastie dauerte 1480 Jahre lang.

Andere Dynastien kamen und gingen. Im Jahre 18 v. Chr. bestanden drei Staaten in dem alten Gebiete Chosens nebeneinander. Der Südosten der Korea-Halbinsel bildet das Königreich Sinla, der Südwesten das Königreich Baekdse. Das Königreich Kokurye umfaßte den nördlichen Teil von Korea und die Mandschurei. Zu dieser Zeit kam die bodenständige Kultur der Koreaner zu besonderer Blüte. Fördernd wirkte die Uebernahme des Buddhismus und des Konfuzianismus. Wissenschaften, Kunst, Handwerk, alles blühte immer mehr auf. Damals hatte Japan, das noch ganz im barbarischen Zustand war, erst angefangen, von den Koreanern allerlei Kultur einzuführen und zu lernen.

Das Königreich Kokurye war das stärkste. Es hatte im 7. Jahrhundert mit China mehrere Male erfolgreich Krieg geführt. Aber endlich wurde es von der Tang-Dynastie in China erobert. Einen anderen Teil von Kokurye (Nordkorea) hatte sein Sinla einverleibt. Im Jahre 713 hat Taidsojeng, ein Angehöriger des Reiches Kokurye, das Gebiet von Kokurye den Chinesen wieder weggenommen und das Königreich Balhai begründet.*) Das Reich Balhai umfaßte die Mandschurei und die östliche Küsten-Provinz

*) Die Begründer des Reiches Kin und der Tsing-Dynastie (Mandschu) in China stammen aus Kokurye.

von Sibirien. Es war ein glänzendes, in hoher Kultur stehendes Reich in Ostasien. Die Dynastie dauerte 214 Jahre lang.

Erst der König Munmu von Sinla (gekrönt 661) vereinigte das ganze Gebiet von Korea unter seiner Gewalt.

Im Jahre 918 stürzte Wang Ken die Sinla-Dynastie und machte sich zum Kaiser. Er nannte sein Land Korye. Der Name Korea stammt aus dieser Zeit. Um die Wende des 10. Jahrhunderts hatte Korye mehrere Jahrzehnte lang mit Khitan, einem Volksstamm der Mongolen, Krieg geführt und gesiegt. Im 13. Jahrhundert hatte das Groß-Mongolenreich (Dschengis-Chan) mehrere Jahrzehnte lang heftige Kriege geführt und endlich wurde durch Heirat der Frieden wiederhergestellt.

Im Jahre 1392 stürzte Li Seng-Ke die Korye-Dynastie, machte sich zum Kaiser und nannte sein Land wieder Chosen (letzte Dynastie).

Seit dem 2. Jahrhundert hat Japan dauernd Angriffe auf Korea ausgeführt. Im Jahre 1592 hatte der japanische Diktator Hideyoshi Korea darum gebeten, die japanische Armee durch Korea marschieren zu lassen, um China (Ming-Dynastie) anzugreifen. Seine Bitte fand den heftigsten Widerstand bei der koreanischen Regierung und wurde natürlich abgelehnt. Im April 1592 schickte Hideyoshi seine Generale Ukida, Kato und Konishi mit 500 000 Mann und einer Abteilung der Marine nach Korea. Korea bat China um Beistand, der von demselben gewissenhaft gewährt wurde. Ganz Korea wurde Kriegsschauplatz der Heere von drei Staaten. Der Krieg hat sieben Jahre in Anspruch genommen. Endlich mußte Japan den Krieg verloren geben, weil Li Sun-Sin, der berühmte Kommandant der koreanischen Seemacht, die ganze japanische Marine, die 100 000 Mann (stark gewesen war, vernichtet hatte. Seine Kriegskunst war ausgezeichnet und seine Kriegsschiffe waren mit Eisen gepanzert. Er ist der Schöpfer der Panzerschiffe. (Nach einer Geschichte der englischen Seemacht soll das älteste Panzerschiff das koreanische sein.) In diesem Kriege wurden 3 Millionen Koreaner getötet. Neun Zehntel davon waren Nichtkombattanten. Unzählige Städte, unzählige Dörfer wurden verbrannt und vernichtet. Fast alle kulturellen Einrichtungen wurden zerstört, unzählige wertvolle Sachen geraubt. Der Verlust für Korea war unbeschreiblich und unberechenbar.

Nach dem japanischen Kriege wurde Korea noch einmal von einem schrecklichen Kriege heimgesucht. Diesmal kam er vom

7

Norden, von der Mandschurei. Dadurch, daß Korea in seinem Kampfe gegen Japan den Beistand Chinas erhalten hatte, fühlte sich Korea veranlaßt, China in seiner Abwehr der eindringenden Mandschus beizustehen. Aus diesem Grunde fielen die Mandschus zweimal, nämlich in Jahren 1619 und 1627, auch in Korea ein. Nach diesen Kämpfen mußte Korea jährlich Gesandtschaften, die als Kriegsschuld Nationalprodukte brachten, zu den Tsing-Kaisern (Mandschu) nach China senden.

Korea wurde und japanischen Kriege aufs tiefste geschwächt. Ueberdies kamen die Einfälle der Mandschus dazu, um Korea von Grund aus zu erschüttern. Seitdem versuchte Korea immer, sich von fremden Mächten möglichst abzuschließen. Doch seitdem die abendländischen Mächte und ihre Kultur angefangen haben, nach dem Osten vorzudringen, konnte auch Korea nicht mehr für sich allein von außen unberührt bleiben. Infolgedessen haben allerlei Veränderungen auf allen Gebieten, insbesondere auf politischem Gebiet in Korea angefangen.

I. Erneuerung Koreas und Ansturm fremder Mächte

1. Mißerfolg der Reformatoren vom Jahre 1884.

Früher hatte schon Korea die Politik verfolgt, sich von allen Berührungen mit dem Ausland möglichst fern zu halten. Aber seitdem Dai Wuen Gun, der Vater des Kaisers Li Hi, zum Regenten ernannt worden war, hat die Abneigung gegen ausländischen Einfluß besonderen Ausdruck bekommen. Dai Wuen Gun, der ein sehr tüchtiger und energischer Mann, aber der abendländischen Kultur ganz fremd war, hatte darin das größte Uebel erblickt, daß abendländische Mächte sich nach Korea wandten. Die Versuche Rußlands (1866), Amerikas (1871), Deutschlands (1872), Handelsverträge abzuschließen, mußten fehlschlagen. Aber das konnte nicht lange dauern. In den achtziger Jahren hatten Kim Hong-Dsip, E Yun-Dsung, Hong Jeng-Sik u. a., die von der Reise ins Ausland zurückgekehrt waren, behauptet, daß es unmöglich und nicht zweckmäßig sei, sich vom Auslande abzuschließen. Danach hat Korea die Beziehungen mit den europäischen Staaten und Amerika aufgenommen. (Deutschlands Vertrag mit Korea datiert vom 26. November 1883.)

Im Dezember 1884 wollten die jungen Reformatoren Kim Ok-Gyun, Bak Jeng-Hio und Se Dsai-Pil, die die neue Strömung der Welt erkannt hatten, auf einmal ihr Ziel erreichen, indem sie die Mitglieder der Regierung und sonstige konservativ gesinnte Persönlichkeiten, die im Staatsdienste wichtige Stellungen bekleideten, mit Gewalt zu beseitigen beabsichtigten. Gelegentlich der Eröffnung eines Postamtes in Sŏul wurde die Bluttat angefangen. Daraufhin wurden sieben Mitglieder der früheren Regierung ermordet, aber die neue Regierung wurde in wenigen Tagen wieder gestürzt und ihre Führer mußten nach Japan fliehen.

2. Revolution der Donghak Gesellschaft und der chinesisch-japanische Krieg.

Nachdem im Jahre 1884 die Pläne der Reformatoren fehlgeschlagen waren, haben die Konservativen immer mehr ihren Einfluß im Staate geltend gemacht. Korruption des Beamtentums und Uebermacht des Adels hatten ihren Höhepunkt erreicht, so daß die breite Masse immer unter dem Joch jammern mußte. Irgendein Ausbruch war schon unvermeidlich. Im Frühjahr 1894 hat die Donghak-Gesellschaft (eine religiös-nationalistische Revolutionspartei, die im Jahre 1860 von Tsŏ Dse-U begründet worden war), deren Führer Dsen Bong-Dsun und Son Hoa-Dsung waren, in Südkorea die Volks-Revolution entfesselt und erklärt, ihr Ziel bestehe darin, alle verdorbenen Beamten zu verjagen und das Volk aus Not und Elend zu befreien.

Wenige Tage darauf wurden alle Provinzen in Südkorea von der Welle der Revolution überschwemmt. In der Regierung herrschte Kopflosigkeit, da die Revolution sehr überraschend gekommen war. Sie schickte Truppen, um die Revolution zu unterdrücken. Aber erst nach neun Monaten gelang es der Regierung, der Lage Herr zu werden. Bei diesem Bürgerkriege wuden mehr als 300 000 Menschen getötet.

Zu dieser Zeit hatte der chinesische Gesandte in Korea, Yuan Schi-Kai, telegraphisch den „Generalinspektor der nördlichen Häfen" Li Hung-Chang darum gebeten, daß die chinesische Regierung sofort eine Armee schicken möchte, um der koreanischen Regierung, die wegen der Revolution in Ratlosigkeit war, behilflich zu sein. Danach schickte Li Hung-Chang eine Abteilung seines Heeres mit Kriegsschiffen nach Korea, die am 6. Mai 1894 in Asan in der Provinz Süd-Tsungtsong landete. Japan hatte schon lange wegen der Koreafrage einen Krieg gegen China geplant, und wollte die Gelegenheit ausnutzen, um seinen Plan zu verwirklichen. Auch Japan seinerseits schickte eine Armee und Kriegsschiffe nach Korea,

wo es bald darauf zwischen beiden Mächten zu Zusammenstößen kam. Dabei hat der japanische Gesandte Oshima von der koreanischen Regierung das Schutz- und Trutzbündnis erzwungen. China hat den Krieg sowohl zu Land als auch zu Wasser verloren, und im April 1895 in Shimonoseki (Japan) hat der chinesische Bevollmächtigte Li Hung-Chang den Friedensvertrag mit dem japanischen Bevollmächtigten Ito unterschreiben müssen. In diesem Vertrag wurde deutlich erklärt, daß beide Staaten niemals die Unabhängigkeit Koreas antasten dürfen. Aber was sollte das nutzen? Bald darauf haben die Japaner das Wort gebrochen.

3. Die Ermordung der Kaiserin durch die Japaner.

Nach dem Kriege wollten die Japaner nach Belieben in Korea schalten und walten. Aber das ging nicht so leicht, wie man anfangs angenommen hatte. Infolge des Krieges ist China in Korea vollständig zurückgetreten, aber nun wollte Rußland sich immer mehr Vorteile in Korea verschaffen. Es wäre ganz natürlich gewesen, wenn die Kaiserin versucht hätte, sich Rußland zu nähern, weil die Japaner ihr Versprechen, die Unabhängigkeit Koreas zu wahren und zu achten, gebrochen hatten. Da die Japaner ihren Einfluß bei Hofe abnehmen sehen, hielten sie die Kaiserin für die Schuldige, die angeblich gegen Japan und für Rußland war. Der japanische Sondergesandte Miura hatte im geheimen den Plan ausgearbeitet, die Kaiserin zu ermorden. Am frühen Morgen des 8. Oktober 1895 drangen japanische Soldaten in den Palast ein, wobei viele von den koreanischen Garde getötet wurden. Die japanischen Soldaten hatten das Gebäude besetzt, in dem die Kaiserin schlief, und etwa dreißig japanische Mörder stürzten sich ins Schlafzimmer der Kaiserin und ermordeten sie. Darauf haben die Japaner die Leiche der Kaiserin mit Petroleum begossen und verbrannt. Die japanische Regierung mußte Miura und Genossen, etwa dreißig Personen verhaften, weil die Gesandtschaften aller Mächte in Korea über die Mordtat sehr empört waren und von der japanischen Regierung deswegen Aufklärung verlangten. Japan brachte diese Leute nach Hiroshima (Japan), um gegen sie Prozeß zu führen, aber sie wurden alle freigesprochen.

Die unerhörte barbarische Tat der Japaner hat das koreanische Volk außer sich gebracht, überall hat man Freiwillige gesammelt, um die Todfeinde zu zerschmettern. Man nennt die Freiwilligen in Korea „Ibyeng", d. h. die Soldaten der Gerechtigkeit. Ju In Sek und He Wü waren die bedeutendsten und einflußreichsten

10

Führer unter ihnen. Mehrere Monate lang wurden zwischen den Freiwilligen und den Japanern viele heftige Kämpfe geführt, wobei viel Menschen getötet wurden.

4. Korea und der russisch-japanische Krieg.

Japan mußte die Liau-Tung-Halbinsel, die Japan durch den Friedensvertrag von Shimonoseki von China erworben hatte, an China zurückgeben, weil Rußland im Verein mit Frankreich und Deutschland dagegen protestiert und sogar Rußland ein Ultimatum nach Japan geschickt hatte. Aber bald darauf haben die Russen selbst Port-Arthur und Dairen von China gepachtet. Japan war nicht damit zufrieden. Und Rußlands Einfluß wuchs in Korea. Ueberdies wollte Rußland nicht seine Truppen, die wegen der „Boxer"-Bewegung nach der Mandschurei geschickt worden waren, zurückziehen. Deshalb war ein Krieg gegen Rußland für die Japaner unvermeidlich.

Am 5. Februar 1904 erklärte Japan Rußland den Krieg. Am 23. Februar desselben Jahres hat der japanische Gesandte Hayashi mit zwei Divisionen von der koreanischen Regierung den „Vertrag" von sechs Punkten erzwungen. Der Vertrag lautet:

1. Korea und Japan wollen gegenseitig ewige und unverbrüchige Freundschaft aufrechterhalten und den Frieden in Ostasien befestigen. Zu diesem Zwecke verpflichtet sich Korea, sich von Japan über Verbesserungen in der Politik beraten zu lassen.

2. Die japanische Regierung garantiert die Sicherheit und das Wohl der koreanischen kaiserlichen Familie.

3. Die japanische Regierung garantiert die Unabhängigkeit und die Unantastbarkeit des Gebietes von Korea.

4. Wenn die Sicherheit und das Wohl der koreanischen kaiserlichen Familie durch Angriffe anderer Mächte oder durch innere Unruhen in Gefahr ist, so soll die japanische Regierung schnell die nach ihrem Ermessen notwendigen Maßnahmen treffen, und die koreanische Regierung verpflichtet sich, Japan dabei alle Hilfe zu gewähren, um die Ausführung der Maßnahmen der japanischen Regierung zu erleichtern, und die japanische Regierung kann den militärisch notwendigen Grund und Boden enteignen, um das erwähnte Ziel zu erreichen.

5. Spätere Abmachungen mit dritten Mächten, die diesem Vertrage zuwiderlaufen, sind nichtig, sofern nicht die japanischen und koreanischen Regierungen sie gemeinsam billigen.

11

6. Weitere Regelungen können vom japanischen Vertreter und dem koreanischen Außenminister nach Bedarf getroffen werden.

Im Sommer 1905 hat Japan den Krieg endgültig gewonnen und es kam zum Waffenstillstand. Am 5. September haben der russische Bevollmächtigte Witte und der japanische Bevollmächtigte Komura den Friedensvertrag in Portsmouth in den Vereinigten Staaten von Nordamerika unterzeichnet. Der zweite Artikel des Vertrages lautet:

Der russische Kaiser erkennt an, daß Japan in Korea politisch, militärisch und wirtschaftlich besondere Rechte hat. Rußland verpflichtet sich, Japan nicht daran zu hindern, daß Japan später die Maßnahmen, die es mit der koreanischen Regierung zusammen für notwendig hält, in Korea trifft und die Handlungen der koreanischen Beamten leitet. Die Angehörigen Rußlands und die russischen Gewerbetreibenden dürfen den gleichen Schutz wie die Untertanen anderer Staaten beanspruchen.

5. Empörung des Volkes über den Protektorats-„Vertrag".

Erst hatte Japan durch den chinesischen Krieg China, diesmal die Weltmacht Rußland aus Korea vertrieben. Am 11. November 1905 traf Ito als japanischer Sonderbotschafter in Sŏul ein. Am 15. November legte Ito einen Entwurf vom Protektoratsvertrag, der aus fünf Punkten bestand, dem Kaiser vor. Höchst empört lehnte der Kaiser den Plan Itos ab, indem er sagte: „Wir können für unser Land sterben, aber niemals so einem Vertrage zustimmen". Darauf drohte Ito dem Kaiser Gewalt an, aber er konnte nicht dessen Zustimmung erzwingen. Am 17. November kam Ito, von der Armee begleitet, mit dem Gesandten Hayashi und dem General Hasegawa in den Palast und ließ den Palast besetzen. Darauf schickte Ito den Dolmetscher an der japanischen Gesandtschaft Maema und den Angestellten Numano, einen Japaner, bei dem koreanischen auswärtigen Ministerium, in Begleitung von japanischen Soldaten, nach dem koreanischen auswärtigen Ministerium, um das Siegel des koreanischen auswärtigen Ministers zu erlangen. Das Siegel wurde geholt, der „Vertrag" wurde mit dem Siegel gesiegelt (Siegeln bedeutet in „Korea Unterschreiben). Der Vertrag lautet:

1. Von jetzt an übernimmt die japanische Regierung durch das auswärtige Ministerium in Tokio die Aufsicht und die Leitung über alle Beziehungen und Angelegenheiten Koreas. Die ja-

panischen diplomatischen Vertreter und Konsuln übernehmen den Schutz der Angehörigen Koreas und der Interessen Koreas im Auslande.

2. Die japanische Regierung soll die vollständige Durchführung der bestehenden Verträge Koreas mit anderen Staaten übernehmen, und die koreanische Regierung verpflichtet sich, ohne Vermittlung Japans keine internationalen Verträge zu schließen und keine internationalen Versprechen zu machen.

3. Die japanische Regierung bestellt einen Generalresidenten beim koreanischen Kaiser. Der Generalresident führt ausschließlich die koreanischen auswärtigen Angelegenheiten und hat seinen Sitz in Söul. Er hat das Recht, beim Kaiser Audienz zu erhalten. Die japanische Regierung hat das Recht, in allen koreanischen Häfen und da, wo sie es für nötig hält, in Korea je einen Verwalter zu bestellen. Der Verwalter führt, dem Generalresidenten gehorchend, die Angelegenheiten, die bis dahin vom japanischen Konsul geführt wurden, und alle diejenigen Angelegenheiten, die zur vollständigen Durchführung der Bestimmungen dieses Vertrages notwendig sind.

4. Alle bestehenden Verträge und Versprechen zwischen Korea und Japan behalten ihre Wirksamkeit, es sei denn, daß sie diesem Vertrage zuwider sind.

5. Die japanische Regierung bürgt dafür, daß die Sicherheit und das Wohl der koreanischen kaiserlichen Familie aufrechterhalten werden.

Alle Zeitungen, die diese Vorgänge schilderten, wurden geschlossen, und ihre Redakteure wurden festgenommen. Alles war in größter Aufregung. Der Generaladjutant Min Yeng-Hoan und viele andere machten selbst ihrem Leben ein Ende.

6. Drei koreanische Delegierte auf der zweiten Haager Friedenskonferenz.

Es wurden drei koreanische Delegierte, Li Sang-Sel, Li Dsun, Li Wü-Dsong, nach dem Haag entsandt, um auf der zweiten Friedenskonferenz 1907 Korea zu vertreten. Es erfolgte nur im geheimen, weil es mit dem Protektoratsvertrag im Widerspruch stand. Aber der koreanische Kaiser hatte diesen Schritt eben deshalb für nötig gehalten, weil der Vertrag von seiner Regierung mit Gewalt erzwungen und von ihm selbst noch nicht bestätigt worden war. Die drei Delegierten hatten der Konferenz einen Appell gegen die „Abmachung" vom 17. November 1905, d. h.

gegen den Protektoratsvertrag, überreicht und die Konferenz dringend ersucht, sie an der Konferenz teilnehmen zu lassen. Da wurde der koreanische Kaiser telegraphisch von der Friedenskonferenz gefragt, ob er tatsächlich die Delegierten entsandt hätte. Aber das Telegramm gelangte zuerst zum Generalresidenten Ito, weil damals die Japaner schon alle Verkehrsmittel in ihre Hände genommen hatten. Danach begab Ito sich sofort zum Kaiser mit dem Telegramm und tadelte den Kaiser sehr heftig, daß er dem Protektoratsvertrag zuwider gehandelt hätte. Darauf wurde von Ito an die Konferenz telegraphiert, daß der koreanische Kaiser keine Delegierten entsandt hätte. Die koreanischen Delegierten hörten diese Nachricht und gerieten in die höchste Entrüstung. Da entleibte sich einer von ihnen, Li Dsun, um mit seinem Tode für die Wahrheit zu zeugen.

7. Abdankung des Kaisers zugunsten seines Sohnes und der „Vertrag" von sieben Punkten.

In dem Ereignis, daß drei koreanische Delegierte, welche vom Kaiser im geheimen entsandt worden waren, im Haag erschienen waren, erblickte Ito einen schönen Vorwand, den ihm unbequemen Kaiser entthronen zu können. Am 17. Juli 1907 hat Ito von dem Kaiser verlangt, zugunsten seines Sohnes abzudanken. Der Kaiser war höchst empört und lehnte das Ansinnen Itos ab. Erst in der Nacht des folgenden Tages ernannte ein kaiserlicher Erlaß den Kronprinzen zum Regenten. Aber Ito war damit nicht zufrieden und bestand auf der Abdankung des Kaisers. Im Volke erhob sich ein Sturm der Entrüstung, eine Demonstration wurde vor dem Tor des Palastes von Patrioten veranstaltet, alle Leute schrien zum Himmel: „Ew. Majestät dürfen nicht abdanken! Wir alle sind bereit, für das Vaterland uns zu opfern". Aber der Druck des Feindes war so mächtig, daß am frühen Morgen des 19. Juli 1907 ein kaiserlicher Erlaß die Abdankung des Kaisers zugunsten seines Sohnes verkünden mußte. Durch die Verkündung geriet das Volk in höchste Aufregung, der Palast wurde von der Menschenmenge umgeben, und alle schrien. Die japanischen Soldaten zerstreuten die Menschenmenge mit den Waffen, wobei viel Blut vergossen wurde. Die Patrioten setzten eine dem Untergang geweihte Schar zusammen und griffen die japanischen Polizeibehörden an, aber bald wurden sie von japanischen Soldaten unterdrückt. Die einen von den Patrioten wurden auf verschiedene Inseln verbannt und die anderen ins Gefängnis geworfen. Am

14

24. Juli hat Ito den neuen Kaiser zu dem Vertrag von sieben Punkten gezwungen. Der Vertrag lautet:

1. Die koreanische Regierung verpflichtet sich, über Verbesserungen in der Politik Anweisungen vom Generalresidenten anzunehmen.

2. Die koreanische Regierung verpflichtet sich, im voraus um die Zustimmung des Generalresidenten zu ersuchen, wenn sie Gesetze oder Verordnungen erlassen und wichtige Verfügungen treffen will.

3. Die Geschäfte und Angelegenheiten der koreanischen Justiz und der koreanischen Verwaltung sind zu trennen.

4. Die Bestellung und Entlassung der koreanischen höheren Beamten erfolgt mit Zustimmung des Generalresidenten.

5. Die koreanische Regierung verpflichtet sich, diejenigen Japaner, die der Generalresident empfohlen hat, zu koreanischen Beamten zu bestellen.

6. Die koreanische Regierung darf nicht die Untertanen anderer Staaten in Dienst nehmen und zu koreanischen Beamten bestellen, wenn keine Zustimmung des Generalresidenten vorliegt.

7. Der erste Artikel des Vertrages, der am 25. August 1904 unterzeichnet worden ist, wird aufgehoben (Aufhebung des Beraters beim Finanzministerium).

8. Auflösung der koreanischen Armee.

Unter dem Vorwande, Verwaltungskosten zu ersparen und das Heerwesen zu verbessern, hatte Hasegawa, der japanische General beim Generalresidenten, schon früher die Stärke der koreanischen Armee vermindert, danach zählte man bloß 336 Offiziere und 9640 Soldaten in der Hauptstadt, und auf dem Lande im ganzen 4270 Mann. Nach der Abdankung des Kaisers fürchtete Ito, daß die Armee etwas vorhaben könnte. Da hat er im geheimen mit Hasegawa beschlossen, die koreanische Armee aufzulösen. Am 30. Juli 1907 begab sich Hasegawa zum neuen Kaiser und erzwang vom Kaiser einen kaiserlichen Erlaß, die Armee aufzulösen. Am 1. August wollte Hasegawa die Auflösung durchführen. Der Kommandant des ersten Bataillons vom ersten Garderegiment Pak Sing Hoan hörte diese Nachricht, geriet in höchste Erregung und — erschoß sich.

Nach dem Tode ihres Führers gerieten die Soldaten in höchste Entrüstung, erbrachen das Munitionsmagazin und nahmen die

Munition heraus, um damit gegen die japanischen Soldaten bis aufs äußerste zu kämpfen. Andere Soldaten folgten auch diesem Beispiel. Da wurden zwischen den koreanischen und japanischen Soldaten heftige Kämpfe geführt, aber endlich wurden die Koreaner unterdrückt. Viele Soldaten fanden darauf ihre Zuflucht auf dem Lande, wo sie als Freischärler „Ibyeng", weiter mit Japanern kämpften.

9. Tätigkeit der „Ibyeng" auf dem Lande.

„Ibyeng" bestehen aus den Freiwilligen, die, wenn der Staat in Gefahr ist, ohne den Befehl von oben abzuwarten, sich sammeln, um dem Staate behilflich zu sein. „Ibyeng" stammen schon aus der Zeit, wo in Korea drei Königreiche nebeneinander bestanden. Unter vielen „Ibyeng" sind diejenigen „Ibyeng", die bei dem japanischen Kriege 1592—1598 gebildet wurden, die bedeutendsten. Nach den Einfällen von Mandschus 1619 und 1627 hat Korea lange Zeit Frieden genossen, deshalb fehlten der großen Masse des Volkes militärische Uebung. Aber den Mut der Koreaner, für das Vaterland sich zu opfern, muß man in vollen Umfange anerkennen.

Seitdem Japan in Korea mit Gewalt aufgetreten ist, führen die „Ibyeng" dauernd heftige und sehr schwere Kämpfe gegen die Japaner. Ihre Not ist groß. Unter den größten Entbehrungen müssen sie kämpfen. Die Japaner wollen mit zwei Divisionen, die sie nach Korea gelegt haben, alle „Ibyeng" ausrotten. Aber das wird ihnen nicht gelingen. Die „Ibyeng" sind keine große einheitliche Armee, sondern viele größere und kleinere Gruppen. Im Dorf, in der Stadt, auf dem Berge und in dem Tal treten sie unvermutet auf und beginnen den Kampf. Bis heute setzen sie ihre Tätigkeit fort. Viele von ihnen sind in der Mandschurei und in Sibirien, und fortwährend dringen sie in Nordkorea ein und greifen die Behörde und die Garnisonen an.

10. Dsang In-Hoan und Dsen Myeng-Un ermordeten Steven.

Der Amerikaner Steven wurde von den Koreanern Dsang In-Hoan und Dsen Myeng-Un in Oakland (bei San Francisco in Nordamerika) ermordet.

Steven war Angestellter beim koreanischen auswärtigen Ministerium auf Vorschlag Japans und trug viel zum Protektoratsvertrage bei. Nach seiner Rückkehr nach Amerika hat er im Auftrage Itos viel gepredigt, daß Japan Korea in Besitz nehmen müsse, und daß Ito für Korea viel Gutes geleistet habe und die Koreaner für Ito seien.

Dsang In-Hoan wurde zu 15 jährigem Zuchthaus verurteilt.

11. An Dsung-Ken ermordet Ito.

Im Sommer 1909 gab Ito seine Generalresidentur in Korea auf. Im Oktober traf er sich in Charbin mit dem russischen Finanzminister Kokowzow, um sich über die Machtverhältnisse im fernen Osten, besonders die Interessensphären in der Mandschurei und Mongolei, auszusprechen. Danach beabsichtigte er mit Vertretern anderer Länder über die chinesische Frage zu konferieren, in der Hoffnung chinesischer Finanzkontrolleur zu werden. —

Als er am 26. Okt. auf dem Bahnhof von Charbin den russischen Minister begrüßte und sich vor einer großen Menschenmenge an den Ehrentruppen vorbei zum diplomatischen Korps begab, wurde er von dem Koreaner An Dsung-Ken erschossen. Ito fand auf der Stelle seinen Tod, An Dsung-Ken rief dreimal „Hurra" und ließ sich ruhig festnehmen. Ito als Vertreter des Raubvolkes hat allerlei Böses in Korea getan. Für diese seine Taten hat er durch seinen Tod gebüßt. An Dsung-Ken wurde am 26. März 1910 im japanischen Gefängnis in Port-Arthur hingerichtet.

Vorher schon im Juni 1909 hatte An Dsung-Ken in Nordkorea als Führer an den Kämpfen der Freischärler „Ißbyeng" gegen die Japaner teilgenommen.

II. Die Annexion im Jahre 1910 und die folgenden Jahre

1. Die Annexion Koreas durch Japan.

Bei all seinen Grobheiten versuchte Ito doch, seine Faust in Watte einzupacken. Aber Terauchi, der dritte Generalresident und der erste Generalgouverneur von Korea, verstand keinen Spaß, er kannte und gebrauchte nur Gewehre und Gefängnis.

Durch die Ermordung Itos wurde den Japanern endlich die ersehnte Veranlassung gegeben, zur Annexion Koreas zu schreiten, die man natürlich auch ohnedies in absehbarer Zeit vollzogen hätte. Der damalige Kriegsminister Terauchi, ein Liebling des einflußreichsten Politikers Yamagata, wurde als Generalresident nach Korea gesandt, um die Annexion durchzuführen. Im Juli 1910 traf Terauchi in Soul ein, und ging

sofort an die Ausführung der Annexion. Er hat das Polizeipräsidium aufgehoben und an dessen Stelle einen Polizeigeneralinspektor bestellt. Der Polizeigeneralinspektor führt den Befehl über die Gendarmen und Polizisten im ganzen Land. Terauchi hat von neuem zweitausend Gendarmen aus Japan kommen lassen und sie auf alle wichtigen Punkte verteilt. Japanische Kriegsschiffe überwachten die ganze koreanische Seeküste. Ueberall Soldaten, Gendarmen und Polizisten. Alle Zeitungen wurden geschlossen, alle Vereinigungen wurden verboten, alle Persönlichkeiten, die im Volke mehr oder weniger Achtung und Vertrauen genossen, wurden festgenommen.

Am 22. August 1910 wurde der Annexions-„Vertrag" unterzeichnet und am 29. August verkündet. Der Generalresident verschwand, an seine Stelle trat der Generalgouverneur. Der Annexionsvertrag hat folgenden Wortlaut:

1. Seine koreanische kaiserliche Majestät treten alle Herrschaftsrechte über ganz Korea vollkommen und ewig Seiner japanischen kaiserlichen Majestät ab.

2. Seine japanische kaiserliche Majestät haben die im letzten Artikel erwähnte Abtretung der Herrschaftsrechte angenommen und bestätigen, daß Korea Japan einverleibt worden ist.

3. Seine japanische kaiserliche Majestät haben Seiner koreanischen kaiserlichen Majestät, Seiner koreanischen kaiserlichen Majestät Vater, Seiner koreanischen kaiserlichen Majestät Kronprinzen und ihren Gemahlinnen und Nachkommen versprochen, daß sie alle ihrer Stellung entsprechende Titel, Würden und Ehren genießen, und daß ihnen allen genügende jährlich ausgesetzte Summen zugeteilt werden sollen.

4. Seine japanische kaiserliche Majestät haben den im letzten Artikel nicht genannten koreanischen kaiserlichen Verwandten und ihren Nachkommen versprochen, daß sie alle entsprechende Ehre und Behandlung genießen und daß ihnen allen die Mittel für die notwendigen Ausgaben zugeteilt werden sollen.

5. Seine japanische kaiserliche Majestät haben versprochen, daß denjenigen Koreanern, die sich besonders verdient gemacht haben und als dazu geeignet anerkannt werden, Adelswürde und kaiserliche Geschenke in Geld zugeteilt werden sollen.

6. Infolge der erwähnten Annexion übernimmt die japanische Regierung ausschließlich die ganze Verwaltung in Korea und betrachtet es als ihre Aufgabe, Leben und Vermögen derjenigen Koreaner vollkommen zu schützen und für das Wohl

Unabhängigkeitsbewegung Koreas

2

derjenigen zu sorgen, die der in Korea geltenden Rechtsordnung gehorchen.

7. Die japanische Regierung bestellt diejenigen Koreaner, die die neue Einrichtung gewissenhaft achten und dementsprechende Fähigkeit besitzen, möglichst zu kaiserlichen Beamten in Korea.

8. Dieser Vertrag tritt von dem Tage der Verkündung, die nach der Ratifikation durch Seine japanische kaiserliche Majestät und Seine koreanische kaiserliche Majestät erfolgen soll, in Kraft.

Ein über 4000 Jahre Selbständigkeit genießendes Volk wurde zum ersten Mal fremder Herrschaft unterworfen. Viele Leute haben sich entleibt, viele sind nach dem Ausland geflohen. Im Innern wurden viele Geheimorganisationen gebildet. Im Auslande, insbesondere in der Mandschurei, in Sibirien und Amerika wurde offener Widerstand organisiert.

Durch die Annexion ist die koreanische Selbstverwaltung aufgehoben worden. Die Gesetzgebung und die Verwaltung liegt ausschließlich in den Händen des Generalgouverneurs, wobei in wichtigsten Fragen der japanische Kaiser entscheidet.

2. Die ostasiatische Kolonisationsgesellschaft.

Die ostasiatische Kolonisationsgesellschaft, die im Jahre 1908 durch den damaligen japanischen Ministerpräsidenten Katsura gebildet wurde, ist eine sehr große Organisation, durch die man Korea und die Mandschurei einverleiben wollte. Sie ist eine Aktiengesellschaft, deren Kapital, anfangs 10 Millionen Yen, später (1923) auf 50 Millionen Yen erhöht wurde. Die japanische Regierung bestellt ihren Präsidenten, und die Gesellschaft bekommt jährlich von der Regierung 3 Millionen Yen als Unterstützung. Ihr Hauptzweck besteht darin, daß sie zuerst in Korea Grund und Boden erwirbt, um Japaner in Korea anzusiedeln. Für diese Gesellschaft ist dies der heiligste Zweck. Kein Mensch, keine Behörde kümmert sich um die Nahrung und den Erwerb der Koreaner. Sehr viel Grund und Boden wurde mit Gewalt, Betrug und Hinterlist den Koreanern aus den Händen gerissen, infolgedessen müssen viele Hunderttausende hungern und wieder Hunderttausende müssen nach der Mandschurei und Sibirien auswandern.

3. Verhinderung der Unternehmungen der Koreaner.

Die Koreaner haben schon lange angefangen, in moderner Weise verschiedene Gesellschaften zu begründen und damit

große Unternehmungen zu treiben. Aber nach der Annexion hat der Generalgouverneur eine Verordnung erlassen, durch welche die Begründung der Gesellschaften sehr beschränkt wurde. Ueberdies haben die Beamten mit allen Mitteln die Koreaner daran gehindert, etwas zu unternehmen.

Das Recht, die Mineralien auszubeuten, wird meistens den Japanern verliehen, wenn auch Koreaner schon vorher darum gebeten hatten. Früher wurde die Konzession, die Mineralien auszubeuten, in Korea von der Zentralregierung erteilt, aber nach der Generalresidentenherrschaft wurde eine Mineralienverordnung vom Generalresidentenministerium für Landwirtschaft, Handel und Industrie erlassen, nach der viele Japaner zu koreanischen Beamten ernannt und alle diejenigen, die das Recht, die Mineralien auszubeuten, erwerben wollen, aufgefordert wurden, mit Angabe der Größe der Bergbaugebiete Anträge zu stellen. Da waren viele Koreaner sehr eifrig, um die versteckten Schätze der Erde zu entdecken und Anträge zur Konzession zu stellen. Darauf wurden die Bergbaugebiete sofort von den japanischen Beamten untersucht, aber die Anträge wurden meistens erst nach einigen Jahren abgelehnt. Dadurch haben die Japaner genaueres von den Mineralien in Korea ohne Mühe erfahren können, und die Japaner bekommen die besten und die Koreaner die schlechtesten Bergbaugebiete. Daraus können die Koreaner keinen Nutzen ziehen, die meisten von ihnen machen vielmehr Bankrott.

4. Beaufsichtigung des Privatvermögens der Koreaner.

An der Spitze der Verwaltung der früheren koreanischen kaiserlichen Familie steht ein Koreaner als Präsident, und neben ihm wird ein Japaner als Vizepräsident bestellt. Aber alles steht in der Macht des Japaners, besonders die Verfügung über das Vermögen erfolgt nicht ohne seine Zustimmung. Bei den kaiserlichen Verwandten und Adligen, die ein Vermögen von über 500 000 Yen besitzen, bestellt der Generalgouverneur je einen Verwalter, der alle Einnahmen und Ausgaben beaufsichtigt. Sonstigen reichen Koreanern zwingen die Japaner auch Verwalter auf. Die japanischen Polizisten stürzen sich manchmal in die Wohnung der Koreaner und untersuchen die Schriftstücke, worin die Vermögenszustand bezeichnet worden ist. Und wenn man von seinem Depositum bei der Bank mehr als tausend Yen auf einmal abheben will, muß man über den Zweck genaues angeben. Sogar

2*

auf Schenkungen zugunsten von Schulen u. a. richtet die Polizei ihr Augenmerk und greift gegebenenfalls ein.

5. Blockade des Wissens und Japanisierung.

Seitdem Korea mit abendländischen Mächten Beziehungen begonnen hat, man in Korea nach europäischem Muster viele Lehranstalten gegründet. Damit hat schon lange die Modernisierung in Korea begonnen. Viele Zeitungen und Zeitschriften wurden herausgegeben, viele Vereine wurden gebildet, um die Erneuerung zu verwirklichen.

Aber nach der Annexion wurden alle Zeitungen und Zeitschriften verboten. Alle Bücher, die die koreanische Geschichte, die Geschichte der Revolutionen der Länder, die Geschichte der Befreiung der Völker und die Großen der Welt behandelt haben, wurden beschlagnahmt. Alle Vereine, die für die Kultur tätig waren, wurden verboten, die mit Privatmitteln erhalten werden, in jeder Hinsicht verhindert, ihre Tätigkeit weiterzuführen. Mit allen Mitteln haben die Japaner die Koreaner daran gehindert, eine höhere Bildung zu erlangen. So haben sie den Koreanern nicht gestattet, nach dem Auslande zu gehen, um zu studieren, sogar haben sie die Reise der Koreaner nach Japan zum Studium erschwert.

Japanische Sprache und Geschichte wurden die Hauptfächer in allen Schulen. Koreanische Geschichte in den Schulen zu lehren, wurde streng verboten.

6. Unterdrückung der Religion.

Die Japaner haben eingesehen, daß nicht nur Sprache, Geschichte, Sitten und Gebräuche, sondern auch die Religion als eine große Macht im Volke wirkt. So haben sie gegen alle Religionen, die in Korea herrschen, einen Feldzug unternommen.

a) Gegen den Tankunismus (Tai-Chon-Kio).

Der Tankunismus ist die älteste eigene Nationalreligion, die auf dem Ahnenkultus beruht. Die „Drei Ahnen" verehren die Koreaner schon über 4000 Jahre lang. Die drei Ahnen sind Tankun, der erste Kaiser der Koreaner, sein Vater und sein Großvater. In der alten Geschichte steht geschrieben: „Tankun ist zugunsten der Menschen vom Himmel heruntergekommen."

Bei der Annexion wollten die Japaner die Organisation auflösen, aber sie fanden keinen dazu geeigneten Vorwand. Beim

Gottesdienst und der Predigt sind Polizeibeamte immer zugegen. Prediger wurden manchmal ohne Angabe der Gründe festgenommen. Man hat keine Freiheit zu predigen, und der Bau von Tempeln wird nicht erlaubt.

b) Gegen den Buddhismus.

Im Jahre 372 ist der Buddhismus in Korea eingeführt worden. In den Zeiten der Reiche Sinla und Korye war der Buddhismus die alleinherrschende Religion gewesen. Der japanische Buddhismus hat seinen Ursprung in Korea. Während der Chosen-Dynastie (die letzte Dynastie), über 500 Jahre lang, wurde der Buddhismus von dem Konfuzianismus unterdrückt. Trotzdem hat der Buddhismus seinen großen Einfluß bei der breiten Masse des Volkes niemals verloren. Die Tempel besitzen meistens viel Wälder, ihr Reichtum war sehr groß. Sie sind auch Schützer der Kultur, weil dort viele antike und wertvolle Sachen aufbewahrt werden. Aber auch die Tempelordnung wurde das Vermögen der Tempel unter die Aufsicht des Generalgouverneurs gestellt, und die Behörde versucht mit allen Mitteln, die modernen Strömungen innerhalb des Buddhismus zu verhindern.

c) Gegen das Christentum.

Das Christentum hat sich in kurzer Zeit in Korea ziemlich entwickelt. Die Japaner hielten die koreanischen Christen für japanfeindlich; zuerst wollten sie die Christen zugunsten ihrer eigenen Politik verschonen, aber als man bald darauf einsah, daß es unmöglich ist, die koreanischen Christen für Japan zu gewinnen, so verwendete man allerlei Unterdrückungsmittel gegen die Christen. Im Dezember 1911 war ein Prozeß herbeigeführt worden, bei dem unter dem Verdacht eines angeblichen Mordplans gegen den Generalgouverneur Terauchi hundertzwanzig Personen, unter denen viele Christen waren, angeklagt wurden. Mit diesem Prozeß wollte man zwei Ziele erreichen, einerseits die Patrioten zu vernichten und andererseits das Christentum zu unterdrücken.

Trotzdem bleibt die Treue der Koreaner gegen das Christentum unverändert. Da sahen die Japaner ein, daß ihre zu eilige Politik wenig Wirkung hätte, und sie entschlossen sich zur Politik der allmählichen Vernichtung.

d) Gegen die Tsendokio (Himmelslehre).

Die Tsendokio ist eine neue Religion, die im Jahre 1860 von dem Koreaner Tsō Dse-U begründet worden ist. Diese

Religion hat sich sehr schnell entwickelt, ihre Anhänger erreichen jetzt die Zahl von drei Millionen. Die Japaner versuchten mit allen Mitteln diese Religion zu unterdrücken. Die Polizeibehörde untersucht alle Monate den Zustand ihres Vermögens.

III. Die Unabhängigkeitserklärung im März 1919 und die daraufffolgende Zeit.

1. Die Zentrale der Unabhängigkeitsbewegung in Söul.

Nach der Annexion wurde die Unabhängigkeitsbewegung im geheimen oder öffentlich ununterbrochen fortgesetzt. Aber nach dem Weltkriege, als das Selbstbestimmungsrecht der Völker besonders betont wurde, hat in Korea die sehr umfangreiche Unabhängigkeitsbewegung begonnen. Im Oktober 1918 hat man die Zentrale der Bewegung in Söul gegründet, und ihre Zweigstellen in allen wichtigen Punkten, sowohl im Inlande als auch im Auslande, eingerichtet. So hat man alle Vorbereitungen getroffen, um gleichzeitig das ganze Land in Bewegung zu setzen. An die Spitze dieser Bewegung wurde der Führer der Tsendokio, Son Byeng-Hi, gesetzt; die Vertreter aller patriotischen Vereinigungen versammeln sich in Söul, um sich über die Mittel schlüssig zu werden.

2. Die Ermordung des alten Ex-Kaisers.

Der alte Ex-Kaiser, der von Ito gezwungen wurde, zugunsten seines Sohnes abzudanken, haßte die Japaner bis aufs Blut, seitdem seine Gemahlin von Japanern ermordet worden war. Später wurde er abgesetzt und mußte auch die Annexion erleben. Deshalb ist es sehr wohl begreiflich, daß er bis zu seinem Tode die Japaner gehaßt hat. Er wollte jede Gelegenheit ergreifen, um sich an den Japanern zu rächen. Die Japaner haben auch eingesehen, daß der alte Ex-Kaiser nicht ihre Puppe sein wollte. Darum wollten die Japaner schon längst dem Leben des alten Ex-Kaisers ein Ende machen.

Als der Weltkrieg beendet worden war und der Präsident Wilson mit dem großen Ideal des Friedens, besonders mit dem Gedanken der Selbstbestimmung der Völker, nach Paris kommen wollte, sahen die Japaner in der Person des alten Ex-Kaisers die größte Gefahr, weil er ein Augenzeuge aller Verbrechen der Japaner in Korea war.

Vorher haben die Japaner einen schönen Plan, den jüngsten Sohn des alten Ex-Kaisers mit der japanischen Prinzessin Yoshiko

zu verheiraten, ausgearbeitet, und die Hochzeit sollte am 25. Januar 1919 stattfinden. Das junge Paar sollte dann unter dem Vorwand einer Hochzeitsreise nach Europa gehen und gelegentlich der Friedenskonferenz in Paris anwesend sein. Die Japaner wollten vor aller Welt zeigen, wie das koreanische Volk und das japanische Volk durch ihre kaiserlichen Familien geeinigt sind. Die Japaner hofften, von der Welt eine Anerkennung dafür zu bekommen.

Man hat vom alten Ex-Kaiser verlangt, ein Schriftstück zu unterschreiben, das beweisen sollte, daß die Annexion Koreas durch Japan auf der Vereinbarung beider Nationen beruhte. Aber diese Zumutung wurde von ihm ohne weiteres abgelehnt. Trotzdem haben die Japaner nicht die Versuche aufgegeben, ein Schriftstück zustande zu bringen, das den Zweck hat, zu beweisen, daß die Annexion nicht gewaltsam, sondern mit Zustimmung der Koreaner erfolgt sei, und man wollte alle Adligen und alle Gemeindevorsteher zwingen, es zu unterschreiben und zu besiegeln, wodurch das Volk in große Aufregung geriet.

Am 22. Januar 1919 wurde von einem Beamten des Palastpersonals nachts um 3 Uhr nach außen mitgeteilt, daß der alte Ex-Kaiser plötzlich gestorben sei. Die Japaner wollten das verheimlichen, und verkündeten durch ein Extrablatt, daß der alte Ex-Kaiser totkrank sei. Zuerst haben die Japaner versucht, die Ermordung zu verheimlichen und sie erst nach der Hochzeit des koreanischen Prinzen mit der japanischen Prinzessin zu veröffentlichen. Aber nach mehrmaligem Telegrammwechsel mit der Tokioer Regierung veröffentlichen, die lautet: Heute nachts um 3 Uhr ist der alte Ex-Kaiser durch einen Gehirnschlag gestorben. Aber die Wahrheit wurde bald bekannt. Der alte Ex-Kaiser pflegte vor dem Schlafengehen Reispudding zu essen; die Japaner haben Gift in den Reispudding gemischt. Der alte Ex-Kaiser hat wie immer den Reispudding gegessen; es verging darauf kaum eine Stunde, als er schrie: „Was habe ich gegessen?" Er starb sofort danach, die Augen wurden ganz rot, im ganzen Körper befanden sich rote Flecken, und die Leiche begann gleich heftig zu verfaulen. Zwei Hofdamen, die den alten Ex-Kaiser dabei bedient haben, starben auch plötzlich.

Solcher Tod des alten Ex-Kaisers hat die Tränen aller Koreaner in einem Punkte gesammelt: im Hasse gegen die Japaner. Die Patrioten, die schon vorher sich in Söul versammelt hatten und eine geeignete Gelegenheit abwarteten, die Unabhängigkeit Koreas zu erklären, erblickten in der Beerdigung des gestorbenen alten Ex-Kaisers die günstigste Gelegenheit, weil dabei viele Leute vom Lande nach der Hauptstadt kommen würden, um dem ermordeten alten Ex-Kaiser die letzte Ehre zu erweisen.

3. Unabhängigkeitserklärung Koreas und Demonstrationen in Sŏul und auf dem Lande.

Am 1. März 1919 wurde eine Demonstration für die Unabhängigkeit Koreas in Sŏul in dem Pagoda-Park abgehalten; die Menschenmenge war sehr groß, dabei wurde die Nationalflagge, die während der neun Jahre nicht gezeigt werden durfte, entfaltet. Ein Mann trat auf die Tribüne und verlas die Unabhängigkeitserklärung Koreas, die mehreremals durch die Rufe: „Es lebe die Unabhängigkeit Koreas!" unterbrochen wurde. Zahllose Abschriften der Unabhängigkeitserklärung und zahllose Nationalflaggen wurden unter die Menschenmenge verteilt. Nach Verlesung der Unabhängigkeitserklärung wurde die Menschenmenge in zwei Teile geteilt, um durch die Stadt Umzüge zu veranstalten.

Die Menschenmenge setzte sich, die Nationalflagge in der Hand und Hochrufe auf Korea ausbringend, in Bewegung; natürlich fand sie überall Widerstand von seiten der japanischen Polizei, Gendarmen und Soldaten. An diesem Tage versammelten sich die 33 Vertreter des Volkes, Son Byeng-Hi an der Spitze, in dem Restaurant Taihoakwan und teilten telephonisch dem Polizeigeneralinspektor mit, daß sie alle in dem Restaurant versammelt seien. Darauf kamen die Polizisten und Gendarmen, und nahmen alle Vertreter fest. Tags darauf wurden über 10 Tausend ins Gefängnis geworfen, worauf in Sŏul ein Generalstreik von der Dauer eines Monats ausbrach.

Aber auf dem Lande wurde die Bewegung immer heftiger und umfangreicher. Der Generalgouverneur Hasegawa begann Metzeleien unter den Koreanern. Zu dieser Zeit haben die Koreaner in friedlicher Weise für ihre Unabhängigkeit demonstriert, sie haben gar keine Waffen in der Hand gehabt. Aber die Japaner sind dagegen mit den Waffen grausam vorgegangen. Die ganze Welt protestierte dagegen, und die Entrüstung der Koreaner war sehr groß. Infolgedessen mußte der Generalgouverneur Hasegawa abgesetzt werden.

An den Demonstrationen nahmen im ganzen Land über 2 Millionen Menschen teil, und zu diesem Zweck wurden 1542

Versammlungen abgehalten. Man zählte im ganzen 7509 Tote, 15 961 Verwundete, 46 948 Gefangene, 47 verbrannte Kirchen, zwei verbrannte Schulen, 715 verbrannte Häuser.

4. Ein Beispiel der Verbrechen der Japaner während der Demonstrationen.

Am 19. April 1919 begab sich ein japanischer Oberleutnant nachmittags mit seinen Leuten nach dem Dorf Tseam in Suwon (Mittelkorea) und berief über 30 Personen, unter denen Christen und Tsendokisten waren, in die christliche Kirche unter dem Vorwande, ihnen etwas bekannt zu machen; darauf verriegelte er die Tür und ließ feuern. Alle Leute in der Kirche mußten sterben, dabei öffnete eine Dame das Fenster und gab ihr Kind einem Soldaten und sagte: „Ich kann ruhig sterben, aber dieses Kind möchte ich retten. Bitte, tut ihr das Eurige!" Aber das Kind wurde mit dem Bajonett von den Soldaten auf der Stelle getötet. Darauf haben die Soldaten das Gebäude in Brand gesteckt. Und sie begaben sich nach dem Dorf Tseam und steckten 31 Häuser in Brand und setzten ihr grausames Werk in anderen Dörfern fort. Dabei wurden 317 Häuser in 15 Dörfern verbrannt, und 39 Personen getötet. Aber das japanische Militär wütete weiter. Man sagt, daß im ganzen in dieser Gegend über tausend Menschen den Japanern zum Opfer gefallen sind. Elend und Not herrschte hier. Mann und Frau, Greise und Kinder flohen nach dem Gebirge unter größten Entbehrungen. Diese Vorgänge wurden von vielen Europäern und Amerikanern photographiert und über die ganze Welt verbreitet.

5. Koreaner im Auslande und der Bund der Alten.

Seit ungefähr 60 Jahren siedeln sich Koreaner in der östlichen Mandschurei und Ost-Sibirien an und tragen viel zur Entwicklung dieser Länder bei. Ueberall in diesen Gegenden befinden sich koreanische Dörfer, die über ein Gebiet von mehreren tausend Kilometern lang und fast ebenso breit zerstreut sind. Die Zahl der Koreaner in diesen Gegenden beträgt heute über zwei Millionen. Dort haben die Patrioten seit mehreren Jahrzehnten ihr Hauptquartier gehabt und hauptsächlich die Bildung der Koreaner befördert. So haben sie sich gründlich vorbereitet, um die Unabhängigkeit des Vaterlandes herbeizuführen.

Nachdem am 1. März 1919 in Korea die Unabhängigkeitserklärung erfolgt war, schlossen sich alle koreanischen Kolonien in der Mandschurei und Sibirien der Unabhängigkeitserklärung von Sŏul an.

Am 17. März 1919 fand in Wladiwostok die „Nationale Versammlung der Koreaner in Rußland" statt, um auch hier die Unabhängigkeitsbewegung einheitlich zu leiten. Zu dieser Zeit wurde der Bund der Alten in Wladiwostok gegründet, der ausschließlich aus alten Leuten bestand. Da man sah, wie die junge Welt Koreas für die Unabhängigkeit des Vaterlandes eintrat, dachte man, alte Leute müßten auch für das Vaterland sich opfern. Deshalb wurde der Bund der Alten geplant, an dem bald mehrere Tausende teilnahmen. Als Vorsitzender wurde Kim Tsi-Bo gewählt. Fünf Vertreter wurden nach Sŏul geschickt, um der Unabhängigkeitsbewegung behilflich zu sein.

6. Die koreanische provisorische Regierung und ihre diplomatische Tätigkeit.

In den Märztagen 1919 wurde in Sŏul die koreanische provisorische Regierung gebildet, aber unter dem Druck der Japaner konnte sie nicht ihre Geschäfte führen. Deshalb mußte sie ihren Sitz vorläufig nach Shanghai in China verlegen. Schon lange ist eine koreanische revolutionäre Organisation dort gegründet. Dazu kamen viele Leute, die Vertrauen beim Volke genossen, zu dieser Zeit nach Shanghai, um das neue Organ zu stärken und ihm zu dienen. Zum provisorischen Präsidenten wurde Li Sing-Man, zum Ministerpräsidenten Li Tong-Hŭi gewählt. Der Regierung steht der Staatsrat zur Seite, der aus Vertretern aller Provinzen Koreas und aller Kolonien der Koreaner besteht. Zum Staatsratspräsidenten wurde Son Dseng-Do gewählt.

Am 13. März 1919 ist der Delegierte Koreas Kim Kyu-Sik in Paris angekommen, um Korea diplomatisch zu vertreten. Am 10. Mai wurde ein Appell Koreas an die Friedenskonferenz gerichtet. Leider fand der Appell auf der Konferenz keine sichtbare Wirkung; aber die Wirkung wird nie zu unterschätzen, die durch den Appell indirekt bei aller Welt hervorgerufen wird.

In Washington wurde auch ein Delegiertenkomitee bestellt, das die diplomatischen Beziehungen Koreas zu den Vereinigten Staaten führt. Dank der Aufklärungstätigkeit der koreanischen Vertreter ist in England von einem Parlamentarier eine koreanisch-freundliche Vereinigung gegründet. Besonderen Rückhalt hat die koreanische Freiheitsbewegung seit jeher an seinen Nachbarstaaten

China und Rußland, wo koreanische militärische Formationen bestehen.

Auf der Konferenz der zweiten Internationale, die 1919 in Luzern abgehalten wurde, hat der Koreaner Dso Yong-Un am 4. August den Antrag eingebracht: Die Konferenz der zweiten Internationale erkennt die Unabhängigkeit Koreas an. Der Antrag wurde angenommen.

7. Das Attentat auf den Generalgouverneur Saito durch Kang U-Kyu.

Mit den allerbrutalsten und schrecklichsten Mitteln versuchten die Japaner die friedliche Bewegung bei der Unabhängigkeitserklärung der Koreaner zu unterdrücken. Aber der Widerstand der Koreaner wurde immer heftiger und die öffentliche Meinung der Welt wurde immer aufgeregter. Da haben sie vor aller Welt verkündet, daß sie ihre bisherige unterdrückende Politik in Korea ändern wollten, und daß die Koreaner nur gegen den damaligen Generalgouverneur Hasegawa, aber nicht gegen die japanische Herrschaft in Korea überhaupt seien. Sie glaubten damit, die öffentliche Meinung der Welt beruhigen und die Koreaner von ihrem Widerstand zurückbringen zu können. Darum wurde der damalige Generalgouverneur, General Hasegawa abgerufen und Admiral Saito zum Generalgouverneur von Korea ernannt. Aber auch er wurde mit Bomben empfangen. Damit haben die Koreaner vor der Welt bewiesen, daß sie nur die Unabhängigkeit Koreas, nichts anderes wollten.

Am 1. September traf Saito in Sŏul ein. Damals wurde das Gerücht verbreitet, daß eine Schar Attentäter in Sŏul angekommen sei. Alle Maßnahmen wurden von seiten der Polizei und der Soldaten getroffen, um das angebliche Attentat zu verhindern. Aber am Bahnhof in Sŏul wurde eine Bombe vom 65 Jahre alten Koreaner Kang U-Kyu, der von dem Bund der Alten in Wladiwostok gesandt wurde, gegen Saito geworfen, der mit seiner Gemahlin im Begriff war, den Wagen zu besteigen. Saito konnte entkommen, aber dabei wurden über 30 Personen verwundet. Die Japaner konnten den Attentäter nicht auf der Stelle festnehmen, obwohl er ruhig betend wartete. Sie hatten einem so alten Manne solch eine fürchterliche Tat nicht zugetraut. Kang U-Kyu kam ruhig nach seinem Gasthofe zurück und verbrachte dort mehrere Wochen. Inzwischen wurden viele Jugendliche, männliche und weibliche, verhaftet unter dem Verdacht, auf den Generalgouverneur das Attentat verübt zu haben. Kang U-Kyu konnte nicht Unschuldige im Gefängnis leiden lassen, und darum entschloß er sich, aus freien Stücken sich bei der Polizei zu melden. Er wurde zum Tode verurteilt.

8. Blutige Kämpfe der koreanischen Unabhängigen mit den Japanern.

Schon lange haben die „Ibyeng" viele heftige Kämpfe mit den Japanern geführt, denen ungefähr 150 000 Koreaner zum Opfer gefallen sind. Die „Ibyeng" haben nur einen Willen, die Japaner niederzuschmettern und die Unabhängigkeit des Vaterlandes wieder herzustellen.

Nach der Annexion sind viele von ihnen nach China und Rußland geflohen, von wo aus sie jede Gelegenheit ergriffen, um in Korea Angriffe auf die Japaner zu unternehmen. In der Mandschurei und Sibirien wurden Kriegsschulen eingerichtet, um Offiziere auszubilden, und praktisch wurde die allgemeine Wehrpflicht für die dort befindlichen Koreaner eingeführt. So wurden die jugendlichen Koreaner alljährlich versammelt und militärische Uebungen sorgfältig gepflegt. Nach der Unabhängigkeitserklärung im März 1919 wurden die Unabhängigen unter der Führung von Kim Dsoa-Dsin und Hong Bem-Do gesammelt und haben in der östlichen Mandschurei und Nordkorea mit Japanern mehrere heftige Kämpfe geführt. Darunter ist der Kampf ein bekannter, der am 22. Oktober 1919 zu Eltaoko in der östlichen Mandschurei stattgefunden hat, wobei mehr als 1600 japanische Soldaten getötet wurden.

Im Inneren Koreas wurden viele Attentate unternommen und Unruhen in verschiedenen Provinzen nahmen kein Ende. Als Beispiele kann man nennen: die Angriffe auf das Polizeipräsidium in Pjöng-jang am 3. August 1919, auf den Bahnhof von Sin-Idsu am 15. August 1919, auf das Polizeipräsidium in Pusan (Fusan) am 14. September 1919. Im September 1921 wurden Bomben auf das Amtsgebäude des Generalgouverneurs in Söul geworfen, wobei dieses schweren Schaden erlitten hat. Außerdem wurden viele japanische Beamte ermordet.

9. Massaker unter den koreanischen Nichtkombattanten in der östlichen Mandschurei durch die Japaner.

Es ist wohl bekannt, daß die Japaner alle möglichen Mittel anwenden, um die Mongolei und die Mandschurei einzuverleiben und den Einfluß der in diesen Gegenden wohnenden Koreaner zu vernichten. Seit langer Zeit verheeren chinesische berittene Räuber

die Mongolei, die Mandschurei und Sibirien. Die Japaner haben einmal die Räuber benutzt, um den Koreanern zu schaden; aber sie haben ein andermal diese Räuber zum Vorwande genommen, um von der chinesischen Behörde Erlaubnis, die Räuber zu unterdrücken, zu bekommen und damit gleichzeitig die Koreaner zu unterdrücken. Im September 1919 ließen die Japaner zu, daß der Japaner Koizumi und dessen Genossen, die früher als Soldaten gedient hatten, sich mit den Räubern verbanden, und lieferten sogar der Räuberbande Waffen und Munition. Die Japaner ließen diese Räuberbande am 29. September 1919 in Hun-tschun (Ostmandschurei) eindringen, wobei das japanische Konsulat auch angegriffen, aber niemand von dem Personal verletzt wurde. Dieser Fall wurde von den Japanern als Vorwand zum Eingreifen benutzt. Man hat ohne vorheriges Einvernehmen mit der chinesischen Behörde zwei Divisionen geschickt unter dem Vorwande, die Räuber zu unterdrücken, und ließ Hun-tschun besetzen. So wurden die chinesischen Beamten und Soldaten verjagt; dadurch haben die Japaner freie Hand bekommen, um ihr eigentliches Ziel, die Koreaner auszurotten, zu erreichen. Niemals hat die Welt brutalere Handlungen erlebt, als sie in dieser Gegend gegen Koreaner begangen wurden. Die Aufgabe der japanischen Armee war die, in den Dörfern alle Koreaner zu töten und alle Gebäude und alles Getreide in Brand zu stecken. Mann und Frau, Greise und Kinder, alle wurden ohne Unterschied mit den allerbrutalsten und — schrecklichsten Mitteln getötet. Die Koreaner wurden hingerichtet, aufgehängt, bei lebendigem Leibe begraben, in siedendes Wasser geworfen, verbrannt. Die Japaner haben den Koreanern die Augen ausgestochen, die Glieder abgeschnitten und andere nicht wiederzugebende Mißhandlungen begangen. Nach der vorläufigen Feststellung wurden dabei 3106 Koreaner getötet, 238 gefangen, 2507 Häuser, 31 Schulen und 10 Kirchen verbrannt. Das geschah vom 5. Oktober 1919 bis zum 23. November 1919.

10. Das Attentat auf den japanischen Kriegsminister Tanaka durch Kim Ik-Sang und O Seng-Yun.

Tanaka als japanischer Kriegsminister hatte den Feldzug nach Sibirien und der östlichen Mandschurei geführt und die Koreaner massakriert. Am 28. März 1922 traf er mit einem Dampfer, von den Philippinen kommend, in Shanghai ein. Die Koreaner Kim Ik-Sang und O Seng-Yun schossen auf Tanaka beim Landen, trafen aber einen daneben stehenden Fremden. Eine Bombe, die auf

Schuld den in Japan anwesenden Koreanern zuzuschreiben, weil die Koreaner immer gegen Japan seien. Am 2. September ließ der Innenminister Goto durch das Polizeidirektorium eine geheime Anweisung ausgeben; darin wurde gesagt, daß die „bösen Koreaner" bei diesem Erdbeben die japanische Regierung hätten stürzen wollen, und daß darum die „bösen Koreaner" alle möglichen Uebel angestiftet, die Häuser verbrannt, die Brunnen vergiftet hätten. Deshalb müßten alle Japaner die Koreaner mit Waffen ausrotten. Die Zeitungen, die den Inhalt dieser geheimen Anweisung wiedergaben, wurden beschlagnahmt und verboten. Von seiten der Polizei und der Soldaten wurde die Sache streng geheim gehalten.

Durch diese Anweisung geriet die Volksmasse in Aufregung; alle Schuld wurde den Koreanern zugeschrieben. Man sagte zueinander, die Koreaner müßten alle sterben. Die Schuldirektoren haben auch so zu ihren Schülern geredet. Die Folge war ein grausiges Morden unter den Koreanern. Wo immer sie sich sehen ließen, wurden sie von der tierisch gewordenen Menge gelyncht. In der Hauptstadt Tokio und der Hafenstadt Yokohama und in vielen anderen Gegenden wurden Koreaner wie Vieh mit allerlei Waffen getötet. Die Regierung wurde schließlich gezwungen, die Koreaner in „Schutzhaft" zu nehmen und zu den Militärstationen in Shushino zu bringen. Wie diese Schutzhaft aussah, ist von Augenzeugen berichtet worden: Unter die schlafenden Koreaner wurde scharf geschossen. Sprang dann jemand auf, so war das für die Soldaten wieder das Signal, um auf's neue ein Blutbad anzurichten. So wurden, nach der vorläufigen Feststellung, mehr als 5000 Koreaner getötet. Die japanische Regierung konnte dadurch ihre Stellung befestigen.

Die japanische Regierung aber verbot den gesamten Kabel- und drahtlosen Verkehr, aus Angst vor politischen Schwierigkeiten und Aufständen in Korea. Aber jetzt werden diese Vorgänge allmählich der ganzen Welt bekannt.

Durch diese unerhörte barbarische Tat der japanischen Regierung gerieten die Koreaner in höchste Entrüstung; überall, wo es Koreaner gibt, entstehen vielfach Gegenbewegungen. Bald nach diesen Greueltaten wurden Bomben durch Koreaner auf den japanischen kaiserlichen Palast geworfen.

Tanaka geworfen wurde, explodierte nicht rechtzeitig. So kam Tanaka mit dem Leben davon.

Kim Ik-Sang hatte schon im September 1921 Bomben auf das Amtsgebäude des Generalgouverneurs in Sóul geworfen. Es wurde von dem japanischen Konsul in Shanghai verhaftet und nach Nagasaki geschickt. Am 18. Oktober 1922 wurde er in Nagasaki zum Tode verurteilt.

11. Massaker unter den Koreanern durch die Japaner beim Erdbeben im September 1923.

Es ist schon eine alte Geschichte, daß die Japaner jede Gelegenheit ergreifen, um die Koreaner auszurotten. Aber wir können hier über den direkten Beweggrund, aus dem die Metzeleien unter den Koreanern bei dem Erdbeben im September 1923 herbeigeführt wurden, berichten. Bei dem Erdbeben zählte man einige Millionen Obdachlose. Für sie wurden alle Paläste und alle Schulgebäude geöffnet. Lebensmittel waren sehr knapp. Deshalb wurde von der japanischen Regierung ein Requisitionsbefehl ausgegeben, durch den alle bei Privatpersonen vorhandenen Lebensmittel ohne Entgelt requiriert und unter die Hungernden verteilt wurden. Dadurch geriet die geschädigte Volksmasse in Aufregung. Ordnung und Sicherheit konnte man nicht aufrechterhalten. Bei der Regierung herrschte Kopflosigkeit; da wurde ein geheimer Kabinettsrat abgehalten und die Frage erörtert, wie Ordnung und Sicherheit wieder herzustellen wären, die wegen der Requisitionsmaßnahmen auf's höchste gefährdet worden waren. Der Innenminister Goto übernahm die Aufgabe, das Volk zu beruhigen. Goto sagte zu seinem Polizeidirektor, es müßte irgendein Ausweg gefunden werden, womit man die Entrüstung des Volkes ablenken könnte, sonst könnte die Regierung die höchste Gefahr laufen, weil die Entrüstung des Volkes sich gegen sie allein richten würde. Da schlug das Polizeidirektorium vor, alle Schuld an dem Unglück den Sozialisten, die schon lange gegen die Regierung sind, zuzuschreiben, um damit die Entrüstung des Volkes auf sie abzulenken und die Regierung zu retten. Aber der Innenminister Goto war dagegen und sagte, daß die Sozialisten sehr zahlreich, die Mitglieder der Suihei-Vereinigung (eine Vereinigung der niedrigsten Volksschicht, sozialistisch gesinnt) allein über 400 000 seien. Und die Sozialisten und die Mitglieder der Suihei-Vereinigung hätten alle Waffen. Deshalb wäre es sehr gefährlich, wenn man gegen sie vorgehen wollte. Da machte das Polizeidirektorium den Vorschlag, die

Die Furcht der Japaner vor der koreanischen Unabhängigkeitsbewegung wird besonders dadurch gekennzeichnet, daß sie darauf
verzichten, die Koreaner zum Militärdienst zu gebrauchen. Die
Bewaffnung der koreanischen Polizisten besteht aus einem stumpfen
Säbel, und nur in Zeiten dringender Gefahr werden sie mit einer
Pistole und einer ganz bestimmten kleinen Anzahl Patronen ausgerüstet. Das Bestreben der Japaner, ein fremdes Volk, das seine
eigene Sprache, Schrift, seine eigene Kultur besitzt, zu vernichten
oder sich zu assimilieren, ist ein lächerlicher politischer Traum,
an dessen Verwirklichung niemand glauben kann, der die Verhältnisse kennt.

Die koreanische Flagge

KOREA
und sein Unabhängigkeitskampf
gegen den
japanischen Imperialismus

von

KOLU LI

Berlin 1927

Druck: Emil Ebering, Berlin NW. 7.

「한국, 그리고 일본제국주의에 맞선 독립투쟁」 ☞ 본문 110쪽

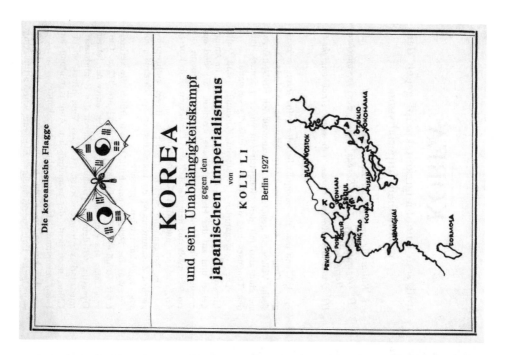

Die koreanische Flagge

KOREA

und sein Unabhängigkeitskampf

gegen den

japanischen Imperialismus

von

KOLU LI

Berlin 1927

KOREA

und sein Unabhängigkeitskampf gegen den japanischen Imperialismus.

I. Kulturelle und geschichtliche Betrachtung.

II. Gegenwärtige Lage Koreas unter der japanischen Herrschaft.

III. Dauernder Kampf Koreas um seine Unabhängigkeit.

I. Wenn man die mongolische oder gelbe Rasse in zwei große Gruppen teilt, nämlich Ural-Altaische und Indo-Chinesische Völker, so gehören die Koreaner zu den Ural-Altaiern, sie sind also mit den Mongolen (im engeren Sinne), mit den Tungusen und den Tataren weitläufig verwandt.

Die sogenannten Mandschu-Koreaner sind alte Einwohner Nordostasiens, die in der Mandschurei, im Amurgebiet und auf der Halbinsel Korea wohnen. Sie sind ein ziemlich reines Volk im Gegensatz zu den Japanern, die ein Mischvolk aus hauptsächlich drei Elementen sind: Koreaner, Malayen und Ainu (Ureinwohner).

Die koreanische Sprache gehört in ihrem anthropologischen Zusammenhang zur uralaltaischen Sprachfamilie, zur sog. agglutinierenden Sprache.

Was die Religion anbetrifft, so war früher die verbreitetste Religion der Buddhismus, der im Jahre 372 n. Chr. von China aus eingeführt wurde, der aber unter der letzten Dynastie, seit dem 15. Jahrhundert, durch den Konfutsianismus stark verdrängt worden ist. Das Volk hängt, wie in China, noch heute der ursprünglichen Ahnenverehrung an. Das Christentum ist wenig verbreitet im Lande.

Die koreanische Kultur ist eine sehr alte Kultur im fernen Osten. Ihre bodenständigen Elemente wurden frühzeitig durch chinesische und indische (buddhistische), Kulturbe-

Vorwort.

In Europa ist die Kenntnis der Verhältnisse von Korea gering, da die Probleme dieses Landes für die europäische Politik nicht besonders interessant sind. Es gibt wenig Veröffentlichungen über Korea, und wenn etwa ein Reisender einen Zeitungsartikel über Korea schreibt, wird er meistens nicht über die wahren Verhältnisse richtig unterrichtet sein, wie der Artikel von Jay Hayden zeigt, der am 24. Dezember 1926 im Berliner Tageblatt erschien.

Meine Aufgabe ist es, darzustellen, wie das auf einem hohen Kulturstande befindliche koreanische Volk — 20 Millionen Seelen auf 218 650 qkm Land — unter der japanischen Militär- und Kapitalherrschaft zu leben und für seine Freiheit zu kämpfen hat.

Dieses Büchlein ist anläßlich eines Vortrages bei der Kundgebung für die Freiheit Koreas durch die „Weltjugendliga" in Berlin entstanden.

Im Jahre 1924 habe ich eine Broschüre „Unabhängigkeitsbewegung Koreas und japanischer Eroberungspolitik" veröffentlicht, worin hauptsächlich die politische Seite ausführlicher behandelt ist, während der vorliegende Aufsatz außerdem zur Orientierung über die wirtschaftlichen und kulturellen Verhältnisse und weitere neu hinzugekommene Ereignisse der politischen Bewegung dienen und daher eine Ergänzung zu meiner ersten Broschüre bilden soll.

Berlin, im Mai 1927,   Dr. Kolu Li

standteile bereichert. Vieles aus der koreanischen Kultur ist, besonders seit dem 5. Jahrhundert n. Chr., von Japan übernommen worden.

Im folgenden geben wir einige Beispiele, die beweisen, auf welcher Höhe die koreanische Kultur gestanden hat.

Unter allen Sammlungen buddhistischer Werke (genannt Tripitaka) in verschiedenen Sprachen ist die in Korea entstandene Ausgabe die älteste, die die buddhistische Lehre vollständig und genau zusammenfaßt. Sie bedient sich der chinesischen Schriftsprache, so wie in Europa Latein die Gelehrtensprache war. Das Werk umfaßt 86 700 Druckstöcke (Holzplatten mit ausgeschnittenen Schriftzeichen), das sind 173 400 Seiten. Es ist in der Mitte des 13. Jahrhunderts in 15 jähriger mühseliger Arbeit mit großer Sorgfalt geschaffen worden. Die Platten sind in einem buddhistischen Kloster (Häinsa) in Südkorea in alphabetischer Ordnung in einem besonderen Magazin seit dieser Zeit unversehrt aufbewahrt. Es gibt kein Museum, keine Bibliothek auf der ganzen Erde, die ein ähnliches Werk aufweisen könnten.

Die Erfindung und Verwendung beweglicher Lettern reicht in sehr alte Zeit zurück, bestimmt nachweisbar ist sie vor 1220. Im Jahre 1403 (50 Jahre vor Gutenbergs Erfindung) ließ die staatliche Druckerei aus Kupfer einige Hunderttausend Lettern herstellen. 500 Jahre lang sind dann aus verschiedenem Material (neben Kupfer auch aus Bronze, Eisen, Porzellan und Holz) mehrere Millionen Lettern hergestellt worden, die nicht nur in Staats- sondern auch in Privatbetrieben verwendet wurden.

Die ideale koreanische Schrift mit 28 Buchstaben wurde in den Jahren 1443 bis 1446 auf Veranlassung des Königs Setjong geschaffen.

Der katholische Missionar, Pater Eckardt, der sich über 14 Jahre lang in Korea ausführlich mit der Sprache beschäftigt hat, schreibt darüber in dem Vorwort zu seiner Koreanischen Konversations-Grammatik (Heidelberg 1923): „Wenn man nach Sprache und Schrift den Kulturstand eines Volkes bemessen dürfte, müßte Korea unter den ersten Kul-

turvölkern der Erde auftreten. An Einfachheit, Leichtigkeit und Ausdrucksfähigkeit sucht die Schrift ihresgleichen, und die Sprache mit ihren Tausenden von Eigenschafts- und Zeitwörtern gibt Zeugnis von scharfer Naturbeobachtung und läßt in ihrer Formenfülle bei den Koreanern reiche geistige Anlagen vermuten".

Die Astronomie ist in Korea eine alte Wissenschaft. Ein Beweis dafür ist die in der Mitte des 7. Jahrhunderts in Südkorea erbaute Sternwarte, die älteste vollständig erhaltene in Ostasien. Am Ende des 14. Jahrhunderts wurde ein Himmelsplan, in Stein geschnitzt, geschaffen. Ferner wurden um die Mitte des 15. Jahrhunderts verschiedene astronomische Apparate erfunden und hergestellt.

Auch die Meteorologie ist in Korea von jeher eine weit entwickelte Wissenschaft gewesen. Seit dem 15. Jahrhundert werden ununterbrochen genaue Wetterbeobachtungen, täglich und stündlich, aus den verschiedenen Landesteilen registriert. Der koreanische Staat hat schon 1441 ein Normalmaß für Regenmessungen an die einzelnen Bezirke im ganzen Lande verteilt. In Europa hat zuerst 1639 ein italienischer Gelehrter private Versuche mit Regenmessern angestellt.

Auch auf dem Gebiete der Technik hat Korea Erfindungen aufzuweisen. So hat z. B. im siebenjährigen koreanisch-japanischen Krieg (1592—1598) Li Sunsin, der berühmte Kommandant der koreanischen Seemacht, ein eisernes Panzerschiff erfunden, womit er die ganze japanische Flotte vernichtet hat. Nach einer Geschichte der englischen Seemacht soll das älteste Panzerschiff das koreanische sein.

Es scheint merkwürdig, daß Korea seit vielen Jahrhunderten einen so hohen Stand der Kultur hatte und eigentlich sich nicht weiter entwickelt hat. Der Grund zu diesem Stillstand liegt hauptsächlich in politischen Verhältnissen. Die Geschichte des koreanischen Staatslebens läßt sich mehr als 2000 Jahre vor. Chr. zurückverfolgen. Das alte Staatsgebiet umfaßte außer dem heutigen Korea die Mandschurei und das Amurgebiet. Verschiedene Dynastien kamen und gingen, standen auch zeitweise nebeneinander. Seit dem Anfang des 8. Jahrhunderts ist das alte koreanische Staatsgebiet in zwei Staaten getrennt: den Südstaat auf der Halbinsel Korea, der von dieser Zeit an dauernd eine politische Einheit bildet, und den Nordstaat in der Mandschurei und im Amurgebiet, dessen letzter Rest die Mandschudynastie war.

Das koreanische Volk, das 4000 Jahre politisch selbständig war, ist zum erstenmal im Jahre 1910 unter fremde Herrschaft gezwungen worden. Die Koreaner haben ein starkes Unabhängigkeitsgefühl und haben sich stets gegen Fremdherrschaft aufgelehnt, so auch im 13. Jahrhundert gegen die Mongolen, als Dschengis-Chan, der fast ganz Asien und Osteuropa eroberte, mit seiner ungeheuren Macht mehrere Jahrzehnte gegen Korea vergeblich Krieg führte.

Korea hat eine politisch sehr ungünstige geographische Lage, denn die Halbinsel ist eine Brücke zwischen dem asiatischen Kontinent und dem japanischen Inselreich, und so hat Japan seit dem 2. Jahrhundert dauernd Angriffe auf Korea ausgeführt. Von 1592 an tobte auf koreanischem Boden ein siebenjähriger Eroberungskrieg, den Japan gegen China und Korea führte. Endlich verlor Japan den Krieg, weil Li Sunsin, der berühmte koreanische Kommandant, die ganze japanische Marine, damals 100 000 Mann stark, vernichtet hatte. In diesem Kriege sollen 3 Millionen Koreaner getötet worden sein, davon $9/10$ Nichtkombattanten. Unzählige Dörfer und Städte wurden verbrannt und vernichtet, fast alle kulturellen Einrichtungen zerstört, viele wertvolle Sachen geraubt.

Nach dem japanischen Kriege wurde Korea noch einmal von einem schrecklichen Kriege heimgesucht. Diesmal kam er vom Norden, von der Mandschurei. Zweimal fielen die Mandschu in Korea ein, 1619 und 1627. Diesmal verlor Korea den Krieg, seine Selbständigkeit wurde jedoch nicht angetastet.

Korea war nach diesen Kriegen aufs tiefste geschwächt

und versuchte seitdem immer, sich von fremden Mächten möglichst abzuschließen und seinem inneren Wiederaufbau zu leben.

Das Jahr 1884 ist ein Wendepunkt in der koreanischen Geschichte. Junge Reformatoren versuchten den Staat politisch zu reformieren und die moderne europäische Zivilisation möglichst schnell einzuführen. Diese starke Bewegung erregte die Aufmerksamkeit Japans, das als Inselreich schon etwas früher mit europäischen Staaten in Beziehung getreten war und europäische Zivilisation eingeführt hatte. Seit den 90 er Jahren steht Korea im Brennpunkt der politischen Auseinandersetzungen zwischen Japan, China und Rußland, den damaligen drei Großmächten im Osten. Wegen der Koreafrage sind in dieser Zeit zwei Kriege entstanden: 1894 zwischen Japan und China und 1904 zwischen Japan und Rußland. Beide Male siegte Japan. In beiden Kriegen gehörte Korea zum Kriegsschauplatz. Durch diese militärische Uebermacht hat Japan Korea erobert und 1910 endgültig annektiert.

II. Wir haben bisher die Koreaner als Volk mit alter eigenartiger Kultur und einem langen selbständigen politischen Leben kennengelernt. Nunmehr betrachten wir die gegenwärtige Lage Koreas unter der fremden Herrschaft.

Korea ist heute eine japanische Kolonie und zwar in jeder Beziehung, d. h. sowohl Kolonisations-, wie Rohstoff- und Absatzkolonie und Militärstation. Infolgedessen wendet Japan ein besonderes System in seiner Kolonialpolitik gegenüber Korea an, das hauptsächlich in Vernichtungspolitik besteht. Die Haltung Japans gegenüber Korea stellt sich bis 1919 als offene Gewaltpolitik dar, seit der Märzrevolution Koreas im Jahre 1919 ging die japanische Regierung dem Scheine nach zur „Kulturpolitik" über, die aber in Wirklichkeit keine wesentlichen Aenderungen brachte. So sind jetzt einige koreanische Zeitungen und Zeitschriften erlaubt, stehen aber unter strenger Zensur. Oft sind auch die Erlaubnisse der Herausgabe nachher wieder zurückgenommen worden.

8

Wie die „Kulturpolitik" Japans aussieht, zeigen auch die Schulverhältnisse. Seitdem Korea mit abendländischen Mächten in Beziehung getreten ist, hat man in Korea nach europäischem Muster viele Lehranstalten gegründet. Aber nach der Annexion haben die Japaner die Privatschulen auf alle mögliche Weise verhindert, ihre Tätigkeit weiterzuführen. Es gibt staatliche Schulen, in denen aber japanische Sprache und japanische Geschichte Hauptfächer sind zum Zwecke der Assimilation der koreanischen Kinder. Doch auch diese staatlichen Schulen sind nicht in ausreichendem Maße vorhanden, so daß die Kinder eine Aufnahmeprüfung machen müssen, wodurch der Schulbesuch der koreanischen Kinder beschränkt wird. Diese japanische Schulpolitik hat zwei Gründe: 1. soll die koreanische Bevölkerung dumm gehalten werden, damit sie in japanischer Sklaverei bleibt und 2. wird das von den Koreanern erbeutete Geld anstatt für Schulen zu anderen Zwecken verwandt und zwar hauptsächlich zur Unterjochung der Eingeborenen. Im folgenden sei ein zahlenmäßiger Ueberblick über die Schulverhältnisse in Korea gegeben.

Ende 1926 zählte man in Korea an koreanischen Schülern und Schülerinnen, Studenten und Studentinnen insgesamt 413 515 Personen, d. i. 2 % der koreanischen Bevölkerung, dagegen an japanischen Schülern 81 024 Personen, d. i. 18 % der japanischen Bevölkerung in Korea. Der Etat des Unterrichtswesens im Jahre 1926 betrug für koreanische Schulen 14 039 486 Yen (davon 2 844 787 Yen an Schulgeldern), dagegen für die japanischen Schulen 5 753 111 Yen. Die japanische Bevölkerung in Korea macht nur 2,3 % der koreanischen Bevölkerung aus, dagegen beträgt der Unterrichtsetat für die japanischen Schulen mehr als ein Drittel des Etats für die koreanischen Schulen.

Im folgenden soll näher auf das wirtschaftliche Problem eingegangen werden.

Japan betrachtet Korea in erster Linie als Kolonisationsgebiet, in zweiter Linie als Rohstoff- und Absatzgebiet für die japanische Industrie und schließlich als Nahrungsquelle

für sein eigenes Volk. Daraus folgt einerseits eine starke Ansiedlung von Japanern — augenblicklich leben beinahe ½ Mill. Japaner in Korea —, andererseits eine Förderung der Landwirtschaft der Koreaner zum Nutzen Japans.

Mit Hilfe seiner politischen Macht und seiner großen Kapitalkraft bringt Japan die Wirtschaftsmittel Koreas in seine Hand, so daß durch den japanischen Kapitalismus die schwache koreanische Wirtschaft rettungslos vernichtet worden ist.

Wie sich die japanische Wirtschaftspolitik auswirkt, geht aus den folgenden Tatsachen hervor.

Die Hauptbeschäftigung des koreanischen Volkes ist die Landwirtschaft, sie umfaßt mehr als 80 % der gesamten Bevölkerung. Korea ist kein menschenleeres Land, daher müssen die Eingeborenen im Interesse der japanischen Kolonisation verdrängt werden. Die Kolonisationspolitik Japans zeigt sich einerseits in planmäßiger Massenansiedlung und andererseits in schrankenloser, freiwilliger Einzelansiedlung von Japanern auf koreanischem Boden. Die Folge davon ist eine starke Auswanderung von koreanischen Arbeitern und Bauern. So wurden 1926 in Japan 133 710 koreanische Arbeiter und Arbeiterinnen gezählt, und es setzte seit Jahren eine starke Auswanderung armer Bauern nach der Mandschurei und nach Sibirien ein. Die bekannte große Organisation für den Zweck japanischer Ansiedlung ist die Ostasiatische Kolonisationsgesellschaft, die im Jahre 1908 durch den damaligen japanischen Ministerpräsidenten Katsura als Aktiengesellschaft gegründet wurde, deren Kapital 1923 bis auf 50 Millionen Yen erhöht wurde. Die Gesellschaft bekommt jährlich von der japanischen Regierung drei Millionen Yen als Unterstützung. Vor kurzem hat die Ostasiatische Kolonisationsgesellschaft mit dem Generalgouvernement Koreas den Plan entwickelt, jährlich mit 40 Millionen Yen Kosten 3000 Kolonisten anzusiedeln gegenüber früher 500 Personen. Dieser Plan wird mit amtlicher Hilfe durchgeführt.

10

Die Ostasiatische Kolonisationsgesellschaft hat bis 1924 folgende Leistungen aufzuweisen:

Erwerbung von Grundstücken: 84 298 ha
Erwerbung von Waldboden: 65 256 ha
an Kolonisten geliefertes Land: 8 430 ha
angesiedelte Kolonisten: 20 000 Pers.

Ende 1922 schon betrug der gesamte japanische Besitz allein an Ackerboden in Korea 232 067 ha* d. i. $1/17$ des Ackerbodens in koreanischem Besitz. Dabei muß berücksichtigt werden, daß der japanische Besitz nur in Qualitätsboden besteht. Die Anzahl japanischer Bauern auf koreanischem Boden betrug im Jahre 1924: 38 272, d. i. ca. 9 % der gesamten japanischen Bevölkerung in Korea.

Eine große volkswirtschaftliche Bedeutung hat der Fischfang für Korea, da das Land eine Halbinsel ist. Diese Erwerbsquelle ist jetzt zum größeren Teil in die Hände japanischer Unternehmer übergegangen, wie die Ertragsverhältnisse aus dem Jahre 1924 zeigen:

Ertrag aus japanischen Unternehmungen: 27 169 883 Yen
Ertrag aus koreanischen Unternehmungen: 24 828 038 Yen.

Ist die Lage in der Landwirtschaft für Korea schon schwierig, so ist durch den japanischen Kapitalismus Industrie und Handel für die Koreaner fast bedeutungslos geworden. Wir können folgende Tatsachen feststellen: Das gesamte japanische Industriekapital in Korea betrug im Jahre 1923 149 740 000 Yen, dagegen das koreanische nur 10 174 000 Yen, d. i. 6,7 %, des japanischen. Die Anzahl der japanischen Industriearbeiter in Korea betrug 1923: 48 904, die der Koreanischen 17 801.

Im Jahre 1924 betrug der gesamte Wert des Bergbauertrages in Korea 19 176 462 Yen. Daran sind japanische Unternehmungen mit 68,9 % beteiligt, andere ausländische Unternehmungen (amerikanische) mit 24,6 % und koreanische mit nur 6,5 % des Gesamtertrages.

---

*) Ein ganz geringer Teil von Besitz anderer Ausländer ist hier eingeschlossen.

Im Handel liegen die Verhältnisse für die Koreaner noch ungünstiger. Das Verhältnis der Handelsgesellschaften in Korea ist im Jahre 1924 aus folgender Uebersicht ersichtlich:

	Anzahl der Gesell- schaften	Gesamt- Kapital (in 1000 Yen)	Eingezahltes Kapital (in 1000 Yen)
Japanische Unternehmungen	938	2 819 651	1 813 617
Koreanische Unternehmungen	132	52 482	21 015
Gemeinsame Unternehmungen	56	33 765	12 937

Die Anzahl der koreanischen Unternehmungen beträgt 14 % der japanischen, und das eingezahlte Kapital der koreanischen Gesellschaften macht nur 1,1 % des eingezahlten japanischen Kapitals aus. Die gemeinsamen Unternehmungen der beiden Nationen liegen aber tatsächlich in japanischen Händen.

Was die Finanzorganisationen angeht, so stehen fast alle Banken, Wechselstuben usw. unter japanischen Unternehmern.

III. Wir haben die hauptsächlichen Mißverhältnisse in der gegenwärtigen Lage Koreas kennengelernt, und es ist daraus ohne weiteres verständlich, daß ein starker Verteidigungskampf für die Unabhängigkeit Koreas einsetzen mußte, der seine besondere Berechtigung durch das rohe gewaltmäßige Vorgehen der Eroberer hat, wie die folgenden Tatsachen zeigen werden.

1895 war die japanfeindliche koreanische Kaiserin von japanischen Soldaten ermordet worden. Im Jahre 1907 war die koreanische Armee durch Japan mit Gewalt aufgelöst worden, wobei viele Kämpfe stattgefunden haben. Bei der Annexion im Jahre 1910 hat Japan seine Polizei und sein Militär über ganz Korea, von Ort zu Ort, ausgebreitet; seine Flotte schloß eine Mauer um die Halbinsel Korea; alle Persönlichkeiten, die im Volke besonderes Vertrauen genossen, wurden festgenommen, sämtliche Versammlungen und Zeitungen verboten. Durch die Annexion ist die koreanische

Selbstverwaltung aufgehoben worden, die Gesetzgebung und die Verwaltung liegt ausschließlich in den Händen des Generalgouverneurs, wobei in wichtigsten Fragen der japanische Kaiser entscheidet.

Im Winter 1911 begann in Korea ein furchtbarer politischer Prozeß. Seit der Annexion haben die Japaner dauernd Angst vor dem Unabhängigkeitskampf Koreas. Der erste japanische Generalgouverneur in Korea, Terauchi, führte die Militärdiktatur im Lande ein und hat vor allem die Ausrottung der führenden Persönlichkeiten unter den Koreanern im Auge. Die japanischen Behörden hatten den Verdacht, daß koreanische Unabhängigkeitskämpfer einen Mordplan gegen den Generalgouverneur Terauchi hegten. Auf Grund dieses Verdachtes allein wurde 120 Intellektuellen der Prozeß gemacht. Bei diesem Prozeß sind manche durch die Mißhandlungen im Gefängnis gestorben, und die meisten sind als kranke Menschen daraus hervorgegangen.

Die Brutalität des japanischen Imperialismus erregte das koreanische Volk aufs tiefste, es nahm alle Kräfte zum Widerstand zusammen. In Korea gab es seit langem eine Art Freischar, die dem Staate in Zeiten der Gefahr ohne besonderen Befehl zu Hilfe kommt. Diese sogenannten „Ibyeng" führen seit dem Angriff Japans unter größten Entbehrungen dauernd heftige Kämpfe gegen Japan. Viele von ihnen sind jetzt in der Mandschurei und in Sibirien und dringen fortwährend in Nordkorea ein und greifen die Behörde und die Garnisonen an.

Der bekannte Koreaner An Dsungken hat im Jahre 1909 in Harbin in der Mandschurei den ehemaligen japanischen Ministerpräsidenten Ito ermordet, der als Vertreter des Raubvolkes viel Böses in Korea getan hat. Die Koreaner brauchen ihre Waffen nicht nur direkt gegen ihre Feinde, sondern auch gegen deren Helfershelfer. Im Jahre 1909 hat der Koreaner Dsang Inhoan den Amerikaner Steven in Oakland bei San Francisco ermordet. Steven hatte im Auftrage Itos in Amerika Propaganda für die Annexion Koreas gemacht.

Im Januar 1919 wurde der alte koreanische Ex-Kaiser von Japanern vergiftet, weil sie fürchteten, der Ex-Kaiser könne ihnen dadurch politische Schwierigkeiten machen, daß er auf der Versailler Konferenz die koreanische Frage zur Sprache bringen würde.

9 Jahre nach der Annexion, kurz nach der Vergiftung des alten Ex-Kaisers, im März 1919, hat Korea seine Unabhängigkeit erklärt und eine provisorische Regierung gebildet, die später infolge der japanischen Unterdrückung nach Schanghai in China verlegt werden mußte und dort weiter existiert. In dieser Märzrevolution nahmen auf koreanischer Seite an den Demonstrationen im ganzen Land über 2 Millionen Menschen teil, und man zählte, trotz der friedlichen Haltung der Koreaner 7509 Tote, 15 961 Verwundete, 46 948 Gefangene, 47 verbrannte Kirchen, 2 verbrannte Schulen und 715 verbrannte Häuser.

Derartige schreckliche Ereignisse fanden nicht nur auf der Halbinsel Korea statt, sondern auch in der Mandschurei und Sibirien, wo sich seit 60 Jahren eine koreanische Kolonie mit mehr als 2 Millionen Seelen befindet, und wo sich besonders bewaffnete koreanische Soldaten aufhalten. Die Japaner haben schon seit langem oft versucht, die dortigen Koreaner zu massakrieren. Im Herbst 1919, während 1½ Monaten, unternahm Japan mit 2 Divisionen Soldaten einen Ausrottungsfeldzug in die Ost-Mandschurei. Die Aufgabe der japanischen Armee, war, in den Dörfern alle Koreaner zu töten und alle Gebäude und alles Getreide in Brand zu stecken. Männer und Frauen, Greise und Kinder wurden ohne Unterschied mit den allerbrutalsten und schrecklichsten Mitteln getötet. Nach der vorläufigen Feststellung wurden dabei 3106 Koreaner getötet, 238 gefangen genommen, 2507 Häuser, 31 Schulen und 10 Kirchen verbrannt.

Am 1. September 1919 traf Saito, der neue japanische Generalgouverneur Koreas, in Soul ein. Am Bahnhof wurde auf ihn ein Bombenattentat von dem 65 Jahre alten Koreaner Kang Ukiu verübt. Dieser war Mitglied des „Bundes der Alten", der zu dieser Zeit in Wladiwostok gegründet war. Da man sah, wie die junge Welt Koreas für die Unabhängigkeit ihres Vaterlandes eintrat, dachte man, alte Leute müßten sich auch für die Freiheit opfern.

Am 28. März 1922 traf der ehemalige japanische Kriegsminister Tanaka mit einem Dampfer in Schanghai ein. Zwei junge Koreaner, Kim Iksang und O Sengyun empfingen ihn mit Bomben und Pistolen an der Anlegestelle.

Eine weltbekannte brutale Handlung der Japaner ereignete sich beim Erdbeben in Japan 1923. Damals hatte Japan durch diese Katastrophe keine Ordnung und hatte durch vorläufige Zwangswirtschaft die Bevölkerung stark erregt. Japanische sozialistische Revolutionäre versuchten bei dieser Gelegenheit ihre Revolution zu verwirklichen. Die japanische Monarchie stand in Gefahr. Die damalige japanische Regierung erfand einen Plan, um nach außen die innerpolitischen Wirren zu verheimlichen, sie gab nämlich an den Unruhen den in Japan anwesenden Koreanern Schuld. Durch die Agitation der japanischen Regierung begann ein grausiges Massenmorden unter den Koreanern. Wo immer sie sich sehen ließen, wurden sie von der tierisch gewordenen Menge gelyncht. In der Hauptstadt Tokio und der Hafenstadt Yokohama und in vielen anderen Gegenden wurden Koreaner wie Vieh mit allerlei Waffen getötet. Die Regierung wurde schließlich gezwungen, die Koreaner in „Schutzhaft" zu nehmen und zu den Militärstationen in Shushino zu bringen. Wie diese Schutzhaft aussah, ist von Augenzeugen berichtet worden: Unter die schlafenden Koreaner wurde scharf geschossen. Sprang dann jemand auf, so war das für die Soldateska wieder das Signal, um aufs neue ein Blutbad anzurichten. So wurden, nach der vorläufigen Feststellung, mehr als 5000 Koreaner getötet. Die japanische Regierung konnte dadurch ihre Stellung befestigen. Die japanische Regierung aber verbot den gesamten Kabel- und drahtlosen Verkehr aus Angst vor politischen Schwierigkeiten und Aufständen in Korea. Aber jetzt sind diese Vorgänge allmählich der ganzen Welt bekannt geworden.

Durch diese unerhörten barbarischen Taten Japans ge-

rieten die Koreaner in höchste Entrüstung, und die Notwehr brachte sie zu fortwährenden weiteren Kampfhandlungen.

So hat am 5. Januar 1924 der Koreaner Kim Dsiseb den japanischen Kaiserpalast in Tokio mit Bomben beworfen.

Der Koreaner Pak Yel mit seiner Frau hatte den Plan, den japanischen Kaiser zu ermorden. Vor der Durchführung wurde der Plan Ende 1923 entdeckt, aber die japanische Regierung hat lange Zeit die Angelegenheit geheimgehalten. Erst im März 1926 wurde das Ehepaar in Tokio zu lebenslänglichem Zuchthaus verurteilt.

Das japanische Konsulat in Schanghai, das der koreanischen Bewegung oft feindlich entgegengetreten war, wurde im Jahre 1926 zweimal von den koreanischen Revolutionären mit Bomben beworfen.

Am 26. April 1926 ist der letzte koreanische Kaiser gestorben. Bei den Trauerfeiern in der Hauptstadt Söul war eine ungeheure Menschenmenge zusammengeströmt. Gleichzeitig bot sich hierbei die Möglichkeit, verschiedene hohe japanische Beamte anzutreffen. So war die Gelegenheit zu revolutionären Handlungen für die Koreaner günstig. Am 28. April sollte der japanische Generalgouverneur Saito nach dem Trauerbesuch aus dem kaiserlichen Palast herauskommen. An seiner Stelle wurde durch den Koreaner Song Haksen fälschlich ein anderer Japaner im Auto ermordet, nämlich Takayama, der Vizepräsident des japanischen Faschistenvereins. Die Veröffentlichung dieser Tat wurde den Zeitungen mehrere Tage lang von der japanischen Behörde verboten. — Drei mit Pistolen und Bomben bewaffnete Koreaner, die die Ermordung der bedeutendsten japanischen Beamten bei dieser Gelegenheit planten und zu diesem Zwecke von Schanghai nach Söul fuhren, wurden unterwegs verhaftet. — Am 10. Juni 1926, dem Beerdigungstage des koreanischen Kaisers, veranstalteten die revolutionären Studenten eine Demonstration und agitierten für die Unabhängigkeit Koreas. Ein großer Teil der Demonstranten wurde verhaftet und elf von ihnen wurde der Prozeß gemacht.

Schon lange wurde die Ostasiatische Kolonisationsgesellschaft von den Koreanern als ein Objekt der Vernichtung angesehen. Am 28. Dezember 1926 hat der Koreaner Ra Sekdsu in dem Gebäude der Gesellschaft die japanischen Beamten mit Pistolen beschossen, dann das Gebäude mit Bomben beworfen und sich selbst getötet.

Dies sind einige Beispiele aus dem koreanischen Freiheitskampf, es ist nicht möglich, hier alle einzelnen Opfertaten aufzuführen.

Wir haben oben einige bedeutende Tatsachen aus dem Unabhängigkeitskampf Koreas festgestellt. Nun betrachten wir die einzelnen Richtungen der politischen Bewegung der letzten Zeit. Bis 1920 hatte die revolutionäre Bewegung keine besondere politische Richtung, sondern bezweckte allgemein die Unabhängigkeit des Landes. Seit 1920 tauchte die sozialistische Bewegung bei den Koreanern auf und entwickelte sich ziemlich rasch als eine Folge des japanischen Kapitalismus. Der Bankerott der nationalen Wirtschaft Koreas hat die Koreaner gezwungen, den Freiheitskampf gleichzeitig politisch und wirtschaftlich zu führen. Man hat früher in geheimen Organisationen den Kampf geführt, aber nach der Märzrevolution 1919 sind die verschiedenen Organisationen, sowohl die nationalistischen als auch die sozialistischen, immer stärker an die Oeffentlichkeit getreten und in die Breite gewachsen. Jedoch kämpfen alle, ob Nationalisten oder Sozialisten, ohne weiteres Schulter an Schulter gegen den gemeinsamen Feind, den japanischen Imperialismus, und die Organisationen schließen sich immer mehr zur Einheitsfront zusammen.

Die Idee der nationalen Freiheit und der sozialen Gleichheit geht heute durch die ganze Welt. Diese Bestrebungen mit dem endgültigen Ziele des Weltfriedens haben im Februar 1927 zum „Brüsseler Kongreß gegen Imperialismus, koloniale Herrschaft und für nationale Unabhängigkeit" geführt. Korea ist nach seiner politischen und wirtschaftlichen Lage in diesem Kampf stark beteiligt und arbeitet an seiner Befreiung in Solidarität mit der um ihre Freiheit ringenden Menschheit.

Die Vorlesungen des Orientalischen Seminars sind im Sommersemester von folgenden Hörern besucht worden.

Arabisch:	Professor Kampfmeyer	11
	" Franke	2-3
	Dr. Waly	11
Türkisch:	Professor Bollandt	7
	Dr. Babinger	3
	Lektor Sidri	7
Chinesisch:	Professor Schüler	8
	Lektor Tseng	8
Japanisch:	Prof. Scharschmidt	6
Koreanisch:	Lektor Likol¿u	4
Mongolisch:	Professor Haenisch	4
Persisch:	Lektor Vacha	etwa 2
	" Hasan	" 3
Tatarisch:	Professor Dr.Weil	1
Georgisch:	Dr. Meckelein	2
Afrikanische Sprachen:	Professor Westermann	4
Abessinisch usw.:	Professor Mittwoch	10
Russisch:	Professor Palme	15
	Lektor Hahn	15
	" Kosak	15
	" Lapae	15
Polnisch:	Dr. Meckelein	4

上 : 「여름학기 한국어 강좌 수강생 수」 ☞ 본문 125쪽

Der Preußische Minister
für Wissenschaft, Kunst und Volksbildung

Berlin W8 den   31. August 1923.
Unter den Linden 4
Fernsprecher: Zentrum 11340—11343

U I K   Nr. 8593.
Bei Beantwortung wird um Angabe
der Geschäftsnummer gebeten.

Seminar
für orientalische Sprachen
präs. 3 – SEP. 1923
J.-No.   1034

Auf den Bericht vom 10. August 1923 – Nr. 975 .–

Im Einverständnis mit dem Auswärtigen Amt genehmige ich, daß der chinesische Staatsangehörige Li Kolu im kommenden Winterhalbjahr am Seminar für Orientalische Sprachen an drei Wochenstunden Unterricht in der Koreanischen Sprache erteilt. Eine Vergütung kann ihm hierfür nicht in Aussicht gestellt werden.

Ueber den Besuch der Vorlesungen sehe ich einem Bericht Anfang März n.Js. entgegen.

An

den Herrn Direktor des Seminars
für orientalische Sprachen

in

B e r l i n .

In Vertretung

gez. Becker

BEGLAUBIGT

MINISTERIAL-KANZLEISEKRETÄR.

---

den Herrn Minister für Wissenschaft,
Kunst und Volksbildung

B e r l i n   8

Der chinesische Untertan, Li Kolu, von Geburt Koreaner, hat mir das beiliegende Schreiben mit der Bitte übersandt, ihm bei dem vorgordneten Ministerium die Genehmigung zu erwirken, im kommenden Wintersemester am Seminar für Orientalische Sprachen Unterricht in seiner Muttersprache, dem Koreanischen, in drei wöchentlichen Stunden erteilen zu dürfen. Da, wenn ich nicht irre, nicht nur für die deutsche Wissenschaft, sondern auch für die Handelsbeziehungen mit Korea im deutschen Reich ein gewisses Interesse besteht, diese Sprache kennen zu lernen, und da ferner Herr Li Kolu sich erboten hat, diesen Unterricht ohne Anspruch auf Entschädigung abzuhalten, möchte ich sein Gesuch auf das Angelegentlichste befürworten.

Der Direktor
J. V.

上 : 「백커 발송 공문」 ☞ 본문 129쪽
下 : 「미트보흐 발송 공문 1」 ☞ 본문 127쪽

이극로 전집—유럽 편_영인 | 51

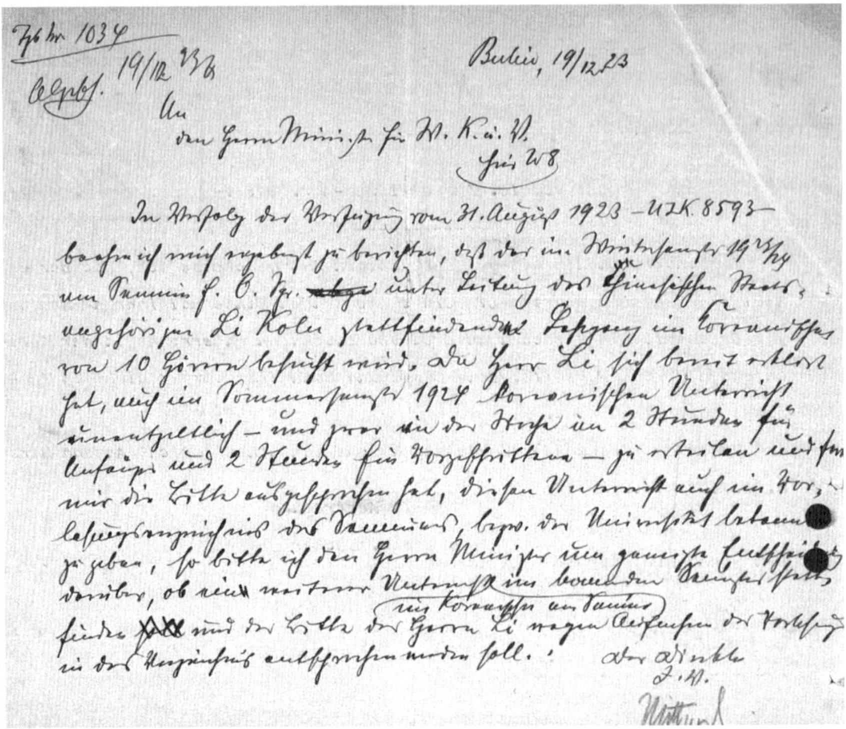

Tgb. Nr. 1034

Berlin, 19/12 23

An
den Herrn Minister für W. K. u. V.

In Verfolg der Verfügung vom 31. August 1923 – U I K 8593 – beehre ich mich ergebenst zu berichten, daß der im Wintersemester 1923/24 am Seminar f. O. Spr. unter Leitung des chinesischen Staatsangehörigen Li Kolu stattfindende Lehrgang im Koreanischen von 10 Hörern besucht wird. Da Herr Li sich bereit erklärt hat, auch im Sommersemester 1924 koreanischen Unterricht unentgeltlich – und zwar in der Woche in 2 Stunden für Anfänger und 2 Stunden für Vorgeschrittene – zu erteilen und ferner die Bitte ausgesprochen hat, diesen Unterricht auch im Vorlesungsverzeichnis des Seminars bzw. der Universität bekannt zu geben, so bitte ich den Herrn Minister um geneigte Entscheidung darüber, ob ein weiterer Unterricht im Koreanischen am Seminar stattfinden und der Bitte des Herrn Li wegen Aufnahme der Vorlesung in das Verzeichnis entsprochen werden soll.

Der Direktor

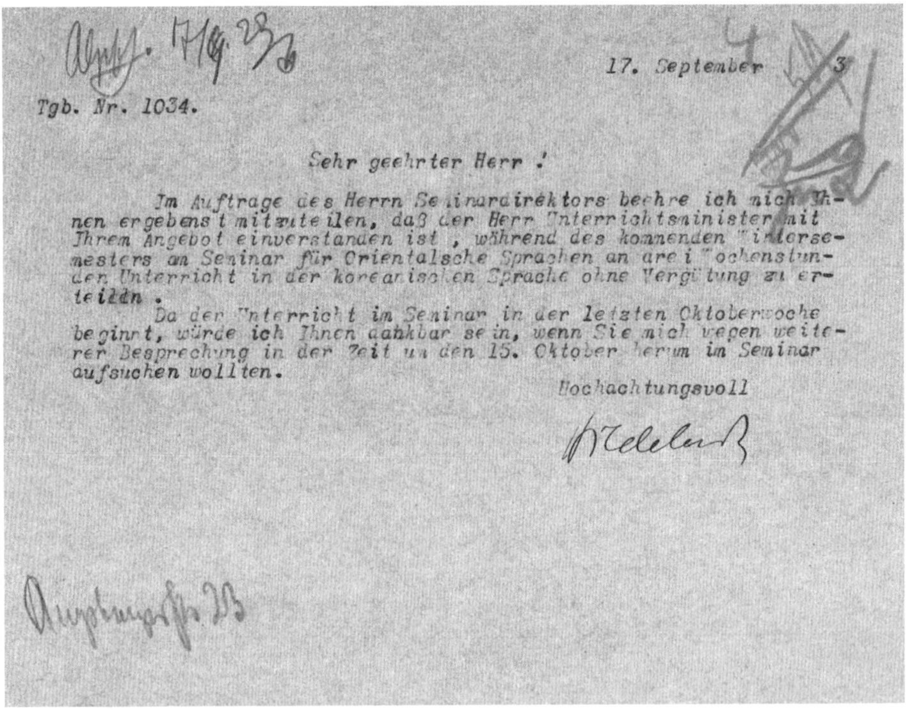

17. September 23

Tgb. Nr. 1034.

Sehr geehrter Herr !

Im Auftrage des Herrn Seminardirektors beehre ich mich Ihnen ergebenst mitzuteilen, daß der Herr Unterrichtsminister mit Ihrem Angebot einverstanden ist , während des kommenden Wintersemesters am Seminar für Orientalsche Sprachen an drei Wochenstunden Unterricht in der koreanischen Sprache ohne Vergütung zu erteilen .

Da der Unterricht im Seminar in der letzten Oktoberwoche beginnt, würde ich Ihnen dankbar sein, wenn Sie mich wegen weiterer Besprechung in der Zeit um den 15. Oktober herum im Seminar aufsuchen wollten.

Hochachtungsvoll

上 :「미트보흐 발송 공문 2」☞ 본문 131쪽
下 :「이극로 수신 편지」☞ 본문 132쪽

L e b e n s l a u f.
-·-·-·-·-·-·-·-·-·-·-·-

Am 10. April 1896 bin ich in Fong-tien als Sohn des
Arztes Li Ken-chu/geboren und von meinem 7. Geburtsjahre bis zum
17. Jahre durch privaten Unterricht und/eine Volksschule erzogen
worden; danach besuchte ich 3 Jahre ein Gymnasium und trat 1916
in die deutsche Sprachschule (Gymnasialabteilung) der Deutsch-
Chinesischen "Tungchi", Medizin- und Ingenieur-Schule in Schanghai ein. Nachdem ich die vier Schuljahre beendet hatte, wurde
ich im März 1920 mit meinem Reifezeugnis in die Tungchi Ingenieurschule aufgenommen und habe ein Semester absolviert. Im
April 1922 bin ich der Friedrich-Wilhelm-Universität zu Berlin
(in der philosophischen Fakultät) immatrikuliert worden.

Li Kolu

Der Preußische Minister
für Wissenschaft, Kunst und Volksbildung

U I K   Nr.   9458
Bei Beantwortung wird um Angabe
der Geschäftsnummer gebeten.

Berlin W 8 den   18. Januar 1924
Unter den Linden 4
Fernsprecher: Zentrum 11340 - 11343

Seminar
für orientalische Sprachen
präs. 21 JAN 1924
J.-No. 44

Auf den Bericht vom 19. Dezember v.Js. -1034-. J-No. 44

Jm Einverständnis mit dem Auswärtigen Amt genehmige ich, daß der
chinesische Staatsangehörige Li Kolu auch im kommenden Sommerhalbjahr
dem dortigen Vorschlage entsprechend Unterricht in der koreanischen
Sprache am Seminar für Orientalische Sprachen unentgeltlich erteilt und
seine Vorlesungen in das Vorlesungsverzeichnis aufgenommen werden.

Jm Auftrage
gez. R i c h t e r

An
den Herrn Direktor des Seminars
Orientalische Sprachen
in
B e r l i n N.W.7.

BEGLAUBIGT

MINISTERIAL-KANZLEISEKRETÄR

上 : 「이력서 1」 ☞ 본문 134쪽
下 : 「리히터 발송 공문」 ☞ 본문 136쪽

Seminar
für
Orientalische Sprachen.

Berlin N.W. 7, den 12. Mai 1927
Dorotheenstr. 7.

Concept

8

Herr Dr.rer.pol. L i K o l u aus Korea
hat von Beginn des Wintersemesters 1923/24 bis
Ende des Wintersemesters 1926/27 mit Ermächtigung des Herrn Unterrichtsministers Unterricht
in der koreanischen Sprache am Seminar für Orientalische Sprachen erteilt. Es gereicht mir zu
großer Freude, bezeugen zu können, daß Herr Li
Kolu mit Pünktlichkeit sowie Geschick und bestem Erfolge seine Lehrtätigkeit am Seminar ausgeübt hat.

Der Direktor
I. V.

Berlin, den 30. Januar 1925.
Zwinglistr. 39.

An den

commissarischen Direktor des

Orientalischen Seminars

z.H. Herrn Professor Dr. MITTWOCH,

Hochwohlgeboren!

Euer Hochwohlgeboren erlaube ich mir folgendes zu

unterbreiten.

Koreanisch ist heute die dritte wichtigste Kultursprache in Ostasien, die von mehr als 20 Millionen in Korea,
in der Mandschurei und in Ostsibirien bewohnenden Koreanern
gesprochen wird. Die Sprache ist besonders mit ihrer eigenen Schrift ganz eigenartig. Ausser der praktischen Seite
hat sie sprachwissenschaftlich eine grosse Bedeutung. Sie
ist in Deutschland fast unbekannt gewesen.

Um die koreanische Kultur und Sprache in Deutschland
zu vermitteln, habe ich, wie Ihnen bekannt ist, seit 3 Semestern ohne Entschädigung koreanische Vorlesungen abgehalten. In den Semestern haben 12 verschiedene Hörer an den
Vorlesungen teilgenommen.

Da für alle ostasiatischen Sprachen das Interesse
wieder im Wachsen ist, dürfte für das Orientalische Seminar es von Wichtigkeit sein, dass am Seminar koreanisch gelehrt wird.

Ich bitte daher Euer Hochwohlgeboren beim Herrn
Minister zu beantragen, dass ich in der Zukunft für meinen
Unterricht eine entsprechende Entschädigung erhalte.-

Lektor der koreanischen Sprache.

Li Kolu

上 : 「이극로 발송 편지 2」 ☞ 본문 138쪽
下 : 「미트보흐 발송 공문 3」 ☞ 본문 140쪽

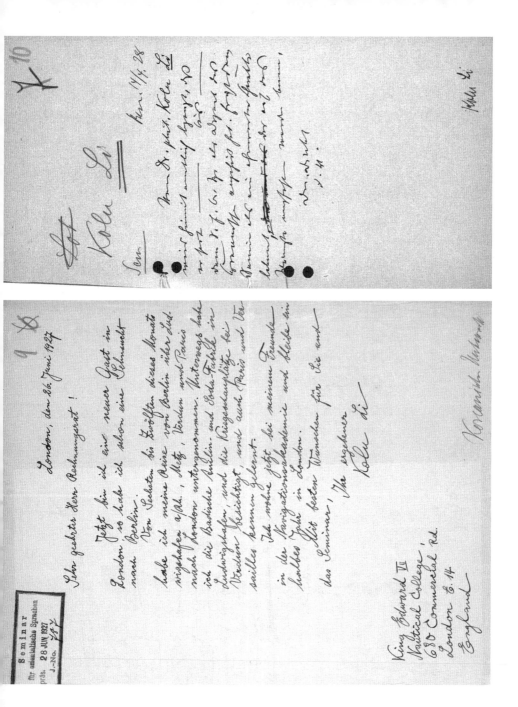

上 : 「동양어학과 이극로 강사 확인서 초안」 ☞ 본문 144쪽
下 : 「이극로 발송 편지 3」 ☞ 본문 142쪽

Tokyo, den 5. Dezember 1928

Sehr geehrter Herr Hildebrandt!

Während meines Aufenthaltes 2½ Monate in den Vereinigten Staaten von Amerika und vier Wochen in Hawaii habe ich planmäßig durch eine Besichtigung wirtschaftliche Verhältnisse des Landes studiert.

Von Hawaii bin ich am 12. Oktober d. J. in Yokohama angekommen und seitdem halte ich mich in Tokyo auf und studiere japanische Verhältnisse besonders das wirtschaftliche. Ich weiß noch nicht, wann ich in Korea ankomme.

Ich wünsche Ihnen eine gute Weihnacht und ein fröhliches Neujahr.

Ihr ergebener

Kolu Li

Bitte, bestellen Sie den Professoren im Orientalischen Seminar von mir herzliche Grüße für die Weihnacht und das Neujahr!

Korean, Urlms

Aus dem Leben eines koreanischen Gelehrten.

Aus dem Koreanischen übersetzt von Dr. Li Kolu.

Der Anlaß der folgenden Arbeit ist ein doppelter: erstens sollten die neuen koreanischen Typen der Reichsdruckerei bekanntgemacht werden, und zweitens sollte ein Hilfsmittel für Übungen in der koreanischen Sprache geboten werden.

Zu diesem Zwecke habe ich den Anfang eines modernen Romans ausgewählt, der 1924 in Söul unter dem Titel ‹Hă Săng-djün› (Lebensgeschichte des Herrn Hă) erschienen ist und den bekannten, jetzt etwa 35jährigen Dichter (Bjl Goang-s(y)u zum Verfasser hat.

Der Held des Romans ist der gelehrte Herr Hă, ein Adliger, der vor etwa 250 Jahren zur Zeit des Kaisers Hyo-Djong (1650—1660) gelebt hat, durch seine Klugheit und seine Taten berühmt geworden ist und noch heute im Volksmunde lebt.

Zum Verständnis der kurzen Probe sind folgende Anmerkungen notwendig:

Als Einheitsmünze der früheren Zeit gilt das (R)Yang, es zerfällt in 10 Don bzw. in 100 Pun; das Pun entspricht dem chinesischen Käsch und der Wert von einem (R)Yang ist etwa ½ Mark.

Bei den Maßen hat man unter 1 Djib 100 Stück zu verstehen.

Zu guter Letzt möchte ich noch Herrn Dr. Figulla für seine Mitarbeit meinen verbindlichsten Dank aussprechen; er hat den ganzen Text mit mir durchgearbeitet und die Übersetzung stilisiert.

	Lebensgeschichte Hă's.
	Von (Bjl Goang-s(y)u.
허 생 젼 저	Übersetzung.
리 광 수	Dr. Byên.

뎐진사

눈네들 빈진사라뎌
단빗갈이 누구랴느
룸 사람이 항것도다이
인 룸을 랴드랴엉구
드에 항긋송츙이라노 조

Wenn man den Namen des Dr. Byên aus Dabang-gol aussprach, wo hätte es da wohl einen gegeben, der von ihm nichts gewußt hätte! Von der Hauptstadt Söul keine Rede —

Mitteilungen des Seminars für Orientalische Sprachen an der Friedrich-Wilhelms-Universität zu Berlin

Herausgegeben von dem stellvertr. Direktor Prof. Dr. Eugen Mittwoch

Jahrgang XXX

Berlin 1927
In Kommission bei Walter de Gruyter u. Co.

「한 조선 지식인의 삶 한 장면」☞ 본문 147쪽

auch in den acht Provinzen Koreas gab es kein Kind, das den reichsten Mann des Landes, den Dr. Byön aus Dabang-gol, nicht gekannt hätte. Ja, wir wissen zwar nicht, ob vielleicht jemand den General [B]I, ich meine Wan [B]I, nicht kannte, jedoch einen, der Dr. Byön aus Dabang-gol nicht gekannt hätte, den gab es nicht.

Wenn man von der Brücke Goang-tsung am nördlichen Ufer des Flusses von Dabang-gol entlang etwa 12 Häuser flußaufwärts geht, dann kommt man in eine Straße, die nach Süden durchgebrochen ist. Wenn man in diese Straße hineingeht, dann ist da gleich eine aus- und eingehende Menschenmenge wie auf einer Straße an einem großen Markt; und wenn man durch diese Menschenmenge hindurch einige Schritte weitergeht, dann ist da ein großes, wenn auch einfaches Tor; tritt man nun durch dieses Tor ein, so findet man einen breiten Hof, und wenn man von da noch einmal ein großes Tor durchschreitet, dann liegt ein großes Empfangshaus da, und (in dem Empfangszimmer) in der unteren Ecke pflegte, auf einem Diwan angelehnt, mit dem dicken Gesicht eines wohlhabenden Mannes, mit einem Backenbart und graumeliertem Haar, der wegen seines vielen Geldes berühmte Dr. Byön zu sitzen.

Zu jener Zeit ließ der große König Hyo-Djong, als er die Absicht hatte, das Nordreich (Mandschurei) zu schlagen und

(dazu) die großen Männer und die Reichen der ganzen Welt zu suchen, den an Macht ins erster Stelle stehenden General Wan [B]I mit Dr. Byön Freundschaft schließen. Und so kam es, daß vor ihm, der nun plötzlich im Byön mit dem Titel-Doktor geworden war, trotzdem er nichts weiter als ein Mann aus Dabang-gol gewesen war, sogar die stolzen Adligen aus dem Nord- und Südviertel sich nicht zu rühren wagten (d. h. vor ihm Angst hatten). Ob früher oder jetzt, Geld ist Macht. (Für den König), der eine große Armee zu kommandieren hatte, der in das China genannte Reich der Mandschu eindringen wollte, der von Süden bis Norden 20 000 Li (chinesische Meilen) zurücklegen und mehr als 400 Bezirke in seine Hand bringen und regieren wollte, für ihn, der eine so große Aufgabe angefangen hatte, wie wertvoll waren die großen Männer, und wie wertvoll waren die reichen Leute!

In jener Zeit kam eines Tags ein unbekannter, ärmlicher Gelehrter zu dem Empfangshaus des Dr. Byön aus Dabang-gol, und, ohne sich aufzuhalten, stieg er auf die Veranda hinauf, schritt durch die große Diele und ging geradezu nach dem Zimmer des Dr. Byön. Die Leute sagten: «Was ist das für ein Mensch?» und wollten ihm in den Weg treten, aber infolge seiner erstaunlichen Würde und seines ernsten Aussehens wagten sie nicht ihn anzugreifen, sondern wichen dem weichen Schritt für Schritt

er, ohne auch nur einmal auf die Seite zu blicken, Schritt für Schritt hinaus.

Die Leute standen alle da, indem sie gedankenlos hinter dem ärmlich gekleideten Gelehrten hersahen, und erst als er aus dem Tor hinausgegangen war, da wandte sich nach einiger Zeit einer aus der Menge an Dr. Byŏn und fragte: »Herr Doktor, kennen Sie den Gelehrten?«, da machte Dr. Byŏn seine ruhig geschlossenen Augen plötzlich auf und setzte sich wieder auf seinen Sitz. »Ich kenne ihn auch nicht«, sagte er.

Da fragte jener voller Sorge: »Einem Unbekannten geben Sie ohne Bedenken so viel Geld?«, und Dr. Byŏn antwortete ruhig: »So viel Geld ein Mann von mir fordern kann, fordert er.«

Da sagte jener: »Ja, wie ich an seinem Äußern sehe, ist er ein Mann, der keinen Pfennig hat, und doch tun Sie so?« Da schüttelte Dr. Byŏn den Kopf und antwortete: »Einen Menschen kann man nach seinem Äußeren beurteilen.«

zurück und sahen zu, was er tun würde.

Als Dr. Byŏn den Gelehrten so ohne weiteres eintreten sah, stand er von seinem Sitze auf, und nach der gegenseitigen Begrüßung fragte der Gelehrte: »Sind Sie Dr. Byŏn?«

»Ja, so ist es. Was für eine Angelegenheit (führt Sie her)?«, fragte diesmal Dr. Byŏn, aber der Gelehrte nannte seinen Namen nicht und sagte: »Ich habe dringend etwas nötig. Leihen Sie mir 10000(R)Yang!«. Auf diese Worte antwortete er sehr höflich: »Ja, gut. Wohin soll ich sie senden?«

»Stellen Sie mir einen Kreditbrief auf den Namen des Herrn Hŏ an das Haus des Dr. (R)Yu in der Bezirkshauptstadt Ansŏng bis Ultimo des 9. Monats aus!«

»Gut«, sagte Dr. Byŏn, und noch bevor er ganz ausgesprochen hatte, sagte der Gelehrte: »Leben Sie wohl!«, und auf dieselbe Weise, wie er zuvor hereingekommen war, ging

것이 아니오 하고 치서방
이라는 차인을 불러다니
여보 이달 그믐안으로
안성류진사집 허생원일홈
으로 돈만량표를 환해보내
오 하고 분부를 했습니다

[대테] 이게 무슨사람이
관대 그렇게 무두쇠로
김판서가 변진사가 거렁게
일홈풀려 응낙한담 하고
여진사집 생원식 몯격들은 멷칠
변진사집 묻두고 니약이거리를삼앗
습니다

안성장

구월그믐날
섯달그믐류진사집에 변진사
집에찻던 그신사가 그때
와꼭같은 추래한옷을닙
고 다만 안즌익 행색이
그래도 그묻두의의색시
다 뒤에 에꾸눈이비루한
든이 생원님보다 이상으로
가긴따 한개를들더부치며
니다 류진사집 서사들은
[어듸서 된 류진사집가가지고 포호
는고?] 하고 눈도

und er rief seinen Verwalter Sö-bang Tsö und gab ihm den Auftrag: »Heh! Schicken Sie bis Ultimo dieses Monats an die Adresse des Dr. (R)Yu in Ansöng auf den Namen des Herrn Hö einen Kreditbrief über 10 000 (R)Yang.«

›Nanu! was ist das für ein Mensch, daß Dr. Byön, der als ein so harter Charakter bekannt ist, seine Forderung so ohne Widerspruch erfüllt!‹ sagten die Gäste im Hause des Dr. Byön, und das gab Stoff zur Unterhaltung während mehrerer Tage.

Der Markt Ansöng.

Zu Mittag des letzten Tages des neunten Monats kam in das Haus des Dr. (R)Yu in Ansöng derselbe Gelehrte, der damals in das Haus des Dr. Byön gekommen war, ebenso ärmlich gekleidet, aber doch von adliger Haltung, und hinter ihm folgte ein einäugiger Diener, der noch ärmlicher als der Gelehrte aussah, so daß die Kommis im Hause des Dr. (R)Yu sagten: ›Woher kommt da noch so ein Bettler?‹, und die beiden gar nicht ansahen. Der Gelehrte trat ins Zimmer ein. ›Ist Dr. (R)Yu zu Hause?‹ fragte er ernst einen Kommis, der da saß und etwas schrieb. ›Was? In welcher An-

보이지 아니합니다 그신
밧에 틱틈이서며
류진사가 게시오 하고
엄전히 뭇는바람에 무슨소리
부를하고 무슨일이요 하고
[왜?]

가장 시크러운듯이 마조보
며 아니 꼬만소식 하는
듯 한눈으로 선비를흘터보고
니다 이때에

...... 이눔 이 광산선비
누구신줄알고 하는소리
가 나며 그선비의위에 비
썰거리고그섯던 에꾸눈은
비부가 화락달녀들어 그
각자의멱살을욱켜개들고 두
눈에서 싿줄번개가나도록
짜귀를붙입니다

[아그그! 이놈이 사람치
네] 하고 그양이에게물린
쥐모양으로 이리굴그저리
굴며 한개를들다해꾸눈
이가 딱 한개를들며부치며
[이놈아 아직버릇못
못고처?]

이통에 사랑에 잇던사
람들이 욱들겨들엇스나

gelegenheit (kommen Sie)! fragte er zurück, indem er sich gestört fühlte, und mit Augen, die ausdrückten: ›Unausstehlicher Kerl!‹, sah er den Gelehrten von oben bis unten an.

›Du Kerl, kannst du nicht sehen, was ein Adliger ist? ... Du Kerl, weißt du nicht, wer dieser adlige Herr ist?‹ so rief alsbald der einäugige Diener, der unruhig hinter dem Gelehrten stand, und packte heftig den Kommis am Kragen und klatschte ihm auf die Backen, bis ihm zwei Blitzstrahlen aus den beiden Augen kamen.

›Au, au! — der Kerl schlägt einen Menschen!‹ schrie jener und wandte sich mit aller Anstrengung hin und her wie eine Maus, die von der Katze gebissen ist, der Einäugige aber sähig noch einmal zu, indem er sagte: ›Du Kerl, wirst du noch nicht deine Redeweise bessern?‹

Da griffen ihn die Leute, die sich in Empfangshause befanden, an, aber vor seinen Faust-

몸소 아도 하 아 좃 몬 은 한
들 을 뿔 별 히 처 이 웃 이 다
사 람 으 로 들 을 여 모 싯 니 이
자 기 네 들 은 호 란 이 갓 이
무 서 위 하 는 응 을 볼 때 에
른 개 설 을 가 는 응 을 맛 은 사
에 무 돈 의 한 테 람 들 은

걸 뜨 름
둑 나 리 라
한 위 와 쌀 두
복 돈 한 은 음 을
나 고 곰 추 한 다

호 란 이 수 엄 을 후 한
하 고 앙 몬 과 엽 구 리
중 근 슬 음 슬 퍼 해 다 다

그 신 비 는 점 심 을 먹 고 나
돌 쇠 를 다 리 고 한 번
안 성 시 장 을 둘 아 닐 어 오
니 무 진 사 다 러

내 도 만 랑 에 뜸 아 오 는
어 한 성 에 들 어 오 는
이 란 과 실 을 무 조 리 사 는
오 만 하 엿 슴 니 다 눈 이
이 람 에 과 일 을 한 과 치 나 사 서

무 엇 을 한 신 단 말 슴 이 니 가
하 고 이 사 람 비 치 지 나
니 행 나 하 는 듯 이 물 그 럼 이
신 비 를 처 다 본 니 다 선 비
는 조 금 도 태 도 를 변 치 지 아
니 하 고

애 무 돈 이 주 먹 바 람 밥 ㅅ
바 람에 모 도 다 아 나 고 맘 앗
슴 니 다

돌 쇠 야 이 놈 또 일 을
저 즐 엇 는 고 나 하 고 그 제
선 비 가 눈 을 흘 기 니 ㅅ 로 로
야 애 무 돈 이 가 스 를 로
그 쟉 쟉 놈 을 오 며

이 런 놈 들 은 정 신 을 차 리 니
개 식 먹 여 야 쥬 신 슬 금 웃 슴
다 하 고 선 비 는 싱 슬 웃 슴
다

이 때 에 류 진 사 가 한
로 서 나 오 다 가 이 광 경 을 보
고 그 신 비 압 흐 로
하 생 원 이 신 닛 가 하
공 손 히 뭇 합 니 다

네 그 럿 소 이 다 류 진 사 요
류 진 사 가 다 ㅅ 붓 친 편 이
한 친 다 공 손 히
변 진 사 가 한 테 서 그 적 계 편
지 가 와 ㅅ 기 로 날 마 다 하 생 원
오 시 기 를 기 다 렷 소 이 다 사 람
들 이 누 구 신 지 모 르 고
이 랑 게 무 관 한 일 을 저 즐 럿 슴
니 다 무 엇 이 라 고 용 을 할 슴
이 잇 슴 니 다 하 며 그 손 비

die Leute, die von dem Ein-
füngigen gesschlagen worden waren, die kriechende Höflichkeit
der Dr. (R)Yu, vor dem sie
selber Angst hatten wie vor
einem Tiger, sahen, sagten sie:
»Hollah, da haben wir den Tiger
am Bart gepackt!«, und aus
Furcht vor den Folgen liefen
sie eiligst davon, indem sie sich
die schmerzenden Backen und
Lenden hielten, und versteckten sich.

Nach dem Mittagessen ging
der Gelehrte in Begleitung Dol-
söis einmal um den Markt von
Ansing herum, und, nachdem
er zurückgekehrt war, sagte er
zu Dr. (R)Yu: »Für meine
10000 (R)Yang kaufen Sie alles
Obst, was man nur Obst nennt,
das von jetzt ab nach Ansing
hereinkommt, ohne Ausnahme
auf!«, und Dr. (R)Yu machte
über diese Worte runde Augen.

»Für 10000 (R)Yang Obst
kaufen? Was wollen sie damit
machen?« fragte er, und mit
dem Gedanken: »Ist der Mann
nicht verrückt!« blickte er den
Gelehrten starr an, aber der
Gelehrte änderte seine Haltung
nicht.

hieben und Fußtritten lief alles
weg.

»Dolsö, du Kerl, was laßt du
da wieder angerichtet?« sagte
der Gelehrte mit Augenrunzeln,
und so ließ der Einfäugige den
Kommis langsam los.

»Solche Leute muß man die
Faust kosten lassen, damit ihre
Seele aufwacht«, sagte er und
lachte gemütlich.

In diesem Augenblicke kam
Dr. (R)Yu aus dem inneren
Räumen heraus, und als er diesen Vorgang sah, kam er schnell
auf den Gelehrten zu. »Sind
Sie Herr Hŏ?« fragte er mit
höflichem Gruße.

»Ja, ich bin es. Sind Sie
Dr. (R)Yu?« Dr. (R)Yu grüßte
nochmals höflich und sagte:
»Vorgestern kam von Dr. Byŏn
ein Brief, und deshalb habe ich
jeden Tag das Kommen des
Herrn Hŏ erwartet; so ist es.
Und wenn die Leute meines
Hauses aus Unkenntnis, wer
Sie sind, so etwas Unhöfliches
getan haben, so bitte ich keine
Worte darüber (ich wage nicht,
deswegen um Entschuldigung
zu bitten)« Dann führte er
persönlich den Gelehrten durch
das Inventor und geleitete ihn
in das besonders eingerichtete
innere Empfangshaus. Als nun

»Tun Sie nur nach meiner Rede, schicken Sie jetzt gleich einen Mann und lassen Sie alle im Markt von Ansŏng befindlichen Obsthändler rufen[1],« sagte er.

Dr. (R)Yu daotŏ innerlich:
»Ich sehe deutlich, das ist ein verrückter Kerl, aber was er mit seinem Gelde und mit seinen Plänen anfangen will, ich habe nicht nötig, mich einzumischen[2]. Darum will ich nach seiner Rede einen Mann ausschicken und alle Obsthändler auf dem Markt von Ansŏng, was man nur Obsthändler nennt, zusammenrufen[2].«

In dieser Zeit müßte alles Obst aus den Provinzen Tsungtsŏng, Djŏn-ra und Gyŏng-sang durch den Markt von Ansŏng gehen, und dann erst ging es nach Sŏul und auch nach anderen Gegenden. In einer Jahreszeit, im späten Herbst, kann man den Markt von Ansŏng einen Obstmarkt nennen, dann stauen sich gewässerte und weiche und getrocknete Persimonpflaumen, verschiedene Sorten Birnen, Granatäpfel, chinesische Datteln usw. usw., (kurz) sämtliche Obstarten in Ochsen- und Pferdelasten. Dieses (Obst) lasten in Ansŏng, die Händler, die Hunderte von Ansŏng kaufen, die ...

[1] Hier steht im Koreanischen eine Redensart: »Lege (hier) Feigen und (da) Birnen hin!«, die so viel bedeutet wie »sich in die Angelegenheiten anderer Leute einmischen«; sie beruht auf der Vorstellung, daß ein geladener Gast sich in die Anweisungen des Hausherrn betreffend die Tafelordnung einmischt.
[2] Die vorangehende »direkte Rede« besteht im Koreanischen aus zwei Teilen, deren jeder von einem besonderen Verbum (des Denkens) abhängig ist; wir haben uns erlaubt, diese beiden Teile in der Übersetzung zusammenzufassen.

auf und brachten es wieder nach Sŏul (weiter); darum, wenn diese Jahreszeit kam, gab es auf dem Markt von Ansŏng 30 bis 40 Obsthändler. Diese 30 bis 40 Obsthändler kamen mit dem Gedanken: »Was ist (denn) los?« in das Empfangszimmer des Dr. (R)Yu zusammen hinein, und da trat der ärmlich aussehende Herr Hŏ hervor und redete sie an:

»Meine Herren, ich brauche jetzt etwas; ich will (nämlich) Obst kaufen. Nennen Sie mir jeder den Preis, den Sie verlangen[1]! Und einer der Obsthändler trat hervor und sagte:

»Mir gehören 200 Djŏb Birnen, der Preis für das Djŏb ist 3 Don«[2]: (eigentlich) hatte er (nur) 2 Don und 5 Käsch zu verlangen, aber er hatte 5 Käsch aufgeschlagen und 3 Don genannt, und Herr Hŏ ließ einen Mann den Namen des Händlers und die Art und Menge des Obstes notieren. Darauf sagte er:

»Unter diesen Umständen holen Sie sich gemäß dem Preise, den Sie verlangen: 1 Djŏb zu 3 Don, also für 200 Djŏb 60 (R)Yang irgendwann von

Li: Aus dem Leben eines koreanischen Gelehrten.

Dr. (R)Yu ab, und die Ware lassen Sie noch heute in das Magazin dieses Hauses schaffen!«

Als nun die anderen Händler sahen, was der Birnenhändler für einen Trumpf ausgespielt hatte, da riefen sie: »Ich auch, ich auch«, und jeder sagte, der eine: »20 Sack Pflaumen«, der andere: »15 1/3 Sack Pistaziennüsse«, wieder ein anderer: »60 Djüb Granatäpfel«, noch ein anderer: »200 Sack Kastanien«, und auf diese Weise boten sie ihre Ware an, und der Preis, den sie verlangten, der galt; Herr Hŏ handelte kein Käsch ab, und alles kaufte er auf. Trotzdem er alles auf dem Markte von Ansŏng aufgekaufte Obst gekauft hatte, betrug der Wert doch nicht mehr als 600 (R)Yang; man muß aber wissen, daß 600 (R)Yang von damals heute mehr als 6.000 Yen wären.

Als Herr Hŏ dieses Geschäft abgeschlossen hatte, lächelte er mit sehr zufriedener Miene und sagte:

»Die Obst(menge), die ich kaufen wollte, ist noch nicht erreicht. Von jetzt an bringen Sie mir, bis die Obstlasten, die aus den Südprovinzen heraufkommen, aufhören, (auch) alles Obst, das (noch) hereinkommt, was es auch sei, ohne Ausnahme her!« — — —

류진사에게 찾아가
그 물건은 오늘한으로
이 집 창고로 들어설리시오!?

느것을보고 배장사가 땜도
이것을보고 나도 나도」하고
「나 도 나 도」하고 저마
다 은 대추가 소 묶 섬
혹은 대추가 소 묶 섬은
혹 자이엿다섬은 혹은
석류가 예순접 밤이이 백
섬 이모양으로 내어붙리
는데 값은 불리는것이 값
이오 허생원은 한푼깍이
라고도아니하고 지다사는
엇습니다 그러나 한섬장
에 싸였을 과율을 다사기
야 겨우륙백량밧게 아니
되 그대때뵉량이 지금륙천
량은 그많은 것이지 마는
한푼에도 단한푼도 덧돗이

「아직도 사라는과율이
좀부족하니 이후로남도
서 올라오는 과 일ㅅ짐
이 끊어지기까지 과일이
한과일이 들어오는대로
모조리 내게로가져오시
오!?」합니다.

Erstens, daß wir während unserer Studienjahre an deutschen Universitäten die Gründlichkeit und Ehrlichkeit der deutschen Wissenschaft haben kennen und schätzen gelernt; war doch die Hauptsache bei allen wissenschaftlichen Untersuchungen das Forschen nach geistes- und naturwissenschaftlicher Wahrheit, und das Hauptziel des akademischen Unterrichts, uns selbständiges Denken und Arbeiten zu lehren. Wir haben persönlich von seiten unserer Professoren ein ununterbrochenes Interesse an unseren Studien erfahren, und niemals haben wir wahrgenommen, daß sie einen Unterschied zwischen deutschen und ausländischen Studenten machten. Die Pietät zwingt uns, unsere innigste Anerkennung auszusprechen für die wissenschaftliche Erziehung durch eine Methode, die unserer Ueberzeugung nach keiner andern in der Welt nachzustehen braucht.

Wir bedauern daher aufs tiefste, daß unter den jetzigen unnormalen Zuständen die deutschen Universitäten und die deutsche Wissenschaft, die u. E. auf Idealismus und Objektivität beruht, in einem so ungünstigen Lichte der Welt vorgehalten werden.

Zweitens: daß wir während unseres Aufenthaltes in Deutschland gleich allen andern ausländischen Studenten eine außergewöhnlich liebevolle Behandlung und Gastfreundschaft genossen haben, und daß wir viel zu danken haben diesem Aufenthalt unter einem Volke, dem Wissenschaft und Kunst in Fleisch und Blut übergegangen ist. Wir werden es daher immer als ein unschätzbares Vorrecht ansehen, daß wir unsere Studienjahre in Europa in einer so hoch entwickelten kunstliebenden und unserer Volksart so nahe verwandten Umgebung verbracht haben.

H. D. A. Ackermann (M. Dr. Halle) Arzt, Kapstadt. W. F. C. Arndt (Ph. Dr. Göttingen) Prof. Math., Bloemfontein, J. Basson (Ph. Dr. Berlin) Prof. Griech., Stellenbosch, C. J. R. Bergh (Ph. Dr. Jena) Kriegsamt Pretoria. G. C. Cillié (Ph. Dr. Straßburg) Prof. Päd. Stellenbosch, P. M. Daneel (M. Dr. Heidelberg) Arzt, Kapstadt, T. F. Dreyer (Ph. Dr. Halle) Prof. Zool., Bloemfontein, und andere.

Das unbekannte Korea

Von Dr. rer. pol. Kolu Li.

Anfang März weilte in Berlin, unbeachtet von der großen Oeffentlichkeit, der Führer der koreanischen Nationalbewegung, Professor Choi Rin. Er befand sich auf einer zweijährigen Weltreise, die ihn über Amerika, Westeuropa, Deutschland, Rußland wieder nach Korea zurückführte.

Anläßlich dieses seltenen Besuchs veröffentlichen wir den nachstehenden Artikel aus der Feder von Dr. Li Ko Lu, der Prof. Choi Rin auf der Reise durch Deutschland begleitet hat. Der Verfasser des Artikels hat bei dem bekannten Nationalökonom Schumacher vor einem Jahr den Doktorgrad erworben.

Das mehr als 20 Millionen Seelen zählende Volk der Koreaner hat eigene Sprache, Schrift, Sitten und Gebräuche, eine ganz eigenartige, alte und hochentwickelte Kultur. Leider ist dieses Volk infolge seiner unglücklichen politischen Verhältnisse fast unbekannt in der Welt.

BRÜCKEN ZUM AUSLAND

ECHO ZWISCHENSTAATLICHER BESTREBUNGEN IN DEUTSCHLAND

MONATSSCHRIFT HERAUSGEGEBEN VON KURT BAUMGARTEN

1. Jahrgang   März 1928   5. Heft

Preis des Einzelheftes 0,50 Rm. Im Jahresabonnement (12 Nummern) 5.- Rm.

「미지의 한국」 ☞ 본문 150쪽

11

Was die Religion anbetrifft, so war früher die verbreitetste Religion der Buddhismus, der am Ende des 4. Jahrhunderts im Jahre 372 n. Chr. von China aus eingeführt wurde, aber aber unter der letzten Dynastie, seit 500 Jahren, durch den Konfutseanismus stark verdrängt worden ist. Das Hauptprinzip des Konfutseanismus ist Menschlichkeit. Der Koreaner steht heute allgemein auf dem Standpunkt der konfutseanischen Moral, wie die Chinesen. Das Volk hängt, wie in China, einer peinlichen Ahnenverehrung an.

Seit 1837 sind römisch-katholische, seit 1884 auch protestantische Missionare in Korea tätig. Das Christentum ist aber im Lande verhältnismäßig wenig verbreitet.

Die koreanische Kultur ist eine alte Kultur im fernen Osten. Ihre bodenständigen Elemente wurden frühzeitig durch chinesische und indische Kultureinflüsse bereichert.

Auf welcher Höhe die koreanische Kultur seit fast zwei Jahrtausenden steht, beweisen vielleicht einige Beispiele.

Unter allen Sammlungen buddhistischer Werke (genannt Tripitaka) ist die in Korea entstandene Ausgabe die älteste vollständig erhaltene, die das Musterwerk der gesamten buddhistischen Lehre darstellt. Wohl ist sie in der chinesischen Schriftsprache abgefaßt, da, wie in Europa Latein, Chinesisch im fernen Osten die Gelehrtensprache war. Das Werk umfaßt 86 700 Druckstöcke (Holzplatten mit ausgeschnittenen Schriftzeichen), das sind 173 400 Seiten. Es ist am Anfang des 13. Jahrhunderts in 15jähriger mühseliger Arbeit mit großer Sorgfalt geschaffen worden. Die Platten sind in einem alten buddhistischen Kloster in Südkorea in alphabetischer Ordnung in einem besonderen Magazin unversehrt aufbewahrt. Es gibt kein Museum, keine Bibliothek auf der ganzen Erde, die ein ähnliches Werk aufweisen könnten!

Ein weiteres Denkmal koreanischer Kultur ist unsere Buchstabenschrift. Sie umfaßte ursprünglich 28 Buchstaben, von denen jetzt nur 25 gebraucht werden. Sie wurde Mitte des 15. Jahrhunderts in dreijähriger Arbeit geschaffen.

Der kath. Missionar Pater Eckardt, der sich über 14 Jahre lang in Korea ausführlich mit der Sprache beschäftigt hat, schreibt im Vorwort zu seiner koreanischen Konversationsgrammatik (erstmalig in deutscher Sprache 1923 in Heidelberg erschienen):

„Wenn man nach Sprache und Schrift den Kulturstand eines Volkes bemessen dürfte, müßte Korea unter den ersten Kulturvölkern der Erde auftreten. An Einfachheit, Leichtigkeit und Ausdrucksfähigkeit sucht die Schrift ihresgleichen, und die Sprache mit ihren Tausenden von Eigenschafts- und Zeitwörtern gibt Zeugnis von scharfer Naturbeobachtung und läßt ein in ihrer Formenfülle bei den Koreanern reiche geistige Anlagen vermuten."

Die Verwendung beweglicher Lettern reicht in die Zeit zurück, bestimmt nachweisbar ist sie 1220. 50 Jahre vor Gutenbergs

Die Halbinsel Korea ist mit einer Fläche von 218 650 qkm nicht ganz halb so groß wie das Deutsche Reich. Das Land ist größtenteils gebirgig; fünf große weithin schiffbare Flüsse erleichtern den Wasserverkehr, und zahlreiche tiefe Häfen öffnen die Küste für den Seeverkehr. Das Land hat vorwiegend Seeklima, aber die Nordhälfte steht auch unter dem Einfluß des Landklimas. In der Hauptstadt Söul, in der Mitte des Landes, hat man als höchste Temperatur 37° C, unsere Körpertemperatur, und als niedrigste Temperatur 22° C, gemessen. Koreas angenehmes Klima müßte jeden Ostasienreisenden anlocken.

Die Einwohnerzahl Koreas betrug im Jahre 1922 ca. 18 Mill., darunter 17 208 139 Koreaner, 386 493 Japaner und 32 129 Chinesen.

Die Volksnahrung ist hauptsächlich vegetarisch (besonders Reis und Gerste). Bei der Fleischkost spielen die Fische eine große Rolle. Milch- und Butterwirtschaft sind unbekannt.

Das Land ist ein Agrarland; seine Hauptprodukte sind: Reis, Gerste, Weizen, Sojabohnen, Baumwolle, Tabak und das bekannte Arzneimittel: die Insam-Wurzel. Die Viehzucht spielt keine große Rolle, dagegen ist die Seefischerei an den langen fischreichen Küsten stark entwickelt. Die Forstwirtschaft hat verhältnismäßig wenig Bedeutung, in Nordkorea, an der Grenze der Mandschurei, gibt es große alte Wälder, in Südkorea sind große Strecken mit Bambus bewachsen. Als Waldbaum ist in ganz Korea die Kiefer am meisten verbreitet. Korea ist reich an noch wenig ausgebeuteten Bodenschätzen, besonders Gold, Kupfer, Eisen, Graphit und Kohle.

Wenn man die mongolische Rasse in zwei große Gruppen teilt, nämlich die Ural-Altaische und die Indochinesische, so gehören die Koreaner zu den Ural-Altaischen, nicht zu den indochinesischen Völkern, sie sind also mit den Mandschus, den Mongolen im engeren Sinne, den Tataren und Türken weitläufig verwandt. Die Mandschu-Koreaner sind alte Einwohner Nord-Ostasiens, die in der Mandschurei, im Amurgebiet und auf der Halbinsel Korea wohnen. Sie sind ein ziemlich reines Volk gegenüber den Japanern und Chinesen. Das japanische Volk ist ein Mischvolk, hauptsächlich aus drei Elementen: Koreanern, Malayen und Ureinwohner (Ainu) bestehend. Das chinesische Volk ist auch aus verschiedenen Elementen gemischt, besonders in Mittel- und Südchina mit verschiedenartigen Ureinwohnern.

Die koreanische Sprache gehört in ihrem anthropologischen Zusammenhang zur Ural-Altaischen Sprachenfamilie, zur sog. agglutinierenden Sprache, wie Japanisch, Mandschurisch, Mongolisch, Türkisch, Ungarisch, nicht zu den sog. einsilbigen oder isolierenden Sprachen, wie Chinesisch oder Tibetisch, Siamesisch. Korea hat ein eigenartiges Alphabet, trotzdem werden viele chinesische Schriftzeichen in gebildeten Kreisen und in der Gelehrtensprache, wie auch in Japan, unter die eigene Sprache gemischt.

Erfindung, im Jahre 1403, ließ die staatliche Druckerei aus Kupfer einige Hunderttausend Lettern herstellen. 500 Jahre lang sind dann aus verschiedenem Material (neben Kupfer auch aus Bronze, Eisen, Porzellan und Holz) mehrere Millionen Lettern hergestellt worden, die nicht nur in Staats-, sondern auch in Privatbetrieben verwendet wurden.

Astronomie und besonders Meteorologie sind in Korea alte Wissenschaften. Ein Beweis dafür ist die am Anfang des 7. Jahrhunderts (vor 1300 Jahren) in Südkorea erbaute Sternwarte.

Entsprechend der Bedeutung der Landwirtschaft für Korea ist bei uns die Wetterkunde von jeher genauen Forschungen unterzogen worden. Der koreanische Staat hat schon 1441 ein Normalmaß für Regenmessungen an die einzelnen Landesbezirke verteilt. In Europa hat zuerst 1639 ein italienischer Gelehrter private Versuche mit Regenmessern angestellt.

Es scheint merkwürdig, daß Korea seit Jahrhunderten einen so hohen Stand der Kultur hatte, und eigentlich sich nicht weiterentwickelt hat. Der Grund zu diesem Stillstand liegt hauptsächlich in den politischen Verhältnissen des Landes.

Die Geschichte des koreanischen Staates läßt sich beinahe wie die chinesische Geschichte bis 2000 Jahre v. Chr. zurückverfolgen. Das alte Staatsgebiet umfaßte damals außer dem heutigen Korea die Mandschurei und das Amurgebiet. Verschiedene Dynastien kamen und gingen; am Anfang des 8. Jahrhunderts n. Chr. wurde das Gebiet der Mandschurei politisch von dem heutigen Korea getrennt.

Korea hat eine politisch sehr ungünstige geographische Lage, denn die Halbinsel ist eine Brücke zwischen dem asiatischen Kontinent und dem japanischen Inselreich. So war oftmals Korea das Durchgangsland für japanische Feldzüge gegen China. Das koreanische Volk ist zum ersten Mal im Jahre 1910 unter fremde, unter japanische Herrschaft gezwungen worden.

Das Jahr 1884 ist ein besonderer Wendepunkt in der koreanischen Geschichte. Junge Reformatoren versuchten die moderne europäische Zivilisation in Korea möglichst schnell einzuführen. Diese starke koreanische Bewegung erregte die Aufmerksamkeit Japans. 40 Jahre lang steht nunmehr Korea im Brennpunkt der politischen Auseinandersetzungen zwischen Japan, China und Rußland. Wegen der Mandschurei- und Koreafrage sind in dieser Zeit zwei Kriege im Osten entstanden. 1894 zwischen Japan und China, und 1904 der russisch-japanische Krieg. Beide Male siegte Japan, und in beiden Kriegen war Korea der Kriegsschauplatz. Japans Sieg in beiden Kriegen brachte die Annexion von 1910. Durch sie ist die koreanische Selbstverwaltung aufgehoben worden, die Gesetzgebung und die Verwaltung liegen ausschließlich in den Händen des Generalgouverneurs, wobei in wichtigsten Fragen der japanische Kaiser entscheidet.

12

Neun Jahre nach der Annexion, im März 1919, erklärte Korea erneut seine Unabhängigkeit; Straßendemonstrationen von über 2 Millionen Menschen fanden statt, und eine provisorische Regierung wurde gebildet; diese wurde später infolge des japanischen Drucks nach Schanghai verlegt, wo sie noch heute besteht.

Die gescheiterte Unabhängigkeitsbewegung hat Korea viel Blut gekostet.

Aus Rücksicht auf die koreanische Unabhängigkeitsbewegung läßt Japan die Koreaner nicht zum Militärdienst einziehen.

Durch die moderne Zivilisation ist der Verkehr zwischen den Völkern der ganzen Welt und der weltwirtschaftliche Zusammenhang zwischen ihnen ähnlich, wie etwa vor ein paar hundert Jahren in einem kleinen Bezirk. Durch diese Lebenstatsache entstehen jeden Tag Völkerrechtsfragen, die jetzt so oft in Konferenzen debattiert werden. Die eigentliche menschliche Sozialordnung und Wohlfahrt kann aber durch juristisches Recht allein nicht gelöst werden, sondern man kann zur Lösung dieser Fragen nur auf ethischem Wege näher kommen.

Die islamische Kolonie bei König Amanullah.

König Amanullah Khan empfing am Tage seiner Abreise von Berlin noch die Berliner islamische Kolonie. Das im Vorjahr gegründete Islam-Institut trat hierbei zum erstenmal seit seiner Eröffnungsfeier wieder öffentlich in Erscheinung. In Erfüllung seines Auftrages lud es die Mitglieder der islamischen Organisationen, der Akademisch-Islamischen Vereinigung „Islamia", der Vereinigung arabischer Studierender „El Arabiya", der Aegyptischen Nationalpartei, des Aegyptischen Studentenvereins an der Technischen Hochschule, und organisierte gemeinsam mit ihnen die Begrüßung des Königs. Der König empfing die Muslime Berlins im Palais des Prinzen Albrecht im Anschluß an einen Empfang, den er der Berliner Presse zum Abschied gab.

Hadsch Mohammed Nafi Tschelebi begrüßte im Namen des Islam-Institutes den König und feierte ihn als Führer eines ruhmvollen und tapferen islamischen Volkes, als Sieger und Befreier und als Pionier für die Wiedererstarkung der ganzen islamischen Welt. Die islamische Welt sei von außen und innen bedroht, um so größer sei die Freude der in Berlin brüderlich vereinten Muslime, den Vorkämpfer der islamischen Sache zu begrüßen. Der König dürfte darauf vertrauen, daß auch unter der Anstrengungen Berlins der Geist des Islam lebendig bleibe und alle Anstrengungen vereint würden, um am neuen Aufbau der islamischen Welt mitzuwirken. Dann ergriff Kemal Eddin Galal für die Aegypter das Wort und begrüßte

13

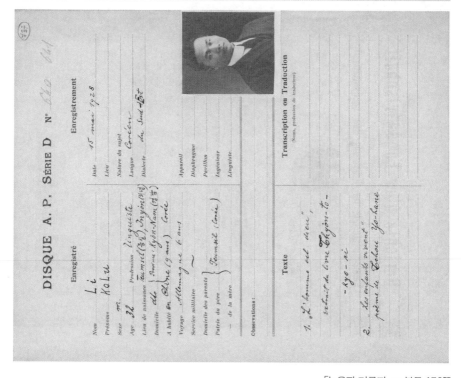

「녹음자 기록지」 ☞ 본문 156쪽

Berichte über Landwirtschaft

Herausgegeben vom
Reichsministerium für Ernährung und Landwirtschaft

Neue Folge   Band I, Heft 3 u. 4.

BERLIN
VERLAGSBUCHHANDLUNG PAUL PAREY
Verlag für Landwirtschaft, Gartenbau und Forstwesen
SW. 11, Hedemannstraße 10 u. 11
1924.

Die chinesische Agrarverfassung [1].

Von Li Kolu.

Inhalt.

1. Geschichtliche Entwicklung.   2. Die Grundbesitzverteilung und die Landarbeiter. — 3. Die Organisation der Landwirtschaft. — 4. Landwirtschaftlicher Betrieb und Kredit.

1. Geschichtliche Entwicklung.

Die vorzügliche Beschäftigung der Chinesen ist vom Altertum bis jetzt der Acker- und Gartenbau (jetzt zirka 80%, von allen Einwohnern), der als Hauptstütze des Nationalwohlstandes in hohen Ehren steht. Daraus erklärt sich auch der uralte bedeutungsvolle Gebrauch, daß früher der Kaiser, jetzt der Reichspräsident, in den ersten Tagen des dritten Monats, umgeben von hohen Würdenträgern, eigenhändig Furchen zieht. Bei der geschichtlichen Entwicklung der chinesischen Agrarverfassung können wir zwei Perioden unterscheiden, das System der Gebundenheit des Grund und Bodens vom Altertum (2665 v. Chr.) bis 350 v. Chr. und das System der Freiheit von 350 v. Chr. bis zur Gegenwart. Wie bei den meisten Völkern, deren Urgeschichte wir kennen, war auch in China das Land der ältesten Zeit Gemeingut. Es war Eigentum der Gemeinde und wurde jährlich unter die Marktgenossen verteilt. Die Verteilung vollzog sich nach dem sogenannten „Brunnen-Feld-System" (Chüng-Tien). Eine Fläche von 900 Mu (zirka 60 ha) wurde in neun Abschnitten und zwar nach einer Form des chinesischen Wortes Brunnen (#) zerlegt, daher der Name Brunnen-Feld-System: je acht wurden den Genossen zur Bearbeitung überwiesen, das mittlere Feld wurde gemeinsam bearbeitet. Der Ertrag von diesem mittleren Felde war das Einkommen des Staates.

Jeder chinesische Staatsangehörige in einem Alter von 20 Jahren bekam von dem Staat in der Regel eine bestimmte Größe eines Feldstückes und mit 60 Jahren gab er es dem Staat wieder zurück. Dieser Zustand dauerte bis 350 v. Chr. Von da an wurde jedem freigestellt, soviel Boden zu bearbeiten, als er konnte und das so gewonnene Land zu einem Besitz und zum Eigentum zu machen. Er konnte sein Eigentum freiwillig verkaufen und veräußern. Aber die zunehmende Bevölkerung und Zerstückelung des Landes hatte einerseits Verarmung, andererseits Entstehung großer Güter zur Folge, während unzählige frühere Besitzer Pächter und endlich Sklaven wurden, besaßen einzelne Reiche tausende von Morgen, die nicht bearbeitet wurden. Diesem Übelstande suchte man unter der Han-Dynastie (232 Jahren nach der Aufhebung des Brunnen-Feld-Systems) und unter der Wei-Dynastie (608 Jahren nach der Aufhebung des Brunnen-Feld-Systems) und besonders später unter der Tang-Dynastie (618—906) abzuhelfen. Unter der Tang-Dynastie wurde nach der kaiserlichen Gesetzgebung für jeden Hausstand ein Stück Land zum immerwährenden Besitz gegeben, und jede rüstige Person erhielt außerdem ein Stück als zeitweiligen Besitz zur Anlage von Baumgärten. Den verschiedenen Ständen wurden verschieden große Stücke zugeteilt und niemand sollte seinen Anteil verkaufen oder verpfänden. Als sich aber später die Notwendigkeit herausstellte, dem Besitzer das freie Verfügungsrecht zu geben, trat bald wieder die alte Ungleichheit ein.

Man kann sehr viel in der chinesischen Geschichte über die Förderung der Landwirtschaft finden. In kaiserlichen Gesetzen hieß es z B.: Ein Bauer soll nicht Industriearbeiter (Handwerker) oder Kaufmann werden. Wenn ein Handwerker oder Kaufmann nicht geschlachtet werden. Bei Unglücksfällen, Mißernten, Überschwemmungen, Heuschreckenfraß usw. griff die Staatshilfe durch Steuererlasse, Vorschüsse und Unterstützungen ein. In

[1] Dieses Referat wurde in dem Staatswissenschaftlichen Seminar von Professor Dr. Dade† an der Universität Berlin angefertigt.

Kornspeichern, die sich in jeder Provinz befanden, wurden die Ernteüberschüsse aufbewahrt. Nach jeder guten Ernte wurde der Inhalt verkauft und durch neues Getreide ersetzt, in Nötjahren dagegen unter der Bevölkerung verteilt. Bei den alten Kornspeichern unterscheidet man drei Arten. 1. Die staatlichen Regulierungskornspeicher (Ch'ang-Ping-Tsang). Sie sind die ältesten (gegen 10 Jahrh. v. Chr.), deren Hauptzweck es war, den Getreidepreis zu regulieren. Der Staat kaufte alles Getreide billig billig stellte. Er sammelte dann das Getreide in den Kornspeichern und gab es heraus, wenn ein Getreidemangel entstand, und zwar verkaufte er es dann billiger. Hierdurch wurde der Getreidepreis reguliert. Diese Regulierungskornspeicher sind schon seit langer Zeit verschwunden. 2. Die staatlichen Wohltätigkeitsspeicher (I-Tsang) sind unter der T'ang-Dynastie (618—906) entstanden. 3. Die privaten Sozialkornspeicher (Shö-Tsang) entstanden unter der Sung-Dynastie (968—1279). Die letzten beiden waren sehr verbreitet, haben aber jetzt keine große Bedeutung mehr, da die Kornverhältnisse sich gebessert haben, sie hatten den Zweck, einer Hungersnot vorzubeugen, die durch Mißernten, Überschwemmungen, Heuschreckenfraß, Hagelschlage usw. entstehen können.

2. Die Grundbesitzverteilung und die Landarbeiter.

1. Infolge der Verschiedenheit von Boden und Klima in China, ist auch die Grundbesitzverteilung innerhalb des Reiches ganz verschieden. In fruchtbaren Ebenen, wie sich solche z. B. in der Provinz Kiang-Su finden, kann eine Familie von 5 Köpfen sich von etwa 1—2 ha ernähren. Ein Besitzer von 6 und mehr ha gilt dort bereits als ein vermögender Mann. Man findet aber auch Besitzungen von 600 und, in hügeligen Gegenden, von 1200—1800 ha. Der gesamte Ackerbau ruht in China in den Händen der Kleinbauern, von denen es etwa 50 Millionen geben soll. Die Betriebsgröße der einzelnen Familien ist verschieden. In fruchtbaren Gegenden finden sich Betriebe von 2—10 Mu¹) in den wenigen dicht bevölkerten Gegenden solche von 30—60 Mu und freilich sehr selten auch von 100 Mu. Große Güter von 60 ha bereits den größten zusammenhängenden Besitz darstellt. Die Halbeigen- und Zwischenbetriebe machen etwa 80% von allen Betrieben aus. In den südlichen Provinzen wiegen die Pachtbetriebe vor, während es in Nordchina mehr Eigenbetriebe gibt. Man benutzt hier viel fremde Arbeit (Gesinde, Monats- und Tagelöhner). Der durchschnittliche Landbesitz in China wird auf 36 Ar pro Kopf geschätzt, die gesamte Anbaufläche dürfte etwa 138848600 ha ausmachen.

Die Erwerbung von Grundeigentum vollzieht sich heutzutage in China durch Ankauf, Vererbung oder Urbarmachung, zu letzterer ermutigt sich die Regierung durch Gewährung von Vorschüssen. Die früher über ganz China verbreiteten sogenannten „Heeresländereien" (Tun T'ien), die bei Eroberung des Landes durch die Mandschus und gelegentlich auch schon früher dem Heere überwiesen worden waren und sich dann auf die Nachkommen der Besitzer fortgeerbt hatten, sind nach der Revolution zumeist in die sogenannten „Hsüeh T'ien" umgewandelt worden, d. s. Erziehungsstiftungen gehörige Ländereien. Derartige „Hsüeh T'ien" haben von jeher existiert, ebenso religiösen Stiftungen gehörige Länderein. Bemerkenswert ist, daß Ankauf von Grund und Boden durch Ausländer in China gesetzlich verboten ist.

2. In China findet sich meistens das Erbpachtrecht, die Pachtzeitdauer bleibt also unbestimmt. Die Verpflichtung des Pächters besteht hier nicht, wie bei der eigentlichen Pacht, in der Zahlung einer festen Geldrente, sondern in einer von Jahr zu Jahr mit der Ernte schwankenden Naturalleistung, die 30—50% der Produktion beträgt. Die Bezahlung der Grundsteuer geschieht durch den Grundbesitzer. Der Pächter bestimmt selbst Leitung und Art der Bewirtschaftung, Wahl der Kulturen usw. Eine Lösung des Pachtverhältnisses ohne besondere Gründe darf nicht erfolgen.

Als solche Gründe gilt für den Besitzer der Wunsch, das betr. Grundstück selbst zu bewirtschaften oder Nichterfüllung oder schlechte Erfüllung der Verpflichtungen seitens des Pächters. Beabsichtigt der Besitzer sein Grundstück zu verkaufen, so hat sein Pächter ein Vorkaufsrecht. Macht der durch Ankauf in Besitz eines neuen verpachteten Grundstückes gekommene neue Besitzer darf er durch Ankauf der bisherigen Pächter nicht ohne besondere Gründe entlassen.

Die Zeitpacht zerfällt in China meistens in zwei Arten. Die eine ist ein rein privatrechtliches Vertragsverhältnis zwischen einem Grundbesitzer und einem Dritten, wonach dieser

¹) 1 Mu zirka 6,5 ar.

gegen Zahlung einer im voraus bestimmten Geldsumme ein Grundstück zur Bebauung auf eigene Rechnung und nach eigenem Belieben erhält. Die Dauer dieses Vertrages wird in der Regel auf 8—9 Jahre festgelegt. Bei der anderen Art des Pachtverhältnisses tritt zu der erforderten Geldsumme noch die Verpflichtung einer jährlichen Naturalleistung. Bemerkt sei, daß in China das „Dorfsystem" existiert, also Grund- und Gebäudebesitz von einander getrennt sind.

Die Vererbung der Grundstücke geht in der Weise vor sich, daß der älteste Sohn in erster Linie, bei geringem Grundbesitz ausschließlich, bedacht wird. Das beruht auf der dem ältesten Sohne obliegenden Verpflichtung der Ahnenverehrung, die ihm starke pekuniäre Opfer auferlegt. Die Töchter sind stets von der Erbfolge ausgeschlossen, bis zu ihrer Verheiratung wohnen sie bei ihren Eltern, bei der Verheiratung gehen sie, oft auch ohne Vermögen, in das Haus des Mannes über. Der erste Sohn wohnt indessen immer bei seinen Eltern, deren Besitz er ererbt und die er im Alter zu unterstützen hat, eine Gütertrennung zwischen Eltern und ältesten Sohne existiert infolgedessen nicht. Den zweiten und dritten Söhnen werden von den Eltern vielfach schon bei ihrer Verheiratung Teile des Grundbesitzes übergeben. Ist kein Sohn in der Familie, so wird der Grundstücksbesitz an die nächsten Verwandten vererbt oder auch religiösen Stiftungen oder Erziehungsorganisationen vermacht.

3. Urbarmachung und innere Kolonisation: Das Gebiet des eigentlichen China weist bereits seit langer Zeit eine außerordentlich dichte Bevölkerung auf. Deshalb hat in den letzten 50 Jahren die Auswanderung der chinesischen Bauern von Tag zu Tag zugenommen. Die Hauptgebiete der inneren Kolonisation sind vor allen die Mandschurei und der innere Teil der Mongolei, ferner die Provinz Kansu, Osttürkestan und Tibet. Jährlich wandern Zehntausende von chinesischen Bauern besonders aus den Provinzen Chili und Shantung auf eigene Faust oder mit staatlicher Unterstützung aus. Das Ziel bilden die fruchtbaren noch unbebauten Bodenflächen der Mandschurei und inneren Mongolei, Gebiete von ungeheurer Ausdehnung und zum Weizenanbau besonders geeignet, deren Weizenproduktion vermutlich in Zukunft auf dem Weltmarkte eine große Rolle spielen wird⁴). Die Dürre des Jahres 1919 brachte 5 Provinzen Nordchinas³) Mißernte und Hungersnot. Von den betroffenen vielen Millionen von Menschen wanderten Hunderttausende nach der Mandschurei und Mongolei aus und erhielten hierbei die Unterstützung des Ein- und des Auswanderungsgebietes.

Bei Urbarmachung von unbebautem staatlichen Grund und Boden ist Eintragung des Namens im Urbarmachungsbehörden erforderlich, je nach der Gegend außerdem auch Entrichtung einer gewissen Steuer. Nach vollendeter Urbarmachung ist der urbare Grund und Boden Eigentum des Urbarmachers. Nach Ablauf einer bestimmten Frist wird eine behördliche Untersuchung des Bodenwertes vorgenommen und danach die Grundsteuer festgesetzt. Wer in Privatbesitz befindlichen Grund und Boden urbar machen will, bedarf, bevor er zur Namenseintragung im Grundbuche der Urbarmachungsbehörden zugelassen wird, zunächst der Einwilligung des Grundeigentümers. Der urbar gemachte Grund und Boden wird auch nicht Eigentum des Urbarmachers, sondern verbleibt im Besitze des Grundeigentümers. Der Urbarmacher genießt dafür den Vorteil, während einer längeren Frist von der Entrichtung von Grundsteuer und Grundrente befreit zu sein, und besitzt überdies ein Vorzugsrecht auf die später eintretende Verpachtung des Grund und Bodens.

4. Landarbeiter: Die Landarbeiter zerfallen in China in vier Gruppen: das Gesinde (meistens auf 1 Jahr verdingt), die „Monats-", die „Tage- und die Stücklöhner. Das Gesinde erhält in der Wohnung des Arbeitgebers Wohnung, Kleider und Essen. Es wird im landwirtschaftlichen Betriebe verwendet, die Pflege der Haustiere liegt ihm in besonderem Maße ob. Neben dem Geldlohn wird vom Gesinde vertraglich häufig noch die Lieferung gewisser Naturalien ausgemacht. Bei den „Monats-" und Tagelöhnern tritt zu dem Geldlohn ebenfalls häufig noch eine Entlohnung in Naturalien. Essen wird zumeist vom Arbeitgeber geliefert. Stücklöhner verdingen sich für Erledigung einer bestimmten Arbeit, der Arbeitgeber übernimmt keine Verpflegung des Arbeiters und bezahlt allein für das vertragsmäßig erledigte Arbeitsstück, etwa das Pflügen einer bestimmten Landfläche. Die letztgenannten drei Arbeitergruppen führen diese Arbeiten meistens neben eigener Arbeit aus, wenn diese allein zu ihrem Lebensunterhalt nicht ausreicht. Der Verkauf zwischen Arbeitnehmern und Arbeitgebern vollzieht

⁴) Es handelt sich um außerordentlich fruchtbare Gebiete, deren ausgezeichnete Eignung für Weizenbau auch die Aufmerksamkeit ausländischer kapitalkräftiger Kreise erregt haben. (Die Schriftleitung.)
³) Tschi-li, Shantung, Honan, Shanhsi und Shenhsi.

sich in patriarchalischen Formen. Zur Bildung einer besonderen Arbeiterklasse ist es daher bisher nicht gekommen. Die Beteiligung von Frauen an schwererer landwirtschaftlicher Arbeit ist in Nordchina sehr selten, in Mittel- und Südchina häufiger. Aber auch hier tritt sie kaum in Form von Lohnarbeit auf, sondern stellt nur eine Beteiligung der Frau an der Arbeit für den eigenen Grund und Boden dar.

3. Die Organisation der Landwirtschaft.

1. Politische Organisation: Die staatliche Organisation setzt sich folgendermaßen zusammen. An der Spitze steht das Ministerium für Landwirtschaft, Handel und Industrie (Nung-Shang-Pu). Die landwirtschaftliche Abteilung des Ministeriums zerfällt in 4 Unterabteilungen, a) für Land- und Forstwirtschaft, b) für Urbarmachung und innere Kolonisation, c) für Jagd- und Fischereiwesen und d) für Vermessungswesen. Neben den in allen Provinzen und Kreisen für die Landwirtschaft vorhandenen Provinzial- und Kreisbehörden sind seitens des Ministeriums je nach Bedarf und für solche Stellen auch solche für Forstwirtschaft, Ent- und Bewässerung u. a. m. eingerichtet. Für die Urbarmachung und innere Kolonisation sind überdies seitens der Regierung noch besondere Stellen eingerichtet, die den Urbarmachern finanzielle Unterstützung gewähren, für die Beschaffung von Geräten, Düngemitteln, Samen usw. sorgen und ihnen überhaupt in jeder Weise mit Rat und Tat zur Seite stehen. Die private Organisation für das Agrarwesen besteht in agrarischen Provinz- und Kreisvereinen. Die Mitglieder dieser Vereine sind Agrikulturforscher, Grundbesitzer, Pächter, Beamte in landwirtschaftlicher Produktion, der Ent- und Bewässerung, Urbarmachung, der Forstwirtschaft, Orientierung über Ernteverhältnisse und Marktpreise. Nothilfe bei Mißernten und Überschwemmungen, Schutz der Kleinbauern vor Vergewaltigungen durch die Großen und Raterteilung auf allen einschlägigen Gebieten. Eine Zentralstelle ist überdies durch den 1922 in Nanking gegründeten Verein für Agrarreform zur Ganz-China" gegeben, der sich zum Ziele setzt, mit den altmodischen Methoden der chinesischen Landwirtschaft aufzuräumen. Nebenbei sei bemerkt, daß rein wirtschaftliche landwirtschaftliche Organisationen wie landwirtschaftliche Erwerbs-, Berufs- oder Konsumgenossenschaften bis jetzt kaum vorhanden sind.

2. Organisation des landwirtschaftlichen Unterrichts- und Versuchswesens. — Der landwirtschaftliche Unterricht vollog sich in China ursprünglich vorwiegend praktisch. Erst in neuester Zeit, einsetzend mit der Gründung der landwirtschaftlichen Akademie in Peking im Jahre 1909, ist eine Organisation des landwirtschaftlichen Unterrichts- und Versuchswesens entstanden, die von Jahr zu Jahr an Umfang und Bedeutung zunimmt.

Die Zahl und Verteilung der gegenwärtig in China vorhandenen landwirtschaftlichen Unterrichtsanstalten wird aus nachstehender Übersicht ersichtlich:

Landwirtschaftliche Hochschulen	1	(Peking)
Fakultäten für Landwirtschaft an Universitäten	2	(Ho-Pei-Universität in Pao-Ting-Fu, Tung-Nan-Universität in Nanking)
Landwirtschaftliche Akademien	6	(T'ai Yüan, K'ai Feng; Ch'eng T'u, Nan Tung, Nan Ch'ang, Canton)
Landwirtschaftliche Mittelschulen	über 70	
Landwirtschaftliche Fachschulen	über 300	(in allen Provinzen)

Die Hochschulen und Akademien sind vor allem für wissenschaftliche Schulung bestimmt. Der Unterricht gliedert sich in zwei Fächer, Ackerbau und Viehzucht auf der einen Seite Nung K'o und Forstwirtschaft Lin K'o auf der anderen. In den Mittelschulen wird Theorie und Praxis zu gleichen Teilen berücksichtigt, in den Fachschulen tritt die Theorie fast völlig in den Hintergrund. In den letzten beiden Schulgattungen treten zu der Unterweisung im Ackerbau je nach Bedarf noch verschiedene andere Fächer, so vor allem Seidenzucht und Teekultur. —

Für das landwirtschaftliche Versuchswesen ist zunächst die „landwirtschaftliche Zentralversuchsstation" (Chung yang nung yeh shih yen ch'ang) in Peking zu nennen. Außerdem bestehen Versuchsstationen und Baumschulen je nach Bedarf in den einzelnen Provinzen. An diesen Stationen prüft man zum Beispiel fremde Zuchttierarten und Kulturpflanzen auf ihre Verwendbarkeit für das betreffende Gebiet. Fällt die Prüfung günstig aus, so ergreift man alle Maßnahmen, um die Verbreitung der neueingeführten Art zu fördern.

4. Landwirtschaftlicher Betrieb und Kredit.

1. In China gibt es noch keine großen modernen Maschinenbetriebe. Man bedient sich des Pfluges und der Egge, die mit Büffeln, in Nordchina von Eseln, Maultieren oder Pferden gezogen werden. Als beste Werkzeuge, die zur Bebauung des Bodens dienen und diese sehr intensiv gestalten, sind die vielen Tausende von fleißigen und geschickten Händen anzusehen, die auch an Billigkeit sich schwerlich übertreffen lassen. Etwa 1/4 des ackerbaufähigen Bodens in China sind bestellt. Die Be- und Entwässerung wird durch Kanäle und Furchen gewährleistet. Seit alten Zeiten existiert die Düngung durch tierische und menschliche Exkremente, durch Pflanzenstoffe und Schlamm, durch Asche und durch Kalk. Letzterer wird in den Küstengebieten durch Verbrennung von Muschelschalen gewonnen.

Bei der zahlreichen Bevölkerung Chinas muß die Kultur von Nährpflanzen in vorderster Linie stehen. Das Verhältnis beim Anbau von Getreidearten und den übrigen Anbaupflanzen wie Gemüse, Obst, Tabak und Arzneipflanzen läßt sich aus nachstehender Tabelle ersehen, die zwar amtlich ist, aber wegen der großen Differenz der zweiten Zeile (11,67 % und 4,09 %,[1]) starke Bedenken erregen muß:

	1914	1915
Getreide	88,33 %	95,91 %
Übrige Anbaupflanzen	11,67 %	4,09 %

In Mittel- und Südchina baut man hauptsächlich Reis, Teesträucher (deren Kultur sich über ein Gebiet von etwa 1100000 qkm erstreckt), Maulbeerbäume (für die Seidenzucht), Baumwolle, Tabak, in Nordchina Weizen, Gerste, Mais und verschiedene Sorghum- und Hirsearten, sowie Bohnen. Von Gemüsen wird besonders Kohl und Rüben gebaut, ferner Gewürz- und Arzneipflanzen. Der Obstbau ist ebenfalls verbreitet.

Was die Betriebssysteme anlangt, so sind sie nach Klima und Bodenbeschaffenheit verschieden. Indes ist es in ganz China üblich, einen einmal urbar gemachten Acker stets wieder als Acker und nicht als Weide- oder Waldland zu benützen. Südchina (zum Beispiel die Provinz Kanton) erlaubt wegen seines heißen Klimas einen zweimaligen Reisanbau innerhalb eines Jahres. Das kältere Klima Mittelchinas (z. B. Provinz Kiang-Su und Che-Kiang) gestattet nur einen einmaligen Reisanbau innerhalb eines Jahres. Man baut den Reis im Sommer an. Nach dem Abernten entwässert man den Boden und kann im Herbst auf dem gleichen Felde Wintergetreide, Weizen oder Gerste, anbauen. Dieses wird im Frühjahr abgeerntet, worauf nach erneuter Bewässerung wieder mit Reisbau begonnen wird. In Nordchina (z. B. Provinz Schantung und Tschi-li) tritt der Reisbau ganz zurück, da man infolge des trockeneren und kälteren Klimas und des Lößbodens schwer Wasserfelder anlegen kann. Im Winter baut man wiederum Weizen und Gerste. Für den Sommer stehen viele Pflanzen für den Anbau zur Verfügung, wie Hirse, Bohnen, Mais und andere. Zwecks besserer Ausnützung des Bodens wird mit dem Anbau der einzelnen Arten jährlich gewechselt, namentlich in Süd- und Mittelchina bei den nicht unter Wasser gesetzten Trockenfeldern.

Die bereits oben erwähnte Urbarmachung, wie sie sich hauptsächlich in der Mandschurei und Mongolei findet, beginnt mit dem Abholzen aller Bäume eines Urwaldes[1]. Im eigentlichen China gibt es so gut wie gar keine Waldwirtschaft. Der größte Teil des Landes ist nämlich waldlos und kahl, die Gebüsche brennen infolge der Sonnenhitze vielfach von selbst ab. In den Nebenländern, wie in der Mandschurei und Mongolei, kann man noch Urwälder finden. Sie sind staatlich und werden allmählich von den Urbarmachern abgeholzt. Auch Wiesen und Weiden fehlen, weil die Viehzucht gering ist.

Der Fleischbedarf wird in China meist durch Schweine- und Geflügelzucht gedeckt, im Norden findet sich auch Schaf- und Rinderzucht. Eine große Rolle spielt in China die Fischerei, und zwar infolge der langgestreckten Küste einerseits die Seefischerei, wegen des Reichtums an Seen und Flüssen auch andererseits die Süßwasserfischerei. Neben Reis bilden Fische mithin einen hervorragenden Bestandteil der chinesischen Nahrung.

[1]) Die abgeholzten Bäume werden wegen Mangel an Transportmitteln zumeist verbrannt, beziehungsweise mit der Abbrennung des Grases der Steppen. Dann wird die obere Narbe des Bodens mit dem Pfluge losgelöst oder mit der Hacke losgehauen. Hierauf kann mit dem Getreidenbau begonnen werden.

222   Li Kolu: Die chinesische Agrarverfassung.

Die in vielen Provinzen verbreitete Seidenzucht soll ursprünglich aus Schantung stammen. Hier werden heute noch neben der sich von Maulbeerblättern nährenden Seidenraupe zwei andere Arten von Seidenspinnern gezogen, die sich von Eichenlaub nähren. Eine Merkwürdigkeit stellt die Zucht der „tagliefernden Schildläuse" dar, die auch „Wachsschildlaus" (chinessisch „la ch'ung") genannt wird. Es ist dies eine auf den Blättern einer Eschenart (Fraxinus sin.) lebende Laus. Man gewinnt aus ihr Wachs, indem man eine ganze Läusekolonie auf einmal in kochendem Wasser abtötet und dann das Wachs ausschmilzt. Dieses im Gegensatze zum gelben Bienenwachs „weißes Wachs" (paila) genannte Wachs wird besonders in der Provinz Ssetschuan gewonnen.

2. Was den landwirtschaftlichen Kredit angeht, so verdienen einige Banken für Landwirtschaft und Industrie Erwähnung. Ihre Bedeutung ist indes sehr gering. Denn arme Bauern pflegen sich im allgemeinen in Geldnöten an ihren eigenen Grundbesitzer oder andere reiche Leute zu wenden und von ihnen das Geld im Wege eines Privatvertrages zu leihen. Die Abtragung der Schuld wird im allgemeinen nach der Ernte bewirkt und im Unvermögensfalle auf die nächste Ernte und so fort verschoben.

Literatur.

1. Chinesische Literatur.

Hsü Kung Ch'i: Nung cheng ch'üan sh (um 1573) (Allgemeine Agrarpolitik),
Tu Shu Chi Ch'eng (Chinesische Enzyklopädie) (um 1720).
Ta Ch'ing Huei Tien (Staatslexikon über die Leistungen der Mandschu-Dynastie).
Hsü Hsüan: Nung Yeh Ching Chi Hsieh (Wirtschaftslehre des Landbaues) Peking 1920.
Hsü Hsüan: Nung Cheng Hsüeh (Agrarpolitik) Peking 1920.
Tung Fang Tsa Chih (Orientzeitschrift) Jg. 18 Nr. 15. Shanghai 10. 8. 1921.
Hsin Nung Yeh (Neue Agrarkultur) Jg. 1 Nr. 3—5. Peking 1922.
Butterfield, K. L.: Kai chin Chung Kuo Nung Yeh yü Nung Yeh chiao yü i chien shu (Über die chinesische Agrarreform und den landwirtschaftlichen Unterricht), Peking 1922.

2. Deutsche Literatur.

J. Bachem: Staatslexicon. Freiburg 1908.
Meyers Konversationslexikon.
Soehel: Geographisches Handbuch. Bielefeld und Leipzig 1910.
J. Hellauer: China. Berlin und Leipzig 1921.

Anmerkung: Eine chinesische wirtschaftliche Statistik gibt es leider bisher noch nicht.

Christians volkswirtschaftliche Bücherei Band 2

DIE SEIDENINDUSTRIE IN CHINA

VON

Dr. KOLU LI

1927

WILHELM CHRISTIANS VERLAG
Berlin C 19, Unterwasserstr. 8

DIE SEIDENINDUSTRIE IN CHINA

VON

Dr. KOLU LI

19 27

WILHELM CHRISTIANS VERLAG
Berlin C 19, Unterwasserstr. 8

Vorbemerkung.

Die Aufgabe vorliegender Arbeit ist auf die Behandlung der modernen Seidenfilaturen für Maulbeer- und Eichenspinnerseiden (Tussahseide oder Tussah) beschränkt. Die Rohseidenproduktion durch den Hausfleiß wird in der Einleitung und hier und dort im Laufe der Arbeit im Zusammenhang mit der modernen Industrie berührt. Die Seidenweberei wird im Kapitel über den Absatz der Produkte und am Schlusse der Arbeit gestreift.

Inhaltsverzeichnis.

Literatur-Verzeichnis.

I. In europäischen Sprachen.

Conrad, J., Grundriß der politischen Oekonomie, I. u. II. Teil, Jena 1923.

Grunzel, Joseph, System der Industriepolitik, Leipzig 1905.

Liefmann, Robert, Kartelle und Trusts, Stuttgart 1924.

Schumacher, H., Unternehmertum und Sozialismus, Schmollers Jahrbuch 1919, 43 II.

Weber, Max, Gesammelte Aufsätze zur Soziologie und Sozial-politik, Tübingen 1924.

Weber, Alfred, Ueber den Standort der Industrie, I. Teil, Reine Theorie des Standorts, Tübingen 1909.

Schumacher, H., Weltwirtschaftliche Studien, Leipzig 1911.

v Richthofen, Ferdinand, China, Ergebnisse eigener Reisen, Berlin 1877 ff, 5 Bde.

— Tagebücher aus China, Berlin 1907, 2 Bde.

v Schantung und seine Eingangspforte Kiautschou, Berlin 1898.

Brandt, M., 33 Jahre in Ostasien, Leipzig 1901, 3 Bde.

Morse, H. B., The Trade and Administration of China, London 1913.

v Mackay, China, die Republik der Mitte, Berlin 1914.

Franke, O., Die Großmächte in Ostasien 1894—1914. Hamburgische Forschungen X, Braunschweig 1923.

Foth, W., Der politische Kampf im fernen Osten und Chinas finanzielle Schwäche, Berlin 1920, Dissert.

Hellauer, J., China, Wirtschaft und Wirtschaftsgrundlagen, Berlin 1920.

Report of the Mission to China of the Blackburn Chamber of Commerce, Blackburn 1898.

Schumacher, H., Die chinesischen Vertragshäfen, ihre wirtschaftliche Stellung und Bedeutung, Jena 1899.

— Der Westfluß (Hsikiang) und seine wirtschaftliche Bedeutung, Berlin 1898.

v Kries, W., Seezollverwaltung und Handelsstatistik, Jena 1913.

Berliner, S., Organisation und Betrieb des Export-Geschäfts in China, Hannover 1920.

Organisation und Betrieb des Import-Geschäfts in China. Hannover 1920.

7

Nord, A., Die Handelsverträge Chinas, Berlin 1920.
Hickmann, E., Der Einfluß des Weltkriegs auf den chinesischen Außenhandel, Berlin 1922, Dissert.
Schumacher, H., Eisenbahnbau und Eisenbahnpläne in China, Berlin 1899.
Koch, W., Die Industrialisierung Chinas, Berlin 1910.
Tille, A., Der Wettbewerb weißer und gelber Arbeit in der industriellen Produktion, Berlin 1904.
Arbeiterbewegung und Revolution in China, Berlin 1925 (Ausg. Rote Gewerkschafts-Internationale Nr 9).
Provisional Factory General Regulations, Promulgated by Ministerial order Nr 223 of the Ministry of Agriculture and Commerce on March 29 th, Peking 1923.
Ta Chen, Chinese migrations, with special reference to labor conditions, Washington 1923.
v Rosthorn, A., Das soziale Leben der Chinesen, Leipzig 1919.
— Religion und Wirtschaft in China, in Hauptprobleme der Soziologie, Erinnerungsgabe für Max Weber, München 1923, Bd. 2.
Rohrbach, P., Deutschland und das chinesische Geistesleben, Schriften d. Deutsch-Chinesischen Verbandes, H. 2. Berlin 1916.

Silbermann, Die Seide, Dresden 1897—98, 2 Bde.
Bolle, J., Ausführliche Anleitung zur rationellen Aufzucht der Seidenraupe, Berlin 1892.
Bedingungen für das Gedeihen der Seidenzucht, Berlin 1916.
Franke, O., Ackerbau und Seidengewinnung in China, Hamburg 1912.
Reichenbach, Ueber Seidenraupenzucht und Kultur des Maulbeerbaumes in China, München 1867
Netz, Der japanische und der chinesische Eichenseidenspinner, Neuwied 1883.
Bavier, Japans Seidenzucht, Seidenhandel und Seidenindustrie, Zürich 1874.
Ali Madschid, Seidenraupenzucht und Seidenindustrie Die türkische Republik in Wirtschaft und Aufgabe, Frankfurt a. M. 1924, S. 89 ff.
Chittick, James, Silk manufacturing and its problems, New York 1913.
Kapff, Ueber Wolle, Baumwolle, Leinen, natürliche und künstliche Seide, Leipzig 1910.
Stivern, Die künstliche Seide, 3. Aufl, Berlin 1912.
Büttel, M., Die Seide auf dem Weltmarkt Textilindustrie und Bekleidungsgewerbe in der Kriegs- und Uebergangszeit, H. 3., Berlin 1919.
Schmidt, Der Seidengroßhandel Der Großhandel und die deutsche Volkswirtschaft, H. 7, Berlin 1918.

8

Kertesz, A., Die Textilindustrie sämtlicher Staaten, Braunschweig 1917
Lion, Die Textilbranchen, Nordhausen 1922.
Pfitzner, J., Der ostasiatische Wettbewerb auf dem Textilmarkt, Berlin 1919.
Axenfeld, M., Die Baumwollindustrie in China, Berlin 1924, Dissert.

The China Year Book, London (bis 1925)
Report on the Commercial, Industrial and Economic Situation in China, Department of overseas trade, London 1923—25.
China, The Maritime Customs, Shanghai,
I. Statistical series Nr 3—5 Foreign trade of China (bis 1925).
II. Statistical series Nr 6. Decennial reports on the trade, navigation, industries, etc (bis 1901).
The Shanghai Market Prices Report (Published quarterly by Ministry of Finance, Bureau of Markets).
The Japan Year Book, Tokio (bis 1925).
Commerce Yearbook 1924, Washington.
The Statesman's Year Book, London 1925.
Statistique générale de la France 1924, Paris.
Tableau général du commerce et de la navigation, 1913 et 1924, Paris.
Documents statistiques réunis par l'administration des douanes sur le commerce de la France, Paris 1913.
Statistique mensuelle du commerce extérieur de la France, Paris décembre 1925.
Internationaler Anzeiger für Zollwesen, Brüssel.

Annual Report The Silk Association of America 1924 and 1925, New York.
Textil-Kalender (herausg. von der Redaktion der Textil-Zeitung, Berlin) 1925.
Textil-Jahrbuch (herausg. A. Joly) Berlin 1922.

The Chinese Economic Monthly (Compiled and published by The Chinese Government Bureau of Economic Information) Peking u. Shanghai.
The Chinese Economic Bulletin (Compiled and published by The Chinese Government Bureau of Economic Information) Peking u. Shanghai.
The Japan Chronicle, Kobe.
Nachrichten für Handel, Industrie und Landwirtschaft. Berlin.
Wirtschaftsdienst, Hamburg.

9

Weltwirtschaftliches Archiv, Jena.
Weltwirtschaftliche Nachrichten aus dem Institut für Weltwirtschaft in Kiel.
Commerce Reports, Washington.
The Economist, Weekly Commercial Times, London.
Internationale Rundschau der Arbeit, Berlin.

Seide, Krefeld.
La Soierie de Lyon.
Textilberichte über Wissenschaft, Industrie und Handel, herausg. Marcel Melliand, Mannheim.
Textil-Welt, Berlin 1923.
Textile World (weekly) New York.
Die Weberei, Fachblatt für die internationale Webwarenindustrie und den Handel, Leipzig.
Auslandsnachrichtendienst für Textilindustrie, Berlin.

Ostasiatische Rundschau, Hamburg.
Archiv für den fernen Osten, Berlin.
Ostasiatischer Lloyd, Schanghai.

2. In chinesischer Sprache.

Kao Erh-sung, Ti- kuo- chu- i yü Chung- kuo
(„ „ „ , Imperialismus und China), Schanghai 1925
Kuei Shau-hsi, Tsui- chin ko sheng chin-yung shang- kuang tiau-ch a-lu
(„ „ „ , Untersuchungen über die gegenwärtige Finanz- und Handelslage der chinesischen Provinzen), Schanghai 1916.

Tsui-chin-chih wu-shih nien (1872—1922) Shen-pau kuan wu- shih- chou- chien chi- nien (The Past fifty Years in Commemoration of the Sun Pao's (eine Zeitung) Golden Jubilee), Schanghai.

T'ang Chin, Tiau- ch'a pao- kao- shu,
(Bericht von T'ang Chin), August 1924.

Ch'in-ting ta Ch'ing huei-tien, (Staatslexikon über die Leistungen der Mandschu- Dynastie) 24. Bd. (Steuerwesen).

Yeh Ch'un- ch'ih, Chung- kuo shui- kuan chih- tu
(„ „ „ , Chinesische Zollbestimmungen), Tsinan 1913.

Sang- ts'an t'i-yao (Das Wichtigste über Maulbeer- und Seidenkultur) 1884.

Nung- sang chi- yao (Das Wichtigste über Ackerbau und Maulbeerkultur) 3. u. 4. Bd. 1314—21.

Sang- shu tsai- pei fa (Die Kultur der Maulbeerbäume).

Chung-kuo ts'an- szu- yeh huei- pao (Zeitschrift für chin. Seidenkultur und -verarbeitung), Nr 5 Tokio.
Chiang- su sheng- li ts'an-sang mu-fan-ch'ang pao- kao- shu (Bericht der Provinzialversuchsstation von Kiangsu für Maulbeer- und Seidenkultur), Yang-Chou 1918.
Chung- kuo nien- chien (China Jahrbuch), Schanghai 1924.
Nung-shang kung-pao (Republic of China, The Journal of the Ministry of Agriculture and Commerce)
Shang- hai tsung- shang- huei yüeh-pao (Journal of General Chamber of Commerce of Shanghai).
Chung- wai ching- chi chou-k'an (Cinese Weekly Economic Bulletin), Chinese Government Bureau of Economic Information, Peking & Shanghai.
Hsing- yeh tsa- chih (Industry & Commerce), Changchow (Kiangsu).
Hua-shang sha- ch'ang lian- he- hui chi- k'an (China Cotton Journal), Shanghai.
Yin- hang yüeh- k'an (The Bankers' Magazine), Peking.
Nung- hsueh (Agricultural Science), Nanking.
Tao- lu yüeh- k'an (The Good Roads Monthly by the National Road Construction Association of China), Shanghai.
Tung- fang tsa- chih (The Eastern Miscellany), Shanghai.

3. In japanischer Sprache.

Jiji nenkan (Japan Jahrbuch) 1925, Tokio.
Nihon tekoku tokei nenkan (Annuaire statistique de l'Empire de Japon) 1925, Tokio.
Juyo keizai tokei (The Second Annual Bulletin of the Financial and Economic Statstics of Japan), Kobe 1925.
Toyo keizai shinpo (The Oriental Economist), Tokio.

Weitere Literaturangaben in den Fußnoten.

In den Fußnoten werden nicht die chinesischen bzw japanischen Titel angegeben, sondern die in ( ) stehenden Uebersetzungen.

Erklärung der Gewichte und Flächenmaße:

1 Tan	(Picul)	= 100 Kin	59,6800 kg[1])
1 Kin	(Catty)	= 16 Liang	0,5968 kg
1 Liang	(Tael)	= 10 Chien	37,3000 gr
1 Chien	(Mace)		3,7300 gr

Abkürzungen:

Pic. = Piculs

Hk. Tls. = Haikwan Taels

1 Mu = 614,4 qm

---

[1]) Dieses Verhältnis entspricht der von der Regierung festgesetzten Gewichtseinheit, aber im allgemeinen rechnet man 1 Picul 60 kg.

Einleitung.

1. Chinas besondere Eignung für die Seidenindustrie.
2. Geschichte der Seide.
3. Hausfleiß.
4. Entstehung der modernen Industrie.

1. Chinas besondere Eignung für die Seiden-industrie.

Die Herstellung der Rohseide ist als Halbfabrikatindustrie direkt abhängig von dem Rohstoff, den Kokons. Vorbedingung für die Beschaffung der Kokons ist die Seidenraupenzucht, für die die Maulbeerbaumkultur Voraussetzung ist. Viele Länder, z. B. Deutschland und die Vereinigten Staaten von Amerika, haben vergeblich versucht, die Seidenkultur einzuführen. Der Versuch scheiterte, einmal weil die klimatischen Vorbedingungen nicht erfüllt waren. Die Seidenkultur ist nur möglich in Ländern, die nahe der tropischen oder subtropischen Zone liegen[1]). Der zweite Hindernisgrund war durch die soziale Struktur der Länder gegeben. Die Seidenkultur lohnt nur in solchen Ländern, wo die Arbeitskraft billig ist, denn sie fordert viel Handarbeit, die durch Maschinen nicht ersetzt werden kann[2]). Diese zweite Bedingung ist nur erfüllt in Gegenden mit dichter Bevölkerung und allgemein niedrigem Lohnniveau. Das trifft für die Hauptproduktionsländer zu, wo die Seidenkultur zum großen Teil als Nebengewerbe von der landwirtschaftlichen Bevölkerung betrieben wird, die einen Arbeitslohn kaum berechnet.

Die Hauptproduktionsländer von Rohseide sind Japan, China, Italien und Frankreich. Die beiden zuletzt angeführten Länder können allerdings mit den ostasiatischen auf dem Weltmarkt nicht konkurrieren, weil einerseits die Arbeitskraft zu teuer und andererseits das Klima nicht so günstig ist wie in Ostasien. Heute ist Japan noch der Seidenkönig der Erde, weil die Seidenkultur hier — im Gegensatz zu China rationell betrieben wird und weil die Arbeitskraft im Verhältnis zu Europa billig ist. Nach dem Kriege ist aber auch für Japan die Frage

---

[1]) Vgl. J. Bolle, Bedingungen für das Gedeihen der Seidenzucht 1916.
[2]) Vgl. A. Kertesz, Die Textilindustrie sämtlicher Staaten, S. 43—44.

des teuren Arbeitslohnes akut geworden[3]), dagegen sind in China die beiden Hauptbedingungen für eine günstige Entwicklung der Seidenkultur, nämlich klimatische Voraussetzungen und allgemein niedriges Lohnniveau heute noch so vollständig gegeben wie in keinem anderen Lande, so daß einer günstigen Weiterentwicklung der Seidenindustrie nichts im Wege steht.

2. Geschichte der Seide.

Die Bedeutung der Seidenkultur und -verarbeitung rechtfertigt es, wenn hier kurz auf ihre Geschichte eingegangen wird.

Die Urheimat der Seide ist China. Dort soll die Seidenkultur im 26. Jahrhundert v Chr zuerst in der Provinz Schantung entstanden sein, um fast dreißig Jahrhunderte lang ein Monopol der Chinesen zu bleiben, denn das Gesetz bedrohte den Verrat der Geheimnisse der Seidenzucht mit dem Tode. Von dort aus verbreitete sie sich allmählich über den ganzen Erdball[4]).

Die große Bedeutung der Seidenkultur für China in religiöser und wirtschaftlicher Beziehung kommt einmal in der großen Verehrung der Göttin der Seidenzucht „Yuenfi" zum Ausdruck, der nach einer alten Sitte die Kaiserin selbst alljährlich zum Frühlingsanfang in einem eigenen Tempel der Göttin im kaiserlichen Palast in Peking opferte[5]), und wird weiter dargetan durch die starke staatliche Förderung der Seidenzucht und Verarbeitung seit den alten Zeiten. Neben der privaten Hausindustrie wurden kaiserliche Manufakturen eingerichtet, von deren Größe die Seidenmanufaktur zu Hangtschou zur Bedienung des Hofes ein Beispiel gibt. Dort wurden Ende des 19. Jahrhunderts zur Bedienung von 7000 Webstühlen 28 000 Menschen beschäftigt[6]). Die verschiedensten Seidenstoffe wurden hergestellt und außerdem — namentlich in der Zeit zwischen dem dritten Jahrhundert vor und dem dritten Jahrhundert nach Chr — ein zum Beschreiben geeignetes Seidenpapier[7]).

Unter der Han-Dynastie (200 v Chr bis 200 n. Chr.) nahm die Seidenproduktion einen so bedeutenden Aufschwung, daß

[3]) Der Anteil der Arbeitslöhne an den Gesamtproduktionskosten der Kokonernte betrug:

i. J	1916	1923	1924
	37,0%	48,3%	54,6%

(The Oriental Economist, September 26 th 1925, S. 21).
[4]) Vgl. Textil-Jahrbuch 1922, S. 145.
  Silbermann, Die Seide, I. Bd. S. 5.
[5]) Vgl. K. Andree, Geographie des Welthandels, 2. Bd. Frankfurt a. M. 1912, S. 767.
  Vgl. O. Franke, Ackerbau u. Seidengewinnung in China, S. 28.
[6]) H. Schumacher, Die chinesischen Vertragshäfen, ihre wirtschaftliche Stellung u. Bedeutung, Jena 1899, S. 96.
[7]) Orient. Zeitschr V—VI, 1916—18, Berlin, S. 249.

14

die Seide nicht allein nur mehr den eigenen Bedarf deckte, sondern zum wichtigen Handelsartikel mit Westasien und dem römischen Weltreich wurde[8]) und der Ruf der Chinesen als Seidenhändler für alle Zeiten begründete. Sie ist ebenso wie Reis, Bohnen usw in den Seidenproduktionsgebieten zu allen Zeiten bis in die Zeit der Mandschu-Dynastie eine wichtige Naturalsteuer gewesen.[9])

3. Hausfleiß.

Die Geschichte der Seide hat gezeigt, daß die Seidenkultur und -verarbeitung tief im chinesischen Volke wurzelt und durch Jahrtausende von ihm betrieben worden ist.

Heute wird der Hausfleiß durch die modernen Betriebe zurückgedrängt, aber er nimmt immer noch eine bedeutende Stellung ein. Sowohl die Maulbeerspinnerkokons als auch die Eichenspinnerkokons werden in China heute noch überwiegend durch den Hausfleiß zu Rohseide, deren Gewinnung hauptsächlich in den Händen der Seidenbauern liegt, verarbeitet. Ungefähr 57 Prozent der gesamten Konkonernte (nur Maulbeerspinner), aus denen annähernd 114 000 Piculs oder 6 840 000 kg Rohseide („Native"-Seide) gewonnen werden, werden von ihnen verarbeitet (vgl. S. 28—29).

Die alte, heute noch angewandte Methode der Rohseidengewinnung ist einfach. Man treibt mit dem Fuße oder mit der Hand ein einfaches hölzernes Werkzeug. Eine geschickte Hasplerin mit einigen Hilfsleuten kann in 14—15 Stunden am Tage von feiner Seide (7 oder 8 Fäden vereinigt) 11—15 Liang (oder 410,3—559,5 gr) abhaspeln, von grober Seide (12—13 Fäden vereinigt) 30—40 Liang (oder 1119—1492 gr)[10]). Trotz der alten Erfahrung in der Seidenspinnerei ist die Native-Rohseide nach Produktionsmenge und Qualität mit den modernen Filaturenseiden nicht vergleichbar.

Durch die Entwicklung der modernen Industrie ist der Hausfleiß allmählich zurückgegangen. Er besteht weiter erstens in den großen inneren Landesteilen, wo gute Verkehrsmittel fehlen, um die Kokons an die moderne Industrie heranzubringen oder moderne Filaturen einzurichten, und zweitens als alter einträglicher Nebenberuf der Bauern.

4. Entstehung der modernen Industrie.

Während die Baumwollindustrie in China aus dem Bedarf des Inlandes entstanden ist, wurde die Modernisierung der Seidenindustrie durchgeführt, um dem Lande einen exportfähigen Handelsartikel zu verschaffen.

[8]) Vgl. Silbermann, Die Seide I. Bd. S. 19.
[9]) Vgl. Staatslexikon über die Leistungen der Mandschu Dynastie. 24. Bd. Steuerwesen.
[10]) Chinese Weekly Economic Bulletin, July 25 th 1925, S. 44.

15

Seit der Eröffnung des Handelsverkehrs mit Europa und Amerika besuchten europäische und amerikanische Seidenhändler China. Zuerst kauften sie die Nativeseide. Aber die Seidenweberei Europas und Amerikas braucht einen ganz gleichmäßigen einheitlich hergestellten Rohstoff, die moderne Filaturenseide. Aus diesem Anlaß wurde die moderne chinesische Seidenindustrie vor ungefähr 60 Jahren ins Leben gerufen. In der Provinz Kwangtung (Südchina), und zwar in dem Bezirk Schuntö, wo heute noch das Zentrum der Seidenindustrie ist, wurden zu Anfang der 60er Jahre nach europäischem Muster durch einen Kantoner Ch'en Chian-Ch'u moderne Filaturen gegründet. Das Kapital gaben chinesische Kaufleute in Hinterindien[11]). Etwas später wurden in Schanghai durch chinesische Kaufleute moderne Filaturen ins Leben gerufen. Es folgten Einrichtungen in den anderen wichtigen Seidenproduktionsgebieten, vor allem in den Provinzen Tschekiang, Szetschwan und in Hankau und im Norden in der Provinz Schantung.

Um 1886 gründete Li-Hung-tschang eine moderne Filature für Tussahseide unter dem Namen „Filature Impériale Whafong" in Tschifu[12]). Etwas später entstand in der Südmanschurei (Antung, Haitscheng, Kaiping usw.) die moderne Tussahseidenindustrie.

Sämtliche Filaturen haben sich anfänglich allmählich, seit Anfang des 20. Jahrhunderts und besonders seit dem Weltkriege verhältnismäßig stark entwickelt (s. S. 69), so daß die Seidenindustrie heute eine der bedeutendsten chinesischen Industrien ist.

Im folgenden gehen wir nun zur genaueren Untersuchung unserer eigentlichen Aufgabe über

---

[11]) Journ. of. Gen. Chamb. of. Comm. of Shanghai, July 1924, Reports S. 17
[12]) Agricultural Science Vol. 2 No. 2, Science and Technics, S. 5.

16

Erster Teil:

Vorbedingungen der Industrie.

1. Kapitel.

Materielle Industriebedingungen.

I. Rohstoffversorgung der Industrie.

1. Maulbeerbaumkultur und Eichen.

A. Maulbeerbaumkultur

1. Umfang der Anbaugebiete.
2. Ernte an Maulbeerbaumblättern.
3. Anbaumethoden.
4. Maulbeerbaumblätterhandel.
5. Bodenpreis und Ertrag.

B. Eichen (Verbreitung der Eichen und Eichenkultur).

Den Rohstoff der Seidenindustrie bilden die Kokons der Seidenraupen, die in besonders zu diesem Zweck geschaffenen Anlagen mit Fleiß und Sorgfalt gezüchtet werden. Es sind hauptsächlich zwei Arten von Seidenraupen zu unterscheiden Maulbeerbaumwürmer, deren Nahrung die Blätter des Maulbeerbaums sind, und die Raupe des Eichenseidenspinners, die sich von Eichenblättern nährt. Vorbedingungen für die Seidenraupenzucht sind also Maulbeerbaum- und Eichenpflanzungen.

A. Maulbeerbaumkultur.

Es gibt verschiedene Arten von Maulbeerbäumen, die sich je nach ihrer Besonderheit zur Kultur in Böden von verschiedener Beschaffenheit und in verschiedenem Klima eignen. Die Nährkraft der Blätter von verschiedenen Arten ist von verschiedener Stärke. Auch innerhalb derselben Art ist der Nährwert der Blätter in den verschiedenen Zeiten des Jahres nicht der gleiche. In China ist die Bodenbeschaffenheit und das Klima für diese Pflanzenkultur im allgemeinen sehr geeignet. Aber während in Nord- und Mittelchina die Anbauverhältnisse ungefähr die gleichen sind, sind sie in dem heißen Klima Südchinas ganz andere.

17

2

1. Umfang der Anbaugebiete.

Die Maulbeerbaumkultur ist über fast ganz China verbreitet, von der Südmandschurei im Norden bis Kanton im Süden und von Ostturkestan im Westen bis zur Schantunghalbinsel im Osten. Von Jahr zu Jahr gewinnt sie an Umfang und wird in einigen Provinzen schon sehr intensiv betrieben.

In der Provinz Kwangtung ist ungefähr ein Drittel des Deltas des Sikiang ausschließlich mit Maulbeerbaumpflanzungen bedeckt[13]. Obgleich an den einheimischen Hauptnahrungsmitteln für die Bevölkerung Mangel herrscht[14]), betreibt man dort die Maulbeerpflanzung intensiv, weil durch die fast alljährlichen Ueberschwemmungen eine gute ausreichende Reisernte nicht gewonnen werden kann, und weil der Schaden der Ueberschwemmungen für die Maulbeerbaumpflanzungen wesentlich geringer ist und durch die im allgemeinen sechs- bis siebenmal jährlich stattfindende Ernte der Blätter ein viel höherer Gewinn erzielt werden kann.

Durch eine von der Lingnan-Universität in Kanton vorgenommene Untersuchung hat man zum ersten Mal ein genaueres Bild von den Seidenkulturverhältnissen in der Provinz Kwangtung gewonnen. Nach dem Bericht vom Januar 1925 betrug dort die gesamte Anbaufläche von Maulbeerbäumen 1 465 700 Mu = 90052 ha[15]).

In Mittelchina[16]) kommen in erster Linie die Provinzen Kiangsu und Tschekiang für die Maulbeerbaumkultur in Betracht. In der Provinz Kiangsu finden wir überall im südlichen und auch nördlichen Teil des Yangtze-Gebietes Maulbeerplantagen, besonders intensiv zu beiden Seiten der Schanghai-Nankingbahn und an den Ufern des Kaiserkanals. An den Ufern des Kaiserkanals wird überwiegend Maulbeerbaumzucht getrieben, weil diese wegen der Ueberschwemmungen rentabler ist als der Anbau von Getreide und weil durch den Kanal die Zufuhr der erforderlichen Düngemittel erleichtert wird.

In der nördlichen Hälfte der Provinz Tschekiang sind drei große Hauptgebiete von Maulbeerbaumpflanzungen mit intensiver Kultur zu unterscheiden. Im Norden die Umgebung des Taihu-Sees, in der Mitte das Tsiäntang-Flußgebiet und im Südosten das Tsau-Ngo-Flußgebiet.

Im Yangtze-Stromgebiet kommen für die Maulbeerbaumzucht weiter die an den südlichen Teil des Stroms

[13]) Hellauer, China S. 241.
[14]) Die Provinz Kwangtung kann nur 3—4 Monate ihren Bedarf an Reis aus eigener Produktion decken, sie führt jährlich ca. 5—6 Mill. Piculs Reis aus Mittelchina, Annam und Siam ein. (Chinese Weekly Econ. Bull. January 30 th 1926, S. 1).
[15]) Chin. Weekly Econ. Bull. 16. I. 1926, S. 8—9.
[16]) Vgl. Journ. of Gen. Chamb. of Comm. of Shanghai, July 1924, Reports S. 32, 50, 55, 57 u. 58.

18

grenzenden Gebiete der Provinz Nganhwei und im Mittellauf die Provinz Hupe. Hier wird sie jedoch nicht intensiv betrieben. Im Oberlauf und in den Nebenflußgebieten, besonders dem des Kialingflusses, liegt die Provinz Szetschwan, auch eine alte Seidenprovinz.

Den klimatischen Verhältnissen entsprechend ist die Maulbeerbaumkultur dort jedoch nicht so bedeutend wie in Süd- und Mittelchina, aber in einigen Provinzen, nämlich Schantung und Honan[17]), doch ziemlich entwickelt. In der Provinz Schantung besonders längs der Tsingtao-Tsinanfu-Bahn gibt es ausgedehnte Pflanzungen.

Der Umfang der Anbaugebiete in ganz China ist kaum festzustellen. Neben intensiv betriebenen Pflanzungen in einzelnen Provinzen findet man Maulbeerbäume am Feldrand, Hauszaun und Flußufer zerstreut. Weiter sind auch in den Provinzen mit intensiver Kultur die Anbauformen ganz verschieden. z. B. hat man in Kanton die Bäume ganz dicht in Plantagenform angebaut; in den Provinzen Tschekiang und Kiangsu findet man ebenfalls Maulbeergärten, daneben aber auch mehr vereinzelte Kultur (Maulbeerbäume in Getreide- und Gemüsefeldern).

Die nachfolgende Tabelle gibt annähernd einen Ueberblick über die Anbauverhältnisse von Maulbeerbäumen in China[18]).

Provinz	Anbaufläche in Mu		
	nach Zählung	nach Schätzung	insgesamt
Kwangtung[19]	1 465 700		1 465 700
Fokien	931	813	1 744
Tschekiang	1 191 053	196 025	1 387 078
Kiangsu	755 989	323 021	1 079 010
Nganhwei	47 139	35 224	82 363
Kiangsi	11 158	8 752	19 910
Hupe	160 877	161 289	322 166
Honan	14 481	984 877	999 358
Schantung	14 910	78 670	93 580
Schansi	69 368	9 138	78 506
Tschili	9 705	19 802	29 507
Schensi	9 364	10 056	19 420
Ost-Turkestan	52 858	111 339	164 197
Jehol (Spezial Administrative Distrikt)		80	80
zusammen	3 803 533	1 939 086	5 742 619

Es ist dabei aber zu bemerken, daß auch diese Ergebnisse unvollständig und unsicher sind. Denn mehrere Provinzen sind überhaupt nicht angeführt, so vor allem die bekannte Seiden-

[17]) Vgl. Journ. of Gen. Chamb. of Comm. of Shanghai, July 1924, Reports S. 60—61.
[18]) China Jahrbuch 1924, S. 1164.
[19]) Chin. Weekly Econ. Bull. January 16 th 1926, S. 9.

19

2*

provinz Szetschwan. Ferner sind die Zahlenangaben für die wissenschaftliche Untersuchung nur von vorwiegendem Wert, weil in den angeführten Provinzen nur ein Teil der bekannten Fläche gezählt worden ist und der übrige Teil nach Schätzungen angegeben wird. Selbst die ersteren Angaben dürfen nicht als absolut zuverlässig betrachtet werden, da man in China statistische Erhebungen nicht mit wissenschaftlicher Gründlichkeit durchzuführen pflegt. Außerdem kann man nicht ohne weiteres nur die Anbauflächen addieren, weil die Betriebsverhältnisse der Maulbeerbaumkulturen in den verschiedenen Provinzen vollkommen verschieden sind (s. S. 21). Deshalb sind ein Vergleich der verschiedenen Provinzen in Hinsicht auf Größe der Maulbeerbaumanbaufläche und der Kokonsernte (s. S. 25) starke Widersprüche. Diese Widersprüche finden ferner auch darin ihre Erklärung, daß die Ergebnisse der Statistik auf Grund von Schätzungen oder Zählungen, die zu verschiedenen Zeiten vorgenommen wurden, gewonnen sind.

2. Ernte an Maulbeerbaumblättern.

Nach den klimatischen Verhältnissen, der Witterung, Bodenbeschaffenheit und Anbaumethode ist die Jahresernte ganz verschieden. So findet in Kanton, das bereits zum tropischen Klima zu rechnen ist, gewöhnlich sechsmal im Jahre eine Ernte statt, deren Ertrag von einem Mu eines Maulbeerfeldes 350 bis 500 Kin beträgt, so daß sich als Gesamternte eines Jahres auf ein Mu ein Ertrag von 2100—3000 Kin ergibt[20]). In den Provinzen Kiangsu und Tschekiang findet eine Haupternte jährlich statt. Die gesamte Jahresernte von einem Mu beträgt durchschnittlich 1000 Kin, von schlechterem Boden nur 500 Kin, von bestem Boden ausnahmsweise bis zu 2000 Kin[21]) Blätter.

In Japan sind Klima und Bodenbeschaffenheit für die Maulbeerbaumkultur nicht so günstig wie in den Provinzen Mittelchinas, aber durch den intensiveren und rationelleren Betrieb ist die Ernte viel größer. Die Jahresernte beträgt von einem Mu 1250—1650 Kin[22]), das sind 25—65 Prozent mehr als in den Provinzen Kiangsu und Tschekiang. Das Klima von Kanton und Japan ist zu verschieden voneinander, als daß ein Vergleich möglich wäre.

Wie hoch die gesamte Ernte Chinas an Maulbeerbaumblättern für die Seidenraupenzucht ist, kann aus Mangel an Quellen nicht angegeben werden. Nur für die Provinz Kwangtung ist der Ertrag auf etwa 35,5 Mill. Piculs oder 2130 kg[23]) jährlich errechnet worden.

[20]) Journ. of Gen. Chamb. of Comm. of Shanghai. Vol. 4 Nr 7, Reports S. 14.
[21]) ebenda. S. 32 u. 51.
[22]) ebenda. April 1925 Special Articles S. 2.
[23]) Chin. Weekly Econ. Bull. 16/1. 1926, S. 9.

3. Anbaumethoden.

Während in den Hauptseidengebieten vorwiegend moderne Anbaumethoden angewendet werden, herrscht im größten Teil Chinas die alte wenig rationelle Anbauweise vor. Natürlich ist Qualität und Quantität der Blätter, die nach der modernen Methode gewonnen werden, bedeutend besser.

Die Verbreitung der Maulbeerbäume findet durch Aussaat, Ableger, Veredlung oder Umpflanzung von wilden Bäumen statt. In Mittel- und Nordchina werden niedrig gehaltene 1½—2 m hohe Maulbeerbäume verhältnismäßig nicht sehr dicht angebaut. (Im allgemeinen sind auf einer Fläche von 1 Mu 300 Bäume geplanzt.) Neben reinen Maulbeerbaumfeldern findet man hier auch oft gemischte Kulturen. In Südchina, in Kanton, werden die Maulbeerbaumpflanzungen dagegen in Buschform gehalten. Im Winter schneidet man die Bäumchen bis auf die Wurzel ab und läßt im Frühjahr neue Zweige treiben. In den Gegenden, wo heute die moderne Methode des Beschneidens noch nicht eingeführt ist, sind die Bäume natürlich voll auswegwachsen und alt. Chemische Düngemittel für die Kultur werden noch nicht verwendet, sondern hauptsächlich Stalldünger, menschliche Exkremente und Sojabohnenkuchen. Starke Düngung ist unbedingt notwendig, um kräftige Pflanzen zu gewinnen, besonders weil die Eigendüngung durch herabfallende verfaulende Blätter vollkommen fortfällt[24]).

4. Maulbeerbaumblätterhandel.

Im allgemeinen sind Maulbeerbaumkultur und Seidenraupenzucht in dem Betriebe des Seidenbauern verbunden. Maulbeerbaumblätter kommen trotzdem in den Handel, weil in der Raupenzuchtperiode manchmal ein Bedarf an Futtermitteln, der vorher nicht alle Bauern errechnet werden kann, auftritt, und weil nicht alle Bauern, die Maulbeerbäume besitzen, auch Raupen züchten, sondern die geernteten Blätter verkaufen müssen.

Die Seidenbauern handeln entweder miteinander, oder sie bringen die Blätter auf den Markt. In Kanton gilt ein Teil des Kokonsmarktes als Maulbeerblättermarkt, oder man eröffnet nach Schluß des Kokonsmarktes und an ihn anschließend den Maulbeerblättermarkt.

Der Preis der Blätter schwankt sehr, je nach Jahreszeit, Wetter usw. Im allgemeinen kostet ein Picul Blätter in Kanton ca. 2 mex. $[25]) und in Kiangsu ca. 3 mex. $[26]), in Japan ca. 3,1 mex. $[26]). Obgleich die Produktionskosten in Japan höher sind als in China z. B. betragen die Löhne ungefähr das Vier-

[24]) Journ. of Gen. Chamb. of Comm. of Shanghai, July 1924, Reports S. 14 u. 32.
[25]) Journ. of Gen. Chamb. of Comm. of Shanghai, Vol. 4, Nr 7, Reports S. 15.

fache[35]) — ist der Preis der Blätter ungefähr gleich hoch wie in Kiangsu, weil die Ernte dank des rationelleren Betriebes ertragreicher ist als in China, wie wir schon oben gesehen haben.

5. Bodenpreis und Ertrag.

Um die Möglichkeit der Weiterentwicklung der Maulbeerbaumpflanzungen festzustellen, ist ein Vergleich anzustellen zwischen den Preisen für Getreide- und Gemüsefelder einerseits und für eine Maulbeerbaumpflanzung andererseits und der Größe des Ertrages der beiden Kulturarten.

In dem Distrikt Tschang-schu in der Provinz Kiangsu kostet[36]):

1 Mu Boden mittlerer Qualität f. Reisbau	70—80 mex.
1 „ gewöhnl. trockenes Getreidefeld	50 mex.
1 „ gewöhnl. Maulbeerfeld mit Bäumen	120 mex.

Die Preise der Maulbeerbaumfelder können aber nicht ohne weiteres mit den Preisen anderer Felder verglichen werden Es ist zu berücksichtigen, daß in den ersten 3—4 Jahren nach der Pflanzung die Blätter der jungen Bäume überhaupt nicht geerntet werden dürfen. Man rechnet 7—8 Jahre Wachstumsdauer, bis der Baum eine richtige Ernte gewährt[37]).

In der Provinz Kiangsu erntet man von 1 Mu 15 Piculs Blätter im Jahre. Da der Preis für 1 Picul Blätter, wie gesagt, durchschnittlich 3 mex. $ beträgt, ist der Gesamtertrag also 45 mex. $. Nach einem Jahresbericht der Provinzialversuchsstation für Seidenkultur in der Provinz Kiangsu von 1918 gewinnt man von einer Bodenfläche von 1 Mu Blätter genug, soviel Seidenraupen zu züchten, um 1 Picul Kokons zu gewinnen im Preise von durchschnittlich 50 mex. $. Bei Getreidekultur erzielt man nur einen Ertrag von 16—17 mex. $ auf demselben Boden, bei Gemüsekultur nur 13—14 mex. $[38]).

Bei dem sich aus dieser Gegenüberstellung ergebenden hohen Ertragsunterschied muß jedoch noch in Betracht gezogen werden, daß die Produktionskosten der Maulbeerbaumkultur höher sind als die des Getreidebaus. Dennoch ergibt sich — auch ohne den Ertrag der Kokons einzurechnen — ein Ueberschuß zugunsten der Maulbeerbaumkultur In Anbetracht der hohen Rentabilität wäre also mit einer Erweiterung der Maulbeerbaumplantagen zu rechnen, vorausgesetzt, daß die Absatzverhältnisse der Seide auf dem Weltmarkt günstig bleiben. Eine Hemmung besteht jedoch in dem Nahrungsbedürfnis der dichten Bevölkerung Chinas und in der Notwendigkeit, den

[35]) ebenda. Vol. 5, Nr. 4, 1925, Special Articles S. 2.
[36]) Journ. of Gen. Chamb. of Comm. of Shanghai, Vol. 4, Nr 7, Reports S. 32.
[37]) Bericht der Provinzialversuchsstation von Kiangsu für Maulbeerbaum- u. Seidenkultur 1918, Förderung S. 9.

weitaus größten Teil der benötigten Nahrungsmittel, vor allem Getreide und Gemüse, im eigenen Lande zu gewinnen.

B. Eichen.

Die Eichen wachsen meist auf Hügeln, die zum Ackerbau nicht benutzt werden können denn im Gegensatz zur Maulbeerbaumkultur ist fruchtbarer Boden für Eichen nicht nötig. Der Produktionsfaktor Boden ist bei der Eichenzucht also von vornherein billiger als bei der Maulbeerbaumzucht, um so mehr, als auch eine künstliche Düngung hier nicht vonnöten ist, da der Mist der auf den Bäumen gezüchteten Raupen den Boden düngt. Die Eichen, die das Futter für die Eichenspinner liefern, sind in der Hauptsache wilde Pflanzen, die in ganz China und in der Mandschurei mehr oder weniger verbreitet sind. Außerdem wird in Nordchina (z. B. Schantung) die Eichenkultur schon lange planmäßig betrieben. Die im Jahre 1920 eingesetzte internationale Seidenveredlungskommission in Tschifu hat zehntausende von Kin (1 Kin = 604,53 gr) Eicheln zur Aussaat auf geeigneten Hügeln an Seidenbauern ausgegeben[39]).

Die jungen aus Samen gezüchteten Pflanzen werden gewöhnlich in 3 Gruppen geteilt: Gruppe 1 wird im Winter fast bis zur Wurzel abgeschnitten, um im folgenden Frühjahr möglichst viel zartes Laub zu entwickeln. Bei Gruppe 2 werden nur die Zweige gestutzt. Gruppe 3 läßt man natürlich wachsen, ohne zu beschneiden. Dieselbe Methode wendet man auch bei den wilden Pflanzen an.

2. Seidenraupenzucht.

A. Maulbeerspinner.
 1. Umfang der Seidenraupenzucht.
 2. Ernte an Kokons.
 3. Qualität der Kokons.
 4. Methode der Seidenraupenzucht.

B. Eichenseidenspinner oder Eichenspinner
 1. Umfang der Seidenraupenzucht.
 2. Ernte an Kokons.
 3. Qualität der Kokons.
 4. Methode der Seidenraupenzucht.

A. Maulbeerspinner.

Nach körperlichen Merkmalen und Kokonsformen unterscheidet man verschiedene Arten von Maulbeerspinnern. Ökonomisch wichtig ist eine Unterscheidung nach der Art der Züchtung und der gewonnenen Seidenfarben. Nach der Art der Züchtung unterscheidet man die Zweiernteraupen (für Frühjahr) und die Mehrrentenraupen (für Sommer und Herbst). Nach den Kokonfarben unterscheidet man bei den Raupen Weiß-, Gelb-,

[39]) Seide, Krefeld, 20. Juli 1922, S. 225.

Grünlich- und Rötlichspinner. Wichtig sind die Weiß- und Gelbspinner, während die beiden letzten Arten keine große Bedeutung haben.

1. Umfang der Seidenraupenzucht.

Der Umfang der Seidenraupenzucht ist direkt abhängig von der Maulbeerbaumkultur. In ganz China ist überall, wo sie betrieben wird, die Seidenraupenzucht mehr oder weniger verbreitet. Um den Umfang zu schätzen, muß man vorher die Intensität der Seidenzucht kennen, die nach dem Klima und der traditionellen Grundlage innerhalb des Landes ganz verschieden ist. In Mittel- und Nordchina werden die Maulbeerspinner hauptsächlich im Frühjahr einmal gezüchtet. Daneben findet eine kleine zweite und auch dritte Züchtung im Sommer und im Herbst statt. In Südchina (Kanton) findet dagegen 6—7 mal im Jahre eine Zucht statt. Die Züchter im Norden und im Yangtzetal sind mit denen Japans zu vergleichen, wo neben einer Frühjahrszucht auch eine Sommer- und Herbstzucht stattfindet, während die Zuchtverhältnisse in Südchina mit denen von Ceylon und Manila vergleichen werden können, wo sogar 9 Ernten jährlich stattfinden sollen[30]). In den europäischen Seidenkulturgebieten kennt man im allgemeinen nur eine Frühjahrszucht.

Statistische Angaben über die chinesischen Seidenzüchterfamilien kann man nur teilweise erhalten, und aus ihnen ist der Gesamtumfang der Raupenzucht nicht festzustellen. Nur aus einer Schätzung der gesamten Ernte (s. nächsten Abschn.) könnten wir Rückschlüsse auf den Umfang der Zucht ziehen. Die allgemeine Entwicklungstendenz der Raupenzucht ergibt sich aus der Weiterentwicklung der Maulbeerbaumpflanzungen von Jahr zu Jahr

Außer in den alten traditionellen Seidenkulturprovinzen erstrebt man eine Hebung der Seidenzucht auch in den anderen Provinzen. In der Provinz Schansi zählte man im Jahre 1919 99 745 Seidenbauernfamilien, 1922 schon 179 593 Familien. In denselben Jahren betrug die Kokonernte 1 388 891 Kin und 2 403 483 Kin[31]). Aus diesem Beispiel kann man nicht auf die allgemeine Entwicklung des Seidenbaus in China — nicht einmal in den alten Seidenprovinzen — schließen, denn diese Provinz ist eine „Musterprovinz"[32]), in der seit dem Amtsantritt des Gouverneurs Yen-Hsi-schan i. J. 1911, ungestört durch politische Wirren, eine kultur- und wirtschaftsfördernde Politik geführt wird. Nach der Untersuchung einer Organisation für Warenausstellungen in Kanton betrug im Jahre 1923 die Zahl der Seidenbau treibenden Familien in der Provinz Kwangtung[33])

30) Hellauer China S. 240.
31) Chinese Weekly Economic Bull. Nr 128 Sept. 5 th 1925. S, 2.
32) Ostasiatische Rundschau, Mitte Nov 1925, S. 207
33) Republic of China. The Journ. of the Ministry of Agr. and Comm. Sept. 1923, Special Articles S. 24—25.

---

zur Frühlingsseidenraupenzucht 128 534
„ Sommer- „ „ 118 168
„ Herbst- „ „ 106 524
zus. 353 226.

In der Provinz Schantung wurden auf Grund einer amtlichen Untersuchung vor kurzem mehr als 168 000 Seidenbauernfamilien gezählt[34]).

Die Größe der einzelnen Betriebe ist verschieden, je nachdem die Seidenzucht im Haupt- oder Nebenberuf betrieben wird. In der Provinz Kwangtung, wo sie meist im Hauptberuf ausgeübt wird, sind die Betriebe in der Regel groß und haben spezielle Zuchtlokale. In den Provinzen Kiangsu und Tschekiang gibt es ebenfalls größere Betriebe, so besitzt z. B. in der Provinz Kiangsu ein Seidenbauer, der die Zucht als Hauptberwerbszweig betreibt[35])

bei Großbetrieb mehr als 20 Mu Maulbeerfeld
„ Mittelbetrieb „ 10 „ „
„ Kleinbetrieb „ 3—5 „ „

2. Ernte an Kokons.

China steht in der Kokonproduktion auf der Erde an zweiter Stelle, an erster steht Japan und an dritter Italien. Die Kokonernte schwankt natürlich je nach der Witterung. Die Frage nach dem Umfang der gesamten Kokonernte hat europäische und japanische Fachleute beschäftigt, die auf Grund verschiedener Quellen (Rohseidenexport, Steuern, Kokonmarkt usw.) zu fast übereinstimmenden Schätzungen gekommen sind[36])

Kokonernte in China.

Provinz	Europäische Untersuchung	Japanische Untersuchung
Tschekiang	1 017 000 Piculs	876 766 Piculs
Kiangsu	350 000 „	266 745 „
Nganhwei	30 000 „	30 000 „
Hupe	102 000 „	100 000 „
Hunan	25 000 „	16 000 „
Szetschwan	317 000 „	640 000 „
Schantung	45 000 „	70 000 „
Kwangtung	717 000 „	768 300 „
Kwangsi		12 000 „
Honan	142 000 „	
d. übr Prov	72 000 „	
zus.	2 817 000 Piculs	2 779 811 Piculs

34) Journ. of Gen. Chamb. of Comm. of Shanghai, July 1924, Reports S. 61.
35) Journ. of Gen. Chamb. of Comm. of Shanghai, July 1924, Reports S. 32.
36) China Jahrbuch 1924, S. 1176—77

	1923	1922	1921
1. Ernte	9 000 Pic.	7 000 Pic.	9 000 Pic.
2. "	12 000 "	10 000 "	6 000 "
3. "	17 000 "	11 000 "	6 500 "
4. "	15 000 "	7 500 "	11 000 "
5. "	5 000 "	8 000 "	10 000 "
6. "	7 000 "	9 000 "	10 000 "
7. "	2 000 "	4 500 "	1 500 "
zus.	67 000 Pic.	57 000 Pic.	54 000 Pic.

Aus 1 Kin Mutterkokons gewinnt man im allgemeinen 1 Liang Eier Die aus 1 Liang Eier gewonnenen Raupen benötigen als Futtermittel 1200—1500 Kin Maulbeerbaumblätter Aus einem Liang Eier gezüchtete Raupen geben durchschnittlich 80 Kin Kokons[41]. So beträgt die Kokonsumtion im allgemeinen das achtzigfache der zur Züchtung verwendeten Mutterkokons und ca. $3/17$ der zur Fütterung gebrauchten Maulbeerblätter

Der Anteil der Industrie an der Kokonernte.

Die beiden größten Industriezentren in China sind in Südchina die Provinz Kwangtung, in Mittelchina die Provinzen Kiangsu und Tschekiang. Die Rohstoffversorgung beider Gebiete für 1916 ist durch die japanischen Untersuchungen festgestellt worden wie folgt:[42]

1. die Filaturen der Provinz Kwangtung wurden versorgt:

aus der Provinz Kwangtung mit ca. 179 270 Pic. getrocknete Kokons 70% der Gesamtkokonsernte der Provinz

aus der Provinz Kwangsi mit ca. 3 000 " getrocknete Kokons = 70% der Gesamtkokonsernte der Provinz

insgesamt 182 270 Pic.

2. Die Filaturen der Provinzen Kiangsu und Tschekiang wurden versorgt:

aus der Provinz Tschekiang mit ca. 59 443 Pic. getrocknete Kokons = 20% der Gesamtkokonsernte der Provinz

aus der Provinz Kiangsu mit ca. 71 132 " getrocknete Kokons = 80% der Gesamtkokonsernte der Provinz

aus der Provinz Nganhwei mit ca. 5 000 " getrocknete Kokons 50% der Gesamtkokonsernte der Provinz

insgesamt 135 575 Pic.

[41] Journ. of Gen. Chamb. of Comm. of Shanghai, July 1924. Reports S. 53.

[42] Journ. of Gen. Chamb. of Comm. of Shanghai, Vol. 4 Nr 7, Miscellaneous Articles S. 25—28.

Aus der Tabelle ersieht man, daß nacheinander die Provinzen Tschekiang, Kwangtung, Szetschwan und Kiangsu für die Seidenproduktion am wichtigsten sind.

Die Differenz der beiden Schätzungen für die Provinz Szetschwan ist grob. Außerdem fehlen in der europäischen die Provinz Kwangsi, in der japanischen die Provinz Honan und die übrigen Provinzen.

Wenn man die japanische Schätzung als Grundlage nimmt und die beiden Lücken durch die europäischen Schätzungszahlen ausfüllt, erhält man als Gesamtjahresernte an Kokons in China

Summe der japanischen Schätzung	2 779 811 Piculs
" " europäischen " f. Honan	142 000 "
" " f. d. übr. Provinzen	72 000 "
	2 993 811 Piculs

Diese Zahl bezieht sich hauptsächlich auf die Verhältnisse im Jahre 1916. Sie wird im allgemeinen noch heute zutreffen. Der Rohseidenexport weist seit 1916 keine große Veränderung auf. Er betrug 1916 103 561 Piculs, 1924 108 703 Piculs. Die Differenz beträgt etwas mehr als 5000 Piculs, das sind nicht ganz 5 Prozent. Auch die Inlandskonsumtion wird nicht nennenswert gestiegen sein, und zwar einerseits wegen des Einflusses anderer Textilwaren (besonders Wollwaren, die wir später noch behandeln werden) und andererseits wegen des Sinkens der sozialen Kaufkraft[37]. Da auch der Seidenstoffexport nicht gestiegen ist, (s. S. 97) wird man mit einer Erhöhung der Kokonsernte nicht zu rechnen haben.

Die japanische Kokonsernte betrug im Vergleich zur chinesischen 1925 80 Mill. Kwan = 300 Mill. kg[38]. Die chinesische Ernte mit schätzungsweise rund 3 Mill. Piculs = 180 Mill. kg beträgt 60 Prozent der japanischen Ernte. In Italien war der Gesamtertrag an Kokons 1924 50 Mill. kg[39], also 28 Prozent der chinesischen Ernte.

Die folgende Tabelle gibt ein klares Bild des Verhältnisses der Rohseidenerträge nach den verschiedenen Ernten, aus denen man auf die Kokonsernte schließen kann. Die Zahlen beziehen sich auf die Provinz Kwangtung[40].

[37] Chin. Weekly Econ. Bull. January 30 th 1926, S. 11.

[38] The Japan Chronicle Weekly Comm. Sup. Nov. 26 th 1925 S. 226.

[39] Chinese Weekly Econ. Bull. June 13 th 1925 S. 35

[40] Journ. of Gen. Chamb. of Comm. of Shanghai, Vol. 4 Nr 10 1924 Reports S. 50—51.

Von der gesamten Jahresproduktion an frischen Kokons in Höhe von 3 Mill. Piculs entfielen

auf die Filaturen	40 %
„ den Hausfleiß	57 %
„ Export	3 %
	100%

3. Qualität der Kokons.

Entscheidend für die Rentabilität der chinesischen Seidenindustrie, wie jeder Industrie, ist die Qualität des verarbeiteten Rohstoffs, also in unserem Falle der Kokons, denn von den Produktionskosten macht der Kokonspreis 78 Prozent aus (s. S. 94). Darum muß der Seidenindustrielle in der Wahl der Qualität der Kokons sehr vorsichtig sein.

Die Qualität der Kokons ist nach Ort, Jahreszeit, Witterung und Art ganz verschieden. Der weiße Kokon ist besser als der gelbe, der im Frühjahr geerntete im allgemeinen besser als der zu anderen Jahreszeiten geerntete. Nach dem Ort ist die Qualität wie folgt verschieden: Die beste Sorte chinesischer Rohseide wird in der Provinz Tschekiang gewonnen, die in den Filaturen von Schanghai gewonnene Rohseide gilt daher als beste Sorte. Von 350—400 Kin getrockneter Kokons gewinnt man 100 Kin Rohseide, und 280—300 Kin frischer Kokons geben 100 Kin trockener Kokons.

Das „International Testing House in Shanghai" hat über die Qualität der chinesischen Kokons (alte und verbesserte Arten) genaue Untersuchungen angestellt und folgende Ergebnisse erzielt[44]) Von den getrockneten Kokons, die in den Provinzen Kiangsu und Tschekiang produziert werden, können durchschnittlich mehr als 80 Prozent in den modernen Filaturen verarbeitet werden, und zwar nach der Qualität geschieden in

Extra-Klasse Kokons	37,2 %
erste „ „	24,0 %
zweite „ „	20,5%
	81,7%.

Um 100 Kin Rohseide herzustellen, braucht man von getrockneten Kokons durchschnittlich von

Extra-Klasse Kokons	399 Kin
erste „ „	462 „
zweiter „ „	628 „

Die Qualität der Kokonsproduktion in den Provinzen Kiangsu und Tschekiang wird von Jahr zu Jahr schlechter. Früher konnte man aus 4¼—4⅜ Piculs getrockneter Shaoling-Kokons 1 Picul Rohseide herstellen, jetzt braucht man 5¾ bis

[44]) Journ. of Gen. Chamb. of Comm. of Shanghai, March 1925, Special Articles S. 25—28.

29

Folglich bleibt für die Hausverarbeitung geernteter Kokons

in der Provinz Kwangtung	30 %	der Gesamtkokonsernte der Prov
„ „ „ Kiangsu	20 % „	„ „ „
„ „ „ Tschekiang	80 % „	„ „ „
„ „ „ Nganhwei	50 % „	„ „ „

Diese vier Provinzen zusammen machen ca. 51 Prozent der Hausverarbeitung aus. Die Kokonsproduktion der übrigen Provinzen beträgt nicht ganz ⅔ von der Gesamternte Chinas. In ihnen ist aber die Hausverarbeitung bedeutend größer als in den 4 genannten Provinzen.

In den anderen großen Seidenproduktionsprovinzen Szetschwan, Hupe, Honan und Schantung wird hauptsächlich gelbe Seide produziert. Aus der Exportziffer für gelbe Rohseide aus China kann man das Verhältnis von Filaturenseide und Nativeseide genau ersehen. 1922—1924 wurden jährlich durchschnittlich 21.343 Piculs gelber Rohseide exportiert. 6725 Piculs entfielen davon auf Filaturenseide[45]), das sind 32 Prozent von dem gesamten Export der gelben Rohseide. Folglich waren 68 Prozent der gelben Rohseide durch Hausfleiß gewonnen. Nimmt man diese Exportverhältnisse ohne Berücksichtigung des großen eigenen Bedarfs, der schwer zu erfassen ist, für die Produktionsverhältnisse der übrigen Provinzen als Grundlage, so kommt man zu folgendem Resultat

$$\frac{3}{5} \times \frac{51}{100} + \frac{2}{5} \times \frac{68}{100} = \frac{57}{100}$$

Folglich werden 57 Prozent der gesamten Kokonsernte (ca. 3 Mill. Piculs), also 1,71 Mill. Piculs frische Kokons (ohne Tussah) durch den Hausfleiß versponnen. 15 Piculs frischer Kokons rechnet man auf die Gewinnung von 1 Picul Rohseide. Die Gesamtmenge der durch den Hausfleiß gewonnenen Rohseide beträgt 114 000 Piculs gegenüber 80 000 Piculs Filaturenseide (von 40 Prozent der gesamten Kokonsernte). Diese errechneten Zahlen werden der Wirklichkeit ungefähr entsprechen, denn Filaturenseide wird zum geringsten Teil in China verarbeitet. Die Ausfuhr betrug dagegen von 1915—1924 jährlich durchschnittlich 75 005 Piculs.

Der Kokonsexport beträgt jährlich 29.250 Piculs (durchschnittliche jährliche Exportziffer in den 10 Jahren 1915—24) und 1924 26.378 Piculs getrocknete Kokons. Das Gewicht der frischen Kokons beträgt durchschnittlich das Dreifache der getrockneten. Der durchschnittliche Jahresexport von 29 250 Piculs getrockneter Kokons entspricht 87 750 Piculs frischer Kokons. Das sind 3 Prozent der gesamten chinesischen Kokonsproduktion.

[45]) Vgl. The Marit. Cust., Foreign Trade of China, Part. I, 1923, S. 136; 1924, S. 138.

28

5½ Piculs. Von Wusih-Kokons brauchte man vor zwei Jahren 5½ bis 5⅝ Piculs, jetzt 6—6⅝ Piculs, um 1 Picul Rohseide zu erzeugen[45].

Im Vergleich zu den in Mittelchina gewonnenen Kokons sind die Kwangtung-Kokons von recht geringem Wert. Viele Kokons sind so dünn gesponnen, daß man die tote Puppe, die meist schon stirbt, ehe der Kokon fertig ist, durch die Wandung hindurch sehen kann[46]. Die unbrauchbaren Kokons werden beim Verkauf aussortiert. Im allgemeinen braucht man für 1 Picul Rohseide ca. 5 Piculs getrocknete Kokons, die in der 1., 2. und 3. Erntezeit gewonnen sind, und 4½ oder 4 Piculs getrockneter Kokons aus der 4., 5. und 6. Erntezeit[47].

Ein internationaler Vergleich mit den Hauptseidenproduktionsländern Japan und Italien kommt zu folgenden Ergebnissen. Nach einem Bericht der „japanischen Seidenföderation" braucht man, um 100 Kin japanischer Rohseide herzustellen, durchschnittlich nur 350 Kin getrocknete Kokons, in China dagegen durchschnittlich 580 Kin Kokons[48], also 65,7 Prozent mehr als in Japan. In Italien ergeben 11 kg getrocknete Kokons 1 kg Seide. Bei ganz vorsichtiger Schätzung kann man annehmen, daß zur Erzeugung von 1 kg Seide 10 kg Kokons genügen[49]. Im Vergleich zu den Verhältnissen in anderen Ländern erscheinen diese Zahlen unglaublich niedrig.

4. Methode der Seidenraupenzucht.

Die natürlichen Bedingungen sind in China für die Seidenzucht die denkbar besten. Wenn trotzdem Ernteerträge und Qualität nicht so günstig sind, wie man erwarten sollte, so liegt der Grund in den chinesischen Anbaumethoden. Die Seidenkultur erfordert viel Sorgfalt und trotz der jahrtausendalten Erfahrung ist die Methode, verglichen mit den modernen wissenschaftlichen Methoden, unrationell.

Nur vereinzelt in einigen Gebieten, wo besonders intensiv die Seidenzucht betrieben wird, z. B. in den Provinzen Kwangtung, Kiangsu und Tschekiang, beginnt man die modernen Methoden zu benutzen.

Man muß für die Aufzucht möglichst gesunde Tiere auswählen, denn die verschiedenen Krankheiten der Seidenraupen sind nicht heilbar. Man kann nur ihre Wirkungen vermindern, ihrem Auftreten vorbeugen durch rationellen Betrieb der Aufzucht und ausschließlich Verwendung von guten Eiern.

[45]) The Maritime Customs, Foreign Trade of China 1924 S. 26.
[46]) Seide, Krefeld 23. Nov. 1922, S. 370.
[47]) Journ. of Gen. Chamb. of Comm. of Shanghai, July 1924, Reports S. 27
[48]) Seide, Krefeld 1925, Nr 8 S. 58.
[49]) Journ. of Gen. Chamb. of Comm. of Shanghai, March 1925, Special Articles, S. 27

In China liegt der Seidenbau auch heute noch in der Hand der Bauern, die ihn nach den alten traditionellen Methoden weiter betreiben. Etwa 90 Prozent der chinesischen Eier sind krank[30], und vom Ausbrüten bis zum Spinnen der Kokons sterben 75 Prozent der Tiere[31].

Beispielsweise gibt es in der Provinz Kwangtung besondere Zuchtlokale. Im allgemeinen werden die Seidenraupen nach der alten Methode in den engen Bauernstuben gezüchtet, in denen man wohnt. Die Körbe mit den Seidenraupen werden auf Regale an die Wand gestellt oder in Netzen unter der Zimmerdecke aufgehängt. Die Eier werden zur Ausbrütung entweder in Baumwollwatte gelegt oder in Papierhüllen von den Frauen an ihrem Körper getragen. Die Dauer der Seidenraupenzucht bis zur Verpuppung ist nach der Temperatur verschieden und beträgt in Kanton ca. 20 Tage, in Mittelchina 30—35 Tage. Innerhalb dieser Wachstumsperiode müssen die Tiere viermal schlafen. In dieser Zeit hören sie auf zu fressen. Wenn sie ausgewachsen sind, bringt man sie auf Spinnhütten aus Reisig oder trockenem Reisstroh, in denen die Tiere ihre Kokons spinnen können. Einige Tage später beginnt die Kokonsernte.

B. Eichenseidenspinner oder Eichenspinner.

Außer vom Maulbeerspinner gewinnt man seit langer Zeit auch von anderen Seidenspinnern, die im Freien auf lebenden Bäumen gezüchtet werden, Seide. Ihre Zucht stellt sich bedeutend billiger als die sorgfältige, mühsame Maulbeerspinnerzucht. In China gewinnt man vom Eichenseidenspinner Wildseide, die fälschlich Tussah genannt wird, der Tussahspinner Indiens ist anders.

1. Umfang der Seidenraupenzucht.

Das Hauptgebiet der Eichenspinnerzucht ist die Südmandschurei und Nordchina. Entwickelt ist sie auf der Schantunghalbinsel und in der Südmandschurei. In dieser Gegend ist die Eichenspinnerzucht nicht viel älter als 40 Jahre und von den aus der Provinz Schantung eingewanderten Einwohnern eingeführt worden. Seit einigen Jahren hat sich die Eichenspinnerkultur in der Südmandschurei besonders stark entwickelt, weil die sich stark vergrößernde japanische Tussahweberei von hier ihre Rohstoffe bezieht. Auch in der Provinz Honan treibt man die Eichenspinnerkultur in den Provinzen Szetschwan, Kweitschou, Hupe, Jünnan, Kwangsei und Kwangtung.

Die Eichenspinner werden auf lebenden Eichbäumen gezüchtet. Die zur Zucht für die Bäume notwendige Bodenfläche

[30]) The Bankers' Magazine, Peking April 1924, Chinese Silk Production S. 4.
[31]) China, Jahrbuch 1924, S. 1119.

Die Zuchtperioden sind in der Mandschurei Frühjahr und Herbst. Die ganze Wachstumsperiode umfaßt ungefähr 30 Tage. Für die Frühjahrsernte ist künstliches Brüten notwendig, denn die Larven würden bei natürlicher Entwicklung zu spät kommen. Die Eichenblätter wären zu alt für sie und die heranwachsende Sommerhitze würde eine geringe Ernte verursachen.

Die Zucht der jungen Raupen kann auf zwei Arten erfolgen 1. Die ausgebrüteten Tiere werden 5—6 Tage im Zimmer gezüchtet und dann nach dem ersten Häutungsschlaf auf die Bäume im Freien umgesetzt, wo sie ohne Pflege sich bis zum Verpuppen ernähren. (Bis zu 10 Raupen finden mit einem Kubikmeter dichten Laubwerks zu ihrer völligen Entwicklung ausreichende Nahrung[54]). 2. Das Papier mit den Eiern wird auf den Bäumen festgelegt. Die ausschlüpfenden Raupen ernähren sich sofort von dem lebenden Blattwerk.

Die Raupe gedeiht am besten in einer etwas feuchten Luft. In der trockenen Zeit wird darum der Boden bewässert, um den nötigen Feuchtigkeitsgehalt der Luft zu erzielen. Die Aufzucht der Eichenspinner im Freien läßt aber einen besonderen Schutz gegen die Feinde dieser Raupen nötig werden, insbesondere sind es Ameisen, Spinner und Vögel. Einmal reinigt man den Boden von den Brutstätten der betreffenden Insekten. Außerdem hat man in China eine ständige Ueberwachung der mit Raupen belegten Wälder eingerichtet, um die Vögel durch Klappen, Schüsse usw zu vertreiben.

3. Rationalisierung und Förderung der Seidenkultur.

1. Bemühungen der internationalen Interessentenkreise.
2. Bemühungen der chinesischen Behörden und Privatleute.

Angesichts der Konkurrenz der modernen Industrie Japans ist die chinesische Seidenkultur heute ernstlich in Gefahr, wenn es nicht gelingt, Raupenzucht und Spinnmethoden zu verbessern. Schon vor mehr als 20 Jahren hat eine Bewegung eingesetzt, deren Ziel eine Verbesserung der Seidenkultur war Ihre Ergebnisse waren gering. Um die Versorgung der internationalen Seidenindustrie mit Rohstoffen sicherzustellen, sind seit dem Weltkriege, besonders dank der Bemühungen der Amerikaner und Franzosen, internationale Organisationen für eine Rationalisierung der chinesischen Seidenkultur ins Leben gerufen worden.

1. Bemühungen der internationalen Interessentenkreise.

In Mittelchina besteht die größte Organisation für Verbesserung des Seidenbaus durch moderne Methoden in dem „Inter-

[61] Netz, a. a. O. S. 18.

---

wechselt nach der Bodenbeschaffenheit. In der Südmandschurei werden durchschnittlich ca. 100 000 Raupen auf 15 Mu (9216 qm) gezüchtet[52]).

2. Ernte an Kokons.

Die Erntemenge an Kokons für ganz China läßt sich nicht feststellen. Nur einzelne Mitteilungen aus den Hauptproduktionsgebieten lassen für diese ein ungefähres Bild entstehen. In der Mandschurei schätzte man vor dem Kriege den durchschnittlichen Jahresertrag auf ca. 250 000 Körbe Kokons im Werte von 9 Mill. Taels, den Korb zu 30 000 Kokons gerechnet[53]. In Antung sind 1923 über 100 000 Körbe Kokons gehandelt worden, jeder Korb enthält 33—42 Taus. Kokons[54]. In der Mandschurei selbst werden von den dort geernteten Kokons ca. 40—50 Prozent in Antung und Haitscheng verarbeitet, in Kaiping und Sifung ca. 10—20 Prozent. Nach Tschifu werden 30 bis 40 Prozent gesandt[55]. Die Ernte an Eichenspinnerkokons in der Provinz Schantung betrug schätzungsweise jährlich ca. 3 Milliarden[56]. Die Industrie in Tschifu produziert jährlich ca. 18 000 Piculs Tussahseide aus in der eigenen Provinz Schantung geernteten Kokons[57].

3. Qualität der Kokons.

Wie bei den Maulbeerspinnerkokons ist auch bei den Kokons der Eichenseidenspinner die Qualität verschieden nach Witterung und klimatischen Verhältnissen. So gaben 1000 Kokons der 1920er Ernte 10 Unzen Garn, 1000 Kokons der 1921er nur 9½ Unzen[58]. Die Kokons des Eichenspinners sind bedeutend größer als die des Maulbeerspinners, bräunlich oder blaß zitronengelb gefärbt. Der Kokonsfaden ist 1200—1400 m lang[59] und von größerer Festigkeit und Dauerhaftigkeit als der Faden des Maulbeerspinners.

4. Methode der Seidenraupenzucht.

Bis zur Verpuppung bleiben die Tiere auf den Bäumen sich selbst überlassen. Man sammelt dann nur die Kokons von den Bäumen. Die Zuchtmethode ist auch hier primitiv und unrationell. Folge davon ist, daß, wie eine mikroskopische Untersuchung in Schantung ergeben hat, 60 Prozent der Eichenspinnerkokons krank sind[60]).

[52] Zeitschrift für chinesische Seidenkultur Nr 5 S. 99.
[53] Die Weberei, Leipzig 1913, Nr 1 S. 4.
[54] The Journ. of the Min. of Agr and Comm., August 1923, Special Articles S. 3.
[55] Chin. Weekly Economic Bull. Sept. 19 th 1925 S. 37
[56] Agricultural Science, Shanghai 15/4. 1925. Reports S. 13.
[57] The Eastern Miscellany, Shanghai, June 1924, S. 82.
[58] Seide. Krefeld. 20. Juli 1922, S. 226.
[59] Netz. Der jap. u. der chin. Eichenseidenspinner, S. 20.
[60] Seide. Krefeld, 20, Juli 1922, S. 225.

nationalen Verein für die Reform der Seidenkultur" in Schanghai.[42] Er ist von chinesischen und ausländischen Interessenten im Jahre 1917 gegründet worden. Am Anfang wurde diese Organisation von der chinesischen Regierung mit monatlich 4000 Hk. Taels unterstützt. Später wurde diese Summe verdoppelt.[43] Der Hauptsitz mit Versuchsstation befindet sich in Schanghai. Es sind schon sieben Versuchsstationen gegründet worden, 4 in der Provinz Kiangsu in Schanghai, Sutschou, Nanking, Hunglin, 2 in der Provinz Tschekiang· in Kiahsing und Chuchi, 1 in der Provinz Nganhwei in Tsingjang. Hauptaufgabe der Versuchsstationen der Seidenkultur ist, dahin zu wirken, daß von Fachleuten nach der Pasteur-Methode gesunde Eier selbst gewonnen werden oder von anderen Ländern, meistens von Europa, gekauft und an Seidenzüchter geliefert werden. Diese Versuchsstationen, in denen gleichzeitig Fachleute herangebildet werden, sind Musterbeispiele für die Seidenkultur.

Die in den Versuchsstationen selbst gewonnenen und die von Europa eingeführten Eier genügen nicht immer, um die Nachfrage zu befriedigen. Im Jahre 1924 hat die Organisation mehr als 5 Millionen Blätter guter Eier nach 7 Provinzen geliefert.[44] Außer den oben erwähnten Organisationen gibt es von der Nanking-Universität ein großes bekanntes Institut für Seidenkultur, das von der amerikanischen Silk association unterstützt wird. Zusammen mit dem „Internationalen Verein für die Reform der Seidenkultur" bemüht sich die landwirtschaftliche Fakultät der Tungman-Universität in Nanking um die Hebung der Seidenkultur. In dem Insektenkundeinstitut der Provinz Kiangsu ist von Amerikanern ein Versuchsinstitut für chinesische einheimische Seidenspinner gegründet worden.[45]

In Südchina[46]), in Kanton, ist es die christliche Universität, an der eine besondere, gut eingerichtete Seidenkultur-Fakultät besteht, die von der Provinzialregierung Kanton finanziell unterstützt wird. Auch an der christlichen Universität in Futschou in der Provinz Fokien besteht eine besondere Fachabteilung für Seidenkultur. Durch die finanzielle Hilfe der amerikanischen Silkassociation wurde die Universität in den Stand gesetzt, auf dem Lande einige Versuchsstationen zu gründen und zur Weiterverbreitung der Seidenkultur beizutragen.

In Nordchina ist in Tschifu[47]) im Jahre 1920 eine internationale Seidenveredlungskommission eingesetzt worden, der als

[42] Chin. Weekly Econ. Bull. 9/2. 1924, Silk Production S. 1—4.
[43] The Journ. of the Min. of Agr. and Comm. Febr 1923, Selected Articles S. 49.
[44] Journ. of Gen. Chamb. of Comm. of Shanghai, Vol. 4 Nr. 7 Editorials S. 7
[45] Vgl. Chin. Weekly Econ. Bull. Nr 93 Dec. 1924, S. 37
[46] Vgl. Journ. of Gen. Chamb. of Comm. of Shanghai, Vol. 4 Nr. 7. Editorials S. 5—7
[47] ebenda. S. 8.

34

finanzielle Unterstützung ein Teil des Ertrages der Zölle aus dem Rohseidenexport zugewiesen wird. In der Nähe von Tschifu hat sie eine große Versuchsstation für Maulbeerspinner- und Eichenspinnerseidenkultur. Die Kommission hat neue Methoden für die Kultur erprobt und durchgeführt, besonders hat sie durch geologische Untersuchungen die für die Maulbeerbaum- und Eichenkultur geeignetsten Gegenden der Provinz festgestellt.

Im Jahre 1924 ist eine chinesisch-japanische Eichenseiden-Föderation mit dem Hauptsitz in Antung in der Mandschurei ins Leben gerufen worden, die in verschiedenen Gegenden Zweigstellen gründen muß.[63]

2. Bemühungen der chinesischen Behörden und Privatleute.

Neben den internationalen Interessentenkreisen bemühen sich die chinesischen Behörden und Privatwirtschaftskreise um die Förderung und Rationalisierung der Seidenkultur

Die Kantoner Provinzialregierung hat an der Lingnan-Landwirtschafts- und Forstakademie eine Seidenkulturabteilung eingerichtet, deren Hauptzweck die Gewinnung gesunder Eier ist.[64] Von der Provinzialregierung der Provinz Kiangsu ist eine Organisation für Versuchsstationen geschaffen worden mit dem Hauptsitz in Yangtschou und 6 Zweigstationen in anderen Gebieten.[65] In der Provinz Tschekiang gibt es folgende wichtige Organisation „The Silkworm and Mulberry Tree Improvement Commission", die von der provinzialen Regierung finanziell unterstützt wird.[66] In der Provinz Schantung sind seit 1921 13 Eiergewinnungsanstalten gegründet worden. In der Provinz Schansi unterstützt die Regierung die Seidenkultur weitgehend durch Gesetzgebung und Prämienverteilung. Besonders fördert die provinzielle Regierung die Seidenkultur als Frauenberuf. 1919 hat die Regierung einen Erlaß an alle Kreise gegeben, Fachschulen der Maulbeerbaum- und Seidenraupenzucht für Frauen zu gründen. Infolgedessen sind schon 50 Fachschulen mit 2147 Schülerinnen in 46 Kreisen errichtet worden.[67] Außer den angeführten Organisationen besteht fast in jedem Bezirk, der intensiv Seidenkultur treibenden Provinzen, ein Seidenkulturamt. In den meisten Provinzen gibt es einige Fachschulen für Seidenkultur, und außerdem werden an den landwirtschaftlichen Fachschulen Fachleute für Seidenkultur ausgebildet.

Trotz aller Bemühungen um die Verbesserung der Seidenkultur ist der Erfolg noch recht gering. In den Provinzen Kiang-

[63] Chin. Weekly Econ. Bull. 8/3. 1924, S. 18.
[64] Journ. of Gen. Chamb. of Shanghai July 1924, Edit. S. 6.
[65] Bericht d. Provinzialversuchsstat. v Kiangsu f. Maulbeer- u. Seidenkultur 1918, Berichte S. 1 u. 7
[66] The Chin. Econ. Bull. Nr 150, January 1923, S. 11.
[67] Chin. Weekly Econ. Bull. 4/4, 1925, S. 40.

3*

35

tieren lassen. Etwa 10% der Filaturen in Schanghai haben ihre eigenen Kokonsläden, im allgemeinen pachten sie dieselben oder sie schließen mit Läden Verträge, um ihre Rohstoffe einzukaufen. Die Eröffnung neuer Kokonsläden ist dadurch erschwert, daß sie in einem bestimmten Gebiet nur eine bestimmte Anzahl bestehen darf. Diese Läden müssen jährlich hohe Steuern bezahlen. Ursprünglich hatten die Läden den Zweck, die Konkurrenz der Kokonshändler untereinander auszuschließen und die Rohstoffversorgung für die einheimische Hausverarbeitung sicherzustellen; jetzt sind sie eine wichtige Finanzquelle der Bezirksbehörden. In der Provinz Kiangsu zählte man 1924 538 Kokonsläden mit 9802 Dörrkammern, in der Provinz Tschekiang 212 Kokonsläden mit 1755 Dörrkammern und in der Provinz Nganhwei 14 Läden mit 122 Dörrkammern.

b) Der Hauptmarktplatz für Eichenspinnerkokons ist die Stadt Antung in der Mandschurei. Hier ist die Zuführung der Eichenspinnerkokons durch Händler oder direkt durch Bauern aus weiten Gebieten zentralisiert. Denn diese Stadt besitzt einerseits selbst eine große Eichenspinnerseidenindustrie und ist andererseits eine bedeutende Ausfuhrstadt der Mandschurei. Die Kokons werden hier nach Silbertaels pro 1000 Stück gehandelt. Früher ein Monopol einheimischer Kaufleute, wurde kurze Zeit vor Kriegsbeginn der Handel mit Eichenspinnerkokons in Antung auch von japanischen Händlern aufgenommen. [76])

In Tschifu gibt es Läden, in denen die aus der eigenen Provinz (Schantung) kommenden und von der Südmanschurei eingeführten Kokons gehandelt werden. Die Filaturen können hier zu jeder Zeit ihren Rohstoffbedarf decken. [77])

2. Preise der chinesischen Kokons.

Die Preisbildung im Kokonshandel ist einerseits abhängig von den Ernteergebnissen, andererseits von dem Bedarf des Rohseidenweltmarkts. Der Preis schwankt natürlich nach der Qualität, aber auch nach den Verkehrsverhältnissen der betreffenden Gegend.

Im Jahre 1923 kostete 1 Picul frische Tschekiang-Kokons 80—90 mex. $, wegen der schlechten Absatzverhältnisse und der Senkung der Rohseidenpreise sank der Preis auf 60—65 mex. $[78]) im Jahre 1924. 1 Kin frische Kokons kostete im Jahre 1917 in Wusih (Kiangsu) 40—60 Silbercents, dagegen betrug der Preis in der Provinz Hupe (im Hankianggebiet) im gleichen Jahre 500—780 Käsch (ca. 35—50 Silbercents), also sind in Wusih die Kokons viel teurer als in Hupe, obwohl in Hupe die Kokonsqualität bedeutend besser ist. Dieser Preisunterschied ist in der geographischen Lage begründet. [79])

[76]) Die Weberei, Leipzig 1913, Nr 1 S. 4.
[77]) Chin. Weekly Econ. Bull. Nr 76, Aug. 1924, S. 39.
[78]) Journ. of Gen. Chamb. of Comm. of Shanghai, Vol. 4 Nr 7 Notes on Silk Industry S. 1.
[79]) China Jahrbuch 1924, S. 1760.

---

su und Tschekiang erstrecken sich die Wirkungen des Verbesserung auf nicht mehr als $\frac{1}{10}$ des gesamten Anbaugebietes. Der Grund dafür ist besonders in dem zu großen Umfange des Seidenkulturgebietes zu suchen. [73])

4. Der chinesische Kokonsmarkt.

1. Marktorganisation und Kokonshandel
   a) für Maulbeerspinnerkokons
   b) für Eichenspinnerkokons
2. Preise der chinesischen Kokons
   a) für Maulbeerspinnerkokons
   b) für Eichenspinnerkokons
3. Das Problem der Kokonausfuhr

1. Marktorganisation und Kokonshandel.

a) In der Provinz Kwangtung [74]) gibt es eine große Anzahl bedeutender Kokonsmärkte, die meistens von Rohseidenindustriellen oder Rohseidenhändlerkreisen verwaltet werden. Weil der Wassertransport auf kleinen einheimischen Kähnen am bequemsten und billigsten ist, liegen die Märkte meist dicht an einem Flußufer. In der Erntezeit werden die Märkte fast jeden Vormittag eröffnet. Die Seidenbauern legen ihre Kokons auf dem Marktplatz aus und rufen die Käufer, die Rohseidenindustriellen, heran, die hier ihre Rohstoffe direkt vom Produzenten einkaufen. Die Seidenspinnereien liegen in der Provinz Kwangtung in der Nähe der Seidenbaugebiete. Man trocknet daher die eingekauften frischen Kokons, nachdem die Puppen schon von den Bauern getötet worden sind, in der Fabrik selbst oder in Kokonsmagazinen, in denen Dörröfen errichtet sind.

In Mittelchina [75]) ist die Einkaufsorganisation ganz anders als in der Provinz Kwangtung. Es gibt keine freien Märkte. Der sog. „Chian-Hang" ist ein Kokonsladen verbunden mit eigenen großen Dörrhäusern, die allein das Recht haben, frische Kokons einzukaufen, und von den Kokonshändlergilden anerkannt und von dem Bezirkshauptbeamten erlaubt werden müssen. Die Besitzer der Kokonsläden sind reiche Leute, die meistens aus den betreffenden Gegenden stammen, manchmal auch Leute, die mit Rohseidenhändlern oder -industriellen in Schanghai in enger Beziehung stehen. Nicht zugelassen werden Ausländer. Der Ladenbesitzer kauft die Kokons nicht selbst ein, sondern verpachtet die Läden zur Kokonserntezeit meistens an andere, die die frischen Kokons von den Bauern einkaufen wollen. Pächter der Läden sind meistens die Rohseidenindustriellen und Mäkler in Schanghai, die unter strenger Kontrolle die eingekauften und getrockneten Kokons dorthin transpor-

[73]) The Maritime Customs Foreign trade of China 1924 Part. I S. 26.
[74]) Vgl. Journ. of Gen. Chamb. of Comm. of Shanghai July 1924 Reports S. 18.
[75]) ebenda. S. 33—34, 39, 54 u. 56.

Auffallend ist, daß, während in dem gleichen Zeitraum die Baumwoll- und Wollpreise eine starke Steigerung erfahren haben, die Kokonspreise keine Höherentwicklung erkennen lassen.)

b) Die Wildseidenkokons werden, wie oben erwähnt, in Antung pro 1000 Stück in Silbertaels notiert und gehandelt. Von 1,20 Taels pro Tausend im Jahre 1918 war der Preis auf 2,90 Taels im Jahre 1921 gestiegen.)

3. Das Problem der Kokonsausfuhr

Obgleich die chinesische Industrie mit Rohstoffen nicht genügend versorgt ist, — Goldsmith nimmt an, daß bei genügender Rohstoffversorgung eine Steigerung um 30—50% der Produktion möglich sei) — wird ein bedeutender Teil der Kokonsernte des Landes, nämlich jährlich durchschnittlich 30 000 Piculs getrockneter Kokons, ausgeführt. Das entspricht 3% der gesamten Ernte, davon gehen durchschnittlich 55% nach Japan.) 85—90% werden von Schanghai aus exportiert, denn die meisten für die Ausfuhr bestimmten Kokons kommen aus Mittel- und Nordchina.) Die Kokonsausfuhr bringt für die chinesische Seidenindustrie zwei Nachteile.

1. Jährlich durchschnittlich ca. 30 000 Piculs getrockneter Kokons werden exportiert, die der chinesischen Industrie zugeführt werden könnten, wenn diese besser organisiert wäre.

2. Die ausgeführte Kokonsmenge bringt durch die eintretende Verknappung der Rohstoffmenge der Industrie direkten Nachteil. Noch schlimmer ist der dadurch entstehende indirekte Nachteil. Durch die Konkurrenz der fremden Kaufleute (besonders der Japaner) beim Einkauf der Kokons wird der Kokonspreis übermäßig erhöht. So hat z. B. eine japanische Firma seit 1916 begonnen, in den verschiedenen Bezirken der Provinz Hupe Kokons aufzukaufen. Durch die Konkurrenz der chinesischen und japanischen Kaufleute ist der Kokonspreis in Hupe immer stärker gestiegen. Ein Kin frischer Kokons bester Qualität kostet durchschnittlich im Jahre

1916	800 Käsch
1919	900 "
1920	980 "
1924	1300 ")

Wie mangelhaft die chinesische Industrie organisiert und wie wenig sie von den Vorgängen auf dem Weltmarkt unterrichtet

") Vgl. A. Kertesz, Die Textilindustrie sämtlicher Staaten S. 15.
") Seide, Krefeld, 27 Jahrgang Nr 29 S. 225.
") The Bankers' Magazine, Peking, May 1924 Chinese Silk Production, S. 4.
") The Bankers' Magazine, Peking, July 1924, Chinese Silk Production, S. 5.
") Journ. of Gen. Chamb. of Comm. of Shanghai, vol 4 Nr 7 Reports S. 30.
") Chin. Weekly Econ. Bull. Nr 102, 7 March 1925, S. 9.

39

Die verschiedenen Preise, die in Schanghai Januar bis März 1925 für 1 Picul getrockneter Kokons gezahlt wurden, welche aus verschiedenen Gegenden stammen und in verschiedenen Jahreszeiten geerntet wurden, zeigt folgende Tabelle)

Gegend	Frühjahrs-Kokons	Sommer-Kokons
Changchow	151,107 Hk. Tls.	113,705 Hk. Tls.
Wusih	145,123 "	105,925 "
Kianyin	137,642 "	—
Shaohing	171,753 "	
Nganhwei	143,627 "	

Im Jahre 1923 betrug der Durchschnittspeis für 1 Kin frische Kokons in Japan 1,48 mex. $, dagegen in demselben Jahr in China nur 0,60 mex. $). Die auffallend große Differenz zwischen den chinesischen und japanischen Kokonspreisen ist tatsächlich nicht ganz so groß, da die japanische Kokons von besserer Qualität sind. Trotzdem bleibt ein Preisunterschied bestehen.

Nach den Berichten der Seezollämter haben sich die Preise der Kokons in Schanghai folgendermaßen entwickelt

Ein Picul kostete)

1912	107,43 Hk. Tls.
1913	91,42 " "
1914	87,72 " "
1915	75,52 " "
1916	85,72 " "
1917	55,21 " "
1918	80,01 " "
1919	76,68 " "
1920	75,02 " "
1921	81,90 " "

Die zehnjährigen Durchschnittspreise betrugen)

1862—1871	88,16 Hk. Tls.
1872—1881	76,93 "
1882—1891	57,61 "
1892—1901	67,92 "
1902—1911	101,80 "
1912—1921	81,66 "

Die Tabellen entsprechen nicht den wirklichen Marktpreisen, sondern geben nur errechnete Durchschnittspreise an, sie lassen jedoch ein ungefähres Bild der Preisentwicklung entstehen.

") The Shanghai Market Prices Reports, January-March 1925, S. 127—128.
") Journ. of Gen. Chamb. of Comm. of Shanghai April 1925, Special Articles S. 5.
") China Jahrbuch 1924 S. 1762.
") China Jahrbuch 1914 S. 1760, 1761 u. 1762.

38

richtet ist, beweist folgende Tatsache.

richtet ist, beweist folgende Tatsache. Der von den Japanern organisierte Kokonsexport nach Japan steht in enger Beziehung zu den Preisen, die in New York für Rohseide gezahlt werden. Steigen diese, dann ist der Export nach Japan groß, lassen sie nach oder sind sie niedrig, dann geht auch der Export zurück, wie die Tabelle zeigt[90])

Jahr	Rohseidenpreis für 1 Pfund in New York	Gesamtexport aus China	davon nach Japan
1914	3,5 $	23 679 Pic.	6 552 Pic.
1917	7,1 $	33 623 "	13 940 "
1919	16,0 $	34 726 "	24 222 "
1920	6,1 $	15 925 "	9 980 "
1921	8,0 $	33 192 "	23 340 "

II. Wichtigste Betriebsmittel.

1. Kohle
 a) Besondere Bedeutung der Kohle für die chinesischen Seidenfilaturen.
 b) Kohlenverhältnisse in den Industriegebieten.
  1. Südchina (Provinz Kwangtung)
  2. Mittelchina (Schanghai)
  3. Uebrige Gebiete
2. Maschinen
 a) Einheimische Maschinen
 b) Maschineneinfuhr
 c) Preise der chinesischen Maschinen
3. Fabrikmiete in Schanghai.

1. Kohle.

a) Die Kohle ist für die chinesische Seidenindustrie aus zwei Gründen von besonderer Bedeutung
 1. Die Arbeitsmaschinen in den chinesischen Filaturen werden durch Dampfkraft angetrieben.
 2. Man braucht die Kohle notwendig zum Kochen der Kokons.
Bei der großen Menge an Kohlen, die für die Filaturen gebraucht werden, ist ihre Beschaffung neben der Rohstoffversorgung eines der wichtigsten Momente der Industrie.
 b) Wegen des bereits erwähnten Mangels einer Statistik in China läßt sich nicht feststellen, wieviel Kohlen in der Industrie verbraucht und von wo sie bezogen werden. Nur aus der Einfuhr der Kohle in die einzelnen Gebiete läßt sich ein ungefähres Bild der Verhältnisse (für diese Gebiete) konstruieren.
Da in neuerer Zeit die Kohlenproduktion gestiegen ist, so ist auch die Zufuhr der chinesischen Kohle nach den Industrie-

90) The Bankers' Magazine, Peking, Juni 1924, Chinese Silk Production, S. 1.

40

---

gebieten im Steigen begriffen. Im Jahre 1913 betrug die ganze chinesische Kohlenproduktion 13 776 000 Metertonnen, 1921 schon 25 000 000 Metertonnen.[91]) Trotz der schnellen Entwicklung der eigenen Kohlenproduktion des Landes, die hauptsächlich die im Norden Chinas und in der Mandschurei gelegenen Gruben betrifft, bleibt das Land von der Zufuhr an fremder, insbesondere japanischer, Kohle abhängig, um seinen Bedarf voll zu decken.

1. Das wichtigste Filaturenzentrum Chinas, die Provinz Kwangtung, erhält seine Kohle zum großen Teile aus dem Auslande und zwar hauptsächlich aus Japan, erst in zweiter Linie aus den chinesischen Produktionsgebieten, und da vorwiegend aus Kaiping in Nordchina. Die Einfuhr an Kohlen nach Hongkong und Kanton gestaltet sich in Tonnen wie folgt[92])

Jahr	Japan. Kohle	andere ausländ. Kohle	chines. Kohle Kaiping- and. chin. Kohle	Fushun-Kohle (Mandschurei)	Insgesamt
1919	660 798	174 967	134 013	2 151	9 906	981 835
1922	765 726	261 919	168 494	6 765	86 891	1 289 795
1923	690 269	303 276	216 168		66 941	1 276 654

(Aus den beiden genannten Städten werden die Kohlen nach allen Teilen der Industriegebiete weiter transportiert.)

Die Einfuhr der japanischen Kohlen nach Hongkong machte vor dem Kriege 90% der gesamten Kohleneinfuhr aus, 1919 nur noch 68% und 1923 gar nur 60%. Der prozentuale Rückgang der Einfuhr der japanischen Kohle ist zurückzuführen auf einen stark gewachsenen Bezug an chinesischer (Kaiping-) Kohle und an Annam-Kohle.[93])

2. Das zweite Filaturenzentrum Chinas, Schanghai, erhält seine Kohlen zu mehr als der Hälfte aus den chinesischen Produktionsgebieten, den Rest aus Japan und anderen Ländern.[94])

Einfuhr der Kohle nach Schanghai (in Tonnen)

Jahr	chines. Kohle Kaiping-Kohle and andere chin. Kohle	Fushun-Kohle (Mandschurei)	Japan. Kohle	andere ausländ. Kohle	Insgesamt
1919	450 517	99 904	42 338	521 222	27 457	1 141 438
1922	628 113	170 223	145 027	483 070	75 154	1 501 587
1923	1 033 434	250 067	198 677	647 160	110 199	2 239 537

Auch hier macht sich dieselbe Tendenz geltend, wie in Hongkong. Die japanische Einfuhr machte auch hier vor dem Kriege 90% der Gesamteinfuhr aus, und fiel im Jahre 1919 auf 46% und 1923 auf 30%, während die Zufuhr der chinesischen Kohle im starken Wachsen begriffen ist.[95])

3. Die Kohlenversorgung der Industrie in Hankau gestaltet sich verhältnismäßig günstig, weil diese Stadt in der Nähe der

91) Wirtschaftsdienst Nr 1, 5. 1. 1923 S. 26.
92) Chin. Weekly Econ. Bull. 24. Oct. 1925 S. 25.
93) Chin. Weekly Econ. Bull. 24. Oct. 1925 S. 24.
94) ebenda, S. 25.
95) ebenda, S. 24.

41

bekannten Tayeh- und Pinghsiang-Kohlengruben liegt, dagegen ist die Kohlenversorgung in der Provinz Szetschwan ungünstig für die Industrie, weil erstens die Kohlenproduktion in der Provinz selbst noch nicht entwickelt ist, und weil zweitens keine guten Verkehrsmittel zum Transport schwerer Lasten vorhanden sind. Für die am Yangtzeflusse liegenden Gebiete trifft der zweite Grund natürlich nicht zu.[96] Wie also bereits erwähnt, sind die Kohlenverhältnisse in Nordchina und in der Mandschurei besonders günstig, weil dort die Hauptkohlengruben liegen.

2. Maschinen.

a) Die in der chinesischen Seidenindustrie gebrauchten Maschinen sind einfach und werden meistens in China selbst hergestellt. Sie sind nach dem alten italienischen System eingerichtet und entsprechen den modernen Anforderungen nicht mehr. In Kanton gibt es z. B. kaum automatische Arbeitsmaschinen. Die meisten Einrichtungen in den chinesischen Fabriken sind veraltet. Die modernen automatischen Maschinen sind so eingerichtet, daß im allgemeinen eine Arbeiterin 6 Kessel bedienen kann, wie in Italien und Frankreich. Solche modernen Maschinen gibt es z. B. in Tschinkiang in der Provinz Kiangsu.[97]

b) Ueber die für die Seidenfilaturen eingeführten Maschinen sind keine näheren Angaben aufzufinden. Der gesamte Wert der eingeführten Textilmaschinen läßt sich zwar genau feststellen, aber wieviel davon auf die Seidenfilaturen entfallen, läßt sich nicht feststellen, denn der größte Teil der Textilmaschinen wird von der Baumwollindustrie bezogen. Der gesamte Wert der eingeführten Textilmaschinen betrug:

im Jahre 1912	454 722 Hk. Tls.	
„ „ 1917	1 216 153 „ „	[98]
„ „ 1922	30 480 376 „ „	[99] (höchste Einfuhrzahl)
„ „ 1924	5 709 569 „ „	[99]

(Die Gründung von Filaturen geschah besonders häufig in den Jahren 1910—1918).

(Die Preise chinesischer Maschinen betragen in Kanton:[100]

für 1 Dampfmaschine (6½ PS)	1400 Kanton-Silberdollars
„ 1 Dampfkessel	7000 „ „
„ 1 Pumpe	170 „ „
„ 1 Dampfmaschine z. Abhaspelung (2 PS)	400 „ „
„ 1 Haspelgerät	50—70 „ „
„ 1 Kessel	20 „ „

(1 Hongkong-Silberdollar = ca. 1,30 Kanton-Silberdollar.)

[96] Vgl. The Journ. of the Min. of Agr and Comm. February 1924. Communications S. 57—58.
[97] Nach persönlichen Angaben des Ingenieurs Li-Tschi-su.
[98] China Jahrbuch 1924, S. 1653.
[99] The Maritime Customs, Foreign Trade of China 1924 Part. I S. 21.
[100] Chin. Weekly Econ. Bull. January 16th 1926 S. 13.

42

3. Fabrikmiete in Schanghai

Eigentümlich für Schanghai und darum besonders zu erwähnen ist das System der „Fabrikmiete" für die Seidenfilaturen. 80—90% der Fabrikgebäude mit Einrichtungen gehören Kapitalisten, die durch das Vermieten leicht eine jährliche Rente von 15% des Wertes beziehen. Der Unternehmer schließt mit dem Kapitalisten in der Regel einen Mietvertrag über die Fabrik auf 1 Jahr ab. Die Miete muß vorher bezahlt werden und beträgt gewöhnlich monatlich ca. 2,5 Taels pro Kessel.[98]

Wegen dieses ungewöhnlichen Systems wechseln die Fabriken häufig ihre Firmen. Die Nachteile des Systems gegenüber einem Betriebe mit eigenem Fabrikgebäude sind vor allem von dreierlei Art

1. es muß eine teure Rente, die den Betrieb übermäßig belastet, gezahlt werden.
2. es wird eine Raubwirtschaft mit den Fabrikeinrichtungen getrieben, an deren rechtzeitiger guter Reparatur weder der Kapitalist noch der Unternehmer ein Interesse hat,
3. der chinesische Unternehmer ist meistens Spekulant und sein Hang zur Spekulation wird durch die Leichtigkeit verstärkt, mit der er seine Unternehmung aufgeben kann.

III. Finanzierung der Industrie.

1. Beschaffung des Kapitals
2. Zinssätze.

1. China ist noch heute ein ausgesprochenes Ackerbauland (ca. 80% der Einwohner sind Bauern).[101] Es ist kein kapitalreiches Land in europäischem Sinne. Der Kapitalreichtum des Landes ist nicht einmal zu schätzen, denn, weil es an einer guten Bankorganisation im allgemeinen fehlt, ist es bei dem chinesischen Volk noch heute Sitte, Ersparnisse in Gestalt von Silberbarren zu vergraben.[100] Für die Finanzierung der Industrie kommen als einzige Kapitalistengruppen in Betracht 1. die großen Kaufleute, 2. die hohen Beamten und Generäle, 3. die reichen Auslandschinesen.

Charakteristisch für die moderne Wirtschaftsentwicklung ist die Form der Aktiengesellschaft, die als industrielle Unter-

[101] Journ. of Gen. Chamb. of Comm. of Shanghai July 1924 Reports S. 41.
[102] Vgl. Berichte über Landwirtschaft, Bd. I Heft 3 u. 4, herausgegeb. v. Reichsministerium f. Ernährung u. Landwirtschaft, Berlin 1924, S. 217
[103] The Bankers' Magazine 25/12, 1925. International Finance, S. 6.

43

industriellen und Kokonsmäkler, die einen Kokonsladen genietet haben, besitzen meistens wenig eigenes Kapital und müssen, um Kokons einzukaufen, zur Zeit der Kokonsernte fremde Gelder von den Banken gegen hohe Zinsen entleihen. Wenn man 100 000 mex. $ entleihen will, muß man 30 000 mex. $ als Pfand hinterlegen, man kann also tatsächlich nur 70 000 mex. $ für seine eigenen Zwecke verwenden.[110]

[110] Journ. of Gen. Chamb. of Comm. of Shanghai. July 1924. Reports S. 34.

---

nehmungsform in China heute noch von geringer Bedeutung ist. Das Kapital für die Industrie wird meistens durch den Unternehmer selbst, oder durch seine Freundschaft und Sippe herbeigeschafft. Andere Kapitalbesitzer haben selten Gelegenheit, ihr Kapital in der Industrie anzulegen. Infolgedessen ist die Kapitalkraft der Industrie schwach.

Obgleich für die meisten Unternehmern selbst das Kapital von den Unternehmern selbst aufgebracht wird, sind doch in den Seidenprovinzen Tschekiang und Kiangsu besondere Banken gegründet worden, die durch Gewährung von Lombardkredit die Seidenindustrie finanziell unterstützen. So wurde im Jahre 1922 die Chekiang Silk and Commercial Bank Ltd. mit dem Hauptsitz in Schanghai und einem Kapital von zwei Millionen mex. $ registriert[104] und die Tschekiang-Lokalindustriebank hat in Hangtschou ein besonderes Lombardkreditinstitut für Rohseide und Seidenwaren gegründet.[105] Der Kampf gegen England 1925 ließ allerdings die Kantoner Kaufleute den Plan fassen, eine besondere Bank für die dortige Seidenindustrie zu gründen, um sie finanziell unabhängig von den ausländischen Seidenhändlern zu machen.[106] Wie weit dieser Plan entwickelt und verwirklicht worden ist, darüber fehlen sichere Nachrichten.

Das Kapital der Kantoner Industriellen ist gewöhnlich gering, mit eigenem Kapital arbeitende Industrielle sind selten, meistens sind sie von den alten einheimischen Ortsbanken oder den Seidenhandelsfirmen in der Stadt Kanton abhängig, die Filaturen in verschiedenen Orten finanzieren oder sich auch direkt an der Industrie beteiligen.[107]

Die Finanzlage der Industrie läßt sich nicht übersehen, denn in China fehlt die notwendige Kapitalstatistik. Ferner pflegt der chinesische Unternehmer seine Finanzverhältnisse geheim zu halten.

2. Der allgemeine Mangel an Kapital in der chinesischen Wirtschaft und die nicht genügend entwickelte Kreditorganisation finden ihren Ausdruck in dem allgemein sehr hohen, die Wirtschaft stark belastenden Zinsfuß. Der Jahreszinsfuß beträgt im allgemeinen 10—15%[108] In Kanton beträgt beispielsweise der Wochenzinsfuß 9 oder 10%, wenn der Kreditsuchende großes Vertrauen genießt. Im anderen Falle noch mehr.[109] Der herrschende Kapitalmangel wird weiter illustriert durch das folgende Beispiel aus Mittelchina (Schanghai). Die Rohseiden-

[104] The Chinese Econ. Bull. January 13 th 1923. S. 3.

[105] China Jahrbuch 1924. S. 797

[106] Chin. Weekly Econ. Bull. 30/1. 1926. S. 5.

[107] Journ. of Gen. Chamb. of Comm. of Shanghai. July 1924 Reports S. 27

[108] The Bankers' Magazine April 1924, Chinese Silk Production. S. 4.

[109] Journ. of Gen. Chamb. of Comm. of Shanghai. July 1924. Reports S. 27

2. Kapitel.

Personale Industriebedingungen.

I. Chinesische Arbeiter.

1. Arbeiterbeschaffung.
2. Arbeitsleistung.
3. Arbeitsverhältnisse.
   a) Arbeitszeit.
   b) Arbeitslohn.
      1. Lohnverhältnisse.
      2. Internationale Lohnvergleichung.
      3. Vergleichung der Lohn- und Preisentwicklung.
   c) Hygienische Probleme in den Filaturen.
4. Bestrebungen zur Reform der Arbeitsverhältnisse.
   a) Gesetzliche Maßnahmen.
   b) Arbeiterbewegung.

1. Arbeiterbeschaffung.

In dem dicht bevölkerten China sollten die Beschaffung der Arbeitermassen für die Industrie kein Problem sein. Denn in den Seidenindustrieprovinzen kommen auf einen qkm[111])

in Kwangtung	125 Einwohner
„ Kiangsu	269 „
„ Schantung	253 „
„ Szetschwan	166 „

(Das am dichtesten bevölkerte Land Europas, Belgien, zählt 247 Einwohner auf 1 qkm[114]).

Die relavite Uebervölkerung Chinas findet ihren Ausdruck darin, daß jährlich Tausende von Arbeitern nach der Mandschurei und Sibirien im Norden, und nach Hinterindien im Süden auswandern, um dort ihren Unterhalt zu verdienen. Die

---

111) Eigene Berechnung nach Westermanns Weltatlas S. 69b u. Mar. Cust. Foreign Trade of China 1924 Part. I S. 156.

114) Westermanns Weltatlas S. 27b.

Einwanderung der Arbeiter nach den Städten ist dadurch verstärkt, daß die oft eintretenden Ueberschwemmungen und Dürren die arme Landbevölkerung zwingen, als Bettler in den Städten ihr Brot zu suchen.

Durch die große Bevölkerungsdichte ist die Arbeiterbeschaffung in China in allen Industriezweigen erleichtert. In der Seidenindustrie ist die Arbeiterbeschaffung dadurch besonders erleichtert, daß in denselben fast ausschließlich Frauen und Kinder arbeiten. So sind z. B. in den Filaturen von Schanghai 1/2 der gesamten Arbeiter junge Mädchen im Alter von 7—13 Jahren[112]).

Selbstverständlich ist nicht allein die vorhandene Menschenmenge maßgebend für die Arbeiterbeschaffung. Die moderne Industrie braucht in der Hauptsache gelernte Qualitätsarbeiter, die nicht überall zu finden sind. So hat man z. B. für die japanische Filature in Hankau die Spinnerinnen aus Tschinkiang in der Provinz Kiangsu holen müssen[113]).

2. Arbeitsleistung.

Die Untersuchung der Arbeitsleistung ist die Aufgabe einerseits der Wirtschaftspsychologie, andererseits der Privatwirtschaftslehre, die sich mit den Einrichtungen und Bedingungen der Wirtschaftsbetriebe befaßt. Die Leistungskraft eines Volkes, die durch die verschiedensten Momente, wie Anlagen und Eigenschaften der Rasse, Sitte, Volksbildung und die Bedingungen des Klimas mitbestimmt wird, läßt sich so leicht nicht feststellen. China ist noch nicht modernisiert und die Wirtschaftstätigkeit und die ganze Einstellung der auf dem alten chinesischen Kulturboden lebenden Menschen ist eine ganz andere als die der Europäer und der modernisierten Japaner. Jede Umstellung auf eine neue Arbeitsmethode erfordert Zeit und Mühe. Der bisher an der ruhigen Familienwirtschaft beschäftigte Mensch wird, wenn er plötzlich in einen Fabrikbetrieb gestellt wird, zunächst aus Mangel an Ausbildung wenig leisten und erst langsam angelernt werden müssen. Nun ist die Filaturarbeit verhältnismäßig einfach. Trotzdem ist die Leistung der chinesischen Spinnerinnen, verglichen mit denen anderer Länder, geringer, so daß die von ihnen hergestellte Seide an Qualität geringer ist und auch quantitativ hinter der Leistung der anderen zurückbleibt.

Natürlich ist die Leistung auch verschieden, nach der Einrichtung des Betriebes, der Qualität der Kokons und der Feinheit der herzustellenden Seide.

Ein Beispiel: In der Yungli-Filature in Tschinkiang (Prov. Kiangsu), die mit automatischen Maschinen ausgerüstet ist, so daß eine Spinnerin 5—6 Kessel bedienen kann, produzieren

---

112) The Journ. of the Min. of Agr. and Comm. July 1924, Latest News, S. 11.

113) Chin. Weekly Econ. Bull. March 7th 1925 S. 7.

47

In der Seidenindustrie gibt es überhaupt weder Sonntage noch Ruhetage (je 10 oder 14 Tage). Aber wegen der hygienischen Hemmung, z. B. in den Filaturen von Schanghai, hat man im Sommer schon wochenlange Halbtagsarbeit eingeführt[120]).

Die Arbeitszeit wie die Zahl der Arbeitstage ist höher als in den französischen und italienischen Seidenfilaturen, die außer der Sonntagsruhe auch den Achtstundentag innehalten[121]). Nur in den japanischen Filaturen, die ebenfalls ohne Sonntagsruhe und sogar 12 bis 13 Stunden am Tag arbeiten[122]), findet sich die Parallele zu den chinesischen Verhältnissen.

b) Arbeitslohn.

1. Lohnverhältnisse. Der Arbeitslohn ist in China im allgemeinen sehr niedrig. Wegen des starken Arbeiterangebots auf der einen und der niedrigen Lebenshaltungskosten auf der anderen Seite. Der Arbeitslohn beträgt selten mehr als das Existenzminimum. Außerdem ist zu berücksichtigen, daß Sozialversicherung, Krankenkasse und Altersversicherung in China vollkommen unbekannt sind.

In den Filaturen in der Provinz Kwangtung ist der Arbeitslohn für die Spinnerinnen etwas höher als in den anderen Provinzen. Der gewöhnliche Tageslohn einer Hasplerin beträgt 25—40 Silbercents, sehr geschickte Kräfte verdienen bis zu 70 Silbercents[123]).

In Schanghai ist der Verdienst noch geringer und macht 15—40 Silbercents aus[124]).

Der Jahresbericht 1924 der japanischen Handelskammer in Schanghai brachte folgende Veröffentlichung des durchschnittlichen Monatslohns der Arbeiter in den Filaturen für ganz China[125])

	Grobe Arbeit (in mex. $)			Feine Arbeit		
	der höchste Lohn	der niedrigste Lohn	Durchschnitts-lohn	der höchste Lohn	der niedrigste Lohn	Durchschnitts-lohn
Männer	12	6	8,5	30	9	15
Frauen	10	5	7,5	20	7,5	12
Kinder	6	2,4	4			

(Das Verhältn. d.Löhne ist d. gleiche w i.d.Baumwollindustr.)

[120]) Bull., China Gouvernm. Bureau of Econ. Inform. 30/6. 23. S. 2.
[121]) Journ. of Gen. Chamb. of Comm. of Shanghai Sept. 1925, Reports S. 26.
[122]) Vgl. Intern. Labour Review vol 7 Nr. 5 May 1923. „Conditions of Labour in the Japanese Spinning Industry"
[123]) Journ. of. Gen. Chamb. of Comm. of Shanghai July 1924, Reports S. 27
[124]) The Journ. of the Min. of Agr. and Comm. 15/6. 1925 S. 5.
[125]) s. Anm. [126]).

49

248 Arbeiterinnen pro Tag 100—150 Kin[113]) (59 680—89 520 gr). (Wie viele Stunden gearbeitet wurde, ist nicht angegeben.) Legt man den in Schanghai üblichen Zwölfstundentag der Berechnung zugrunde, so kommen auf eine Spinnerin 240—361 gr pro Tag.

In einer mit automatischen Maschinen eingerichteten Filature in Italien und Frankreich bedient eine Spinnerin je nach ihrer Geschicklichkeit 4—8 Kessel. Die Tagesproduktion beträgt bei achtstündiger Arbeitszeit allgemein 450 gr, höchstens 480 gr und mindestens 300 gr, je nach Qualität der Kokons, Feinheit der herzustellenden Seide und technischer Einrichtung des Betriebes[114]).

Die Differenz zwischen der Leistung der chinesischen Seidenspinner und der der europäischen ist um so größer, als man für die chinesischen Filaturen eine zwölfstündige Arbeitszeit annehmen muß. Die Stundenleistung der chinesischen Spinner beträgt 20—30 gr, die der italienischen und französischen 37 bis 60 gr. Die chinesische Arbeiterin leistet also in der gleichen Zeit nur halb soviel, wie die europäische Spinnerin. Selbstverständlich kann man dieses Verhältnis nicht als absolut richtig annehmen, weil auch die Leistungsfähigkeit mit äußeren Bedingungen der Arbeit wechselt.

3. Arbeitsverhältnisse.

a) Arbeitszeit. Im allgemeinen beträgt die Arbeitszeit in den chinesischen Filaturen 10—12 Stunden täglich; sie ist aber je nach der Ortsgewohnheit verschieden. In Schanghai ist beispielsweise der zwölfstündige Arbeitstag. (15 bis 20 Minuten vor dem allgemeinen Arbeitsbeginn erscheinen die Kinder, um alles für die Erwachsenen vorzubereiten[117].) In der Provinz Kwangtung findet man dagegen ganz allgemein die zehnstündige Arbeitszeit[118]). Neben der längeren Arbeitszeit ist es die größere Zahl der Arbeitstage, die als ausgleichender Faktor für die geringere Leistungsfähigkeit der chinesischen Arbeit gegenüber der europäischen eintritt.

In China wird ohne Sonntagsruhe gearbeitet; nur wenige Fabriken in ganz China haben sie eingeführt, und ganz selten sind die großen modernen Unternehmungen, die dem Arbeiter alle zehn oder vierzehn Tage einen Ruhetag gewähren. Sonst sind nach einer über das ganze Land verbreiteten Volkssitte nur die wenigen chinesischen Feiertage, Neujahr 3—15 Tage, Sommer- und Mittelherbstfest je 1 Tag, Ruhetage[119]).

[115]) Journ. of Gen. Chamb. of Comm. of Shanghai, July 1924, Reports S. 44.
[116]) ebenda, Sept. 1925, Reports S. 25—26.
[117]) Intern. Rundschau der Arbeit, 3. Bd., 3. Heft, März 1925, S. 210.
[118]) Journ. of Gen. Chamb. of Comm. of Shanghai, July 1924, Reports S. 27.
[119]) The Journ. of the Min. of Agr. and Comm. July 1924, S. 10.

48

Im Vergleich zu den Löhnen stellten sich die Lebenshaltungskosten in einem Monat für den einfachen Arbeiter nach demselben Bericht wie folgt[126]

	für 1 Person		f. 1 Familie zu 5 Pers.	
	in mex. $	%	in mex. $	%
Lebensmittel	5,45	46	11,10	52
Kleidung	1,19	10	2,13	10
Miete	1,78	15	2,78	13
Brennmaterial	0,47	4	1,92	9
Verkehr (Straßenbahn usw.)	0,71	6	0,85	4
sonstige Unkosten	2,25	19	2,56	12
zusammen:	11,85	100	21,34	100

In den Wildseidenfilaturen (Eichenspinnerseide oder Tussah) in Tschifu ist statt des Zeitlohnsystems, wie es in den Filaturen für die Maulbeerspinnerseide herrscht, das Stücklohnsystem durchgeführt. Jeder Spinner muß 960 Kokons pro Tag verarbeiten und 8 skeins Seide produzieren. Sein Lohn dafür beträgt 5 Kupfer pro skein oder 40 Kupfer pro Tag. Außerdem erhält er seine Kost geliefert, die von ärmlichster Beschaffenheit ist und höchstens 10 Kupfer pro Tag kostet. (Gegenwärtig gilt der mex. $ = 185 Kupfer und 1 U.S.A. = 1,88 mex. $[127]).

Der Tageslohn in Geld ausgedrückt beträgt also 40 Kupfer und 10 Kupfer für Kost, zusammen 50 Kupfer pro Tag oder 27 Silbercents. Dieser Nominallohn ist viel niedriger als die Löhne in den Seidenfilaturen in Schanghai und in der Provinz Kwangtung.

Ein geschickter Spinner kann die von ihm verlangte Produktionsmenge in 10 oder 11 Stunden liefern, die anderen arbeiten 12—15 Stunden. Stellt ein Spinner die vorgeschriebene Menge nicht fertig und findet er darum nicht genügend Ruhezeit innerhalb von 24 Stunden, so wird er entlassen[128]).

2. Internationale Lohnvergleichung. Es sei jetzt ein Vergleich der chinesischen Nominallöhne mit denen der japanischen, italienischen und französischen Arbeiter ohne Berücksichtigung der Lebensverhältnisse angestellt.

In den japanischen Seidenfilaturen betrug im Jahre 1924 der durchschnittliche Tageslohn 0,96 Yen[129]) = 0,73 mex. $. Nimmt man den Tageslohn in den chinesischen Filaturen im allgemeinen mit 40 Silbercents an, so ist der japanische um 33 Silbercents oder 82 Prozent höher als der chinesische. In Italien verdienten die Spinner (Männer und Frauen) im August—Sep-

[126]) Unabhängige Jugend, Schanghai Febr 1926 S. 49—50.
[127]) Intern. Labour Review vol XII Nr 5, Nov 1925.
[128]) Intern. Labour Review vol XII Nr. 5, Nov 1925.
[129]) Annuaire statistique de l'Empire de Japon 1925 S. 155.

tember 1923 869 Lire[130]) oder 0,73 mex. $, also denselben Lohn wie die japanischen und 82 Prozent mehr als die chinesischen Arbeiter. Der durchschnittliche Tageslohn in Frankreich (Thizy) betrug im Oktober 1924.14 fr oder 1,33 mex. $ für einen Spinner und 11,50 fr oder 1,10 mex. $ für eine Spinnerin[131]). Diese Löhne sind also das Dreifache der chinesischen. Berücksichtigt man nun die verschiedene Leistungsfähigkeit der Arbeitskräfte in den erwähnten 3 Nationen, die in Italien und Frankreich ungefähr doppelt so groß ist wie in China, so findet man, daß zum wenigsten die italienischen Löhne sich nicht teurer stellen als die chinesischen.

3. Vergleichung der Lohn- und Preisentwicklung. Die Entwicklung der Löhne ist in China verhältnismäßig weit hinter der Entwicklung der Warenpreise zurückgeblieben. Das trifft auch für die Seidenfilaturen zu. Vor dem Kriege verdiente in den Filaturen von Kanton eine Anfängerin 30—40 Pfennige (16,6—22,2 Silbercents) täglich, eine erfahrene Arbeiterin 80 Pfennig bis 1 Mark (44,4—55,5 Silbercents)[132]. Die Differenz zwischen den höchsten Löhnen vor dem Kriege (1913 55,5 Silbercents) und nach dem Kriege (1924 70 Silbercents) beträgt 14,5 Cents. Es ist also eine Steigerung um 26,1 Prozent eingetreten. Die Preise für tägliche Bedarfsartikel (17 verschiedene Waren) haben sich in der gleichen Zeit in Kanton wie folgt entwickelt[*]) Setzt man den Durchschnittspreis dieser Waren im Januar 1913 als 100, so ergibt sich für 1924 eine Preissteigerung um 44,1 Prozent gegenüber 26,1 Prozent der Lohnsteigerung. Die Verhältnisse der Lohnentwicklung sind in Schanghai und in den anderen Provinzen ungefähr die gleichen. Dagegen hat sich der Getreidepreis in Schanghai für Februar 1913 gegen 1924 auf 142,5 Prozent erhöht, der Preis für Brennmaterial sogar auf 168,3 Prozent[133]. Die Mieten sind heute um 100—200 Prozent höher als vor dem Kriege[134]. Als Folge dieses Mißverhältnisses zwischen der Lohn- und Preisentwicklung fanden in Schanghai 1922 und 1924 Streiks der Seidenspinnerinnen statt, die beide Male eine Erhöhung der Löhne als wichtigste Forderung aufstellten (vgl. S. 54).

c) Hygienische Probleme in den Filaturen.

Außer dem allgemeinen Elend der Arbeiter in China lange Arbeitszeit bei niedrigen Löhnen und Mangel an den Errungenschaften der Kultur, sind es besonders die hygienischen Ver-

[130]) Salari nell' industria lantera e nell' industria italiana, Roma 1924.
[131]) Bull. de la statistique générale de la France Jan. 1925.
[132]) Bericht über Handel u. Industrie im Jahre 1913/14, S. 331.
[133]) The Bankers' Magazine, Peking, 25/10. 25. Chinese Finance and Econ., S. 6.
[134]) The Shanghai Market Prices Reports, Oct.-Dec. 1924 S. 13.
[135]) Chin. Weekly Econ. Bull. Oct. 24. 1925, S. 8.

4*

nachdruck legt man auf die Regelung der Kinderarbeit und des Volksbildungswesens[180]).

Gerade für die Seidenfilaturen ist die Fabrikverordnung von 1923 von großer Bedeutung. In dieser Industrie werden besonders Frauen und Kinder beschäftigt, die unter den ungünstigsten hygienischen Bedingungen arbeiten müssen.

Die schönen Worte der Verordnung stehen aber bloß auf dem Papier. Die Durchführung ist aus folgenden Gründen vorläufig unmöglich:

1. die Regierung ist zu machtlos, um sie durchzusetzen,

2. Die Industriellen wollen und können sie aus ökonomischen Gründen nicht durchführen, denn die Filatureneinrichtungen sind meistens veraltet (nicht automatisch). Man muß möglichst billige Arbeitskräfte anwenden, um den Betrieb überhaupt rentabel zu halten und weiterführen zu können.

b) Arbeiterbewegung. Die moderne Arbeiterbewegung übt auch auf die chinesische Arbeiterwelt einen starken Einfluß aus. Arbeiterverbände und Gewerkschaften haben sich in der neuesten Zeit allmählich entwickelt und dehnen sich über das ganze Industriegebiet aus. Diese Arbeitervereine sind sehr verschiedener Art. Neuerdings zeigt sich aber das Bestreben, die ganze Bewegung in einem allgemeinen Arbeiterbund zusammenzufassen. In Kanton, wo die Entwicklung am weitesten gegangen ist, gibt es jetzt ca. 180 verschiedene Arbeiterverbände. Die Mehrzahl von ihnen hat sich in einer Zentralorganisation zusammengeschlossen, die an 80 000 Mitglieder zählt und den Namen „die Kantoner Arbeitervertretung" führt. Ihr Zweck ist es, die Rechte der Arbeiter zu schützen und zu erhalten. (So werden Arbeitszeit und Lohntarife einseitig von ihr festgesetzt)[181]).

Auch in Schanghai bestehen mehrere Arbeiterverbände, die aber nicht so entwickelt sind wie in Kanton, weil hier die fremden wie die chinesischen Behörden die Arbeiterbewegung stark zu unterdrücken suchen. So wurde der Reichsarbeiterverband, seine Zentralorganisation, im September 1925 von der chinesischen Regierung aufgelöst[44]). Die Unterdrückung allein konnte die Bewegung natürlich nicht hemmen, aber um so mehr die Not der Arbeiter läßt die Energie zum Durchhalten der Streiks und Wirtschaftskämpfe nicht aufkommen. Die organisierte Arbeiterbewegung hat schon zahlreiche Ausstände veranlaßt, z. B. zwei große Ausstände der Spinnerinnen in der Seidenindustrie 1922 und 1924 in Schanghai[182]).

[180]) Vgl. Intern. Rundschau der Arbeit 3. Bd. 3. Heft, März 1925 S. 206—207.
[181]) Vgl. Chinese Weekly Econ. Bull. May 9 th 1925. S. 4.
[44]) The Eastern Miscellany, 25/11. 1925. S. 127
[182]) Chin. Weekly Econ. Bull. 24/10. 1925. S. 5—6.

53

hältnisse in den Filaturen, die Lage der chinesischen Seidenindustriearbeiter zu einer sehr elenden machen. Diese Verhältnisse führen selbstverständlich zu einer geringeren Arbeitsleistung, als sie in hygienisch einwandfreien Betrieben erzielt werden könnte. Die meisten Unternehmer achten nicht besonders auf die Rationalisierung der Industrie, sie führen Raubwirtschaft. Nur in einigen modernen Filaturen, beispielsweise in Hangtschou, wo der Kochraum vom Spulraum getrennt ist, sind die Verhältnisse etwas besser. Die Verhältnisse in Schanghai können als allgemein gültig angesehen werden. Die Temperatur der Arbeitsräume ist durch das heiße Wasser immer sehr hoch, die Luft sehr feucht, so daß Ohnmachten bei heißem Wetter nicht selten sind[183]). Ein Beispiel mag für viele über die skandalösen hygienischen Verhältnisse in den Seidenfilaturen sprechen: Im Sommer 1925 arbeiteten in einer Filature in Kiahsing in der Provinz Tschekiang die Spinnerinnen während des ganzen Tages in einem Arbeitsraum mit einer Temperatur von über 105° F. Viele Arbeiterinnen wurden ohnmächtig und innerhalb weniger Tage starben in diesem Arbeitsraum 8 Spinnerinnen[184]).

4. Bestrebungen zur Reform der Arbeitsverhältnisse.

a) Gesetzliche Maßnahmen. 1923 ist von der chinesischen Regierung eine vorläufige Fabrikverordnung erlassen worden, durch die Bestimmungen über die Beschäftigung von Kindern und Jugendlichen, die Einführung eines Normalarbeitstages und eines Kranken- und Wöchnerinnenschutzes getroffen wurden.

Die Beschäftigung von Kindern unter 12 Jahren ist verboten, von Jugendlichen unter 18 Jahren eingeschränkt. Eine Fortbildungsschulpflicht, die auf Kosten des Fabrikherrn geht, ist eingerichtet worden. Als Normalarbeitstag für die Erwachsenen ist der Zehnstundentag erklärt worden. Außerdem sind jedem Arbeiter mindestens 2 Ruhetage im Monat zu gewähren. Die Kosten der ärztlichen Behandlung der Kinder und Jugendlichen hat der Arbeitgeber zu tragen. Die Löhne solcher Beschäftigten, die erkranken oder im Laufe ihrer Beschäftigung verletzt werden, darf er nicht kürzen. Vor und nach der Niederkunft ist allen Arbeiterinnen eine Ruhezeit von 5 Wochen und eine angemessene Beihilfe zu gewähren[185]). Nachdem die chinesische Regierung diese Verordnung erlassen hatte, ist auch der chinesische Stadtrat (fremde) bemüht, eine gesetzliche Regelung der Arbeitsverhältnisse herbeizuführen und ähnliche Bestimmungen für die Stadt Schanghai zu treffen. Den Haupt-

[183]) Vgl. Intern. Rundschau der Arbeit 3. Bd. 3. Heft, März 1925 S. 210/211.
[185]) „Aus eigener Kraft" (Tzu-Ch'iang), Schanghai, 15/I. 1926. S. 53.
[185]) Vgl. Provisional Factory General Regulations, 1923.

52

Die vorgelegten Bedingungen waren 1922 folgende:
1. Die Tagelöhne müssen allgemein auf 40 Silbercents erhöht werden.
2. Durchführung des Zehnstundentages.
3. Wenn die Spinnerin unverschuldet an ihrer Arbeit nicht teilgenommen hat, darf ihr der Lohn des betreffenden Tages nicht abgezogen werden.
4. Das Lohnabzugssystem muß abgeschafft werden.

1924 forderte man:
1. Erhöhung des Tagelohns auf 50 Silbercents.
2. Durchführung des Zehnstundentages.
3. Abschaffung der Nachtarbeit.

II. Fremde Meister und chinesische Angestellte.

1. Für jede neu einzuführende Industrie muß als eine der wichtigsten Fragen die nach der technischen Ausbildung der Arbeiter gestellt werden. Die Arbeitsmethode und Technik in den modernen Filaturen sind natürlich ganz andere als die alte einheimische Methode. Darum fordert die Errichtung moderner Filaturen gleichzeitig die Veranlassung und Begünstigung der Einwanderung fremder, hoch bezahlter Vorarbeiter und Meister, von denen die chinesischen Arbeiter erst herangebildet werden müssen. So stehen in Schanghai fast alle Spinnereien unter der Leitung eines ausländischen, meist italienischen, Spinnmeisters, dem häufig einige fremde Vorarbeiterinnen (italienische Spinnerinnen) zur Seite stehen. In Kanton stehen dagegen die Filaturen unter chinesischer Leitung[113]).

2. Es ist nicht allein die Technik der Herstellung in der modernen Industrie, die den Chinesen fremd ist. Auch die modernen Verwaltungs- und kaufmännischen Methoden sind ihnen ganz unbekannt. Die chinesischen Industriellen achten heute noch nicht sonderlich auf eine gute fachmännische Durchbildung ihrer Angestellten, vielmehr wird auch heute noch bei der Neubesetzung von Stellen eine ausgesprochene Sippenpolitik ausgeübt. Aus diesem Grunde ist die chinesische Industrie angefüllt mit nicht fachmännisch gebildeten Existenzen, die stellungslos sein würden, wenn sie nicht in irgend einem Verwandschafts- oder Freundschaftsverhältnis zu dem Inhaber des Unternehmens ständen. Nicht wenige von ihnen sind augenscheinlich nur angestellt, um mitzuverzehren zu können, ohne daß sie dafür eine nennenswerte Arbeit verrichten, oder daß ihre Arbeit praktisch notwendig wäre.

Bei dieser Art des Angestelltenwesens kann man eine moderne Verwaltung der Unternehmung natürlich nicht erreichen. Darum fehlt es bei den chinesischen Betrieben an

113) Hellauer, China, S. 243 u. 246.

54

einer Buchführung im abendländischen Sinne, einer vernünftigen und sicheren Statistik usw. Die Folge ist Unklarheit und Unübersichtlichkeit des chinesischen Wirtschaftslebens.

Es kommt natürlich vor, daß nationalökonomisch und kaufmännisch völlig ausgebildete Personen an leitender Stelle stehen, aber ihre Kenntnisse und Fähigkeiten können sich nicht voll auswirken, weil die große Mehrzahl der anderen leitenden Angestellten, denen diese Ausbildung mangelt, ihren Anregungen und Bestrebungen nicht Folge leistet, wenn sie ihnen nicht gar widerstrebt[114]).

III. Unternehmer.

1. Herkunft.
2. Leistung.

1. Seit dem Altertum bis heute beruht in China das ganze Wirtschaftsleben auf dem Ackerbau. Soweit Veredelungsgewerbe betrieben wurden, geschah es im ganzen Lande in handwerksmäßigen Betrieben. Mit der Einführung der modernen Industrie erscheint auch in China das Problem des Unternehmers.

Von Unternehmen in heutigem Sinne konnte man früher nur in bezug auf die großen kaufmännischen Unternehmungen sprechen, die den sehr großen ziemlich entwickelten Inlandsverkehr des alten Landes in den Händen hatten. In den modernen Industrieländern besteht ein besonderer Unternehmerstand neben einem Kapitalistenstand, der nur Sachgüter zur Verfügung stellt. Anders in China, wo Kapitalist und Unternehmer meistens in einer Person vereinigt sind.

Die Unternehmer gehen meistens aus den Kreisen der Kaufleute und der Beamten hervor, die die politische Macht in den Händen haben und die Kapitalisten Chinas sind (meistens Grundbesitzer). Sie bilden mit ihren Sippen einen selbständigen Wirtschaftskreis und sind vorwiegend am politischen Leben interessiert. Erst, wenn sie ihr politisches Ziel nicht erreichen, wenden sie sich dem Wirtschaftsleben zu und werden „Wirtschaftsführer". Sie vereinigen sich dann mit den wirtschaftlich einflußreichen Kaufleuten, denen wieder daran liegt, mit politisch einflußreichen Familien in Verbindung zu stehen. Daß es sich bei dieser Betätigung als „Wirtschaftsführer" häufig nur um eine vorübergehende Rolle handelt, die man ablegt, wenn sich die Gelegenheit, ins politische Leben zurückzukehren, bietet, ergibt sich daraus, daß die meisten dieser Beamten-Unternehmungen nicht die Unternehmungen nicht selbst leiten, sondern mit der Geschäftsführung einen erfahrenen Kaufmann beauftragen.

114) Vgl. China Cotton Journal, Jan.-March 1924 S. 2.

55

Was nun die Seidenindustrie anbetrifft, so stammen hier die Unternehmer meist aus den Kreisen der großen chinesischen Kaufleute. Die Beteiligung ausländischer Unternehmer ist im Gegensatz zur Baumwollindustrie in der Seidenindustrie von keiner Bedeutung[145]).

2. Es ist eine Lebensfrage für die chinesische Seidenindustrie, inwieweit dieser chinesische Unternehmertypus fähig ist, die komplizierte Organisationsarbeit für eine moderne Industrieunternehmung zu leisten. Um diese Leistungsfähigkeit zu beurteilen, muß man kurz die wirtschaftliche Einstellung der Chinesen beleuchten.

Das chinesische Geistesleben wurzelt im Konfuzianismus, der vor allen Dingen Selbstgenügsamkeit und Einfachheit in bezug auf das materielle Leben fordert. Darum mangelt den Chinesen jeder Expansionsgeist. Die Ausdehnung nach außen erfolgt nur, wenn und soweit sie eine Existenznotwendigkeit ist, in diesem Falle aber mit ungewöhnlicher Kraft. Durch Jahrtausende in dieser Weltanschauung befangen, stehen die Chinesen dem Begriff des Fortschritts im abendländischen Sinne fremd gegenüber und nehmen andere Kulturen nicht leicht auf. Der Bildungsgang der Chinesen, die noch heute die Wirtschaft führen, ging nicht auf fachmännische Schulung; sondern nur eine universelle philosophische Bildung mit Betonung des ethischen Moments entsprach dem Ideal der Vornehmheit.

Den chinesischen Unternehmern mangelt es nicht nur an der Organisationstechnik, sondern vor allem an dem Organisationsgeist. Dieser Mangel stellt eine große Hemmung für die Entwicklung der modernen Wirtschaft in China dar. Gerade die Seidenindustrie leidet unter diesem Mangel an Organisation, denn ihre Produkte sind es vor allem, die auf dem Weltmarkt einer starken Konkurrenz begegnen und durch eine gute Organisation besonders geschützt werden könnten[146]).

So ist die chinesische Seidenindustrie stark von der Spekulation abhängig. Die Unternehmungen müssen aufgebaut werden ohne genügende Kenntnis von der Weltwirtschaft und Weltmarktlage und ohne genaue statistische Grundlage. Darum ist es fast unmöglich, die Industrie planmäßig und weitsichtig aufzubauen.

145) Vgl. Journ. of Gen. Chamb. of Comm. of Shanghai, July 1924, Reports S. 17 u. Miscellan. Art. S. 10.
146) Vgl. Bericht von Tang Chin S. 11.

56

---

3. Kapitel.

Volkswirtschaftliche Voraussetzungen.

I. Verkehrslage.
  1. Allgemeine Betrachtung.
  2. Verkehrsstraßen Chinas.
II. Staatslage.
  1. Zerstörung des Wirtschaftslebens durch inner- und außenpolitische Unruhen.
  2. Zoll- und Steuerverhältnisse.

Außer den bestimmenden Faktoren für eine Industrie muß, um ihre Entwicklung festzustellen, auch ihr harmonischer Zusammenhang mit der ganzen Volkswirtschaft untersucht werden. Als wichtigste Faktoren im volkswirtschaftlichen Zusammenhang sind die Verkehrsverhältnisse und die Staatslage zu betrachten.

I. Verkehrslage.

1. Allgemeine Betrachtung. Von äußerster Wichtigkeit für das Gedeihen einer Industrie sind die Verkehrsverhältnisse des Landes, denn sie sind von Einfluß besonders auf die Rohstoffbeschaffung einerseits, auf die Absatzmöglichkeiten für die Produkte andererseits. Während 57 Prozent der Kokonserate von dem Hausfleiß verarbeitet werden, leiden die chinesischen Filaturen im allgemeinen unter Rohstoffmangel, der durch die Schaffung günstiger Verkehrsverhältnisse behoben werden kann. Dann können die Filaturen die Kokons aus den inneren Bezirken des Landes beziehen oder es können in den Seidenanbaugebieten Filaturen errichtet werden.

Der teure Transport ist noch heute in der Provinz Kiangsu ein Hindernis für den Kokonsbezug aus den inneren Bezirken der Provinz. So hat man z. B. in Hungtchi-tschen (ca. 70 chin. Li oder 40,32 km von Nanking entfernt), wo gute Kokons produziert werden und gutes Wasser für die Rohseide vorhanden ist, dreimal vergeblich versucht, Filaturen mit Erfolg zu betreiben. Die schlechten Verkehrsverhältnisse wirkten ungünstig auf die Geschäftsführung ein, und nach kurzer Zeit mußten die Betriebe eingestellt werden. Auch der Versand der Kokons von hier nach anderen Industriestädten gestaltet sich kostspielig[147]).

147) Chinese Weekly Econ. Bull. Aug. 1 th 1925 S. 32.

57

2. Verkehrsstraßen Chinas. Von entscheidender Bedeutung für den Verkehr sind in China die Flüsse. Die Hauptverkehrsader Mittelchinas, der Yangtzekiang mit mehreren Nebenflüssen ist auf einer Länge von 10 200 Seemeilen schiffbar[148]. Seeschiffe gehen bis Hankou (1000 km), die Flußdampfer bis Hsutschou, das sind weitere 1500 km, aufwärts[149]. Die Dampfschiffahrt liegt in den Händen englischer, japanischer und chinesischer Gesellschaften, die miteinander konkurrieren. Sehr entwickelt ist neben ihr der billigere einheimische Schiffsverkehr Die von Natur gute Verkehrslage am Yangtzekiang und seinen Nebenflüssen hat die Entwicklung der Seidenindustrie Mittelchinas und besonders der inneren Provinzen Szetschwan und Hupe begünstigt. In Südchina ist der Sikiang die Lebensader der Kantoner Industrie.

Neben den Flüssen stehen als Verkehrsmittel die Eisenbahnen. Die gesamte Eisenbahnlänge betrug in China gegen Ende 1922 9360 engl. Meilen[150], d. h. auf die Fläche des ganzen Landes bezogen entfallen auf 1000 qkm 0,84 Meilen. Die zu wenige Entwicklung der Eisenbahn in dem riesigen Kontinent ist ohne weiteres eine allgemeine große Hemmung der Entwicklung der modernen Industrie. Aber die Bedeutung der Eisenbahn für die chinesische Seidenindustrie ist groß, weil die Seidenkultur oft in der Nähe der Eisenbahnen stattfindet, sodaß die Beschaffung der als Rohstoff benötigten Kokons erleichtert ist. Das trifft besonders für die Seidenindustrie von Schanghai zu, die ihre Rohstoffe auf der Schanghai-Nanking-Bahn und auf der Schanghai-Hangtschou-Bahn heranführt.

Wasser- und Eisenbahnverkehr sind von großer Bedeutung für die Industrie. In den weiten inneren Gebieten des Landes, wo beide fehlen, treten an ihre Stelle die Landstraßen.

Die alten 2000 engl. Meilen „Kaiserstraßen"[151] sind zum großen Teil in Verfall geraten und die neben ihnen bestehenden Wege und Pfade kommen für den Massentransport der modernen Industrie nicht in Betracht. Erst in jüngster Zeit, vor allem seit der Gründung der „Reichsstraßenbauföderation Chinas" 1921 in Schanghai hat man mit dem Bau eines der modernen Bedürfnissen Rechnung tragenden Straßennetzes begonnen. In vier Jahren sind mehr als 38000 chin. Li oder 21888 km Automobilstraßen gebaut worden[152], das sind auf 1000 qkm 1,96 km. Für die moderne Industrie sind diese Straßen natürlich noch lange nicht ausreichend. Heute noch sind die Transportmittel auf den

[148] Industry & Commerce, Jan. 1926 S. 95.
[149] Westermanns Weltatlas, S. 71 b.
[150] The Statesman's Year-Book, London 1925, S. 759.
[151] The China Year Book 1924/25 S. 397
[152] The Good Roads Monthly 15/9. 1925 Documents S. 2. (Diese Entwicklung ist dadurch gefördert worden, daß Generäle sich durch Soldatenarbeit um die Beschleunigung dieses Ausbaus bemühen, zur Beschleunigung ihrer Militärtransporte.)

58

Landstraßen Lasttiere, Karren und Kulis. Die Art dieser Transportmittel schließt den Transport in solchen Mengen, wie die moderne Industrie ihre Rohstoffe benötigt, aus, weil sie ihn — wie wir oben gesehen haben — übermäßig verteuert. Aber sie haben heute noch im Innern des Landes den Verkehr in der Hand, weil andere Verkehrsmittel völlig fehlen.

II. Staatslage.

1. Zerstörung des Wirtschaftslebens durch inner- und außenpolitische Unruhen. Die unglücklichen Staatsverhältnisse Chinas sind dadurch gekennzeichnet, daß die Zersplitterung der inneren Politik, die Einmischung auswärtiger Mächte, dauernder Bürgerkrieg und starke Verschuldung einander Ursache und Wirkung zugleich sind. In einem solchen Staate ist eine gesunde Entwicklung der Wirtschaft oder eines Wirtschaftszweiges unmöglich.

Durch die chinesische Revolution 1911 entwickelten sich zwei Begriffe von Freiheit. Einerseits kämpften die Generäle für „persönliche Freiheit", ließ persönlichen Vorteil. Sie führten also keinen Bürgerkrieg, sondern im buchstäblichen Sinne einen Generälekrieg. Andererseits kämpfen die Bürger für die Volksfreiheit gegen die fremden Mächte.

Der Generälekrieg, der die chinesische Volkswirtschaft zerstört, ist sinn- und zwecklos. Dagegen ist der Kampf der Massen durch Streiks usw für die Volksfreiheit naturnotwendig, aber zeitweise Störungen der Wirtschaft sind natürlich unvermeidlich. So z. B. mußten im Herbst 1924 während des Bürgerkrieges zwischen Kiangsu und Tschekiang alle Seidenfilaturen in Wusih, Sutschou und Tschinkiang geschlossen werden.[133] Transportstockungen und -verteuerungen fanden statt und als militärische Maßnahme wurde ein ungewöhnlicher Zolltarif für die Durchgangszölle eingeführt. In den Seidenanbaugebieten wurden die Geräte und Einrichtungen zerstört. Auch der Absatz der gelben Seide aus den Provinzen Szetschwan und Hupe wurde durch die Unterbrechung des Verkehrs erheblich geschädigt.[134] In Kanton, das dauernd unter dem Bürgerkrieg zu leiden hatte, verursachte er Erschwerungen in der Beschaffung der weiblichen Arbeitskräfte.[134]

Durch den Generalstreik in Schanghai im Juni 1925, der sich gegen Engländer richtete, wurden Banken, Handel und Industrie völlig stillgelegt. Der dadurch verursachte tägliche Verlust soll ca. 10 Mill. mex. $ betragen haben. Davon entfiel natürlich ein großer Teil des Verlustes auf die Seidenfilaturen in Schanghai,

[133] Journ. of Gen. Chamb. of Comm. of Shanghai Oct. 1924. Trade Conditions of the Month S. 1 u. April 1925 Trade Conditions of the Month. S. 1/2.
[134] The Journ. of the Min. of Agr. and Comm. Sept. 1923 Special Art. S. 24.

59

die auch dadurch schwer getroffen wurden, daß 2800 Arbeiter und Arbeiterinnen an dem Ausstand teilnahmen, und daß sie durch den Streik gezwungen wurden, die günstige Einkaufssaison für Kokons ungenutzt vorübergehen zu lassen.[155a]

In Kanton[156] hörte wegen der Verkehrsunterbrechung zwischen Kanton und Hongkong infolge des Streiks der Seidenexport für einen Monat vollständig auf. Infolgedessen mußten $^8/_{10}$ der Filaturen den Betrieb einstellen, sodaß einige Zehntausende von Arbeitern und Arbeiterinnen in der Seidenindustrie brotlos wurden. Die ungeheuren Verluste der Arbeitgeber und Arbeitnehmer stürzten die Seidenindustrie in der Provinz in eine große Krise. Durch die Bemühungen der Behörden und der Großkaufleute gelang es später, die Verbindung mit Schanghai in Gang zu bringen und damit den Seidenexport über diese Stadt zu ermöglichen.

2. Zoll- und Steuerverhältnisse. Eine Industrie, deren Produkte auf dem Weltmarkt mit anderen Waren konkurrieren, muß staatlich unterstützt werden, hauptsächlich durch Steuererleichterungen und eine angemessene Zollpolitik (Abschaffung des Ausfuhrzolles für Seide und Einführung eines Schutzzolles gegen ausländische Seidenprodukte). Solche staatlichen Maßnahmen, die in Japan durchgeführt sind, fehlen für die chinesische Industrie.

Die ungewöhnlichen Zollverhältnisse in China werden dadurch gekennzeichnet, daß der Außenzoll unter fremder Verwaltung steht, während die Binnenzölle, die überall im Lande erhoben werden, der „dunklen" chinesischen Verwaltung unterstellt sind. Sowohl der Außenzoll wie die Binnenzölle sind reine Finanzzölle des Landes und der Provinzen, und der Seidenzoll ist für den Staat und besonders für die seidenproduzierenden Provinzen eine Einnahme von großer Bedeutung. Fast kein seidenverarbeitendes Land der Welt hat einen Einfuhrzoll auf seiner eigenen Rohseide gelegt, dagegen belastet China selbst die Ausfuhr seiner eigenen Rohseide mit einem Ausfuhrzoll. Die augenblickliche Finanzlage Chinas gestattet nicht, zugunsten der Industrieentwicklung die unrationelle Belastung der Seide aufzuheben.

Durch den Vertrag von Nanking (1842) wurden der chinesischen Regierung erstmalig Zölle für Ein- und Ausfuhr im Werte von 5% der Waren aufgezwungen. Die Ausfuhrzölle sind entweder spezifische Zölle, festgesetzt in Haikuan Taels für 1 Picul, ein Stück usw." oder 5%ige Wertzölle. Ursprünglich waren die spezifischen Zölle auf der Basis der 5%igen Wertzölle berechnet.[157]

Diese Regelung der Zollverhältnisse ist für die chinesische Seidenindustrie von Nachteil. Die von dem geringen Zollsatz nicht

[155a] Chinese Weekly Econ. Bull. Sept. 5 th 1925, S. 16—17 u. 19.
[156] Chinese Weekly Econ. Bull. Jan. 30 th 1926, S. 4—5.
[157] Berliner, Organ. u. Betr. d. Exportgeschäfts in China, I. Allg. Teil S. 53.

60

gehinderte Einfuhr ausländischer Seidenstoffe hemmt die Entwicklung der modernen chinesischen Seidenweberei. Dadurch vermindert sich der Inlandsabsatz an Filaturenseide. Die Belastung der Rohseide mit dem Ausfuhrzoll dagegen erschwert die Konkurrenzfähigkeit der chinesischen Seide auf dem Weltmarkt. Der für ganz China einheitliche Ausfuhrzolltarif beträgt.[158]

		Kin oder
für Seide roh u. gezwirnt für 100 Catties	10 Hk. Tls.	
„ „ gelbe v Szetschwan f. 100 "	7 "	
„ „ wilde, roh f. 100 "	2,5 "	
„ „ Kokons f. 100 "	3 "	

Die Binnenzölle sind nicht einheitlich geregelt, sondern für jede Provinz verschieden. Es sind zu unterscheiden die Provinzial- und die Weze- (Likin-) zölle.

Für 100 Kin getrocknete Kokons werden in der Provinz Kiangsu 8 mex. $ Likinzoll erhoben. In der Provinz Tschekiang beträgt er 10 mex. $ und der Ausfuhrzoll nach Schanghai außerdem noch einen mex. $, um die Ausfuhr der für die eigene Provinz als Rohstoff wichtigen Kokons zu erschweren. (Industriefördernde Zollpolitik der einen Provinz gegen die andere!) Auf Filaturenseide erhebt man hier von 80 Kin einen Likinzoll von 34,8 mex. $.[159] Neuerdings hat die Provinzialregierung von Tschekiang in einem Erlaß bekanntgegeben, daß für die Verbesserung der Seidenkultur ein Zuschlag auf die Kokonszölle von 50 Silbercents auf ein Picul getrockneter Kokons, und auf den Rohseidenzoll von 2 mex. $ von 80 Kin als Seidenverbrauchssteuer erhoben werden müssen.[160]

Als ein Beispiel für die gesamte Zollbelastung der Filaturenseide pro Picul in Kiangsu sei folgende Uebersicht gegeben

In Schanghai rechnet man durchschnittlich mit 6 Piculs getrockneter Kokons, um 1 Picul Rohseide herzustellen. Der Likinzoll für 600 Kin getrocknete Kokons beträgt 6×8 = 48 mex. $ oder 32 Hk. Tls. Von der Filaturenseide sollen 43,5 mex. $ oder 29 Hk. Tls. gezahlt werden. Folglich ergibt sich als Gesamtbelastung für 1 Picul Filaturenseide

6 Piculs getrockn. Kokons	32 Hk. Tls.	Likinzoll
1 " Filaturenseide	29 "	"
1 " "	10 "	Ausfuhrzoll
zus.	71 Hk. Tls.	

Der Durchschnittspreis der teuersten Filaturenseide betrug in Schanghai für Januar bis März 1925 für 1 Picul 1102,633 Hk. Tls. Die Zollbelastung von 71 Hk. Tls. macht 6,4% dieses Preises

[158] Intern, Zollwesen 103. Heft, China, Okt. 1894, S. 12 u. China Jahrbuch 1924.
[159] The Bankers Magazine 25/3. 1924, Chinese Silk Production; S. 3 u. 7
[160] Morgenblatt (Ch'en-pao) Peking, 5/3. 1926 S. 7

61

aus. Bei den billigeren Seiden ist dieser Prozentsatz sehr viel höher.

Die Zoll- und Steuerbelastung der Kantonseide ist wesentlich geringer als die der aus Schanghai ausgeführten. Von 1 Picul Seide müssen in Kanton von der Fabrik bis zur Ausfuhr folgende Abgaben gezahlt werden (ohne Kokonzoll)[184]

1. Einfuhrzoll nach Kanton   1,000 Kanton-Silber $
   38 % Zuschlag zum Einfuhrzoll   0.380   ''
2. Festungssteuer   5.105   ''
   dazu 61 % Zuschlag   3.114   ''
3. Likinzoll   6.806   ''
   dazu 38% Zuschlag   2.587   ''
4. Ausfuhrzoll 10 Hk. Tls.   17.498

zus.: 36,490 Kanton-Silber $
= 20,853 Hk. Tls.

Der Ausfuhrzoll ist für Schanghai und Kanton gleich. Rechnet man ihn mit 10 Hk. Tls. von beiden Kostenanschlägen ab, so bleibt für ein Picul Kantoner Seide eine Belastung von nur 10,853 Hk. Tls. gegenüber 29 Hk. Tls. Likinzoll für die Seide von Schanghai übrig. Die Kantoner Seide hat zwar ihrer Qualität entsprechend einen etwas niedrigeren Preis als die Seide von Schanghai, aber dieser Unterschied im Preise gleicht den Unterschied in der Zollbelastung nicht aus.

[184] Chin. Weekly Econ. Bull. 16/1. 1926, S. 16/17

Zweiter Teil:

Leistungen der Industrie.

1. Kapitel.

Produktionsleistung.
I. Industrielle Organisationen.

1. Unternehmungsform und -größe.
2. Organisationen für überbetriebliche Aufgaben.
   a) Industrielle Interessenvertretungen.
   b) Die Konditionieranstalt in Schanghai.

Im Vergleich zu den modernen Industrieländern ist in China eine den heutigen Anforderungen entsprechende Organisation der Industrie noch nicht durchgeführt.

1. Unternehmungsform und -größe.

Meistens werden die Industrieunternehmungen in China von den einzelnen Unternehmern isoliert gegründet und geleitet. Die Gesellschaftsform ist nicht häufig und dann nur in der Form vorhanden, daß ein engerer Kreis aus der Sippe oder der Freundschaft zusammen eine Unternehmung ins Leben ruft. Die Aktiengesellschaft kommt vor, aber sehr selten.

Aus der Unterehmungsform ergibt sich, daß die einzelnen Unternehmungen nur kapitalschwach sein müssen. So z. B. besitzt eine große Seidenfilaturenunternehmung in Schanghai, Hsin-Chang, ein Kapital von 600 000 Taels,[185] zum Vergleich sei angeführt, daß die großen japanischen Seidenfilaturen mit einem Kapital von 15 Mill. Yen und mehr arbeiten.[186]

Die einzelne Unternehmung umfaßt meistens nur eine Fabrik mit gewöhnlich ein paar hundert Kesseln. Die größte der einzelnen Betriebe soll später ausführlich behandelt werden. Es gibt natürlich auch Unternehmungen, die mehrere Betriebe umfassen. Als Beispiel sei der Unternehmer Mo-Shang-ching in Schanghai

[185] Bericht von Tang Chin, Aug. 1924, S. 5.
[186] The Bankers' Magazine, April 1924, Chinese Silk Production, S. 5.

angeführt, der eine große Filaturenunternehmung mit 4 unter verschiedenen Firmen geführten Betrieben mit einer Gesamtzahl von 1636 Kesseln besitzt.[164])

2. Organisationen für überbetriebliche Aufgaben.

a) Industrielle Interessenvertretungen.[165])

Die Interessen von Seidenhandel und -industrie sind in China durch verschiedene Vereinigungen in der Form von Gilden vertreten. In den bekannten Seidenprovinzen gibt es Vereine als Vertreter der ganzen Provinz wie die Silk Association in Tschifu für Schantung. In Schanghai besteht ein Hauptverein als gemeinsame Interessenvertretung für die drei Provinzen Kiangsu, Tschekiang und Nganhwei. Es gibt noch eine Reihe anderer Vereine, aber es fehlt die Zentralorganisation für das ganze Reich, die die Stellung der chinesischen Seidenindustrie und des Seidenhandels gegenüber dem Auslande stützen könnte. Die von ausländischen Kaufleuten gegründete Silk Association in Schanghai steht den chinesischen Vereinen gegenüber und verhandelt direkt die Seidenangelegenheiten zwischen China und insbesondere den europäischen Ländern und Amerika. In Kanton befaßt sich die internationale Handelskammer mit den Angelegenheiten der Seidenindustrie und des Seidenhandels.[166])

b) Die Konditionieranstalt in Schanghai. Das International Testing House in Schanghai ist von chinesischen Seidenindustriellen und -händlern gemeinsam mit fremden Seidenhändlern errichtet worden. Die Aufgabe der Anstalt ist, wie die der der Organisationen in Japan, Europa und Amerika, die Prüfung und Feststellung des handelsmäßigen Gewichts der Seidenlots, der Qualität, die Feststellung des Trocknungsgrades der Seide und die Anstellung von Untersuchungen nicht nur in bezug auf die Rohseide, sondern auch auf Kokons und Seidenstoffe.[167])

II. Standort der Industrie.

A. Filaturen für Maulbeerspinnerseide
1. in Südchina (Prov Kwangtung)
2. in Mittelchina
   a) am Unterlauf des Yangtzestroms (Prov Kiangsu und Tschekiang)

---

164) Vgl. Journ. of Gen. Chamb. of Comm. of Shanghai, July 1924, Reports S. 43.
165) Vgl. The Bankers' Magazine, März 1924, Chinese Silk Production, S. 8—10.
166) Hellauer, China. S. 252.
167) China Jahrbuch 1924, S. 1464.

b) am Mittellauf des Yangtzestroms (Hankou)
c) am Oberlauf des Yangtzestroms (Prov Szetschwan)
3. in Nordchina (Prov Schantung).
B. Filaturen für Eichenspinnerseide
1. in der Südmandschurei (Antung, Haitscheng, Kaiping usw.)
2. in der Provinz Schantung (Tschifu).

Die enge Verbundenheit der Seidenkultur und der Seidenfilaturen hat es verursacht, daß sich in China die Industriezentren entweder in den Seidenanbaugebieten selbst oder in ihrer nächsten Nähe befinden.

A. Filaturen für Maulbeerspinnerseide.

1. In Südchina. Das erste Seidenindustriezentrum Chinas ist das Deltagebiet des Sikiang in der Provinz Kwangtung. Hier sind die Fabriken in den Rohstoffgebieten gegründet. Das bringt den Vorteil mit sich, daß hier der Bodenpreis natürlich niedriger ist als in den großen Städten, beispielsweise in Schanghai. Das maßgebende Moment dafür aber ist die leichte Beschaffung des Rohstoffes während des ganzen Jahres durch 7-malige Kokonernte, die eine Herabsetzung des Betriebskapitals möglich macht. Es kommt hinzu, daß auch der Exporthafen Kanton nicht sehr weit von den Industriegebieten entfernt ist. z. B. liegt der Mittelpunkt des Industriedistrikts Schuntô nur 30 engl. Meilen von Kanton entfernt[168]).

2. In Mittelchina. a) Am Unterlauf des Yangtzestroms befinden sich einige Industriestädte, besonders aber muß betont werden, daß hier das Seidenindustriezentrum Mittelchinas, Schanghai ist. Schanghai ist — theoretisch betrachtet — kein günstiger Standort für eine Halbfabrikatindustrie, denn es ist eine internationale Handelsstadt, und die Bodenpreise sind sehr hoch. Dennoch ist die Seidenindustrie Mittelchinas in dieser Stadt zentralisiert, weil hier der kommerzielle Zusammenhang mit den internationalen Seidenhändlern einerseits gegeben ist und andererseits der Rohstoffbezug aus den drei Provinzen Kiangsu, Tschekiang und Nganhwei durch günstige Verkehrsverhältnisse erleichtert ist. Der Vorteil für die Seidenindustrie liegt darin, daß alle zum Export bestimmte Rohseide aus Nord- und Mittelchina nach Schanghai transportiert werden muß und erst von hier aus exportiert werden kann. Die Kohlenversorgung der Industrie von Japan und Nordchina aus geschieht zu Wasser und gestaltet sich wegen des kürzeren Weges billiger als die der Kantoner Industrie. Ein bei den heutigen chinesischen Staatsverhältnissen für die Industrie nicht zu unterschätzender Vorteil ist die größere Ortssicherheit, die in Schanghai gegeben ist, wenn auch wirtschaftliche Störungen durch Arbeiterunruhen hier, wie in jeder größeren Stadt, leichter möglich sind

168) The China Year Book 1925, S. 503.

als in den kleineren Industrieorten. Man kommt also zu dem Schluß, daß bei den heute gegebenen Verhältnissen Schanghai ein nicht ungünstiger Standort für die Rohseidenindustrie ist.

b) Am Mittellauf des Yangtzestroms befinden sich Seidenfilaturen in Hankou, die aber heute noch nicht von wesentlicher Bedeutung für die Seidenindustrie sind. In der eigenen Provinz kann nicht genügend Rohstoff hergestellt werden, um eine große Industrie damit zu versorgen. Die Möglichkeit einer Entwicklung der Rohseidenindustrie in diesem Gebiet ist aber gegeben, wenn man die benötigten Rohstoffe durch die Peking-Hankou-Bahn aus der benachbarten Provinz Honan beziehen kann, in der heute noch keine eigene Rohseidenindustrie besteht. Als Nachteil der Industriestadt Hankou muß betrachtet werden, daß es hier im Sommer noch heißer ist als in Kanton[169]. Demzufolge sind auch die hygienischen Verhältnisse in den Seidenfilaturen noch ungünstiger.

c) Am Oberlauf des Yangtzestroms in der Provinz Szetschwan sind die Filaturen in den Seidenanbaugebieten verstreut errichtet. Tschungking und Tungtschwan sind die bedeutendsten Seidenindustriestädte. Die Industrie dieser Provinz hat günstige Verhältnisse für die Rohstoffbeschaffung und wohl auch billigere Arbeitskräfte als die Filaturen in den Küstengebieten zur Verfügung. Nicht gut ist die Versorgung mit Kohle. Soweit die Rohseidenproduktion des Gebietes für den Export bestimmt ist, ist der Standort in bezug auf den Absatz als ungünstig zu bezeichnen, denn die meisten Filaturen des Gebietes liegen mehrere Tagesreisen von den nächsten Yangtzeianghäfen Tschungking und Wanhsien entfernt, und von Tschungking bis zum Exporthafen Schanghai sind noch 1427 Seemeilen zurückzulegen[170].

3. In Nordchina bestehen für die Maulbeerspinnerseide nur einige Filaturen in der Provinz Schantung und zwar in Tsowtoun und Itu an der Tsingtao-Tsinanfu-Bahn und in Tsingtao selbst, wo sowohl die Verhältnisse für die Rohstoffversorgung, wie für die Arbeitsbeschaffung und den Absatz günstig sind.

B. Filaturen für Eichenspinnerseide.

Die Orientierung nach den Rohstoffgebieten ist es, die zu der Entwicklung der Filaturen für Maulbeerspinnerseide in Mittel- und Südchina geführt hat. Die Orientierung nach dem Rohstoffgebiet weist die Filaturen für Eichenspinnerseide nach Nordchina und der Südmandschurei.

1. In der Südmandschurei. Das wichtigste Filaturenzentrum ist die Stadt Antung. Hier ist das Hauptrohstoffgebiet für die

[169] z. B. die Temperatur im Jahre 1923 betrug:
in Hankou im August (d. heißesten Monat) durchschn. 87,1° F
in Kanton im Septemb. (d. heißesten Monat) durchschn. 84,0° F
(The China Year Book 1925/26 S. 113, 108).
[170] The China Year Book 1925/26 S. 32.

66

Tussahindustrie, dessen Erzeugnisse von der Industrie des eigenen Gebiets nicht ganz verarbeitet werden können, so daß ein Teil der hier gewonnenen Kokons zur Ausfuhr in andere Industriegebiete kommt. Die nicht allzu entfernten südmandschurischen Kohlengruben (z. B. in Fushun) sorgen für das nötige Brennmaterial. Der Absatz der Produkte ist durch günstige Verkehrsverhältnisse erleichtert. Fast ähnlich liegen die Verhältnisse für die anderen südmandschurischen Seidenindustriestädte, von denen Haitscheng und Kaiping an der südmandschurischen Eisenbahn als wichtige Industriestädte erwähnt sein sollen.

2. In der Provinz Schantung. Das zweite Zentrum und zugleich die älteste Niederlassung der Filaturen für die Eichenspinnerseide in China ist Tschifu. Eine weitere Entwicklung dieses Gebiets wird durch den Mangel an Rohstoffen in der eigenen Provinz gehemmt, der schon heute alljährlich eine Einfuhr von Kokons aus der Südmandschurei nötig macht, um den Bedarf der bestehenden Filaturen zu decken.

III. Umfang der Industrie.

1. Gesamtumfang.
2. Internationale Vergleichung.
3. Entwicklung der Industrie.
4. Größe der einzelnen Betriebe.

1. Gesamtumfang. Nachdem wir die industriellen Standorte untersucht haben, stellen wir den Umfang der Industrie fest.

In dem ersten Zentrum der chinesischen Seidenindustrie, der Provinz Kwangtung, hat man 199 Filaturen mit 87 290 Kesseln gezählt, das sind ca. $\frac{2}{3}$ der gesamten chinesischen Seidenindustrie. Aber man muß berücksichtigen, daß, wie aus der benutzten Quelle hervorgeht, die Zählung nicht zu Ende geführt worden ist, die Zahl also höher sein müßte. Das Zentrum der Seidenindustrie in der Provinz ist der Bezirk Schuntô, wo es auf einem Gebiet von 250 Quadratmeilen (engl) allein ca. 180 Filaturen gibt. Jede Filature beschäftigt ungefähr 300—500 Arbeiterinnen.

Das zweite Industriezentrum, dessen Umfang annähernd ⅓ der gesamten chinesischen Industrie ausmacht, ist die Provinz Kiangsu in Mittelchina. In diesem Gebiet ist wiederum die Stadt Schanghai als Mittelpunkt der Seidenindustrie von Bedeutung. Hier sind allein 80 Filaturen, von denen 72 insgesamt 19 364 Kessel besitzen[171]. In drei anderen Städten der Provinz Kiangsu zählt man 21 Filaturen mit einer Gesamtkesselzahl von 5762[172].

[171] Vgl. The China Year Book 1925/26, S. 216, 217, 503, 215.
[172] Vgl. China Jahrbuch 1924, S. 1463.

67

Aus der Kesselzahl allein kann man auf die Bedeutung der Filaturen in den verschiedenen Ländern nicht schließen, weil die Maschinenverhältnisse, die Betriebsintensität von Land zu Land verschieden sind.

3. Entwicklung der Industrie. Die Entwicklung der chinesischen Seidenindustrie steht in engen Beziehungen zu der Entwicklung der Seidenkonsumtion der Welt. Entsprechend dem Weltbedarf entwickelt sich die Weltproduktion immer stärker (s. S. 88). Von der Entstehung der chinesischen Seidenindustrie zu Anfang der 60er Jahre bis zum Beginn des 20. Jahrhunderts war ihre Entwicklung vor allem durch den Hausfleiß gehemmt. Hauptsächlich jedoch seit dem Weltkriege hat sich die Lage geändert und ist die Entwicklung der Industrie beschleunigt worden, weil die sich stark entwickelnde japanische Seidenproduktion die chinesische minderwertige japanische Nativseide, die eben durch den Hausfleiß gewonnen wird, immer stärker an dem Weltmarkt zurückdrängte und weil auch besonders der wachsende amerikanische Bedarf (s. S. 73) die Seidenindustrie anregte. Diese Entwicklung kann man aus den Exportverhältnissen der Filaturen- und der Nichtfilatureneide deutlich erkennen (s. S. 87).

Die Entwicklung der Filaturen in Schanghai [180].

Jahr	Zahl d. Filaturen	Zahl d. Kessel
1890	5	5 920
1895	12	7 610
1900	18	11 058
1905	22	13 298
1909	35	14 424
1910	46	16 192
1914	56	19 200
1916	61	
1918	71	

4. Größe der einzelnen Betriebe. Für die Betrachtung einer Industrie in einem Lande muß man, um ihre Bedeutung feststellen zu können, neben dem Gesamtumfang der Industrie die Größe des einzelnen Betriebes untersuchen.

In der chinesischen Industrie sind die einzelnen Fabrikbetriebe im allgemeinen groß, während die wirtschaftliche Unternehmung im Vergleich zu Japan klein ist, weil sie häufig nur einen Betrieb umfaßt.

Die modernen Maulbeerspinnerseidenfilaturen, die die größte Kesselzahl aufweisen, sind die Filaturen Mei-ho und Chi-chang-sheng in der Provinz Kwangtung mit 800 Kesseln. Die kleinste Filature mit nur 40 Kesseln heißt Kuang-fu und befindet sich in Tungtschwan in der Provinz Szetschwan.

[180] Journ. of Gen. Chamb. of Comm. of Shanghai, July 1924, Reports S. 40.

69

Der Umfang der Industrie in den übrigen Provinzen ist in der folgenden Tabelle zusammengefaßt.

1. Gesamtumfang der Filaturen für die Maulbeerspinnerseide.

Provinz		Filaturen	Kessel
Südchina	Kwangtung	199	87 290
Mittelchina	Kiangsu	101	25 126
"	Tschekiang [172]	7	1 736
"	Hupe [174]	4	930
"	Szetschwan [175]	29	3 197
Nordchina	Schantung [176]	4	210
	zus.	344	118 489

(Die angegebene Kesselzahl bezieht sich in Kwangtung auf 198 Filaturen, in Kiangsu auf 93, in Szetschwan auf 25 und in Schantung auf 2. Für die übrigen Filaturen fehlen Angaben. In der für die Provinz Schantung angegebenen Filaturenzahl ist ein japanisches Unternehmen (in Tsingtao) enthalten, ebenso ist in der Provinz Hupe ein japanisches Unternehmen (in Hankou) mitgezählt.)

2. Gesamtumfang der Filaturen für Eichenspinnerseide (Tussah).

	Ort	Filaturen	Kessel
in Schantung	Tschifu [177]	42	16 385
Südmandschurei	Antung [177]	66	14 934
"	Haitscheng [178]	cs. 20	
"	Kaiping [177]	17	3 800
"	Mukden [178]	1	500
		zus. 146	35 619

(In Antung sind 3 japanische Unternehmen mitgezählt.)

2. Internationale Vergleichung. Die Gesamtzahl der Kessel in den Maulbeerspinnerseidenfilaturen Chinas wird, wie aus der Tabelle ersichtlich, mit 118 489 angegeben. (Die Eichenspinnerseidenfilaturen Chinas scheiden aus und werden darum hier nicht berücksichtigt.)

Die folgende Tabelle gibt Aufschluß über die Bedeutung der chinesischen Seidenfilaturen verglichen mit den wichtigsten Seidenproduktionsländern der Welt.

Land	Kesselzahl	In % v. d. chin. Kesselzahl
Japan [179]	575 760 (insgesamt)	485,9
	275 760 (nur Dampfbetriebe)	232,7
China	118 489	100
Italien [178]	47 993	40,5
Frankreich [179]	4 033	3,4

172) Vgl. The China Year Book 1925/26, S. 214.
173) Vgl. Chin. Weekly Econ. Bull. 7/3. 1925, S. 6.
174) Vgl. Chin. Jahrbuch 1924, S. 1470/71.
175) The Chin. Econ. Monthly, July 1925, S. 36.
177) Vgl. China Jahrbuch 1924, S. 1471—73.
178) Chin. Weekly Econ. Bull. 19/9. 1925, S. 37
179) La Soierie de Lyon, 1/8. 1925, S. 577

68

In der Provinz Kwangtung besitzen ungefähr die Hälfte aller Fabriken 400—500 Kessel. 73 Filaturen haben über 500 Kessel, während es keine Filature gibt, die weniger als 200 Kessel besitzt. Im Durchschnitt zählt jede Fabrik 441 Kessel[181].

In Schanghai sind die einzelnen Betriebe kleiner als in der Provinz Kwangtung. Die größte Filature You-Chen besitzt 624 Kessel, die kleinste Kong-Shing 52 Kessel. Ungefähr die Hälfte aller Filaturen zählen 200—300 Kessel. Durchschnittlich besitzt jede Fabrik 269 Kessel[181].

Noch kleiner sind die Betriebe in der Provinz Szetschwan. Ueber 200 Kessel besitzen überhaupt nur 5 Filaturen, mehr als die Hälfte zählen 100—200[182]. Durchschnittlich entfallen 127 Kessel auf den einzelnen Betrieb.

Für ganz China kann man aus der Tabelle (s. S. 68) eine Durchschnittszahl von 344 Kessel für jede einzelne Filature errechnen. In Italien beträgt dagegen die Durchschnittsgröße einer Filature nur 50—60 Kessel, die größten Betriebe zählen 164, die kleinsten 24 Kessel[183]. Man zählt in Frankreich im Durchschnitt 47 Kessel, in Japan 64.[184] In Japan ist der einzelne Betrieb im Vergleich zur Größe des Unternehmens klein, weitaus die Mehrzahl der Betriebe besitzen weniger als 100 Kessel[185].

Noch verschiedener als bei der Maulbeerspinnerseidenindustrie ist die Betriebsgröße in der Eichenspinnerseidenindustrie. Neben der größten Filature Tung-cheng-te in Antung mit 1252 Kesseln gibt es Zwergbetriebe. Durchschnittlich entfallen auf eine Fabrik in Antung 233 Kessel. In Tschifu sind die Betriebe im allgemeinen größer. Wenn auch die größte Fabrik Yung-ki nur 750 Kessel besitzt, so beträgt die Durchschnittskesselzahl für die Filature 390[186].

IV. Produkte.

1. Produktion.
2. Verschiedene Sorten und Qualitäten der Rohseide.
   a) Filaturenseide.
   b) Nicht-Filaturenseide.
3. Qualitätsvergleichung.

1. Produktion. Die Gesamtproduktion der Seidenindustrie entspricht ungefähr der chinesischen Ausfuhr an Filaturenseide, die wir später genau behandeln werden, denn die Filaturen-

[181] Vgl. The China Year Book 1925/26, S. 216—17 u. 215.
[182] Vgl. China Jahrbuch 1924, S. 1470—71.
[183] Vgl. Seide. Krefeld. 10. Juni 1920. S. 182.
[184] Journ. of Gen. Chamb. of Comm. of Shanghai, Sept. 1925, Reports S. 25.
[185] Vgl. Japan Jahrbuch 1925, S. 349.
[186] Vgl. China Jahrbuch 1924, S. 1471—73.

70

seide wird kaum zu Deckung des eigenen Bedarfs herangezogen und ist in der Hauptsache Exportartikel. Hier soll nur die Produktion des einzelnen Betriebes betrachtet werden.

Die Filature Tung-an-tai in Kanton rechnete bei 400 Kesseln mit einer Jahresproduktion von ca. 40000 Kin. Die Filature Schuin-tschang hat bei 300 Kesseln mit einer Jahresproduktion von ca. 20000 Kin gerechnet[187]. In Kanton ist allgemein eine tägliche Arbeitszeit von 10 Stunden. Es ergibt sich bei mindestens 300 Arbeitstagen im Jahr eine Tagesproduktion für den einzelnen Kessel von 0,333 Kin bei der ersteren, und von 0,222 Kin bei der letzteren. In Sutschou, einer Nachbarstadt Schanghais, produziert man in der Filature Suking mit 336 Kesseln täglich 140 Kin und in der Filature Heng-li in derselben Stadt mit 200 Kesseln 80 Kin[188]. Bei zwölfstündiger Arbeitszeit erhält man als Tagesproduktion eines Kessels 0,417 Kin bzw 0,4 Kin. Aber die Stundenproduktion in den beiden Provinzen ist ungefähr die gleiche.

Im Gegensatz zur Baumwolle wird die Rohseide nicht gesponnen, man wickelt vielmehr die 2—8 nebeneinander liegenden und gleichgerichteten Fäden gleichmäßig und mit einer leichten Drehung von den Kokons ab.

2. Verschiedene Sorten und Qualitäten der Rohseide. Wir wollen im folgenden die verschiedenen Sorten und Qualitäten der Rohseide, die im Handelsverkehr eine Rolle spielen, behandeln.

a) Nach der natürlichen Farbe unterscheidet man weiße und gelbe Rohseiden. Die in den modernen Fabriken gewonnene Rohseide nennt man Filaturenseide, und unterscheidet sie durch diesen Namen von der nach den alten chinesischen Methoden gewonnenen Rohseide.

Die Filaturen stellen natürlich Seide verschiedener Qualität her. In Schanghai werden die Seiden nach ihrer Qualität in sechs Gruppen geordnet. Man unterscheidet: Extra, Petit Extra, Best I, I, II, III. In Kanton werden die auf den Markt kommenden Seidensorten nach Chops gehandelt, jedoch sind sie auch in Qualitätsgruppen eingeteilt, für die folgende Bezeichnungen handelsüblich sind: Extra, Petit Extra, Grand Ier, Bon Ier, Petit Ier[189].

Die Tussahseide (Eichenspinnerseide) steht der aus den Maulbeerspinnerkokons gewonnenen echten Seide an Glanz und Feinheit nach; je nach der Qualität wird die Tussahfilaturenseide in Seide I, II. und III. Klasse eingeteilt[190].

[187] Journ. of Gen. Chamb. of Comm. of Shanghai July 1924. Reports S. 27—28.
[188] ebenda, S. 45.
[189] Vgl. Hellauer, China S. 244—247
[190] Vgl. Chinese Weekly Econom. Bull. 19/9. 1925. S. 38. Anmerkungen[191], [192], [193] s. nächste Seite.

71

2. Kapitel

Absatzleistung.

Bis jetzt haben wir die Produktion der Rohseide betrachtet und müssen uns nunmehr die Frage nach dem Absatz stellen. Gerade weil die Rohseide Welthandelsobjekt ist, ist die Untersuchung der Absatzverhältnisse von besonderer Wichtigkeit für die Industrie.

I. Seidenkonsumtion.

Die Rohseide ist nur ein Halbfabrikat, die Nachfrage nach ihr wird erst bestimmt durch den Bedarf der Welt an fertigen Seidengütern. Darum müssen wir erst über die Verhältnisse der Seidengüterkonsumtion kurz orientiert werden, ehe wir an die Betrachtung der Nachfrage nach Rohseide gehen können.

Die Seide ist heutzutage nicht nur eine Luxussache für unsere Kulturländer, sondern mehr oder weniger zu einem Bedarfsartikel geworden. In China ist einer der ältesten Bekleidungsstoffe die Seide. In größtem Umfang werden die Seidenstoffe zur Herstellung von Frauen- und Männerkleidung benutzt.

In den letzten 25 Jahren ist die Seidenkonsumtion in Europa und besonders in den Vereinigten Staaten von Amerika außerordentlich gewachsen. Nachstehende Zahlen geben uns den Beweis hierfür Nach den Vereinigten Staaten von Amerika wurde

pro Jahr 1901—1905 durchschnittlich 15 789 000 Pfund
dagegen im Jahre 1924   60 603 000 Pfund

unverarbeitete Seide eingeführt, so daß in der Zwischenzeit die Einfuhr auf das Vierfache gestiegen ist[186]. Durch die häufigen Modeänderungen in der modernen Zeit und durch die stark erhöhte Kaufkraft weiter Kreise ist der Bedarf an Seidenstoffen gestiegen. Trotzdem blieb vor den Kriege der Gebrauch von Seidenwaren auf bestimmte Klassen beschränkt. Der Krieg hat dann die Demokratisierung der Seide herbeigeführt, besonders, da die Seide relativ billiger ist als Wolle und Baumwolle (s. S. 93). Am Anfang des Krieges stiegen Baumwolle und Wolle, so zur Deckung des Heeresbedarfs herangezogen wurden, sofort stark im Preise, während die Seidenpreise verhältnismäßig niedrig blieben.

_____
[186] Commerce Yearbook 1924, S. 325.

73

---

b) Neben der modernen Filaturenseide gibt es verschiedene Arten von Seiden, die durch den Hausfleiß nach alten chinesischen Methoden hergestellt werden.

Bei den Nicht-Filaturenseiden muß man unterscheiden zwischen der eigentlichen von den Seidenbauern hergestellten Nativeseide und der umgehaspelten Seide (Silk, Raw, Rereeled), die von den Bauern eingekauft und noch einmal für einen bestimmten Zweck umgehaspelt worden ist.

3. Qualitätsvergleichung. Die Qualität der Seide ist nicht allein abhängig von der Güte der verarbeiteten Kokons, sondern auch von der Art der Bearbeitung und Verarbeitung.

Die beste chinesische Rohseide wird in den Filaturen von Schanghai, die ihr vorzügliches Material aus der Provinz Tschekiang beziehen, hergestellt. Nach einem Bericht der „internationalen Konditionieranstalten" in Schanghai ist sie an Ausdehnungsfähigkeit, Gleichmäßigkeit und Glanz der japanischen Filaturenseide überlegen und darum von der amerikanischen Seidenindustrie begehrt; aber sie hat den Fehler, schlecht gereinigt zu sein, enthält darum viel Klebstoff und bricht leicht[189].

Die Qualität der Kanton-Seide ist verhältnismäßig minderwertig. Von der Natur aus ist sie weich. (Als Schußmaterial ist die Kantoner Seide beliebt und in der Santfabrikation wird sie als Kettenmaterial verwendet[190]).

Die durch den Hausfleiß hergestellte Nativeseide ist schlecht gereinigt, hart und bricht darum leicht, es fehlt ihr an Ausdehnungsmöglichkeit. Der Faden ist ungleichmäßig stark. (Von einem Kokon, der bis zu 4000 m Fadenlänge enthält, kann man nur bis zu 900 m völlig gleichmäßig starken Faden abhaspeln; denn gegen das Ende zu wird der Faden immer dünner[191]). Die nötige Gleichmäßigkeit ist von der chinesischen Hausindustrie mit ihrer primitiven Herstellungsmethode nicht zu erreichen).

Nachdem wir die verschiedenen Qualitäten der chinesischen Seiden einander gegenübergestellt haben, wollen wir einen Vergleich mit den Hauptkonkurrenten auf dem Weltmarkt anstellen.

Im Durchschnitt ist die japanische Seide der chinesischen überlegen, an Feinheit des Fadens, größerer Elastizität bei geringerer Festigkeit und geringerem Gewichtsverlust beim Abkochen, weil sehr sauber, sorgfältig und regelmäßig gearbeitet wird[192].

Die italienische Seide ist, was Elastizität und Glanz des Fadens, Reinheit und Gleichmäßigkeit anbetrifft, die beste auf dem Weltmarkt[193].

_____
[189] Vgl. Journ. of Gen. Chamb. of Comm. of Shanghai, April 1925. Commercial & Industrial News, S. 17
[190] Vgl. Hellauer, China, S. 246.
[191] Seide, Krefeld, 3. Sept. 1925, S. 282.
[192] Silbermann, Die Seide, 1. Bd., S. 415.
[193] Handbuch der gesamten Textilindustrie von Otto Borth, 4. Bd., Die Bandweberei, 2. Teil, Leipzig 1921, S. 248.

72

nische Gold damit ins Land zu ziehen. Die japanische Rohseidenindustrie hat sich deshalb auch stark entwickelt.

Die Konkurrenz der japanischen Rohseide ist nicht allein eine Frage der Entwicklung der japanischen Seidenkultur und der technischen Entwicklung der Industrie selbst, sondern auch seine Frage der Organisation der Industrie und des Handels. Und darin ist Japan unbedingt überlegen.

Das wichtige Problem der Kapitalbeschaffung für die Seidenindustrie beginnt man in Japan dahin zu lösen, daß man die Filaturen zu großen Aktiengesellschaften umwandelt, deren Aktionäre nicht mehr die Seidenbauern selbst, sondern kapitalistische Kreise mit rein finanziellem Interesse an der Unternehmung sind. Gleichzeitig haben in Japan Bestrebungen eingesetzt, die auf eine Kartellierung und Monopolisierung der ganzen japanischen Seidenindustrie hinzielen. Hervorgerufen wurden sie durch die Bemühungen des amerikanischen Kapitals in China, durch die moderne Organisation Einfluß auf die chinesische Seidenindustrie zu gewinnen und sie auf dem Weltmarkt wettbewerbsfähig zu machen. Darum bemüht man sich, die Pläne einer Monopolisierung der japanischen Seidenindustrie möglichst schnell zu verwirklichen. Der Anfang dazu ist gemacht worden mit der 1920 gegründeten Imperial Sericulture and Silk Yarn Co., die eine strenge Regelung der Kokonspreise durchgeführt hat und über den Rohseidenmarkt eine scharfe Kontrolle ausübt[198]). Von Wichtigkeit für die Förderung des japanischen Seidenexports wird die Erbauung des neuen Konditionierhauses in Yokohama sein, das mit finanzieller Unterstützung der Regierung aufgeführt wird und nach Fertigstellung die ganze Konditionierung auf eine neue Basis stellen wird[199]).

Mit welchen Mitteln im übrigen die Japaner die chinesische Konkurrenz zu bekämpfen versuchen, zeigt folgende Handelsgewohnheit[200]). In jedem guten Kokonsjahr, wenn in Japan Absatzschwierigkeiten für die Rohseide drohen, kommen die japanischen Seidenhändler mit großem Kapital nach Schanghai und eröffnen hier ein Lieferungsgeschäft in chinesischer Rohseide. Die Folge ist eine starke Erhöhung der Kokonspreise und eine Ueberteuerung der Produktionskosten in China, so daß seine Industrie gegen Japan auf dem Weltmarkt nicht länger konkurrenzfähig ist. Ermöglicht wird diese „Politik" dadurch, daß der chinesische Seidenhandel und die Seidenindustrie heute noch wenig organisiert sind. Als ein Beispiel für diese Bekämpfung der chinesischen Konkurrenz durch Japan mag erwähnt werden, daß im Winter 1924 in Schanghai lange Zeit nur ein geringer Seidenhandel stattfand und auch dieser für zwei Tage völlig aufhörte. Zur selben Zeit blühte der Seidenhandel in Yokohama.

[198]) Seide, Krefeld, 30/4. 1925, S. 141.
[199]) Seide, Krefeld, Eildienst, 4/2. 1926, S. 68.
[200]) Journ. of Gen. Chamb. of Comm. of Shanghai, Jan. 1925, Trade Conditions of the Month, S. 1.

In Europa ist der Seidenverbrauch seit dem Weltkriege vorübergehend zurückgegangen und lebt erst jetzt wieder auf. Der Verbrauch an Seiden- und Halbseidenwaren im Jahre 1913 gestaltete sich in den einzelnen wichtigsten Ländern folgendermaßen[197])

Land	Verbrauch p. Kopf der Bevölkerung in Mark	Gesamttextilwarenverbrauch p. Person in Mark	% v. Gesamttextilwarenverbrauch
U.S.A.	9,90	85,48	11,582
Frankreich	7,38	66,22	11,144
England	6,77	65,93	10,268
Deutschland	4,52	58,92	7,671

Die starke Erhöhung der Seidenkonsumtion nach dem Kriege hat viel zur der außerordentlich schnellen Entwicklung der Kunstseidenindustrie beigetragen s. S. 79 ff.).

II. Konkurrenzfaktoren.

A. Seide.
1. Japanische Rohseide.
2. Rohseiden aus anderen Ländern (Italien, Frankreich, Indo-China und Türkei).
3. Nicht-Filaturenseide (gewonnen durch chinesischen Hausfleiß).
B. Andere Textilerzeugnisse.
1. Kunstseide.
2. Wollwaren.

Unsere Betrachtung der Konkurrenzfrage gliedert sich in drei Teile. Sie hat zu umfassen

1. die Länder, deren Produkte auf dem Weltmarkt exportiert werden und stark konkurrenzfähig sind, wie Japan und Italien.
2. Absatzländer, die ihre eigene Produktion zu heben versuchen, wie Frankreich.
3. diejenigen Länder, deren Seidenexport heute noch ohne besondere Bedeutung ist, aber eine Zukunft hat, darum, weil entweder die Absatzländer die Produktion zu fördern versuchen, oder weil diese Versuche einer Vermehrung der Produktion von den betreffenden Ländern selbst angestellt werden, wie Indo-China und Türkei.

A. Seide.

1. Japanische Rohseide. Der schärfste Konkurrent Chinas ist das benachbarte Japan, das mit allen Mitteln bemüht ist, seine Ausfuhrziffer für Rohseide weiter zu steigern und das amerika-

[197]) A. Kertesz, Die Textilindustrie sämtlicher Staaten, S. 484.

Die Stellung der chinesischen und japanischen Seide auf dem amerikanischen Markt ist aus folgender Tabelle zu erkennen.

Rohseideneinfuhr nach den Vereinigten Staaten[201].
(in 1000 Pfund)

Jahr	Gesamteinfuhr	aus Japan	aus China
1913	26 049	17 425	5 511
1923	49 482	33 354	12 262
1924	51 281	34 307	4 681
1925[202])	63 764	49 685	10 341

2. Rohseiden aus anderen Ländern. In Europa ist am meisten fühlbar die Konkurrenz der italienischen Seide, wenn deren Produktion auch mengenmäßig hinter der chinesischen zurückbleibt. Sie ist aber der chinesischen an Qualität über-legen und hat weiter den Vorzug vor ihr, daß wegen der gün-stigeren geographischen Lage des Produktionslandes zu den Absatzmärkten der Transport billiger und in kürzerer Zeit von statten geht.

Seit 1910 war die italienische Produktion zurückgegangen. Nach dem Kriege haben die Italiener sich aber eifrig bemüht, sie wieder in die Höhe zu bringen mit dem Erfolg, daß 1924 die Rohseidenproduktion 5 255 000 kg betrug[203]) und mit dieser Zahl die größte Höhe der bisherigen italienischen Rohseidenproduk-tion überhaupt erreichte. Nur ein geringer Teil, ca. 1/8 der Produktion, wird im Lande verarbeitet[204].

Die Stellung der verschiedenen Seidenländer auf dem fran-zösischen Markt zeigt folgende Tabelle.

Rohseidenimport nach Frankreich:
(in kg)

	1925[205]	1924[205]	1923[205]	1913[206]
aus China	3 417 900	3 168 100	2 030 300	3 814 100[207]
„ Italien	1 888 000	1 728 500	1 400 900	1 074 800
„ Japan	524 200	1 279 600	322 200	1 659 900
„ anderen Ländern	342 000	368 400	322 200	997 000
zus.	6 172 100	6 544 600	4 075 600	7 545 800

(Vor dem Kriege spielte die Türkei eine große Rolle und führte im Jahre 1913 620 600 kg Rohseide nach Frankreich aus.)

201) Commerce Yearbook 1924, S. 325.
202) Monthly Summary of Foreign Commerce of the United States, Part. I Dec. 1925, Washington 1926, S. 57
203) Seide, Krefeld, 31. Dezember 1925, S. 421.
204) ebenda 1925, Nr 24, S. 187
205) Stat. mens. du comm. extér. de la France, Paris Déc. 1925, S. 44.
206) Docum. stat. réunis par l'admin des douanes sur le commerce de la France, Paris 1913, S. 28.
207) Tabl. gén. du comm. et de la navigation, 1924, S. 193.

76

Das starke Wachstum des italienischen Anteils am Seiden-import ist vor allen Dingen zurückzuführen auf den Ausfall des Exports italienischer Seide nach dem verarmten Zentraleuropa, das 1913 ungefähr 1 Million kg ca. 38 % des Gesamtverkaufs Italiens bezog[208].

Eine weitere starke Ausbreitung der italienischen Industrie und damit der Konkurrenz gegen die chinesische Rohseide ist nicht zu erwarten, das Klima gestattet nur einmal jährlich (im Frühjahr) eine Kokonsernte, über den Erfolg der angestellten Versuche, auch eine Sommer- und Herbsternte vorzunehmen, läßt sich heute noch gar nichts sagen[209]. Es ist auch leicht mög-lich, so billige Arbeitskräfte wie in China heranzuziehen.

Wenn auch heute noch die eigene Rohseidenproduktion Frankreichs nur 5% vom Gesamtimport ausmacht, so scheint der chinesischen Rohseidenindustrie doch dadurch eine weitere Konkurrenz zu erwachsen, daß Frankreich, um sich für seine Seidenindustrie billige Rohstoffe zu sichern, sich eifrig bemüht, seinen seit 1910 zurückgegangenen Seidenbau wieder zu heben. Ob durch diese Bemühungen in Zukunft wirklich eine Ein-schränkung des französischen Imports auf Kosten der chine-sischen Rohseide erreicht werden kann, erscheint aus folgenden Gründen fraglich. In Frankreich läßt das Klima nur eine Früh-jahrszucht zu, und es fehlt ferner an den nötigen Arbeitskräften. Die Beschäftigung von Kriegsbeschädigten, die man jetzt ein-geführt hat, bedeutet nur eine vorübergehende Abhilfe. Voll-wertige Arbeitskräfte sind nicht dauernd in den Filaturen fest-zuhalten, weil die gezahlten Löhne im Verhältnis zu den anderen sehr niedrig sein müssen, um die Rentabilität des Unternehmens zu gewährleisten. Als Grund gegen eine weitere Ausdehnung des Seidenbaus wäre anzuführen, daß die Rentabilität desselben bei weitem hinter der anderen Kultur zurückbleibt. Der Ertrag einer bestimmten Bodenfläche, die für den Seidenbau zur Maul-beerbaumpflanzung verwendet wird, ist nur ein Drittel so groß, wie der Ertrag der gleichen Bodenfläche, wenn sie zum Wein-bau benutzt wird[210].

Von größerem Erfolg als in Frankreich selbst scheinen die französischen Versuche zur Hebung der Seidenkultur in Indo-China gekrönt zu sein. Das Klima hier ist ähnlich wie in Kan-ton. Sechs bis siebenmal im Jahre zu ernten ist möglich, und wenn genügend Arbeitskräfte vorhanden sind, wird man den Seidenbau sehr erweitern können. Die hier produzierte Seide ist auch von besserer Qualität als die Kantoner Seide[211]. Die Schwierigkeit der Erweiterung des Seiden-

208) Seide, Krefeld, 30. Jahrgang, Nr 8, S. 59.
209) Journ. of Gen. Chamb. of Comm. of Shanghai, Sept. 1925, Re-ports S. 21.
210) Journ. of Gen. Chamb. of Comm. of Shanghai, Sept. 1925, Re-ports S. 26 u. 21.
211) dto. June 1925, Commercial and Industrial News, S. 5—6.

77

baus liegt in der Beschaffung der nötigen Arbeitskräfte, die das dünn bevölkerte Land nicht stellen kann. Auf 1 qkm in dem Seidenkulturgebiet Kambodscha kommen nur 9 Einwohner, in dem ebenfalls für die Seidenkultur geeigneten Tonkin 51. Im Vergleich dazu entfallen auf einen qkm. Wenn trotzdem die Seidenkultur in Indo-China einen bedeutenden Aufschwung genommen hat, wie er in den stark steigenden Seidenimportziffern Frankreichs von Indo-China aus zum Ausdruck kommt, so liegt der Grund dafür in der von Frankreich getriebenen Kolonialwirtschaftspolitik, die auf möglichste Förderung der Seidenkultur Indo-Chinas gerichtet ist.

Rohseidenimport aus Indo-China nach Frankreich durchschnittlich jährlich:[221]

1911—13	14 000 kg
1922—24	33 533 kg
1924	47 000 kg

In der Türkei wurden vor dem Kriege durchschnittlich jährlich 6.366.219 kg Kokons erzeugt; ausgeführt wurden 1913 nach Europa und Amerika 485.925 kg Kokons und 745.701 kg Rohseide, so daß die türkische Rohseide (aus Brussa), die ihrer Qualität wegen berühmt ist, vor dem Kriege eine ziemlich große Rolle auf dem Weltmarkt gespielt hat. Durch die Kriegsereignisse wird heute nur ungefähr ⅓ in der Vorkriegszeit hergestellten Seide produziert. Die Hauptursache ist darin zu suchen, daß die Armenier und Griechen, die früher hier am meisten die Seidenkultur betrieben, durch Kriegsunruhen nach Griechenland auswanderten. Die Regierung bemüht sich jetzt aber, den türkischen Seidenbau wieder auf die alte Höhe zu bringen, indem sie durch Steuererlasse die Züchter zur Seidenraupenzucht anlockt.[222]

3. Nicht-Filatureseide. Die Rolle, die die durch den Hausfleiß hergestellte chinesische Rohseide auf dem Weltmarkt spielt, ist nicht sehr bedeutend. Die weiße Nativeseide geht immer mehr zurück, aber die in den inneren Provinzen hergestellte gelbe Nativeseide und die umgehaspelte Seide sind noch von Wichtigkeit für den internationalen Handel. (s. S. 87) Größer und einschneidender als auf dem Weltmarkt ist die Konkurrenz der durch den Hausfleiß produzierten Nativeseide gegen die Filatureseide auf dem Inlandsmarkt. Der Inlandkonsum an Rohseide in China, einschließlich der Tussahseide, wird von maßgebender Seite auf 55% der Erzeugung durchschnittlich geschätzt.[223] Die Nativeseide liefert das Hauptmaterial für die chinesische Seidenweberei. Sie ist nicht so fein und regelmäßig

---

[221] Tabl. gén. du comm. et de la navig. 1911—13 S. 193, 1922, S. 205, 1923 S. 217, 1924 S. 215.
[222] Seide, Krefeld 7/5. 1925, S. 146—147
[223] L. Lion, Die Textilbranchen, S. 567

78

wie die Filaturenseide, aber sie ist bedeutend billiger als diese und darum kaufen die Chinesen die Nativeseide gern. Ihr niedriger Preis (s. S. 92) ist es auch, der ihr einen dauernden Platz auf dem Weltmarkt, besonders auf dem asiatischen und afrikanischen Markt, sichert.

B. Andere Textilerzeugnisse.

1. Kunstseide. Durch eine Nachahmung der echten Seide erfand man im Jahre 1884 die Kunstseide, die 1891 zum ersten Male als Handelsartikel auftrat[224]. Seitdem entwickelten sich Industrie und Handel in Kunstseide von Jahr zu Jahr und besonders nach dem Kriege außerordentlich schnell. Ursprünglich verfolgte man bei der Kunstseidenproduktion den Zweck, natürliche Seide künstlich herzustellen. Aber das ist unmöglich, denn „die natürliche Seide ist ein Eiweißkörper, verwandt der Wolle, wogegen die Kunstseide kein künstlich zusammengesetzter, kein synthetischer Seidenstoff, sondern eine Zellstoffart ist, verwandt mit der Baumwolle[225].

Die Kunstseide ist bestimmt, die übermäßige Konsumtion echter Seide zu verhindern. So gebraucht man sie heute zu den verschiedensten Zwecken, außer zu Stoffen besonders zur Herstellung von Strümpfen, Wäsche, Bändern und in Verbindung mit Wolle, Baumwolle wie echter Seide zur Fabrikation gemischter Gewebe. An Haltbarkeit kann es die Kunstseide mit der echten Seide nicht aufnehmen. Die Qualität der beiden Seiden ist nicht miteinander zu vergleichen, da sie ihrem Wesen nach von Grund auf verschieden sind. Natürlich entscheidet hier nicht nur die Qualität über die Verwendung der einen oder der anderen der beiden Seiden, sondern auch der Preisunterschied spielt eine große Rolle. Im Jahre 1924 kostete in den Vereinigten Staaten von Amerika durchschnittlich 1 Pfund Kantoner Filaturenseide Ex. Ex. A. 5.96 \$[227], während der Preis für Kunstseidengarn (300 denier, bleached, grade A rayon yarn) 1.87 \$[228], also nicht ganz ⅔ des Preises der echten Seide betrug. Ihre Billigkeit ist es, die besonders zur Verbreitung der Kunstseide beigetragen hat.

Im Jahre 1912 betrug die gesamte Kunstseidenproduktion der Welt ca. 20 Millionen Pfund, im Jahre 1922 ca 80 Millionen Pfund. In 10 Jahren war also eine Vervierfachung eingetreten. 1923 soll der Kunstseidenverbrauch der Welt ca. 90 Millionen Pfund betragen haben[229], und für 1925 wird die Weltproduktion

---

[224] Journ. of Gen. Chamb. of Comm. Shanghai, July 1924, Notes on Silk Industry, S. 6.
[225] Textilberichte über Wissenschaft, Industrie und Handel, 1921, Nr. 7, S. 145.
[226] Annual Report The Silk Association of America, 1925, S. 108.
[227] Commerce Yearbook 1924, S. 323.
[228] Chinese Weekly Economic Bull. Nov 1924. Nr 89, S. 19 u. 20.

79

Page 80

an Kunstseide auf 154 Millionen Pfund geschätzt, wovon etwa ¾ allein auf die Vereinigten Staaten von Amerika entfällt[220]).

Mit der Weltproduktion an Baumwolle und Wolle ist die Kunstseidenproduktion zwar noch nicht zu vergleichen. Sie beträgt heute erst 2% der ersteren, (der Menge nach), aber sie ist jetzt schon etwa doppelt so groß wie die Produktion echter Seide[221]). So nimmt die Kunstseide heute eine selbständige Stellung in der Textilbranche ein und macht allen Textilerzeugnissen dadurch Abbruch.

2. Wollwaren. Während der Einfluß der Kunstseide den Weltmarkt schlechthin ergreift, erlangt der Einfluß der Wollwaren auf die Seidenindustrie, besonders für den chinesischen Inlandsmarkt, Bedeutung.

In China tragen die Männer lieber und mehr Seidenstoffe als die Frauen. In den oberen Kreisen des Volkes besteht die ganze Tracht, Unter- und Oberkleidung, Mütze und Schuhe aus Seidenstoff. Die Revolution im Jahre 1911 gab den Anlaß zu einer ganz plötzlichen Aenderung der Kleidung, ebenso Kopf- und Fußbekleidung. Gerade viele Angehörige der oberen und mittleren Kreise bevorzugen mehr und mehr den europäischen wollenen Anzug und den Filzhut, und auch die chinesischen Trachten selbst werden aus Wollstoffen hergestellt. Besonders in Nordchina, wo es sehr kalt ist, trägt man jetzt von Jahr zu Jahr mehr einen Mantel aus dicken wollenen Winterstoffen an Stelle des früher üblichen pelzgefütterten Seidenmantels. Damit hat ein starker Wollwarenbedarf eingesetzt.

Die Wollindustrie im eigenen Lande ist nicht bedeutend, darum wird die Nachfrage hauptsächlich durch eingeführte Wollwaren befriedigt. Im ersten Jahr der Republik 1912 betrug der Gesamtwert der eingeführten Wollwaren 3 887 322 Hk. Tls.; im Jahre 1913 stieg er auf 4 879 281 Hk. Tls.[222]). Im Kriege ist die Einfuhr an Wollwaren vorübergehend zurückgegangen und nimmt jetzt wieder einen größeren Aufschwung. Im Jahre 1924 hatten die eingeführten Wollwaren schon einen Wert von 17 692 639 Hk. Tls.[222]), also ca. den vierfachen Wert wie 1913. Die Menge ist natürlich nicht im gleichen Verhältnis gestiegen. Der größte Teil der Einfuhr besteht aus wollenen Anzugstoffen. Selbstverständlich wird ein bestimmter eng begrenzter Teil der eingeführten Wollwaren von den im Lande wohnenden Europäern konsumiert. Der Aufschwung der Einfuhr aber ist zurückzuführen auf die stark gewachsene chinesische Konsumtion.

Die Entwicklung der Wollstoffeinfuhr zum eigenen Gebrauch wird aus folgender Tabelle ersichtlich[223])

[220]) Seide. Krefeld, Nr 2, 1926, S. 57
[221]) Chin. Weekly Econ. Bull. 20/6. 1925, S. 9.
[222]) The Maritime Cust., Foreign Trade of China, 1924, Part I, S. 121.
[223]) The Maritime Custom, Foreign Trade of China, 1924, Part II, vol. I, S. 107

Page 81

	i. Yards	i. Kk. Tls.
1922	1 404 100	3 306 552
1923	3 122 871	6 817 104
1924	3 714 489	6 698 477

Die immer stärkere Konsumtion der Wollwaren ist eine Hemmung in der Entwicklung der Seidenweberei Chinas, dadurch wird der Inlandsabsatz der Filaturenseide gehindert.

III. Durchführung des Seidenabsatzes.

1. Organisation des Absatzes.

Wie in der ganzen Produktion zeigt sich auch in der Organisation des Absatzes der Unterschied zwischen der rationellen modernen japanischen Wirtschaftsform und der altmodischen und unzulänglichen chinesischen. Für unsere Untersuchung kommt nur der Seidenexport in Betracht, denn die modernen chinesischen Webereien, die im Inland als Abnehmer in Betracht kommen, haben entweder eigene Filaturen oder stehen in direkter Verbindung mit den Rohseidenproduzenten. Für den hier zu untersuchenden Handel mit dem Ausland hat China eigene Absatzorganisationen weder im Inlande noch im Auslande. Die ganze Ausfuhr der Rohseide liegt in der Hand verschiedener ausländischer Firmen, und so verliert die chinesische Industrie nicht nur einen Teil des ihr sonst möglichen Gewinns, sondern gerät auch in die Abhängigkeit der ausländischen Händler.

Im Gegensatz zu der weit entwickelten japanischen Organisation findet man in Schanghai und Kanton keine einheimischen, sondern nur ausländische Seidenexportfirmen. In Schanghai ging 1921/22 der ganze Export durch 37 große Handelshäuser. Davon waren[223])

11 französische Firmen
9 englische   "
5 schweizer   "
3 italienische   "
3 indische   "
2 amerikanische "
2 japanische   "

In Kanton gab es zur gleichen Zeit[224])
9 französische Firmen
9 englische   "
3 amerikanische "
3 japanische   "
2 schweizer   "
1 italienische   "

[224]) La Soierie de Lyon, 1/8. 1925, Nr 15, S. 578.

Das Stammhaus der meisten dieser Geschäfte ist in Lyon, London, Zürich usw Häufig sind diese großen Organisationen für den Seideneinkauf an noch größere, für das allgemeine Ein- und Ausfuhrgeschäft in China angeschlossen, so eine der bekanntesten Lyoner Seidenfirmen Cabrières, Morel & Co. an die Firma Jardine, Matheson & Co.[285]).

Außer den großen Exportfirmen in Kanton und Schanghai gibt es auch in Hongkong große Seidenexportgesellschaften, die aus China Seide aufkaufen, um sie weiter zu exportieren[286]).

2. Absatzgebiete.

I. Maulbeerspinnerseide.

A. Export.
1. Bezugsländer der Filaturenseide.
2. Ausfuhr der Filaturenseide aus den Produktionsgebieten.
3. Gesamte Rohseidenausfuhr aus Schanghai und Kanton nach den Konsumtionsgebieten.
4. Vergleichung der Exportentwicklung von Filaturenseide und Nicht-Filaturenseide.
5. Vergleichung der Entwicklung der chinesischen Rohseidenexportes mit dem japanischen Export und der Weltproduktion.

B. Inlandsabsatz.

II. Eichenspinnerseide (Tussah).

A. Export.
1. Bezugsländer der Tussahfilaturenseide.
2. Ausfuhr der Tussahfilaturenseide aus den Produktionsgebieten.
3. Entwicklung des Exports der Tussahfilaturenseide und -nativeseide.

B. Inlandsabsatz.

I. Maulbeerspinnerseide.

A. Export.

1. Bezugsländer der Filaturenseide. Mehr oder weniger direkt oder indirekt, beziehen fast alle Seidenprodukte herstellenden Länder ihre Rohstoffe aus den chinesischen Filaturen. Hauptabsatzgebiet für die Rohseide sind die Vereinigten Staaten von Amerika und Frankreich.

Für den europäischen Markt ist die Einfuhr chinesischer Rohseide eine Ergänzung der vorhandenen Eigenproduktion, die einen Teil des Bedarfs deckt. Z. B. beträgt in Frankreich

[285]) Hellauer, China, S. 251.
[286]) The Journ. of the Min. of Agr and Comm. Sept. 1923, Special Articles S. 25.

die Eigenproduktion 5% der Seideneinfuhr für den eigenen Gebrauch[287]). Eine Eigenproduktion fehlt völlig in Amerika, das aber in der Hauptsache von Japan mit Rohseide versorgt wird. (1925 machte ca 80 % vom Gesamtimport aus.) Auf den asiatisch-afrikanischen Markt, der als drittes Absatzgebiet hier erwähnt werden soll, spielt die Filaturenseide nur eine geringe Rolle. Hier ist das Hauptabsatzgebiet der billigen Nativeseide. Aus der folgenden Tabelle ersieht man, wie sich in der Gegenwart der Export an Filaturenseide auf die einzelnen Absatzgebiete verteilt. Den Vergleich mit den Verhältnissen vor dem Kriege ermöglicht nachstehende Tabelle. Diese Statistik gibt leider nicht nur den direkten Export aus China nach den Absatzländern allein an, sondern auch die Ausfuhr nach der Zwischenstation für den auswärtigen Handel, Hongkong, in der enthalten. Eine später angeführte amerikanische Quelle stellt den Import der einzelnen Konsumtionsgebiete an chinesischer Seide zusammen (s. S. 86). Aber diese Statistik ist dadurch getrübt, daß Filaturen und Nicht-Filaturenseide nicht voneinander getrennt sind. Zu einem gewissen Resultat kann man gelangen, wenn man berücksichtigt, daß die nach Hongkong ausgeführte Seide fast nur Kantoner Filaturenseide ist, und daß von der Kantoner Seide etwa $\frac{4}{5}$ nach Amerika und etwa $\frac{1}{5}$ nach Europa exportiert werden (s. S. 86). Folglich wird auch die nach Hongkong ausgeführte Seide im gleichen Verhältnis nach Amerika und Europa verschickt.

Export nach verschiedenen Ländern, jährlicher Durchschnitt der Jahre 1922—1924[288])

Weiße Filaturenseide		
nach Hongkong	47 282 Ptc.	62,3 %
" Frankreich	15 733 "	20,7 %
" U. S. A.	12 047 "	15,9 %
" anderen Ländern	801 "	1,1 %
	75 863 Ptc.	100,0 %
im Werte von 88 479 209 Hk. Tls.		

Gelbe Filaturenseide		
nach Frankreich	5 603 Ptc.	83,3 %
" U. S. A. (einschl. Hawaii)	525 "	7,8 %
" Japan (einschl. Formosa)	449 "	6,7 %
" anderen Ländern	148 "	2,2 %
	6 725 Ptc.	100,0 %
im Werte von 5 939 256 Hk. Tls.		

[287]) Statist. mens. du comm ext. de la France, Paris Dec. 1925, S. 44 und Seide, Krefeld, 30. Jahrgang, Nr. 21, S. 162.
[288]) Eigene Berechnung nach The Mar Cust. Foreign Trade of China 1924, Part. II, vol. II, S. 897 u. 900.

6*

Ausfuhr aus den Produktionsgebieten von verschiedenen Häfen und Städten, jährlicher Durchschnitt der Jahre 1922 bis 1924[230]

Weiße Filaturenseide

aus Kanton	47 289 Pic.	62,2 %
„ Schanghai	26 294 „	34,6 %
„ den übrigen mittel- und nordchines. Städten	2 409 „	3,2 %
	75 992 Pic.	100,0 %

Gelbe Filaturenseide

aus den Häfen der Provinz Szetschwan (Tschungking u. Wanhsien)	5 064 Pic.	64,9 %
„ den Häfen der Provinz Schantung (Kiaotschou und Tschifu)	2 157 „	27,6 %
„ den übrigen mittelchinesischen Städten	584 „	7,5 %
	7 805 Pic.	100,0 %

Ausfuhr aus den Produktionsgebieten von verschiedenen Häfen und Städten, jährlicher Durchschnitt der Jahre 1911—1913:[231]

Weiße Filaturenseide

von Kanton	37 776 Pic.	62,8 %
„ Schanghai	20 463 „	34,0 %
„ den übr mittelchin. Städten	1 888 „	3,2 %
	60 127 Pic.	10,0 %

Gelbe Filaturenseide

von Tschungking	963 Pic.	85,2 %
„ anderen mittel- und nordchin. Häfen	167 „	14,8 %
	1 130 Pic.	100,0 %

3. Gesamte Rohseidenausfuhr aus Schanghai und Kanton nach den Konsumtionsgebieten. In China gibt es zwei große Häfen, die den gesamten Export an Rohseide bewältigen: Schanghai, von wo die mittel- und nordchinesischen Seiden exportiert werden, und Kanton, von wo nur die Erzeugnisse des Südens ausgeführt werden. Die aus Schanghai ausgeführten Seiden sind verschieden in Sorten und Arten. Man exportiert Filaturen- wie Nativeseide und umgehaspelte Seide, gelbe und weiße Seide, und auch Tussah, während die aus Kanton ausgeführte Rohseide fast ausschließlich weiße Filaturenseide ist. Nach einer amerikanischen Statistik ergibt sich folgendes Bild für die Gesamtexportverhältnisse der Rohseide nach den Konsum-

[230] Eigene Berechnung nach The Mar. Cust., Foreign Trade of China, 1924, Part. II, vol. II, S. 897 u. 900.
[231] ebenda, 1913, Part. III, vol. II, S. 656 u. 659.

Export nach verschiedenen Ländern, jährlicher Durchschnitt der Jahre 1911—1913:[229]

Weiße Filaturenseide

nach Hongkong	37 779 Pic.	62,8 %
„ Frankreich	14 498 „	24,1 %
„ U.S.A. (einschl. Hawaii)	6 146 „	10,2 %
„ Italien	1 567 „	2,6 %
„ anderen Ländern	155 „	0,3 %
	60 145 Pic.	100,0 %

im Werte von 38 919 829 Hk. Tls.

Gelbe Filaturenseide

nach Frankreich	792 Pic.	58,1 %
„ Italien	365 „	26,8 %
„ Britisch-Indien	114 „	8,4 %
„ anderen Ländern	92 „	6,7 %
	1 363 Pic.	100,0 %

im Werte von 565 239 Hk. Tls.

Auffallend in den Tabellen ist das Verschwinden Italiens aus der Reihe der wichtigsten Absatzländer in der Gegenwart. Vor dem Kriege stand es als Abnehmer der weißen Seide an vierter Stelle hinter Amerika, als Abnehmer der gelben Seide an zweiter Stelle hinter Frankreich. Heute ist fast der ganze Anteil Italiens am Export der gelben Seide Frankreich zugewachsen und der chinesische Import nach Amerika hat ganz allgemein stark zugenommen.

2. Ausfuhr der Filaturenseide aus den Produktionsgebieten. Nachdem wir die Verhältnisse der Seidenausfuhr nach den Absatzländern klargestellt haben, erhebt sich die Frage, aus welchen Gebieten Chinas diese Seidenmengen kommen. Das festzustellen, wäre Aufgabe der Produktionsstatistik, die aber — wie wir früher erwähnt haben — fehlt. Wir müssen also aus der Ausfuhr der einzelnen Gebiete auf die Menge der Produktion der betreffenden Provinzen zurückschließen.

Zählen wir die Summen der ausgeführten Seidenmengen aus den einzelnen Produktionsgebieten zusammen und vergleichen sie mit der Gesamtexportmenge an chinesischer Seide, so ergibt sich eine ganz geringe Differenz zwischen beiden Zahlen, die darauf zurückzuführen ist, daß die gesamte Seidenproduktion Chinas, außer der Kantons, zuerst nach Schanghai gebracht und von dort aus exportiert wird.

Die folgenden Tabellen liefern uns die Mengen der aus den einzelnen Gebieten ausgeführten Seide. Dabei ist besonders beachtenswert, das sehr starke Anwachsen der Ausfuhr an gelber Filaturenseide, das auf einen großen Aufschwung dieser Industrie schließen läßt.

[229] ebenda, 1913, Part. III, vol. II, S. 656 u. 659.

Der Export an Filaturenseide in der Zeit von 1905—1924 ist um 61% gestiegen, dagegen die Ausfuhr an Nicht-Filaturenseide um 32% gesunken. Besonders stark ist der Anteil der weißen Nativeseide, die hauptsächlich in den Provinzen Tschekiang und Kiangsu produziert wird, in der Ausfuhr zurückgegangen. 1920—1924 betrug er nur noch 20% der Exportmenge der Jahre 1905—1909.

In den letzten zwanzig Jahren gestaltete sich diese Entwicklung folgendermaßen (in Piculs)

Jahre durchschnitt.	Filaturenseide (weiß und gelb)	Gesamtmenge von Nicht-Filaturenseide	% von Filaturenseide	Nicht-Filaturenseide		
				Umgehaspelt (Kernseide) Seide (weiß und gelb)	Nativeseide weiße	Nativeseide gelbe
1905—1909[236]	48467	41209	85,0	14221	14281	12707
1910—1914[237]	60970	40033	75,3	17480	12339	16214
1915—1919[237]	71751	37871	52,7	18171	5193	14507
1920—1924[237]	78258	28177	36,0	11765	2872	13540

5. Vergleichung der Entwicklung des chinesischen Rohseidenexportes mit dem japanischen Export und der Weltproduktion. (Filaturen- und Nicht-Filaturenseide.) Vor 50 Jahren betrug der chinesische Export zugleich die Hälfte der gesamten Weltproduktion. Der japanische machte nur 24% des chinesischen aus. Von 1906—1910 standen die Exportziffern für China und Japan ungefähr gleich und betrugen jede 32% der Welterzeugung. Im Jahre 1909 überschritt die japanische Exportziffer (8 372 000 kg)[238] zum ersten Male den chinesischen Export. Seitdem ist die Höhe des chinesischen Exports sich gleich geblieben, während die japanische Ausfuhr auf 265% des Standes von 1906—1910 gestiegen ist. So entfallen heute (1921—1924) auf den japanischen Export 61% der Welterzeugung; der chinesische Export beträgt nur noch 37% der japanischen Ausfuhr. In dem letzten halben Jahrhundert ist die Weltproduktion auf das Vierfache gewachsen, der japanische Export ist auf das Zwanzigfache gestiegen. Die Zunahme der chinesischen Ausfuhr beträgt nur ca. 75%

Nachstehende Tabelle zeigt uns die Entwicklung des chinesischen wie des japanischen Rohseidenexports und der Weltproduktion.[239] (Jahresdurchschnitt in 1000 kg)

[236] Eigene Berechnung nach Journ. of Gen. Chamb. of Comm. of Shanghai, July 1924, Miscellaneous Art. S. 32.
[237] Eigene Berechnung nach Tabelle (s. S. 135).
[238] Statistique générale de la France 1924, S. 299.
[239] Diese Tabelle ist nach zwei Statistiken ausgerechnet: 1876—1922 von Statistique générale de la France, 1924 S. 299 und 1923—1924 von Seide, Krefeld, 31. Dez. 1925, S. 421.

wird uns durch die Exportentwicklung der beiden Seidenarten bewiesen.

Der Anteil an Filaturenseide läßt sich hier aber nicht genau feststellen, weil die Statistik nur ganz allgemein von Rohseide spricht. Die Verhältnisse, wie sie aus der nachstehenden Tabelle hervorgehen, haben sich seit dem Kriege verändert. Vor allem ist der Absatz an dem afrikanischen und asiatischen Markt stark zurückgegangen.

Es betrug der Rohseidenexport (einschl. Tussah) aus Schanghai nach[232] (in Ballen[233])

	Amerika	Europa	Asien u. Afrika	insgesamt
1914	20 046	25 407	27 246	72 699
1924	19 542	38 145	11 269	68 956
1915—1924 durchschnitt. jährl.	31 461	30 619	16 143	78 223

Die aus Kanton ausgeführte Seide geht fast völlig auf den amerikanischen und europäischen Markt; für den asiatisch-afrikanischen Markt ist sie ohne Bedeutung, weil dieser nur einen sehr geringen Teil der Filaturenseide aufnehmen kann und statt ihrer in großen Mengen die aus Schanghai kommenden billigen Native- und umgehaspelten Seiden bezieht. Seit dem Kriege nimmt der amerikanische Markt ungefähr ³/₅ der Rohseidenausfuhr aus Kanton auf, Europa ungefähr ²/₅. Das zeigt folgende Tabelle.

Es betrug der Rohseidenexport aus Kanton nach[234] (in Ballen[234])

	Amerika	Europa[235]	insgesamt
1914	18 560	22 137	40 697
1924	26 011	31 900	57 911
1915—1924 durchschm. jährl.	30 488	20 742	51 230

Die Exportverhältnisse der beiden Häfen gestalten sich folgendermaßen 1915—1924 wurden jährlich durchschnittlich von Schanghai 10 429 733 engl. Pfund und aus Kanton 5 464 533 engl. Pfund ausgeführt. Die Ausfuhr aus Kanton beträgt also etwas mehr als die Hälfte der Ausfuhr aus Schanghai. Für unser eigentliches Problem, den Export an Filaturenseiden, ist dieses Verhältnis aber nicht zutreffend, denn, wie wir bereits erwähnt haben, umfaßt die Ausfuhrzahl für Schanghai sowohl Filaturenseide als auch Nicht-Filaturenseide (einschließlich Tussah).

4. Vergleichung der Exportentwicklung von Filaturenseide und Nicht-Filaturenseide. Die Entwicklung der Seidenindustrie

[232] Annual Report The Silk Association of America 1924, S. 125 u. S. 127, 1925 S. 123 u. S. 125.
[233] 1 Ballen = 133⅓ Pfund (pounds)
[234] 1 Ballen = 106²/₃ Pfund (pounds)
[235] Diese Menge schließt den geringen Exportanteil der asiatischen und afrikanischen Länder ein.

B. Inlandsabsatz.

Jahre	Welterzeugung v. Rohseiden (China u. Japan, Persien u. Turkestan, nur Export)	Rohseidenexport aus China	Anteil v. % d. Welterzeugung	Rohseidenexport aus Japan	Anteil v. % d. Welterzeugung
1876—1880	8 360	4 178	50	994	12
1881—1885	9 220	3 344	36	1 356	15
1886—1890	11 380	3 843	34	2 056	18
1891—1895	14 220	5 403	38	3 006	21
1896—1900	16 020	6 362	40	3 361	21
1901—1905	19 080	6 355	33	4 865	25
1906—1910	23 220	7 391	31,8	7 448	32,0
1911—1915	24 960	7 649	31	10 770	43
1916—1920	25 426	7 035	27	14 306	56
1921—1924	32 630	7 354	23	19 811	61
1924	39 100	7 715	20	24 525	63

Wenn auch die chinesische Filaturenseide in der Haupt-sache für den Weltmarkt bestimmt ist, darf man die Bedeutung des Inlandsabsatzes für diese Industrie doch nicht unterschätzen. Zahlenmäßig ist er nicht festzustellen, aber die modernen mecha-nischen Seidenwebereien entwickeln eine rege Nachfrage nach Filaturenseide. Manche von ihnen haben sich sogar eigene Fi-laturen angegliedert,[240] die in den oben angegebenen Zahlen für den Umfang der Industrie gar nicht einbegriffen sind. Na-türlich verarbeiten diese industriellen Unternehmungen auch Nativeseide, für Qualitätswaren wird aber in großer Menge Filaturenseide verwendet.

Die mechanische Seidenweberei ist in China ein noch junger Erwerbszweig. Die erste mechanische Seidenweberei ist 1909 in Hankou gegründet. 1911 folgten Errichtungen in Hangtschou in der Provinz Tschekiang, die heute das Zentrum der bekanntesten mechanischen Seidenweberei ist.[241] Die größte und bekannteste Seidenweberei ist die „Wai Tzun Silk Co., Ltd." mit einem Ka-pital von 3 Mill. mex. $ und mt 150 Webstühlen.[242] Im ganzen zählt man in Hangtschou 11 moderne mechanische Webereien mit zusammen 460 Webstühlen[243], und in Schanghai ca. 8 Sei-denwebereien.[244] Auch in anderen Städten gibt es moderne mechanische Seidenwebereien, die man aber zahlenmäßig noch nicht erfassen kann.

[240] Journ. of Gen. Chamb. of Comm. of Shanghai, Okt. 1925, in Reclame.
[240] ebenda, July 1924, Miscellaneous, Art. S. 19.
[242] Anmerkung wie 240)
[243] China Jahrbuch 1924, S. 1474.
[244] Bericht von T'ang Chin. Auz. 1924, S. 5.

II. Eichenspinnerseide (Tussah).
A. Export.

1. Bezugsländer der Tussahfilaturenseide. Die Filaturen-seide wird hauptsächlich nach Japan exportiert, das fast die ganze ausgeführte Tussahfilaturenseidenmenge aus Antung und Dairien aufnimmt. An zweiter Stelle steht Amerika. Frank-reich folgt als Abnehmer an dritter Stelle, dann die übrigen Staaten, wie aus der Tabelle hervorgeht.

Export nach verschiedenen Ländern.
Jährlicher Durchschnitt der Jahre 1922—1924.[245]

nach Japan (einschl. Formosa)	13 843 Pic.	59,1 %
" U. S. A. (einschl. Hawaii)	8 260 "	35,3 %
" Frankreich	1 004 "	4,3 %
" anderen Ländern	297 "	1,3 %
	23 404 Pic.	100,0 %

im Werte von 14 578 008 Hk. Tls.

Zum Vergleich seien die Verhältnisse der Vorkriegszeit an-geführt.
Jährlicher Durchschnitt der Jahre 1911—1913.[246]

nach U. S. A. (einschl. Hawaii)	3 926 Pic.	50,5 %
" Frankreich	2 850 "	36,6 %
" Italien	736 "	9,4 %
" Japan (einschl. Formosa)	255 "	3,3 %
" anderen Ländern	13 "	0,2 %
	7 780 Pic.	100,0 %

im Werte von 2 023 687 Hk. Tls.

2. Ausfuhr der Tussahfilaturenseide aus den Produktions-gebieten.
Jährlicher Durchschnitt der Jahre 1922—1924:[247]
aus den Häfen der Mandschurei (Antung,
Dairien und Newchwang)

aus Tschifu	16 849 Pic.	72,5 %
aus Schanghai	6 373 "	27,4 %
	13 "	0,1 %
	23 235 Pic.	100,0 %

3. Entwicklung des Exportes der Tussahfilaturenseide und -nativeseide. Vor dem Kriege wurde hauptsächlich Native-Tus-sahseide exportiert, seit 1915 aber hat sich das Verhältnis der beiden Seidenarten beim Export völlig geändert. Der Export an Nativeseide ist stark zurückgegangen, während die Ausfuhr an Filaturenseide sich weiter entwickelt hat. In den letzten 3 Jah-

[245] Eigene Berechnung nach The Mar Cust. Foreign Trade of China, 1924, Part. II vol. II, S. 902.
[246] ebenda 1913, Part. III, vol. II, S. 661.

Im Osten der Provinz Schantung gibt es vier Bezirke, in denen die Tussahweberei nach einheimischen Methoden fabrikmäßig betrieben wird. Man zählt 191 Häuser mit 6540 Webstühlen und einer Jahresproduktion von 981 000 Pieces.[254] Im ganzen wurden 1922 Pongees (Tussahstoffe) im Werte von 6 965 200 Taels aus Tschifu versandt.[250]

3. Preisbildung und -entwicklung.

a) Von bestimmendem Einfluß auf die Preisbildung im Seidenhandel sind hauptsächlich folgende große Börsen im Hauptkonsumtionsland Amerika New York, im Hauptproduktionsland Japan Yokohama, in Europa Lyon.

Der Preis der Seide ist nicht in gleichem Maße wie der der Wolle und Baumwolle von der Kaufkraft der breiten Masse abhängig, sondern von dem infolge seiner starken Kaufkraft der Seidenhandel fast monopolistisch beherrschenden Amerika, dessen Jahreseinfuhr (1924) ca. 60% der Weltproduktion ausmacht.[255] Selbstverständlich hat Amerika als Hauptkonsument ein Interesse daran, die Seidenpreise möglichst niedrig zu halten. Auf der anderen Seite steht Japan als Hauptlieferungsland an Seide (seine Ausfuhr allein machte 1924 63% der Weltproduktion aus), in dessen Volkswirtschaft dem Seidenhandel die wichtigste Stelle eingeräumt ist. Die japanische Preispolitik ist nun nicht kurzsichtig darauf gerichtet, für eine doch immer begrenzte Zeit einen übermäßig großen Gewinn zu erzielen, sondern verfolgt das Ziel, zu einem möglichst billigen Preis zu liefern, dadurch den Seidenverbrauch in Amerika zu vergrößern und damit den Absatzmarkt für Seide zu erweitern und zu festigen.[358]

China ist jeder beherrschende Einfluß auf die Bildung der Weltmarktpreise für Rohseide genommen.

Wie sich die Durchschnittspreise für chinesische Seide von Januar bis März 1925 in Schanghai stellten, zeigt folgende Uebersicht, bei der die Seidenarten nach der Produktionsmethode in drei Gruppen gegliedert sind und von jeder Gruppe der Preis der teuersten und der billigsten Sorte festgestellt worden ist.

Preisvergleichung in Schanghai.[354]

(a) teuerste,   b) billigste)

Januar—März 1925 durchschnittlich pro Picul in Hk. Tls.

Filaturenseiden:	Warenzeichen	Preis
weiße	a) Factory 13/22 dens	1102.633
	b) Double Lions (Szechuan) 13/15 dens	700.179
gelbe	a) Motor Car 13/15 dens (Schantung)	942.549
	b) Daily News 13/15 dens (Szechuan)	565.530
Tussah	a) Tussah Filatures 8 Cocons, Sun Pagoda	482.495
	b) Tussah Filatures 8 Cocons, Mirage 1	435.368

251) China Jahrbuch 1924, S. 1474.
352) Stat. Jahrb. f. d. Deutsche Reich 1924/25, Anhang S. 80.
353) The Oriental Economist 14/11. 1925, S. 28/29.
354) The Shanghai Market Prices Report, January—March 1925, S. 127—133.

---

ren (1922—1924) betrug die jährliche Ausfuhr an Filaturenseide durchschnittlich 23 405 Piculs, an Nativeseide nur noch 2 432 Piculs, das ist mehr als 10% der Filaturenseide und auch mehr als 10% von dem Export an Nativeseide vor dem Kriege. (1912—1914). Die Ursache dieser Aenderung ist in der starken Entwicklung des japanischen Bedarfs seit dem Kriege zu suchen, die parallel geht mit der Aufnahme der Tussahweberei.[247]

Die Exportentwicklung der Tussahseide[248]

Jahr	Tussah-Filaturenseide	Tussah-Nativeseide	insgesamt
1912	14 862 Pic.	21 299 Pic.	36 161 Pic.
1913	609 "	29 053 "	29 662 "
1914	103 "	20 969 "	21 072 "
1915	24 225 "	9 779 "	34 004 "
1916	13 165 "	5 517 "	18 682 "
1917	14 310 "	3 926 "	18 236 "
1918	23 327 "	5 261 "	28 588 "
1919	27 990 "	5 691 "	33 681 "
1920	16 874 "	4 911 "	21 785 "
1921	31 411 "	5 673 "	37 084 "
1922	20 792 "	2 949 "	23 741 "
1923	29 357 "	1 839 "	31 196 "
1924	20 065 "	2 507 "	22 572 "

B. Inlandsabsatz.

Ebensowenig wie für die echte Seide läßt sich der Inlandsabsatz an Tussahseide genau feststellen. Es lassen sich nur Schlüsse ziehen aus dem Vorhandensein und dem Umfang der Tussahweberei. Die Provinz Schantung ist z. B. ein altes bekanntes Tussahwebereigebiet. In der Hauptsache ist hier die Weberei noch Hausindustrie und altmodischer einheimischer Fabrikbetrieb. Doch gibt es in Tschifu schon eine moderne mechanische Tussahweberei mit 6 Webstühlen.[249] In der Hausindustrie wird selbstverständlich Nativeseide verarbeitet. Auch für die fabrikmäßig arbeitenden Betriebe ist sie das hauptsächlichste Rohmaterial, aber für einen Teil der Qualitätswaren, der mengenmäßig nicht festzustellen ist, wird doch Tussahfilaturenseide verwendet.[350]

Im Jahre 1920 wurden aus den Produktionsgebieten in andere chinesische Gebiete 1539 Piculs Tussahfilaturenseide versandt.[359]

247) 1914 exportierte Japan Tussahstoffe (Pongees) im Werte von 75 000 Yen, 1916 für 1 978 000 Yen, 1922 für 28.596 000 Yen.
248) 1912—18, China Jahrbuch 1924, S. 1175, 1919—24 The Mar Cust. Foreign Trade of China, Part. I, 1920 S. 104, 1921 S. 124, 1923 S. 140, 1924 S. 142.
249) The Eastern Miscellany, June 1924, S. 82.
350) Chin. Weekly Econ. Bull. Nr 52, 1924, S. 18.

Umgehaspelte Seiden

weiße   a) Tsatlees Rereels, Cross & New Style, Gold
       Silver Incense Burner   812.388
       b) Tsatlees Rereels, Cross & New Style, Sil-
       ver Three Horse   552.065
gelbe   a) Five Bats   718.133
       b) Tien Kuan   556.553

Nativeseiden

weiße   a) Hoong Foo Nuen   736.086
       b) Skeins Motsan, Nr 3, 4 Gold Double Cock   444.345
gelbe   a) Minchew Rereels 1st Quality, Double Men   745.063
       b) Seechong 1st Quality   269.300
Tussah   Tussah Natives   251.346

Nimmt man den Preis der besten Filaturenseide mit 1102.633 Hk. Tls. als 100 an und vergleicht ihn mit den höchsten Preisen sämtlicher anderer Arten, so ergibt sich folgende Uebersicht:

	weiße	gelbe	Tussah
Filaturenseide	100,0	85,4	43,7
Umgehaspelte Seide	73,6	65,1	22,7
Nativeseide	66,6	67,5	

Vergleichen mit den Weltmarktpreisen für japanische und italienische Seide in New York ergaben sich folgende Preisverhältnisse für chinesische Seide im Durchschnitt des 1. Vierteljahres 1925.[295] (pro Pfund)

Italian Extra Classical	Japan Kansai Best, Nr 1	China Steam Filature 1ste Category	Canton Filature Ex. Ex. A.
6,68 $	6,35 $	6,58 $	5,53 $

b) Während die Baumwoll- und Wollpreise während der letzten drei Jahrzehnte eine starke Steigerung erfahren haben, lassen die Seidenpreise vor dem Kriege keine Steigerung erkennen.[296] In der Kriegs- und Nachkriegszeit sind sie im Verhältnis der allgemeinen Preissteigerung gestiegen.

Im Jahre 1914 kostete 1 Pfund chinesischer Filaturenseide der 1. Kategorie (China Steam Filature, 1st Category) in New York 4,12 $. 1916 begannen die Seidenpreise zu steigen. Diese Entwicklung erreichte ihren Höhepunkt im Jahre 1920 mit 10,38 $, das ist ca. das 2½fache von 1914. Darauf trat eine starke Preissenkung ein. 1921 wurde für 1 Pfund Seide nur ein Preis von 6,67 $ erzielt. 1923 trat infolge des japanischen Erdbebens vorübergehend wieder eine starke Erhöhung auf 9,35 $ ein.

[295] Annual Report The Silk Association of America 1925, S. 108.
[296] A. Kertesz, Die Textilindustrie sämtlicher Staaten, S. 15.

92

Es gestalteten sich die Preise für chinesische Seide im Vergleich zu Baumwolle und Wolle in Amerika

	1914	1922	1923	1924	1924 prozentuale Veränderungen gegen 1914=100	1923=100
China Steam Filature, 1. Qualität p. Pfund i. New York in $[297]	4,12	8,19	9,35	6,81	+ 65,2	27,2
Baumwolle: Durchschnittsmarktpreis in cents p. Pfund	12,1	21,3	29,4	28,7	+ 137,2	2,4
Wolle Durchschnittspreis in cents p. Pfund (Ohio ¾ blood)[298]	23	44	51	53	+ 130,5	+ 3,9

[297] Annual Report The Silk Association of America 1924, S. 100 und 1925 S. 108.
[298] Commerce Yearbook 1924, S. 298.

93

3. Kapitel.

Rentabilität der Industrie.

Die Rentabilität der chinesischen Seidenindustrie ist schwer zu beurteilen, weil in der chinesischen Wirtschaft noch mehr als in jeder anderen die Geheimhaltung der eigenen Wirtschaftsführung zum Prinzip erhoben ist.

In Schanghai hat man für 1924 folgende Verhältnisse festgestellt[298])

Aus 1000 Kin getrockneter Kokons gewann man 178 Kin Rohseide. Davon waren Extrasorte 93 Kin, I. Sorte 52 Kin. II. Sorte 33 Kin. Die Durchschnittspreise in Schanghai stellten sich 1924 für einen Picul Rohseide

für Extrasorte auf	1200 Hk. Tls.	
„ I. Sorte „	1150 „ „	
„ II. Sorte „	1000 „ „	

10 Piculs getrockneter Kokons kosteten	1600 Hk. Tls.	
sämtliche anderen Produktionskosten betrugen[299]	456 „ „	
Verpackung, Ausfuhrzoll und Maklergebühr betrugen[300]	54 „ „	
	2110 Hk. Tls.	

Die Produktionskosten betrugen also insgesamt	2110 Hk. Tls.
Der Ertrag für 178 Kin Rohseide war	2044 Hk. Tls.
Durch Verkauf von Abfällen gewann man	253 „ „
Das Gesamteinkommen betrug	2297 Hk. Tls.

Es ergibt sich also ein Reingewinn von 187 Hk. Tls. Auf 100 Kin oder 1 Picul Rohseide entfällt also ein Reingewinn von 105 Hk. Tls., das sind 8,9% der gesamten Produktionskosten.

Für diese Berechnung machten die Kokonskosten ca. 78% der Gesamtproduktionskosten ohne Ausfuhrzoll, Verpackung und Maklergebühr aus.

298) Journ. of Gen. Chamb. of Comm. of Shanghai, März 1925, Spec. Art. S. 26/27

299) Arbeitslohn, Brennmaterial usw., die sich einzeln nicht feststellen lassen.

300) Keine direkten Produktionskosten; sie werden aber vom Verkäufer getragen.

94

Für Südchina ist 1916 eine Produktionskostenberechnung von den Tung-an-tai Filaturen in Kanton aufgestellt worden[301]) Um 100 Kin Rohseide herzustellen, gebrauchte man

für Kokons	700 mex. $	
Arbeitslohn für Arbeiterinnen	100 „ „	
Arbeitslohn der männl. Arbeiter und Angestelltengehälter	10 „ „	
Kohle und Bremholz	90 „ „	
Zins und Rente	25 mex. $	
	zus.	925 mex. $

Für Abfälle erhielt man 85 mex. $. Der Preis der Seide ist dagegen für 1916 für Kanton ebensowenig festzustellen, wie ihre Qualität, sodaß man die Rentabilität der Filature nicht berechnen kann. Der Anteil der Kokonskosten an den Gesamtproduktionskosten betrug 75,7%

Für das zweite Halbjahr 1922 ergibt sich für die Filaturen von Schanghai im Durchschnitt folgende Rentabilität[302])

In 64 Filaturen mit 17.396 Kesseln wurden 19.882 Piculs Rohseide produziert. Der gesamte Verkaufspreis betrug 24.176.787 Hk. Tls., der Reingewinn 1.454.000 Hk. Tls. Die gesamten Produktionskosten erreichten den Wert von 22.722.787 Hk. Tls. Der durchschnittliche Reingewinn pro Piculs Rohseide macht 73 Hk. Tls. oder 6,4% der Produktionskosten aus. Pro Kessel und pro Tag beträgt der Reingewinn 0,56 Hk. Tls., das ergibt für ein halbes Jahr 83,6 Hk. Tls. pro Kessel.

Die Rentabilität der einzelnen Unternehmungen ist sehr verschieden. Die Filature Yun-yü zieht z. B. einen Reingewinn von 154 Hk. Tls. 14% der Produktionskosten pro Picul Rohseide. Daneben gibt es unter den 64 Filaturen 4 mittelgroße Unternehmungen, die überhaupt keinen Gewinn erzielt haben.

Der auf Grund des vorliegenden Materials errechnete Reingewinn von halbjährlich 6,4% erscheint nicht besonders hoch im Vergleich zu dem in China üblichen Zinsfuß, der mit 10—15% als Bankzins durchschnittlich angenommen werden kann.

301) Journ. of Gen. Chamb. of Comm. of Shanghai vol. 4, Nr 7, Reports. S. 27

302) Eigene Berechnung nach. Chinese Government Bureau of Economic Information Nr 123, June 1923, Series 1, S. 3—6.

95

trug ihr Anteil an der gesamten Ausfuhr 19,17% An zweiter Stelle folgte die Filaturenseide mit 11,7% Die ausgeführte Seide ist Halbfabrikat, während die Bohnen zum größten Teil nicht weiterverarbeitete landwirtschaftliche Produkte sind. Berücksichtigt man diesen wichtigen Unterschied zwischen beiden Exportartikeln, so muß man heute noch der Seide die erste Stelle in der Ausfuhr von Fabrikaten zusprechen.

2. Es ist nur möglich, den chinesischen Seidenstoffen im Inlande wie im Auslande den bisherigen Markt zu erhalten oder ihn zu erweitern, wenn man nur noch aus regelmäßiger feiner Filaturenseide Gewebe herstellen wird. Auch technische Reformen werden stattfinden müssen.

Denn die Ausfuhr an Seidenstoffen aus China ist im Rückgang begriffen, wie wir aus nachstehender Tabelle ersehen:

Jahr	Seidenstoffe (echte)	Tussahstoffe
1913[267]	17 179 Piculs	16 749 Piculs
1922[268]	13 270 "	17 676 "
1923[268]	14 533 "	13 962 "
1924[268]	13 303 "	14 019 "

Dieser Rückgang ist verursacht durch den Aufschwung, den die Verarbeitung der Seide in anderen Ländern, besonders in den Vereinigten Staaten von Amerika und in Japan genommen hat, und andererseits durch den Stillstand in der chinesischen Verarbeitung, die den Anforderungen der Mode an gleichmäßigen feinen Geweben nicht mehr entspricht. Auch in China selbst ist heute der Markt für die einheimische Seide bedroht durch die Konkurrenz ausländischer Stoffe, deren Import mit dem zunehmenden Einfluß der westländischen Mode wächst. Im Jahre 1924 wurden allein nach Schanghai mehr als 230 000 Kin Seidenstoffe, das sind über 60 000 Kin mehr als 1913, eingeführt.[269]) Es handelt sich bei diesen importierten Waren durchweg um Modeartikel, nach denen die Nachfrage ständig wächst.

Wie wir oben gesehen haben (s. S. 88), ist auch die moderne mechanische Weberei in China schon von einer gewissen Bedeutung. So hat ein japanischer Fachmann über die von ihm untersuchte Seidenweberei Wai-Tzun in Hangtschou gesagt: „Diese Seidenweberei ist ganz modern und gut organisiert, sodaß deren Leistungsfähigkeit und Produkte noch höher als die der besten Seidenweberei in Japan sind."[270] Die Produkte der modernen Seidenwebereien, besonders aus dem alten klassi-

[267] China Jahrbuch 1924, S. 1765—66.
[268] The Mar. Cust. Foreign Trade of China 1923, Part. I, S. 136/137, 1924, Part. I, S. 138.
[269] The Shanghai Market Prices Report Jan—März 1925, S. 5.
[270] Journ. of Gen. Chamb. of Comm. of Shanghai, July 1924, Notes on Silk Industry S. 8.

Schluß:

Bedeutung der Seidenindustrie für die chinesische Volkswirtschaft.

1. Bedeutung des Seidenexportes im chinesischen Außenhandel.
2. Beziehungen zur chinesischen Seidenweberei.

1. Die Produkte dieser Industrie, sind Welthandelsobjekte, und so erscheint es gerechtfertigt, zuerst die Bedeutung des Seidenexportes im Rahmen des chinesischen Außenhandels zu betrachten. Man muß hier das prozentuale Verhältnis der Seidenausfuhr mit dem gesamten Export, dem gesamten Import und endlich auch mit dem Baumwollwarenimport vergleichen. Der letztere Vergleich ist unter zwei Gesichtspunkten von Bedeutung 1. weil beide Artikel Textilerzeugnisse sind, 2. weil Baumwollwaren (ohne Garn) an erster Stelle im Gesamtimport stehen und die Filaturenseide im Gesamtexport — bedingungsweise — an erster Stelle steht.

Ein klares Bild hiervon ergibt sich aus folgender Tabelle

Jahr	Export der Filaturenseide (echte u. Tussah) in Hx. Tls.[281][282]	in % vom Gesamtexport[283]	in % vom Gesamtimport (Netto)[284]	in % von Baumwollwarenimport (ohne Garn)[285]
1922	117 234 774	17,9	12,4	77,3
1923	118 984 496	15,8	12,8	90,2
1924	90 769 149	11,7	8,9	58,8

Zahlenmäßig betrachtet nehmen heute zwar die Bohnen und Bohnenprodukte (hauptsächlich Sojabohnen aus der Mandschurei) die erste Stelle in der Ausfuhr ein. Im Jahre 1924 be-

[281 u. 282] The Mar Cust. Foreign Trade of China 1923. Part. I, S. 138—139.
[283] The Mar Cust. Foreign Trade of China 1923, Part. I, S. 136—137 u. 1924 Part. I, S. 138—139.
[284] Eigene Berechnung nach ebengenannter Quelle 1924. Part. I, S. 98.
[285] Eigene Berechnung nach The China Year Book 1924, S. 674 u. The Mar Cust Foreign. Trade of China 1923. Part. I. Cart. Nr 6. 1924 Cart. Nr 6.

schen Seidenwebereigebiet Hangtschou, werden in steigendem Maße exportiert und verdrängen auch auf dem chinesischen Markt immer mehr die Produkte der Hausindustrie. So kommen einige durch die Hausindustrie in Hangtschou hergestellten Seidenstoffe heute schon nicht mehr auf den Markt.[371]

Die Entwicklung der modernen Weberei ist darum für den chinesischen Außenhandel wie für den Innenmarkt, der durch den zunehmenden Import fremder Seidengewebe bedroht ist, von größter Wichtigkeit und muß mit der Entwicklung der modernen Filaturen parallel gehen.

[371]) ebenda, Miscellaneous Articles S. 19.

98

Anhang.

Gesamtexport der verschiedenen Seiden aus China.[372]

Jahr	Maulbeerspinnerseide Nativeseide		ungehaspelte Seide (weiß u. gelb)	Filaturenseide (weiß u. gelb)	Tussahseide (Filaturen u. Native)	Kokons
	weiße	gelbe				
1910	10.842	15.876	19.497	63.969	29.042	18.050
1911	11.869	13.488	15.321	55.416	33.831	20.925
1912	20.876	19.414	22.430	59.157	36.161	22.897
1913	11.617	17.633	20.553	69.541	29.662	25.469
1914	6.491	14.659	9.601	56.766	21.072	23.679
1915	6.780	13.145	26.029	63.139	34.004	34.177
1916	5.947	13.867	15.461	68.286	18.682	30.333
1917	4.612	14.492	15.377	73.103	18.236	33.623
1918	4.159	12.361	15.659	64.187	28.588	32.740
1919	4.468	18.669	18.331	90.038	33.681	34.726
1920	3.482	13.410	9.595	56.043	21.785	15.925
1921	2.248	13.967	10.281	78.484	37.084	33.192
1922	2.593	14.433	13.463	89.248	23.741	32.077
1923	3.111	12.613	14.033	77.470	31.196	19.326
1924	2.928	13.276	11.452	81.047	22.572	26.378
1925	2.836	11.445	15.833	103.289	34.614	31.696

[372]) The China Year Book 1923 S. 528, 1924 S. 529 und The Mar Cust. Foreign Trade of China 1924, Part, I, S. 143, 1925 S. 200.

99

Berlin, 22. Juli 1926.

Ich bin bereit, das Korreferat für die Promotionsarbeit des Herrn Li Kolu

Die Seidenindustrie in China

zu übernehmen.

Druck
Wilhelm Christians Buchdruckerei
Berlin-Schmargendorf
Zoppoter Str. 52

上 : 「논문 심사 승낙서」 ☞ 본문 285쪽

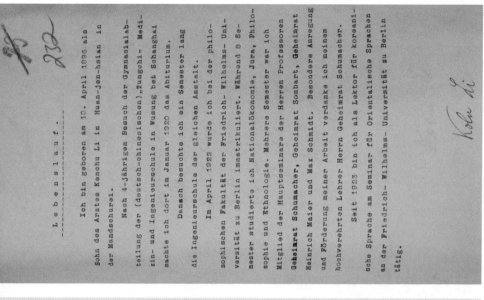

Lebenslauf.

Ich bin geboren am 10. April 1896 als Sohn des Arztes Kenchu Li in Huan-jen-hsian in der Mandschurei.

Nach 4-jährigem Besuch der Gymnasialabteilung der (deutsch-chinesischen) Tungchi Medizin- und Ingenieurschule in Wusung bei Schanghai machte ich dort im Januar 1920 das Abiturium.

Danach besuchte ich ein Semester lang die Ingenieurschule der gleichen Anstalt.

Im April 1922 wurde ich bei der philosophischen Fakultät der Friedrich-Wilhelms-Universität zu Berlin immatrikuliert. Während 8 Semester studierte ich Nationalökonomie, Jura, Philosophie und Ethnologie. Mehrere Semester war ich Mitglied der Hauptseminare der Herren Professoren Geheimrat Schumacher, Geheimrat Sombart, Geheimrat Heinrich Maier und Max Schmidt. Besondere Anregung und Förderung meiner Arbeit verdanke ich meinem hochverehrten Lehrer Herrn Geheimrat Schumacher.

Seit 1923 bin ich als Lektor für koreanische Sprache am Seminar für Orientalische Sprachen zu der Friedrich-Wilhelms-Universität zu Berlin tätig.

Matr. Nr. 4285/110   Lfde. Nr. 8408

Entwurf

Abgangszeugnis   3 Zeugnisse beigefügt.   N. 7.

Rektor und Senat
der Friedrich-Wilhelms-Universität zu Berlin

bekunden durch dieses Abgangszeugnis, daß

Herr

bis als Studierender der
Fakultät eingeschrieben gewesen ist.

an unserer Universität immatrikuliert und bei der

Die von ihm belegten Vorlesungen sind aus dem angehefteten Anmeldebuch ersichtlich.
Ueber seine Führung ist nichts Nachteiliges bekannt geworden.

Berlin, den   27. Juli 1926

Der Rektor der Universität: Der Universitätssekretär

Die folgenden Vorlesungen sind im Anmeldebuch nicht testiert worden.

Berlin, den 26. November 1926.

Ich versichere an Ei-
desstatt, daß ich meine Dissertation selbst und ohne un-
erlaubte fremde Hilfe an-
gefertigt und daß ich dieselbe einer andern Stelle
zur Prüfung nicht vorgelegt
habe, ferner, daß sie we-
der ganz noch im Auszuge
veröffentlicht worden ist.

Kolu Li
cand. phil.

Sämtliche Papiere u. Dissertation zurückerhalten.

28/2 27.

Kolu Li

Lebenslauf.

Ich bin geboren am 10. April 1896 als Sohn des Arztes Kenchu Li in Huan-jen-hsian in der Mandschurei.

Nach 4 jährigem Besuch der Gymnasialabteilung der (deutsch-chinesischen) „Tungchi" Medizin- und Ingenieurschule in Wusung bei Schanghai machte ich dort im Januar 1920 das Abiturium.

Danach besuchte ich ein Semester lang die Ingenieurschule der gleichen Anstalt.

Im April 1922 wurde ich bei der philosophischen Fakultät der Friedrich-Wilhelms-Universität zu Berlin immatrikuliert. Während 8 Semester studierte ich Nationalökonomie, Jura, Philosophie und Ethnologie. Mehrere Semester war ich Mitglied der Hauptseminare der Herren Professoren Geheimrat Schumacher, Geheimrat Sombart, Geheimrat Heinrich Maier und Max Schmidt. Besondere Anregung und Förderung meiner Arbeit verdanke ich meinem hochverehrten Lehrer Herrn Geheimrat Schumacher.

Seit 1923 bin ich als Lektor für die koreanische Sprache am Seminar für Orientalische Sprachen an der Friedrich-Wilhelms-Universität zu Berlin tätig.

Kolu Li

Wilhelm Christians Buchdruckerei, Berlin-Schmargendorf, Zoppoter Straße 52.

上 : 「이극로 발송 편지 5」 ☞ 본문 291쪽

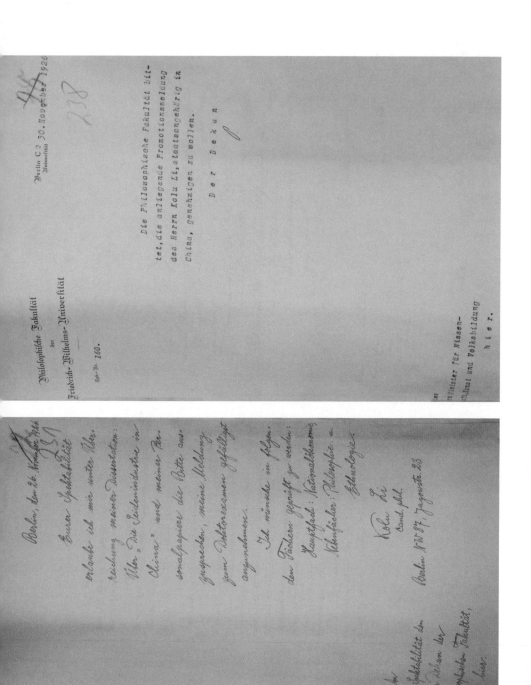

上 : 「학위 수여 신청 공문」 ☞ 본문 295쪽
下 : 「구술 시험 신청서」 ☞ 본문 293쪽

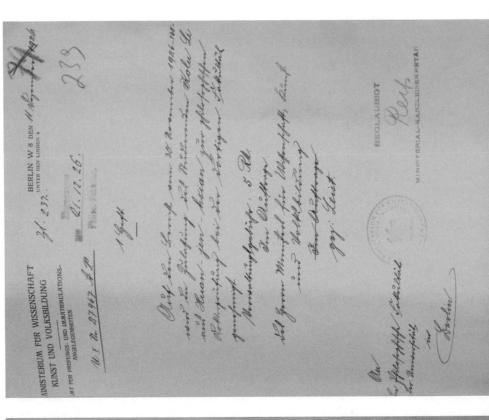

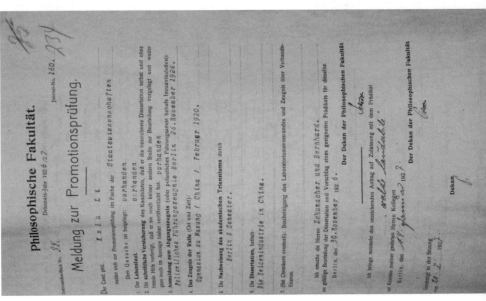

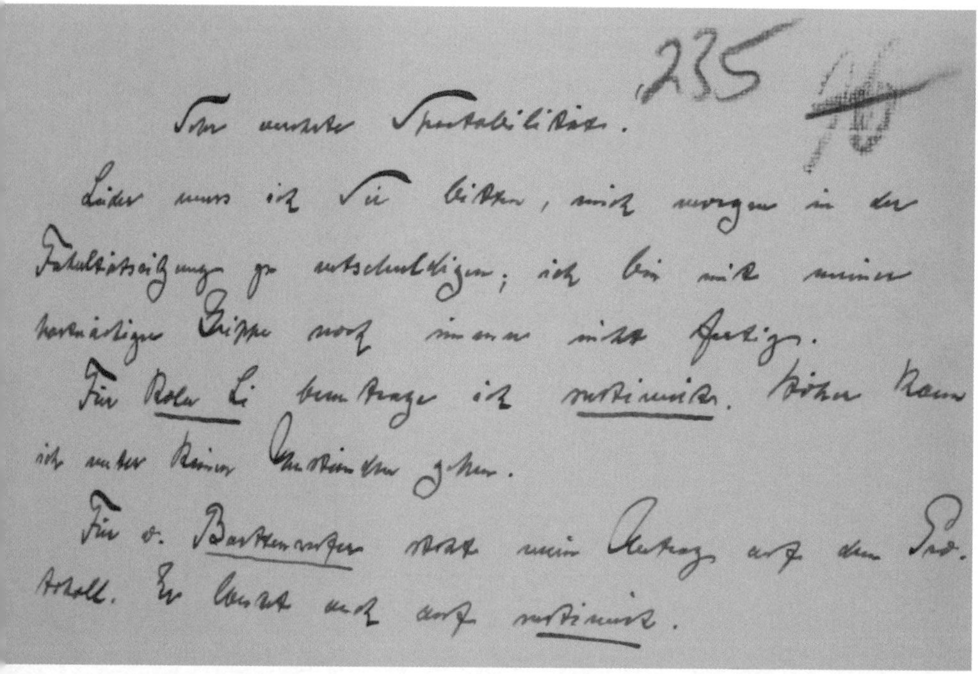

235

Sehr verehrte Spectabilität.

Leider muss ich Sie bitten, mich morgen in der Fakultätssitzung zu entschuldigen; ich bin mit meiner vierwöchigen Grippe noch immer nicht fertig.

Für Rolu Li beantrage ich [illegible]. Höher kann ich unter keinen Umständen gehen.

Für v. Bartenwerfer steht mein Antrag auf dem Protokoll. Er lautet auch auf [illegible].

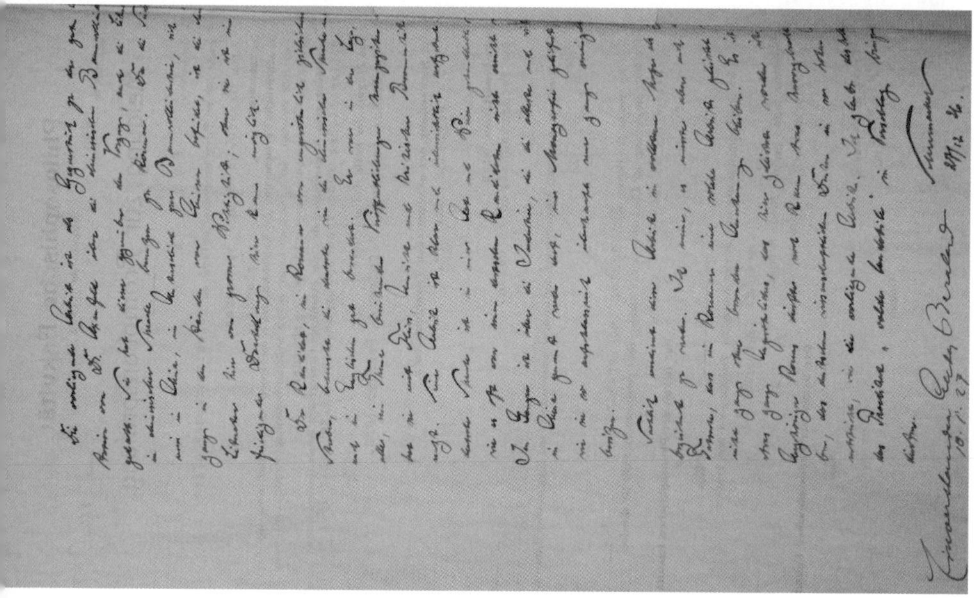

上 : 「슈마허 발송 편지」 ☞ 본문 306쪽
下 : 「박사 논문 심사서」 ☞ 본문 303쪽

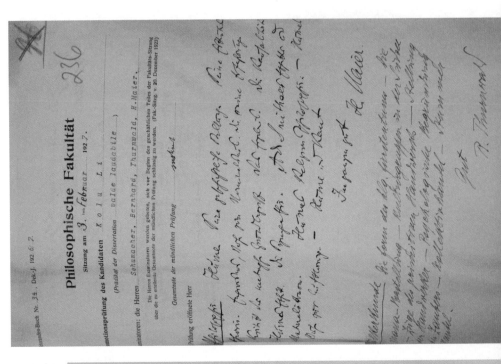

上 : 「구술 시험 회의록」 ☞ 본문 308쪽

上 : 「박사 학위 증명서」 ☞ 본문 311쪽

№	Vor- und Zunamen der Studierenden	Geburtsort und vaterländische Provinz	Fakultät	Stand der Eltern	Ob und von welcher Universität sie gekommen sind	Abgang
4281	Constantinescu Alexander	Forkuts Rumänien	phil.	Landwirt	Bukarest	
2	Paul Günther	Berlin	phil.	Gärtner		29/5 23
3	Peter Shipk.	Kosenitsa Bulgarien	phil.	Tischler		
4	Niklaus Schönfeld	Grossmeiden Rumänien	phil.	Kaufmann	Prag	24. 4. 26
5	Li Kolu	China	phil.	Arzt		
6	Georg Kammandy	Hasso? Brandenburg	Jur.	Schiffskapitän		8. 1. 24
7	Fritz Charmatz	Alsta Österreich	phil.	Kaufmann		15. 9. 25
8	Jakob Toggweiler	Uzfelden	phil.	Landwirt	Zürich	
9	Jeannot Stern	Riga	phil.	Kaufmann	Riga	
4290	Markus Sorger	Rumänien	med.	Arzt		4. 10. 27
1	Isidor Abisch	Rumänien	iur.	Kaufmann		
2	Friedrich Frank	Thüringen	iur.	Arzt	Zürich	7. 5 22
3	Margarete Feller	Bern	iur.	Professor	Zürich	8. 22
4	Hermann Krüger	Lübeck	iur.	Kaufmann		10. 4. 26
5	Heinrich Zillich	Kronstadt	phil.	Schriftsteller		30. 12
6	Mohammed Ithais					21. 9. 27
7	Hans Albert Kersching	Freiburg		Kaufmann	Bern	31/11. 24
8	Harry Syphel	Rumänien	iur.	D med		13. 11. 25
9	Walter Jelin	Rumänien	phil.	Lehrer		6. 11. 22
4300	Wither Der Sahakian	Bardizak Armenien	phil.	Buchhändler		

20. Li Kolu (李克魯) 『ワシントン』
支那留学生保...
Berlin N. W. 87.
Yagowstr 23.
21. via Siberia
S. m sihn. (申性模) Eㄸ. King
Edward VII Nautical College
580 Commercial Rd E. 14.
London
England.

上 : 「학적부」 ☞ 본문 313쪽
下 : 부록 「고경 제2251호, 『도보』 해외 수신처 중 이극로 · 신성모 주소지 첩보 원문」 ☞ 본문 424쪽

「『헤바』 잡지 기사에 관한 건」 ☞ 본문 425쪽

A JEWISH PILGRIMAGE

A couple of years after my return from the Far East I had a visit from a native of that region — from Korea. He was a short, squat individual, in a rather soiled raincoat, and as he took a seat he began to speak in German. He explained that he had been a student at the Berlin University for some years, and was therefore able to speak German better than English, having been in this country only a short time. When I asked him what he wanted to see me about, he said that he was a member of the Korean revolutionary movement to get rid of the Japanese tyrants, and as the Jews in Palestine also looked forward to regaining independence, he thought I might be able to give him some secret information about our proposed methods and plans. When I told him that we had no such plans he was disappointed and looked rather incredulous. He was pleased, however, when I mentioned that I had been in Korea. His name was Kolu Li, and he gave me two pamphlets that he had written on Korea's struggle against Japanese Imperialism, both in German.

One day I was surprised on being informed on the telephone that a man from Scotland Yard wanted to come up to see me. Not being conscious of having committed any offence myself, and not having heard of any perpetrated by a colleague or a member of the Executive, I wondered what the reason could be for this unusual visit. When the six-foot detective strode into the room and took a seat, he said that he had come to make inquiries about Nahum Sokolow, who had applied for naturalisation. I then remembered that Sokolow had asked me many months before to act as one of his sponsors for this purpose. I also remembered that he had told me that Lord Balfour had also agreed to act as a sponsor. I therefore asked the Scotland Yard man whether he was aware of this notable fact and whether this should not render any further inquiries about Sokolow's qualifications for British citizenship quite superfluous. He replied that he had instructions to follow the usual routine and "check up." The following evening he came to see me at my house, to make sure that I was identical with the person whom he had seen at the Zionist Office. Again, he merely wanted to "check up."

上 : 「이스라엘 코헨의 회고」 ☞ 본문 437쪽

List _____ 3

LIST OR MANIFEST OF ALIEN PASSENGERS FOR THE UNITED

ALL ALIENS arriving at a port of continental United States from a foreign port or a port of the insular possessions of the United States, and all aliens arriving at a port of said insular possessions from a foreign port or a port of continental United This (yellow) sheet is for the listing of

S. S. _____ Majestic _____ Passengers sailing from _____ Southampton _____, 14th June, 19 28.

No. on List	HEAD-TAX STATUS	NAME IN FULL		Age		Sex	Married or single	Calling or occupation	Able to—			Nationality (Country of which citizen or subject)	Race or people	Place of birth		Immigration Visa Number	Issued at—	Date	*Last permanent residence	
		Family name	Given name	Yrs.	Mos.				Read	Read what language (or, if unable to read, or what point)				Country	City or town				Country	City or town
1		DAVIDSON	Rand	24		M	S	Carpenter	yes	english	yes	Belgian	Belgium	Ningen	304693	Washington DC	1st Nov. 1927	U.S.A.	Detroit
2		SMITH	Charlotte	40		F	S	Domestic	yes	English	yes	Gt. Brit.	England	Cameron	350161	Washington DC	4th Apr. 1928	U.S.A.	New York
3						F	S	Secretary	yes	English	yes					Washington DC			
4		CARTERON	LOUIS MAURICE	50		M	S	Chauffeur	English	Yes	France	French	France	Clermont Ferrand	975	Paris	4th June 28	U.S.A.	Detroit
5		CARR	JOHN	52		M	M	Butler	Yes	English	Yes	Gt.Brit.	Irish	Ireland	Kerrykell	1159	London	4th Jun.28	U.S.A.	Oban
6		CARR	LILIAN	45		F	M	Housewife	Yes	English	Yes	Gt.Brit.	English	England	London	1158	London	4th Jun.28	U.S.A.	Oban
7		JOHNSON	ANNA VICTORIA	66		F	S	Missionary	Yes	English	Yes	Sweden	Scand'n.	Sweden	Brunskog	11867	London	16th Jun.28	U.S.A.	Penny
8	TRANSIT	LI	KOEU	32		M	S	Student	Yes	German	Yes	China	Chinese	China	Mukden	6103	Berlin	19th.Apr.28	2nd and	London

上 : 「미국 입국 기록」 ☞ 본문 440쪽
下 : 「영국 머제스틱 승선 기록」 ☞ 본문 439쪽

Form 630 A.
U.S. DEPARTMENT OF LABOR
IMMIGRATION SERVICE

LIST OR MANIFEST OF OUTWARD-BOUND PASSENGERS (ALIENS AND CITIZENS) FOR IMMIGRATION OFFICIALS AT PORT OF DEPARTURE

All passengers sailing from a port of continental United States bound for a foreign port, a port of continental United States, or a port of another insular possession, in whatsoever class they travel, must be fully listed or manifested according to the headings printed at top of columns and instructions printed on back hereof; and lists or manifests must be delivered to the immigration officials before departure by the master, commanding officer, or resident agent of any vessel having such passengers on board. This (yellow) sheet is for second-cabin passengers only.

S. S. "TENYO MARU", VOYAGE 13-HOME. Passengers sailing from HONOLULU, HAWAII OCTOBER 2, 1928 Bound for Port of : YOKOHAMA

All passengers (aliens and citizens) should answer questions 2 to 6. All aliens, and such citizens as intend to reside permanently in a foreign country, should answer questions 7 to 24. All citizens intending to reside permanently in a foreign country should answer similar questions 23 or 24.

No. on list	Name in full (Family name)	(Given name)	Age	Sex	Country of which citizen or subject (nationality)	Country where pax are going to (before permanent settlement)	Country of birth	Country where you lived before coming to the United States	Last arrival in the United States (Date)	(Port)	Where you last lived (last permanent residence in the United States) (City or town)	(State)	Race or people	Calling or occupation	Married or single	Whether able to (Read)	(Write)	If native born, give place and date of birth (City or town) (State) (Date)	If naturalized, where (City or town) (State)
1	Fujita	Kyosuke	42	M	Japan	U.S.A.	Japan	Japan	5/4/16	Seattle	Honolulu	T.H.	Japanese	Clerk	M	Yes	Yes		
2	Oki	Kun	69	M	"	"	"	"	7/14/22	Honolulu	"	"	"	Plumber	M	"	"		
3	Ogata	Kazuhiko	39	M	"	"	"	"	8/26/26	"	"	"	"	Teacher	M	"	"		
4	Takei	Tazu	56	F	"	"	"	"	4/26/22	"	"	"	"	Housewife	W	"	"		
5		Akira	23	M															
6	Tanaka	Take	37	F	U.S.A.	"							"	Clerk	S	"	"		
7	Wood	Almira C.	46	F	U.S.A.	"	U.S.A.				Hilo		"	Nose	M	"	"		
8																			
9														BOUND FOR PORT OF KOBE					
10																			
11	Iry	Mae	52	F	U.S.A.	"	U.S.A.												
12																			
13												BOUND FOR PORT OF HONGKONG (LISO SHANGHAI)							
14	Chalmers	C.William	33	M	U.S.A.	"	U.S.A.												
15	Henion	Agnes C.	47	F	U.S.A.	"	U.S.A.												
16	Li	Kolu	33	M	China	China	China	England	6/19/28	New York	Honolulu	T.H.	Chinese	Student	S	Yes	Yes		
17	Otto	Lucile	39	F	U.S.A.	U.S.A.	U.S.A.												

See instructions on back hereof.

「천양환(天洋丸, 덴요마루) 승선 기록」 ☞ 본문 441쪽

이극로 전집

전집

유럽 편 **I**

THE COMPLETE WORKS OF YI GEUGNO
VOL.1 : EUROPE

조준희 엮음

소명출판

일러두기

1. 독일어 문장부호 등 한국어 표기에 쓰이지 않는 기호 등은 번역자에 따라 원문을 그대로 살린 경우가 있고, 한국식으로 완전히 변환한 경우가 있어서 차이가 남을 밝혀 둔다.

2. 이 책 제4부 '칼럼'은 이극로가 독일과 영국 생활을 회고하면서 1930년~1939년 사이 신문과 잡지에 기고했던 글과 인터뷰 내용이다. 원사료의 상태가 좋지 않고 세로쓰기로 되어 있어서 영인할 경우 읽기 곤란하여 전산 입력을 했다. 맞춤법은 당시 표기대로 살렸고, 띄어쓰기만 현대 문법에 따랐다. 한자나 판독이 어려운 단어에는 각주를 달았다.

발간사

세계적인 한류 열풍과 함께 한글에 대한 관심도 고조되고 있다.

일제강점기에 우리말과 글을 수호했던 '조선어학회 선열 33인' 가운데 전집이 발간된 인물은 안재홍(1981~2004), 김윤경(1985), 정태진(1995~1996), 정인승(1997), 이희승(2000), 김선기(2007), 최현배(2012), 이병기(2017)가 있다. 그러나 정작 조선어학회의 대표 격이었던 이극로는 경남 의령 출신이지만 월북 문제로 인해 남한에서 관심과 조명이 부족했다.

1997년, 편자는 이극로 자서전『고투사십년』(1947)을 처음 읽고서 그 인연으로 2006년부터 선생의 자취를 따라 유럽(독일, 프랑스, 영국, 에스토니아, 러시아 등지)을 4회 답사하였다. 독일 퀼른에서 항공기 수하물 분실로 인해 계획했던 벨기에 브뤼셀까지 가지 못했던 일은 한으로 남아 있다.

많은 난관을 극복하고서 2014년『이극로 전집』의 첫 작업인『고투사십년』복간본을 출간했다. 그러나 한국에서 편자의 성과를 앗아가려는 학자와 기관은 있어도, 선행 연구자로서의 성과를 인정하거나 도움을 준 곳은 없었다. 남한에서는 한국외대 사학과 반병률 교수께서『고투사십년』추천사를 써 주셨고, 수원대 사학과 박환 교수께서 유일하게 호평을 보내셨다. 그리고 북한의 이극로 박사 장남 이억세 선생께서 고맙다는 뜻을 간접적으로 전해 오시어 처음 이극로 연구의 보람을 느꼈다. 국내에서 전혀 조명받지 못했던 편자의 이극로 연구논문 등 3편이 오스트리아에서 출판된 프랑크 호프만(Frank Hoffmann)의 저술『베를린 한국인들과 사진 찍힌 한국인들(Berlin Koreans and Pictured Koreans)』(2015)에 인용되는 성과도 영예로운 사건이었다.

계속해서 사재를 털어 독일 도서관과 고서점 등지에서 구입한 박사 논문 원본과 기타 수집 자료들에 대한 번역 작업을 시작하면서『이극로 전집』집필에 다시 박차를 가했다. 『가람 이병기 전집』만 해도 대학과 시 차원에서 예산이 지원되었지만, 편자는 누구도 도와준 사람이 없었기에 집필 과정은 이극로 박사 자서전 제목대로 '고투(苦鬪, 악전고투)'의 연속이었다. 오직 나의 취지를 이해하는 동생(조혜령, 큐레이터)이 보태 준 후원금으로써 2006년부터 구상했던 『이극로 전집』 집필은 13년이라는 천신만고의 여정 끝에 빛을 보게 되었다.

　본 전집은 누구보다 1997년 고전음악연구회 모임으로 인연이 된 독일 홈볼트대 석사 송병욱 선배(이극로 박사논문 번역·조선어 관계 공문서 쉬터린체 번역, 독일 도서관 안내, 숙박 제공 등)의 물심양면의 적극적인 협조로 시작되었다. 더 나아가 선배의 지인인 베를린 주립도서관 고판본(古版本) 부서의 볼프람 카도르프(Wolfram Kadorf) 씨는 프로이센문화유산문서보관소의 쉬터린체 문서 교정을, 그리고 아스콜트 히츨러(Askold Hitzler) 씨와 그의 모친 안데도레 히츨러(Annedore Hitzler) 여사께서는 홈볼트대 아카이브의 쉬터린체 문서를 꼼꼼히 해독해 주었다.

　베를린민박우리집 윤병연 대표의 소개로 함부르크 공대 유학생 정현우 씨는 독일 베를린 주립도서관 자료 수집과 저작권 문제를 도와주었다. 하이델베르크대 철학과 출신 정용준 씨는 독일어와 라틴어 번역을, 뒤셀도르프대 출신 오지훈 씨 외 몇 분이 독일어 문서를 번역해 주었다. 프랑스에서는 파리대학 유학생 이승희 씨가 김법린 거주지 가이드와 학적부 발굴을, 주한프랑스대사관 공보과 심영섭 후배가 김법린 연설문 번역을, 프랑스 로렌대 출신 오태준 씨가 프랑스 국립도서관 공문서 작성 및 답변서 번역을, 어바웃유럽 여행사 신명철 대표의 소개로 프랑스 파리 아티스트 정유진 씨가 프랑스 국립도서관 레코드판 이미지 저작권 문제를 해결해 주었다. 일본 첩보 문건 번역은 일본 도호쿠대학 유학생 선지수 씨가 감수해 주었다. 미국의 정철수 선생은 편자를 위해 미국 답사 조언과 함께 미국 고지도와 독일 마르크 화폐 등을 보내 주어 국내 학회에서 이극로 자료 전시를 열 수 있도록 도와주셨다. 이승철 교수(이극로 박사 집안 종손)와 안경홍 선생(안호상 박사의 자제), 이영래 선생(이미륵박사기념사업회 유족대표)은 이극로 박사의 귀한 사진을, 독립기념관 김도형 박사는 홈볼트대 아카이브 수집 자료를 내어 주었다. 독일의 한국학자 소냐 호이쓸러(Sonja Häußler) 교수의 따뜻한 이메일도 큰 힘이 되었다.

개인적으로 독일 국립프로이센문화유산문서보관소와 라이프치히대학 도서관(담당자 잔디 물(Sandy Muhl) 씨), 네덜란드 국제사회사연구소(IISG) 직원들(담당자 토비아스 반 데르 크나프(Tobias van der Knaap) 씨)의 친절함도 평생 잊지 못할 것이다. 또한 신성모 사진 기증 건으로 만났던 상하이해사대학(上海海事大學) 교사관(校史館) 관계자 여러분의 환대를 통해서 중국인에 대한 인식이 바뀌었고, 중국 관련 논문이 수록된 본고 집필에도 긍정적인 영향이 있었음을 밝힌다. 아울러 유럽 답사로 다년간 고락을 함께 했던 아내(구은정)의 내조도 덧붙인다. 이상과 같이 도움과 정성이 모여 '작품'으로 나올 수 있었다.

본『이극로 전집』I은 '유럽'편으로 이극로 박사의 독일 유학 시기부터 도미 시찰 시기까지 박사논문과 저술, 관련 문서를 망라해「해제」와 함께 제1부 항일 투쟁 자료, 제2부 조선어 관계 자료, 제3부 유학 관계 자료, 제4부 칼럼, 제5부 기타 자료로 구성되었다. 산재한 선생의 유럽과 미국 행적 자료를 한데 모아 연구자들과 후학들에게 제공함으로써 선생에 대한 업적 선양은 물론 역사적인 출간의 의미도 가질 것으로 기대한다.

중국 동제대학 교사관에는 의령 3인의 동지 중 안호상 박사 사진이 전시 패널에 있고, 상하이해사대학 교사관에는 신성모 선생 사진이 전시되어 있다. 이제 국내 학계뿐만 아니라 중국과 독일에 본 전집과 이극로 박사의 이름 석 자, 그리고 그 업적이 널리 알려지기를 희망한다.

끝으로, 지난 10여 년간 아홉 곳 출판사의 문을 두드렸으나 성사되지 못했고, 마지막 관문에서 출판을 흔쾌히 허락해 주시고 애써 주신 소명출판 박성모 사장님과 편집부 직원 여러분께 진심으로 감사의 뜻을 전한다.

2019년 9월 25일
조준희

목차

제4부 | 칼럼

제1장 **독일**

제5부 | 기타 자료

제3부 | 기타 자료(타인글)

III — 고투사십년

제1부 | 번역문

제1장 **머리말**

제2장 **수륙 이십만 리 주유기**
1. 가정 형편과 조선 내의 교육과 서간도 행
2. 만주와 시베리아에서 방랑 생활하던 때와 그 뒤
3. 중국 상해에서 유학하던 때와 그 뒤
4. 독일 베를린에서 유학하던 때와 그 뒤
5. 영국 런던에서 유학하던 때와 그 뒤
6. 귀국 도중에 미국 시찰하던 때와 그 뒤

제3장 **길돈사건 진상 조사와 재만 동포 위문**

제4장 **조선어학회와 나의 반생**

제5장 **노래**
1. 진혼곡(鎭魂曲)
2. 한강(漢江) 노래
3. 낙동강
4. 애급 금자탑 위에서 읊음(埃及金字塔上感吟)
5. 로마 교황청을 읊음(吟羅馬教皇廳)
6. 로마를 읊음(吟羅馬市)
7. 함흥형무소에서
8. 선비 도의 세 가지 근본(士道三素)
9. 도로써 산다(道生箴一)

제6장 **조선어학회 사건 - 함흥지방법원 예심 종결서 일부**

Ⅳ—북한 편

제1부 | 조선어 연구

제2부 | 정치논설

에 대한 방안을 지지하는 평양시 군중 대회에서 한 연설들—조선 건민회 대표
(제네바회의 총화에 관한 남일 외무상의 성명을 각계에서 열렬히지지) 평화적 조국 통일을
위한 우리의 투쟁은 반드시 승리할 것이다

「유·엔 한국 통일 부흥 위원단」은 즉시 해체되여야 한다

최고인민회의 제1기 제9차회의 토론(1955.3.9~3.11)

평화적 조국 통일달성은 조선 인민의 숙망

최고 인민 회의 상임 위원회 리 극로 부위원장 일본 국회 의원단을 위하여 환영연 배설

그날은 다가 오고 있다

천만 번 죽여도 죄가 남을 놈들!

전 민족의 숙원을 해결 하는 길

남조선에서 미일 침략자들을 몰아 내고 박 정희 매국 도당의 파쑈 테로 통치를 분쇄하며
조국의 자주적 통일을 촉진하기 위하여 더욱 완강히 투쟁하자!

남북련석회의때를 회고하여

일본 사또반동정부의 《외국인학교제도법안》 조작책동을 분쇄하자

진실을 외곡하여 제놈들의 추악한 정치적목적을 달성하려는 미제와 박정희파쑈악당의 범죄
적인 《반공》 소동을 치솟는 민족적분노로 규탄한다

제3부 | 시·수필/기타 자료

제1부
항일 투쟁 자료

—

한국 내 일본의 유혈 통치

"Japanische Blutherrschaft in Korea", 1923.

4256년에 달하는 역사를 갖고 있는 한국인들은 일본의 극도로 혹독하고 잔인한 수단에 의해 억압받고 그 수가 감소하고 있다. 이 민족은 한 번도 외국의 정복자들의 지배를 받은 적 없다. 몽골제국(징기즈 칸)이 13세기 아시아 대부분의 지역에서 동유럽까지 세력을 확장했을 때, 고려를 정복하기 위해 몽골의 군대는 20년이 넘게 헛되이 싸웠다. 자족하던 한국의 정부는 이전 제국의 말미에 이르러 쇠약해져, 현대 일본제국이 한반도에 들어오는 데 성공하기에 이르렀다.

2세기 이후로 일본은 한국을 지속적으로 공격하였다. 특히 1592~1598년 일본의 침략군은 한국을 그들의 손에 넣고자 엄청난 노력을 했다: 그러나 마지막 전투에서는 한국인들이 일본의 육군과 해군을 격퇴했다. 극동에서 한국은 지중해에서 발칸반도와 같다. 30년 전부터 한국문제는 극동 내 힘과 정치적 분쟁의 중심이었다.

일본은 1894년 중일전쟁과 1903년 러일전쟁에서 승리했다. 일본인들은 이 승리와 그들의 군사력에 힘입어 1910년 8월 29일 한국인들이 일본에 완전히 합병되는 조약을 체결하도록 강요했다. 이 합병을 통해 2,000만 인구와 더불어 218,650km²의 영토는 일본대장들의 잔인한 군사 지배로 넘어가게 되었다.

일본의 지배하에 수많은 한국인들이 그들의 자유와 독립을 위한 싸움에서 사망했다. 1919년 3월, 모든 한국민족이 자유와 독립을 위해 비무장으로 봉기했다. 이 시위로 인해 난폭한 일본인들은 더욱 잔학한 억압정책을 펼치게 됐다. 남자들과 여자들, 아이들과 노인들이 총살되거나 맞아 죽거나 화형당하고, 감옥에서 역시 야만적 대우를 받았다. 200만이 넘는 한국의 시위자 가운데 7,509명이 살해됐고, 15,961명이 다쳤으며, 46,948명이 감옥에 보내졌다. 47개의 교회와 2개의 학교가 소각되었다. 한국의 독립운동이 특히 거셌던 만주에서는 알려진 바로만 3,000명의 한인 이주자들이 살해당했고, 약 2,500개의 가옥, 31개 학교, 7개 교회 그리고 엄청난 양의 농작물이 불태워졌다. 일본인들은 한국의 '범죄자들'을 다루기 위해 지금까지 사용되는 특별한 시스템을 개발했는데, 이 시스템은 잔혹함에 있어 중세 유럽의 종교재판관들을 능가한다. 감옥에 갇힌 유명한 지식인들에게는 신경계에 자극을 주는 강한 전류를 흘려보내 그들이 서서히 정신적으로 약해지게 만들었는데, 이는 그들의 죽음이 다른 사람들에게 강한 불안을 야기할 수 있기 때문이었다. 남자들과 여자들의 생식기에 대나무 못을 박는 것, 피부를 벗겨 내는 것, 눈을 뽑아내는 것 등이 매일같이 행해졌다.

1919년 3월, 한국의 임시정부가 서울에 만들어졌지만, 추후 일본의 압박하에 불가피하게 상해로 이전하게 된다. 이 임시정부는 여전히 존재하며 한국의 독립에 기여하는 모든 운동들을 지휘하고 있다.

일본의 정부는 그들의 비인간적인 행위를 숨기는 방법을 잘 알고 있다. 심지어 그들은 일본의 지배하에 한국민족이 이전보다 더 잘 살게 되었으며, 한국의 문화수준 역시 개선되었다고 말한다. 그러나 베를린의 한 미술품상인 오토 부르하르트(Otto Burchardt)[1] 박사는 1923년 10월 9일 자『포시쉐 자이퉁(Vossische Zeitung)』477호[2]에 지난 번 일본 지진 때 자신의 경험을 기고했는데, 이 기사는 일본의 주장이 사실과 다르다는 것을 확인시켜 준다. 기사는 우리에게 일본의 권력자들이 실제로는 한국인들을 어떻게 대하는지 보여준다. 부르하르트 박사는 「한국인 대량학살」[3]이라는 제목의 글을 다음과 같이 서술했다:

"일본 정부는 첫 번째 재난소식 이후에 질서유지와 약탈방지를 위해 전함과 군인들을 투입했다. 요코하마에서는 3,000명의 죄수가 수감된 감옥이 개방됐고, 탈출한 죄수들은 도둑질과 약탈을 하기 위해 도시로 몰려 들었다. 이 수많은 일본인 죄수들 중 몇몇 한국인 강도가 있었을 지도 모른다. 그러나 군인들이 처음으로 한 일은 허위사실 유포였다. 한국인들이 도시에 불을 지르고 우물에 독을 탔으며 그들이 이제 약탈자라는 것이다. 그 결과 한국인들에 대한 지독한 대량학살이 행해졌다. 한국인들이 보이는 곳마다, 그들은 짐승과 같이 변한 무리에 의

---

1   [편주] 발음은 "부어햐트"에 가까우나, 외래어 표기법에 따라 부르하르트로 씀.
2   [편주] *Vossische Zeitung*, No.477, 1923.10.9, pp.5~6에 실림.
3   [편주] 전체 제목이 아니라 총 8개의 소제목 중 7번째 제목.

해 구타를 당했다. 마침내 군인들은 한국인들을 '보호유치'라는 명목 아래 체포하여 군부대로 데려가야만 했다. 이것이 어떤 종류의 보호유치인지 독일인 목격자들이 내게 전해 줬다: 잠자고 있는 한국인들에게 실탄으로 총격이 가해졌다. 그후 누군가가 뛰쳐나왔으나, 그것은 포악한 군인들에게 다시 새로운 피목욕을 개시하는 신호일 뿐이었다. 보호유치를 빌미로 붙잡힌 15,000명의 한국인 가운데 살아서 그곳을 나온 사람은 몇 되지 않았다. 한국인들이 모두를 살해했다고 주장하는 군대에 의해, 그에 대한 어떤 것도 알아챌 수 없었음에도 불구하고, 유럽인들 역시 끊임없이 두려워했다. 일본인들은 한국인들을 말살하기 위해 간단히 이기회를 사용했다."

일본 정부의 비양심적인 면은 기고자의 다음 문장[4]에 나온다.

"그러나 일본 정부는 정치적 어려움과 한국의 봉기에 대한 두려움에 모든 전신과 무선 통신을 금지시켰다."

그러나 우리 한국인들은 가슴과 머리에 우리나라의 자유와 자주 사상을 담고 있으며, 이를 위해 우리는 모든 것을 바칠 준비가 되어 있다. 우리는 권리와 인간성을 옹호할 준비가 되어 있는 모든 민족들에게 우리의 힘든 싸움에 함께할 것을 호소한다.

재독한인대회
1923년 10월 베를린
한국과 일본의 관계에 대해 관심이 있는 분들은 다음 주소를 찾아올 것:
K. L. Li. 베를린 W 50, 아우그스부르거슈트라쎄 23번지 바리쇼프 집
전화 : 슈타인플랏츠 10,735.

대회를 대표하여
이칭 카오(Ih Ching Kao)
C. J. 김(C. J. Kim)

---

4 [편주] 기사 마지막 8번째 단락 중 나오는 내용.

리 코루(Li Kolu)

인쇄 : 베를린 SW 48, 프리드리히슈트라쎄 225, 프리드리히슈타트-인쇄소 유한회사

정용준 역
영인 1쪽

Japanische Blutherrschaft in Korea

Die Geschichte Koreas, dessen Bevölkerung mit den brutalsten und grausamsten Mitteln von den Japanern unterdrückt und dezimiert[1] wird, läßt sich um 4256 Jahre zurück verfolgen.[2] Noch niemals war dieses Volk unter der Herrschaft fremder Eroberer. Als gegen das 13. Jahrhundert das Groß-Mongolenreich (Dschengis-Chan) sich über den größten Teil Asiens bis nach Osteuropa erstreckte, haben die monolischen Soldaten mehr als zwanzig Jahre vergeblich gekämpft, um Korea zu erobern. Erst gegen das Ende der letzten Dynastie wurde die sich selbstgenügende koreanische Regierung so schwach, daß es dem modernen japanischen Imperialismus gelang, in das Land einzudringen.

Seit ~~zwei Jahrhunderten~~ zweiten Jahrhundert[3] hat Japan dauernd Angriffe auf Korea ausgeführt. Insbesondere in den Jahren 1592-1598 gaben sich japanische Eroberungszüge die größte Mühe, das Land in ihre Gewalt zu bekommen: letzten Endes wurden aber die japanischen Soldaten und die japanische Marine von den Koreanern besiegt. Korea ist für den Fernen Osten das, was die Balkanhalbinsel für das Mittelländische Meer ist. Seit 30 Jahren ist die Koreafrage der Brennpunkt der politischen Auseinandersetzungen der Mächte im Fernen Osten.

Bei dem chinesich-japanischen Kriege 1894 und bei dem russisch-japanischen Krieg 1903 hat Japan gesiegt. Die Japaner zwangen durch diese Siege gestärkt den Koreanern, gestützt auf ihre Militärgewalt, Verträge auf, die es ihnen ermöglichten, die vollkommene Annexion am 29. August 1910 durchzuführen. Durch diese Annexion wurden 218 650 qkm[4] Land mit 20 Millionen Menschen der brutalen Militärherrschaft der japanischen Generale ausgeliefert.

Unter der japanischen Herrschaft fielen unzählige von Koreanern im Kampf um ihre Freiheit und Selbständigkeit. Im März 1919 erhob sich das gesamte koreanische Volk zu einer unbewaffneten Demonstration für Freiheit und Selbständigkeit. Diese

---

1 [역주] dezimieren : (생물집단의 개체 수를 무력 등으로) 감소시키다.
2 [역주] zurück verfolgen : Zurückverfolgen의 오기.
3 [편주] "zwei Jahrhunderten"을 누군가 "zweiten Jahrhundert"로 교정하였음.
4 [편주] 영문본에는 "82,000 square miles"로 되어 있음.

Demonstration gab den japanischen Gewaltmenschen Veranlassung, einen noch blutigeren Unterdrückungsfeldzug zu unternehmen. Männer und Frauen, Kinder und
Greise wurden erschossen, erschlagen, verbrannt und in den Gefängnissen barbarisch
mißhandelt. Von den mehr als zwei Millionen betragenden Demonin Korea wurden
7509 getötet, 15 961 verwundet, 46 948 ins Gefängnis geworfen. 47 Kirchen und 2
Schulen wurden abgebrannt.[5] In der Mandschurei, wo unter den koreanischen Auswanderern die Selbständigkeitsbewegung besonders stark ist, wurden nach vorläufigen
Feststellungen 3000 Menschen getötet, etwa 2500 Häuser, 31 Schulen, 7 Kirchen und
ungeheure Mengen von Feldfrüchten verbrannt. Die Japaner haben für die Mißhandlung koreanischer politischer „Verbrecher" ein besonderes System erfunden, das sie
seit der Annexion bis heute anwenden und das in seiner Brutalität das der europäischen
Inquisitoren des Mittelalters übertrifft. Bekannte intellektuelle Gefangene, deren
Tötung zu viel Unruhe hervorrufen würde, verblödet man nach und nach durch starke
elektrische Ströme, die man in das Nervensystem einführt. Eintreibung von Bambusnägeln in die Geschlechtsteile von Frauen und Männern, Abziehen der Haut und
Ausreißen der Augen u. a. sind an der Tagesordnung.

Die japanische Regierung versteht es, ihre unmenschliche Handlungsweise vor
der Oeffentlichkeit zu verbergen. Sie erklärt sogar, daß es dem koreanischen Volke
unter der japanischen Herrschaft viel besser gehe als früher, und daß sich die gesamte Kultur Koreas hebe. Daß diese Behauptungen nicht den Tatsachen entsprechen, bestätigt ein Artikel, den ein Berliner Kunsthändler, Dr. Otto Burchardt,
über seine Erlebnisse beim letzten japanischen Erdbeben in der „Vossischen Zeitung" Nr. 477 vom 9. Oktober 1923 veröffentlichte Er zeigt uns die wahre Behandlung der koreanischen Bevölkerung durch die japanischen Machthaber. Dr. Burchardt schreibt unter der Ueberschrift:

„Massaker unter den Koreanern"

folgendes:

„Die japanische Regierung schickte nach dem ersten Bekanntwerden des Unglücks Kriegsschiffe und Soldaten, um die Ordnung aufrecht zu erhalten und, Plünd-

---

5   [편주] 영문본에는 "47 churches, two schools and 715 houses were also wantonly burnt(47개의 교회
와 2개의 학교, 그리고 715 가옥이 소각되었다)"로 되어 있음.

erungen zu verhüten. In Yokohama war ein Gefängnis mit dreitausend Sträflingen geöffnet worden, die nun in die Ueberbleibsel der Stadt stürmten, um zu rauben und zu plündern. Unter den vielen Japanern mögen wohl auch einige koreanische Plünderer gewesen sein, jedenfalls war es aber das erste, was die Soldaten taten: sie gaben die Parole aus, die Koreaner hätten die Stadt angezündet, die Brunnen vergiftet, und sie seien jetzt die Plünderer. Die Folge war ein grausiges Massaker unter den Koreanern. Wo immer sie sich sehen ließen, wurden sie von der tierisch gewordenen Menge gelyncht. Die Soldaten wurden schließlich gezwungen, die Koreaner in „Schutzhaft" zu nehmen und zu den Milifärstationen zu bringen. Wie diese Schutzhaft aussah, ist mir von deutschen Augenzeugen berichtet worden: **Unter die schlafenden Koreaner wurde scharf geschossen. Sprang dann jemand auf, so war das für die Soldateska wieder nur das Signal, um aufs neue ein Blutbad anzurichten. Von den in Schutzhaft genommenen 15000 Koreanern sind nicht viele mit dem Leben davongekommen.** Selbst die Europäer wurden von den Truppen dauernd in Angst gehalten, daß die Koreaner alle ermorden würden, trotzdem nicht das geringste davon zu ersehen war. Man nutzte einfach die Gelegenheit aus, um sie auszurotten."

Das schlechte Gewissen der japanischen Regierung kommt in folgendem Satze des Artikelschreibers zum Ausdruck:

„Die japanische Regierung aber verbot den gesamten Kabel- und drahtlosen Verkehr, aus Angst vor politischen Schwierigkeiten und Aufständen in Korea."

Wir Koreaner aber tragen in Herz und Hirn den Gedanken der Freiheit und Selbständigkeit unseres Landes, für die wir alles zu geben bereit sind. Wir appellieren an alle Völker, die für Recht und Menschlichkeit einzutreten bereit sind, uns beizustehen in unserem schweren Kampf.

Große=Versammlung der Koreaner in Deutschland
Berlin, im Oktober 1923.
Wer ein Interesse über die Beziehungen zwischen Korea und Japan hat, wende
sich an folgende Adresse:
K. L. Li. Berlin W 50, Augsburger Straße 23, bei Barischoff.
Tel.: Steinplatz 10 735.

i.A.

Ih Ching Kao,
C. J. Kim,
Li Kolu

Gedruckt in der Friedrichstadt-Druckerei G.m.b.H., Berlin SW 48, Friedrichstr. 225

Japan's Bloody Rule in Korea

The history of Korea. whose inhabitants are being most brutally and ruthlessly oppressed and decimated by Japan, can be traced back 4256 years. Until recently, the Korean people were never under the yoke of a foreign conqueror. When towards the 13th century the great Mongolian Empire of Genghis Khan extended from Asia to Europe, the Mongolian soldiers fought for decades in vain attempts to conquer Korea, And Japan, ever since the second century made continual attacks upon Korea. Especially in the years between 1592-1598 the Japanese expeditions took utmost pains to bring the land into their power. It was only towards the end of the last dynasty that the complacent Korean Government became so weak that the modern Japanese Imperialism succeeded in penetrating the county.

Korea, strategically and geographically, occupies in the Far East a similar position to the Balkan Peninsula in Europe. Since 30 years Korea has been the focus of the political rivalries of the Powers in the Far East. Japan emerged victorious from the Chino-Japanese War of 1894 and the Russio-Japanese War of 1903. Thus strengthened by victory, she compelled the Koreans through military force to conclude treaties which made possible the final complete annexation on August 29, 1910. Through this annexation, 82,000 square miles of territory together with 20 million human beings were delivered over to the brutal military domination of the Japanese generals.

Under the Japanese rule there fell innumerable Koreans in their struggle for freedom and independence. On March 1st, 1919 the entire Korean people rose in an unarmed demonstration for their inalienable rights to independence and self-development. This demonstration was the occasion for the Japanese, to give a further bloody display of force. Men and women, children and old folk were shot down, beaten and burnt, and treated most barbarously in confinement. Of the two million demonstrators 7509 were killed, 15,961 wounded, and 46,948 sentenced to long terms of imprisonment. 47 churches, two schools and 715 houses were also wantonly burnt. In Manchuria, where the Movement for independence is especially strong according to the reports to hand, more than 3000 people were killed, 2,500 houses and many schools, churches and enormous quantities of serial were burnt. The Japanese have invented an ingenious method of torturing political prisoners, which in brutality surpasses even the Inquisition of the Middle Ages. Widely known intellectuals whose execution might cause unrest are made insane by sending strong currents of electricity through the nervous system. Driving bamboo nails in the sex organs, of men and women, tearing off the skin, and wrenching, out the eye-balls are matters of course.

During the March days of 1919 a Provisional Korean Government was formed in Söul which later, owing to the Japanese pressure, moved to Shanghai. This Government still functions and conducts all the movements which serve the independence of Korea.

The Japanese Government, of course, knows how to conceal its inhuman activities from the world. It even declares that the Koreans are faring better than formerly and that it is raising the whole cultural level of Korea. That these assertions do not correspond to the facts is confirmed by an article in the Vossische Zeitung of October 9, in which a Berlin art dealer describes his experiences in the recent Japanese earthquake. He gives a true picture of how the Japanese are treating the Koreans. Dr. Burchardt, under the headline : "Massacre among the Koreans", writes as follows:

The Japanese Government, as soon as the news of the misfortune was known, despatched warships and soldiers in order that order might be maintained and plundering prevented. In Yokohama a prison containing three thousand prisoners was opened and the released prisoners began to plunder the remnants of the city. Among these there may have been some Koreans, however the first thing the soldiers did was to spread the cry that the Koreans had set the city on fire, that the Koreans had poisoned the wells, and that the Koreans were now the plunderers. The result was a fearful massacre of the Koreans. Where ever they were seen, they were lynched by the brutal mobs. The soldiers were finally compelled to take the Koreans under "protection" and bring them to the military stations. What sort of protection this turned out to be was reported to me by German eye witnesses. "A sharp fire was opened on the sleeping Koreans. If anyone sprang up, so it was the signal fo[1] a new blood bath. Of the 15,000 Koreans gathered for protection not many emerged alive.["] Even the Europeans were continually kept in fear by the troops asserting that the Koreans would murder everyone, notwithstanding the fact that not the slightest sign of such a thing was to be seen. The opportunity was simply utilized to exterminate them.

The guilty conscience of the Japanese Government finds expression in the following sentence: "The Japanese Government moreover, for fear of political difficulties and uprisings in Korea, prohibited all cable and wireless communications with the outside world."

We Koreans however, still cherish in our hearts and minds the ideal of freedom and independence, for which we are ready to make any sacrifices We appeal to all the people in the world to whom Humanity and Justice mean anything, to stand by us in our difficult struggle.

Great Meeting of Koreans in Germany
held in Berlin on 26th. October 1923.

On behalf of the Meeting
Ih Tsing Kao
C. J. Kim
Li Kolu

Those who are interested in the relations between Korea and Japan should apply to the following address:
K. L. Li, Berlin W50, Augsburger Strasse 23, bei Barischoff.
Tel.: Steinplatz 10,735

Gedruckt in der Friedrichstadt-Druckerei G.m.b.H., Berlin SW 48, Friedrichstr.225

---

1 [편쥐] fo : for의 탈자.

한인학살

유덕고려학우회, 1923.10.12.

일. 왜병이 동포 1만 5천명을 요코하마 군영에 가두고 학살하다.

일. 일본인민은 지진 및 천재지변을 기회로 하여 우리 거주 동포를 도처 살육하다.

일. 일본정부는 자기 인민 및 군병의 만행에 대하여 조선 및 세계 이목을 엄폐하고자 무선전신 및 기타 일절 통신을 절금하다.

북경에 체류하던 독일인 부르하르트 박사가 9월 1일부터 금 8일까지 일본 지진의 진상을 목도하고 본국으로 돌아와 그 실제 기록을 때에 이르러 베를린 포시쉐 신문에 발표하여 게재된 바, 이에 그 한 구절을 번역하여 매 동포에게 고함.

기원4256년(1923) 10월 12일 유덕고려학우회

한인학살

요코하마의 지진 비보를 접한 일본정부는 질서유지를 위하야 군함 및 군대를 파송하다. 당시 요코하마에서는 감옥을 개방하였는데 3천여 명의 해방된 죄수들은 불타고 남은 잔류물을 약탈키 위하여 자못 세차게 몰려듦이 난잡하였다.

이만한 일인 중에 한, 둘의 한인이 있었는지는 알지 못하거니와 하여간 제일먼저 군병들이 군호(軍號)를 선포하되 「시가 방화와 마시는 물에 독을 푼 것은 오로지 한인의 소위요, 또 지금 저들이 약탈을 자행하려한다」고 민중을 선동한 결과 마침내 포학한 군중으로 하여금 한인을 보기만하면 도처 살육에 참극을 연출함에 이르렀다.

이때 군병들은 소위 "보호"한다 칭하고 강제로 한인 전부를 포박하여 군영에 가두고 그 수면의 때를 타서 불사르고 쏘아 학살하였는데 옴죽하는 대로 먼저 죽이고 난사하여 주검이 산처럼 쌓이고 피가 강을 이루었다. 해당 군영 감옥에 갇혔던 한인 1만 5천 명 중 생명이 남아있는 자 과연 몇 사람이나 될는지?

그 소위 보호한다던 한인의 병영 학살참상을 직접 복도한 우리 유럽인들도 더 일병의 횡포만행을 공포 전율치 않은 자가 없었다. 이곳 일인이 한인을 몰살코자 지진 기회를 이용한 것이 명백하다. 우리 유럽인들은 그 때 이 소식을 각기 모국에 전달하려 하였으나, 일본정부는 앞서 무선전신 및 해저통신, 교통을 엄금, 단절하였다. 그 이유는 물론 한국인 소동과 정치적 난관을 두려워하였기 때문이다.

조준희 역

영인 3쪽

一. 倭兵이 同胞 壹萬五千名을 橫濱 軍營에 囚하고 虐殺하다.

一. 日本人民은 地震及變을 機會로ᄒ야 我 居住同胞를 到處 殺戮하다.

一. 日本政府는 自己 人民及軍兵의 蠻行에 對ᄒ야 朝鮮及世界 耳目을 掩蔽코저 無線電信及其他 一切 通信을 絶禁하다.

北京에 滯留ᄒ던 德人 붉흐앑 博士가 九月一日붓터 今 八日ᄭ지의 日本 地震의 眞狀을 目睹ᄒ고 歸朝ᄒ야 其 實記를 及時 伯林 포시쉐新聞에 發表ᄒ야 揭載된 바 玆에 其 一節을 譯ᄒ야 매 同胞의게 告함.

紀元四千二百五十六年 十月十二日 留德高麗學友會

韓人虐殺

橫濱의 地震 飛報를 接한 日本政府는 秩序維持를 爲ᄒ야 軍艦及軍隊를 派送하다. 當時 橫濱에서는 監獄을 開放ᄒ엿난디 三千餘名의 解放된 罪囚들은 燒火된 殘留物을 掠奪키 爲ᄒ야 자못 殺到亂雜하다.

이만한 日人中에 一, 二의 韓人이 有ᄒ엿는지는 未知커니와 何如間 第一 몬저 軍兵덜이 軍號를 宣佈ᄒ되 「市街 放火와 飮水浸毒은 全혀 韓人의 所爲이오, ᄯ 只今 더덜이 掠奪을 肆行하려한다」고 民衆을 煽動한 結果 마츰내 暴虐한 群衆으로 하여금 韓人을 보기만ᄒ면 到處 殺戮에 慘劇을 演出함에 至하다. 이ᄯ 軍兵덜은 所謂 保護한다 稱하고 强制로 韓人 全部를 捕縛ᄒ야 軍營에 被ᄒ고 其睡眠의 時를 乘ᄒ야 爆射·虐殺ᄒ엿난디 옴죽ᄒᄂ디로 先殺亂射ᄒ야 屍山血河를 成ᄒ엿다. 該軍營에 被囚되엿던 韓人 壹萬五千名 中 生命이 남아있난 者 果然 몃 스람이나 될는지?

其 所謂 保護한다던 韓人의 兵營 虐殺慘狀을 直接 目睹한 우리 歐羅巴人덜도 더 日兵의 橫暴蠻行을 恐怖戰慄치 아닌 者 업섯다. 이곳 日人이 韓人을 沒殺코저 地震 機會를 利用한 것이 明白하다. 우리 歐洲人덜은 其時 이 消息을 各其 母國에 傳達ᄒ려 ᄒ엿으나, 日本政府는 앞서 無線電信及總通信, 交通을 嚴禁斷絶ᄒ엿다. 其理由는 勿論 韓國騷動과 政治的 難關을 두려워함으로ᄤ ㅣ다.

이극로 발송 편지 1

1923.12.7.

인쇄물 재중!

베를린 동양어학과(중국어 반)
카를 슐체 씨

베를린 W.50 아욱스부르거슈트라쎄 23
발신인 코루 리 봉투

베를린, 1923년 12월 7일
친애하는 슐체 씨에게,

우리가 하는 한국의 일에 대해 보여준 당신의 따뜻한 관심에 이것으로 감사함을 전합니다. 우리는 한국의 상황을 소책자에 요약해 놓았습니다. 이 책자가 출판될 때, 우리는 당신을 기억하게 될 것입니다.

코루 리 배상
주소 : 아욱스부르거슈트라쎄 23 내용

정용준 역
영인 4쪽

Drucksache!

Herrn Karl Schulze
Orientalisches Seminar
(Chinesisches Klasse)
Berlin

Abs. K.L.Li
Augsburger str23
Berlin W.50 봉투

Berlin, den 7.Dezember 1923.

Sehr geehrter Herr !

Für Ihr warmes Interesse, das Sie uns in unserer koreanischen Angelegenheit entgegenbringen, sagen wir hiermit unseren Dank.

Wir sind dabei, die Lage Koreas in einer Broschüre zusammenzufassen. Bei Erscheinen derselben werden wir uns Ihrer erinnern.

Hochachtungsvoll
K.L.Li
Adr. : Augsburger Str. 내용

재독한국인대회 대표자 조사 보고서

1924.1.24.

사본

경찰서장　　　　베를린, 1924년 1월 24일

분류 I A　　　　알렉산더슈트라쎄 3번지

42 I A 3. 23.

원본과 그 첨부 문서를 내무부 장관에게,

여기,

재차 송부

　전단지 「한국 내 일본의 유혈 통치」는 서명자 3인의 공동 명의로 발행되었고, 우편을 통해 전송되었다. 전체적으로 약 5,000부는 독일어, 약 2,000부는 영어로, 약간은 중국어로 — 후자는 손글씨로 — 작성되었다. 문건은 저자들의 경험, 그 동포들의 서한을 기초로 만들어졌다.

　이칭 카오(Jh Tsing Kao), 중국 국적, 1893년 12월 14일 상하이 태생, 기독교. 그는 1920년 12월 17일부터 "정치학" 학업을 목적으로 — 뷔르츠부르크를 떠나 — 이곳에 체류 중이고, 1923년 11월 18일 이후로 샤를로텐부르크 니버슈트라쎄 71번지 Grofundel 집에서(Charlottenburg, Nieburhstr. 71 b/Grofundel) 거주한다. 그의 체류 허가는 잠정적으로 올해 6월까지 지속된다.

　C. J. 김(C. J. Kim)[1] 또한 학생이고 포츠담에 거주하는 것으로 판단되는데 상세한 주소는 아직 파악되지 않았다.

　리 코루(Li - Kolu)는 1896년 4월 10일 만주 봉천성에서 태어났으며 중국 국적자

1　[편쥐] 훔볼트대학 문서보관소 기록에 따르면, 김준연의 독일어 철자는 "Kim, Chun Jun", 국적은 "일본(Japan)", 거주지는 "Potsdam, Alte Luisenstr. 85"로 되어 있다.

다. 봉천성을 떠나 1922년 1월 10일 이후 샤를로텐부르크 아욱스부르거슈트라쎄 23번지 Barischoff 집에서 거주하고 있다. 그는 1922년 1월 10일 외무부로부터 학업용 체류허가를 취득했다.

이곳 한인들은 지금까지 단지 한 차례 집회를 열었고 그 자리에서 한국에서의 상황을 논의한 후 그것을 전단지로써 세계에 알리기로 결의했다. 앞서의 3인이 글 앞머리에서 언급된 전단지를 발행함으로써 이 결의를 실행에 옮겼다.

이와 관련하여 추가 상황은 발생하지 않았다. 특히, 이러한 반일 운동을 추진해나갈 단체는 아직 조직되지 않은 상태다.

대리인 서명.

===

내무장관.　　　베를린, 1924년 2월 5일
b 5889 II/23-

사본
외무부 귀중
1923년 12월 14일의 서신 ―IV b Ja. 2060 ― 과 관련하여, 일람해주시기를 요청합니다.

뢰르스(Loehrs)를 대리하여

송병욱 교정·교열
영인 5쪽

브뤼셀 국제피압박민족대회 관계 문서

본고에서 소개하는 자료는 1927년 벨기에 브뤼셀 국제피압박민족대회 한국 관계 사료로서, 네덜란드 국제사회사연구소(IISG, Internationaal Instituut voor Sociale Geschiedenis) 소장본 「조선 대표단 결의안」 2점 및 김법린의 프랑스어 연설문 「한국에서 일본제국주의 정책 보고」, 그리고 『에그몽 궁전의 봉화(Das Flammenzeichen vom Palais Egmont)』(1927)에 수록된 일본 공산주의 지도자 가타야마 센(片山潜)의 기조연설문 「일본에 맞선 한민족의 투쟁(Der Kampf des koreanischen Volkes gegen Japan)」이다.

1920년, 제1차 세계대전에서 승리한 연합국을 주축으로 국제 평화와 안전을 유지하고 경제·사회적 국제 협력을 증진시킨다는 목적으로 국제연맹이 설립되었다. 그에 앞선 1919년 3월, 소련 볼셰비키혁명 지도자들은 국제 노동계급 혁명을 완수하기 위해 코민테른을 창립했다. 1924년 코민테른 제5차 대회에서 1928년 제6차 대회에 이르는 시기는 중국의 제1차 국공합작으로 대표되는 '통일전선 실천의 시기'이자, '레닌주의'를 국제화하여 '이론의 통합'을 꾀하던 때였다.

1925년, 국제연맹과 코민테른의 대립 구도 속에서 자본제국주의에 대항하는 세계 통일전선 세력이 생겨났다. 독일공산당(KPD) 지도자 빌리 뮌첸베르크(Willi Münzenberg, 1889~1940)는 코민테른의 통일전선전술에 따라, 피압박 민중과 식민지 인민을 결속하기 위한 '국가독립 반제국주의 연맹(Liga gegen Imperialismus und für nationale Unabhängigkeit)'을 주도하였다. 국가독립 반제국주의 연맹은 국제노동자후원회, 인권대동맹, 화평주의단체연합회, 국제적색구제회(MOPR), 전시사망장졸가속회 등 여러 단체가 연합하여 결성된 것이다.

1926년 8월 독일 베를린에서 국가독립 반제국주의 연맹이 '국제 회의'를 개최하려고 했으나, 각 민족 대표의 준비 부족으로 성사되지 못한 채 연기되었고, 같은 해 11월 22일부터 12월 16일까지 코민테른 집행위원회 제7차 확대회의가 소련 모스크바에서 열렸다.

'국제 회의' 연기 소식을 접한 독일 한인유학생 단체 유덕고려학우회(留德高麗學友會)에서는 한국의 실상을 알릴 절호의 기회로 판단했다. 당시 『동아일보』 기사는 회의 성과에 대한 기대를 한층 높였다.

今番 이 會議와 博覽會가 當初의 그 企圖대로 結果에 잇서서 好成績을 나타내여 天下 人士에게 現代와가치 正義와 人道의 소리가 一種의 假裝的 標語가 되어잇고 人間社會의 裏面은 依然히 暗澹하며 慘酷한 地境에 陷하여잇는 事情을 如實히 가라처주게 된다 하면 그 功績은 實로 偉大할지니 虛僞와 詭譎이 업고 正義와 人道의 觀念이 强者의 그것보다 徹底한 弱貧한 民族의 부르지짐을 公開한이만큼 우리 人類社會의 平和運動을 爲하야 쓰는 人間性의 反面인 掠奪, 搾取, 壓迫 等 惡性除去를 爲하야 警告가 될 것이오 싸러서 貢獻과 實益이 크리라고 밋는 바이다.[2]

대회 소식을 유덕고려학우회의 핵심 인물인 이극로에게 가장 먼저 알린 사람은 김준연 (1895~1971)이었다. 그는 유덕고려학우회 임원 출신으로서, 1925년에는 『조선일보』 모스크바 특파원으로 소련을 시찰하고, 조선공산당 책임비서를 지냈다.

이극로는 다시 프랑스에 있는 지인 정석해에게 대회 개최 소식을 전했다. 이에 파리한인회 회장을 맡고 있던 김법린이 대표 자격으로 파견되었다. 프랑스에는 재법한국민회(在法韓國民會)가 1919년 11월에 결성되어 1923년 6월까지 존속되었고, 홍재하에 의해 파리한인회 즉 파리한인친목회(巴里韓人親睦會)로 재정비되었다. 김법린은 1926년 7월 대학을 졸업한 뒤, 은행에 근무하면서 대학원에 진학한 상황이었다.

1926년 9월, 상하이 조선청년동맹회에서 이 대회에 출석할 대표를 위한 자료수집에 착수했고,[3] 1926년 12월, "내년 봄 1월을 기해 벨기에 브뤼셀에서 피압박민족대회가 개최된다"는 소식이 전해졌다.[4] 1926년 12월, 국내에서 2개 단체와 대표가 파견된다는 기사[5]가 나자, 경찰당국이 비상경계와 각 단체를 예의주시하기도 했다.

피압박민족대회 개최 시간 및 장소는 1927년 2월 10일부터 15일까지, 벨기에 브뤼셀에 그몽 궁전으로 확정되었다. 위원장에 영국인 조지 랜즈버리(George Lansbury, 1859~1940), 부위원장에 네덜란드인 에도 핌멘(Edo Fimmen, 1881~1942), 뮌첸베르크와 함께 인도인 샤토파디아야(V. Chattopadhyaya, 1880~1937)가 사무총장을 맡았다. 대회장에는 21개국, 174단체의 대표단이 참가하였다.[6] 한국에서 공식 참가한 사람은 이극로(Kolu Li), 황우일(Wooil Whang),

---

2 「被壓迫民族大會」, 『동아일보』, 1926. 12. 17.
3 「朝鮮의 參考資料 上海에서 募集해」, 『동아일보』, 1926. 9. 10.
4 「被壓迫民族大會」, 『동아일보』, 1926. 12. 17.
5 「弱小民族大會 全世界響應」, 『조선일보』, 1927. 1. 17.
6 "Liga gegen Imperialismus und für nationale Unabhängigkeit", *Das Flammenzeichen vom Palais Egmont*, Berlin, Neuer Deutscher Verlag, 1927, p. 229.

이의경(Yiking Li), 김법린(Kin Fa Lin) 4인이었다. 이들 4인의 소속은 이극로와 황우일이 서울 한인작가·언론인협회(Verein Koreanischer Schriftsteller und Journalisten, Seoul), 이의경이 재독한 인학생회(Verein Koreanischer Studenten in Deutschland), 김법린이 재법한인회(Verein Koreanischer in Frankreich)로 등록한 것이 확인된다.[7] 또한 김준연과 허헌[8]이 비공식적으로 참여하였다.

본회 첫날인 1927년 2월 10일 가타야마 센의 기조연설에 이어, 김법린은 조선대표단을 대표하여 일제 규탄 연설을 했다.[9] 이극로는 분과위원회를 조직할 때 원동위원회(遠東委員會) 정치산업부 위원이 되었으나, 대회의 주요관심사가 반영(反英)운동이 주류를 이루어 한국 문제가 관심을 끌지 못했다. 이에 이극로의 강한 항의로서 표결에 부쳐 약소민족 대표들의 동의를 얻었는데도 결국 부결되어 무산되었다.

2월 14일 최종 회의에서는 각 대표단의 결의안이 낭독되었다. 조선 대표단의 결의안은 "첫째, 일본으로부터 한국의 독립 확보, 둘째, 일본인들이 한국에서 취한 모든 특별한 권리는 무효"라는 2가지 안이었다.[10] 이는 이극로가 자서전 『고투사십년』에서, "① 마관조약을 실행하여 조선 독립을 확보할 것. ② 조선 총독정치를 즉시 철폐할 것. ③ 상해 대한 임시정부를 승인할 것"의 안을 대회 간부에게 제출했다는 회고와 세밀한 부분에서 차이가 난다.

그 이유는 현재 네덜란드 암스테르담 소재 국제사회사연구소에 소장된 당시 제출한 「조선 대표단 결의안」 원본을 살펴보면 알 수 있다. 독일어로 작성된 「조선 대표단 결의안」은 같은 제목의 내용과 사이즈가 다른 2본이 있는데, 이극로가 자서전에서 말한 취지대로 대회 전날에 미리 준비해둔 결의안을 제출(1927.2.9)했다가, 대회 중간에 무난한 문장으로 줄인 수정안을 다시 제출, 공식 채택(1927.2.14)한 것으로 보인다.

한국 학계에서는 피압박민족대회 당시 제출한 '결의안'이 채택되지 못한 것으로 잘못 알려져 있기에,[11] 이를 바로 잡고자 원사료를 공개한다.

이극로를 단장으로 하는 '조선 대표단'은 1927년 벨기에 브뤼셀 국제피압박민족대회에 참가하여 유럽인들에게 일제의 실체를 널리 알리고 각인시키고자 했다. 이극로 등이 본

---

7 *Ibid.*, p.234.
8 [편취 허헌(許憲, 1885~1951) : 함북 명천 출신 변호사·독립운동가·정치가. 1927년 신간회 중앙
   집행위원장, 1927년 보성전문학교 교장, 광복 후 조선건국준비위원회 부위원장, 1946년 남조선민
   주주의민족전선 수석의장, 남조선노동당 위원장을 지냈다. 1947년경 월북 후 1948년 북한 최고인
   민회의 의장 겸 김일성대학 총장, 1949년 조국통일민주주의전선 중앙위원회 의장을 역임했고,
   1951년 작고했다. 묘소는 평양 애국렬사릉에 안장되어 있다.
9 *Ibid.*, pp.146~148; 「弱小民族大會開會劈頭 朝鮮代表의 獅子吼」, 『조선일보』, 1927.2.11.
10 *op. cit.*, p.261.
11 고정휴, 『1920년대 이후 미주유럽지역의 독립운동』, 독립기념관 한국독립운동사연구소, 2009, 98쪽.

대회에서 유인물(「한국의 문제」) 배포와 규탄 연설, 결의안 제출·채택으로써 일제의 침략성을 고발하고 임시정부에 대한 승인을 얻고자 필사적으로 노력했다는데서 그 의의를 찾을 수 있을 것이다.

나아가 본 대회에서 아시아 문제에 대한 아세아민족회가 설치되고 조선, 중국, 인도, 시리아 4개국 중 조선 위원으로 김법린이 피선되었다.[12] 제국주의와 식민지압박을 반항하고 민족자유를 위하는 대연맹'을 창립하여 파리에 본부를 두고, 아시아 문제를 연구하고 연락을 용이하게 취하기 위해 파리 거주자로 한정했기 때문이었다.[13] 김법린은 이후 12월 9일부터 11일까지 3일간 브뤼셀에서 열린 '반제국주의연맹 총회(GENERAL COUNCIL OF THE LEAGUE AGAINST IMPERIALISM)'에 최린과 함께 참석하여 한국의 실정을 보고하였다.[14] 이 대회에서 재정, 조직, 선전 문제가 결의되었다.

끝으로, 1927년 국제피압박민족대회 자료 원본은 네덜란드 국제사회사연구소에 보관돼 있고, 당시에 독일어로 번역되어 베를린 노이어 도이처 출판사(Neuer Deutscher Verlag)에서 『에그몽 궁전의 봉화(Das Flammenzeichen vom Palais Egmont)』(284쪽 분량)로 펴냈다. 본문에는 가타야마 센의 기조연설문, 김법린의 연설문, 한국 공식 참가자 명단과 직책, 「조선 대표단 결의안」이 수록돼 있다. 본고 김법린의 연설문은 독일어 번역본이 아닌, IISG 소장 프랑스어 원문이다.

---

12 「亞細民族會 대연맹과 서로 련락을 취해 朝鮮委員으로 金氏 被選」, 『조선일보』, 1927.3.22.
13 「朝鮮側委員 金法麟氏 略歷」, 『동아일보』, 1927.3.23.
14 「全世界被壓迫民族大會에 參席햇든 金法麟氏 歸國」, 『중외일보』, 1928.1.17; 최린, 『如菴文集』上, 여암최린선생문집편찬위원회, 1971, 256~259쪽.

조선 대표단 결의안

"Resolution der Koreanischen Delegation", 1927.2.9.

1919년 3월 1일 대한 민족의 독립선언과 (임시로 상하이에 위치한) 대한 공화정부의 구성을 통하여 그때까지 과거의 한국 정부와 현재의 일본 정부 사이에서 일본 제국주의의 이익을 위하여 폭력과 기만으로써 이루어져 왔던 모든 조약들이 무효가 되었다.

일제가 아직 우리의 정치적 권위를 승인하지 않기 때문에 우리는 부득이 일제에 무력으로 맞서지 않을 수 없다. 우리 민족을 일본의 억압에서 해방시키기 위하여 우리는 우리가 가진 모든 힘과 수단을 사용할 것이다.

우리의 회담이 오직 민족의 자유와 사회적 평등에 근거할 뿐이라는 확고한 믿음 속에서 우리는 회담에서 다음 사항들을 승인할 것을 요구하는 일이 정당하다고 생각한다.

1. 대한민국은 일본에서 독립한 국가로 간주되어야 하며, 그 수반은 공화정부 (임시로 상하이에 위치한)다.

2. 일본인들이 공적으로나 사적으로 한국에서 불법적으로 탈취한 모든 권리들은 무효다.

1927년 2월 9일 브뤼셀
조선 대표단

오지훈 역
영인 6쪽

조선 대표단 결의안(대회 채택안)

대한의 모든 민족단체들이 만장일치로 결의한 선언들과 만여 명이 목숨을 내걸었던 유혈 폭동을 통하여 대한민국은 전 세계 앞에서 완전한 독립에 대한 요구를 정당화하였다.

일본 정부가 우리의 독립을 승인하지 않는 한 우리는 부득이 일본제국주의에 대한 투쟁을 아주 강력하게 지속하지 않을 수 없다. 우리 민족을 일본의 억압에서 해방시키기 위하여 우리는 우리가 가진 모든 힘과 수단을 사용할 것이다.

우리의 회담이 오직 민족의 자유와 사회적 평등에 근거할 뿐이라는 확고한 믿음 속에서 우리는 회담에서 다음 사항들을 승인할 것을 요구하는 일이 정당하다고 생각한다.

1. 대한민국은 일본으로부터 독립한 국가로 간주되어야 한다.
2. 일본인들이 한국에서 불법적으로 탈취한 모든 특권들은 무효다.

1927년 2월 9일 브뤼셀
조선 대표단

오지훈 역
영인 6쪽

RESOLUTION der KOREANISCHEN DELEGATION

Durch die Erklaerung der Unabhaengigkeit des koreanischen Volkes am 1. Maers 1919 und durch die Bildung der koreanischen republikanischen Regierung (provisorisch in Schanghai) sind die saemtlichen Abkommen ausser Kraft getreten, die bis dahin zwischen der gewesenen koreanische und jetzigen japanischen Regierung mit Gewalt und Betrug fuer das Wohl des japanischen ~~Volkes~~ Imperialismus gemacht werden sind.

Da die japanische Regierung noch nicht unse politische Autoritaet anerkennt, sind wir gezwungen, dem japanischen Imperium mit Waffen zu begegnen. All unsere Kraefte und Mittel werden wir gebrauchen, um unser Volk von der japanischen Unter jochung zu befreien.

Im festen Glauben, dass unsere Konferenz lediglich auf der Basis der nationalen Freiheit und der sozialen Gleichheit fusst, fuehlen wir uns berechtigt von der Konferenz Anerkennung der folgenden Punkte zu verlangen:

1. Korea ist als ein von Japan unabhaengiger Staat anzusehen, an dessen Spitze die republikanische Regierung (provisorisch in Schanghai) steht.

2. Die saemtlichen Rechte, die sich Japaner staatlich oder privat in Korea angeeignet haben, sind nichtig.

Brussel den 9. Februar 1927
Koreanische Delegation

Resolution der Koreanischen Delegation

Durch einmütigen Kundgebungen aller koreanischen nationalen Organisationen, durch blutige Aufstände, in denen zehntausende ihr Leben eingesetzt haben, hat Korea seinen Anspruch auf völlige Unabhängigkeit vor der ganzen Welt begründet.

Solange die japanische Regierung unsere Unabhängigkeit nicht anerkennt, werden wir gezwungen sein, den Kampf gegen den japanischen Imperialismus bis aufs äusserste fortzusetzen. All unsere Kräfte und Mittel werden wir gebrauchen, um unser Volk Von der japanischen Unterjochung zu befreien.

Im festen Glauben, dass unsere Konferenz lediglich auf der

Basis der nationalen Freiheit und der sozialen Gleichheit fusst,

fühlen wir, uns berechtigt, von der Konferenz Anerkennung der folgenden Punkte zu verlangen:

1.) Korea ist als ein von Japan unabhängiger Staat anzusehen.

2.) Die sämtlichen Sonderrechte, die sich die Japaner in

Korea angeeignet haben, sind nichtig.

Brüssel, den 9. Februar 1927

Koreanische Delegation.

한국의 문제

"Das Koreanisch Problem", 1927.

한국

역사적으로 한국은 이전부터 우랄-알타이어[1]족에 속했으며, 한국인들은 중국인들과도, 일본인들과도 동일시 될 수 없다. 4000년이 넘도록 한국인들은 그들의 내부와 외부 정치에서 완전한 자유를 누렸다. 그들은 스스로의 문화를 만들고 그것을 보존해 나가는 방법, 낯선 문화를 수용하고 그들 자신의 문화를 이웃나라에 전파하는 방법을 잘 이해하고 있었다. 중국의 문화와 인도의 지식은 이 나라에서 매우 적절하게 수용됐으며, 일본인들은 그들의 삶이 한국의 문화를 통해 정제되었다는 사실을 부정할 수 없다.

수적으로 한국인들을 능가하는 일본인들은 자주 그들의 평화로운 이웃에 대한 약탈을 시도했다. 1592년부터 1598년까지 그들은 군대를 동원해 이웃을 기습한 적이 있으며, 그 후 그들은 해적과 도적으로서 한국의 해안가 주민들을 찾아왔다. 이러한 시도들은 해가 지날수록 양 민족 간의 적대감을 키웠다. 마침내 일본인들이 유럽의 현대 군사기술을 충분히 습득하게 됐을 때, 천년 가량 한 번도 잠잠한 적 없던 전쟁은 한국이 220,000평방킬로미터 면적의 영토와 20,000,000명의 국민과 함께 일본의 손에 들어가는 것으로 끝났다.

이 일은 1910년 8월 29일에 일어났다.

미국을 필두로 한 당시의 강대국들은 이 병합을 둘러싸고 경쟁했다. 우리는 이것이 우리 한국인들에게 어떤 의미를 가질 수 있는지 알고 있었다: 우리 조국의 상실, 우리 자유의 상실과 더불어 다가올 말할 수 없는 고통. 그리고 이 고통은 오늘날까지 여전히 끝나지 않고 있다.

* * *

---

1   [역쥐] uralaltaiischen : ural-altaischen의 오기.

합병 이후로 지금까지, 그러니까 17년 동안 일본인들이 한국에서 무력을 사용해 무엇을 얻었는가를 보여주기 위해, 우리는 한국인들에게 현재까지 강요되고 있는 경제적 삶으로부터 몇 가지만을 덧붙인다.

우리가 한국인들의 경제적 손해에 주목한다면, 무엇보다 한국에서 기생하는 일본인들을 먹여 살리는 비용이 눈에 띄는데, 그들의 계속 증가하는 수는 작년 거의 50만 명에 달했다. 이전의 통계를 보면, 이 식객들이 1년에 1,000,000,000마르크를 소비하는 것으로 나타난다. 한국의 부유층[2]의 대부분이 의무적으로 부과된 배상금 때문에 가난해지거나 실업자가 되었다. 3년 전 실업자의 수는 이미 997,000명에 달했다. 그러나 이는 우리가 한국의 경제적 손실에 대해 알릴 수 있는 사실 중 극히 일부분일 뿐이다. 한국인들을 위한 경제사업의 부재는 이러한 일본인들의 기생과 연결되어 있다. 일본 경제정책의 원칙은 한 가지 강조된 조항을 담고 있는데, 이에 따르면 모든 유망한 사업은 오직 일본인들을 위한 것이다.

대외무역뿐 아니라 모든 주요 국내 무역 역시 일본의 사업이다. 한국과 외국 사이 전체 거래이익이 15억 마르크에 달하기 때문에, 일본인들이 이 시장의 독점과 2천만의 강요된 소비자들을 통해 매년 얼마나 많은 이익을 낼 수 있는지 계산할 수 있다. 전도유망한 한국의 광산들은 일본인들에게 작년 5천만 마르크의 이익을 제공했다.

전 국민의 4분의 3 이상이 종사하는 농업의 총 수익은 해마다 약 3백만 마르크에 달한다. 현재는 한국 전체 경작지의 3분의 1이 이미 일본 자본가들의 사유재산이 되었다. 강제노동에 동원된 한국의 농민들은 한 가정이 평균적으로 연간 약 200마르크로 그들의 모든 생활비를 감당해야 할 만큼 착취당하고 있다.

유감스럽게 우리는 다른 경제 분야에 대해 확실하고 정확하게 집계된 통계를 갖고 있지 않다. 그러나 우리가 전체 한국 경제생산 중 적어도 절반이 일본에게 빼앗겼다고 말하는 것은 절대 과장된 주장이 아니다.

어떻게 다섯 명의 구성원으로 이뤄진 한 가정이 연간 약 200마르크로 그들의 생계를 유지할 수 있단 말인가?

---

2 [역주] führenden Klasse : führende Klasse의 오기.

* * *

한국의 비참한 경제상황은 한국인들이 그들의 나라를 현대적 수단으로 관리할 수 없기 때문이 아니다. 그 반대로, 우리는 합병이 되기까지 지속적으로 증가한 경제적 발전단계를 찾을 수 있다. 한국을 방문한 적 있는 자들은 한국 젊은이들의 지식욕이 얼마나 강한지 알고 있다.

착취하는 일본인들은 한국에서 일어나는 그들의 범죄적 행위를 외부에 숨기는 방법을 잘 이해하고 있다. 그들의 주장에 따르면 한국은 그 국민들이 아직 충분히 문명화되지 않은 나라이며, 한국인들은 마치 아프리카 내륙, 호주 등의 야만적인 사람들과 같은 생활을 하고 있다; 한국인들은 기껏해야 과거 한 때 높은 수준의 문화를 가졌으나, 현재는 외세와 경쟁하거나 외침에 대항할 능력이 되지 않는다. 그러므로 그들은 일본의 문화적, 경제적 인도와 더불어 군사적 보호가 필요하다. 이 주장을 뒷받침하기 위해 한국에서 기생하고 있는 일본인들은 한국인들의 나쁜 측면과 개인들의 위반적 행위들을 서술하고 일반화하는 데 전념하고 있다. 모든 발전은 일본의 공으로 돌아가게 된다. 이렇게 한국인들의 삶에 대한 잘못된 인상이 외국에 전해졌다.

일본의 명목상 선의의 문화정책은 정치와 경제면에서 훌륭한 모든 한국 사람들이 합병 이후 어떤 범죄도 저지르지 않은 채 어두운 감옥 안에서 겪은 노고와 같은 것이다. 이미 많은 사람들은 그들의 삶을 희생해야 했다!

일본의 문화정책을 위해서는 한국인이 운영하는 모든 학교와 고등교육기관, 늘어나는 대학들을 사전에 없애 버리는 것이 불가피해 보인다.

또한 일본의 인도적 정책이란, 한국의 아이들이 일본의 교육기관에서 필요한 교육을 누리기 위해, 아이들이 6~7세 때부터 일본어를 말하도록 강요하는 것이다!

한국인들은 신문도, 책도 한국어로 인쇄할 수 없다!

어떤 한국인도 자신의 자본으로, 자신의 땅에 한국인 노동자들과 함께 경제적 사업을 시작할 수 없다!

모든 한국의 경제, 문화기관들은 징역형으로 위협받고 억압받고 있다.

한국의 역사책을 읽거나 한국의 노래를 부르는 자는, 일본의 통치자가 그러한 '범죄'를 확인한다면, 모두 감옥에 간다. 이것이 '한국의 문화'를 진흥시키는 방법

이다.[3]

논리적으로 생각하는 모든 사람들은 현재 한국의 상황이 일본의 영광이나 무질서의 개선을 의미하는 것이 아님을 인정해야 한다. 이는 문화와 발전을 질식시키는 탐욕의 결과일 뿐이다.

* * *

일본의 외교를 통해 왜곡된 견해를 갖게 된 사람들은 한국인들이 일본의 정치에 만족한다고 믿는데, 이는 사실이 아니다. 한민족은 언제나 일본의 지배에 적대적이었다.

한국 내 일본인들의 군사적 강압에 반하여 얼마나 많은 반란이 일어났었는지 세계에는 알려져 있지 않다. 몇몇 집단은 문화적으로 더 미개한 이웃에 의한 한국의 억압에 맞서 싸웠다. 한국의 많은 지역에서 힘 있는 사람들이 무력을 동원한 기생충들의 침략을 막기 위해 연합했다. 일본은 일본의 정책에 반하는 모든 활동에 대해 잔혹하게 대응했기에, 우리는 일본제국주의[4]의 꼭두각시들을 세계에서 가장 야만적인 인간들이라 부르는 데에 주저하지 않는다.

가족 중 한 명이 일본에 반하는 어떤 행위를 했거나, 계획했다는 혐의로 — 노인과 아이 가리지 않고 — 가족구성원 전체가 총살당하는 일이 드물지 않게 일어난다. 때때로 반일운동을 이유로 마을 전체가 교회, 학교와 함께 불태워진다; 주민들은 대량학살에서 도망갈 수 없도록 사전에 감금된다.

실제로 일본의 약탈정책에 반하여 무언가를 감행했던 한국인들뿐만 아니라, 일본인들이 경쟁자라 믿는 유능한 한국인들 역시 제거 당했으며, 그 결과 한국의 발전에 대한 모든 기대가 절망적이 되었다. 정신적으로 뛰어난 한국인들은 일본에게 고문당했다. 고문은 다음과 같다. 한겨울에 차가운 물을 사람들에게 붓거나 손톱과 손가락 사이에 바늘을 찔러 넣는다. 달궈진 천공기를 피부에 문지르기도 하고, 사지를 찢어 벌린다. 피부의 몇몇 부위를 떼어내기도 하고, 성기구멍에 부식성 물질을 부어 넣기도 한다. 우리는 일본 경찰에 의해 이러한 고문들이 오늘날에도 여전히 반일행위에 대한 보복으로 행해지고 있다는 사실의 증인들이다.

---

3 [역주] 반어법
4 [역주] Imperialismus : Imperialismus의 탈자.

이러한 야만[5] 행위에도 불구하고, 학생들을 필두로 한 한국인들은 1919년 3월 1일 그들의 독립을 선언했다. 이것은 마지막 조치가 아니었다. 우리는 계속해서 우리의 자유를 되찾기 위해 모든 조치를 취할 것이다.

이 자유운동에 반하여 일본인들은 폭력과 간계를 동원해 싸운다. 독립운동이 완전히 평화로운 성격을 띠는 곳에서도 폭력은 사용된다. 자유를 요구하는 한국에 대한 일본의 첫 번째 대답은 군대와 경찰서를 두 배로 증강한 것이었다. 그 후 총독이 교체되었는데, 그리하여 우리의 독립운동을 이전 총독과 그의 폭력정치에 대한 한국인들의 불만 결과로 돌렸다. 그들은 한국인들에게 세 가지 신문사를 허용해주기 위해 언론법을 완화했지만, 그들은 반복되는 판매금지 혹은 매수를 통해 불편한 내용의 발행을 저지하는 방법을 알고 있다.

한국의 독립선언 후, 이미 조직됐던 노동운동과 청년운동은 교살 당했다.

일본은 우리를 폭력으로도, 간계로도 계속해서 억압할 수 없다. 우리는 일본에 대항하는 싸움이 우리를 자유로운 삶으로 이끄는 최후의 유일한 방법이라는 사실을 너무나 잘 알고 있다.

일본이 한국을 떠나거나, 우리가 치욕, 비통, 가난, 굶주림과 죽음에 맡겨지거나 두 가지 선택이 있을 뿐이다.

■ 잘라드룩 치거 운드 슈타인코프, 베를린 SO 16, 쾨페니커슈트라쎄 114

정용준 역

영인 7쪽

---

5   [역주] Barberei : Barbarei의 오기.

〔가타야마 센〕일본에 맞선 한민족의 투쟁
―일본 노동자운동 설립자의 연설

김법린의 연설에 앞서 일본의 노동운동 지도자 가타야마
센(片山潛)의 기조연설 「일본에 맞선 한민족의 투쟁」이 있
었다. 일본 등 제국주의에 맞선 식민지 국가들을 환영하고
노동자와 농민 단결을 통해 투쟁을 넘어 독립쟁취를 강조하
였다. 그리고 중국, 인도, 자바, 한국의 국제적 연대 필요성
을 역설하는 것으로 마무리하였다.

〔가타야마 센〕 **일본에 맞선 한민족의 투쟁**
― 일본 노동자운동 설립자의 연설

"Der Kampf des koreanischen Volkes gegen Japan : Rede des Begründers der japanischen Arbeiterbewegung", Liga gegen Imperialismus und für nationale Unabhängigkeit, *Das Flammenzeichen vom Palais Egmont*, Berlin : Neuer Deutscher Verlag, 1927, pp.146~148.

저는 이 회의에 참여할 수 있게 되어 매우 기쁩니다. 제가 일본 제국주의에 맞서 투쟁을 시작한 지 이제 25년이 지났습니다. 저는 여러분을 지지하며, 여러분과 함께 제국주의에 맞서 투쟁하고 있습니다. 유일한 차이점이라면 저의 적수는 일본에 있다는 것입니다. 저는 일본제국주의와 맞서 싸우고 있습니다. 여러분은, 여러분을 억압하고 쓰러뜨리며 착취하는 타국의 제국주의와 맞서 싸우고 있습니다.

제가 23년 전 처음으로 암스테르담에서 국제회의에 참석하였을 때, 동양에서는 단 두 명의 대표자들만 있었을 뿐입니다. 한 명은 인도인이었고, 다른 한 명은 저였습니다. 그러나 오늘 여기에는 제국주의에 반대하는 투쟁을 시작하기 위해서 전 세계에서 온 동지들이 참석하고 있습니다.

제국주의는 식민지와 반(半)식민지 국가들의 적일뿐 아니라 인류 전체의 적이기도 합니다. 우리는 제국주의와 싸워야만 합니다. 우리는 스스로 해방되어야 합니다. 제국주의는 많은 것들의 원인, 특히 전쟁의 원인입니다. 4년 동안 지속되었던 지난 전쟁은 유럽을 죽이고 살해하였으며 수난을 가져다주었습니다. 그 원인은 제국주의였습니다. 우리는 제국주의와 맞서 싸워야만 하는데, 제국주의는 전쟁으로써 세계를 위협하기 때문입니다. 핍박받는 나라들의 노동자뿐만 아니라 모든 자본주의 국가의 노동자와 농민 또한 우리를 위협하는 새로운 전쟁에 맞서 무장하여야 합니다. 노동자와 농민은 세계 프롤레타리아 계급의 횃불이어야 합니다.

저는 억압받는 식민지 및 반식민지 국가들의 사절단을 환영합니다. 저는 이 회의가 제국주의에 대한 투쟁을 위하여 개최된 가장 의미 있는 집회이기 때문에 여러분을 특히 환영하는 바입니다. 그러나 국내의 제국주의에 대한 투쟁만으로는 충분하지 않습니다. 그 투쟁은 자주 및 제국주의 국가들로부터의 독립을 위해 이끌어져야 합니다. 민족주의자들은 자주 그리고[146] 제국주의 국가들로부터 완전한 독립이 없다면 결코 자유를 얻지 못한다는 점을 깨달아야만 합니다.

그밖에 민족주의자들이 알아야 할 것은, 우리가 노동자와 농민의 협력이 없다면 결코 우리의 목적에 도달하지 못하리라는 점입니다. 제국주의자들은 교묘합니다. 그들은 여러분에게 여러 가지 유혹적인 정책으로써 다가올 것입니다. 그러나 다른 한편으로 그들은 모든 자유 및 급진 운동을 폭력, 경찰, 헌병, 심지어 파시즘으로써 분쇄하려고 애씁니다. 파시즘은 오늘날 자본주의의 하수인입니다. 그렇기 때문에 우리는 파시즘에 맞서, 그리고 이러한 개혁에도 맞서 싸워야만 합니다. 우리는 이런 편협하고 부적합한 개혁으로 인하여 어떠한 타협도 해서는 안 됩니다.

끝으로 저는 여러분 앞에서 중국에 대하여 언급해야겠습니다. 왜냐하면 오늘날 중국은 혁명운동의 깃발을 높이 들며 세계에 영향을 끼치고 있기 때문입니다. 자바 섬도 살펴보십시오. 그곳에서 자바인들은 제국주의와 투쟁하며 자바의 자유를 위해 자신들의 피를 흘리고 있습니다. 억압받는 민족의 대표자인 여러분 앞에 제가 여기서 한 가지 지적하자면, 그들은 우리가 군대도 돈도 없으므로 또한 제국주의에 맞서 싸울 수 없다고 생각한다는 것입니다.

그러나 동지 여러분, 중국을 보십시오. 중국은 군대와 대포로 다가온, 세계 최강의 제국주의 국가 영국에 심각한 타격을 주었습니다. 아니, 우리는 무기로 싸우지 않았고, 더 약한 민족의 가장 강력한 무기인 보이콧(불매 운동)으로써 싸웠습니다. 식민지 민족들은 제국주의와의 투쟁에서 보이콧의 의미를 인식하고, 또 그것을 다른 나라들에서도 적용하여야 합니다. 노동자와 농민의 연대인 보이콧은 가장 강력한 제국주의에 큰 타격을 줄 수 있는 최강의 무기입니다.

우리는 한국과 자바, 물론 중국에서도 혁명단체들을 조직하려 애쓰고 있습니다. 민족운동은 한 나라만으로 제국주의에 맞서 싸울 수 없음을 인식하는 것을 배워야 합니다. 국제적으로 조직하는 것이 필요합니다. 억압받는 모든 민족들을 국제적으로 조직하고 그들을 자본주의 국가의 노동자 및 농민들과 연대하는 것이 이 회의의 한 가지 과제입니다. 이 회의는 영국 제국주의에 맞서는 중국과 인도의 혁명단체들을 연합시키기 위한 도구가 될 것입니다. 이 두 대국은 일치된다면 영국뿐만 아니라 일본 및 미국 제국주의와도 맞서 싸울 정도로 충분히 강할 것입니다. 우리는 제국주의와의 투쟁을 준비하러 여기 이곳에 왔습니다. 우리는 중국에서 혁명단체들을 진압하려고 하는 제국주의 권력에 맞서 싸우기 위하여 이곳에서 조직되어야 합니다. 세계 프롤레타리아인은 자신의 에너지를 통합하고 제국주의에 맞서 인민 대중단체들을 다져 나가야 합니다. [147]

중화혁명 만세!

억압받는 식민지와 반식민지 국가들의 혁명운동 만세!

이 회의 만세! [148]

오지훈 역

영인 **14쪽**

〔김법린〕한국에서 일본제국주의 정책 보고

김법린 연설문 원고는 네덜란드 IISG에 "킨파린의 연설문(texte du discours de Kin Fa Lin)"이라는 설명과 함께 90년간 보관돼 왔다. 총 3부가 전한다. 프랑스명 "Kin Fa Ling"이 독일식의 "Kin Fa Lin"으로 잘못 전해진 점도 발견된다.

김법린이 연설문을 작성한 곳은 파리의 보탱병원(Felix Botin Clinique)[1] 직원용 숙소였다. 원고는 세로 330mm×가로 213mm 크기[2]로, 표지를 제외하고 본문 7쪽 분량이다. 프랑스어로 된 전문을 그대로 낭독할 경우 34분 소요된다.[3]

김법린 연설문의 제목은 「한국에서 일본제국주의 정책 보고」이며, 내용은 서론·본론·결론 형식을 갖추었다. 먼저 서론에서는 일본제국주의의 개념과 역사, 그리고 목표를 다루고 있다. 그는 수단과 방법을 가리지 않는 일본의 영토확장주의를 일본의 가장 큰 재산이자 신념이라고 보았다.

> 일본은 국가의 가장 고귀한 임무가 모든 수단과 방법을 동원하여 영토 확장을 하는 것이라는 보편적인 믿음을 가지고 있습니다. 이 같은 확장은 다른 이들을 희생시키거나 도덕적 이상에 반(反)하더라도 실현만 가능하다면 자신들에게는 문제될 것이 없다는 입장입니다. 이 영토 확장 자체가 가장 큰 재산이며 모든 인간적 가치는 이에 의해 희생될 수 있습니다.[4]

이와 같은 일본의 영토확장주의 역사는 서기 200년 신공왕후가 한국 침략을 시도한데서 비롯되었고, 그 역사는 16세기 도요토미 히데요시를 거쳐 19세기 요시다 쇼인에게 이

---

1 현재는 신식건물인 에두아르 리스트 병원(Centre Mediacal Edouard Rist)으로 개축·개명되었고 주소는 Clinique Médicale et Pédagogique Édouard Rist, 14, rue Boileau 75016 Paris. 해제자는 2007년 9월 27일 파라 유학생 이승희 씨의 도움을 받아 김법린의 연고지였던 보탱병원 터(현 에두아르 리스트) 및 소르본 대학 철학과를 답사하였다. 보탱병원 터는 해제자의 제안으로 독립기념관의 국외 사적지로 인정받았다.
2 기존 발표 논문에서 IISG 발송 사본 사이즈만 보고서 A4 크기로 잘못 언급했던 부분을 바로 잡는다.
3 역자의 연설문 낭독에 의함.
4 Kin Fa Lin, *RAPPORT SUR LA POLITIQUE IMPERIALISTE COLONIALE DU JAPON EN COREE*, 1927, p.1.

어졌다고 했다. 요시다 쇼인 등에 의한 일제의 3가지 프로젝트는 첫째, 동아시아영토 확장의 일환으로 대만과 한국, 일본 간 관계 수립을 통해 일본이 한반도에 권력을 행사하는 점, 둘째, 미대륙과 대서양 섬에 이민을 장려하여 평화적인 침투를 실현하는 해외영토 확장, 셋째, 중국 서부에 침투하여 실질적인 지배를 지배하고, 몽골에 침투하여 시베리아로부터 경제적 이익을 강탈하는 대륙정책이라고 하였다.

본론은 '제1장 한국에 대한 일제의 폭력'과 '제2장 일본의 한국 점령'의 두 부분으로 구성된다. 제1장은 1876년 강화도조약(조일수호조규)부터 1910년 일제 강점까지의 불평등한 관계와 역사를 짧게 요약했다. 제2장은 1910년 일제강점 이후 한국의 발전과 성공이 지속되었다는 일제의 주장을 반박하기 위한 내용이다.

총독의 「연간 보고서」는 철저하게 파렴치한 위선으로 합병 이후 지속적인 한국의 발전을 세상에 보여주었고 성공적인 행정을 자랑하였습니다. 또한 특정 부류의 외국인들이 내놓은 표면적인 관찰결과는 순진하게도 공식 보고서의 일부 진실을 뒷받침해 주었습니다. 오늘날의 한국이 20년 전 한국과 같지 않다는 사실은 인정합니다. (…중략…) 스스로 통치를 했더라도 다른 현대적 국가들이 해외무역의 증가와 산업에 과학을 접목시켜 발전하듯이 한국도 발전하지 않았을까요?[5]

2장에서는 행정조직, 사법행정, 교육, 경제 정책과 식민지화, 노동의 5개 항목에 걸쳐, 식민통치에 대한 실상 폭로 내용을 통계수치를 활용하여 객관적으로 전달하고자 했다. 첫째, '행정조직'항에서는 한국에서 총독의 위상을 소개하고, 경찰・헌병 수, 그리고 여론과 언론 정책을 고발하였다. 둘째, '사법행정'항에서는 '데라우치 총독 암살음모사건'을 예로 들고, 개인자유가 없음을 고발하면서, 구금자 수치의 증가를 예시하였다. 셋째, '교육'항에서는 한국의 한국인 학교 수와 일본인 학교 수 및 학생 수를 비교하고, 불평등한 관계를 알렸다.[6] 넷째, '경제 정책과 식민지화'항에서는 동양척식회사의 실체를 고발하였다. 끝으로

---

5 op. cit., p.3.
6 여기서 통계수치는 '1917년 관보'라고 언급했는데, 『조선총독부관보』를 직접 인용했다기 보다는 C. W. 켄달의 저술, 『한국 독립 운동의 진상』, 「한국 교육의 감리」편의 도표 등 기 출간된 서적 내용을 간접 인용했을 것으로 여겨진다. 참고로 김법린 연설문에는 오탈자가 10군데(p.1 ① Hidegashi : Hideyoshi의 오기, ② Formose : de Formose의 탈자, ③ d'insolantes : d'insolentes의 오기, p.2 ④ implaquable : implacable의 오기, ⑤ métériel : matériel의 오기, pp.3~4 ⑥~⑧ Teranchi : Terauchi의 오기(3곳), p.4 ⑨ Tokis : Tokio의 오기로 보이지만, Tokio는 스페인어 표기이고, 프랑스어로 Tokyo가 옳음, p.5 ⑩ d'immigrands : d'immigrants의 오기) 발견되는데, 이는 연설문 초고가 다소 급박하게 작성되었음을 보여준다.

'노동'항에서는 비참한 한국노동자들의 실상을 요약하였다.

결론에서는, 제2장의 통계분석에 비추어 한국에서 일본 식민 제국주의 정책이 "국제 사범 정책 중 가장 범죄적이고 부끄러운 것이라는 사실"임이 명백하고, "문명과 인류를 더럽히고 타락시키는 이 같은 수치와 범죄를 씻어 내고 처벌할 때가 되었다"라며 짧게 끝맺음한다.

구성	장명	분량	내용
서론	—	1쪽	일본제국주의의 개념과 역사, 3가지 프로젝트 소개
본론	1. 한국에 대한 일본의 폭력	1.7쪽	1876년 강화도조약부터 1910년 일제강점까지의 불평등한 관계와 역사 설명
	2. 일본의 한국점령	4.2쪽	행정조직, 사법행정, 교육, 경제 정책과 식민지화, 노동으로 본 일제 강점 실상 폭로
결론	—	0.1쪽	한국에서의 일본 식민 제국주의 정책은 국제 사범 정책 중 가장 범죄적이고 부끄러운 것이라는 사실이 명확, 이 같은 수치와 범죄를 씻어 내고 처벌하자.

이극로가 『한국의 문제』를 통하여 일본의 경제정책을 비판하고 박해 사례를 부각함으로써 자신의 주장을 감정에 호소해 관철시키려 했다면, 김법린 연설문은 한국의 교육문제를 중점으로 일제의 억지주장에 대해 구체적인 통계수치로 반박하여 일제의 실체를 폭로한 차이가 있다. 김법린이 유럽을 비롯한 각 국 참가자들에게 일제의 침략상을 객관적으로 판단할 수 있게끔 유도하고 자신의 주장을 더욱 정당화한 점은 뛰어난 설득 방법이었다.

〔김법린〕 한국에서 일본제국주의 정책 보고

"Rapport sur la Politique Imperialiste Coloniale du Japon en Coree", 1927.2.10.

내외귀빈 여러분,

한국에서 일본제국주의 정책에 관한 발표를 시작하기에 앞서 일본 제국주의가 무엇인지 상기 시켜 드리고자 합니다.

일본은 국가의 가장 고귀한 임무가 모든 수단과 방법을 동원하여 영토 확장을 하는 것이라는 보편적인 믿음을 가지고 있습니다. 이 같은 확장은 다른 이들을 희생시키거나 도덕적 이상에 반(反)하더라도 실현만 가능하다면 자신들에게는 문제될 것이 없다는 입장입니다. 이 영토 확장 자체가 가장 큰 재산이며 모든 인간적 가치는 이에 의해 희생될 수 있습니다.

일본제국주의 신념의 기원은 일본의 지적 능력이 발달하기 시작한 초기로 거슬러 올라갑니다. 서기 200년에 이미 신공(神功)왕후가 한반도를 침략하려고 시도한 바 있었습니다. 한반도 침략의 구상은 16세기에 도요토미 히데요시가 또 다른 시도를 할 때까지 줄곧 이어져 왔습니다. 일본의 어지러운 정국 때문에 몇 년간 침략을 하지 않았을 뿐입니다. 그러나 19세기 초 겐로[7]라 불리는 정치가 중 가장 존경 받던 인물인 요시다 쇼인[8]이 일본의 기질을 가장 비양심적인 제국주의로 전도하면서 침략구상이 다시 되살아났습니다. 종신고문인 겐로에는 이노우에, 이토, 야마가타 등이 있었습니다. 요시다 쇼인은 홋카이도의 개항, 캄차카 및 쿠릴 열도의 점령, 류큐 열도의 편입, 만주의 부분적 점령, 대만[9]과 한국 및 일본 간 관계수립을 조언했습니다. 여기에는 한반도에 권력을 행사하고 점진적인 위협을 보여줄 의도가 있었습니다.

---

7 [편쥐 겐로(元老, Genro) : 일왕의 자문에 응해 막후에서 국사를 좌지우지한 종신고문.

8 [편쥐 요시다 쇼인(吉田松陰, Yoshida Shoin) : 에도막부 말기를 대표하는 사상가.

9 [편쥐 프랑스어 'Formose(포르모스)'의 어원은 포르투갈어로 '아름답다'는 뜻인 'Formosa(포르모사)'에서 유래했다. 16세기 대만해협을 지나던 포르투갈 항해사들이 대만을 "Ilha Formosa(아름다운 섬)"이라고 부른 데서 비롯되었고, 지금도 유럽이나 미국에서는 타이완 대신 포르모사라고 부름.

이것이 근대 일본의 엄청난 제국주의 프로젝트입니다. 여러분들 모두 1894년 중국과 1904년 러시아에서 거둔 뜻밖의 승리에 도취된 일본이 어떤 비열하고 폭력적인 방법으로 이 같은 프로젝트를 실행에 옮겼는지 아실 겁니다. 그러나 일본 제국주의자들의 탐욕은 여기에서 멈추지 않았습니다. 그들은 다음의 어마어마한 프로젝트 두 개를 더 구상하였습니다. 첫 번째는 이민 장려로 미국대륙과 대서양 섬에 상황이 허락하는 한 이민을 많이 하여 평화적인 침투라는 구상이 실현되도록 하는 것입니다. 이것이 해외영토 확장 정책입니다. 두 번째는 중국의 서쪽영역에 침투하여 중국의 해체를 용이하게 하고 대립정당을 창설하여 중국전체가 실질적으로 일본의 지배하에 놓이게 하는 것입니다. 그리고 몽골에도 침투하여 이 거대한 국가에 보호령을 행사하면서 가능한 한 시베리아로부터 많은 경제적 이익을 강탈한다는 대륙정책을 가지고 있었습니다.

이것이 일본제국주의의 야심 찬 계획의 세 기둥이었습니다. 첫 번째 계획은 이미 이루어진바 일본은 악착스럽게 나머지 두 계획을 이루려고 노력을 하고 있습니다. 여러분들에게 1차 세계대전 중 일본이 중국에 요구하였던 21개조 요구의 모욕적인 슬픈 기억을 상기시킬 필요가 없을 것으로 압니다.

이 같은 공격적 정책의 최종 목표가 무엇이겠습니까? 일본 관례법의 초반에 명시된 바와 같이, 타인을 희생시키며 영토 확장을 하는 것이 전 인류의 가장 큰 업적입니다. 일본의 폭력은 일본인과 일본의 이익만을 위한 정복의 목표인 것입니다. [1]

이 같은 주장을 명확하게 하고 증명하기 위하여 이제부터 한국에 대한 일본의 폭력성과 1910년부터 일본의 한국점령이라는 두 가지 시각에서 한국에서 일본 정책을 소개해 드리겠습니다.

1. 한국에 대한 일본의 폭력

1876년 강화도조약 체결 이후 일본은 먼저 한국 국내 정치에 간섭을 하기 시작하였고 그 결과로 1885년부터 서울에서 반일 운동이 일어났습니다. 이에 일본은 중국에 보상을 요구하였는데 그 이유는 폭동에 중국군이 가담한 것으로 추정되었기 때문입니다. 일본과 중국의 협상은 1885년 톈진 협정 체결로 일단락됨으로써 양국은 한국에서 일·중 군대의 철병을 약속하였고 한쪽이 다른 쪽에게 미리 알리지 않은 상황에서는 파병하지 않기로 결정하였습니다. 추후에 한국의 부패정권을 상대로 봉기가 일어났을 때 이 부패정권은 중국정부의 도움을 받아 반란을 진압하였습니다. 그런데 반란이 진압된 이후에도 두 강호는 각각의 군대를 철수시키려 들지 않았습니다.

중국이 한국정치에 내정간섭을 거부한 이후 일본은 중국에 대하여 전쟁을 선포하고 승리를 거둠으로써 조선에 최고 권력을 행사하게 되었습니다. 그러나 일본의 정책은 한국인들의 강한 반발에 부딪히게 되었으며 특히 명성황후는 일본의 내정간섭에 반대하고 일본의 음모를 모두 좌절시켰습니다. 1895년 명성황후는 궁에 난입한 일본군에 의해 공식적으로 처형을 당하는 비극적인 시해를 당하였습니다. 이와 같은 방법으로 일본은 한국 내 일본 저항세력을 무력화시켰지만 결과적으로 한국민 전체를 적으로 만들었을 뿐입니다. 그리고 한국에 대한 러시아의 탐욕이 드러났을 때는 한반도 전체가 북의 침략으로부터 한 사람인양 뭉치기도 하였습니다.

일본에게는 개입할 수 있는 호기였고 한국은 '동아시아의 수호자'와 일시적인 화해를 해야 될 필요성을 느꼈습니다. 1904년 「한일의정서」가 체결되었고 일본에게 한국은 군사작전기지가 되었습니다. 장비와 인력 면에서 한국은 일본에게 매우 유익했습니다.

러·일 전쟁 초기에 일본은 세계에 한국의 정치적 독립성과 영토의 보존을 위해 싸운다고 선언했습니다. 한국에는 그 같은 내용으로 다음과 같은 구체적인 약속을 하였습니다. 1904년 2월 23일 체결된 「한일의정서」 제3조를 보면, "대일본 제국 정부는 대한제국의 독립과 영토보전을 확실히 보증할 것"이라고 되어 있습니다. 이 같은 「의정서」에도 불구하고 일본의 군사작전을 용이하게 하기 위하여 한국의 우편과 통신에 대한 통제가 일본에 넘어갔습니다. 그리고 일본은 전쟁에서 승리하자마자 한국과 공식적으로 맺었던 「의정서」와 전 세계에 했던 선언을 파기하고 총검을 들이대며 한국을 손아귀에 넣었습니다. 황제와 대신들의 강력한 거부, 국민의 탄원서와 통곡, 자살로 이어진 탄식, 일본 군 당국 앞에 무력한 온 국민이 주도하는 투쟁 속에서 1905년 11월 17일 일본군의 총검과 대포의 힘으로 을사늑약이 맺어졌습니다. 420년 동안 이어져 온 주권국가로서 역사를 자랑스럽게 여기는 2,000만 국민의 분노와 저항의 고통스러운 상황을 여러분에게 더 길게 말씀 드리지는 않겠습니다. 우리처럼 국제 범죄의 야만적인 공격을 당한 경험의 수위에 따라 여러분의 상상에 맡기겠습니다.

고종황제는 자주권 회복을 위해 세계 강국에 호소를 할 목적으로 1907년 헤이그 평화회의에 특사를 파견하였습니다. 이 얼마나 순진한 행동이었습니까! [2]

고종황제의 특사는 회의에 참석하지 못하였고 일본당국은 이 사건을 빌미로 한국에서 더 단호한 정치를 펼쳤습니다. 고종은 의지가 약한 황태자에게 양위할 것을 강요당했습니다. 그와 동시에 일본 정부의 도구 역할을 하던 조정의 대신들과 당시 조선통감으로 부임한 이토 히로부미 사이에서 조약이 체결되었습니다. 조약의 핵심 내용은 조선통감에게 조선 행정권을 이양한다는 것으로 을사늑약에서는 외교권과 외교문제의 해결만 이양하기로 되어 있었습니다. 그러나 신협약안[10]의 두 조항을 살펴보면 다음과 같습니다.

> 제2조 조선 정부는 조선통감의 사전 승인 없이 어떠한 법령, 행정명령, 규정을 공포할 수 없으며 중요한 행정 조치도 취할 수 없다.[11]
> 제4조 조선의 전 고위공무원의 임명 및 해임은 조선 통감의 승인 하에 이루어진다.[12]

위 조항들이 얼마나 특징적이고 무례한 지 보셨을 겁니다. 그 이후에는 조선군을 해산시켰고 이에 온 국민은 의병을 조직하며 이 파렴치한 소행에 항의를 제기하였습니다. 이 유명한 의병들의 영웅적인 자취는 전국 곳곳에서 찾을 수 있으며 이들은 곳곳에 숨어서 적절한 시기에 일본 군대와 싸울 준비를 했습니다.

이제는 한국에 대한 일본의 길고도 점진적인 폭력의 마지막 범죄행위를 말씀

---

10 [역주] 신협약안 : 한일신협약(韓日新協約). 정미7조약(丁未七條約)이라고도 한다.
11 [역주] "제2조 한국정부의 법령제정 및 중요한 행정상의 처분은 미리 통감의 승인을 거칠 것."
12 [역주] "제4조 한국고등관리의 임면은 통감의 동의로써 이를 행할 것."

드리는 일이 남았습니다. 1909년 안중근이라는 용감한 한국 젊은이가 이토 히로부미 — 침략을 주도하고 한국에서 일본제국주의 정책을 펼쳤으며 당시에는 만주에 대한 끝없는 탐욕을 채우려 러시아 첩보원과 음모를 꾸미고 있던 — 를 정당하게 사살한 이후 일본은 의정서 체결 당시 전 세계와 한국민에게 했던 마지막 공식 약속을 급하게 파기하였습니다. 의정서 체결은 다소간 일시적인 것으로 한국 정부가 제자리를 잡아 아시아의 평화를 더 잘 보전할 때까지 한국을 통치하겠다는 내용이었습니다. 1910년 8월 29일 데라우치 마사다케에 의해 한국은 일본에 합병되어 일본의 주(州)로 전락하였으며 초대 총독으로 임명된 데라우치는 인류의 양심 앞에 부끄러울 만한 피로 물들인 행정 통치를 시작하였습니다.

2. 일본의 한국점령

총독의 연간 보고서는 철저하게 파렴치한 위선으로 합병 이후 지속적인 한국의 발전을 세상에 보여주었고 성공적인 행정을 자랑하였습니다. 또한 특정 부류의 외국인들이 내놓은 표면적인 관찰결과는 순진하게도 공식 보고서의 일부 진실을 뒷받침해 주었습니다. 오늘날의 한국이 20년 전 한국과 같지 않다는 사실은 인정합니다. 천황의 각별한 신하들의 폭력적이고 이기적인 정책으로부터 얻은 피로 얼룩진 교훈으로 국가 인식이 깨어났다는 의미의 정신적 발전을 제외하고라도 침략을 위한 철도와 도로 건설이라는 물질적 개발이 있었습니다. 그럼에도 불구하고 한국이 자주권을 회복하지 않은 이상 일본이 이 같은 개발에 대해 자랑할 권리가 있다고 누가 감히 말할 수 있겠습니까. 스스로 통치를 했더라도 다른 현대적 국가들이 해외무역의 증가와 산업에 과학을 접목시켜 발전하듯이 한국도 발전하지 않았을까요? 한국의 발전은 어떤 식으로, 누구의 이득을 위해서 이루어졌습니까. 다시 말해 어떤 정신으로 한국이 통치되었습니까? 이와 같은 질문에 한국에서의 일본 행정의 다양한 절차를 간략하게 분석하여 답변을 해보도록 하겠습니다. ③

a) 행정조직

행정조직의 형태와 원칙은 다른 제국주의 정부의 것과 같습니다. 그러므로 특별히 살펴볼 필요가 없겠습니다. 단 가장 특징적인 부분에 주목해 보겠습니다. 아무런 의회기구가 존재하지 않는 한국에서 가장 높은 권력을 지니고 있는 총독이라는 직책은 매우 흥미로운 것입니다. 한국 헌법에 따르면 이 직책은 대개 일본 해군사령관이 맡아야 되는 것입니다. 그는 일본 의회 앞에 책임이 없으며 천황에게만 책임을 다해야 합니다. 일본이나 한국에서 그의 정책을 비판할 수 있는 기관은 전혀 없으며, 그의 정책에 반대하는 소리를 내려는 일본 또는 한국 신문들은 모두 정간되거나 다른 주인에게 매매되었습니다.

일본은 군사정신으로 무장한 채 한국에 힘을 과시하였습니다. 모든 공무원들은 일본군의 것과 구분이 안 되는 정복을 착용하고 칼을 차야 합니다. 또한 공무원 대신에 계급이 다양한 군인들을 훈련시켰는데 이는 총독부터 정부병원의 의사와 각급 학교의 교사에까지 적용이 되었습니다. 그러니 420년 동안 위대한 도덕적 문화 속에서 생활했던 평화적이고 정직한 정신을 가지고 있는 국민이, 일상적으로 당하는 수도 없는 끔찍하고 더러운 폭력적 상황들이 얼마나 힘겨웠겠습니까.

일본이 한국을 점령하였을 당시에 주둔군은 2개 사단이었는데 1915~1916년 사이에 2개 사단이 증파되었습니다. 그러나 이 같은 증강은 불필요한 것으로 현 정부에 대항하는 어떠한 저항 움직임도 진압할 수 있을 정도로 경찰과 헌병의 수가 많았습니다. 1915년의 공식 통계에 따르면 경찰과 헌병 본부가 273곳이 있음을 보여줍니다. 일본 정부가 세운 병원이나 학교 같은 자선 기관의 수 — 각각 14개와 386개 — 와 비교하면 놀라울 정도로 대단히 많은 것입니다.

공공 여론과 언론을 무시하는 정책은 상상을 초월합니다. 다음은 일본의 유력 신문이 보도한 찬사로 가득한 개탄입니다. "언론에 대한 데라우치의 대응 정책은 정말 효율적이었다. 가장 유력한 신문을 모두 짓밟았을 뿐 아니라, 가장 약한 신문을 복종하도록 만들었다. 여론이 자유롭게 분출될 수 있는 모든 출구를 봉쇄했으며 바깥 세상에 한국의 실제 상황을 모르도록 했다."(『도쿄 아사히』, 1916.10)

b) 사법행정

일본은 한국을 일본 국민과 같은 법으로 통치한다고 했습니다. 그러나 법에 따른 통치는 단순한 형식에 지나지 않았습니다. 법의 적용에 있어서 특별법이 일반법에 우선한다는 법적인 원칙에 따라 6개의 일본법은 방대한 양의 특별법이 적용되는 상황에서 완전히 무용지물이었습니다. 더군다나 특별법이건 일반법이건 간에 이 법은 일본인이 만든 것으로 한국민을 전혀 모르며 한국의 역사, 전통적 기관, 관습과 특히 한국민의 감정을 전혀 모르는 이들이 만든 것이었습니다. 일본법이 한국인에게 맞는다고 치더라도 적용 자체가 편파적이었습니다. '한국의 음모'라고 불리는 유명한 소송만 보더라도 한국인이 법으로 어떻게 보호를 받는지 잘 보여줍니다. 데라우치를 해치려는 음모를 꾸몄다는 추정만으로 결백한 농민, 젊은 학생과 수많은 지식인들을 체포하는 것은 너무 과한 일입니다. 신중한 사람이라면 그 누구도 자백을 얻어내기 위해 조직적으로 고문을 했다는 모순적인 소식을 믿으려고 하지 않았을 것입니다. 불행히도 이 같은 소문은 사실인 것으로 드러났습니다. 고문 받은 123명의 포로들은 현재 석방되었는데 그들은 모두 각각 어떠한 고통을 당했는지 이야기하였습니다.

대부분의 정치 반대자는 이처럼 일반 죄수들과 같이 고문을 당했고 대개는 법원의 사전 심의도 없이 소위 '특별법'에 따라 헌병대에서 판결이 내려졌습니다. 4

한국인에게는 개인의 자유가 용납되지 않았습니다. 개인 서신은 검열받았고 개인 주택은 파렴치하게 폭력적으로 아무 때나 수색을 당했습니다. 한국 사람들은 자유롭게 통행할 수도 없었습니다. 당국에 이동하는 목적지와 이유를 알려줘야 했습니다. 그리하여 해가 지날수록 구금자의 수는 늘어만 갔습니다. 공식 수치는 다음과 같습니다.

1911	16,807
1912	19,499
1913	21,846
1914	24,434
1915	27,255
1916	32,836

c) 교육

한국에 적용된 교육방식의 일반적인 경향은 다음과 같습니다. "한국인들은 무지하게 내버려둬야 하며 교육을 많이 받으면 안 된다. 그리고 한국인들의 교육이라는 것은 단지 형식적으로 있는 것이다." 다음의 사실들이 이를 뒷받침하고 있습니다. 1917년 관보를 살펴보면 한국인을 위한 공립학교의 수는 526개로서 주민 31,650명당 한 곳인데(당시 한국 인구는 16,648,129명), 일본인들을 위한 학교는 367개고 일본주민 874명당 한 곳 꼴이었습니다.(일본 주민 수는 320,938명)

자세한 통계수치는 다음과 같습니다.

한국학교	학생수
보통학교 441개	81,845명
고등보통학교 7개	1,791명
농업,상업,공업학교 74개	2,029명
의학교 1개	253명
법률학교 1개	138명
공업학교 1개	282명
농업학교 1개	72명
총 526개교	86,410명

일본학교	학생수
소학교 342개	37,911명
중학교 3개	1,478명
여자고등보통학교 10개	1,648명
고등상업중학교 7개	899명
동양척식학교 1개	18명
상업기술학교 1개	513명
총 367개교	42,467명

한반도 내 한국 인구와 일본 인구에 있어서 교육 분야에 커다란 불평등이 존재하는 비율임에도 불구하고 일본 정부는 같은 해에 일본인을 위해서는 59개 학교를 신설한 반면에 한국인을 위해서는 단 25개 곳을 신설하였습니다. 일본인과 같은 교육여건을 마련하려면 한국인 학교는 526개가 아니라 19,048개가 필요한데 말입니다. 또한 통계수치를 얼핏 봐도 알 수 있듯이 고등 교육이 거의 사라졌다는 사실을 눈 여겨 볼 필요가 있습니다.

한국의 모든 학교에서 교육은 일본어로 진행되었습니다. 1908년에 공립학교에는 233명의 한국인 교사가 있었던 반면에 일본인 교사는 63명이었습니다. 1913년에 한국인 교사는 1,138명이고 일본인 교사는 458명이었는데 다시 말해 5년간 한국인 교사의 증가율 대 일본인 교사의 증가율은 44.8[13] 대 7.2였습니다. ⑤

한국인 학생은 학과 과정 중 삼분의 이를 일본어를 배우는데 할애해야 했는데 대개 일 년이 지나면 어느 정도 습득이 가능했습니다. 일본인과 한국인을 교육하는데 있어서 차별을 둘 이유가 무엇이 있을까요. 두 학교에서 가르치는 주제가 양과 수준에 있어서 다르다는 것 외에도, 한국의 남학교에서는 한국역사와 지리 교육은 금지되어 있었습니다. 외국어 또한 금지되었습니다. 교과과정은 일본역사, 지리와 문학으로 채워져 있었습니다.

한일 합병 이후, 일본을 제외한 다른 나라로 유학간 한국 학생은 단 한 명도 없습니다. 설령 위장을 하여 떠났다 하더라도 귀국을 할 수 없었는데 그의 이름이 '위험인물' 명단에 등재되었기 때문입니다. 또한 이들 모두는 정부 형사의 감시를 받기도 했습니다.

한국인들은 고위직에 진출하기 위한 시험을 치를 수가 없었습니다. 몇 명의 사법 공무원이 있긴 했는데 이들은 판사라기보다는 통역관으로 일했습니다. 이들에게는 검찰관의 업무에 관여할 권리가 없었습니다. 또한 어떠한 한국인 판사도 일본인의 소송을 다룰 수 없었습니다. 한국인 검사의 봉급은 일본인 동료에 비해 약 삼 분의 일에 불과했는데 같은 학교에서 수학했음에도 불구하고 일본인들은 봉급 외에도 상당한 액수의 수당을 받았습니다. 이렇게 해서 한국인들은 정부로부터 완전히 배제

---

13 [역주]44.8 : 4.88의 오기.

되었고 그들의 이해관계 — 대개는 사활이 걸린 — 에 반하여 이루어진 정책을 비판할 권리도 없었습니다. 다음에는 1924년 총독부 공무원의 공식 수치입니다.

공무원 수	봉급
일본인 30,433	32,529,575엔
한국인 19,920	10,352,960엔

같은 해 한국인구의 통계수치는 다음과 같습니다.

일본인	411,595
한국인	17,619,540

일본인 공무원의 비율은 수치가 명확하게 보여주듯이 일본인 인구의 십 분의 일인데 비해 한국인 공무원 수는 한국 인구의 천 분의 일이었습니다!

d) 경제 정책과 식민지화

먼저 한국에는 경제적 자유가 존재하지 않았습니다. 거의 모든 부유층 가구에는 일본인 조사관이 상주하여 재산과 재무 경영을 감시하도록 되어 있었습니다. 은행(모든 은행은 일본은행이었음)에 예금이 있던 한국인들은 은행장에게 돈의 목적과 사용용도를 알려주기 전에는 막대한 금액을 인출할 수가 없었습니다. 무역이나 기업의 자유로운 운용에 대한 공식적인 속박은 매우 힘든 일이었습니다. 상인이든 기업인이든 모두 개업을 하기 위해서는 총독에게 사전 승인을 받아야 했습니다. 승인은 느리고 억압적이었기 때문에 수천 개의 사업체들이 생기기도 전에 사멸했습니다.

한국에서는 부동산의 의미가 매우 중요하고 한국적 애국심의 한 요소이기도 합니다. 농민들에게서 볼 수 있는 이 같은 본능은 일본 식민정책에 장애가 되었습니다. 가장 좋은 경작지들이 한국인 소유였기 때문에 일본정책의 주요 목표 중 하나는 이들 토지수용에 대한 것이었습니다. 이를 위해 1908년 일본 정부의 지시 하에 회사가 설립되었는데(회사의 자산은 10,000,000엔으로 그중 60,000엔은 당시 한국정 부로부터 받아 낸 채권이었고 가장 좋은 공유지였음), 일본 정부는 6 국고에서 연간 250,000달러를 선취하여 이 동양척식회사에 지원하였습니다.

1919년 1월 26일 『뉴욕타임지』 기사를 보면 이 회사의 설립 목적은 일본에서 스스로의 능력으로 자립할 수 없는 일본사람들을 한국의 식민지화에 이용한다는 것이었습니다. 이들에게는 한국으로의 이주비가 지급되었고 주택과 경작지, 식 량, 종자 등이 제공되었습니다. 이 회사는 한국 농부의 토지를 헐값에 매수하였 습니다. 기사에 따르면 여기서 일본 정부가 개입을 하게 됩니다. 아시아적인 방 식으로 개입을 하는데, 모든 금융조직이 정부 감시하에 놓이는 조선은행에 집중 이 됩니다. 영국은행이나 미국 재무부, 프랑스 중앙은행과 견줄 만한 이 막강한 조직은 매개체인 지점을 통하여 나라의 모든 화폐를 끌어 모으고 토지의 가격을 하락시켰습니다. 다른 한편 한국인들은 세금을 내고 일상생활의 요구를 충족시 키기 위해 토지를 매각해야만 했습니다. 그러므로 토지 가격의 하락은 급격하게 이루어졌고 매각의 기회를 노리고 있는 은행직원들은 실제 가격의 오분의 일 가 격으로 토지를 매입하였습니다.

한국의 가장 비싼 토지의 오분의 일 이상이 일본 이민자의 손으로 넘어갔는데 이들 은 은행의 조작에 의해서 땅을 구입할 수 있었습니다.

십 년도 안 되는 기간 동안 35,000 일본인 가족이 한국에 자리를 잡았습니다. 토 지를 매각한 한국 농부들은 어떻게 되었을까요? 상업을 하든가 산업분야에 종사할 까요? 그렇다면 어떻게 끔찍한 기업 승인 정책의 어려움을 극복했을까요? 불행히 도 그들에게는 하나의 출구밖에 없었습니다. 사랑하는 조국을 떠나 생계와 정신적 인 자유를 위해 막막한 북만주의 먼 고장으로 이주를 했습니다. 최근의 정보에 의 하면 1926년 11월 중순 이후부터 한국을 떠난 이들이 하루에 수백 명이라고 합니 다. 만주에 거주하는 한국인 농부 수가 백만 명에 달한 지 오래입니다. 요약하면 한국인의 축출과 일본인의 무제한적 이민이 동양척식회사 정책의 핵심이었습니다.

e) 노동

노동자가 정부의 정책으로 가장 많은 고통을 겪었는데 이는 노동자가 임금 없이 일해야 했기 때문입니다. 특징적인 예를 들자면 정부는 새로운 도로를 건설했는데 산업이나 무역을 개발하기 위한 목적이 아니라 군사작전과 경찰의 통행 용이성을 위해 도로를 건설한 것이었습니다. 어떠한 배려나 동정심도 없이 정부는 토지를 수용하기 위하여 법의 도움을 받았습니다. 노동자들은 임금도 받지 못한 채 이 도로들의 건설에 투입되었습니다. 불쌍한 무급 노동자나 농민들이 일하기에 불편한 날이든 아니든 간에 그들은 당국이 요구하는 날에 일해야 했습니다. 도로건설은 다음과 같은 정신으로 이행되었습니다. 국민에게 행해진 어떠한 피해나 부당행위와 관계없이 계획이 세워졌고 명령이 하달되었으며 일할 사람들이 소집되었고 그들에게 일할 것을 명령하였습니다. 그들이 하소연을 하면 견책을 받았고 애원을 하면 채찍질이 가해졌으며, 저항하는 이들은 투옥되었습니다. 결과적으로 도로를 건설하여 일본 군대가 더 쉽게 전개하고, 도로 건설을 다그치기 위해 한국에서 더 편하게 행군할 수 있도록 해주게 된 것입니다.

그러므로 노동자들의 생활상은 해가 갈수록 비참해졌습니다. 1924년의 통계에 따르면 한국농민의 연간 소득은 12엔을 조금 넘는 수준으로 대략 120프랑 정도에 불과합니다. 하찮은 금액으로 천만 명 이상의 노동자들이 각각 일 년 동안 생활해야 된다고 생각해보십시오. 이것이 합병 이후 일본의 통치로 이루어진 주요 사실입니다.

우리의 분석을 더 깊이 하지 않더라도 한국에서의 일본 식민 제국주의 정책은 국제 사범 정책 중 가장 범죄적이고 부끄러운 것이라는 사실이 명확해졌습니다. 이제 문명과 인류를 더럽히고 타락시키는 이 같은 수치와 범죄를 씻어 내고 처벌할 때가 되었습니다! [7]

심영섭 역
영인 15쪽

〔부록〕 김법린 학적부

파리 대학

인문학부

읽기 쉽게 쓰시오.

성, 이름 : 파링 킨(Fa Ling Kin)

태어난 장소와 날짜 : 1899년 8월 23일 한국

학생의 국적 : 중국인

학생의 주소 : 3, rue Mayel Paris

부모의 주소 또는 지도교사의 거주지 : 한국 서울 안국동 40번지

학생이 이미 취득한 학위 : 학사

그가 어떤 시험을 준비하고 있는가? : 일반 철학, 심리학, 윤리와 사회학, 근대
철학사

그가 대학에 직위를 갖고 있는가? : 아니오

그가 다른 학교나 학부 소속인가? : 아니오

공공 강연을 목적으로 하고 있는가? : 예

학생의 서명:

뒷면을 보시오.

뒷면 : 학기별 등록상황

1. 이 서류 앞면에 명시된 나 킨파링은 윤리와 사회학의 석사학위를 목적으로
등록했음을 선서합니다.

파리, 1923년 11월 6일

서명

주소: 12 rue Boileau

2. 위와 동, 근대철학사 석사학위를 목적으로
파리, 1924년 3월 12일

3. 위와 동, 심리학 석사학위를 목적으로
파리, 1924년 11월 24일

4. 위와 동, 논리학과 심리학 석사학위를 목적으로
파리, 1925년 3월 11일

이승희 역

영인 20쪽

국제피압박민족대회 신문 기사 목록

① 「國際反帝國主義大同團 獨逸 伯林에서 開催」, 『동아일보』, 1926.9.10.

② 「被壓迫民族大會」, 『동아일보』, 1926.12.17.[1]

③ 「朝鮮代表 派遣設로 神經過敏한 當局－약소민족대회와 경찰, 當事者는 事實 否認」, 『조선일보』, 1926.12.24.

④ 「被壓迫民族大會와 海外 各團體의 示威」, 『동아일보』, 1927.1.8.

⑤ 「弱小民族大會 全世界 響應－◇朝鮮서도 二團體 參加－卄世紀前半史 變更」, 『조선일보』, 1927.1.17.

⑥ 「大會劈頭에 朝鮮代表가 日本壓迫을 彈劾－◇묵서가[2] 대표는 미국을 탄핵할 터◇ 國際反帝國主義大會 消息」, 『동아일보』, 1927.2.11.

⑦ 「弱小民族大會 開會劈頭 朝鮮代表의 獅子吼－백이의에 세계약소민족대회 열리자 개회 벽두에 조선인 대표 김 모가 연설－日本의 壓迫을 彈劾」, 『조선일보』, 1927.2.11.

⑧ 「白國 首都에 開催된 反帝國主義大會記－一九二七年 二月 五日부터 同十四日－◇白京에서◇ 伯林通信員 特信」, 『동아일보』, 1927.3.21.

⑨ 「全世界同志를 糾合 連帶로 生存權 主張－구주대전 이후 심해진 렬강의 압박 약소민족이 한자리에 모혀 대책강구－(一)弱小民族大會實記」, 『조선일보』, 1927.3.21.

⑩ 「『自由殿堂』에그멍宮殿, 色彩다른 萬國旗!, ◇『사회평등, 민족자유』의 표어 ◇ 被壓民族反帝國主義大會」; 「前後 十回의 部分 集會, 壓迫事情을 陳述－압박밧는 사정을 각자가 일일 진술, 전후 열 번의 부분덕 소집회를 개회, 朝鮮

〈그림 2〉「朝鮮 代表로 四氏 出席 和氣藹藹 中 開會」,『조선일보』, 1927.3.22.

側 會員도 幹部로」,『동아일보』, 1927.3.22.

⑪「朝鮮 代表로 四氏 出席 和氣藹藹 中 開會 – 일천이백만명의 흑인을 대표하야서 검은 얼골로 붉은 긔운도 한 흑인 대표/ (二)弱小民族大會實記」;「亞細民族會 대연맹과 서로 련락을 취해 朝鮮委員으로 金氏 被選」,『조선일보』, 1927.3.22.[3]

⑫「常設機關으로 大聯盟 創立 亞細亞民族會도 設置 –◇ 본부는 불란서 파리에 다 두어◇ 被壓民族反帝國主義大會」,『동아일보』, 1927.3.23.

⑬「모든 被壓迫民族과 모든 被壓迫階級에게 부륫셀 反帝國主義大會宣言(一)~

---

3 『동아일보』가 피압박민족대회 기사 사건으로 일제의 압수처분을 받아 주춤했던 사이,『조선일보』에서 이날 대회 참가자 4인의 실명과 사진을 공개했다.

〈그림 3〉〈◇(寫)出席한 朝鮮代表와 片山潛氏〉,「(寫)◇被壓民族大會會場……二月十日」,『동아일보』, 1927.5.14.

〈그림 4〉〈(寫)◇출석하엿든 조선대표〉,『동아일보』, 1927.5.26.

(六)」,『조선일보』, 1927.3.23~28.

⑭〈◇(寫)出席한 朝鮮代表와 片山潛氏〉,「(寫)◇被壓民族大會會場……二月十日」,「愛蘭……에서 第一 優待바더 / 피압박민족대회의 광경은 완연히 영국 규탄회의와 방불 ◇許憲氏의 歸國談」,『동아일보』, 1927.5.14.

⑮「(寫)약소민족대회의 조선 대표와 일본 대표」,「(寫) 브룻셀에서 열린 약소민족대회 광경」,「國際聯盟 對抗하는 弱小民族大會의 偉擧－만 일 년 동안 구경한 각국의 새 운동, 갑갑한 가슴이 얼마큼 시원하얏다－歐米漫遊歸來한 許憲氏談」,『조선일보』, 1927.5.14.

⑯〈(寫)◇출석하엿든 조선대표〉,『동아일보』, 1927.5.26.

한국의 독립운동과 일본의 침략정책

Unabhängigkeitsbewegung Koreas und japanische Eroberrungspolitik, 율리우스 지텐펠트,

1924.

율리우스 지텐펠트 인쇄, 베를린 W8 [2]

머리말

본 소책자는 어떻게 4000년 이상 정치적 독립성과 높은 수준의 문화적 성취를 누리던 한 민족이 처음으로 외세의 지배하에 억압받게 되었으며, 그들이 그들의 독립을 되찾기 위해 어떻게 힘쓰고 있는지를 보여주는 데에 그 목적이 있다. 아래에 서술되는 것은 일본인들과 우리의 저항의 가혹한 싸움의 역사에서[1] 아주 작은 단면에 지나지 않지만, 이는 유럽인들에게 일반적이고 대략적인 사실을 알려줄 것이다.

극동에서 한국은 지중해에서 발칸반도와 같다. 30년 전부터 한국문제는 극동 내 힘과 정치적 분쟁의 중심이었다. 1910년 8월 29일의 합병을 통해 2,000만 인구와 더불어 218,650km²의 영토는 일본인들의 가혹한 군사 지배로 넘어가게 되었다.

1924년 2월, 베를린

코루 리 [3]

---

1 [역쥐 원문 '-의 …-의 …' 같은 문장 구조는 매끄럽지 않지만, 저자가 쓴 문장에 가깝게 번역하기 위해 문법적 수정을 하지 않음.

목차

역사적 개관

I. 한국의 개혁과 외세의 쇄도

II. 1910년의 합병과 그 후의 해

III. 1919년 3월 독립선언과 그 후의 시간

---

2 [역주] 정미7조약을 의미.

3 [역주] ostasiatische : Ostasiatische의 오기.

제3장
항일 저술

역사적 개관

일찍이 한국인들의 조상들은 송화강 지대부터 만주를 지나 한반도에 이르는 아시아의 동북부에 거주했다. 기원전 2333년, 9개의 한국인 부족이 단군을 그들의 황제로 추대했을 때, 첫 번째 한국인의 국가가 세워졌다. 그의 국가는 조선으로 명명됐다. 조선의 영토는 동몽골과 아무르지방을 포함한 만주 전체 그리고 한반도로 이뤄져 있었다. 단군은 그의 아들 부루를 중국의 도산으로 보내, 그가 하왕조의 우황제가 소집한 회의에 참석하게 했다. 이 회의는 평화적 성격을 띠고 있었다. 이는 한국인들과 중국인들간 교류의 시작이었다. 단군은 그의 민족에게 하늘을 숭배하고 사회적 질서를 따르도록 가르쳤다. 그의 제국은 1480년 동안 지속되었다.

다른 왕조들이 세워지고 멸망했다. 기원전 18세기 옛 조선지역에는 세 개의 국가가 공존했다. 한반도 남동쪽에 신라왕국이 세워졌고, 남서쪽에는 백제왕국이 세워졌다. 고려왕국은 한국의 북부와 만주를 포함했다. 이 시절에 한국의 고유의 문화가 꽃피워졌다. 불교와 유교의 수용되어 융성했다. 학문, 예술, 수공업 등 모든 것이 점점 더 발전했다. 당시 아직 완전히 미개한 상태였던 일본은 모든 종류의 문화를 한국으로부터 들여오고, 배우기 시작했다.

고구려왕국은 가장 강성한 왕국이었다. 7세기 고구려왕국은 중국과 여러 차례 전쟁을 치러 승리했다. 그러나 마침내 고구려왕국은 중국의 당-왕조에 의해 점령되었다. 고구려의 다른 부분(한국 북부)은 신라에 합병됐다. 713년, 고구려왕국 출신의 대조영이 고구려의 영토를 중국인들로부터 되찾아, 발해 왕국을 세웠다.[4] 발해는 만주와 시베리아의 동쪽해안을 포함했다. [5] 발해는 빛나는, 높은 수준의 문화를 누리던 동아시아의 왕국이었다. 이 왕조는 214년 동안 지속되었다.

신라의 문무왕(661년 즉위)이 처음으로 한국의 전 영토를 자신의 지배하에 통일했다.

918년, 왕건은 신라왕조를 무너뜨리고 스스로 황제에 즉위했다. 그는 자신의 나라를 고려라 명명했다. 코리아라는 이름은 이 시절에서 유래됐다. 10세기의 과도기에 고려는 수십 년 동안 몽골의 거란족과 전쟁을 치러 승리했다. 13세기 대-몽골제국(칭기즈 칸)이 수십 년 동안 격렬한 전쟁을 이끌었고, 마침내 혼인을 통해 평화가 다시 세워졌다.

1392년에 이성계가 고려왕조를 멸망시키고 황제가 되어 그의 나라를 다시 조선(이전 왕조)이라 명명했다.

2세기 이후로 일본은 계속해서 한국에 대한 침략을 행해 왔다. 1592년, 일본의 독재자 히데요시는 한국에게 일본의 군대가 중국(명 왕조)을 공격하기 위해 한국을 지나 행군하도록 허용해줄 것을 부탁했다. 한국의 정부에서 그의 부탁은 격렬한 반대에 부딪쳤고, 당연하게도 거절됐다. 1592년 4월, 히데요시는 그의 장군들 우키다, 가토 그리고 고니시와 500,000명과 한 개의 해군부대를 한국에 보냈다. 한국은 중국에 도움을 요청했고, 중국은 성실하게 도움요청을 받아들였다. 한국 전체가 세 국가 군대의 전쟁터가 되었다. 전쟁은 7년 동안 지속됐다. 마침내 그 유명한 한국해군사령관 이순신이 100,000병력의 일본 해군을 격퇴함으로써 일본은 패전할 수밖에 없었다. 그의 전략은 탁월했고 그의 함선들은 철갑으로 싸여 있었다. 그는 철갑선의 창시자다(영국 해군사에 따르면 가장 오래된 철갑선은 한국의 철갑선이라고 한다). 이 전쟁에서 3백만의 한국인이 살해당했다. 그중 10분의 9는 민

---

4 금왕국의 건국자와 중국의 청왕조(만주)는 고구려 출신이다.

간인이었다. 셀 수 없는 도시들과 셀 수 없는 마을들이 불에 타고 파괴되었다. 거의 모든 문화제가 파괴되었고 수많은 가치 있는 물건들이 약탈되었다. 한국의 손해는 서술할 수도, 계산할 수도 없었다.

일본과의 전쟁 후에 한국은 한 번 더 끔찍한 전쟁에 시달리게 됐다. 이번에는 ⑥ 북쪽 만주족으로부터의 전쟁이었다. 한국이 일본에 대한 자국의 전쟁에서 중국의 도움을 받음으로써, 한국은 중국이 만주족의 침략에 대항하는 것을 도와야 한다고 여기게 되었다. 이러한 이유로 만주족은 1619년과 1627년 두 차례 한국 역시 침략한다. 이 전쟁들 후에 한국은 매년 전쟁의 배상으로서 자국의 생산물을 가져가는 사절단을 중국 청 황제들(만주족)에게 보내야 했다.

한국은 일본이 일으킨 전쟁으로 매우 쇠약해졌다. 여기에 한국을 근간부터 흔들기 위한 만주족의 침략까지 더해졌다. 이 이후 한국은 언제나 가능한 한 외세를 배척하려 힘썼다. 그러나 서양의 무력과 그들의 문화가 동양으로 밀고 들어오기 시작한 이후, 한국 역시 더 이상 외부로부터 간섭 받지 않은 채 홀로 머물 수 없었다. 그 결과 모든 종류의 변화가 모든 분야, 특히 한국의 정치적 분야에서 시작됐다.

I. 한국의 개혁과 외세의 쇄도

1. 1884년 개혁의 실패

이전에 한국은 이미 외국과의 모든 접촉을 가능한 한 멀리하는 정책을 따라왔다. 그러나 이희 황제의 아버지, 섭정으로 임명된 대원군 이후 외국의 영향에 대한 혐오가 더욱 부각되었다. 대원군은 매우 유능하고 단호한 남자였으나 서양 문화에 매우 낯설었다. 그는 서양의 세력이 한국에 관심을 갖는 것에 매우 큰 혐오를 느꼈다. 교역협정을 체결하기 위한 러시아(1866)와 미국(1871)과 독일(1872)의 시도는 실패할 수밖에 없었다. 그러나 이는 오래 지속될 수 없었다. 80년대에 외국 여행에서 돌아온 김홍집과 어윤중, 홍영식 등이 외국과의 관계를 끊는 것은 불가능하며 실용적이지도 못하다고 주장했다. 그 후로 한국은 유럽 국가들과 미국과의 관계를 받아들였다(독일과 한국의 조약은 1883년 11월 26일 체결되었다).

1884년 12월, 세계의 새로운 물결을 인식한 젊은 개혁가 김옥균과 박영효, 서재필은 정부의 구성원들과 [7] 그 밖의 국가경영에 주요한 위치를 차지하고 있던 보수적 인물들을 무력으로 제거할 목적을 세움으로써 단 번에 그들의 목표에 도달했다. 서울의 우체국 개국에 맞춰 살인이 시작됐다. 다음날 개혁정부가 구성되었다. 이 때 이전 정부 관료 일곱 명이 살해되었다. 그러나 이 새 정부는 며칠 뒤 다시 전복됐고, 그들의 지도자는 일본으로 도망가야 했다.

2. 동학당의 혁명과 중일전쟁

1884년 개혁 계획들이 실패한 뒤, 보수적인 세력은 점점 더 그들의 국내 영향력을 강화했다. 관료들의 부패와 귀족들의 힘은 그 정점에 달해, 많은 대중들이 억압 하에 언제나 불평해야 했다. 어떤 식이든, 감정의 폭발이 이미 예견되어 있었다. 1894년 초, 전봉준과 손화중을 지도자로 둔 동학당(1860년 최제우가 창시한 종교적·국수주의적 혁명당)이 한국남부에서 민중혁명을 불러일으키며, 그들의 목표가 모든 부패한 관료들을 몰아내고 민족을 궁핍과 고통으로부터 해방하는 것이라 선언했다.

며칠 뒤 서울남부의 모든 지방이 혁명의 물결에 휩싸였다. 매우 빠르게 다가온 혁명에 정부는 정신이 없어졌다. 정부는 혁명을 진압하기 위해 군인들을 파견했다. 그러나 아홉 달 후에야 정부는 상황을 다스릴 수 있게 됐다. 이 내전에서 300,000명 이상이 살해됐다.

이 시기에 한국에 있던 중국의 사절 위안스카이는 '북양함대의 총사령관' 리훙장에게 전신을 보내, 혁명으로 인해 어찌할 바 모르는 한국정부를 돕기 위해 중국의 정부가 즉시 군대를 보내 줄 것을 요청했다. 그 후에 리훙장은 그의 군대 중 한 부대를 전함에 태워 한국으로 파견했고, 그들은 1894년 3월 6일 충청남도 지방 아산에 상륙했다. 일본은 이미 오랫동안 한국문제로 인해 중국과의 전쟁을 계획했으며, 그들의 계획을 실현하기 위해 이 기회를 이용하고자 했다. 일본 역시 그들의 편에서 군대를 전함에 태워 한국으로 보냈다. [8] 곧 두 세력 간 충돌이 한국에 다가왔다. 이 때 일본의 사절 오시마는 한국의 정부로부터 상호방어동맹을 강요했다. 중국은 지상에서 뿐 아니라 수상에서도 전쟁에 패배했다. 1895년 4월, 시모노세키(일본)에서 중국의 전권대표 리훙장은 일본의 전권대표 이토와 평화협정에 서명해야 했다. 이 협정에서 양국이 절대 한국의 독립을 침해해선 안된다고 분명히 선언되었다. 그러나 이것이 무슨 소용이란 말인가? 머지않아 일본인들은 약속을 어겼다.

3. 일본인들에 의한 황후 시해

전쟁 이후 일본인들은 그들의 입맛에 따라 한국에서 마음대로 행동하였다. 그러나 그것이 처음 생각과 같이 쉽게 되지는 않았다. 전쟁의 결과 중국은 한국 내에서 완전히 철수하였다. 그러나 이제 러시아가 한국에서 점점 더 많은 이익을 보려 했다. 일본이 그들의 한국의 독립을 보장하고 존중한다는 약속을 어겼기 때문에, 여황제가 러시아와 가까워지고자 했으므로, 이는 매우 당연했다. 일본인들은 왕실에서 그들의 영향력이 약해지는 것을 보았고, 일본에 반대하여 러시아를 옹호하던 황후를 그 원인이라 판단했다. 일본의 공사 미우라는 비밀리에 황후를 시해할 계획을 세웠다. 1895년 10월 8일 이른 아침에 일본의 군인들이 궁전으로 쳐들어왔으며, 이 때 많은 한국의 친위병들이 살해되었다. 일본의 군인들은 황후가 자던 건물을 점령했고, 약 30명의 일본 살인자들이 황후의 침실을 습격하여 그녀를 시해했다. 그 후 일본인들은 황후에 시체에 등유를 부어 불태웠다. 한국에 있던 모든 강대국의 공사들이 이 살인에 매우 분노했고, 이로 인해 일본 정부로부터 해명을 요구했기 때문에, 일본의 정부는 미우라와 그의 서른 명 가량의 동료들을 체포해야 했다. 일본은 이 자들을 재판에 넘기기 위해 히로시마(일본)로 보냈으나, 그들은 모두 무죄로 풀려났다.

일본인들의 이 뻔뻔하고도 야만적인 행위는 한국 민족이 이성을 잃게 만들었고, 도처에서 불구대천의 원수를 박살내기 위해 자원하는 자들이 모였다. 한국에서는 이 지원자들을 '의병', 즉 정의의 군인이라 부른다. 이들 중 유인석과 허위는 가장 의미 있고 영향력 있는 지도자들이었다. [9] 몇 달 동안 이 지원자들과 일본인들 간에 많은 격렬한 전투가 치러졌으며, 전쟁 중 많은 사람들이 살해되었다.

4. 한국과 러일전쟁

일본은 시모노세키 평화조약을 통해 중국으로부터 받은 요동반도를 중국에 반환해야 했다. 러시아가 프랑스, 독일과 연합하여 항의했고, 심지어 일본에 최후통첩을 보냈기 때문이다. 그러나 곧 러시아인들은 중국의 뤼순 항과 다롄을 점령하였다. 일본은 이에 흡족해하지 않았다. 또한 한국 내 러시아의 영향은 커져 갔다. 이 외에도 러시아는 의화단 사건을 이유로 만주에 파견되어 있었던 군대를 철수시키려 하지 않았다. 그러므로 일본에게 있어 러시아와의 전쟁은 불가피했다.

1904년 2월 5일 일본은 러시아에게 전쟁을 선포했다. 같은 해 2월 23일, 일본의 공사 하야시는 두 개의 사단과 함께 한국 정부로부터 6개 조항 '조약'을 강요했다. 그 조약의 내용은 다음과 같다:

제1조 한·일 양제국은 항구불역(恒久不易)할 친교를 유지하고 동양의 평화를 확립하기 위해 대한제국정부는 대일본제국정부를 확신하고 시정(施政)의 개선에 관하여 그 충고를 들을 것.

제2조 대일본제국정부는 대한제국의 황실을 확실한 친의(親誼)로써 안전·강녕케 할 것.

제3조 대일본제국정부는 대한제국의 독립과 영토 보전을 확실히 보증할 것.

제4조 제3국의 침해나 혹은 내란으로 인해 대한제국의 황실 안녕과 영토 보전에 위험이 있을 경우 대일본제국정부는 속히 임기응변의 필요한 조치를 행하며, 대한제국정부는 대일본제국정부의 행동이 용이하도록 충분히 편의를 제공할 것. 대일본제국정부는 전항의 목적을 성취하기 위해 군략상 필요한 지점을 임기 수용할 수 있을 것.

제5조 대한제국정부와 대일본제국정부는 상호의 승인을 경유하지 않고 훗날 본 협정의 취지에 위반할 협약을 제3국간에 정립(訂立)할 수 없을 것. [10]

제6조 본 협약 관련 미비한 세부 조항은 대한제국외부대신과 대일본제국대표자 사이에서 임기 협정할 것.

1905년 여름 일본은 전쟁에서 완전히 승리했고, 이는 휴전에 이르렀다. 9월 5일 러시아의 전권대표 비테와 일본의 전권대표 고무라는 미국 포츠머스에서 평화협정에 서명했다. 이 협정의 제2조는 다음과 같다.

러시아 제국정부는 일본제국이 한국에서 정치상·군사상 및 경제상의 탁월한 이익을 갖는다는 것을 인정하고, 일본제국정부가 조선에서 필요하다고 인정하는 지도 보호 및 감리의 조치를 취하는 데 이를 저지하거나 간섭하지 않을 것을 약정한다. 러시아 국민들과 러시아의 기업인들은 다른 나라들의 신민들과 동일한 보호를 요구할 수 있다.

5. 보호 '조약'에 대한 민족의 분노

일본은 중국과의 전쟁을 통해 처음 중국을, 이번에는 세계 강대국 러시아를 한국에서 몰아냈다. 1905년 11월 11일 이토는 일본의 특별사절로 서울에 들어왔다. 11월 15일 이토는 5개 조항으로 이뤄진 보호조약의 초안을 황제에게 내밀었다. 황제는 격분하여 이토의 초안을 거절하며 말했다: "우리는 우리나라를 위해 죽을 수 있다, 그러나 이러한 조약에는 절대로 동의할 수 없다."

이에 이토는 황제를 무력으로 위협했으나, 그의 동의를 받아 낼 수 없었다. 11월 17일, 이토는 군대를 하야시 공사와 하세가와 장군과 함께 군대를 동반하여 왕궁에 들어와 왕궁을 점령했다. 그 후 이토는 한국 외무부의 인장을 얻기 위해 일본 외교사절 통역관 마에마와 한국의 외부(外部)에서 근무하던 일본인 직원 누마노를 일본 군대의 동행 하에 한국의 외부[5]로 보냈다. 그들이 인장을 가져왔고, 그 인장은 이 '조약'에 날인되었다(날인하는 것은 한국에서 서명하는 것을 의미한다). 이 조약의 내용은 다음과 같다:

제1조 일본국정부는 재동경 외무성을 경유하여 금후 한국의 외국에 대한 관계 및 사무를 감리(監理), 지휘하며,[11] 일본국의 외교대표자 및 영사는 외국에 재류하는 한국의 신민(臣民) 및 이익을 보호한다.

제2조 일본국정부는 한국과 타국 사이에 현존하는 조약의 실행을 완수할 임무가 있으며, 한국정부는 금후 일본국정부의 중개를 거치지 않고는 국제적 성질을 가진 어떤

---

5 [편주] 외부대신 관저.

조약이나 약속도 하지 않기로 상약한다.

　　제3조 일본국정부는 그 대표자로 하여금 한국 황제폐하의 궐하에 1명의 통감(統監)을 두게 하며, 통감은 오로지 외교에 관한 사항을 관리하기 위하여 경성에 주재하고 한국 황제폐하를 친히 내알(內謁)할 권리를 가진다. 일본국정부는 또한 한국의 각 개항장 및 일본국정부가 필요하다고 인정하는 지역에 이사관(理事官)을 둘 권리를 가지며, 이사관은 통감의 지휘 하에 종래 재한국일본영사에게 속하던 일체의 직권을 집행하고 아울러 본 협약의 조관을 완전히 실행하는 데 필요한 일체의 사무를 장리(掌理)한다.

　　제4조 일본국과 한국 사이에 현존하는 조약 및 약속은 본 협약에 저촉되지 않는 한 모두 그 효력이 계속되는 것으로 한다.

　　제5조 일본국정부는 한국 황실의 안녕과 존엄의 유지를 보증한다.

제3장
항일 저술

이 사건을 서술한 모든 신문은 폐간되었고, 그 신문사의 편집장은 체포되었다. 모든 것이 커다란 혼란 속에 있었다. 시종무관장 민영환과 많은 다른 이들은 스스로 그들의 목숨을 끊었다.

6. 제2차 헤이그 평화회의에 파견된 세 명의 한국 사절

세 명의 한국 사절단, 이상설, 이준, 이위종이 1907년 제2차 평화회의에서 한국을 대표하기 위해 헤이그에 파견되었다. 이는 오직 비밀리에 이뤄졌다. 이것이 평화조약에 위반되는 것이기 때문이다. 그러나 이 조약이 무력을 통한 강압에 의한 것이었고, 아직 한국의 황제가 직접 승인하지 않았기 때문에, 한국의 황제는 이 조치가 필수적이라 생각했다. 세 사절들은 회의에서 1905년 11월 17일의 '협정'에 반하여, [12] 다시 말해 평화조약에 반하여 호소문을 제출하며 자신들을 회의에 참석하게 해줄 것을 간절히 요청했다. 평화회의는 한국의 황제에게 전보로 그가 정말로 사절단을 파견했는지 물었다. 그러나 이 전보는 통감 이토에게 먼저 전달되었다. 당시 일본인들이 이미 모든 교통수단을 장악하고 있었기 때문이다. 이후 이토는 즉시 전보를 들고 한국의 황제를 찾아가 그가 평화조약에 반하여 행동했다며 황제를 매우 격렬히 비난했다. 이에 한국의 황제는 사절단을 파견하지 않았다는 전보가 이토에 의해 회의에 전달 됐다. 한국의 사절들은 이 소식을 듣고 격분했다. 그들 중 한 명인 이준은 자신의 죽음을 통해 진실을 알리기 위해 자결했다.

7. 자신의 아들에게 양위하기 위한 황제의 퇴위와 7개 조항에 대한 '조약'

황제에 의해 비밀리에 파견된 세 명의 한국 사절단이 헤이그에 나타난 결과 이토는 그에게 불편한 황제를 폐위할 수 있는 좋은 구실을 마련했다. 1907년 7월 17일 이토는 황제의 아들에게 왕위를 넘길 것을 황제에게 요구했다. 황제는 격분하여 이토의 부당한 요구를 거절했다. 다음날 밤 황태자를 섭정으로 임명하는 칙령이 반포되었다. 그러나 이토는 이에 만족하지 않았고 황제의 퇴위를 고집했다. 민중들 사이에선 분노의 폭풍이 일어났고, 왕궁의 문 앞에서 애국자들에 의한 시위가 열렸으며, 모든 이들이 하늘을 향해 소리쳤다:

"우리의 황제는 퇴위할 수 없다! 우리 모드는 우리의 조국을 위해 우리를 희상할 준비가 되어 있다."

그러나 적의 압박이 매우 강력하여 1907년 7월 19일 이른 아침 자신의 아들에게 양위하기 위한 황제의 퇴위를 공표하는 황제의 칙령이 발표될 수밖에 없었다. 이 발표로 민족은 격분하였고, 왕궁은 민중들로 둘러싸였다. 그들은 소리쳤다. 일본군대는 민중들을 무기를 동원해 해산시켰는데, 이 과정에서 많은 피가 쏟아졌다. 애국자들은 해산된 무리를 결집시켜 일본경찰서를 공격하였으나, 그들은 곧 일본 군인들에 의해 진압되었다. 애국자들 중 일부는 여러 섬으로 추방되었고, 다른 이들은 투옥되었다. [13] 7월 24일, 이토는 새 황제가 7개 조항으로 이뤄진 조약을 체결하도록 강요했다. 이 조약의 내용은 다음과 같다:

제1조 한국정부는 시정개선에 관하여 통감의 지도를 받을 것.
제2조 한국정부의 법령 제정 및 중요한 행정상의 처분은 미리 통감의 승인을 거칠 것.
제3조 한국의 사법사무는 보통 행정사무와 이를 구별할 것.
제4조 한국고등관리의 임면은 통감의 동의로써 이를 행할 것.
제5조 한국정부는 통감이 추천한 일본인을 한국 관리에 임명할 것.
제6조 한국정부는 통감의 동의 없이 외국인을 고빙(雇聘) 아니할 것.
제7조 1904년 8월 22일 조인한 일한협약 제1항을 폐지할 것(재정부 고문 폐지).

8. 한국군대의 해산

행정비용을 절약하고 군제를 개선한다는 구실 하에 통감부의 일본 대장 하세가와는 일찍이 한국 군대의 힘을 약화시켰다. 이후 수도에는 336명의 장교와 9,640명의 군인만이 있었고, 지방에는 다 합쳐 4,270명의 군인이 있었다. 황제의 퇴위 후 이토는 군대가 무언가를 계획하고 있을 수 있다는 사실을 두려워했다. 그리하여 그는 한국군대를 해산시킬 것을 하세가와와 비밀리에 결정했다. 1907년 7월 30일 하세가와는 새 황제를 찾아가 군대 해산 칙령을 내릴 것을 강요했다. 8월 1일, 하세가와는 해산을 실행하려 했다. 제1연대 제1대대장 박승환은 이 소식을 듣고 격분하여 총으로 자살하였다.

자신들의 통솔자의 죽음 후 군인들은 극도로 분노하여 일본 군인들과 최후까지 싸우기 위해 탄약고를 부수어 열어 탄약을 꺼냈다. [14] 다른 군인들도 이 예를 따랐다. 한국 군인들과 일본군인들 간에 격렬한 전투가 행해졌다. 그러나 결국 한국인들은 진압되었다. 많은 군인들이 그 결과 지방으로 도망쳤고, 그곳에서 그들은 '의병'으로서 일본인들과 계속해서 싸웠다.

9. 지방에서 의병의 활동

'의병'은 국가가 위기에 처해 있을 때, 위로부터의 명령을 기다리지 않고 국가를 돕기 위해 스스로 모인 지원자들로 구성되어 있다. '의병'은 이미 한국에 세 왕국이 공존했던 때부터 전해져 내려온다. 많은 '의병' 중 1592~1598년 일본과의 전쟁 당시 결성된 '의병'이 가장 잘 알려져 있다. 1619년과 1627년 만주족의 침략 후 한국은 오랜 시간 평화를 누렸다. 그 결과 대부분의 민중들에게 군사적 훈련이 부족했다. 그러나 조국을 위해 스스로를 희생하는 한국인들의 용기를 인정해야 한다.

일본이 무력을 동원해 한국에 들어온 후로, '의병'은 일본인들에 대항하여 지속적으로 격렬하고 매우 힘든 전투를 이끌었다. 그들의 고난은 대단하다. 그들은 엄청난 궁핍 하에 싸워야 한다. 일본인들은 한국에 보내진 두 개의 사단으로 모든 '의병'을 멸절하려 했다. 그러나 그들은 이를 거의 성공하지 못했다. '의병'들은 통일된 거대한 군대가 아니다. 그들은 많은 수의 커다랗거나 작은 조직들이다. 마을에서, 도시에서, 산에서, 골짜기에서 그들은 갑작스레 출현하여 전투를 시작한다. 그들은 오늘날까지 그들의 임무를 계속하고 있다. 그들 중 다수가 만주와 시베리아에 있으며, 반복적으로 한국북부에 침입하여 관청들과 군 주둔지를 공격한다.

10. 장인환과 전명운의 스티븐[6] 사살

미국인 스티븐은 한국인 장인환과 전명운에 의해 오클랜드(미국 북부 샌프란시스코 옆)에서 살해당했다.

스티븐은 일본의 제안에 따라 한국 외무부의 직원으로 있었고, 보호협정을 위해 많은 것에 기여했다. 그가 미국으로 돌아간 후 이토의 주문에 따라 한국이 일본을 점령해야 하며, [15] 이토가 한국을 위해 많은 좋은 일을 수행하였고, 한국인들이 이토의 편에 있다고 알렸다.

장인환은 15년 징역형을 선고받았다.

11. 안중근의 이토 사살

1909년 여름, 이토는 자신의 조선통감직을 사임했다. 10월에 그는 러시아의 재무장관 코콥초프[7]와 함께 극동에서의 세력관계에 대해, 특히 만주와 몽골에서의 이권에 대해 의견을 말하기 위해 하얼빈에 도착하였다. 그 후 그는 다른 국가들의 대표들과 중국문제에 대해 협의하려 의도하고 있었다. 그는 중국의 재무관리가 되고자 희망하고 있었다.

10월 26일, 그가 하얼빈의 기차역에서 러시아의 장관과 인사하고 거대한 인파 앞에서 경례하는 군대를 지나 외교사절단을 향해 이동하던 도중, 그는 한국인 안중근에 의해 저격당했다. 이토는 그 자리에서 사망했고, 안중근은 세 번 "만세!"를 외치고 조용히 자신을 체포하도록 놔뒀다. 도둑민족의 대표로서 이토는 모든 종류의 악행을 한국에서 일삼았다. 그의 이 행위들을 그는 자신의 죽음으로 갚았

---

6 [편쥐] 원문은 스티븐(Steven)으로 되어 있으나, 스티븐스가 옳다. 본명은 더럼 화이트 스티븐스
   (Durham White Stevens, 1851~1908).
7 [편쥐] 블라디미르 니콜라예비치 코콥초프(1853~1943) : Vladimir Nikolaevich Kokovtsev(영), Вла
   димир Николаевич Коковцов(러).

다. 안중근은 1910년 3월 26일, 뤼순 항의 일본 감옥에서 사형 당했다.

이미 1909년 7월 이전에 안중근은 한국북부에서 통솔자로서 일본에 대항하는 '의병' 전투에 참여했었다.

II. 1910년의 합병과 그 후의 해

1. 일본에 의한 한국의 합병[8]

제3장
항일 저술

이토는 그의 모든 상스러운 언행에도 불구하고 그의 주먹을 감추려 노력했다. 그러나 세 번째 통감이자 한국의 첫 번째 총독이었던 데라우치는 무기와 감옥 밖에 알지도 사용하지도 못했다.

이토의 살해를 통해 일본인들에게 마침내 한국의 합병을 착수하기 위해 열망하던 계기가 주어졌다. 이는 당연하게도 이 계기가 아니더라도 머지않아 행해질 터였다. 당시 전쟁 장관이던 데라우치는 거대한 영향력을 가진 정치가 야마가타가 총애하던 자였는데, 그는 통감으로서 합병을 실행하기 위해 한국에 보내졌다. 1910년 7월, 데라우치는 서울에 들어와,[16] 즉시 합병을 진행했다. 그는 경찰청을 해산하고 그 자리에 경무총감부를 세웠다. 경무총감부는 전국의 헌병과 경찰을 장악했다. 데라우치는 일본으로부터 새로이 이천 명의 헌병이 오게 하였고, 그들을 모든 주요 장소에 배치하였다. 일본의 전함이 모든 한국의 해안을 감시했다. 도처에 군인들과 헌병들, 경찰들이 있었다. 모든 신문은 폐간되었고, 모든 모임은 금지되었다. 대중들에게 어느 정도 존경과 신뢰를 받던 모든 인사들은 구금되었다.

1910년 8월 22일 합병-'조약'에 서명이 이뤄졌고, 8월 29일 공표되었다. 통감이 사라지고 그 자리에 총독이 등장했다. 이 합병조약의 전문은 다음과 같다:

제1조 한국 황제폐하는 한국 전부에 관한 일체 통치권을 완전히 또 영구히 일본국 황

---

8 [역주] 원문 Japan 뒤의 마침표(.)는 문장이 아닐 경우 단어 끝에 찍지 않는다.

제폐하에게 양여함.

제2조 일본국 황제폐하는 전조에 게재한 양여를 수락하고 또 전연 한국을 일본제국에 병합함을 승낙함.

제3조 일본국 황제폐하는 한국 황제폐하, 태황제폐하, 황태자전하와 그 황후·황비 및 후예로 하여금 각기 지위에 따라 상당한 존칭, 위엄 및 명예를 향유케 하고 또 이를 유지함에 충분한 세비를 공급함을 약속함.

제4조 일본국 황제폐하는 전조 이외의 한국 황족 및 후예에 대하여 각 상당한 명예 및 대우를 향유케 하고 또 이를 유지하기에 필요한 자금을 공여함을 약속함.

제5조 일본국 황제폐하는 훈공이 있는 한인으로 특히 표창하는 것이 적당하다고 인정되는 자에 대하여 영예 작위를 수여하고 또 은금(恩金)을 줌.

제6조 일본국 정부는 전기 병합의 결과로 전연 한국의 시정을 담임하여 해당 지역에 시행할 법규를 준수하는 한인의 신체 및 재산에 대하여 충분히 보호해 주고 또 그 복리의 증진을 도모함. [17]

제7조 일본국 정부는 성의 있고 충실하게 신제도를 존중하는 한인으로 상당한 자격이 있는 자를 사정이 허락하는 범위에서 한국에 있는 제국 관리에 등용함.

제8조 본 조약은 한국 황제폐하 및 일본국 황제폐하의 재가를 거칠 것이니 공포일로부터 이를 시행함.

4000년 넘게 독립을 누리던 한 민족이 처음으로 외세의 지배하에 던져졌다. 많은 사람들이 자살했고, 많은 이들이 외국으로 도망갔다. 한국 내에선 많은 비밀결사가 조직되었다. 외국에서, 특히 만주와 시베리아, 미국에서는 숨김없는 저항이 조직되었다.

합병을 통해 한국의 자치는 사라졌다. 입법과 행정은 전적으로 총독의 손에 놓이게 되어, 중요한 문제는 일본의 황제가 결정하였다.

2. 동양척식주식회사

1908년, 당시 일본의 총리 가쓰라에 의해 설립된 동양척식주식회사는 한국과 만주를 합병하기 위한 매우 거대한 조직이다. 동양척식주식회사는 그 자본이 처음에는 천만 엔이었으나, 추후(1923)에 오천만 엔으로 불어난 주식회사다. 일본 정부가 이 주식회사의 대표를 임명하고, 이 주식회사는 매년 정부로부터 삼백만 엔을 원조 받는다. 동양척식주식회사의 주된 목표는 일본인들이 한국에 정착하기 위해 한국 내 토지를 획득하는 것이다. 이 단체에게 있어 이는 가장 성스러운 목표다. 어떤 인간도, 어떤 관청도 한국인들의 식량과 소득을 신경 쓰지 않는다. 굉장히 많은 토지가 무력과 사기, 기만을 통해 한국인들의 손에서 빠져나갔으며, 그 결과 수십만 명이 굶주리고 다시 수십만이 만주와 시베리아로 이주해야 한다.

3. 한국인들의 사업 방해

한국인들은 이미 오래전부터 근대적 방법으로 다양한 회사를 설립하여 대규모 기업을 경영하기 시작했다.[18] 그러나 합병 이후 총독은 한 가지 법령을 공포했고, 이 법령으로 인해 회사의 설립이 매우 제한적이 되었다. 그 외에도 관리들은 모든 수단을 동원해 한국인들이 무언가를 경영하는 것을 방해했다.

한국인들이 이미 이전부터 광물을 채굴할 권리를 요청했음에도, 그 권리는 대부분 일본인들에게 부여됐다. 일찍이 한국 내에서 광물채굴허가는 중앙정부에 의해 부여됐다. 그러나 총독통치 하에는 한국 농공상부가 광물채굴법령을 공포하게 되었다. 이 법령에 따라 많은 일본인들이 한국의 관리로 임명되었고 광물채굴권을 얻고자 하는 모든 이들은 채굴지역의 규모를 신고한 신청서를 제출하도록 요구받았다. 많은 한국인들이 숨겨진 땅의 보물을 찾아내기 위해 그리고 허가 신청서를 제출하기 위해 열심이었다. 이로 인해 채굴지역들은 즉시 일본 관리들에 의해 조사되었으나, 신청서들은 대부분 몇 년이 지난 후 거부되었다. 이로 인해 일본인들은 노력 없이 한국 내 광물들에 대해 더 상세히 알 수 있었으며, 일본인들은 가장 좋은 채굴지역을, 한국인들은 가장 나쁜 채굴지역을 할당받았다. 그로부터 한국인들은 어떤 이득도 얻을 수 없었고, 그들 중 대부분은 오히려 파산했다.

4. 한국인들의 사적 재산 감독

이전의 한국 황족 관리기관의 꼭대기에는 한국인이 대표로, 일본인이 부대표로 임명되었다. 그러나 모든 것은 일본인의 영향력 안에 있었으며, 특히 일본인의 동의 없이는 재산의 처리 역시 불가능했다. 500,000엔 이상의 재산을 소유하고 있던 황제의 친척들과 귀족들에게 총독은 각기 한 명의 관리인을 임명했고, 이들은 모든 수입과 지출을 감시했다. 일본인들은 그 외의 부유한 한국인들에게 관리인을 두기를 강요했다. 일본 경찰들은 때때로 한국인들의 집 안에 쳐들어와 재정상태가 기술되어 있는 문서를 조사한다. 그리고 누구든 자신의 은행 계좌에서 천 엔 이상을 한 번에 인출하려 하는 경우, 그는 그 목적을 정확하게 보고해야 한다. [19] 심지어 학교를 위한 기부 등의 경우에도 경찰은 그들의 관심을 쏟으며, 때때로 관여한다.

5. 지식의 봉쇄와 일본화

한국의 서양의 강대국들과 관계를 맺기 시작한 뒤 유럽의 모범에 때라 많은 교육기관이 한국 내에 설립됐다. 이와 함께 이미 오래전부터 한국 내 근대화가 시작됐다. 많은 신문과 잡지들이 출판됐고, 근대화를 실현하기 위한 많은 단체가 설립됐다.

그러나 합병 이후 모든 신문들과 잡지들이 금지됐다. 한국의 역사와 다른 나라들의 혁명의 역사, 다른 민족들의 해방의 역사 그리고 세계 강대국의 역사를 다룬 모든 책들이 압수되었다. 문화를 위해 활동한 모든 단체가 금지됐고, 사비로 유지되던 모든 학교들이 그들의 활동을 계속 수행하는 것도 모든 면에서 방해받았다. 일본인들은 모든 수단을 동원하여 한국인들이 고등교육을 받는 것을 방해하였다. 그렇게 그들은 한국인들이 대학교육을 받기 위해 외국에 나가는 것을 허용하지 않았으며, 심지어 그들은 학업을 위한 한국인들의 일본 여행마저 어렵게 하였다.

일본어와 일본역사가 모든 학교에서 주요과목이 되었다. 한국의 역사를 학교에서 가르치는 것은 강력하게 금지되었다.

6. 종교의 억압

일본인들은 언어와 역사, 풍속과 관습만이 아니라, 종교 역시 민족 내에서 큰 힘을 갖고 있다는 것을 파악했다. 그리하여 그들은 한국에서 성행하던 모든 종교들에 반하여 대대적 전쟁을 시작했다.

a) 대종교에 반하여

대종교(大倧教)는 조상숭배에 전통을 둔 가장 오래된 고유의 민족종교다. 한국인들은 이미 4000년 이상 '세 조상'을 숭배해 왔다. 세 조상은 한국의 첫 번째 황제 단군과 그의 아버지 그리고 그의 할아버지다. 오래된 역사에는 이렇게 기술되어 있다: "단군은 인간을 위해 하늘에서 내려왔다."

합병과 함께 일본인들은 대종교 단체들을 해산하려 했으나, 그들은 이에 적합한 구실을 찾지 못했다. [20] 경배(敬拜)와 설교 자리에는 언제나 경찰들이 있었다. 시교사(施教師)들은 때때로 어떤 이유도 언급되지 않은 채로 구속되었다. 설교를 할 자유가 없어졌고, 교당의 건립도 허용되지 않고 있다.

b) 불교에 반하여

불교는 372년 한국에 유입됐다. 신라왕국과 고려왕국의 시대에 불교는 가장 지배적인 종교였다. 일본의 불교는 그 기원을 한국에서 찾는다. 500년 동안 지속된 조선 왕조(마지막 왕조) 동안 불교는 유교에 의해 억압되었다. 그럼에도 불구하고 불교는 대중에게 있어 그 거대한 영향을 한 번도 잃지 않았다. 사찰들은 대부분 많은 숲을 소유하고 있다. 그들의 재산은 매우 많다. 그들은 또한 문화의 수호자들이다. 사찰에 많은 고대의 고가의 물건들이 보존되어 있기 때문이다. 그러나 사찰정리를 통해 사찰들의 재산은 총독의 감독 하에 놓이게 됐으며, 관청들은 모든 수단을 동원해 불교 내의 근대적 조류를 방해하기 위해 힘쓰고 있다.

c) 기독교에 반하여

기독교는 짧은 시간 동안 한국에서 극도로 발전했다. 일본인들은 한국의 기독교인들이 일본에 적대적이라 판단했다; 처음에 그들은 그들의 정책을 위해 기독교인들에게 해를 끼치지 않으려 했으나, 곧 한국의 기독교인들을 일본의 편으로 들이기가 불가능하다는 것을 깨닫자, 기독교인들에 반하는 모든 종류의 억압수단을 사용했다. 1911년 12월에 데라우치 총독의 살해를 계획한 혐의로 재판이 열렸다. 200명이 기소되었는데, 그들 중 상당수가 기독교인이었다. 이 재판에서 일본인들은 두 가지 목표를 달성하고자 했다. 한편으로는 애국자들을 멸절하고자 했으며 다른 한편으로는 기독교를 탄압하고자 했다.

그럼에도 불구하고 한국인들의 기독교에 대한 믿음은 변하지 않았다. 일본인들은 그들의 성급한 정책이 별 효과가 없었다는 것을 깨달았고, 점진적 말살정책을 결심했다.

d) 천도교에 반하여

천도교(天道敎)는 1860년 한국인 최제우에 의해 설립된 신흥종교다. [21] 이 종교는 매우 빠르게 발전하여, 그 신도가 현재 3백만에 이른다. 일본인들은 모든 수단을 동원하여 이 종교를 억압하려 했다. 경찰은 매달 그들의 재정 상태를 조사하고 있다.

III. 1919년 3월 독립선언과 그 후의 시간

1. 서울의 독립운동 본부

합병 이후 독립운동은 비밀리에 혹은 공개적으로 끊임없이 지속되었다. 그러나 세계대전 이후, 민족자결권이 특히 강조됨에 따라 한국에서 매우 방대한 독립운동이 시작됐다. 1918년 10월, 서울에 독립운동본부가 설립되었고, 한국 내 뿐만 아니라 한국 외 모든 주요지점에 지부가 설치됐다. 이렇게 전국에서 동시에 독립운동을 할 모든 준비가 끝났다. 이 운동의 선두에는 천도교의 지도자 손병희가 있었다; 모든 애국단체의 대표들이 독립운동의 방법을 설정하기 위해 서울에 모였다.

2. 연로한 전 황제 살해

이토의 강요로 자신의 아들을 위해 퇴위한 연로한 전 황제는 그의 부인이 일본인들에게 살해당한 이후, 일본인들을 죽도록 싫어하였다. 후에 그는 폐위되었고 그 역시 합병을 경험해야만 했다. 그러므로 그가 자신이 죽는 순간까지 일본인들을 증오했던 점은 매우 자명한 것이다. 일본인들에게 복수하기 위해, 그는 모든 기회들을 붙잡으려 했다고 한다. 연로한 전 황제가 자신들의 인형이 되려 하지 않는다는 사실을 일본인들 역시 알고 있었다. 그래서 일본인들은 이미 오랫동안 그 연로한 전 황제의 삶을 끝내려 하고 있었다.

세계대전이 끝나고 윌슨 대통령이 평화의 큰 이상을 품고, 특히 민족자결의 사상을 갖고 파리로 가려 했을 때, 일본인들은 연로한 전 황제에게서 매우 큰 위협을 보았다. 그가 한국 내 일본인들의 모든 범죄의 목격자였기 때문이다.

일본인들은 연로한 전 황제의 막내아들을 일본의 공주 요시코와 결혼시키려는 계획을 사전에 완성했는데,[22] 그 결혼식은 1919년 1월 25일에 이뤄져야 할 터였다. 이 젊은 부부는 그 후 신혼여행이라는 구실로 유럽으로 가, 평화회의시기에 때에 파리에 있어야 했다. 일본인들은 한국민족과 일본민족이 그들의 황족을 통해 결합된 것을 전 세계 앞에서 보이고자 했다. 일본인들은 이에 대해 세계의 인정을 받기 희망했다.

연로한 전 황제는 일본에 의한 한국 합병이 양국의 협의에 기반 두었음을 증명하는 한 문서에 서명하도록 강요받았다. 그러나 그는 이 부당한 요구를 그 자리에서 거절했다. 그럼에도 불구하고 일본인들은 합병이 폭력적 방법이 아닌, 한국의 동의에 체결 됐다는 것을 증명하는 문서에 서명을 받는 시도를 포기하지 않았고, 모든 귀족들과 지역유지들이 문서에 서명하고 날인하게 하려 했다. 이를 통해 민족은 극렬히 분노하게 됐다.

1919년 1월 22일 새벽 3시, 연로한 전 황제가 갑자기 죽었다는 사실을 왕궁의 한 관리가 외부에 알렸다. 이 사실을 숨기려 한 일본인들은 호외를 통해 연로한 전 황제가 매우 위독하다 공포했다. 일본인들은 일단 암살사실을 숨기려 했고, 한국 왕자와 일본 공주의 결혼식 후에 이 사실을 공개하려 했다. 그러나 도쿄의 정부와 수 차례 전보 교환 끝에 총독은 1월 23일 한 가지 소식을 공개해야 했는데, 그 내용은 다음과 같다: 오늘 새벽 3시 연로한 전 황제가 뇌졸중으로 사망했다. 그러나 진실은 곧 알려졌다. 연로한 전 황제는 잠자리에 들기 전 식혜[9]를 드시곤 했는데, 일본인들이 그 식혜에 독을 탔다. 연로한 전 황제는 언제나와 같이 식혜를 먹었고, 한 시간이 지나기도 전에 그가 소리쳤다: "내가 뭘 먹은 거지?" 그는 그 직후 사망했다. 두 눈은 매우 빨갛게 되었고, 전신에 붉은 점이 생겼으며 시신은 매우 빠르게 부패하기 시작했다. 연로한 전 황제의 시종을 들던 두 궁녀 역시 갑작스레 사망했다. 연로한 전 황제의 이러한 죽음은 모든 한국인들의 눈물을 한 곳에 모았다: 일본인들에 대한 분노가 그것이다.

전부터 이미 서울에 모여, 한국의 독립을 선언할 적절한 때를 기다리던 애국자들은 23 사망한 늙은 전 황제의 장례식에서 적절한 때를 노렸다. 그 때 많은 사람들이 살해된 연로한 전 황제에게 마지막 예를 표하기 위해 지방에서 수도로 올 것이었기 때문이다.

3. 한국의 독립선언과 서울 및 지방에서의 시위

1919년 3월 1일 서울의 파고다공원에서 한국의 독립을 위한 시위가 행해졌다; 매우 많은 수의 군중이 있었고, 그 곳에는 9년 동안 금지되었던 한국의 국기가 펼쳐졌다. 한 남자가 군중의 앞으로 나와 한국의 독립선언문을 낭독했는데, 이 낭독은 "대한독립 만세!"라는 외침에 여러 차례 중단됐다. 수 없이 많은 독립선언문 사본과 수많은 한국 국기가 군중에게 배포되었다. 독립선언문의 낭독 후, 군중은 도시를 행진하기 위해 두 무리로 나눠졌다.

군중은 한국국기를 손에 들고 대한민국 만세를 부르며 움직이기 시작했다; 당연히 그들은 도처에서 일본경찰, 헌병 그리고 군인 측의 방해에 마주쳤다. 이 날 손병희를 선두로 한 33명의 민족대표들은 태화관이라는 식당에 모여, 그들이 모두 그 식당에 모여 있다고 경무총감부에 전화해 알렸다. 그리하여 경무총감부로부터 보내진 경찰들과 헌병들이 들어와 모든 대표들을 체포했다. 다음날 만 명 이상이 투옥됐고, 이에 서울에서는 한 달 동안 총 파업이 시행됐다.

그러나 지방의 독립운동은 점점 더 격렬하고 광범위하게 되어 갔다. 총독 하세가와는 한국인 학살을 시작했다. 같은 때에 한국인들은 평화적인 방법으로 독립

9　[역주] 원문은 '쌀로 만든 푸딩(Reispudding)'.

을 위해 시위했으며, 그들은 어떤 무기도 손에 들지 않았다. 그러나 일본인들은 이러한 평화적 움직임을 상대로 무기를 동원해 잔인하게 맞섰다. 전 세계가 이에 반해 항의했고, 한국인들의 분노는 매우 컸다. 그 결과 총독 하세가와는 해임되어 물러나야만 했다.

전국에서 2백만 명 이상이 이 시위에 참여했고, 이를 위해 1,542개의 집회가 열렸다. [24] 전부 7,509명이 사망했고, 15,961명이 다쳤으며, 46,948명이 체포됐고, 47개 교회와 두 개의 학교, 715채의 가옥이 불에 탔다.

4. 시위 중 일본인들의 파렴치한 행동의 한 가지 예

1919년 4월 19일 오후, 한 일본의 육군 장교가 그의 부하들과 수원의 제암리(한국 중부)에 와서 30명이 넘는 사람들에게 무언가 알릴 것이 있다며 그들을 교회에 불러 모았다. 그들 중에는 기독교도와 천도교도들이 있었는데, 그 육군 장교는 교회의 문을 걸어 잠그고 불을 지르게 했다. 교회 안의 모든 사람들은 죽을 수밖에 없었다. 그 때 한 여인이 창문을 열어 그녀의 아이를 한 군인에게 넘기며 말했다: "나는 그냥 죽을 수 있습니다, 그러나 이 아이만은 구하고 싶어요. 제발 당신의 의무를 다하세요!"[10] 그러나 아이는 그 자리에서 군인들의 총검에 의해 살해당했다.

그 후 군인들은 건물에 불을 질렀다. 그리고 그들은 제암리로 돌아가 31채의 가옥에 불을 지르고, 그들의 잔혹한 작업을 다른 마을들에서 계속 이어갔다. 이 때 15개 마을에서 317의 가옥이 불에 타 없어졌고, 39명이 살해당했다. 그러나 일본군의 광기는 계속됐다. 이 지역에서 도합 수천 명이 일본인들에게 희생당했다고 한다. 고통과 궁핍이 이곳을 지배했다. 남자와 여자, 노인들과 아이들이 극심한 결핍하에 산맥으로 도망갔다. 이 사건들은 많은 유럽인들과 미국인들에 의해 촬영되어 전 세계로 퍼졌다.

---

10 [역주 일종의 격언처럼 쓰이는 표현으로, 원문 "Tut Ihr das Eurige!"는 "Tut Ihr das Ihrige!"가 옳다. 저자가 'ihrig'와 'eurig'를 혼동한 것으로 보임].

5. 외국의 한국인들과 노인동맹

약 60년 전부터 한국인들은 동만주와 동시베리아에 정착하여 그 땅의 개발에 많은 것을 공헌했다. 이 지역 도처에 한국인들의 마을이 수천 킬로미터에 달하는 지역 곳곳에 퍼져 자리하고 있다. 이 지역에 있는 한국인들의 수는 오늘날 2백만 이상에 달한다. 그곳에서 애국자들은 수십 년 전부터 본부를 갖고 주로 한국인들의 교육을 장려하고 있다. 이렇게 그들은 조국의 독립을 가져오기 위해 기초적인 준비를 했다.

1919년 3월 1일 한국에서 독립선언이 성공한 뒤, 만주와 시베리아에 있는 모든 한국의 해외 거주 집단은 서울의 독립선언에 가담했다. 25

1919년 3월 17일 블라디보스토크에서도 역시 독립운동을 통일성 있게 이끌기 위해 '러시아 대한국민회의'를 개최하였다. 이 때 블라디보스토크에서 노인들만으로 구성된 노인동맹이 결성되었다. 젊은 세대가 조국의 독립을 위해 어떻게 하고 있는지 본 사람들은 노인들 역시 조국을 위해 스스로를 희생해야 한다고 생각했다. 그리하여 노인동맹이 계획되었고, 곧 수천 명이 참여했다. 김치보가 단장으로 선출됐고, 다섯 명의 대표가 독립운동을 돕기 위해 서울로 보내졌다.

6. 한국의 임시정부와 임시정부의 외교적 활동

1919년 3월 서울에 한국의 임시정부가 설립되었으나, 일본인들의 억압하에 그들은 그들의 일을 수행할 수 없었다. 그래서 그들은 임시로 그들의 거처를 중국의 상하이로 이전했다. 그곳에는 이미 오래전에 한국의 혁명적 단체가 설립되어 있었다. 이 새 단체를 강화시키고 단체에 기여하기 위해, 민족에 의해 신뢰를 받던 많은 사람들이 이 때 그곳, 상하이로 왔다. 한국의 임시 대통령으로 이승만이, 국무총리에 이동휘가 선출되었다. 한국 전 지방과 모든 해외 거주지역의 대표들로 구성된 임시의정원[11]은 정부의 편에 섰다. 임시의정원 의장에는 손정도가 선출됐다.

1919년 3월 13일 한국의 전권대표 김규식이 외교적으로 한국을 대표하기 위해

---

11 [역쥐 원문은 '추밀원(Staatsrat)'.

파리에 도착했다. 3월 1일, 평화회의에서 한국의 청원서가 올려졌다. 그러나 유감스럽게도 그 호소는 회의에서 주목할 만한 힘을 발휘하지 못했다; 그러나 청원서를 통해 간접적으로 전 세계에 호소한 그 힘은 절대로 과소평가할 것이 아니다.

위싱턴에서 역시 미국과의 외교관계를 이끄는 구미위원회[12]가 세워졌다. 한국 대표들의 진상규명활동 덕분에 한 국회의원에 의해 한국 친화적인 모임이 만들어졌다. 한국의 자유운동은 이전부터 그들의 이웃나라인 [26] 중국과 러시아의 지지를 받고 있었는데, 이곳에는 한국군 편대가 있다.

1919년 루체른에서 열린 제2차 만국사회당대회에 한국인 조용은은 8월 1일 청원서[13]를 제출하였다: 제2차 국제사회당대회는 한국의 독립을 인정하였다. 제안이 받아들여진 것이다.

항일 저술

7. 강우규의 사이토 총독 암살

일본인들은 가장 잔인하고 끔찍한 방법으로 한국인들의 독립선언 당시 평화로운 행동을 억압하려 했다. 그러나 한국인들의 저항이 점점 더 거세졌고 세계의 일반적 의견은 점점 더 격동됐다. 그리하여 그들은 한국 내 그들의 지금까지의 억압적 정책을 수정할 것이라고, 또 한국인들의 반감은 일본의 지배가 아닌 하세가와 총독만을 향한 것이라 전 세계에 알렸다. 이것으로 그들은 세계의 일반적 의견을 잠재우고 한국인들의 저항을 무마시킬 수 있을 것이라 믿었다. 그래서 당시의 총독 하세가와 장군이 실각되고 사이토 해군대장을 한국의 총독으로 임명했다. 그러나 그 역시 폭탄을 받았다. 한국인들은 그들이 다른 어떤 것도 아닌 오직 한국의 독립만을 바란다는 것을 세계에 증명했다.

9월 1일, 사이토가 서울에 도착했다. 당시에 한 암살자 무리가 서울에 도착했다는 소문이 돌았다. 소문의 암살을 막기 위해 경찰과 군인 측으로부터 모든 수단이 동원됐다. 그러나 서울의 기차역에서 블라디보스토크 노인동맹에 의해 보내진 65세 한국인 노인 강우규는 그 부인과 함께 차에 올라타려던 사이토에게 폭탄을 던졌다. 사이토는 도망갈 수 있었으나, 이로 인해 30명이 다쳤다. 강우규가 가만히

---

12 [역쥐] 원문은 '사절(使節)위원회(Delegiertenkomitee)'.
13 [편쥐] '한국독립승인 결의안'.

기도하며 기다렸음에도, 일본인들은 그 자객을 즉석에서 체포할 수 없었다. 그들은 한 노인이 그런 무서운 일을 했다 생각하지 않았다. 강우규는 숙소에 돌아와 그곳에서 몇 주를 보냈다. 그 사이 총독을 암살하려 시도했다는 혐의 하에 많은 남녀 젊은이들이 체포되었다. [27] 무고한 이들이 감옥에서 고통 받는 것을 가만 둘 수 없었던 강우규는 경찰에 자수하기로 결심했다. 그에게는 사형이 선고됐다.

8. 한국의 독립운동가들과 일본인들 사이의 혈전

'의병'들은 이미 오랫동안 일본인들과 수많은 격렬한 전투를 치르고 있었는데, 약 150,000명이 전투에서 희생당했다. '의병'들은 일본인들을 물리치고 조국의 독립을 되찾는 단 한 가지 의지만을 갖고 있다.

그들 중 다수가 합병 이후 중국과 러시아로 도망가서 한국으로 돌아와 일본인들에 대항 공격을 할 기회만을 노리고 있다. 만주와 시베리아에서는 장교육성을 위해 무관학교가 설립됐고, 그곳에 있는 한국인들을 위해 일반적인 수호의무가 실행되고 있었다. 그렇게 매년 젊은이들이 소집되어 면밀한 군사훈련을 받는다. 1919년 3월 독립선언 이후, 지휘관 김좌진과 홍범도 아래 독립운동을 하는 자들이 모여 동만주와 한국북부에서 일본인들과 수차례 격렬한 전투를 치렀다. 그중 잘 알려진 전투는 1919년[14] 10월 22일 동만주에서 치러진 이도구(二道溝)전투로, 이 전투에서 1600명이 넘는 일본 군인이 사망했다.

한국 내부에서는 수많은 암살이 착수됐고 다양한 지방에서 봉기가 끊이지 않았다. 몇 가지 예시는 다음과 같다: 1919년 8월 3일 평양경찰서 습격, 1919년 8월 15일 신의주 기차역 습격, 1919년 9월 14일 부산경찰서 습격이 그 예다. 1921년 9월, 서울의 총독 관저에 폭탄이 투여됐는데, 이에 관저가 크게 파손됐다. 그 외에도 많은 일본 관리들이 살해당했다.

9. 일본인들에 의한 동만주에 있는 한국의 민간인 학살

몽골과 만주를 합병하고 이 지역에 사는 한국인들의 영향을 무력화시키기 위

---

14 [편쥐] 1920년의 착오.

해 일본인들이 모든 가능한 수단을 사용했다는 사실은 잘 알려져 있을 것이다. 오래전부터 말을 탄 중국의 도적들은 [28] 몽골과 만주, 시베리아를 황폐하게 만들었다. 일본인들은 한 번 한국인들에게 해를 끼치기 위해 그 도적들을 이용했다; 그러나 그들은 다시 이 도적들을 구실로 삼아 한국인들을 억압하기 위해, 중국 정부로부터 그 도적들을 억누르겠다는 허가를 받았다. 1919년 9월 일본인들은 이전에 군인으로 복무했던 일본인 고이즈미와 그 동료들이 그 도적들과 연합하여, 도적단에게 무기와 탄약을 전달하는 것을 용인했다. 1919년 9월 29일, 일본인들은 이 도적단이 훈춘(동만주)을 습격하도록 했다. 그 곳에서 일본 영사관 역시 공격받았으나, 어떤 이도 다치지 않았다. 이 사건은 일본인들에 의해 개입의 구실로 사용되었다. 일본은 중국 관청과의 합의 없이, 도적들을 소탕한다는 구실로 두 개 사단을 보내 훈춘을 점령하게 했다. 그렇게 중국의 관리들과 군인들은 쫓겨났다; 이로 인해 일본인들은 그들의 한국인들을 말살하는 진정한 목적에 자유로이 손 뻗을 수 있게 됐다. 일본군대의 임무는 여러 마을 들 안의 모든 한국인들을 죽이는 것과 모든 건물들과 모든 곡식들을 불태우는 것이었다. 남자와 여자, 노인과 아이 모두를 막론하고 가장 잔인하고 끔찍한 수법으로 살해당했다. 한국인들은 처형당하고, 교살당하고, 살아 있는 채로 매장당하거나 끓는 물에 던져졌다. 일본인들은 한국인들의 눈을 뽑아내고, 사지를 절단했으며 다른 말로 표현할 수 없는 가혹행위를 저질렀다. 잠정적으로 확인된 바에 의하면 이 과정에서 3,106명의 한국인이 살해됐고, 238명이 붙잡혔으며, 2507채의 가옥, 31개 학교 그리고 10개 교회가 불에 탔다. 이 사건은 1919년 10월 5일부터 1919년 11월 23일까지 일어났다.

10. 김익상과 오성륜의 일본 육군대신 다나카 암살

다나카는 일본 육군대신으로서 시베리아와 동만주로 출정하여 한국인들을 학살하였다. 1922년 3월 28일, 그는 필리핀으로부터 온 증기선을 타고 상하이에 도착했다. 한국인 김익상과 오성륜은 하선하는 다나카에게 총을 쐈으나, 그 옆에 서 있던 자가 총에 맞았다. [29] 다나카에게 던져진 폭탄은 제 시간에 폭발하지 않았다. 그렇게 다나카는 그곳에서 살아 나갔다.

김익상은 이미 1921년 9월 서울 총독 관저에 폭탄을 던진 바 있다. 그는[15] 일본

영사에 의해 상하이에서 체포되어 나가사키로 보내졌다. 1922년 10월 18일, 그는 나가사키에서 사형을 선고 받는다.

11. 1923년 9월 지진 당시 일본인들에 의한 한국인 학살

한국인들을 말살하기 위해 일본인들이 호시탐탐 기회를 노렸다는 것은 이미 오래 된 이야기다. 그러나 우리는 여기에 1923년 9월 지진 당시 한국인 학살의 직접적인 동기에 대해 말할 수 있다. 지진 당시 수백만이 집을 잃었다. 그들을 위해 모든 궁궐과 학교가 개방되었다. 생필품은 아주 많이 모자랐다. 그래서 일본 정부는 징발령을 내려 모든 사적 소유의 생필품을 보상 없이 징발하여 굶주린 자들에게 나눠주었다. 이를 계기로 손해를 본 대중은 분노했다. 질서와 안정이 유지될 수 없었다. 혼란이 정부를 지배했다; 비밀 내각회의가 열렸고, 징발령으로 인해 위험에 빠진 질서와 안전을 어떻게 되찾을 수 있을 지에 대한 문제가 논의되었다. 내무상 고토가 민족을 진정시키는 임무를 떠맡았다. 고토는 경찰청장에게 민족의 분노를 돌릴 어떤 해결책을 찾아야 하며, 그렇지 못하면 민족의 분노가 그들을 향하게 되어, 정부는 심각한 위기를 겪을 것이라고 말했다. 이에 경찰청장은 재난의 모든 책임을 오래전부터 정부에 반대해온 사회주의자들에게 뒤집어씌워, 민족의 분노를 그들에게 돌려, 정부를 위기에서 구하자고 제안했다. 그러나 내무상 고토는 이에 반대하며, 사회주의자들의 수가 너무 많고, 스이헤이사(水平社, 사회주의 성향을 띤 가장 낮은 민족계층의 단체)의 수만 400,000이 넘을 뿐 아니라, 사회주의자들과 스이헤이사의 구성원들은 모두 무기를 가지고 있기 때문에, 만일 그들에 반대하여 일이 진행된다면, 이는 매우 위험할 수 있다고 말했다. 이에 경찰청장은 [30] 이 책임을 일본에 있는 한국인들에게 뒤집어씌우자고 제안했다. 한국인들이 언제나 일본에 반대했기 때문이다. 9월 2일 내무상 고토는 경찰청장을 통해 비밀리에 지시를 내리게 했다; 이 지시에 따르면, '나쁜 한국인들'이 지진 당시 일본 정부를 전복하려 했고, 이로 인해 '나쁜 한국인들'이 모든 악행을 부추겨 집들을 불태우고, 우물에 독을 탔기 때문에, 모든 일본인들은 한국인들을 무

---

15 [역주] Er : Es의 오기.

기를 동원하여 멸절해야 했다. 이 비밀지시의 내용을 알린 신문들은 압수됐고, 금지됐다. 경찰들과 군인들 편에서 이 일은 엄격하게 비밀로 유지됐다.

이 지시로 인해 대중은 격앙되었다; 모든 책임이 한국인들에게 씌워졌다. 사람들은 서로 간에 한국인들은 모두 죽어야 한다고 말했다. 학교 교장들 역시 그들의 학생들에게 그렇게 얘기하였다. 그 결과는 한국인들을 대상으로 한 끔찍한 살인이었다. 한국인들이 보이는 곳마다 한국인들은 짐승과 같이 변한 무리에 의해 폭행을 당했다. 수도 도쿄와 항구도시 요코하마, 그리고 많은 다른 지역에서 한국인들은 가축처럼 온갖 종류의 무기로 살해당했다. 마침내 정부는 한국인들을 '보호유치' 명목으로 나라시노에 있는 군부대로 데려갈 수밖에 없었다. 이 보호유치가 어떤 것이었는지 증인들에 의해 알려졌다: 잠자고 있는 한국인들에게 실탄으로 총격이 가해졌다. 그 후 누군가가 뛰쳐나왔으나, 그것은 포악한 군인들에게 다시 새로운 피목욕을 개시하는 신호일 뿐이었다. 잠정적으로 확인한 바에 의하면, 이렇게 5,000명 이상의 한국인이 살해당했다.

일본 정부는 이를 통해 그들의 입지를 강화할 수 있었다. 그러나 일본 정부는 정치적 어려움과 한국의 봉기에 대한 두려움에 모든 전신과 무선전신 통신을 금지시켰다. 하지만 현재 이러한 사건들은 서서히 전 세계에 알려지게 됐다.

일본 정부의 이 전례 없이 야만적인 행위로 인해 한국인들은 격분했다; 한국인들이 있는 곳 어디에서나 수차례 저항운동이 일어났다. 이 잔학행위 직후, 한국인들에 의해 여러 개의 폭탄이 일본 황궁에 던져졌다. [31]

한국의 독립운동에 대한 일본인들의 공포는 그들이 한국인들을 군복무에 동원하는 것을 포기한 데에서 잘 드러난다. 한국인 경찰들의 무장은 무딘 칼이었고, 오직 급박한 위기 시에만 권총과 극히 소량의 탄환이 마련되었다. 자신들의 언어와 문자, 고유의 문화를 갖고 있는 다른 민족을 말살하거나 동화시키려 한 일본인들의 노력은 우스운 정치적 꿈이며, 그 꿈의 실현은 사정을 아는 누구도 믿을 수 없는 것이다. [32]

정용준 역
영인 21쪽

한국, 그리고 일본제국주의에 맞선 독립투쟁

Korea und sein Unabhängigkeitskampf gegen den japanischen Imperialismus, 1927.

머리말

한국의 문제들이 유럽정치에 별 흥미를 끌지 못하기 때문에, 유럽에는 한국의 상황이 잘 알려져 있지 않다. 한국에 대한 출판물은 많지 않으며, 한 여행자가 한국에 대한 신문기사를 쓴다면, 그는 1926년 12월 24일 『베를리너 타게블라트』에 기고된 야이 하이덴(Jay Hayden)의 기사가 보여주는 것과 같이 대개 진실한 상황에 대해 정확하게 알려주지 않는다.

나의 임무는 높은 문화수준에 있는 한국의 민족이 ─ 218,650평방킬로미터 영토 위의 2천만 인구 ─ 일본의 군사, 경제 지배 아래에서 어떻게 살고 있는지, 그들의 자유를 위해 어떻게 싸우고 있는지를 알리는 것이다.

이 작은 책은 베를린에서 열린 '세계청년연합'을 계기로 한 한국의 자유를 위한 모임에서 강연했던 즈음에 만들어진 것이다.

1924년 나는 『한국의 독립운동과 일본의 침략정책』이라는 제목의 소책자를 출판했다. 그 책에서 주로 정치적인 면을 더 자세하게 다루었던 반면, 본 논문은 경제적, 문화적 관계와 계속 추가된 정치적 운동의 결과들을 알 수 있게끔 방향을 제시함으로써 내 첫 번째 소책자를 보강할 것이다.

1927년 3월 베를린

박사 코루 리 [2]

한국, 그리고 일본제국주의에 맞선 독립투쟁

I. 문화, 역사적 고찰
II. 일본 지배 아래 있는 한국의 현재 상황
III. 독립을 위한 한국의 지속적 투쟁

I. 몽골족이나 황인족을 두 가지 부류로, 즉 우랄 알타이어족과 인도차이나 족으로 나눈다면, 한국인들은 우랄 알타이어족에 속한다. 따라서 그들은 몽골인들(엄밀한 의미에서), 퉁구스인들 그리고 타타르인 들과 먼 친척관계다.

소위 말하는 만주·한국인들은 만주와 아무르지역, 한반도에 사는 동북아시아의 오래된 주민들이다. 그들은 한국인, 말레이시아인 그리고 아이누인(원주민) 중심의 세 민족과 섞인 일본인들과는 반대로 매우 순수한 민족이다.

한국어는 그 인류학적 맥락에서 우랄-알타이어 계통에, 소위 말하는 교착어에 속한다.

종교에 관해서는, 이전에는 기원후 372년 중국으로부터 전래된 불교가 가장 널리 전파된 종교였으나, 15세기 지난 왕조의 통치하에 유교[1]가 불교를 밀어내게 되었다. 이 민족은 중국에서 행해지는 바와 마찬가지로 오늘날에도 오래된 조상 숭배에 애착을 갖고 있다. 기독교는 이곳에서 널리 전파되지 않았다.

한국의 문화는 극동에서 매우 오래된 문화다. 그들 문화 고유의 구성요소들은 일찍이 중국과 인도의(불교의) 문화구성요소들로 풍부해졌다. ③ 특히 기원후 5세기부터 일본은 한국의 문화로부터 많은 것들을 수용했다.

다음에[2] 언급되는 내용은 한국의 문화가 어떤 수준에 있는지를 증명하는 몇 가지 예시들이다.

다양한 언어로 제작된 모든 불교의 제작물 중에서 (삼장(三藏)[3]이라 불리는) 한국에 존재하는 판본이 불교의 교리를 완전하고 정확하게 요약한 가장 오래된 판본

---

1   [역주] Konfutsianismus : Konfuzianismus의 오기.
2   [역주] Im folgenden : Im Folgenden의 오기
3   [편주] 경(經)·율(律)·논(論)으로 불교 경전 총서를 가리키는 말.

이다. 유럽에서 라틴어가 학자의 언어였듯이, 이 판본은 중국의 한자로 제작되어 있다. 이 작품은 86,700개의 판으로(한자가 새겨진 목판) 구성되어 있는데, 이는 173,400쪽 분량이다. 이것은 13세기 중반 15년 동안의 지난하고 조심스러운 작업 끝에 만들어졌다. 이 판들은 한국남부에 있는 불교사원에(해인사) 철자[4] 순서대로 보관실에 훼손되지 않은 채로 보관되어 있다. 전 세계 어떤 박물관이나 도서관도 이와 비슷한 작품을 소유하고 있지 않다.

활자 인쇄술의 발명과 사용은 매우 오랜 시간으로 거슬러 올라가며, 1220년 이전에도 존재하였던 것을 증명할 수 있다. 1403년(구텐베르크의 발명 50년 전) 국립인쇄소[5]는 구리로 수십만 개의 활자를 제작했다. 그 후로 500년 동안 다양한 소재(구리 외에 청동, 철, 도자기와 목재)를 사용하여 수백만의 활자가 제작됐는데, 이는 국가사업뿐 아니라 사적인 용도로도 사용되었다.

28개의 문자로 이루어진 이상적인 한국의 문자는 1443년부터 1446년까지 세종대왕의 장려로 만들어졌다.

14년 이상 한국에서 언어를 연구한 가톨릭 선교사 에카르트(Eckardt)[6] 신부는 이에 대해 자신의 『조선어교제문전(朝鮮語交際文典)』(하이델베르크, 1923)의 서문에 다음과 같이 기록했다:

"만약 한 민족의 문화수준을 언어와 문자에 따라 측정한다면, 한국은 전 세계의 첫 번째 [4] 문화민족 중 하나일 것이다. 소박함, 단순함 그리고 표현의 풍부함에서 이와 같은 문자는 찾기 힘들다. 수천 가지 형용사와 동사를 가진 이 언어는 날카로운 자연관찰의 증거이며, 형태의 다양함에서 한국인들의 풍부한 정신적 성향을 짐작할 수 있다."

천문학은 한국에서 오래된 학문이다. 7세기 중반에 한국 남부에 지어진, 동아시아에서 가장 오래되었으며 온전하게 보존된 천문대는 그 증거다. 14세기 말에는 돌에 새긴 천문도가 만들어졌다. 나아가 15세기 중반에는 다양한 천문학적 기구들이 발명되고 생산됐다.

---

4 [편주] 실제는 '천자문' 순서.
5 [편주] 주자소(鑄字所).
6 [편주] 안드레아스 에카르트(Andreas Eckardt, 1884~1974).

기상학 역시 한국에서는 오래전 매우 발전된 학문이었다. 15세기 이래로 날마다 시마다 다양한 지역으로부터 끊임없는 정확한 기상관측이 기록되었다.[7] 한국은 이미 1441년 강우량측정을 위한 표준도량형 기구를 전국의 각 지방마다 공급했다. 유럽에서는 1639년 처음으로 이탈리아의 학자가 사적인 목적으로 강우량을 측정했다.

기술 분야에서 역시 한국은 여러 발명품들을 보여준다. 예를 들어 한국과 일본 간에 7년 동안(1592~1598)있었던 전쟁에서 유명한 한국해군함장 이순신은 철갑선을 발명하여 일본의 모든 군함을 침몰시켰다. 영국해군의 이야기에 따르면, 가장 오래된 철갑선은 한국의 것이라고 한다.

제3장
항일 저술

이상한 것은, 한국이 수 세기 이래 그렇게 높은 수준의 문화를 갖고도 계속 발전하지 못했다는 것이다. 이 정체의 이유는 주로 정치적 상황에 있다.

한국의 역사는 기원전 2000년 이전까지 거슬러 올라간다. 옛 국가영역은 오늘날의 한국 외에 5 만주와 아무르 지역을 포함한다. 다양한 왕조가 왔고, 갔으며, 때때로 공존하기도 했다. 8세기 초부터 한국의 옛 국가 영역은 두 개 국가로 나뉘었다: 이때부터 지속적으로 정치적 통일을 이뤘던 한반도의 남부국가와 마지막 국가가 만주왕국이었던 아무르지역에 있는 북부국가다.

4000년 동안 정치적으로 자주적이었던 한민족은 1910년 처음으로 외세의 통치 하에 압제 당한다. 한국인들은 강한 자주심을 갖고 언제나 외세에 대항했다. 칭기즈칸이 거의 전 아시아와 동유럽을 점령했던 때의 몽골인 들이 그들의 엄청난 힘으로 수십 년간 한국을 상대로 전쟁을 했으나, 헛된 시도였다.

한국은 정치적으로, 지리적으로 매우 불리한 곳에 위치한다. 반도는 아시아대륙과 일본 섬나라 왕국 사이의 다리이기 때문이다. 이 때문에 일본은 2세기 이후로 계속해서 한국을 침략해 왔다. 1592년부터 일본이 중국과 한국을 상대로 일으킨 7년 동안의 침략전쟁이 한국의 영토를 광란의 소용돌이로 몰고 갔다. 유명한 한국의 해군함장 이순신이 당시 십만 병력의 일본 해군을 전멸시킨 일을 계기로 일본은 전쟁에서 패배했다. 이 전쟁에서 3백만 한국인이 살해당했으며 그중 10

---

7 [역쥐 registiert : registriert의 오기.

분의 9는 민간인이라고 한다. 셀 수 없는 마을과 도시가 불에 타 파괴되었고, 거의 모든 문화유산이 파괴되었으며, 많은 귀중품들이 약탈당했다.

일본이 일으킨 전쟁 이후 또 한 번의 끔찍한 전쟁이 한국에 엄습했다. 이번에는 북쪽 만주로부터 일어난 전쟁이었다. 만주는 한국을 1619년과 1627년 두 차례에 걸쳐 침략했고, 한국은 전쟁에서 패배했으나, 한국의 자주권은 침해되지 않았다.

한국은 이 전쟁들 이후 극도로 쇠약해졌고, ⑥ 이를 계기로 언제나 외세와의 관계를 단절하고, 내부적 복구사업을 펼치려 했다.

1884년은 한국역사의 전환점 중 하나다. 젊은 개혁가들은 국가를 정치적으로 개혁하고, 현대 유럽의 문명[8]을 가능한 한 빠르게 도입하려 했다. 이러한 강한 움직임은 섬나라 국가로서 유럽 국가들과 더 일찍 수교를 맺고 유럽의 문명을 도입한 일본의 관심을 불러일으켰다. 90년대 이후로 한국은 당시 동양의 강대국이었던 일본과 중국, 러시아 간 정치적 갈등의 중심이었다. 한국의 문제 때문에 이 시기에는 두 번의 전쟁이 일어났다: 1894년 일본과 중국의 전쟁과 1904년 일본과 러시아의 전쟁이 그것이다. 일본은 두 전쟁에서 모두 승리했다. 두 차례 전쟁에서 한국은 전쟁터가 되었다.[9] 이 군사적 우위를 통해 일본은 한국을 점령했고 1910년 최종적으로 한국을 합병했다.

II. 지금까지 우리는 한국인들이 오래된 고유의 문화를 갖고 오랜 시간 정치적 자주권을 누리던 민족이라는 것을 알아보았다. 지금부터 우리는 외세의 지배하에 있는 한국의 현재 상황을 알아보자.

현재 한국은 일본의 식민지이며 원료 발굴 면에서, 경제적 그리고 군사적으로도 일본에 종속되어 있다. 그 결과 일본은 한국에 대한 식민지정책을 위해 특별한 제도를 만들었는데, 이 제도의 주요한 기능은 말살정책이다. 한국에 대한 일본의 태도는 1919까지 공공연한 무력통치였고, 1919년에 일어난 3월 혁명 이후 일본 정부는 '문화통치'로 방향을 변경했으나, 이 변화가 사실상 본질적인 변화는 가져오지 않았다. 현재 몇몇 한국의 신문과 잡지는 허용된 상태이나, 엄격한 검

---

8   [역주] Zivilisasation : Zivilisation의 오기.
9   [역주] zum Kriegsschauplatz : zu Kriegsschauplatz의 오기.

열 하에 있다. 출판허가가 역시 자주 취소되기도 한다. [7]

'문화통치'와 마찬가지로 학교제도 역시 일본의 견해를 보여준다. 한국이 외세와 수교를 맺은 이후로, 한국에선 유럽의 모범을 따른 많은 교육기관이 설립됐다. 그러나 합병 이후 일본인들은 사립학교 운영을 모든 가능한 방법을 동원해 방해했다. 한국 아이들의 동화를 목적으로 일본어와 일본사를 주요과목으로 가르치는 국립학교가 있다. 그러나 이 국립학교들 역시 모자라서 아이들은 입학시험을 봐야 하기 때문에 한국 아이들의 등교는 제한되어 있다. 이러한 일본의 교육정책에는 두 가지 이유가 있다. 첫째로는 한국의 국민들을 우둔하게 둠으로써 그들이 일본의 노예로 남게 하려 함이다. 두 번째로는 한국인들로부터 약탈한 돈을 학교가 아닌 다른 목적들을 위해, 주로 한국인들의 억압을 위해 사용하려 함이다. 다음 내용은 한국 내 학교상황에 대한 수적 개관을 제공할 것이다.

1926년 말 한국 내 한국인 남녀 학생들과 남녀 대학생들의 수는 한국인의 2%인 총 413,515명인데 반해, 일본인 학생들의 수는 한국 내 일본인의 18%인 81,024명에 달한다. 1926년 한국학교를 위한 교육자료 예산은 14,039,486엔(이 중 2,844,787엔은 수업료)인 반면 일본학교를 위한 교육자료 예산은 5,753,111엔에 달한다. 한국 내 일본인 인구는 한국인 인구의 2.3% 밖에 되지 않으나, 일본학교를 위한 교육예산은 한국학교를 위한 예산의 3분의 1을 넘는다.

이어지는 내용에서는 경제적 문제에 대해 더 가까이 접근할 것이다.

일본은 한국을 첫째로 식민지역으로, 둘째로 일본 산업을 위한 원자재 및 유통 지역으로 그리고 마지막으로는 자국민을 위한 식량 공급처로 보고 있다. [8] 그 결과 한편으로는 일본인들의 이주와 정착이 활발하게 이루어지고 있으며 ― 현재 약 오십만 명의 일본인이 한국에서 생활하고 있다. ― 다른 한편으로는 일본의 이익을 위해 한국인들의 농업을 장려하고 있다.

자국의 정치적 영향력과 막대한 자본력에 힘입어 일본은 한국의 경제수단을 자신의 손에 넣었고, 그 결과 한국의 빈약한 경제는 일본 자본에 의해 개선의 여지가 없도록 황폐화됐다.

일본의 경제정책이 어떤 영향을 끼쳤는지는 다음 사실들을 확인함으로써 알 수 있다.

한민족의 주요사업은 농업이다. 전체 한국인의 80% 이상이 농업에 종사한다. 한국은 사람이 없는 국가가 아니기 때문에, 토착민들은 식민화를 원하는 일본에게 쫓겨나야 했다. 일본의 식민 정책은 한편으로는 일본인들의 계획적인 대규모 한국 이주와 다른 한편으로는 제한 없는 자발적 개인이주로 나타난다. 그 결과 한국 노동자와 농부들의 해외이주가 심화되었다. 1926년 일본 내 남녀 한국인 노동자는 133,710명에 달했고, 몇 년 전부터 불쌍한 농민들은 만주와 시베리아로 이주했다. 일본인의 이주를 목적으로 하는 잘 알려진 대규모 조직이 동양척식주식회사인데, 이 회사는 1908년 당시 일본의 총리대신 가쓰라[10]에 의해 주식회사로 설립됐으며, 그 자산은 1923년에 5천만 엔으로 늘어났다. 이 단체는 매년 일본 정부로부터 3백만 엔을 지원금 명목으로 받는다. 얼마 전 동양척식주식회사는 조선총독부와 한 가지 계획을 세웠는데, 이 계획에 따르면 매년 4천만 엔을 들여 이전의 500명보다 많은 3,000명의 이주민이 한국에 정책하게 될 것이다. 이 계획은 국가의 보조로 실행되고 있다.

동양척식주식회사는 1924년까지 다음과 같은 성과를 보였다: 9

토지 취득 : 84,298헥타르
삼림 취득 : 65,236헥타르
이주민에게 공급된 토지 : 8,430헥타르
이주민 : 20,000명

1992년 말 일본인의 소유에 있는 한국 내 총 경작지 면적은 232,067헥타르로,[11] 한국인 소유 경작지의 1/17에 달한다. 여기서 감안해야 할 점은 일본인 소유의 경작지는 모두 양질의 토지에 있다는 것이다. 한국 땅에 있는 일본인 농부의 수는 1924년 한국 내 전체 일본인의 9%인 38,272명이다.

---

10 [편주] 가쓰라 다로(桂太郎, 1848~1913) : 1차(1901.6.2~ 1906.1.7), 2차(1908.7.14~1911.8.30), 3차(1912.12.21~1913.2.20) 일본 내각총리대신 역임.
11 다른 외국인들의 소유로 된 매우 경미한 양의 몫은 여기 포함되었다(Ein ganz geringer Teil von Besitz anderer Ausländer ist hier eingeschlossen).

한국은 반도기 때문에, 한국에서 중요한 민족 경제적 의미를 갖는 산업은 어업이다. 이는 1924년 소득상황에서 잘 보여준다.

일본의 경영소득 : 27,169,883엔

한국의 경영소득 : 24,828,038엔

농업에서 한국의 상황이 이미 어려워졌다면, 일본의 자본주의로 인해 한국인들의 공업과 상업은 거의 의미가 없게 되었다. 우리는 다음과 같은 사실들을 확인할 수 있다: 한국 내 전체 일본의 공업자본은 1923년 149,740,000엔에 달했던 반면, 한국의 공업자본은 일본의 6.7%인 10,174,000엔이다. 한국 내 일본인 공업노동자 수는 1923년 48,904명이며, 한국인 공업노동자의 수는 17,801명이다.

1924년 총 한국 내 광업 이익은 19,176,462엔이다. 그중 68.9%는 일본 기업들의 몫이며, 다른 외국 기업들(미국)은 24.6%를, 한국 기업들은 총 이익의 단 6.5%만을 차지할 뿐이다.

상업에서 한국인들은 더욱 안 좋은 상황에 처해 있다. 1924년 한국 내 상업기업의 상황은 다음 개관에서 확인할 수 있다:

	기업 수	총 자본(천 엔)	납입자본금(천 엔)
일본기업	938	2,819,641	1,813,617
한국기업	132	52,482	21,015
공동기업	56	33,765	12,937

한국기업의 수는 일본기업 수의 14%에 달하지만, 한국기업의 납입 자본금은 일본기업이 납입한 자본금의 1.1%뿐이다. 양국공동의 기업은 실제로는 일본의 소유다.

금융기관에 관해 말하자면, 거의 모든 은행과 어음거래소 등이 일본기업 아래 있다.

Ⅲ. 우리는 한국이 현재 매우 불리한 상황에 있다는 것을 확인했다. 따라서 한국의 독립을 위해 강력한 저항투쟁이 불가피하다는 것은 자명하며, 그 투쟁은 다음 사실들이 보여주는 정복자들의 야만적이고 폭력적인 행태를 통해 특별한 정당성을 획득한다.

1895년 일본에 적대적인 한국의 황후[12]가 일본 군인에 의해 시해 당했다. 1907년 한국의 군대는 일본의 무력에 의해 해산되었고, 이로 인해 많은 투쟁이 있었다. 1910년 합병과 함께 일본은 그들의 경찰과 군대를 한국의 곳곳에 투입하고, 그들의 함대는 반도를 둘러싼 벽을 만들었다; 민족의 특별한 신뢰를 받던 인사들은 투옥되었고, 모든 모임과 신문은 금지됐다. 합병을 통해 한국의 자치는[11] 폐지되고 입법과 행정은 전적으로 총독의 손에 넘어가, 모든 중요한 문제는 일본 황제가 결정하게 됐다.

1911년 겨울 한국에서 끔찍한 정치재판이 시작됐다. 합병 이후 일본은 언제나 한국의 독립운동을 두려워했다. 첫 번째 일본인 조선총독 데라우치[13]는 한국에 군사독재를 도입하고, 무엇보다 먼저 한국인들 중의 지도자들을 멸절하려 계획했다. 일본 관청들은 한국의 독립운동가들이 데라우치 총독을 살해하려는 계획을 갖고 있다 의심했다. 이 의심만을 근거로 120명의 지식인이 재판을 받았다. 이 재판에서 상당수는 감옥 내에서의 가혹한 대우로 사망했으며 대부분은 병약한 몸이 되어 출소하였다.

일본제국주의의 가혹함은 한민족을 가슴 깊은 곳까지 자극하여, 그들은 저항을 위해 모든 힘을 모으게 됐다. 한국에는 오래전부터 국가위기상황 시 특별한 명령 없이 자발적으로 모여 국가를 돕는 일종의 의용군이 있었다. '의병'이라 불리는 이들은 일본의 침략 때부터 극심한 궁핍 속에서도 끊임없이 일본에 대항하는 격렬한 싸움을 하고 있다. 그들 중 많은 이들이 현재 만주 혹은 시베리아에 있으며, 지속적으로 한국 북부에 밀고 들어와 관청과 점령군을 공격하고 있다.

유명한 한국인 안중근[14]은 1909년 만주 하얼빈에서 약탈민족의 대표로서 한국

---

12 [편주] 명성황후(明成皇后, 1851~1895).
13 [편주] 데라우치 마사다케(寺内正毅, 1852~1919).
14 [편주] 안중근(安重根, 1879~1910).

내 수많은 악행을 저지른 당시 일본의 총리 이토[15]를 살해했다. 한국인들은 적들에게 뿐만 아니라, 그들의 동조자들에게도 무기를 겨눌 준비가 되어 있다. 1909년 한국인 장인환[16]은 샌프란시스코 오클랜드에서 이국인 스티븐[17]을 살해했다. 스티븐은 이토의 지시로 미국 내에서 한국합병을 지지하는 선전을 했다. [12]

1919년 1월 한국의 연로한 전 황제[18]가 일본인들에 의해 독살됐다. 전 황제가 베르사유 회의에서 한국문제를 거론하게 함으로, 일본인들에게 정치적 어려움을 가져올 수 있다는 이유에서였다.

합병 9년 후, 연로한 전 황제의 독살 직후, 1919년 3월 한국은 그들의 독립을 선언하고, 임시정부를 설립했다. 이 임시정부는 후에 일본의 박해로 인해 중국의 상하이로 이전해야 했으며, 지금까지 계속 그 곳에 위치한다. 이 3월 혁명에 한국 측 시위자는 전국적으로 2백만 명이 참여했고, 한국인들의 평화적인 태도에도 불구하고 7,509명이 사망, 15,961명이 부상당했으며, 46,948명이 투옥됐다. 47개의 교회와 2개의 학교, 715개의 가옥이 불태워졌다.

이러한 끔찍한 결과는 한반도에서만 일어난 일이 아니다. 60년 전부터 2백만 명 이상의 한국인들이 거주했고, 무엇보다 무장한 한국의 군인들이 있었던 만주와 시베리아에서 역시 같은 일이 일어났다. 일본인들은 이미 오래전부터 여러 차례 그곳에 있는 한국인들을 말살하려 했다. 1919년 가을 한 달 반 동안 일본은 2개 사단병력의 학살군을 동만주에 동원했다. 일본군의 임무는 마을에 있는 모든 한국인을 살해하고, 모든 건물과 곡식을 불사르는 것이었다. 남녀노소를 불문하고 극도로 잔인하고 끔찍한 수단으로 살해당했다. 당장 확인한 바에 따르면, 당시 3,106명의 한국인들이 살해당했고, 238명이 붙잡혔으며, 2,507개의 가옥, 31개 학교 그리고 10개의 교회가 불태워졌다.

1919년 9월 1일 새로운 일본인 조선총독 사이토[19]가 서울에 부임했고, 65세 한

---

15 [편쥐 이토 히로부미(伊藤博文, 1841~1909).
16 [편쥐 장인환(張仁煥, 1876~1930).
17 [편쥐 원문은 스티븐(Steven)으로 되어 있으나, 더럼 화이트 스티븐스(Durham White Stevens, 1851~1908)를 가리킴.
18 [편쥐 고종(高宗, 1852~1919)
19 [편쥐 사이토 마코토(齋藤實, 1858~1936).

국인 강우규[20]는 기차역에서 사이토를 폭탄으로 암살하려 했다. 강우규는 당시 블라디보스토크에서 결성된 '노인동맹단'의 일원이었다. [13] 그들은 한국의 젊은 세대가 조국의 독립을 위해 일하는 것을 보고, 노인들도 자유를 위해 희생해야 한다고 생각했다.

1922년 3월 28일 당시 일본의 육군상 다나카[21]가 기선을 타고 상해에 도착했다. 두 명의 젊은 한국인 김익상[22]과 오성륜[23]은 선착장에서 폭탄과 권총으로 다나카를 맞이했다.

세계적으로 잘 알려진 일본의 잔혹한 행위는 1923년 일본지진 때 일어났다. 당시 일본은 이 재해로 인해 무질서 상태였고 임시적인 강제 경제정책으로 국민들을 강하게 자극했다. 일본의 사회주의 혁명가들은 이를 계기로 그들의 혁명을 실현하고자 했다. 일본의 군주정은 위험에 처해 있었다. 당시의 일본 정부는 내정적 혼란을 밖으로 돌릴 계획을 세웠다. 혼란의 책임을 일본에 거주하는 한국인들에게 돌린 것이다.

일본 정부의 선동으로 한국인에 대한 지독한 학살이 시작됐다. 한국인들이 보이는 곳마다 한국인들은 짐승과 같이 변한 무리에 의해 폭행을 당했다. 수도 도쿄와 항구도시 요코하마, 그리고 많은 다른 지역에서 한국인들은 가축처럼 온갖 종류의 무기로 살해당했다. 마침내 정부는 한국인들을 '보호유치' 명목으로 슈시노(Shushino)[24]에 있는 군부대로 데려갈 수밖에 없었다. 이 보호유치가 어떤 것이었는지 증인들에 의해 알려졌다: 잠자고 있는 한국인들에게 실탄으로 총격이 가해졌다. 그 후 누군가 뛰쳐나왔으나, 그것은 포악한 군인들에게 다시 새로운 피목욕을 개시하는 신호일 뿐이었다. 잠정적으로 확인한 바에 의하면, 이렇게 5,000명 이상의 한국인이 살해당했다. 일본 정부는 이를 통해 그들의 입지를 강화할 수 있었다. 그러나 일본 정부는 정치적 어려움과 한국의 봉기에 대한 두려움에 모든 전신과 무선전신 통신을 금지시켰다. 하지만 현재 이러한 사건들은 서

20　[편쥐 강우규(姜宇奎, 1855~1920).
21　[편쥐 다나카 기이치(田中義一, 1864~1929).
22　[편쥐 김익상(金益相, 1895~1943).
23　[편쥐 오성륜(吳成崙, 1898~1947).
24　[편쥐 나라시노(習志野)의 착오. '習'의 음독은 "슈"이지만, 훈독은 "나라"라서 "나라시노"로 읽음.

서히 전 세계에 알려지게 됐다.

일본의 이 참을 수 없이 야만적인 행위로 인해 [14] 격렬한 분노를 느낀 한국인들은 정당방위에 의한 전투를 끊임없이 계속하게 됐다. 그리하여 1924년 1월 5일, 한국인 김지섭[25]은 도쿄에 있는 일본왕궁에 폭탄을 투여했다.

한국인 박열[26]은 자신의 부인[27]과 함께 일본 황제를 살해할 계획을 갖고 있었다. 1923년, 계획이 실행되기 전에 그들의 계획은 발각된 상태였으나, 일본 정부는 오랜 시간 그 일을 은폐했다. 1926년 3월이 돼서야 이 부부는 도쿄에서 무기징역을 선고받았다.

1926년, 한국의 움직임에 자주 적대적으로 맞선 상하이 일본영사관에 한국의 혁명가들은 두 차례 폭탄을 던졌다.

1926년 4월 26일, 한국의 마지막 황제[28]가 붕어했다. 수도 서울에서 열린 추도식에서 엄청난 수의 인파가 모여들었다. 동시에 이곳에서 다양한 일본의 고위관료를 만날 기회가 제공되었다. 이것은 한국의 혁명행위를 위해 좋은 기회였다. 4월 28일, 일본인 총독 사이토가 조문 후 황궁에서 나오기로 되어 있었다. 한국인 송학선은 자동차 안 사이토의 자리에 앉아 있던 다른 일본인을 사이토로 오해해 살해했다. 그의 이름은 다카야마[29]로, 일본 국수회(國粹會) 부회장이었다. 이 사건에 대한 신문보도는 며칠 동안 일본 관청에 의해 금지됐다. ─ 이 기회에 일본의 주요 관리들을 살해하려 계획하여 권총과 폭탄으로 무장한 세 명의 한국인이 목적달성을 위해 상하이에서 서울로 오던 중 체포되었다. ─ 1926년 6월 10일, 한국 황제의 국장일에 혁명학생들은 시위를 하며 한국의 독립을 위해 선동했다. 시위대의 대부분은 체포되었고, 그들 중 11명이 재판을 받았다.

동양척식주식회사는 이미 오래전부터 [15] 한국인들에게 제거대상으로 여겨졌다. 1926년 12월 28일, 한국인 나석주[30]가 동양척식주식회사의 건물에서 일본

제3장
항일 저술

---

25 [편주] 김지섭(金祉燮, 1885∼1928).
26 [편주] 박열(朴烈, 1902∼1974).
27 [편주] 가네코 후미코(金子文子, 1903∼1926).
28 [편주] 순종(純宗, 1874∼1926).
29 [편주] 다카야마 다카유키(高山孝行, 1882∼1926).
30 [편주] 나석주(羅錫疇, 1892∼1926).

인 관리를 권총으로 저격하고, 건물에 폭탄을 투척한 뒤 자결했다.

위 사항들은 한국의 자유 투쟁 중 몇 몇 사례들이다. 여기에서 모든 개별적 희생행위들을 열거하는 것은 불가능하다.

우리는 위에서 한국의 독립투쟁 중 몇 가지 주요한 사실들을 알아보았다. 이제 지난 기간 정치운동의 개별적 방향들을 보고자 한다. 1920년까지 혁명운동은 특별한 정치적 방향을 갖고 있지 않은 채, 일반적인 국가의 독립만을 목표로 했다. 1920년 이후 한국인들에게 사회주의운동이 등장하여, 일본 자본주의의 결과로 극히 빠른 속도로 발전했다. 한국국가경제의 파산은 한국인들로 하여금 자유 투쟁과 함께 정치적, 경제적 투쟁을 병행하도록 강요했다. 이전에는 비밀결사로 투쟁하였으나, 1919년 3월 혁명 이후 민족주의와 사회주의를 불문한 다양한 단체들이 공개적으로 사회에 나와 폭 넓게 성장했다. 민족주의자든 사회주의자든 협력하여 공동의 적인 일본제국주의에 대항해 싸우고 있고, 점점 더 많은 단체들이 공동전선을 위해 연합하고 있다.

민족의 자유와 사회적 평등에 대한 사상은 오늘날 전 세계에 퍼져 있다. 세계평화라는 궁극적 목적을 갖는 이 노력은 1927년 2월 '반제국주의, 식민지배 그리고 친 민족독립 브뤼셀 회의'에서 다뤄졌다. 한국은 자국의 정치적, 경제적 상황에 따라 이 투쟁에 적극적으로 참여하고 있으며, 한국의 해방을 위해 그들 스스로의 자유를 두고 싸우는 인류와 일치단결하여 활동하고 있다. [16]

정용준 역
영인 40쪽

제2부
조선어 관계 자료

—

여름학기 한국어 강좌 수강생 수

"I.HA Rep.76 Kultusministerium, Va, Sekt.2, Tit.X, Nr.124, Bd.11", 1924, p.286.

동양어학과의 여름학기 강좌는 다음 수의 학생들이 수강하였다.

한국어 : 강사 리 코루, 4명

송병욱 역

영인 50쪽

Die Vorlesungen des Orientalischen Seminars sind im Sommersemester von folgenden Hörern besucht worden.

Koreanisch : Lektor Likolu, 4

미트보흐 발송 공문 1

"Rep.208A, Nr.90-Nr.975", 1923.8.10.

학술, 예술, 국민교육부 장관 귀하,

중국 시민권자 리 코루 씨(한국 출생)가, 첨부한 서신에서 보시다시피, 제 앞으로, 이번 겨울학기 동양어학과 수업에서 자신의 모국어인 한국말을 주당 3시간씩 교수할 수 있도록 교육부의 허가를 주선해 달라는 청을 담은 편지를 보내왔습니다.

이 언어를 익히는 일은, 제 생각이 틀리지 않는다면, 독일 학계뿐 아니라 제국의 대 한국 상업관계를 위해서도 일정한 이익이 되겠으며 나아가 리 코루 씨가 강의 대가를 요구하지 않겠다고 하니, 그의 요청을 적극 지지하는 바입니다.

학장 대리 미트보흐

송병욱 역
영인 51쪽

Nr.975. 10. August 1923.

An den Herrn Minister für Wissenschaft, Kunst und Volksbildung

Berlin W8

Der chinesische Untertan, Li Kolu, von Geburt Koreaner, hat mir das beiliegende Schreiben mit der Bitte übersandt, ihm bei dem vorgeordneten Ministerium die Genehmigung zu erwirken, im kommenden Wintersemester im Seminar für Orientalische Sprachen Unterricht in seiner Muttersprache, dem Koreanischen, in drei wöchentlichen Stunden erteilen zu dürfen.

Da, wenn ich nicht irre, nicht nur für die deutsche Wissenschaft, sondern auch für die Handelsbeziehungen mit Korea im deutschen Reich ein gewisses Interesse besteht, diese Sprache kennen zu lernen, und da ferner Herr Li Kolu sich erboten hat, diesen Unterricht ohne Anspruch auf Entschädigung abzuhalten, möchte ich sein Gesuch auf das Angelegentlichste befürworten.

Der Direktor I. V.

MITTWOCH

Augsburgerstr.23

벡커 발송 공문

"UIK Nr.8593", 1923.8.31.

1923년 8월 10일 자 서신(975호)에 관하여,

외무부와의 협의에 따라, 중국 국적자인 코루 리 씨가 이번 겨울학기 동안 동양어학과에서 주당 3시간씩 한국어를 교수함을 허가합니다. 강의료는 예정되어 있지 않습니다.

내년 3월 초, 수강 현황에 관한 소식 주시기를 고대하고 있겠습니다.

베를린 동양어학과 학장 귀하

직무대리 벡커

송병욱 역

영인 51쪽

UIK Nr.8593. 31.August 1923.

Auf den Bericht vom 10.August 1923 - Nr.975.-

Im Einverständnis mit dem Auswärtigen Amt genehmige ich, daß der chinesische Staatsangehörige Li Kolu im kommenden Winterhalbjahr am Seminar für Orientalische Sprachen an drei Wochenstunden Unterricht in der Koreanischen Sprache erteilt. Eine Vergütung kann ihm hierfür nicht in Aussicht gestellt werden.

Ueber den Besuch der Vorlesungen sehe ich einem Bericht Anfang März n. Js. entgegen.

An den Herrn Direktor des Seminars für orientalische Sprachen in Berlin
In Vertretung gez. Becker

미트보흐 발송 공문 2

"Nr.1034. Berlin", 1923.12.19.

제1장
국립프로이센
문화유산문서
보관소 문서

학술 문화 국민교육부 장관 귀하,

1923년 8월 31일 자 지시 사항(UIK 8593호)과 관련하여 삼가 다음과 같이, 중국 국적의 리 코루에 의해 1923/24년 겨울학기 동양어 학과 수업으로 개설된 한국어 강좌에 열 명의 학생이 참여하고 있음을 알려드리는 바입니다.

리 씨가 1924년 여름학기에도 한국어 강좌 — 즉, 주당 2시간의 초보자 과정 및 주당 2시간의 상급자 과정 — 를 무보수로 하겠다는 의사를 밝혔고 나아가 저에게 이 강좌를 학과 강의시간표에 또는 대학 측에 알려 달라는 청을 해 왔으므로, 저는 장관님께, 다음 학기에도 저희 학과에서 한국어 강좌가 계속 개설되어야 할 지 여부와 강의시간표 등재와 관한 이 씨의 청을 들어주어야 할지 여부에 관해 긍정적인 결정을 내려 주실 것을 부탁합니다.

학장 직무대리 미트보흐

송병욱 역
영인 52쪽

이극로 수신 편지

"Tgb.Nr.1034", 1923.9.17.

친애하는 씨께,

본인은 학과장의 위임을 받아, 겨울학기 동안 동양어학과에서 귀하가 주 3시간씩 한국어를 무보수로 교수하겠다는 제안에 대해 교육부 장관이 승인하였음을 알려드리게 되어 기쁘게 생각합니다.

강의가 10월부터 시작하므로, 귀하께서 10월 15일경 학과로 저를 방문하여 자세한 사항에 관해 논의해 주시면 감사하겠습니다.

○○○ 삼가 올림.

송병욱 역
영인 52쪽

Tgb.Nr.1034. 17.September

Sehr geehrter Herr!

Im Auftrage des Herrn Seminardirektors beehre ich mich Ihnen ergebenst mitzuteilen, daß der Herr Unterrichtsminister mit Ihrem Angebot einverstanden ist, während des kommenden Wintersemesters am Seminar für Orientalsche Sprachen an
drei Wochenstunden Unterricht in der koreanischen Sprache ohne Vergütung zu
erteilen.

Da der Unterricht im Seminar in der letzten Oktoberwoche beginnt, würde ich
Ihnen dankbar sein, wenn Sie mich wegen weiterer Besprechung in der Zeit um den
15. Oktober herum im Seminar aufsuchen wollten.

hochachtungsvoll

○○○

Augsburgerstr.23

이력서 1

"Lebenslauf", 1923(?).

저는 1896년[1] 4월 10일 봉천성에서 의사 이근주[2]의 아들로 태어나 일곱 살 되던 해부터 십칠 세 되던 해까지 개인교습도 받고 초등학교에도 다녔습니다. 그후 3년 동안 저는 고등학교에 다녔으며, 1916년에는 상해에 있는 독일-중국계 동제 의공학당의 언어학습과정(김나지움에 해당)에 입학하였습니다. 4년 과정을 마친 뒤, 저는 그 졸업증서를 가지고 1920년 3월 동제 기술학교에 입학하였고 한 학기를 이수하였습니다. 1922년 4월, 베를린 프리드리히-빌헬름-대학(철학부)에 입학하였습니다.

리 코루

송병욱 역
영인 53쪽

---

1   [편쥐] 이극로의 실제 생년월일은 1893년 음력 8월 28일이며, 입학 시 연령 제한 혹은 일제 감시 등 문제로 인해 독일 유학시절 「이력서」나 「나의 이력서─반생기」에 나이를 3살 낮춘 1896년생으로 적고 있음. 출생지 역시 한국 고향을 적지 않고 망명지인 만주로 기재함.
2   [편쥐] 이근주(李根宙, 1849~1923). 이극로의 족친 이종룡 씨는 "이극로 선생의 선친은 침술에 능한 의원(醫員)"이었다고 증언함.

Lebenslauf

Am 10.April 1896 bin ich in Fong-tien als Sohn des Arztes Li Ken-chu geboren und von meinem 7. Geburtsjahre bis zum 17. Jahre durch privaten Unterricht und durch eine Volksschule erzogen worden; danach besuchte ich 3 Jahre ein Gymnasium und trat 1916 in die deutsche Sprachschule(Gymnasialabteilung) der Deutsch-Chinesischen "Tungchi" Medizin- und Ingenieur-Schule in Schanghai ein. Nachdem ich die vier Schuljahre beendet hatte, wurde ich im März 1920 mit meinem Reifezeugnis in die Tungchi Ingenieurschule aufgenommen und habe ein Semester absolviert. Im April 1922 bin ich der Friedrich-Wilhelm-Universität zu Berlin(in der philosophischen Fakultät) immatrikuliert worden.

Li Kolu

리히터 발송 공문

"UIK Nr.9458", 1924.1.21.

12월 19일 자 서신(1034호)에 관하여,
외무부와의 협의 하에, 중국 국적자인 리 코루가 이번 여름학기에도 그곳[1]의
제안에 따라 무보수로 한국어를 교수하며 그의 강좌들이 강의시간표에 등재됨을
승인하는 바입니다.

직권 대행 리히터

베를린 동양어학과 학과장 귀하

송병욱 역

영인 53쪽

---

1   [역쥐 동양어학과.

Auf den Bericht vom 19. Dezember v. Js. -1034-.

Im Einverständnis mit dem Auswärtigen Amt genehmige ich, daß der chinesische Staatsangehörige Li Kolu auch im kommenden Sommerhalbjahr dem dortigen Vorschlage entsprechend Unterricht in der koreanischen Sprache am Seminar für Orientalische Sprachen unentgeltlich erteilt und seine Vorlesungen in das Vorlesungsverzeichnis aufgenommen werden.

Im Auftrage gez. Richter

An den Herrn Direktor des Seminars
für orientalische Sprachen
in
Berlin N.W.7.

이극로 발송 편지 2

1925.1.30.

1925년 1월 30일, 베를린 츠빙글리슈트라쎄39,

동양학과 학장 대리 미트보흐 교수님 귀하!

경애하는 교수님, 한 말씀 올림을 가납하여 주십시오.

한국어는 한국, 만주, 동시베리아에 사는 2천만 명 이상의 한국인이 사용하는, 극동아시아에서 세 번째로 중요한 문화어입니다. 한국어는 특히 그 문자로 인해 매우 독특합니다. 실용적 측면 외에도 한국어는 언어학적으로 중대한 의미를 가지고 있습니다.

한국어는 독일에 거의 알려져 있지 않습니다. 한국 문화와 언어를 독일에 소개하기 위하여 저는, 잘 아시다시피, 3학기 전부터 무보수로 한국어 강좌를 진행해오고 있습니다. 그동안 12명의 학생들이 수강하였습니다.

극동아시아 언어에 대한 관심이 다시금 증가하고 있기 때문에, 한국어강좌는 동양학과에 중요하다고 생각합니다. 따라서 저는 교수님께서 장관님께, 차후로는 제가 저의 강좌에 관해 일정한 보수를 지급받을 수 있도록 신청해 주시기를 부탁드립니다.

한국어 담당강사 리 코루

송병욱 역
영인 54쪽

Berlin, den 30.Januar 1925. Zwinglistr.39.

An den commissarischen Direktor des Orientalischen Seminars z.H. Herrn Professor Dr. MITTWOCH, Hochwohlgeboren!

Euer Hochwohlgeboren erlaube ich mir folgendes zu unterbreiten. Koreanisch ist heute die dritte wichtigste Kultursprache in Ostasien, die von mehr als 20 Millionen in Korea, in der Manschurei und Ostsibirien bewohnenden Koreanern gesprochen wird. Die Sprache ist besonders mit ihrer eigenen Schrift ganz eigenartig. Ausser der praktischen Seite hat sie sprachwissenschaftlich eine grosse Bedeutung.

Sie ist in Deutschland fast unbekannt gewesen. Um die koreanische Kultur und Sprache in Deutschland zu vermitteln, habe ich, wie Ihnen bekannt ist, seit 3 Semestern ohne Entschädigung koreanische Vorlesungen abgehalten. In den Semestern haben 12 verschiedene Hörer an den Vorlesungen teilgenommen.

Da für alle ostasiatischen Sprachen das Interesse wieder im Wachsen ist, dürfte für das Orientalische Seminar es von Wichtigkeit sein, dass am Seminar koreanisch gelehrt wird. Ich bitte daher Euer Hochwohlgeboren beim Herrn Minister zu beantragen, dass ich in der Zukunft für meinen Unterricht eine entsprechende Entschädigung erhalte.

Lektor der koreanischen Sprache.
Li Kolu

미트보흐 발송 공문 3

1927.5.12.

    한국 출신의 정치학 박사 리 코루 씨는 교육부 장관의 수권에 따라 1923년 겨울 학기 초부터 1926년 겨울학기 말까지 동양어학과에서 한국어를 교수하였습니다. 리 코루 씨는 시간을 엄수하였고 또한 유능하여 큰 성공 속에 그 교수 활동을 이끌어 갔다는 점을, 저는 기꺼이 확인해 드리는 바입니다.

학장 대리 미트보흐

송병욱 역
영인 54쪽

Seminar für Orientalische Sprachen. Berlin R.W. 7, den 12.Mai 1927, Dorotheenstr.7[1]

Herr Dr.rer.pol. Li Kolu aus Korea hat von Beginn des Wintersemesters 1923/24 bis Ende des Wintersemesters 1926/27 mit Ermächtigung des Herrn Unterrichtsministers Unterricht in der Koreanischen Sprache am Seminar für Orientalische Sprachen erteilt. Es gereicht mir zu großer Freude, bezeugen zu können, daß Herr Li Kolu mit Pünktlichkeit sowie Geschick und bestem Erfolge seine Lehrtätigkeit am Seminar ausgeübt hat.

Der Direktor
I. V.
MITTWOCH

---

1   [편주] 프리드리히-빌헬름대학 동양어학과(Seminar für Orientalische Sprachen, SOS)는 1887년에 개설
되었는데, 1904년부터 캠퍼스 뒤편 도로텐슈트라쎄 7번지(Dorotheenstr.7)에 사무실을 두었다.

이극로 발송 편지 3

"Seminar für Orientalische Sprachen präs, J.-No.787", 1927.6.28.

1927년 6월 26일 런던

친애하는 레히눙스라트 씨께,

지금 저는 런던에서 또다시 이방인이 되었습니다, 그래서 벌써 베를린이 그리워집니다.

이 달 6일부터 12일까지 저는 베를린으로부터 루드비히스하펜 암 라인, 메츠, 베르덩 및 파리를 거쳐 런던으로 향하는 여행을 하였습니다. 여행하면서 루드비히스하펜의 BASF, 베르됭의 전쟁기념관을 견학하였고 파리와 베르사유도 둘러보았습니다.

저는 현재 런던 항해대학에 재학 중인 제 친구[1] 집에서 기거하고 있고, 반년 더 런던에 머무르려 합니다.

코루 리 삼가 올림.

영국 런던 E.14,
커머셜로드 680,
킹 에드워드 7세
항해대학에서

송병욱 역
영인 55쪽

---

1   [편쥐] 신성모(申性模, 1891~1960).

Seminar für Orientalische Sprachen präs. J.-No.787. 28.JUN 1927.

London, den 26.Juni 1927
Sehr geehrter Herr Rechnungsrat!
Jetzt bin ich ein neuer Gast in London, so habe ich schon eine Sehnsucht nach Berlin.

Von Sechsten bis Zwölften dieses Monats habe ich meine Reise von Berlin über Ludwigshafen a / Rh., Metz, Verdun und Paris nach London untergenommen.

Unterwegs habe ich die Badische Anilin- und Soda-Fabrik in Ludwigshafen, und die Kriegsschauplätze bei Verdun besichtigt, und auch Paris und Versailles kennen gelernt.

Ich wohne jetzt bei meinem Freunde in der Navigationsakademie und bleibe ein halbes Jahr in London.

Mit besten Wunschen für Sie und das Seminar,
Ihr ergebener
Kolu Li

King Edward VII
Nautical College,
680 Commercial Rd.
London E.14
England

동양어학과 이극로 강사 확인서 초안[1]

철학박사 코루 리 씨에게, 그가 _____부터 _____까지 동양어학과 강사였었
음을 공식 확인해주는 바입니다.

그는 학과에서 존경받는 인물로서 적극적 추천을 받을 만합니다.

학장 직무대리 _____

송병욱 역

영인 55쪽

---

1   [역주] 이극로에게 추천장을 발급해 줄 요량으로 작성된 초안으로 보임.

이극로 발송 편지 4

1928년 12월 5일 도쿄

친애하는 힐데브란트[1] 씨!

미국 본토에서 두 달 반, 하와이에서 4주 간 체류하는 동안 정기적으로 견학을 다니면서 저는 이 나라의 경제 현황을 연구하였습니다.

하와이에서 떠나 그 해 10월 12일 요코하마에 도착하였고 그 후 도쿄에 머물면서 일본 상황, 특히 경제 면을 조사하고 있습니다. 언제 한국에 가게 될는지 아직도 알 수 없습니다.

즐거운 성탄절과 희망찬 새해를 기원합니다.

코루 리 배상

동양어학과 교수님들께 저의 성탄절과 새해 인사 전해 주십시오.

송병욱 역
영인 56쪽

---

1   [편쥐 빌헬름 힐데브란트(Wilhelm Hildebrandt, 생몰연도 및 신원 불명).

Tokyo, den 5.Dezember 1928

Sehr geehrter Herr Hildebrandt!

Während meines Aubenthaltes 2½ Monate in den Vereinigten Staaten von Amerika und vier Wochen in Hawaii habe ich planmäßig durch eine Besichtigung wirtschaftliche Verhältnisse des Landes studiert.

Von Hawaii bin ich am 12. Oktober d. J. in Yokohama angekommen und seitdem halte ich mich in Tokyo auf und studiere japanische Verhältnisse besonders das wirtschaftliche. Ich weiß noch nicht, wann ich in Korea ankomme.

Ich wünsche Ihnen eine gute weihnacht und ein fröhliches Neujahr.

Ihr ergebener Kolu Li

Bitte, bestellen Sie den Professoren im Orientalischen Seminar von mir herzliche Grüße für die Weihnacht und das Neujahr!

한 조선 지식인의 삶 한 장면

Aus dem Leben eines koreanischen Gelehrten : Aus dem Koreanischen, 발터 데 그루이터사,
1927.

리 코루 박사에 의해 한국어로 번역됨.

이 글을 쓰는 데에는 두 가지 이유가 있다. 첫째로, 국립인쇄소에 새로 구비된 한글 활자를 알리는 것이며, 두 번째로, 한국어 연습에 있어 보조 자료를 제공하려 함이다.

이 목적을 위해 나는 한 현대소설의 시작 부분을 선정했다. 이 소설은 1924년 서울에서 『허생전』(허생의 삶 이야기)이라는 제목으로 공개됐고, 지금은 약 35세의 유명한 작가 이광수를 필자로 두고 있다.

소설의 주인공은 식자인 허생(許生)이다. 그는 약 250년 전 효종(1650~1660) 때의 양반으로, 일련의 명석한 행동으로 유명한, 여전히 대중의 입에 살아 오르내리는 인물이다.

이 짧은 글의 이해를 위해 반드시 필요한 주석들:

예전 표준규격 동전으로는 냥(兩)이 있는데, 이는 10돈(錢) 혹은 100푼(分)이다. 푼은 중국의 화폐와 같고, 한 냥은 약 1/2 마르크다. 단위에 있어, 1접은 100조각으로 이해할 수 있다.

마무리로 나는 내게 협력해준 피굴라 박사에게 진중한 고마움을 전하고 싶다. 그는 모든 텍스트를 나와 함께 조사했고 번역을 검수했다.

정용준 역
영인 57쪽

Aus dem Leben eines koreanischen Gelehrten

Aus dem Koreanischen übersetzt von Dr. Li Kolu.

Der Anlaß der folgenden Arbeit ist ein doppelter: erstens sollten die neuen koreanischen Typen der Reichsdruckerei bekanntgemacht werden, und zweitens sollte ein Hilfsmittel für Übungen in der koreanischen Sprache geboten werden.

Zu diesem Zwecke habe ich den Anfang eines modernen Romans ausgewählt, der 1924 in Söul unter dem Titel „Hë Säng-djën"(Lebensgeschichte des Herrn Hë) erschienen ist und den bekannten, jetzt etwa 35 jährigen Dichter (R)I Goang-s(y)u zum Verfasser hat.

Der held des Romans ist der gelehrte Herr Hë, ein Adliger, der vor etwa 250 Jahren zur Zeit des Kaisers Hyo-Djong(1650~1660) gelebt hat, durch seine Klugheit und seine Taten berühmt geworden ist und noch heute im Volksmunde lebt.

Zum Verständnis der kurzen Probe sind folgende Anmerkungen notwendig:

Als Einheitsmünze der früheren Zeit gilt das (R)Yang. es zerfällt in 10 Don bzw. in 100 Pun; das Pun entspricht dem chinesischen Käsch und der Wert von einem (R)Yang ist etwa 1/2 Mark.

Bei den Maßen hat man unter 1 Djëb 100 Stück zu verstehen.

Zu guter Letzt möchte ich noch Herrn Dr. Figulla für seine Mitarbeit meinen verbindlichsten Dank aussprechen; er hat den ganzen Text mit mir durchgearbeitet und die Übersetzung stilisiert.

미지의 한국

이극로는 1928년 4월 말까지 약 4개월 간 베를린에 있으면서, 매월 발간되는 학술지 『외국을 향한 다리(*BRÜCKEN ZUM AUSLAND*)』 1928년 3월호에 「미지의 한국(Das unbekannte Korea)」이라는 제목으로 독일에서 마지막 기고를 하였다. 독일 측에서는 최린을 한국의 민족운동 지도자·교수로 소개하면서 대중의 관심을 끌지 못한 데 대한 아쉬움과 슈마허의 제자였던 이극로 박사에 대해 의미를 부여하였고 기고 글 게재를 허락했다.

내용은 논문이라기보다는 한국사를 간략히 요약하면서 일제강점과 독립운동까지 함축해 다룬 칼럼 형식이다. 이극로는 독일 유학 시기 내내 유럽인들에게 전단지나 출판물(팸플릿)로써 일제를 규탄하였고, 한국 역사와 문학을 소개하고, 한글과 한국어에 대해서도 알리고자 노력하였다. 본 자료는 그간 조사되었던 이극로 글 전체 목록에서 파악되지 못했던 것이다.[1]

비록 짧은 글이지만 이극로가 독일을 떠나면서 마지막으로 조국을 유럽인들에게 소개하는 내용이고, 친일 문제를 차치하고 최린과 교류 사실 및 최린에 대한 독일인의 인식[2]을 살필 수 있는 자료라는 점에서 의의가 있다.

---

1 본 자료는 베를린 주립도서관 소장본으로, 편자가 귀국한 뒤에 발굴하여 2015년 11월 23일 베를린 유학생 정현우 씨를 통해 도서관 측에 복사 및 영인 허락받았음을 밝혀 둠.
2 이극로의 소개에 의한 것으로 추정.

미지의 한국

Das unbekannte Korea, 1928.3.

국가학 박사 이극로

　3월 초 대중의 주의를 끌지 못한 상태에서 한국의 민족운동 지도자 최린 교수가 베를린에 머물렀다. 그는 그의 두 번째 세계여행에서 미국과 서유럽, 독일, 러시아를 거쳐 다시 한국으로 돌아갔다. 이 드문 방문을 계기로 우리는 최린 교수의 독일 여행에 동행했던 이극로 박사의 펜에 의한 다음 논문을 발행한다. 이 논문의 저자는 잘 알려진 민족경제학자 슈마허에게 일 년 전 박사 학위를 취득했다.

　2천만 명을 넘는 수의 한국인 민족은 자신들의 언어, 문자, 예법 그리고 관습, 다시 말해 고도로 발달한 고유의 오래된 문화를 갖고 있다. 유감스럽게도 이 민족은 그들의 불행한 정치적 상황에 따라 세계적으로 거의 알려져 있지 않다. 9
　218,650평방미터 면적의 한반도는 독일 영토의 절반에 조금 못 미치는 크기다. 이 국가는 대부분 산맥으로 이뤄져 있다; 배가 다닐 수 있는 다섯 개의 큰 강이 도처에 있어 해상운수가 용이하고, 수많은 깊은 항구들이 해양운수를 위해 해안가 문을 열어 준다. 이 나라의 기후는 주로 해양성 기후지만, 북쪽의 반은 대륙성 기후의 영향 아래 있다. 국가의 중앙에 위치한 수도 서울의 최고기온은 우리의 체온과 같은 37℃이고, 최저기온은 22℃로 측정된다. 한국의 쾌적한 기후는 모든 동아시아 여행자들을 유혹한다.
　1922년 한국의 인구는 약 천팔백만이고, 그중 17,208,139명이 한국인, 386,493명이 일본인, 31,129명이 중국인이다.
　한국인들의 주식은 채식이다(특히 쌀과 보리). 육류 소비에서는 생선이 큰 비중을 차지한다. 우유와 버터 농업은 알려져 있지 않다.
　이 나라는 농업국가다; 그들의 주요 생산물들은 쌀, 보리, 밀, 콩, 면화, 담배 그리고 잘 알려진 약재, 인삼뿌리다. 가축 사육은 중요한 역할을 차지하지 않는 반면, 해양수산업이 물고기가 풍부한 긴 해안에서 고도로 발달해 있다. 산림업은 비교적 작은 의미를 갖는데, 한국의 북부, 만주의 경계에는 광활한 오래된 숲이 있고, 남부에는 넓은 구간에 걸쳐 대나무가 자라 있다. 야생나무로는 한국 전역에 주로 소나무가 분포되어 있다. 한국은 특히 금, 동, 철, 흑연 그리고 석탄 등 아직 덜 채굴된 지하자원이 풍부하다.

몽골 인종을 두 집단으로, 즉 우랄-알타이어족과 인도차이나족으로 분류한다면, 한국인들은 인도차이나 민족이 아닌 우랄-알타이어족에 속한다. 그들은 만주인들, 즉 좁은 의미의 몽골인 들과 타타르인들, 터키인들과 먼 친척 관계다. 만주한국인들은 만주에, 아무르 지역과 한반도에 거주하는 동북아의 오랜 주민들이다. 그들은 일본인들과 중국인들에 비해 매우 순수한 민족이다. 일본민족은 주로 한국인, 말레이인 그리고 원주민(아이누), 이 세 민족으로 이뤄진 혼혈민족이다. 중국민족 역시 다양한, 특히 중국 중부와 남부에 있는 다종의 원주민들이 섞여 있다.

한국어는 우랄-알타이어족과의 인류학적 연관에서 일본어, 만주어, 몽골어, 터키어, 헝가리어와 같은 이른바 교착어에 속하며, 중국어나 티베트어, 시암어와 같은 단철(單綴)의 고립어와 구분된다.[1] 한국은 독특한 문자를 갖고 있지만, 그럼에도 불구하고 교육받은 집단 내부와 학술어에서는 일본에서와 마찬가지로 많은 중국 한자들이 혼용된다. [10]

종교에 관해 말하자면, 예전에는 4세기 말 기원후 372년 중국에서 유입된 불교가 가장 널리 퍼진 종교였으나, 500년 전 이전 왕조 하에 유교[2]가 강하게 그 자리를 대체했다. 유교의 핵심원칙은 인간성이다. 오늘날 한국인은 중국인들과 같이 일반적으로 유교적 도덕의 입장에 있다. 중국에서 행해지는 것과 마찬가지로 이 민족은 엄격한 조상숭배에 애착을 느낀다.

1837년 이후로 로마가톨릭 선교사들, 1884년 이후로 개신교 선교사들 역시 한국에서 사역하고 있다. 그러나 기독교는 이 나라에서 상대적으로 널리 전해지지

---

1 [역주] nicht zu : ~에 속하지 않는다(직역).
2 [역주] Konfutseanismus : Konfuzianismus의 오기.

않은 상태다.

한국의 문화는 동아시아에서 오래된 문화다. 그 토착의 요소들은 일찍이 중국과 인도문화의 영향을 받아 풍부해졌다.

거의 이천 년 전부터 한국의 문화가 어떤 수준[3]에 놓여 있었는지, 어쩌면 몇 가지 예시들이 증명해줄 것이다.

모든 불교의 제작물 중에서 (삼장(三藏)이라 불리는) 한국에서 만들어진 판본이 불교 교리의 원본을 재현하는, 온전히 보존된 채로 가장 오래된 판본이다. 이 판본은 중국 한자로 제작되어 있는데, 유럽에서의 라틴어처럼 중국어가 극동에서 학자의 언어였기 때문이다. 이 작품은 86,700개의 판(한자가 새겨진 목판)으로 구성되어 있는데, 이는 173,400쪽 분량이다. 이것은 13세기 초 15년 동안의 꾸준하고 조심스러운 작업 끝에 만들어졌다. 이 판들은 한국 남부에 있는 불교사원에 철자 순서대로 특별한 보관실에 훼손되지 않은 채로 보관되어 있다. 전 세계 어떤 박물관이나 도서관도 이와 비슷한 작품을 소개할 수 없을 것이다!

한국문화의 또 다른 문화유산은 우리의 문자 체계다. 우리의 문자는 최초에는 28개의 글자로 구성되어 있었으나, 이제는 25개만이 사용되고 있다. 한국의 문자는 15세기 중반 삼 년간의 작업 끝에 만들어졌다.

14년 동안 한국에서 한국어[4]를 자세히 연구한 가톨릭 선교사 에카르트 신부는 자신의 『조선어교제문전』(1923년 하이델베르크에서 처음 독일어로 출판) 서문에서 다음과 같이 서술했다:

"만약 한 민족의 문화수준을 언어와 문자에 따라 측정한다면, 한국은 전 세계의 첫 번째 문화민족 중 하나일 것이다. 소박함, 단순함 그리고 표현의 풍부함에서 이와 같은 문자는 찾기 힘들다. 수천 가지 형용사와 동사를 가진 이 언어는 날카로운 자연관찰의 증거이며, 형태의 다양함에서 한국인들의 풍부한 정신적 성향을 짐작할 수 있다."

활자 인쇄술의 사용은 오랜 시간을 거슬러 가며, 1220년에도 존재했던 것을 증명할 수 있다. 구텐베르크의 발명보다 50년 전인 [11] 1403년, 국립인쇄소는 구리

---

3   [역주] Auf welcher Höhe : 어떤 (정도의) 높음에 있었는지(직역).
4   [역주] Sprache : 언어(직역).

로 수십만 개의 활자를 제작했다. 그 후로 500년 동안 다양한 소재를 사용하여 (구리 외에 청동, 철, 도자기와 목제) 수백만의 활자가 제작됐는데, 이는 국가사업뿐 아니라 사적인 용도로도 사용되었다.

천문학과 특히 기상학은 한국에선 오래된 학문이다. 7세기 초 (1300년 전) 한국 남부에 만들어진 천문대가 그 증거다.

한국에 있어 농업의 중요함에 따라 우리는 이전부터 정확한 연구에 의한 날씨 정보를 조사했다. 한국 정부는 이미 1441년 강우량 측정을 위한 표준도량형 기구를 각 지방마다 공급했다. 유럽에서는 1639년 처음으로 이탈리아의 학자가 사적인 목적으로 강우량을 측정했다.

이상한 것은, 한국이 수세기 이래 그렇게 높은 수준의 문화를 갖고도 계속 발전하지 못했다는 것이다. 이 정체의 이유는 주로 정치적 상황에 있다.

중국의 역사와 마찬가지로, 한국 역사는 기원전 2000년 이전까지 거슬러 올라간다. 옛 국가영역은 오늘날의 한국 외에 만주와 아무르 지역을 포함한다. 다양한 왕조가 왔다 갔다; 기원후 8세기 초 만주 지역은 정치적으로 현재의 한국으로부터 분리됐다.

한국은 정치적으로, 지리적으로 매우 불리한 곳에 위치한다. 반도는 아시아 대륙과 일본 섬나라 왕국 사이의 다리이기 때문이다. 그래서 한국은 자주 중국을 상대로 한 일본의 출정을 위한 통로국이 됐다. 한국의 민족은 1910년 처음 외세의, 일본의 지배에 억압받게 됐다.

1884년은 한국 역사의 전환점 중 하나다. 젊은 개혁가들은 유럽의 현대문명을 가능한 한 빨리 한국에 도입하려 시도했다. 이러한 강한 한국의 움직임은 일본의 관심을 자극했다. 40년 동안 그리고 지금도 여전히 한국은 일본과 중국, 러시아 간 정치적 갈등의 중심이었다. 만주와 한국 문제로 이 시기에 동아시아에서 두 개의 전쟁이 발생했다. 1894년 일본과 중국 간, 그리고 1904년 러일전쟁이다. 일본은 두 번 모두 승리했고, 두 차례 전쟁에서 한국은 전쟁터가 됐다. 두 전쟁에서 일본의 승리는 1910년의 합병을 불러왔다. 이 합병을 통해 한국의 자치는 폐지되고 입법과 행정은 전적으로 총독의 손에 넘어가, 모든 중요한 문제는 일본 황제가 결정하게 됐다. [12]

합병 9년 후, 1919년 3월, 한국인들은 새로이 그들의 독립을 선언했다; 2백만 명 이상의 사람들에 의해 거리시위가 일어났고, 임시정부가 구성됐다; 이 임시정부는 후에 일본의 박해로 인해 상하이로 이전되어, 지금까지 계속 그 곳에 위치한다.

한국은 좌절된 독립운동으로 많은 피의 대가를 지불했다.

한국의 독립운동을 경계하여 일본은 한국인들을 군역[5]에 끌어들이지 않았다.

현대문명을 통해 전 세계의 민족 간 교류와 그들 사이의 세계 경제적 관계는 수백 년 전 작은 구역에서와 비슷한 상태에 있다. 이러한 사실을 통해[6] 현재 학술회의에서 빈번히 논의되고 있는 민족권에 대한 문제가 매일 발생한다. 그러나 진정한 인간의 사회질서와 행복은 법적인 권리만을 갖고는 해결되지 않는다. 우리는 오직 윤리적 방안들 위에서 이 문제들의 해결에 다가갈 수 있다. [13]

정용준 역

영인 64쪽

---

5   [역주] Militärdienst : 군복무(직역).
6   [역주] Durch diese Lebenstatsache : 이러한 생활사실을 통하여(직역).

프랑스 파리대학 음성학연구소 녹음 기록

이극로는 1928년 5월 1일부터 24일까지 프랑스에서 머물면서 파리대학 음성학연구소 실험실(L'Institut de Phonétique)에서 주임 페르노 교수와 조수 체코슬로바키아인 슈라메크 박사의 요구에 응하여 조선어 음성을 실험하게 되었다.

이곳은 이미 5년 앞선 1923년 5월 1일에 파리대학 유학생 이정섭(李晶燮, Li Tsing Sieh, 1899~?)(1926년 졸업)이 '조선어 음절(Syllabaire coréen)', '목성(방정환)의 「은파리」 중 한 대목(Moksong, dialogue tiré de "EunPari")', '조선 시조(Six poésies Coréennes) 6수'의 육성 녹음을 남긴 바 있었다.

이극로가 1928년 5월 15일 육성으로 녹음한 레코드 3종 중 2종 ― 「천도교리」, 「조선 글씨와 조선 말소리」가 프랑스 국립도서관(BnF)에 전해온다. 나머지 주요한의 시 「아기는 사렸다」(1920.10) 음성 레코드는 현재 남아 있지 않다.

이극로는 가장 먼저 「천도교리」를 녹음했다. 그는 대종교 신자였음에도 불구하고, 천도교인 공진항의 영향을 받았다. 공진항이 1927(포덕28년) 7월 18일자로 일연 조기간(1892~1969)에게 보낸 편지에는 "李克魯 씨는 우리 敎에 한 步 한 步 가까워지는 중에 있읍니다"(孔濯, 「一然 同德에게」, 『理想鄕을 찾아서』, 탁암공진항회수기념문집간행위원회, 1970, 529쪽)라며 이극로에게 많은 기대를 걸었음을 알 수 있다.

마지막 녹음인 「조선 글씨와 조선 말소리」에서는 조선 글씨 창제의 역사, 홀소리와 용례, 닿소리를 소개하고 있다.

프랑스 국립도서관에 현전하는 이극로에 관한 녹음자 기록지 및 레코드는 아래와 같다.

녹음자 기록지

"DISQUE A. P. SÉRIE D N° 640~641", 1928.5.15.

녹음자

성 : Li, 이름 : Kolu

성별 : 남

나이 : 32, 직업 : 언어학자

출생지 : 의녕 듬실[1] 지방 : 한국 경남

주소 :

(과거) 거주 : 중국(9년간)

여행 : 독일 6년간

군복무 : —

부모 주소 :

부친 고향 : 듬실(한국)

모친 고향 :

녹음기록

날짜 : 1928.5.15

장소 :

주제 :

언어 : 한국어

방언 : 남동

텍스트(Texte)

1. "인내천", 천도교리 발췌

---

1 [편쥐] 이극로 생가는 경남 의령군 지정면 두곡리 827번지(현재는 고루로 3길 8). 두곡리를 전래 지명으로 '듬실'이라 했음.

2. 「아기는 사랐다」,[2] 주요한의 시

1928. 5. 15
철학박사 리 코루 씨가 들려줌

1. 인내천, 천도교리 발췌
2. 아기는 사랐다, 주요한의 시,
3. 조선 글씨와 조선 말소리.

리극로(고루), 소장 H. 페르노

조준희 역

영인 67쪽

---

2   주요한(朱耀翰), 「아기는 사랐다 (1)~(3)」, 『(요한詩集)아름다운 새벽』, 조선문단사, 1936, 74~79쪽.

천도교리 발췌(2분 13초)

"Disque1-FaceA : L'homme est dieu : extrait de Thyon-to-kyo-ri", 1928.

천도교리－사람을 한울님과 같이 섬길 일

한울님은 천지만물 가운데 아니 있는 곳이 없습니다. 그리하야 우리는 천지만물이 하늘인 것을 알았습니다.

그리고 보면 천지만물을 내 몸과 같이 공경하는 동시에 위선 사람 자기의 동포를 하늘 같이 알고 공경하기를 한울같이 하여야 합니다. 세상 사람들은 한울님은 공경할 줄을 알되 사람은 공경할 줄을 알지 못합니다. 이것은 대단히 그릇된 생각입니다. 한울님이 다른 데 있지 아니하고 사람의 마음속에 있을 바에는 사람을 버리고 다시 어데서 한울님을 공경할 수 있겠습니까?

지금까지의 사람들은 한울님과 사람을 따로 떼어보았는 고로 한울님은 높다 하고 사람은 천하다 하였습니다. 그래서 사람 보기를 금수와 같이 하였습니다. 얼마나 까꾸로 된 생각입니까? 남양에 있는 어떤 야만인들이 사람을 잡아서 귀신한테 제사지내는 데가 있다는 말을 들었습니다. 이것이 사람은 천히 알고 귀신은 높이 아는 버릇에서 나온 것입니다. 소위 문명하였다는 우리들 중에도 아직까지 이런 버릇을 떼지 못하고 사는 셈입니다.

역사를 보면 종교전쟁이라는 것이 있습니다. 종교전쟁은 '네가 믿는 귀신이 옳으냐?' '내가 믿는 귀신이 옳으냐?' 하야 사람을 몰아 전쟁에 죽게 하던 것이올시다. 이것이 얼마나 못된 버릇입니까? 이것은 도대체 사람을 한울인줄을 모르는 데서 나온 못된 생질입니다. 천도교는 이것을 개벽한 것입니다. 사람을 높이고 사람을 공경하는 도가 천도교입니다.

조선 글씨, 조선 말소리 1(2분 10초)

"Disque1-FaceA : Alphabet et sons du coréen (1)", 1928.

조선 글씨와 조선 말소리

이제 쓰는 조선 글씨는 조선 임금 세종이 서력 1
천 4백 4십 3년에 대궐 안에 정음궁을 열고 여러 학
자로 더불어 연구하신 끝에 온전히 과학적으로 새
로 지어진 글씬데, 서력 1천 4백 4십 6년에 ○○[3]하
게 되었습니다.

제4장
프랑스 파리대학
음성학연구소
녹음 기록

이 글씨는 홀소리 열 한자와 닿소리 열일곱 자로
모다 스물여덟 자올시다. 그 뒤에 점점 변하야 닿소리 석자가 줄었고 홀소리는
그대로 있으되 한 자는 아주 그르게 읽어서 아래아자라 합니다. 이 자는 이제 말
소리에 쓰일 필요가 없으므로 점점 없어져 갑니다.

요사이에 쓰이는 글씨는 아래, 아래와 같습니다.

ㅏ ㅑ ㅓ ㅕ ㅗ ㅛ ㅜ ㅠ ㅡ ㅣ

ㄱ ㄴ ㄷ ㄹ ㅁ ㅂ ㅅ ㅇ ㅈ ㅊ ㅋ ㅌ ㅍ ㅎ

이제 조선 말에 쓰이는 소리를 소리갈의 결대로 보자면 아래와 같습니다.

홀소리

ㅏ, ㅓ, ㅗ, ㅜ, ㅐ, ㅔ, ㅣ, ㅡ

홀소리의 거듭

ㅑ, ㅕ, ㅛ, ㅠ, ㅒ, ㅖ, ㅘ, ㅝ, ㅙ, ㅞ, ㅟ, ㅢ

---

3   [편쥐] 문맥상 "반포"인데, 잘 들리지 않음. 이하 ○로 표기.

조선 말소리 2(2분 8초)

"Disque1-FaceB : Sons du coréen(2)", 1928.

이 소리들의 본보기를 말해서 들겠습니다.

ㅏ : 간다, 잘자

ㅓ : 너, 저것

ㅗ : 돈도, 좋고

ㅜ : 두루, 눈

ㅐ : 배, 재

ㅔ : 제비, 베

ㅣ : 기린, ○

ㅡ : 그늘, 흔들

ㅑ : 가느냐, 하야, 괜찮다

ㅕ : 곁, 벼, 오면서

ㅛ : 요것, 교

ㅠ : 윷, 유모

ㅒ : 얘

ㅖ : 그러기예

ㅘ : 관, 괄

ㅝ : 월, 권

ㅙ : 쾌

ㅞ : 궤, 뒌다

ㅟ : 귀, 뒤

ㅢ : 긔

닿소리

ㄱ ㄲ ㅋ ㅇ, ㄷ ㄸ ㅌ ㄴ, ㅅ ㅆ ㅈ ㅉ ㅊ, ㅂ ㅃ ㅍ ㅁ, ㄹ ㅎ

제3부
유학 관계 자료

—

|해제|
중국의 농업 제도

이극로는 1922년 베를린대학에 입학하여 4년간 정식 수학하였는데, 입학한 지 2년 만인 1924년에 농업경제학자 하인리히 다데(Heinrich Dade, 1866~1923) 교수의 정치학 수업을 들으며 「중국의 농업 제도(Die chinesische Agrarverfassung)」(1924)라는 첫 논문을 썼다. 중국 문헌 8권과 독일 문헌 4권을 인용하여 역사적 발전, 토지 분배와 농민들, 농업의 조직 체계, 농업 경영의 네 단원으로 중국 농업의 역사와 농업 제도, 교육에 대해 다루었다. 말미에 "참고 : 중국 경제 통계는 유감스럽게도 아직 없다"는 표현이 있는데, 그래서인지 마지막 4장 농업 경영 편은 소략히 다뤄졌다. 이극로가 후에 박사논문을 작성할 때도 계속 고생했던 부분으로, 『고투사십년』에는 "이 문제를 슈마허 교수의 연구실에서 받은 뒤에 논문을 쓰는데 제일 큰 곤란을 당한 것은 중국의 통계가 불충분한 것이었다"라는 회고가 있다.

본 논문은 학계에 처음 공개되는 자료로, 이극로가 박사 논문 주제를 정하기 3년 전 이미 중국의 농업 제도에 대해 예비 논문을 써본 경험이 있었고, 만주와 상하이에서 활동하면서 중국어도 구사하였기에 자연히 중국 문헌을 수월하게 읽고 중국 생사 공업에 대한 관심으로 이어질 수 있었다는 점에서 의미 있는 자료다.

중국의 농업 제도

"Die chinesische Agrarverfassung", 1924.

중국의 농업 제도[1]

리 코루

목차

1. 역사적 발전

고대부터 현대까지 중국은 농업에 충실해 왔으며 이것이 다른 산업발전과 중국의 부유함의 뒷받침이 되었다(현재는 인구의 80%가 농업 관련 일을 하고 있음). 그리하여 풍습적으로 셋째 달의 첫 날에는 중국의 왕(현재는 대총통(大總統))이 고위 관직자들과 함께 직접 도랑을 파낸다고 한다.

중국의 농업 발전은 토지와 땅에 구속된 시대(기원전 2,685년~기원전 350년)와 자유로운 시대(기원전 350년~현재) 2시기로 나뉜다. 고대 중국의 토지는 공유재산이었다. 그리하여 매년 중국의 '공동연합'에서 이른바 '정전법(井田法)'에 따라 사람들에게 땅을 나누어 주었다고 한다. 900무(畝, 약 60헥타르) 정도의 땅을 한자의 '우물 정(井)' 자처럼 9등분 하여서 '정전법(井田法)'이라고 하였다. 이중 가운데에 있는 한 곳에서만 다 같이 농사를 지었고, 나머지 8곳은 '공동연합'에서 검토한 뒤 농사를 짓게 되었다. 그리하여 이 가운데에 있는 땅에서 나는 수익이 국가의 수입이 되었다고 한다.

---

[1]   이 보고서는 베를린 대학 다데(하인리히 다데(Heinrich Dade, 1866.1.6~1923.12.28) : 독일 북동부 부스트로(Wustrow) 출신 농업경제학자—편주) 교수 정치학 실습에서 작성된 것이다.

모든 중국인은 20살이 되면 나라에서 어느 정도의 땅을 받았으며 이를 60살이 되면 국가에 다시 돌려주게 되어 있었다. 이 제도는 기원전 350년까지만 사용하였으며, 그 이후로는 아무나 자유롭게 땅이나 들판을 농사를 지을 수 있도록 만들 수 있었다. 그리하여 농사를 지을 수 있는 땅을 본인 소유로 할 수 있었으며 그 이후로는 그 토지를 직접 판매하거나 양도할 수 있게 되었다. 이런 민주주의적인 방식에 의하여 많은 재산을 얻는 사람들도 있었지만 인구가 증가하면서 점점 땅을 임대하여 농사를 짓는 사람들이나 농부가 노예가 되는 현상이 발생했으며 빈곤이 증가하였다. 한나라 시대(232년에 정전법 폐지)부터 위나라 시대(603년에 정전법 폐지)[2]를 걸쳐 당나라 시대(618~906)까지 이러한 현상을 고치려고 많은 노력을 하였다. 그리하여 당나라 시대에는 각 집안에 정해진 양의 땅이 영구적으로 쥐어졌다. 또 건장한 사람에게는 잠정적으로 과수원의 땅도 가질 수 있었다. 계급과 신분에 따라 각 다른 양의 토지가 분배되었으며 본인의 땅을 팔거나 담보로 내세울 수 없게 만들었다. 하지만 그 이후로 사람들에게 땅 처분권을 주어야 할 상황이 생기자 결국 금방 다시 민주주의적 불평등이 생기게 되었다.

중국의 역사를 보면 농업에 대하여 많은 것들을 찾을 수 있다. 예를 들어, 옛 중국의 법 중 농부는 상인이나 수공업자가 될 수 없었으며, 반대로 상인이나 수공업자가 농부가 되면 병역면제가 되었다. 또한, 밭일을 하는 소는 도축할 수 없게 되었으며, 또한 흉년이나 홍수, 또는 메뚜기 떼의 '습격'에 의한 재앙이 있을 경우 나라에서 세금절감 등의 지원이 있었다. [217]

각 지방마다 있던 곡물창고는 각 해 수확의 여분들을 보관하는 용도로 씌어졌다. 풍년에는 창고에 있던 곡물을 먼저 사용하고 새로 수확한 곡물을 저장했으며, 흉년에는 창고에 저장된 식량을 주민들에게 나누어 주었다. 이러한 곡물창고에는 세 가지 유형이 있다.

① 국가 곡물창고인 상평창(常平倉)은 가장 오래전(기원전 10년)부터 운영되었으며, 곡물시세를 규정하기 위해 사용되었다. 곡물시세가 낮은 풍년에는 국가에서 많이 사

---

2 [편쥐] 서기 603년은 위나라가 아닌 수나라 시대다. 본문은 북위(北魏)(386~534)의 균전제(均田制)를 설명하는 것으로 보이기 때문에, 위나라에 대한 연도착오로 사료됨.

들여서 창고에 보관해 두었다가, 수량이 적어질 시기에 다시 낮은 가격으로 배분하였다. 하지만 이런 상평창은 오래전부터 사용되고 있지 않다.

② 국가 창고인 의창(義倉)은 당나라 시대(618~906)[3]에 생겨났다.

③ 개인 창고인 사창(社倉)은 송나라 시대(968~1279)[4]부터 생겨났다.

위 두 창고 제도는 국가적으로 많이 퍼져 있었고 흉년이나 홍수에 각 지방들의 기아상태를 예방하는 용도로 쓰였지만, 현대에는 교통사정이 많이 개선되어서 잘 쓰이지 않는다.

2. 토지 분배와 농민들

(1) 중국에서는 위치에 따라 토지의 성능과 기후의 차이가 많이 났다. 장쑤성같이 양지바른 곳에서는 5인 가족이 1~2헥타르의 땅만 있어도 풍족하게 살 수 있었다. 그쪽의 토지를 6헥타르 이상 가진 사람들은 부유한 사람이었다. 하지만 언덕진 토지에서는 평범한 사람들이 1,200~1,800헥타르의 땅도 소유했었다.

중국의 농업은 하나의 큰 소유주보다는 5천만여 명의 크고 작은 농부들로 구성되었다. 양지바른 땅일 경우에는 대부분 2~10무[5] 정도의 땅을 가지고 있었으며, 중산층들은 20~60무까지도 있었다. 조금 더 가진 자들은 100무의 땅을 가진 자들도 있었다. 가끔 큰 부자들도 있었지만 아무리 부자여도 양지바른 땅에서는 60헥타르 이상의 땅을 개인 소유로 가진 자는 아주 드물었다.

반 개인 소유주인 땅과 임대된 땅이 농업 토지의 80%를 차지하고 있었다. 남쪽 지방에는 임차 농작 경영이 더 많았으며, 북쪽 지방에는 개인 소유 농업이 더 많이 있었다. 개인 농업을 경영하는 자들도 직접 일하기보다는 일꾼들(소작인·달품·날품)을 고용하는 일이 흔했다.

---

3 [편주] 정확히는 서기 618~907년.
4 [편주] 정확히는 서기 960~1279년.
5 1무는 약 6.5 아르(1아르는 100m² ─편주).

중국에서 농작이 가능한 땅은 총 138,843,600헥타르 정도이며, 평균적으로 한 농부당 36아르 정도 되었다. 땅을 얻는 방법은 구매하거나, 물려받거나, 임대하거나 경작을 하는 방법 등이 있다.

예전에는 중국 전국적으로 군인들이 정복과 탈취를 통하여 남의 땅을 획득하였으며, 이러한 군대의 땅(屯田)은 혁명 이후로는 교육제단, 또는 교육기관 소유의 땅(學田)으로 변경되었다. 물론 이러한 교육기관의 땅(學田)이나 종교제단의 땅(墓田)은 전부터도 존재하였다. 여기서 참고할 만한 사실은 중국에서 외국인을 통하여 토지를 구매하는 것이 금지되어 있다는 점이다.

(2) 중국에는 세습 소작권이 존재하므로 임대차 기간은 정확히 정해지지 않는다. 여기서는 소작인이 다른 임대차 계약에서와 다르게 정해진 임대료를 지불하지 않고, 수확의 30~50%를 임대료로 지불하게 되어 있다. 또한 토지세는 땅 주인이 부담하게 되어 있으며 소작인이 농업의 모든 관리와 경영을 도맡아 하게 되어 있다.

정당한 이유가 없으면 이러한 계약은 폐지할 수 없게 되어 있다. 여기서 정당한 이유란 소작인이 올바른 경영을 하지 않거나 충분하지 않은 수확을 할 경우일 수도 있으며, 때에 따라 땅 주인이 직접 경영을 원하는 경우를 말한다. 주인이 땅을 판매할 의도가 있을 경우 소작인에게 선매권이 주어진다. 만일 새로운 지주가 올 경우에도 그 새로운 주인 역시 정당한 이유 없이 소작인과의 계약을 폐지할 수 없다.

중국에서 소작권 임대계약은 두 가지 방식으로 나뉜다. 한 가지 유형은 소유주와 제3자가 218 경작지의 정해진 가격으로 영수증과 자신들의 재량을 통해 사적인 계약관계를 맺는 것이다. 이러한 관계는 일반적으로 3년에서 9년까지 그 유효성을 유지한다. 다른 관계에서는 청구된 금액을 제외하고도 매년 물납을 해야 한다. 중국에는 '마을 시스템'이 따로 존재하여 토지 소유와 건물 소유가 따로 나뉘어져 있다.

토지의 상속은 장남이 첫 번째 상속자로, 혹은 만일 토지가 작은 경우에 단독으로 상속을 하게 된다. 이는 장남이 짊어지게 되는 제사의 의무와 그에 들어가는 큰 경제적 부담에서 근거된 상속방식이다. 딸들은 항상 세속대상에서 제외된다. 딸은 시집가지 전까지 처가에 살지만, 혼인 이후에는 남자의 집에 들어가서 산다. 장남은 부모의 집을 물려받게 되며 부모와 장남 사이에는 재산 분리가 이루어지지 않는다. 둘째 아들과 셋째 아들의 경우에는 그들이 혼인을 할 때 부모 재산의 일부분을 상속받는다. 가정에 아들이 없으면 친척에게 재산을 물려주거나 종교 재단 또는 교육기관에 양도된다.

(3) 경작과 내부 개척 : 원래 중국의 영토는 오래전부터 밀집된 인구를 나타내었다. 그렇기 때문에 지난 50년간 중국 농부들의 이민이 나날이 늘어만 갔다. 개척의 주요 구역은 만주와 몽골, 간쑤성, 동 터키와 티베트 등이 있었다. 매년 수만 명의 중국 농부들이 자력으로 또는 국가의 도움을 받아 지린성과 산둥성에서 이민을 간다. 그들의 목적지는 후에 밀농사로 세계시장의 밀 생산에 큰 역할을 하게 되는 만주 지방과 내몽골 땅이었다.[6]

1919년의 가뭄은 중국 북부 5지방[7]에 흉작과 기근은 안겨 주었다. 그로 인해 피해를 보게 된 수백만 명의 주민들은 만주 지방과 몽골 땅으로 이민을 갔고 여기저기서 도움을 받았다. 경작되지 않은 토지에 경작을 하려면 토지 등기부에 이름을 등록해야만 하고 토지에 따라 어느 정도의 세금도 납부해야 한다. 경작을 끝내면 그 토지는 경작인의 소유가 된다. 어느 정도의 기간 후 경작된 토지에 당국의 검사가 이루어지고 지조가 결정된다. 개인의 소유인 토지를 경작하고 싶을 경우에는 토지 등기부에 등록하기 전에 토지소유자의 승낙이 필요하다. 경작 후에도 토지의 소유권은 경작인의 소유가 아닌 원래 토지의 주인에게 남게 된다. 하지만 경작자는 지조의 부담 없이 경작의 이익을 챙기며, 미래에도 소작에 있어 우선권이 주어진다.

(4) 농부 : 중국의 농부는 네 가지 유형으로 나뉜다. 머슴(대부분의 경우 1년간 머

---

6 이는 매우 비옥한 땅에 관한 것이다. 그 땅은 밀농사를 하기에 적합해, 외국 자산가들은 그 지역을 주목했다(편집부).
7 지린성, 산둥성, 허난성, 산시성(山西省), 그리고 산시성(陝西省).

슴살이를 함), 월 단위로 일하는 농부, 일 단위로 일하는 농부, 그리고 부분적 일꾼이 있다.

머슴의 경우 주인집에 살며 의식주를 제공 받는다. 농장에서 작업을 하며 가축들을 돌보는 일을 맡는다. 또한 돈 수당을 제외하고도 농산물 수당을 받는다.

월, 일 단위로 일하는 농부들도 마찬가지로 농작물로 임금을 지불 받는다. 끼니는 토지 주인이 배달해 준다.

부분적 일꾼들은 특정한 분야의 일을 맡으며 토지 주인은 일꾼에게 아무것도 지급하지 않고 일에 대한 일당만 지급한다, 예를 들어 관리한 부분적 땅에 대한 수당을 지급 받게 된다. 머슴을 제외한 세 가지 유형의 농부들은 이 수당으로는 생계를 꾸려 가지 못하기 때문에 대부분 부업으로 다른 일을 같이 한다. 고용주와 피고용인은 가부장적인 관계를 형성한다. 219 그렇기 때문에 특별 노동자 등급은 아직까지 생기지 않았다. 중국 북부에는 힘든 농업에 여자들이 관여하는 경우가 거의 없는 반면, 중부나 남부 지역에서는 자주 있는 일이다. 이 경우에도 여자들은 노동에 직접 참여하지 않고 그저 농업에 협력만 해줄 뿐이다.

3. 농업의 조직 체계

(1) 정치적 조합 : 국가적인 체계는 다음과 같이 구성되어 있다. 가장 위에 농업・상업・공업 부서(農商部)가 있다. 부서의 농업 분야는 4부분으로 나뉜다. a) 토지와 임업 b) 경작과 내부 경제 개발, c) 사냥과 어업, d) 측량부.

지역 각각의 관청을 제외하고도 부서의 임업, 용수, 그리고 배수 등의 작업이 취해진다. 경작과 내부 경제개방을 위해서 정부는 특정한 부분에 조치를 해 농부들에게 장비, 거름, 그리고 씨앗 등을 제공하여 경제적으로 도움을 줄 수 있는 모든 방면에서 보태 준다.

농민들의 개인 단체는 농업지역에서 형성된다. 이 단체의 회원으로는 농업학자, 지주, 소작인, 농부 그리고 농업경제 부서의 관리가 있다. 단체의 명목은 농업의 성장, 농업경제의 생산을 극대화, 배수와 용수, 경작, 산림경영, 시장가격과 경작물 가격 조정, 흉작과 홍수 시에 긴급조치, 작은 농장이 큰 농장에 의해 억압되는 것을 방지, 그리고 속해 있는 지역의 협의분할 등이 있다.

1922년에 난징에서 만들어진 '전중국농업단체'[8]로 통일되었고, 그들의 목표는 옛 농업방식으로 중국의 농토를 정리하는 것이었다. 전적으로 경제적인 농경 단체, 즉 농업경영의 수확, 일자리, 수요 생산조합은 지금까지 존재하지 않는다.

(2) 농업교육과 실험 조직 : 중국에서 농업에 대한 교육은 매우 간단하게 실행되어 왔다. 최근에 들어서야 베이징의 농경교육관 지침으로 농업교육과 실험조직이 1909년에 형성되었고, 그럼으로써 1909년도는 더더욱 의미 있는 연도로 기록되었다. 중국 농업교육기관의 수량과 배치는 다음 표에서 볼 수 있다.

농경 대학기관	1	베이징
대학교 농경학과	2	바오딩푸(保定府)[9] 허베이(河北)대학, 난징 둥난(東南)대학
농경 교육기관	6	타이위안(太原), 카이펑(開封), 청두(成都), 난통(南通), 난창(南昌), 광저우(廣州)[10]
농경 중학교	70곳 이상	전국
농경 전문학교	300곳 이상	〃

대학교들과 교육기관들은 학술적인 교육에 있어서 확실하다. 강의는 두 분야로 나뉜다. 농과(農科)의 경작과 목축, 그리고 임과(林科)의 경작과 목축이 있다.

중학교에서는 이론과 실습이 동등하게 이루어지며, 전문학교에서는 이론이 뒷전으로 밀린다. 맨 아래에 보이는 두 학습기관에서 경작을 배울 때 필요로 하

---

8 [편쥐 중국의 근대농민운동은 펑파이(彭湃)가 1923년 1월 광둥성 해풍에서 조직한 '해풍현총농회(海豐縣總農會)'를 기점으로 한다. 1924년 3월 국민당이 조직한 '농민부(農民部)', 후난성에서 마오쩌둥이 조직한 '농민협회(農民協會)'도 있었다. 그러나 지역과 시기상 이 세 단체는 적합하지 않고, 비록 시기적 오류는 있지만 1910년 6월 장젠(張謇, 1853~1926) 등이 난징에서 조직한 '전국농무연합회(全國農務聯合會)'일 가능성이 높다.

9 [편쥐 허베이성(河北省) 도시.

10 [편쥐 太原 : 산서성 성도, 開封 : 허난성 도시, 成都 : 쓰촨성 성도, 南通 : 장쑤성 도시, 南昌 : 장시성 성도, 廣州 : 광동성 성도

는 양잠, 차 문화 등의 다른 과목들도 가르친다.

농경 실험으로는 베이징의 '중앙농업시험장(中央農業試驗場)'이 거론될 수 있다. 또한 지역에 따라 시험장과 종묘가 세워진다. 시험장에서는 낯선 종축들과 재배 식물들이 해당 지역에서의 실용성이 있는지 여부가 판단된다. 실험 결과가 좋으면 모든 조치를 취해 새로운 종식의 분포를 촉진한다. [220]

4. 농업 경영

(1) 중국에는 아직 농업에서 사용할 수 있는 현대적인 신기술이 많지 않다. 남쪽에서는 소를 사용하며, 북쪽에서는 당나귀나 말을 사용하여 쟁기질과 써레질을 한다. 그러나 토지를 경작함에 있어 인력만큼 효과적이고 경제적인 것은 없다. 이렇게 중국의 경작 가능한 땅의 7/8은 이미 경작이 되어 있다. 또, 용수와 배수 작업은 수로나 도랑의 물로 하였다. 예전부터 거름은 동물이나 사람의 배설물, 진흙 또 재나 석회로 하였다. 최근에 해안지역에서는 조개껍질을 태워서 거름으로 쓰기도 하였다.

중국처럼 많은 인구가 있는 나라에서는 곡류를 재배는 것이 가장 중요하다. 아래 표에 제시된 곡식과 나머지 식품(과일, 채소, 담배, 약초 등) 재배의 비율이 나뉘었다.

	1914	1915
곡식 농업	88.33%	95.91%
나머지 식품 농업	11.67%	4.09%

중국 중남부 도시에서는 기본적으로 쌀과 차(차는 1,100,000km2 정도 되는 땅에서 많이 재배되었음), 산딸기, 목화, 담배 등을 재배하였으며, 북쪽 지방에서는 밀, 보리, 옥수수와 콩 등을 재배하였다. 채소는 배추와 무가 가장 흔했으며, 향료와 약초도 자주 재배하였다.

무엇을 재배할지는 위치와 토지의 질에 따라 결정되었으므로, 한번 경작된 땅은 계속 농사를 지을 땅으로 사용되었다. 광저우 시 같이 따뜻한 남쪽 지방에서는 일 년에 쌀을 두번 재배할 수 있었다. 반면 장쑤성이나 저장성 같이 좀더 추운 중부 지방에서는 벼농사를 일 년에 한번밖에 지을 수 없었다. 여름에 벼농사를 짓고 가을에 수확을 하며, 배수 작업을 한 뒤에 겨울농작물(밀·보리)들을 경작하여 연초에 이들을 거둬들였다. 그 이후에는 다시 배수 작업을 한 뒤 다시 벼농사를 시작하였다. 산둥성이나 지린성처럼 더 추운 북쪽 지방에서는 쌀을 재배하지 않으며 겨울에 밀, 보리 등을, 또 여름에 콩, 옥수수 등을 재배한다. 토지의 영양분을 최대한 잘 활용하기 위하여 해마다 재배하는 식품들을 바꾸었다.

만주나 몽골 지방에서는 땅을 경작하기 위하여 먼저 원시림의 나무들을 베어 냈다.[11] 중국 내 토지에는 거의 숲지대가 없고 황량한 평지가 대부분이다. 주변의 만주나 몽골에서는 숲이 있지만, 이들 경작을 위하여 역시 국가에서 차츰 없애고 있다.

또 중국에는 전체적으로 돼지나 가금류를 가장 많이 사육하고 있으며, 북쪽 지방에서는 양이나 소도 흔히 사육된다. 중국에서는 어업의 또한 아주 중요하며 바다와 강에서 모두 고기를 잡는다. 이 규모가 굉장히 커서 생선과 해산물은 쌀과 함께 중국인들의 가장 중요한 반찬으로 알려져 있다.[221]

많은 지역으로 퍼진 양잠은 원래 산둥성에서 시작되었다고 한다. 이곳에서는 오늘까지도 뽕잎을 먹는 누에 말고도 참나무를 먹는 누에나방 종류가 있다.

'백랍벌레(중국어로 蠟蟲)'라고 불리는 것의 재배에는 특이한 점이 있다. 이 벌레들은 서양물푸레나무에 산다. 이를 끓는 물에 넣고 한꺼번에 대량으로 죽인 뒤 녹여서 밀납을 얻는다. 벌의 황랍과 다르게 '백랍(白蠟)'이라고 불리는 이 밀납은 쓰촨성에서 많이 얻어진다.

(2) 농경 채권으로 몇몇 농경 은행과 농경 언론들은 돈을 빌려주어 돈을 번다. 그들이 의미하는 바는 아주 작다. 가난한 농부들은 급하게 돈이 필요할 경우에는 지주 또는 다른 부자들에게 빌려서 사적인 대여를 한다. 이자는 수확이 끝나고

---

11 베어 낸 나무들은 수송기관의 부족으로 그냥 초원의 풀들과 함께 태웠다. 그 태운 땅을 경작을 한 뒤 곡물 재배를 하였다.

지불하며 기근이 있을 경우에는 다음 수확 이후에 이자를 지불하게 된다.

참고문헌

1. 중국문헌[12]

徐光啟, 『農政全書』(1639).

『(欽定古今)圖書集成』(1728).

『(欽定)大淸會典』

許璇, 『農業經濟學』, 北京, 1920.

許璇, 『農政學』, 北京, 1920.

『東方雜誌』18卷 15號, 上海, 1921.

『新農業』1卷 3~5號, 北京, 1922.

K. L. Butterfield(白德斐), 『改進中國農業與農業敎育意見書』, 北京(敎育部), 1922.

2. 독일문헌[13]

J. Bachem : 『Staatslexikon(국가학사전)』, Freiburg, 1908.

Meyers : 『Konversationslexicon(백과사전)』.

Scobel : 『Geographisches Handbuch(지리 핸드북)』, Bielefeld umd Leipzig, 1910.

J. Hellauer : 『China(중국)』, Berlin und Leipzig, 1921.

참고 : 중국 경제 통계는 유감스럽게도 아직 없다. 222

정용준 교정·교열

영인 68쪽

---

12 [편쥐]①徐光啓(쉬광치, 1562~1633) : 중국 명나라 후기 정치가·학자. ②許璇(쉬쉬안, 1876~
    1934) : 중국 저장성 뤼안 출신 농학자·교육자. ③Kenyon L. Butterfield(캐년 버터필드, 1868~
    1936) : 미국 농업과학자·교육자. 메사추세츠농과대학(Massachusetts Agricultural College) 총장
    시기(1906~1924)에 *Education and Chinese Agriculture*(교육과 중국농업)(1922) 등을 저술하였다.

13 [편쥐]①J. Bachem : 율리우스 바헴(Julius Bachem, 1845~1918). ②Meyers : 요제프 마이어스
    (Joseph Meyer, 1796~1856). ③Scobel : 알버트 스코벨(Albert Scobel, 1851~1912). ④J. Hellauer :
    요제프 헬라우어(Josef Hellauer, 1871~1956).

중국의 생사 공업

① 논문 주제 : 이극로는 1926년부터 1년간 대학 연구실 연구생으로 지내면서 헤르만 슈마허 교수로부터 '중국의 생사(실크) 공업'을 박사논문 주제로 부여받았다. 주제가 정해진 첫 번째 이유는 마르틴 악센펠트(Martin Axenfeld)라는 학생이 2년 전에 『중국의 무명 산업(Die Baumwollindustrie in China)』(Berlin Univ., Diss, 1924)으로 박사 학위를 받은 전례가 있었다. 두 번째로 당시 실크는 동양에서 가장 중요한 산업으로 중국 제품이 세계 시장을 독점하였고, 이에 대한 분석을 시도하게 된 것이다. 이극로는 중국 통계가 불충분하여 곤란을 겪었다고 토로했으나, 결과적으로 참고문헌을 보면 최대한 많은 자료를 모아 성과를 낸 것이 확인된다. 참고로 독일의 학제와 학위 규정에 대해서는 이극로의 「海外留學案內－獨逸篇」(『四海公論』 2-4, 1936.4)에 요약해서 다뤄져 있다.

② 타자기 및 출판 : 참고로 이극로가 박사 논문 작성 시 사용했던 타자기는 스위스 철학박사 이관용의 동생 이운용(李沄鎔, 1899~1964)이 빌려준 것이었다. 이운용의 장남 이해석(1930년생) 씨는 "이극로는 타자기 사용법이 서툴렀으나 잘 쓰고 나서 반납을 했고, 또한 근엄하고 학구적이며 성품이 좋았다는 말을 선친으로부터 들었다"고 증언했다.[1]

③ 논문 평가 : 최종 논문 발표 때 슈마허 교수는 "이극로 씨는 독일의 과학적 방법을 완전히 학득하였다. 이 논문을 학자적 논문으로 인정한다"고 평했다. 1926년 12월 27일자 슈마허 교수가 "Valde Laudabile"[2]라는 호평이 문서로도 남아있다. 이극로는 나아가 슈마허 교수의 추천으로 빌헬름 크리스티안 출판사(Whilhelm Christians Verlag)에서 원고료 조로 수 백 부를 무상 인쇄할 수 있었고, 출판물을 대학에 기증하였다. 판권지에 인쇄일자가 없으나 논문이 통과된 1927년 1월 20일 이후 구술 시험 날짜인 2월 3일 사이로 여겨지고, 늦어도 학위수여식 날짜인 5월 25일 이전이다.

---

1 이운용은 귀국 후 연세대 독일어 교수, 중앙방송국장을 역임했다(이운용의 장남 이해석(1930년생) 씨와의 대담(2009.12.10. 오후 1~2시, 서울대입구역 인근 찻집에서).

2 '매우 칭찬할 만한'이라는 뜻의 라틴어.

다만 구술 시험의 경우 쥐터린체 문건에 따르면 이극로의 구술 시험 점수는 2명의 교수로부터 높은 점수(철학의 마이어 교수, 민족학의 투른발트 교수)를, 2명의 교수(베른하르트 교수, 경제학의 슈마허)로부터 수우미양가 중 '양'에 해당되는 낮은 점수를 받아 가까스로 통과되었다.[3]

⑤ 번역 상 문제점 : 본 박사논문은 중국어를 독일어로 옮긴 지명이나 인명이 많은 데다 20년대 용어가 있어서 현대문 번역에 난관이 많았다. 최후의 방법으로 이극로가 인용했던 원사료 일부를 중국 고서점에서 구입해 대조 작업을 하였고, 중국 지도를 살피면서 거의 완역하였다. 끝내 찾지 못한 몇몇 공장명이나 인명은 독일어 원문 그대로 두었고, 모든 원사료를 확인할 때까지 후일을 기약하고자 한다.

---

3 고영근이 제시한 심사서((사진 5), 「이극로의 사회사상과 어문운동」, 『한국인물사연구』 54, 한국인물사연구소, 2006, 344쪽)에 물론 이극로의 논문이 "Valde Laudabile"라고 기재되어 있으나, 해당 문서는 「논문 심사서」가 아닌 「구술 심사서」로서 바로 뒷장에 베른하르트와 슈마허의 낮은 평가가 적혀 있다. 「논문 심사서」는 다른 문건에 있다. 따라서 제시한 사료가 정확치 않다.

중국의 생사 공업

"Die Seidenindustrie in China", 1927.

머리말

본 논문은 뽕나무 누에나방과 참나무 누에나방[1]을 이용한 현대식 방적을 논의한다. 가내 노동에 의한 생사(生絲) 생산은 서론에서와 본문에서 현대 산업과 관련하여 언급된다. 견방직(絹紡織)에 관해서는 제품 판매를 다루는 장과 논문의 말미에서 잠시 다루어진다. ③

목차

1　참나무산누에나방(Antheraea yamamai Guerin-Meneville).

제2장
중국의 생사 공업

참고문헌

1. 유럽어

Conrad, J., Grundriß der politischen Ökonomie, I. u. II. Teil, Jena 1923.

Grunzel, Joseph, System der Industriepolitik, Leipzig 1905.

Schumacher, H., Unternehmertum und Sozialismus, Schmollers Jahrbuch 1919, 43 II.

Weber, Max, Gesammelte Aufsätze zur Soziologie und Sozialpolitik, Tübingen 1924.

Weber, Alfred, Über den Standort der Industrie, I. Teil, Reine Theorie des Standorts Tübingen 1909

Schumacher, H., Weltwirtschaftliche Studien, Leipzig 1911.

v. Richthofen, Ferdinand, China, Ergebnisse eigener Reisen, Berlin 1877 ff, 5 Bde.

— Tagebücher aus China, Berlin 1907, 2 Bde.

— Schantung und seine Eingangspforte Kiautschou, Berlin 1898.

v. Brandt, M., 33 Jahre in Ostasien, Leipzig 1901, 3 Bde.

Morse, H. B., The Trade and Administration of China, London 1913.

v. Mackay, Chona die Republik der Mitte, Berlin 1914.

Franke, O., Die Großmächte in Ostasien 1894-1914. Hamburgische Forschungen X, Braunschweig 1923.

Foth, W., Der politische Kampf im fernen Osten und Chinas finanzielle Schwäche, Berlin 1920, Dissert.

Hellauer, J., China, Wirtschaft und Wirtschaftsgrundlagen, Berlin 1920.

Repot of the Mission to China of the Blackburn Chamber of Commerce, Blackburn 1898.

Schumacher, H., Die chinesischen Vertragshäfen, ihre wirtschaftliche Stellung und Bedeutung, Jena 1899.

— Der Westfluß (Hsikiang) und seine wirtschaftliche Bedeutung, Berlin 1898.

v. Kries, W., Seezollverwaltung und Handelsstatistik, Jena 1913.

Berliner, S., Organisation und Betrieb des Export-Geschäfts in China, Hannover 1920.

— Organisation und Betrieb des Impert-Geschäfts in China, Hannover 1920. 7

Nord, A., Die Handelsverträge Chinas, Berlin 1920.

Hickmann, E., Eisenbahnbau und Eisenbahnpläne in China, Berlin 1899.

Koch, A., Der Wettbewerb weißer und gelber Arbeit in der industriellen Produktion, Berlin 1904.

Arbeiterbewegung und Revolution in China, Berlin 1925
    (Ausg. Rote Gewerkschafts-Internationale Nr. 9)

Provisional Factory General Regulations, Promulgated by Ministerial order Nr. 223 of the Ministry of Agriculture and Commerce on March 29th, Peking 1923.

Ta Chen, Chinese migrations, with special reference to labor conditions, Washington 1923.

v. Rosthorn, A., Das soziale Leben der Chinesen, Leipzig 1919.

—Religion und Wirtschaft in China, in Hauptprobleme der Soziologie, Erinnerungsgabe für Max

Weber, München 1923, Bd. 2.

Rohrbach, P., Deutschland und das chinesische Geistesleben, Schriften d. Deutsch-Chinesischen Verbandes, H. 2, Berlin 1916.

Silbermann, Die Seide, Dresden 1897-98, 2 Bde.

Bolle, J., Ausführliche Anleitung zur rationellen Aufzucht der Seidenraupe, Berlin 1892.

— Bedingungen für das Gedeihen der Seidenzucht, Berlin 1916.

Franke, O., Ackerbau und Seidengewinnung in China, Hamburg 1912.

Reichenbach, Über Seidenraupenzucht und Kultur des Maubeerbaumes in China, München 1867.

Netz, Der japanische und der chinesische Eichenseidenspinner, Neuwied 1883.

Bavier, Japans Seidenzucht, Seidenhandel und Seidenindustrie, Zürich 1874.

Ali Madschied, Seidenrapenzucht ud Seidenindustrie: Die türkische Republik in Wirtschaft und Aufgabe, Frankfurt a. M. 1924, S. 89ff.

Chittick, James, Silk manufacuturing and its problems, New York 1913.

Kapff, Über Wolle, Baumwolle, Leinen, natürliche und künstliche Seide, Leipzig 1910.

Süvern, Die Seide auf dem Weltmarkt: Textilindustrie und Bekleidungsgewerbe in der Kriegs- und Übergangszeit, H. 3., Berlin 1919.

Schmidt, Der Seidengroßhandel: Der Großhandel und die deutsche Volkswirtschaft, H. 7, Berlin 1918. [8]

Kertesz, A., Die Textilindustrie sämtlicher Staaten, Braunschweig 1917.

Lion, Die Textilbranchen, Nordhausen 1922.

Pfitzner, J., Der ostasiatische Wettbewerb auf dem Textilmarkt, Berlin 1919.

Axenfeld, M., Die Baumwollindustrie in China, Berlin 1924, Dissert.

The China Year Book, London (bis 1925).

Report on the Commercial, Industrial and Economic Situation in China, Department of overseas trade, London 1923-25.

China, The Maritime Customs, Shanghai,
   I. Statistical series Nr. 3-5: Foreign trade of China (bis 1925)
   II. Statistical series Nr. 6: Decennial reports on the trade, navigation, industries, etc (bis 1910)

The Shanghai Market Prices Report (Published quarterly by Ministry of Finance, Bureau of Markets).

The Japan Year Book, Tokio (bis 1925).

Commerce Yearbook 1924, Washington.

The Statesman's Year Book, London 1925.

Statistique générale de la France 1924, Paris.

Tableau général du commerce et de la navigation, 1913 et 1924, Paris.

Documents statistiques réunis par l'administration des douanes sur le commerce de la France, Paris 1913.

Statistique mensuelle du commerce extérieur de la France, Paris décembre 1925.

Internationaler Anzeiger für Zollwesen, Brüssel.

Annual Report The Silk Association of America 1924 and 1925, New York.

Textil-Kalender (herausg. von der Redaktion der Textil-Zeitung, Berlin) 1925.

Textil-Jahrbuch (herausg.: A. Joly) Berlin 1922.

The Chinese Economic Monthly (Compiled and published by the Chinese Government Bureau of Economic Information) Peking u. Shanghai.

The Chinese Economic Bulletin (Compiled and published by the Chinese Government Bureau of Economic Information) Peking u. Shanghai.

The Japan Chronicle, Kobe.

Nachrichten für Handel, Industrie und Landwirtschaft. Berlin.

Wirtschaftsdienst, Hamburg. 9

Weltwirtschaftliches Archiv, Jena.

Weltwirtschaftliche Nachrichten aus dem Institut für Weltwirtschaft in Kiel.

Commerce Reports, Washington.

The Economist, Weekly Commercial Times, London.

Internationale Rundschau der Arbeit, Berlin.

Seide, Krefeld.

La Soierie de Lyon.

Textilberichte über Wissenschaft, Industrie und Handel, herausg.: Marcel Melliand, Mannheim.

Textil-Welt, Berlin 1923.

Textil World (weekly) New York.

Die Weberei, Fachblatt für die internationale Webwarenindustrie und den Handel, Leipzig.

Auslandsnachrichtendiest für Textilindustrie, Berlin.

Ostasiatische Rundschau, Hamburg.

Archiv für den fernen Osten, Berlin.

Ostasiatischer Lloyd, Schanghai.

2. 중국어

Kao Erh-sung, Ti- kuo- chu- yü Chung- kuo[2]

(„ „ - „, Imperialismus und China), Schanghai 1925.

Kuei Shau-hsi, Tsui- chin ko sheng chin-yung shang- kuang tiau-ch' a-lu[3]

(„ „ - „, Untersuchungen über die gegenwärtige Finanz- und Handelslage der chinesischen Provinzen), Schanghai 1916.

Tsui-chin-chih wu-shih nien[4] (1872-1922) Shen-pau kuan wu-shih- chou- chien chi- nien (The Past fifty Years in Commemoration of the Sun Pao's (eine Zeitung) Golden Jubilee), Schanghai.

T'ang Chin, Tiau- ch'a pao- kao- shu.[5]

(Bericht von T'ang Chin), August 1924.

Ch'in-ting ta Ch'ing huei-tien[6] (Staatslexikon über die Leistungen der Mandshu- Dynastie), 24. Bd. (Steuerwesen).

Yeh Ch'un- ch'ih, Chung- kuo shui- kuan chih- tu[7]

(„ „ - „, Chinesische Zollbestimmungen), Tsinan 1913.

Sang- ts'an t'i-yao[8] (Das Wichtigste über Maulbeer- und Seidenkultur) 1884.

Nung- sang chi- yao[9] (Das Wichtigste über Ackerbau und Maulbeerkultur) 3. und 4. Bd. 1314-21.

Sang- shu tsai- p'ei fa[10] (Die Kultur der Maulbeerbäume). [10]

Chung-kuo ts'an- szu- yeh huei- pao[11] (Zeitschrift für chin. Seidenkultur und -verarbeitung), Nr. 5 Tokio.

Chiang- su shenng- li ts'an-sang mu-fan-ch'ang pao- kao- shu[12] (Bericht der Provinzialversuchsstation von Kiangsu für Maulbeer- und Seidenkultur), Yang-Chou 1918.

Chung- kuo nien chien[13] (China Jahrbuch), Schanghai 1924.

Nung-shang kung-pao[14] (Republic of China, The Journal of the Ministry of Agriculture and Commerce).

---

2 [편주] 高爾松, 『帝國主義與中國(제국주의와 중국)』, 上海 : 新文化書社, 1924.
    1925년 판은 재판본으로 여겨짐.
3 [편주] 桂紹熙, 『最近各省金融狀況調査錄(최근각성금융상황조사록)』, 上海.
4 [편주] 『最近之五十年－申報館五十周年紀念(최근지오십년－신보관오십주년기념)』, 上海.
5 [편주] T'ang Chin, 「調査報告書(조사보고서)」.
6 [편주] 欽定大淸會典(흠정대청회전).
7 [편주] Yeh Ch'un-ch'ih, 『中國稅關制度(중국세관제도)』, 濟南.
8 [편주] 『桑蠶撮要(상잠촬요)』, 1884.
9 [편주] 『農桑輯要(농상집요)』(1314~1321). 원나라에서 1273년에 간행한 농사서인데, 이극로가 참
    조한 책은 복간본으로 보인다.
10 [편주] 상수재배법(桑樹栽培法).
11 [편주] 『中國蠶絲業會報(중국잠사업회보)』 권5, 東京.
12 [편주] 「蘇省立蠶桑模范場報告書(장수성립잠상모범장보고서)」, 楊州.
13 [편주] 『中國年鑑(중국연감)』, 上海.
14 [편주] 『농상공보(農商公報)』, 中華民國國務院農商部.

Chung- wai ching- chi chou-k'an[15] (Cinese[16] Weekly Economic Bulletin), Chinese Government Bureau of Economic Information, Peking & Shanghai.

Hsing- yeh tsa- chih[17] (Industry & Commerce), Changchow (Kiangsu).

Hua-shang sha- ch'ang lian- he- hui chi- k'an[18] (China Cotton Journal), Shanghai.

Yin- hang yüeh- k'an[19] (The Bankers' Magazine), Peking.

Nung- hsueh[20] (Agricultural Science), Nanking.

Tao- lu yüeh- k'an[21] (The Good Roads Monthly by the National Road Construction Association of China), Shanghai.

Tung- fang tsa- chih[22] (The Eastern Miscellany), Shanghai.

3. 일본어

Jiji nenkan[23] (Japan Jahrbuch) 1925, Tokio.

Nihon tekoku tokei nenkan[24] (Annuaire statistique de l'Empire de Japon) 1925, Tokio.

Juyo keizai tokei[25] (The Second Annual Bulletin of the Financial and Economic Statistics of Japan), Kobe 1925.

Toyo keizai shinpo (The Oriental Economist), Tokio.[26] [11]

무게와 면적 단위에 관한 설명:

1담 (Picul) $= 100$근 $= 59.6800$kg[27]

1근 (Catty) $= 16$냥 $= 0.5968$kg

1냥 (Tael) $= 10$돈 $= 37.3000$g

1돈 (Mace) $= 3.7300$g

---

15 [편주] 『中外經濟週刊(중외경제주간)』, 北京·上海.
16 [역주] Cinese : Chinese의 탈자.
17 [편주] 『興業雜誌(흥업잡지)』, 江蘇省.
18 [편주] 『華商紗廠聯合會季刊(화상사창연합회계간)』, 上海.
19 [편주] 『銀行月刊(은행월간)』, 北京.
20 [편주] 『農學(농학)』, 南京.
21 [편주] 『道路月刊(도로월간)』, 上海.
22 [편주] 『東方雜誌(동방잡지)』, 上海.
23 [편주] 『時事年鑑(시사연감)』, 東京.
24 [편주] 『日本帝國統計年鑑(일본제국통계연감)』, 東京.
25 [편주] 『重要經濟統計(중요경제통계)』, 新戶.
26 [편주] 『東洋經濟新報(동양경제신보)』, 東京.
27 이 수치는 정부에 의해 지정된 무게 단위이긴 하지만 통상 1근을 60kg으로 계산한다.

1무 $= 614.4m^2$

약자:

Pic. = Piculs

Hk. Tls. = Haikwan Taels(해관태일) [12]

서론

1. 양잠 산업에 관한 중국의 특별한 적합성
2. 명주의 역사
3. 가내 공업
4. 현대산업의 발전

1. 양잠 산업에 관한 중국의 특별한 적합성

생사 생산은 반제품 산업으로서 원재료인 누에고치에 전적으로 달려 있다. 누에고치를 얻기 위해서는 누에나방이 사육되어야 하며, 이를 위해 뽕나무 경작이 선행되어야 한다. 여러 나라들(예컨대 독일과 미국)이 실크 산업을 도입하기 위해 애썼지만 실패하고 말았다. 실패한 까닭은, 우선 환경 조건이 맞지 않았기 때문이다. 실크 산업은 열대 또는 아열대 인근의 국가에서만 가능하다.[28] 두 번째 장애 요인은 해당 국가의 사회 구조에 기인한다. 실크 산업은 저렴한 노동력을 가진 그런 국가에게만 득이 되는데, 왜냐하면 기계로 대체되지 않는 수작업이 많이

---

28 J. Bolle, *Bedingungen für das Gedeihen der Seidenzucht*(실크 산업 발전의 조건), 1916.

필요하기 때문이다.[29] 이 두 번째 조건은 인구밀도가 높고 임금수준이 전반적으로 낮은 지역에서나 충족될 수 있다. 주요 생사 생산국들이 그에 해당한다. 이들 국가에서는 실크 산업이 대부분 부업으로서 농가에 의해 이루어지고 이에는 노동비가 거의 발생하지 않는다.

주요 생사 생산국은 일본, 중국, 이탈리아, 프랑스다. 그렇지만 끝에 언급된 두 국가는 아시아 국가들과 세계 시장에서 경쟁이 되지 않는다. 한편으로는 노동력이 지나치게 고가이고 다른 한편으로는 기후가 동아시아에서 만큼 유리하지 못하기 때문이다. 현재 일본은 세계 최대의 실크 국가다. 그곳의 실크 산업은—중국과 달리—합리적으로 운영되고 있으며 유럽에 비해 노동력은 저렴하기 때문이다. 그러나 전쟁 이후 일본에게도[13] 고가의 임금이 시급한 문제가 되었다.[30] 중국에서는, 그에 비해, 실크 산업의 원활한 발전을 위한 두 중요 조건, 즉 기후와 낮은 임금수준이 현재에도 그 어떤 다른 나라에서보다 완벽하게 유지되고 있어 양잠산업의 발전을 가로막는 장애물은 존재하지 않는다.

2. 명주의 역사

양잠 산업과 실크 가공의 중요성을 살펴보기 위해 그 역사에 관해 잠시 고찰하고자 한다.

실크의 본향은 중국이다. 양잠 문화는 기원 전 26세기에 산동 지역에서 처음 발생했던 것으로 보인다. 그것은 그 후 약 30세기 동안 중국인의 독점 영역이었다. 양잠 비밀의 유출은 법에 의해 사형으로 다스려졌기 때문이다. 그러나 양잠 기술은 그곳으로부터 차츰 지구 전체로 확산되어 갔다.[31]

실크 문화가 중국의 종교적·경제적 맥락에서 차지하는 중요성은 우선 양잠

---

29 A. Kertesz, *Die Textilindustrie sämtlicher Staaten*(모든 국가의 섬유산업), pp.43~44.
30 누에 수확을 위한 총생산비 중에서 임금이 차지하는 비율 : 1916년 37.0%, 1923년 48.3%, 1924년 54.6%(『東洋經濟新報』, 1925.9.26, 21면).
31 *Textil-Jahrbuch*(섬유 연감), 1922, p.145.
    Silbermann, *Die Seide*(실크) 1, p.5.

의 여신 '원비(元妃)'[32]에 대한 큰 흠모에서 드러난다. 즉, 옛 풍속에 의하면 매년 초봄 황후들은 북경의 황궁 내에 설치된 이 여신의 사당에서 여신에게 제를 올렸고[33] 고대로부터 양잠과 명주 가공은 국가 차원에서 강력히 촉진되어 오고 있다. 개인적 가내 공업 외에 황실 소속 공방들도 설치되었는데 그 크기에 관해서는 항저우(杭州)의 명주 공방이 참고가 된다. 19세기 말, 이 공방에는 7,000개의 베틀이 있었고 28,000명이 고용되어 있었다.[34] 갖가지 종류의 명주 제품이 생산되었는데 이들은, 특히 기원전 3세기부터 기원후 3세기까지, 글쓰기에 적합한 티슈페이퍼가 되었다.[35]

한 왕조(기원전 200~기원후 200) 동안 명주 생산은 현저히 발전하여 14 더 이상 자체 수요만을 충당하지 않고 서아시아와 로마제국과의 중요 교역품이 되어[36] 실크 상인으로서의 중국인의 명성을 세세토록 이어지게 하는 계기가 되었다. 명주는 쌀, 콩 등과 마찬가지로 청 왕조에 이르기까지의 모든 시대에 생산지에서 조세로 이용되어 왔다.[37]

3. 가내 공업

명주의 역사를 살펴본 결과, 명주 문화 및 가공법은 중국 민족 내에 깊숙이 자리하고 있으며 그에 의해 수천 년 동안 향유되어 왔음을 알 수 있었다.

오늘날 가내 공업은 현대 기업에 의해 밀려나고 있지만 여전히 중요한 역할을 하고 있다. 뽕나무 누에나방고치와 참나무 누에나방고치는 오늘날에도 중국에서 주로 가내 공업에 의해 생사로 처리되는데 주로 양잠 농가가 이를 담당한다.

---

32 [편쥐 원비는 왕비와 같은 말로 황제 헌원의 왕비를 지칭하며, 이름은 누조(嫘祖)다.

33 K. Andree, *Geographie ders Welthandels*(국제교역의 지형도) 2, Frankfurt a. M. 1912, p.767.
O. Franke, *Ackerbau u. Seidengewinnung in China*(중국의 농경과 명주 생산), p.28.

34 H. Schumacher, *Die chinesischen Vertragshäfen, ihre wirtschaftliche Stellung u. Bedeutung*(중국의 개항장, 그 경제적 위상 및 의미), Jena, 1899, p.96.

35 *Orient. Zeitschr.*(동양 잡지), V~VI, Berlin, 1916~1918, p.249.

36 Silbermann, *Die Seide* 1, p.19.

37 『흠정대청회전』 24 – Steuerwesen(조세 제도).

고치 전체 수확량(참나무 누에나방 제외)의 약 57%가 이런 식으로 생산되며 이는 생사('천연' 명주) 114,000담 또는 6,840,000kg에 육박한다(28~29쪽 참조).

오늘날에도 여전히 사용되고 있는 재래의 생사 생산법은 간단하다. 발이나 손으로 나무 도구를 작동시킨다. 능숙한 방적공이라면 몇 명의 조수와 함께 하루 12~15시간 작업하여 가는 명주실(7~8개의 실) 11~15량(또는 410.3~559.5g)을, 굵은 명주실(12~13개의 실) 30~40량(1,119~1,492g)을 자을 수 있다.[38] 명주 생산이 오랜 역사를 갖고 있을지라도 천연 명주는 생산량과 품질 면에서 현대 기계사(機械絲)에 비교가 되지 않는다.

현대 산업이 발전하면서 가내 공업은 차츰 밀려나고 있다. 가내 공업은 교통이 좋지 않아 누에고치를 산업 시설로 운반할 수 없거나 현대적 설비를 갖추기 어려운 그런 지역에서 또는 농부들의 전통적 부업으로서 계속 존속할 것이다.

4. 현대산업의 발생

중국의 목화 산업이 내수 목적에서 발생한 데 비해, 명주 산업의 현대화는 해외 수출 용도로 추진되었다.[15] 유럽 및 미국과의 개항 이후 유럽과 미국의 명주업자들이 중국을 방문했다. 먼저 그들은 천연 비단을 구입했다. 그러나 유럽과 미국의 견방직은 매우 균질적으로 제사된 원사, 즉 현대적인 기계사를 필요로 했다. 이를 계기로 중국의 현대 양잠산업은 약 60년 전에 탄생하게 되었다. 광둥(廣東)성(남중국), 즉 산터우(汕頭)시에 유럽의 사례를 바탕으로 1860년대에 Ch'en Chian-Ch'u에 의해 근대적인 제사 설비가 설치되었고 오늘날까지도 그곳에는 양잠 산업 센터가 자리한다. 자본은 동남아의 중국 상업인들이 제공했다.[39] 그 얼마 후 상하이에 중국 상업인들에 의해 현대적 방적 설비가 설치되었다. 뒤를 이어 그 밖의 주요 명주 생산지, 특히 저장(浙江)성, 쓰촨(四川)성, 한커우(漢口)와 산둥성 북부에 생산 설비들이 들어섰다.

---

38 *Chinese Weekly Economic Bulletin*, 1925.7.25, p.44.
39 "Reports", *Journ. of. Gen. Chamb. of. Comm. of Shanghai*, 1924.7, p.17.

1886년 리훙장(李鴻章, 1823~1901)은 작잠사 생산을 위해 즈푸(芝罘)에 'Filature Impériale Whafong'[40]이라는 이름의 현대적 방적 시설을 설립했다.[41] 얼마 후, 남만주(안둥(安東), 하이청(海城), 카이핑(開平) 등)에 현대적인 적잠사 산업이 탄생했다.

제사 공장들은 처음에는 천천히, 20세기 초부터 그리고 특히 제1차 세계대전 이후 비교적 급성장하여(69쪽 참조) 현재 중국에서 가장 중요한 산업의 하나가 되었다. 이하에서는 우리 자신의 과제를 보다 상세히 연구해보기로 한다. [16]

1부 – 산업의 성립 조건

1장. 산업 성립의 물적 조건

I. 원료 공급

1. 뽕나무 경작과 참나무

   A. 뽕나무 경작

   1) 재배 규모

   2) 뽕잎 수확

   4) 재배법

   5) 뽕잎 거래

   6) 농지 가격과 수확

   B. 참나무(참나무와 참나무 경작의 확산)

---

40 [편주] "華豊"으로 보이지만 확실치 않다. Henri Silbermann, *Die Seide, ihre Geschichte, Gewinnung und Verarbeitung*, Band1, G. Kühtmann, 1897, p.514에서 확인된다.

41 "Science and Technics", *Agricultural Science* 2-2, p.5.

명주 산업의 원료는 누에나방의 고치로서, 누에나방은 이 목적을 위해 별도로 설치된 설비에서 세밀한 주의 속에 사육된다. 누에나방은 크게 두 가지로 구분된다. 뽕잎을 주식으로 하는 뽕나무 누에나방과 참나무 잎을 주식으로 하는 참나무 누에나방이 그들이다. 즉, 누에나방 사육의 선결 조건은 뽕나무와 참나무의 재배다.

A. 뽕나무 경작

뽕나무에는 상이한 종류가 존재한다. 그들은 각자의 특성에 따라 다양한 속성의 토양과 다양한 기후에 적응해 왔다. 다양한 품종의 잎들이 가진 영양가는 서로 상이하다. 같은 품종에서도 잎의 영양가는 계절마다 차이가 난다. 중국의 토지 속성과 기후는 전반적으로 이 식물 경작에 매우 적합하다. 중국 북부와 중부에서는 재배 환경이 거의 동질적인 데 비해 무더운 남부에서는 매우 상이하다. [17]

1) 재배 규모

뽕나무 경작은 북의 남만주로부터 남의 광저우(廣州)까지, 서의 동투르키스탄에서 동의 산둥 반도에 이르기까지 거의 중국 전체에 퍼져 있다. 경작지는 매년 늘어 가고 있으며 어떤 지역에서는 이미 매우 집중적으로 재배되고 있다.

광둥(廣東)성에서는 시 강 델타의 약 1/3이 오직 뽕나무 경작에 사용된다.[42] 주민을 위한 식량이 부족한 상황에서도[43] 이곳에서는 뽕나무 재배가 집중적으로 이루어진다. 그 이유는 거의 연례적인 홍수로 인해 쌀 수확이 넉넉지 않기 때문이고 또한 뽕나무 경작은 홍수 피해를 훨씬 적게 받고 뽕잎을 연간 약 6~7회 수확할 수 있어서 훨씬 많은 수익을 올릴 수 있기 때문이다.

광저우의 링난대학(嶺南大學)이 수행한 연구에 의해 광둥성의 명주 생산 상황이 어떠한 지에 관해 보다 상세한 그림을 그릴 수 있게 되었다. 1925년의 보고에 따르면, 그곳의 뽕나무 재배 면적은 총 1,465,700무(90,052ha)였다.[44]

---

42 Hellauer, *China*, p. 241.

43 광둥성은 불과 3~4개월 치의 쌀만을 자체 생산으로 충당하기 때문에 매년 약 5~6백만 담의 쌀을 중국 중부, 베트남, 태국으로부터 수입한다.

44 *Chin. Weekly Econ. Bull*, 1926. 1. 16, pp. 8~9.

중국 중부에서는[45] 뽕나무 경작과 관련하여 무엇보다도 장쑤(江蘇)성과 저장(浙江)성이 언급될 수 있다. 장쑤성에서는 양쯔강의 남부와 북부 도처에서 뽕나무 농장을 볼 수 있다. 특히 상하이-난징 철로의 양쪽과 베이징-항저우 대운하의 제방 근처에 집중되어 있다. 대운하 제방 주변에서는 뽕나무가 주로 재배되고 있는데 그 이유는 뽕나무들이 다른 농작물보다 홍수 피해를 덜 받으며 운하를 통해 필요한 비료를 쉽게 공급받을 수 있기 때문이다.

저장성 북부에는 대표적인 뽕나무 재배지가 세 군데 있다. 북쪽의 타이후(太湖)호 주변, 중앙의 첸탕(錢塘)강 유역, 동남쪽의 취(衢)-어우(甌)강 유역이 그들이다.

그 밖에 양쯔강 유역에도 뽕나무 재배로 눈길을 끄는 곳이 있다. 안후이(安徽)성과 강 남부가 [18] 맞닿는 지역과 강 중류의 후베이(湖北)성이다. 그러나 이곳에서의 경작은 전면적이지 않다. 상류와 지류, 특히 자링(嘉陵)강 유역에 위치한 쓰촨(四川)성도 오래된 명주 생산지다. 기후 조건으로 인해 그곳의 뽕나무 경작은 중국 남부나 중부에서처럼 그렇게 큰 비중을 차지하지 않는다. 그러나 몇몇 지역, 예컨대 산둥(山東)성이나 허난(河南)성에서는[46] 상당히 활발하다. 산둥성, 특히 칭다오(青島)-지난(濟南) 철로를 따라 경작이 폭넓게 이루어지고 있다.

중국 전체의 경작 규모는 거의 측정 불가능하다. 각 성의 주요 경작지 외에도 밭 가장자리, 담장, 강둑 곳곳에서 뽕나무들이 재배되고 있기 때문이다. 나아가, 집중 경작지에서도 그 경작 형태는 매우 상이하다. 예컨대 광저우에서는 농장 형태로 밀집 재배되고, 저장성과 장쑤성에서는 뽕나무 밭 외에도 혼작(곡물이나 채소밭에 뽕나무를 함께 재배) 형태를 볼 수 있다.

아래의 도표는 중국 내 뽕나무 재배 현황을 짐작케 한다.[47]

45 "Reports", *Journ. of. Gen. Chamb. of. Comm. of Shanghai*, 1924.7, pp.32·50·55·57·58.
46 "Reports", *Journ. of. Gen. Chamb. of. Comm. of Shanghai*, 1924.7, pp.60~61.
47 *China Jahrbuch*, 1924, p.1164.

재배 면적(단위 : 무)			
성	확인	추정	합계
광둥[48]	1,465,700	—	1,465,700
푸젠	931	813	1,744
저장	1,191,053	196,025	1,387,078
장쑤	755,989	323,021	1,079,010
안휘	47,139	35,224	82,363
장시	11,158	8,752	19,910
후베이	160,877	161,289	322,166
허난	14,481	984,877	999,358
산둥	14,910	78,670	93,580
산서	69,368	9,138	78,506
지린	9,795	19,802	29,507
샨시	9,364	10,056	19,420
동투르키스탄	52,858	111,339	164,197
레헤(특별행정구)	—	80	80
총	3,803,533	1,939,086	5,742,619

언급되어야 할 사항은, 이 도표 자체도 불완전하고 불확실하다는 점이다. 여러 지방 행정구들이 언급조차 되지 않았는데, 특히 명주 생산으로 이름 높은 [19] 쓰촨성이 빠져 있다. 뿐만 아니라, 수치들은 학술 연구 목적으로는 제한적 가치만 갖는다. 왜냐하면 언급된 성 중에서 잘 알려진 지역의 일부만이 언급되었을 뿐이고 나머지 부분은 추정에 의해 작성되었기 때문이다. 전자의 경우도 믿을 만한 것으로 간주되어서는 안 된다. 중국에서는 통계 조사가 학술적 엄격성에 기초하지 않기 때문이다. 게다가 경작지를 그저 더해서는 안 될 것이다. 뽕나무 재배 환경이 각 성별로 판이하게 다른 탓이다(21쪽 참조). 즉, 성들을 비교(25쪽 참조)해보면 뽕나무 재배 면적과 누에고치 수확량 측면에서 큰 불일치가 존재한다. 이러한 불일치의 원인은, 나아가, 통계 결과가 추정 혹은 여러 시기에 이루어진 누적 계산

---

48 *Chin. Weekly Econ. Bull.*, 19261.16, p.9.

에 의해 작성되었다는 데에 있다.

2) 뽕잎 수확

기후 조건, 대기, 토지, 재배법에 따라 연간 수확량은 크게 변동한다. 열대 기후에 포함될 만한 광저우 지역에서는 연간 6회 수확이 가능하며 1무 크기의 뽕나무 경작지에서 350~500근이 생산된다. 따라서 연간 1무당 총 수확량은 2,100~3,000근에 달한다.[49] 장쑤성과 저장성에서는 연중 내내 수확이 가능하다. 1무 면적의 연간 총 생산량은 평균 1,000근인데, 토질이 좋지 못한 경우에는 불과 500근, 지력이 좋은 경우에는 2,000근까지 뽕잎을 수확한다.[50]

일본의 기후와 토양은 중국 중부 지역의 그것들만큼 유리하지는 못하다; 그러나 집약적이고 합리화된 재배로 인해 수확량은 훨씬 크다. 1무 면적에서의 연간 수확량은 1,250~1,650근으로서[51] 이는 장쑤성과 저장성에서의 생산량보다 25~65% 많다. 광저우와 일본의 기후는 서로 너무나 다르기 때문에 비교가 불가능하다.

중국의 총 수확량 중에서 얼마만큼이 누에나방 사육을 위해 사용되는지에 관해서는 자료 부족으로 인해 확인이 불가능하다. 광둥성에 국한하여, 그 양은 매년 35,500,000담 내지 2,130kg[52] 정도로 산정되었다. [20]

3) 재배법

주요 명주 산지에서는 현대적 재배법이 주로 사용되는 데에 비해, 중국 전반에서는 종래의 덜 합리적인 재배법이 두루 사용되고 있다. 현대적 방법에 의해 수확되는 뽕잎은 품질이나 생산량 면에서 당연히 단연 우수하다.

뽕나무는 파종, 꺾꽂이, 야생종의 개량 내지 이식에 의해 확산된다. 중국 중부와 북부에서는 뽕나무를 낮은 키(11/2~2m)로 관리하며 그다지 조밀하게 재배하지 않는다(1무 크기의 토지에 통상 300그루). 이 지역에는 뽕나무 전용 경작지 외에 혼

---

49 "Reports", *Journ. of. Gen. Chamb. of. Comm. of Shanghai* 4-7, p.14.

50 *Ibid.*, pp.32 · 51.

51 "Special Articles", *Ibid.*, 1925.4 p.2.

52 *Chin. Weekly Econ. Bull.*, 1926.1.16., p.9.

작지도 존재한다. 그에 비해 중국 남부, 즉 광저우에서는 뽕나무가 무성한 수풀 형태로 경작된다. 겨울에 뽕나무는 뿌리 가까이 절단되어 연초에 새 가지를 틔우게 된다. 현대적 가지치기가 아직 도입되지 않은 지역에서는, 당연히, 뽕나무가 완숙하게 성장하여 고목이 된다. 경작에는 화학 비료가 아니라 주로 농장 퇴비, 인간 분뇨, 콩비지가 사용된다. 집중 재배에는 강력한 비료가 필수적이다. 특히 낙엽에 의한 자체적 거름 공급이 불가능한 경우에 그렇다.[53]

4) 뽕잎 거래

양잠 농가는 흔히 뽕나무 경작과 누에 사육을 겸한다. 그러나 뽕잎은 그와 상관없이 거래된다. 그 이유는, 누에를 사육할 때 예상외의 사료 수요가 발생하는 경우가 흔히 생기기도 하고 뽕나무 보유 농가 모두가 누에를 사육하지는 않아서 수확된 뽕잎을 판매해야 하는 경우가 있기 때문이다.

양잠 농가는 서로 거래하거나 뽕잎을 시장에 내놓는다. 광저우에서는 누에고치 시장의 일부가 뽕잎 시장인 경우도 있고 또는 누에고치 시장이 끝난 후 뽕잎 시장을 열기도 한다.

뽕잎 가격은 시즌과 기후 등에 따라 천차만별이다. 일반적으로 말해, 1담의 뽕잎이 광저우에서는 약 2페소,[54] 장쑤성에서는 약 3페소,[55] 일본에서는 약 3.1페소에[56] 거래된다.

일본에서의 생산비가 중국에서의 그것보다 높기는 하지만 — 예컨대, 임금은 [21] 약 4배[56] — 뽕잎 가격은 장쑤성에서의 그것과 대동소이하다. 그것은, 이미 위에서 본 바와 같이, 체계적 경작 덕택에 수확량이 중국에서보다 높기 때문이다.

5) 농지 가격과 수확

뽕나무 경작의 개선 가능성을 알아보기 위해 먼저 곡물 및 채소용 밭의 가격과

---

53 "Reports", *Journ. of. Gen. Chamb. of. Comm. of Shanghai*, 1924.7, pp.14 · 32.

54 "Reports", *Journ. of. Gen. Chamb. of. Comm. of Shanghai* 4-7, p.15.

55 "Special Articles", *Ibid.*, 5-4, 1925, p.2.

56 "Special Articles", *Ibid.*, 5-4, 1925, p.2.

뽕나무 밭의 가격을 서로 비교해보고 그 다음 그 두 경작지의 수확량을 비교해보기로 하겠다.

중국의 생사 공업

장쑤성의 창수 시에서는
    1무 크기인 중급 토질의 논 : 70~80페소
    1무 크기인 통상 건조한 밭 : 50페소
    1무 크기인 통상 뽕나무 밭 : 120페소

뽕나무 경작지의 가격을 다른 경작지의 가격과 직접 비교할 수는 없다. 즉, 파종 후 3~4년 동안에는 어린 묘목으로부터 잎을 수확할 수 없다는 점이 고려되어야 하기 때문이다. 정상적인 수확을 할 수 있기까지는 7~8년의 기간을 예상해야 한다.[57]

장쑤성에서는 1무의 토지에서 연간 15담의 뽕잎이 수확된다. 1담의 뽕잎 가격은, 이미 언급되었다시피, 평균 3페소에 달하기 때문에, 전체 금액은 45페소다. 장쑤성의 명주산업 시험재배지에 관한 1918년 보고서에 의하면, 1무의 토지로부터는 1담의 누에고치(평균 50페소)를 얻을 만큼의 누에나방을 사육할 수 있는 분량의 뽕잎을 수확할 수 있다. 같은 크기의 토지에 곡물을 재배할 경우 불과 16~17페소, 채소를 재배할 경우 단지 13~14페소의 수확을 올릴 뿐이다.[58]

수확량의 큰 차이와 관련하여 뽕나무 경작에 소요되는 비용이 곡물 재배 비용보다 크다는 점이 고려되어야 한다. 그럼에도 불구하고, 심지어 누에고치 수입을 배제하더라도, 뽕나무 경작에서 더 큰 수익이 발생한다. 수익성 측면에서 볼 때, 뽕나무 경작지는 더욱 확대될 것이라는 예측을 할 수 있다. 단, 이에는 세계 명주 시장이 호조를 유지한다는 조건이 필요하다. 한 가지 장애요인은 중국의 식량난, 즉 최소한의 식량,[22] 특히 곡물과 야채의 대부분을 자국 내에서 생산해야 할 필요성이다.

---

[57] "Reports", *Jour. of Gen. Chamb. of Comm. of Shanghai* 4-7, p.32.
[58] *Bericht der Provinzialversuchsstation von Kiangsu für Maulbeerbaum : u. Seidenkultur*, 1918, p.9.

B. 참나무

참나무는 구릉과 같이 대개 농지로서 이용될 수 없는 곳에서 자란다: 그 이유는, 참나무는 뽕나무 경작과 달리 지력이 높은 토지를 필요로 하지 않기 때문이다. 참나무 재배에서 토지라는 요소는 결국 이미 처음부터 뽕나무 재배에서보다 저가일 수밖에 없으며 더구나 나무에서 사육되는 누에나방으로부터의 분비물이 거름이 되기 때문에 인공 비료도 필요하지 않다.

참나무 누에나방의 먹이인 참나무는 주로 야생으로서 이들은 중국 전역과 만주에 두루 분포되어 있다. 뿐만 아니라, 중국 북부에서는(예컨대 산둥) 이미 오래전부터 참나무 재배가 계획적으로 이루어져 왔다. 1920년 발족한 즈푸(芝罘)의 명주 고급화 위원회(Seidenverdlungskommission)는 수만 근(1근 = 604.53g)의 참나무 씨앗을 양잠 농가에 배포하여 적절한 구릉지에 심도록 했다.[59]

파종되어 자라난 묘목들은 통상 3집단으로 구분된다: 1집단은 겨울에 뿌리 가까이까지 절단되어 그 다음 봄에 매우 부드러운 잎을 틔우게 된다. 2집단은 가지치기 처리를 받는다. 3집단은 자연 상태로 성장하게 된다.

2. 누에나방 사육

A. 뽕나무 누에나방

  1) 누에나방의 사육 규모

  2) 누에고치 수확

  3) 누에고치 품질

  4) 누에나방 사육법

B. 참나무 누에나방

  1) 누에나방 사육의 규모

  2) 누에고치 수확

  3) 누에고치 품질

---

59 *Seide, Krefeld*, 1922.7.20., p.225.

4) 누에나방 사육법

A. 뽕나무 누에나방

누에나방은 체질 특성과 고치 모양에 따라 분류된다. 경제적으로 유의미한 분류 기준은 사육법과 수확된 명주색이다. 사육법에 따라서는 이회 수확 애벌레(연초)와 다수확 애벌레(여름과 가을)로 구분된다. 누에고치 색깔에 따라서는 흰색, 노랑색,[23] 녹색, 적색 누에나방 애벌레로 구분된다.

1) 누에나방의 사육 규모

누에나방의 사육 규모는 전적으로 뽕나무 경작에 의해 결정된다. 중국 전역에서 뽕나무 경작이 이루어지고 있는 곳은 어디에서나 누에가 사육되고 있다. 그 규모를 측정하려면 먼저 누에 사육의 집중도를 알아야 하는데 이는 기후와 해당 지역의 종래 상황에 따라 매우 상이하다. 중국 중부와 북부에서는 누에나방이 주로 연초에 일회 사육된다. 그 외에도 여름과 가을에 소량으로 두 번째 내지 세 번째 사육이 이루어지기도 한다. 그에 비해 중국 남부(광저우)에서는 연간 6~7회 (4~10월) 사육한다. 북부와 양쯔강 유역의 사육자들은, 연초 1회 외에 여름과 가을에도 사육한다는 의미에서, 일본 사육자들과 비교될 수 있다. 그 반면, 중국 남부 사육자들의 상황은, 연간 9회까지 수확 가능한 실론과 마닐라의 사육자들과 비교될 수 있다.[60] 유럽에서는 전반적으로 연초 수확만이 가능할 뿐이다.

중국의 누에 사육 농가에 관한 통계자료는 부분적으로만 존재하므로 누에 사육의 전체 규모를 확인할 수는 없다. 총 수확에 관한 추정으로부터(후속 단락 참조) 역으로 사육 규모를 짐작해볼 수 있을 뿐이다. 누에 사육의 전반적 흐름은 뽕나무 재배법의 발전에 의해 좌우된다.

전통적 명주 생산지 외에도 기타 지역에서의 누에 사육에 관한 현황을 파악하려는 노력이 시도되고 있다. 산시성에서는 1919년에 99,745개의 가구가, 1922년에는 179,593개의 가구가 확인되었다. 고치 생산량은 각각 1,388,891근과 2,403,483근

---

60 Hellauer, *China*, p. 240.

이었다.[61] 이 자료를 이용하여 중국의 명주산업 발전에 관한 일반적 양상을 추론하는 것은(심지어 전통적 명주 생산지에 관해서도) 불가능하다. 왜냐하면 이 지역은 일종의 '모범 지역',[62] 즉 1911년 옌시산(閻錫山, 1883~1960)[63]이 도독(都督)으로 취임한 뒤 정치적 혼란과 무관하게 문화 및 경제 육성책이 추진된 곳이기 때문이다.

광저우에서의 상품 전시회를 위해 어느 단체가 조사한 바에 의하면, 1923년 광둥성의 양잠 농가 숫자는 [24] 다음과 같았다.[64]

초봄 사육	128,534
여름 사육	118,168
가을 사육	106,524
총계	353,226

산둥성에서는 최근 공식 조사가 진행되었는데 168,000개 이상의 양잠 농가가 확인되었다.[65]

개별 업자의 규모는, 누에 사육을 주업 또는 부업으로 하는지에 따라, 상이하다. 광둥성에서는 누에 사육이 주로 주업으로 이루어지는데, 이 지역 사육업자는 통상 큰 규모이고 별도의 사육 설비를 갖추고 있다. 장쑤성과 저장성에서도 큰 규모의 업자들이 있는데, 장쑤성에서 양잠업을 주업으로 하는 농가는 다음과 같은 규모를 갖는다:[66]

대규모 농가일 경우 20무 이상의 뽕밭

중규모 농가일 경우 10무 이상의 뽕밭

소규모 농가일 경우 3~5무 이상의 뽕밭

---

61 *Chinese Weekly Economic Bull.* 128, 19259.5, p.2.

62 *Ostasiatische Rundschau*, 1925.11. 중순, p.207.

63 [편주] 山西省政府都督(1911), 山西省政府民政長(1911~1914), 山西督軍(1916~1917), 山西省政府主席(1917~) 역임.

64 "Special Articles", *Republic of China : The Journ. of the Ministry of Agr. and Comm.* 1923.9, p.24~25.

65 "Reports", *Journ. of. Gen. Chamb. of. Comm. of Shanghai*, 1924.7, p.61.

66 "Reports", *Journ. of. Gen. Chamb. of. Comm. of Shanghai*, 1924.7, p.32.

2) 누에고치 수확

중국은 누에고치 수확과 관련하여 세계 2위이고 세계 1위는 일본, 3위는 이탈리아다. 고치 수확량은 당연히 날씨에 따라 변동한다. 누에 총 수확량에 관해 유럽과 일본의 연구자들이 다양한 자료(생사 수출, 관세, 누에고치 시장 등)를 근거로 연구하여 다음과 같이 서로 거의 부합하는 결론을 내놓았다:[67]

중국의 누에고치 수확량		
지역	유럽 연구진	일본 연구진
저장	1,017,000담	876,766담
장수	350,000담	266,745담
안휘	30,000담	30,000담
후베이	102,000담	100,000담
후난	25,000담	16,000담
쓰촨	317,000담	640,000담
산둥	45,000담	70,000담
광둥	717,000담	768,300담
광시	—	12,000담
허난	142,000담	—
기타 지역	72,000담	—
총계	2,817,000담	2,779,811담

25

이 도표에서 알 수 있는 사실은, 명주 생산과 관련하여 저장성, 광둥성, 쓰촨성, 장쑤성이 가장 중요하다는 점이다.

쓰촨성에 대한 결론은 두 연구에서 크게 차이가 난다. 뿐만 아니라, 유럽의 연구 결과는 광시성에 대한 데이터를, 일본의 연구 결과는 허난(河南)성과 기타 지역에 대한 데이터를 빠뜨리고 있다.

일본 측의 연구 결과를 기본 자료로 삼되 그 두 흠결 항목을 유럽 측의 연구 결과로써 보완한다면, 중국의 연간 누에고치 총생산량에 관해 다음과 같은 윤곽을 그릴 수 있다:

---

67 *China Jahrbuch*, 1924, pp.1176~1177.

일본 연구진의 결과	2,779,811담
유럽 연구진의 허난성 평가	142,000담
유럽 연구진의 기타 지역 평가	72,000담
총계	2,993,811담

이 수치는 주로 1916년의 상황을 나타낸다. 생사 수출은 1916년 이래 크게 변하지 않았다. 1916년에는 103,561담, 1924년에는 108,703담이었다. 즉, 차이는 약 5,000담에 불과하니 이는 5%에도 미치지 못한다. 국내 소비 역시 특히 언급될 만큼의 증가를 보이지는 않았다. 이는 기타 섬유 재료(뒤에서 다루게 되겠지만, 특히 모)의 영향이기도 하고 다른 한편으로는 사회적 구매력의 감퇴에 기인하기도 한다.[68] 명주 재료 수출도 늘어나지 않았으므로(97쪽 참조) 누에고치 수확량은 증가하지 않았다는 결론을 내리게 된다.

1925년 일본의 누에고치 수확량은 중국에 비해 8000만 관(3억 kg)에 달한다.[69] 중국 수확량은 추정컨대 약 300만 담(1억 8,000만 kg)으로서 일본 수확량의 60% 정도다. 1924년 이탈리아의 누에고치 총 수확량은 5,000만 kg으로서[70] 중국의 28%였다.

아래의 도표는 생사 수익 상황을 간략히 보여주며 이로부터 누에고치 수확을 유추할 수 있다. 수치는 광둥성에 관한 것이다.[71] 26

	1923	1922	1921
첫 번째 수확	9,000담	7,000담	9,000담
두 번째 수확	12,000담	11,000담	6,000담
세 번째 수확	17,000담	11,000담	6,500담
네 번째 수확	15,000담	7,500담	11,000담
다섯 번째 수확	5,000담	8,000담	10,000담
여섯 번째 수확	7,000담	9,000담	10,000담

68 Chin. Weekly Econ. Bull., 1926.1.30, p.11.
69 The Japan Chronicle Weekly Comm. Sup., 1925.11.26, p.226.
70 Chin. Weekly Econ. Bull., 1925.6.13., p.35.
71 "Reports", Journ. of. Gen. Chamb. of. Comm. of Shanghai 4-10, 1924, pp.50~51.

	1923	1922	1921
일곱 번째 수확	2,000담	4,500담	1,500담
총계	67,000담	57,000담	54,000담

1근의 어미고치로부터 대개 1량의 알을 수확한다. 1량의 알에서 생겨나는 애벌레는 사료로서 1,200~1,500근의 뽕잎을 필요로 한다. 1량의 알에서 생겨난 애벌레는 평균 80근의 고치를 생산한다.[72] 따라서 누에고치 수확은, 일반적으로 말해, 사육에 사용된 어미고치의 8배 내지 사료로 사용된 뽕잎의 약 1/17 정도에 달한다고 할 수 있다.

누에고치 수확이 산업에서 차지하는 비중

중국의 양대 산업지구는 각각 남부 광둥성과 중부 장쑤성 및 저장성에 위치한다. 1916년 양 지구의 원료 가공 현황은 일본 측 연구에 의해 다음과 같이 확인되었다:[73]

1. 광둥성의 가공 현황	
광둥성 소출 약 179,270담	건조 고치 : 지역 누에고치 생산량의 70%
강시성 소출 약 3,000담	건조 고치 : 지역 누에고치 생산량의 70%
총계	182,270담
2. 장쑤 및 저장성의 가공 현황	
저장성 소출 약 59,443담	건조 고치 : 지역 누에고치 생산량의 20%
장쑤성 소출 약 71,132담	건조 고치 : 지역 누에고치 생산량의 80%
안휘성 소출 약 5,000담	건조 고치 : 지역 누에고치 생산량의 50%
총계	135,575담 [27]

따라서 수확된 누에고치의 농가 처리 비율은 다음과 같다:

광둥성 ——— 지역에서 생산된 전체 누에고치의 30%

---

72 "Reports", *Journ. of. Gen. Chamb. of. Comm. of Shanghai*, 1924.7, p.53.
73 "Miscellaneous Articles", *Journ. of. Gen. Chamb. of. Comm. of Shanghai* 4-7, pp.25~28.

장쑤성 ─── 지역에서 생산된 전체 누에고치의 20%
저장성 ─── 지역에서 생산된 전체 누에고치의 80%
안휘성 ─── 지역에서 생산된 전체 누에고치의 50%

이 4개 지역이 전체 농가 처리율의 약 51%를 차지한다. 기타 지역의 누에고치 생산량은 중국 전체 생산량의 2/5에도 미치지 못한다. 하지만 이들 지역에서는 농가 처리율이 앞서 언급된 4개 지역에서보다 현저히 높다.

그 밖의 주요 명주 생산지인 쓰촨, 후베이, 허난, 산둥 지역에서는 주로 노랑색 명주가 생산된다. 중국에서 수출되는 황색 생사의 수량으로부터 기계사와 천연 사의 관계를 짐작해볼 수 있다. 1922∼1924년 사이에 연평균 21,343담의 황색 생 사가 수출되었다. 그중 기계사는 6,725담이었는데[74] 이는 황색 생사 총수출 량의 32%에 해당한다. 결국, 황색 생사의 68%가 가내 노동에 의해 생산되는 것이다. 국내 수요는 파악하기 어렵기 때문에 이를 제외한 채 이 비율을 기타 지역에서의 생산 비율로 적용시켜 본다면 다음과 같은 결론을 내릴 수 있다:

$$3/5 \times 51/100 + 2/5 \times 68/100 = 57/100$$

결국 누에고치 총수확량(약 300만 담)의 57%, 즉 171만 담의 생 누에고치(나방 제 외)가 가내 노동에 의해 명주로 생산된다. 15담의 생 누에고치에서 1담의 생사 수 확을 예상할 수 있다. 가내 노동에 의해 생산되는 생사의 총량은, 작잠사가 80,000 담(전체 고치 수확량의 40%)인 데 비해, 114,000담에 육박한다. 이러한 추정치는 실제 와 거의 부합한다. 즉, 작잠사는 중국에서 극소량만 생산되기 때문이다. 그에 비 해 1915∼1924년까지 수출량은 평균 75,005담이다.

누에고치 수출량은 연간 29,250담(1915∼1924년까지 10년 동안의 연평균 수출량)이 며 1924년에는 26,378담의 건조 고치가 수출되었다. 생 누에고치는 건조 누에고 치보다 평균 3배 정도 더 무겁다. 건조 누에고치의 연평균 수출량은 29,250담으

---

[74] *The Marit. Cust., Foreign Trade of China* I, 1923, p.136; 1924, p.138.

로서 이는 생 누에고치 87,750담에 해당한다. 중국 누에고치 총생산에서 차지하는 비율은 3%다. [28]

생 누에고치 연간 총생산량을 300만 담이라고 할 때 이는 다음과 같은 나누어진다:

작잠사	40%
가내 노동	57%
수출	3%
총계	100%

3) 누에고치 품질

중국 명주산업의 수익성에 결정적인 요소는, 다른 모든 산업과 마찬가지로, 가공된 원료, 즉 우리의 주제에서는 누에고치의 품질이다. 왜냐하면 누에고치 가격이 생산비의 78%를 차지하기 때문이다(94쪽 참조). 따라서 명주업체는 누에고치 품질을 결정할 때 매우 주의를 기울여야 한다.

누에고치의 품질은 지역, 계절, 날씨, 품종에 따라 매우 상이하다. 흰색 누에고치가 노란색 누에고치보다 낮고, 봄 누에고치가 일반적으로 다른 계절에 수확된 누에고치보다 낮다. 지역에 따른 품질 차이는 다음과 같다: 중국 최고의 누에고치는 저장성에서 수확된다; 그래서 상하이의 방적 설비에서 생산된 생사가 최고급으로 인정받는다. 350~400근의 건조 누에고치에서 100근의 생사를 얻을 수 있고, 100근의 건조 누에고치를 만드는 데에는 280~300근의 생 누에고치가 필요하다.

'상하이 국제 검사소'는 중국산 누에고치(전통 및 개량)의 품질을 정밀하게 검사하여 다음과 같은 결과를 얻었다:[75] 장쑤성과 저장성에서 생산되는 건조 누에고치의 80% 이상이 현대적 방적 시설에서 가공될 수 있다. 품질에 따라 분류하면 다음과 같다:

---

[75] "Special Articles", *Journ. of. Gen. Chamb. of. Comm. of Shanghai*, March 1925.3, pp. 25~28.

특등급 누에고치	37.2%
1등급 누에고치	24.0%
2등급 누에고치	20.5%
	81.7%

100근의 생사를 생산하기 위해서는 다음과 같은 양의 건조 누에고치가 필요하다

특등급 누에고치	399근
1등급 누에고치	462근
2등급 누에고치	628근

　장쑤성과 저장성에서 생산된 누에고치의 품질은 매년 하락하고 있다. 종전에는 사오싱 시에서 생산된 $4\frac{1}{4}$ ~$4\frac{1}{2}$ 담의 건조 누에고치로부터 1담의 생사를 얻을 수 얻을 수 있었으나, 현재에는 $5\frac{1}{4}$ 에서 [29] $5\frac{1}{2}$ 담이 필요하다. 우시(無錫) 시에서 생산된 누에고치의 경우, 1담의 생사를 얻기 위해 종전에는 $5\frac{1}{4}$ 에서 $5\frac{1}{2}$ 담이 소요되었으나 현재에는 6~$6\frac{1}{2}$ 담이 소요된다.[76]

　중국 중부에서 생산된 누에고치에 비해 광동성에서 생산된 고치는 가치가 현저히 떨어진다. 대부분의 번데기는 고치를 완성하기도 전에 죽으며, 많은 경우 실이 너무나 가늘어서 번데기가 어떤 상태에서 죽었는지까지 들여다볼 수 있다.[77] 가공 불가능한 고치들은 판매에서 제외된다. 일반적으로, 1담의 생사를 얻기 위해서는 1차, 2차, 3차 수확기에 획득된 건조 누에고치 5담 정도 또는 4차, 5차, 6차 수확기에 획득된 건조 누에고치 $4\frac{1}{4}$ 또는 4담이 필요하다.[78]

　주요 명주 생산국인 일본과 이탈리아와 비교하자면 다음과 같은 결과가 된다. '일본 명주협회'의 한 보고서에 의하면, 일본에서 생사 100근을 생산하는 데에는 평균 350근의 건조 누에고치가 필요한 데에 비해 중국에서는 평균 580근의 누에고치가, 즉 일본보다 65.7% 많은 양의 누에고치가 필요하다.[79] 이탈리아에서는

76　*The Maritime Customs, Foreign Trade of China*, 1924, p.26.
77　*Seide, Krefeld*, 1922.11.23, p.370.
78　"Reports", *Journ. of Gen. Chamb. of Comm. of Shanghai*, 1924.7, p.27.

11kg의 건조 누에고치가 1kg의 명주로 가공된다. 1kg의 명주를 생산하는 데에 10kg의 누에고치면 충분하다고 조심스레 생각해볼 수 있다.[80] 기타 국가의 사례에 비하자면 이 수치들은 매우 낮아 보인다.

4) 누에나방 사육법

중국의 자연조건은 명주 생산에 최적이다. 수확량과 품질이 예상만큼 좋지 않은 까닭은 중국의 재배법에 있다. 명주 산업은 세심한 주의를 필요로 하는데, 중국의 경작법이 수천 년의 경험에서 우러나온 것이기는 하지만 현대의 체계적 방법에 비하면 비합리적이다.

광둥, 장쑤, 저장성처럼 명주 산업이 광범위하게 이루어지는 몇몇 지역에서 그러한 현대적 경작법이 그나마 부분적으로 사용되기 시작했다.

사육을 위해서는 가급적 건강한 곤충을 택해야 한다. 왜냐하면 누에의 여러 질병은 치료가 불가능하기 때문이다. 피해를 최소화하는 것, 경작법의 합리화와 건강한 누에 알 선택을 통해 발병을 예방하는 것만이 가능하다. [30]

현재까지 중국의 양잠산업은 전통적 방법에 의존하는 농가들에 의해 이루어진다. 중국에서는 누에알의 약 90%가 병들었고[81] 부화에서 고치치기 단계까지 75%의 애벌레가 죽는다.[82]

예컨대 광둥성에는 별도의 사육 시설이 있다. 대부분 누에는, 옛 방식에 따라, 농가의 좁은 거실에서 사육된다. 누에를 담은 바구니들은 선반 위에 놓이거나 천장 아래의 그물에 걸어 둔다. 누에알이 부화할 수 있도록 그것들을 목화솜 위에 올려 두거나 여자들이 종이에 싸서 몸에 두르고 다닌다. 번데기가 되기까지 소요되는 시간은 온도에 따라 차이가 나서 광저우에서는 약 20일, 중부에서는 30~35일이 걸린다. 이 성장 기간 동안 누에는 4회 잠자야 한다. 누에가 성충이 되면 이들을 잔가지 더미 또는 건조한 볏짚으로 옮겨 누에가 고치를 지을 수 있도록 한

---

79 *Seide, Krefeld,* 1925.8, p.58.
80 "Special Articles", *Journ. of Gen. Chamb. of Comm. of Shanghai,* 1925.3, p.27.
81 "Chinese Silk Production", *The Bankers' Magazine, Peking,* 1924.4, p.4.
82 *China Jahrbuch,* 1924, p.1119.

다. 며칠 후부터 누에고치를 수확할 수 있다.

B. 참나무 누에나방

뽕나무 누에나방 외에도 오래전부터 사람들은 기타 누에나방을 자연 상태에서 사육하여 명주를 생산했다. 이 방식은, 많은 정성을 쏟아야 하는 뽕나무 누에나방 사육보다 현저히 저렴했다. 중국에서는 참나무 누에나방을 이용하여 천연 실크를 만들어 왔는데 작잠사로 잘못 알려져 있다; 인도의 참나무 산누에나방은 다른 것이다.

1) 누에나방 사육의 규모

참나무 누에나방 사육의 중심지는 남만주와 북중국이다. 산둥 반도와 남만주에서 고도로 발달했다. 다른 지역에서 참나무 누에나방 사육은 40년도 채 되지 않았고 산둥 지역에서 이주해 온 주민들에 의해 시작되었다. 몇 년 전부터 참나무 누에나방 사육은 남만주에서 특히나 급격히 발전했다. 그 이유는, 최근 급격히 증가한 일본의 작잠사 업체들이 이 지역에서 원료를 사들이기 때문이다. 일본 업체들은 허난(河南)성에도 상당히 많이 퍼져 있다. 중국 중부 및 남부에서 참나무 누에나방 경작이 이루어지는 주요 지역은 쓰촨(四川)성, 구이저우(貴州)성, 후베이(湖北)성, 광시(廣西)성, 광둥(廣東)성이다.

참나무 누에나방은 살아 있는 참나무 위에서 사육된다. 사육에 필요한 토지 크기는 [31] 토질에 따라 달라진다. 남만주에서는 15무(9216m2)의 면적에 평균 약 10만 마리의 애벌레가 사육된다.[83]

2) 누에고치 수확

중국의 누에고치 총수확량은 확인이 불가능하다. 주요 생산지에 관한 개별 자료들로부터 대강의 윤곽을 그려볼 수 있을 뿐이다. 전쟁 이전 만주에서는 연평균 약 25만 바구니(1 바구니에 3만 마리)의 누에고치, 금액으로는 900만 량 정도가 생산

---

83 *Zeitschrift für chinesische Seidenkultur* 5, p.99.

되었던 것으로 추정된다.[84]

1923년 안둥(安東)에서는 10만 바구니 이상의 누에고치가 거래되었다. 바구니에는 33,000~42,000마리 정도의 누에고치가 담긴다.[85] 만주에서는 현지에서 생산된 누에고치 중 약 40~50%가 안둥과 하이청(海城)에서, 약 10~20%가 카이핑(開平)과 시펑(西豊)에서 가공된다. 즈푸(芝罘)로는 30에서 40% 정도가 이송된다.[86] 산둥성에서 수확되는 뽕나무 누에고치의 숫자는 연간 30억 정도로 추산된다.[87] 즈푸에서는 산둥성에서 수확된 누에고치로부터 연간 약 18,000담의 적잠사가 생산된다.[88]

3) 누에고치 품질

뽕나무 누에나방 고치와 마찬가지로 참나무 누에나방 고치도 기후와 환경 변수에 따라 상이한 품질을 갖는다. 1920년 고치 1,000개로는 10온스의 실을, 1921년산 고치 1,000개로는 불과 9½온스의 실을 생산할 수 있었다.[89] 참나무 누에나방의 고치들은 뽕나무 누에나방의 고치들(갈색 또는 희미한 레몬색)보다 현저히 크다. 고치실은 1,200~1,400m 정도이고[90] 뽕나무 누에나방 고치에서 뽑은 실보다 강도와 내구성 면에서 우수하다.

4) 누에나방 사육법

곤충은 부화할 때까지 나무 위에 그대로 있다. 고치만을 수확하면 된다. 사육법은 원시적이며 비합리적이다. 그 결과는, 산둥에서의 현미경 조사가 보여주듯이, 뽕나무 누에나방의 고치 중 60%가 병에 걸려 있다는 사실이다.[91] [32]

만주에서의 사육 시기는 연초와 가을이다. 성장에는 약 30일 정도가 소요된다. 연초 수확을 하려면 인공 부화가 필수적이다; 애벌레가 자연 상태에서는 너

---

84 *Die Weberei, Leipzig*, 1913.1, p.14.
85 "Special Articles", *The Journ. of the Min. of Agr. and Comm.*, 1923.8, p.3.
86 *Chin. Weekly Economic Bull.*, 1925.9.19., p.37.
87 "Reports", *Agricultural Science, Shanghai* 15-4, 1925, p.13.
88 *The Eastern Miscellany, Shanghai*, 1924.6, p.82.
89 *Seide, Krefeld*, 1922.7.20, p.226.
90 Netz, *Der jap. u. der chin. Eichenseidenspinner*, p.20.
91 *Seide, Krefeld*, 1922.7.20, p.225.

무 늦게 성장하기 때문이다. 참나무 잎은 애벌레들이 먹기에 너무 오래 되었을 것이고 다가오는 여름 폭염은 수확량을 감소하게 만들 것이다.

어린누에는 두 가지 방법으로 사육할 수 있다: 1. 부화한 곤충을 5~6일 정도 실내에서 사육한 뒤 첫 번째 허물벗기 수면이 끝나면 실외의 나무 위로 옮겨서 그곳에서 스스로 양분을 섭취하며 번데기가 될 때까지 둔다(1㎥의 조밀한 나뭇잎이면 10마리의 애벌레가 완숙하게 성장할 때까지 충분한 양분이 된다).[92] 2. 알을 담은 종이를 나무 위에 고정시킨다. 부화한 애벌레들은 그곳에서 살아 있는 잎을 먹으며 성장한다.

애벌레들은 어느 정도 습기가 있는 지역에서 가장 잘 성장한다. 따라서 건조기에는 바닥에 수분을 공급하여 습기를 조정해 주어야 한다. 뽕나무 누에나방을 실외에서 사육하려면 천적, 특히 개미, 거미, 조류에 대한 별도의 보호 대책이 필요하다. 부화 자리에서 한 번 정도 그 같은 벌레들을 제거한다. 뿐만 아니라, 중국에서는 애벌레가 사육되고 있는 숲에 상시 감독 초소가 설치되어 있어 여러 도구로써 조류의 접근을 방지한다.

3. 양잠산업의 합리화와 육성
   1) 세계 이해관계집단의 노력
   2) 중국 관공서와 개인의 노력

일본의 현대적 산업체와 경쟁해야 한다는 관점에서 볼 때, 중국의 양잠산업이 애벌레 사육과 실 잣는 방법을 개선하지 못한다면 오늘날 심각한 위기에 봉착하게 된다. 이미 20년 전에 양잠산업의 개선을 목적으로 하는 움직임이 시작되었다. 그 성과는 미미했다. 세계대전 이후, 특히 미국인과 프랑스인들이 중심이 되어, 국제단체들이 창설되어 원료 공급 안정화와 중국 양잠산업의 합리화가 모색되고 있다.

---

[92] Netz, *Ibid.*, p.18.

1) 세계 이해관계집단의 노력

양잠산업 개선을 위한 중국 중부 지역 최대 조직은 [33] 산둥 소재의 '양잠산업 개량을 위한 국제협회' 내에 존재한다.[93] 이 조직은 1917년 중국과 외국 관련자들에 의해 설립되었다. 중국 정보는 우선 매월 4,000해관태일을 지원했다. 그 후 두 배로 증액되었다.[94] 본부는 상하이에 있고 연구센터를 갖추고 있다. 지금까지 이미 7개의 연구센터가 설립되었는데 4개는 장쑤성(상하이, 쑤저우, 난징, Hunglin[95]), 2개는 저장성(자싱(嘉興), 취저우(衢州), 1개는 안후이성(창장강(長江))에 위치한다. 연구센터들의 핵심 과제는, 전문 인력들이 저온살균 방식으로 건강한 알을 직접 채취 또는 다른 국가(주로 유럽 국가)로부터 건강한 알을 수입하여 그것을 누에 사육자에게 전달하는 것이다. 전문 인력도 함께 양성하는 이 연구센터들은 양잠산업을 위한 모범 사례.

연구센터에서 직접 수확한 누에알과 유럽에서 수입한 누에알이 수요를 충족시키지 못할 때도 있다. 1924년, 앞서의 조직은 양질의 알을 가진 500만 개의 잎을 7개의 성에 전달했다.[96] 이러한 센터들 외에도 난징(南京)대학에 양잠산업과 관련한 크고 유명한 연구소가 있는데 이 연구소는 미국 실크 협회에 의해 지원받는다. 난징의 둥난(東南) 대학 농학과는 '양잠산업 개량을 위한 국제협회'와 함께 누에 산업 개선을 위해 노력하고 있다. 장쑤성 곤충학 연구소 내에는 미국인이 설립한 중국 토착 누에나방 실험연구소가 있다.[97]

남중국[98] 광저우의 기독교 대학 내에는 훌륭한 시설의 양잠학과가 특별 설치되어 있으며 광둥성 정부로부터 재정을 지원받는다. 푸젠(福建)성 푸저우(福州)시의 기독교 대학에도 별도의 양잠학과가 존재한다. 대학교는 미국 실크협회의 재정 지원을 바탕으로 시골에 몇몇 실험센터들을 설치할 수 있었고 이로써 양잠산업을 더욱 확산하는 데에 기여했다.

북중국 즈푸(芝罘)에서는[99] 1920년 국제 실크 고급화 위원회가 결성되었다. 생

---

93 "Silk Production", *Chin. Weekly Econ. Bull.*, 1924.2.9, pp.1~4.
94 "Selected Articles", *The Journ. of the Min. of Agr. and Comm.*, 1923.2, p.49.
95 [편쥐] 장쑤성에서 확인되지 않는 지명이라서 오기로 보임.
96 "Editorials", *Journ. of Gen. Chamb. of Comm. of Shanghai* 4-7, p.7.
97 *Chin. Weekly Econ. Bull.* 39, 1924.12, p.37 참조.
98 "Editorials", *Journ. of Gen. Chamb. of Comm. of Shanghai* 4-7, pp.5~7 참조.
99 *Ibid.*, p.8.

사 수출로부터 거둬들인 세수의 일부분이 이 위원회의[34] 재정으로 할당된다. 이 위원회는 즈푸 인근에서 뽕나무 및 참나무 누에나방 사육과 관련한 큰 연구센터를 운영한다. 위원회는 새로운 경작법을 실험하고 실시한다. 특히 토질 조사를 통해 뽕나무와 참나무 경작에 적합한 지역을 발굴하였다.

1924년에는 중국-일본 참나무 실크 연맹이 창설되었다. 본부는 만주의 안둥에 위치하며 여러 지역에 그 지부가 있다.[100]

2) 중국 관공서와 개인의 노력

국제적 이해관계집단 외에도 중국 관공서와 사경제 부문이 양잠산업 육성과 합리화에 노력한다.

광저우 지방정부는 링난(嶺南)대학 농학원(農學院)에 잠사계(蠶桑系)를 설치했는데 핵심 목표는 건강한 누에알의 수확이다.[101] 장쑤성 지방정부는 여러 실험센터를 보유한 조직을 하나 창설했다. 그 본부는 양저우에 소재하며 기타 지역에 6개의 지부가 있다.[102] 저장성에는 '개량잠상사업위원회(改良蠶桑事業委員會)'라고 하는 중요한 조직이 있으며 이 조직은 지역정부로부터 재정을 지원받는다.[103] 산둥성에는 1921년 이래 13개의 누에 알 채취 시설이 설립되었다.

산시성에서는 지방정부가 법률과 특혜 등으로써 누에 경작을 폭넓게 지원한다. 특히 여성 직업으로서 육성한다. 즉, 1919년 관할 지역행정구에 포고령을 내려 뽕나무 및 참나무 누에나방 사육을 위한 여성 전문학교를 설립하도록 조치했다. 46개 현에 이미 50개의 전문학교들이 설립되었으며 이들은 2,147명의 여학생을 수용한다.[104]

언급된 조직들 외에도, 누에 사육이 널리 이루어지고 있는 성에서는 거의 모든 지구에 양잠 사무소가 있다. 대부분의 성에는 누에 사육과 관련한 전문학교들이 몇 개씩 있다. 그 뿐만 아니라, 농업 전문학교에서는 양잠 관련 전문 인력들이 양

100 *Chin. Weekly Econ. Bull.*, 1924.3.8, p.18.
101 "Edit.", *Journ. of Gen. Chamb. of Shanghai*, 1924.7, p.6.
102 "Berichte", *Bericht d. Provinzialversuchsstat. v. Kiangsu f. Maulbeer : u. Seidenkultur*, 1918, p.p.1 · 7).
103 *The Chin. Econ. Bull.* 150, 1923.1, p.11.
104 *Chin. Weekly Econ. Bull.* 1925.4.4, p.40.

성된다.

누에 사육법 개선을 위한 그 모든 노력에도 불구하도 성과는 매우 미미하다. 장쑤성과 [35] 저장성에서는 개선의 효력이 전체 경작지의 1/10에도 미치지 못한다. 그 이유는 특히 누에 사육 지역의 범위가 지나치게 넓다는 데에서 찾아야 할 것이다.[105]

4. 중국의 누에고치 시장
  1) 시장 조직과 누에고치 거래
    a) 뽕나무 누에나방
    b) 참나무 누에나방
  2) 중국 누에고치의 가격
    a) 뽕나무 누에나방
    b) 참나무 누에나방
  3) 누에고치 수출의 문제점

1) 시장 조직과 누에고치 거래

a) 광둥성에는[106] 상당한 숫자의 누에고치 시장이 있는데 이들은 대개 원사 생산업자나 원사 거래상에 의해 운영된다. 중국식 소형 배를 사용한 수상 운송이 가장 편리하고 저렴하므로 시장들은 대개 강둑 근처에 발달해 있다. 수확기에는 거의 매일 오전 장이 선다. 양잠 농가들은 그들의 누에고치를 장터에 늘어놓고 손님, 즉 원사 생산 업자를 청하여 직접 거래를 한다. 제사 업체들은, 광둥성의 경우, 누에 사육지 근처에 위치한다. 애벌레는 생산자에 의해 미리 숨이 제거된 채 판매되고 이 상태로 구입된 신선한 누에고치는 공장에서 직접 또는 화덕이 비치된 누에고치 창고에서 건조된다.

중국 중부의[107] 매매 조직은 광둥성에서의 경우와 완전히 다르다. 이곳에서는

105 *The Maritime Customs Foreign trafe of China* I, 1924, p.26.
106 "Reports", *Journ. of Gen. Chamb. of Comm. of Shanghai*, 1924.7, p.18 참조.
107 *Ibid.*, 33~34 · 39 · 54 · 56.

자유 시장은 존재하지 않는다. 'Chian-Hang'은 누에고치 상점으로서 자체적으로 몇몇 건조 창고를 갖고 있다. 이 상점은 누에고치 상인조합에 의해 승인되어야 하고 지구 상급공무원에 의해 허가를 받아야 한다. 누에고치 상점을 소유하는 사람들은 부자들이다. 그들 대부분은 해당 지역 출신이지만, 그중에는 때때로 상하이의 생사 매매상이나 생사 생산업자와 긴밀한 관계를 맺고 있는 사람들도 있다. 외국인에게는 허가되지 않는다. 상점 소유자는 누에고치 수확 시기에 누에고치를 직접 매입하는 게 아니라, 농가로부터 신선한 누에고치를 구입하고자 하는 사람들에게 상점을 임대한다. 임차인은 대개 상하이의 생사 생산업자와 중개업자들로서, 이들이 매입하여 건조 처리한 누에고치는 엄격한 통제 하에 다른 지역으로 [36] 수송된다. 상하이 방적 업체의 약 10%는 자체적인 누에고치 상점을 보유한다; 그들은 원료를 구입하기 위해 이 상점들을 임대하거나 그들과 계약을 맺는다. 누에고치 상점의 신규 창업은 쉽지 않다. 지역별로 상점 숫자가 제한되어 있기 때문이다. 상점들은 매년 많은 세금을 내야 한다. 상점들의 본래 의도는 상인들 사이의 경쟁을 배제하고 지역 가공업자를 위해 재료 공급을 안정화하겠다는 것이었다; 이제 그 상점들은 지역에서 큰 징수원의 하나다. 1924년 장쑤성에는 538개의 누에고치 상점과 9,802개의 건조실이 있는 것으로, 안휘성에는 14개의 상점과 122개의 건조실이 있는 것으로 확인되었다.

b) 참나무 누에나방고치의 주요 시장은 만주의 안둥 시다. 이곳에서는 상인이나 농가가 직접 참나무 누에나방고치를 공급한다. 그 까닭은, 한편으로는 이 도시에 대규모 참나무 누에나방 양잠 공장이 있기 때문이고 다른 한편으로는 이 도시가 만주의 중요 수출거점이라는 데에 있다. 이곳에서 누에고치는 1,000개를 단위로 하여 은량에 의해 거래된다. 종전에는 현지 상인들이 독점하였으나, 종전 직전부터는 일본 상인들도 안둥에서 뽕나무 누에나방고치 거래에 가담하고 있다.[108]

즈푸에서는 해당 지역(산둥성)이나 남만주에서 생산된 누에고치들을 거래하는 상점들이 있다. 이곳 방적 업체들은 언제나 원료를 충분히 확보할 수 있다.[109]

---

108 *Die Weberei*, Leipzig, 1913.1, p.4.
109 *Chin. Weekly Econ. Bull.* 76, 1924.8, p.39.

2) 중국 누에고치의 가격

누에고치 매매가는 한편 작황에 따라 또 한편 세계 생사 시장의 수요에 의해 결정된다. 가격은, 당연히, 품질에 따라 변동하고 또한 해당 지역의 교통 상황에 의해서도 영향을 받는다.

a) 저장성에서 생산된 1담의 생 누에고치는 1923년도에 80~90페소의 가격으로 거래되었다. 1924년에는 열악한 거래량과 생사 가격 하락 때문에 가격이 60~65페소로[110] 낮아졌다. 1917년 우시(無錫)시(장쑤성)에서는 1근의 생 누에고치가 은전 40~60개에 매매되었다; 그에 비해 후베이성(한수이(漢水) 지역)에서는 같은 해에 엽전 500~780개(은전 35~50개)였다. 즉, 후베이성의 누에고치가 월등히 고품질이었지만, 가격은 우시 시에서의 누에고치가 훨씬 비쌌던 것이다. 이러한 가격 차이는 지리적 여건에 기인한다.[111] [37]

1925년 상하이에서 1월부터 3월까지 1담의 건조 누에고치 가격은 변동하였다. 그 누에고치들은 상이한 지역에서 생산되었고 상이한 시즌에 수확된 것이었다. 변동 상황은 아래 도표와 같다:[112]

지역	연초 수확 누에고치	여름 수확 누에고치
창저우(常州)	151.107해관태일	113.705해관태일
우시(無錫)	145.123 〃	105.925 〃
장인(江陰)	137.642 〃	—
사오싱(紹興)	171.753 〃	—
난후이(南匯)	143.627 〃	—

1923년 일본에서는 생 누에고치 1근당 평균가격이 1.48페소였던 데 비해, 같은 해 중국에서는 0.60페소였다.[113] 중국과 일본 누에고치의 가격 차이는 실상 그렇게 크지는 않다. 왜냐하면 일본 누에고치 품질이 더 낮기 때문이다. 그럼에도

110 "Notes on Silk Industry", *Journ. of Gen. Chamb. of Comm. of Shanghai* 4-7, p.1.
111 *China Jahrbuch*, 1924, p.1760.
112 *The Shanghai Market Prices Reports* , 1925.1~3, p.127~128.
113 "Special Articles", *Journ. of Gen. Chamb. of Comm. of Shanghai*, 1925.4, p.5.

불구하고 가격 차이는 여전하다.

세관 공무원의 보고에 따르면, 상하이에서의 누에고치 가격은 다음과 같이 변동했다:

1담의 가격[114]	
1912	107.43해관태일
1913	91.42 〃
1914	87.72 〃
1915	75.72 〃
1916	85.72 〃
1917	55.21 〃
1918	80.01 〃
1919	76.68 〃
1920	75.02 〃
1921	81.90 〃

10년 동안의 평균가격은 다음과 같다:[115]

1862~1871	88.16해관태일
1872~1881	76.93 〃
1882~1891	57.61 〃
1892~1901	67.92 〃
1902~1911	101.80 〃
1912~1921	81.66 〃

도표가 실제 시장가격에 부합하지는 않고 평균가격에 대한 추정치를 나타낸다. 가격 변화의 대략적인 상황을 보여주는 것이다. [38]

눈에 띄는 점은, 같은 시기에 목화와 모의 가격이 대폭 상승한 반면 누에고치 가격은 그렇지 않았다는 사실이다.[116]

---

114 *China Jahrbuch*, 1924, p.1762.
115 *China Jahrbuch*, 1924, p.1760・1761・1762.

b) 야생누에나방의 고치는, 이미 언급된 것처럼, 안둥에서는 1,000개를 단위로 하여 은량으로 가격이 매겨지고 거래된다. 가격은 1918년에 1,000개당 1.20냥에서 1921년에는 2.90냥으로 상승했다.[117]

3) 누에고치 수출의 문제점

중국 업체들이 원료를 충분히 공급받지 못함에도 불구하고 — 골드스미스 (Goldsmith)의 추정에 의하면 30~50% 정도의 증산이면 충분[118] — 누에고치 생산량의 상당 부분, 즉 연평균 30,000담의 건조 누에고치가 수출된다. 이는 누에고치 전체 생산량의 3%에 해당하고 그중 55%가 일본으로 수출된다.[119] 85~90%는 상하이에서 선적된다. 이는 수출용 누에고치의 대부분이 중부와 북부에서 생산되기 때문이다.[120] 누에고치 수출은 중국 양잠산업에 두 가지 불이익을 야기한다.

① 연평균 약 30,000담의 건조 누에고치가 수출되는데, 이들은 중국 산업계가 보다 잘 조직되어 있다면 중국 산업계에 공급될 수 있을 것들이다.

② 수출된 누에고치의 양만큼 발생하게 되는 원재료 부족은 산업계에 직접적인 피해를 초래한다. 더 심각한 문제는, 그로부터 파생하는 간접적 피해들이다. 누에고치 구매를 놓고 외국 상인(특히 일본인)들과 경쟁을 하게 되어 누에고치 가격이 과도하게 상승한다. 그래서 예컨대 1916년 어떤 일본 기업은 후베이(湖北)성의 여러 지구에서 누에고치를 매점매석하기 시작했다. 최고 품질의 생 누에고치 1근은 평균 다음과 같은 가격으로 거래되었다.

1916	엽전 800개
1919	〃 900개
1920	〃 980개
1924	〃 1300개[121]

---

116 A. Kertesz, *Die Textilindustrie sämtlicher Staaten*, p.15 참조.
117 *Seide Krefeld* 27-29, p.225.
118 "Chinese Silk Production", *The Bankers' Magazine, Peking*, 1924.5, p.4.
119 "Chinese Silk Production", *The Bankers' Magazine, Peking*, 1924.5, p.1.
120 "Reports", *Journ. of Gen. Chamb. of Comm. of Shanghai* 4-7, p.30.

중국 산업계가 얼마나 불완전한 구조를 갖고 있고 세계시장의 동향에 관해 얼마나 어두운가에 관해서는 [39] 다음의 사실로부터 알 수 있다. 일본인에 의한 일본으로의 누에고치 수출은 뉴욕에서의 생사 가격과 밀접한 관계를 갖는다. 가격이 상승하면 일본으로의 수출이 확대되고, 가격이 내려가거나 낮은 수준이면 수출은 감소한다. 이는 다음의 도표에서 확인할 수 있다:[122]

연도	뉴욕에서의 생사 1파운드 가격	중국의 총수출량	그중 대일본 수출
1914	3.5달러	23,679담	6,552담
1917	7.1달러	33,623담	13,940담
1919	16.0달러	34,726담	24,222담
1920	6.1달러	15,925담	9,980담
1921	8.0달러	33,192담	23,340담

II. 주요 운전자금

1. 석탄

   a) 중국 제사 공장과 관련하여 석탄이 갖는 특별한 중요성

   b) 공업지대의 석탄 공급 상황

   ① 중국 남부(광둥성)

   ② 중국 중부(상하이)

   ③ 기타 지역

2. 기계

   a) 전통 설비

   b) 기계 수입

   c) 중국 기계의 가격

3. 상하이의 공장 임대료

---

121 *Chin. Weekly Econ. Bull.* 102, 1925.3.7, p.9.
122 "Chinese Silk Production", *The Bankers' Magazine, Peking*, 1924.6, p.1.

1. 석탄

a) 석탄은 다음 두 가지 이유에서 중국 양잠산업에 특히 중요한 의미를 갖는다:

① 중국 방적 업체의 작업 기계들은 증기에 의해 가동된다.

② 석탄은 누에고치를 끓이는 데에 필요하다.

방적 업체는 많은 양의 석탄을 필요로 하므로 이를 조달하는 것은, 원료 공급 외에도, 산업계의 중요 관심사 중의 하나다.

b) 중국 통계자료의 미비가 이미 언급되었다시피, 자료가 불충분하여 석탄이 어느 정도 필요하고 어디로부터 공급되는지에 관해서는 알 수 없다. 몇몇 지역으로의 석탄 유입 상황에 의해 (이 지역들에 관한) 개괄적인 그림을 그려볼 수 있을 뿐이다.

최근 석탄 생산이 증가한 데 따라, 공업지역으로의 석탄 유입도 **40** 상승하기 시작했다. 1913년 중국의 석탄 총생산량은 13,776,000미터톤이었으나 1921년에는 25,000,000미터톤이었다.[123] 중국내 석탄 생산이 급속히 성장(중국 북부와 만주 지역의 탄광이 주로 해당)함에도 불구하고, 국내 수요를 충당하기 위해서는 외국, 특히 일본산 석탄을 수입해야 하는 상황이 계속되고 있다.

① 중국 최대의 방적 지대인 광둥성에서는 석탄을 대개 외국, 특히 주로 일본으로부터 수입하고 부차적으로 중국 생산지(대개 북중국의 카이핑(開平))로부터 매입한다. 홍콩과 광저우로의 석탄 수입 상황을 톤 단위로 나타내면 다음과 같다:[124]

---

123 *Wirtschaftsdienst* 1, 1923.1.5, p.26.
124 *Chin. Weekly Econ. Bull.*, 1925.10.24, p.25.

연도	일본산 석탄	기타 외국산	중국산 석탄			총계
			카이핑산	기타 중국산	푸순(만주)산	
1919	660,798	174,967	134,013	2,151	9,906	981,835
1922	765,726	261,919	168,494	6,765	86,891	1,289,795
1923	690,269	393,276	216,168		66,941	1,276,654

(이 두 도시로부터 다른 모든 공업지대로 석탄이 운송된다.)

일본에서 홍콩으로 수입되는 석탄은 전쟁 전에는 석탄 총수입량의 90%를 차지했으나 1919년에는 불과 68%로, 1923년에는 60%로 더욱 감소했다. 일본산 석탄의 수입이 감소한 까닭은 중국 (카이핑) 석탄과 안남 석탄을 대폭 사용하게 된 데에서 찾을 수 있다.[125]

② 중국 제2의 방적 지대인 상하이는 석탄 필요량의 1/2 이상을 중국 광산으로부터, 나머지는 일본 및 기타 국가로부터 수입한다.[126]

	상하이로의 석탄 수입(단위 : 톤)					
연도	중국산 석탄		푸순(만주) 석탄	일본 석탄	기타 외국 석탄	총계
	카이핑 석탄	기타 중국 석탄				
1919	450,517	99,904	42,338	521,222	27,457	1,141,438
1922	628,113	170,223	145,027	483,070	75,154	1,501,587
1923	1,033,434	250,067	198,677	647,160	110,199	2,239,537

이 도표에서도 홍콩에서 보았던 추세가 동일하게 적용된다. 일본으로부터의 수입은 전쟁 전에는 총 수입량의 90%를 차지했으나 1919년에는 46%로, 1923년에는 30%로 감소한 반면, 중국 석탄의 수입은 급격히 성장 중이다.[127]

---

125 *Chin. Weekly Econ. Bull.*, 1925.10.24, p.24.
126 *Ibid.*, p.25.
127 *Ibid.*, p.24.

③ 한커우 시에 위치한 산업체는 석탄 수급에 관해 유리하다. 이 도시는 유명한 [41] 다예(大冶) 광산과 핑샹(萍鄕) 광산 인근에 위치하기 때문이다. 그 반면, 쓰촨성은 석탄 수급에 유리하지 못하다. 우선 석탄이 자체 생산되지 않고 둘째로 많은 중량을 저렴하게 운송할 수 있을 교통수단이 존재하지 않기 때문이다. 이 두 번째 난점은 양쯔강 연안의 지역들에는 당연히 해당하지 않는다.[128]

2. 기계

a) 중국 양잠산업에서 사용되는 기계들은 단순하고 대개 중국에서 생산되었다. 그들은 옛 이탈리아 시스템을 모방하여 제작되었으며 현대적 기준에는 부합하지 않는다. 예컨대, 광저우에서는 자동 기계가 존재한다. 중국 생산업체들의 보유 장비 대부분은 노후하였다. 현대식 자동 설비들은 한 명의 여자 근로자가, 이탈리아와 프랑스에처럼, 6개의 보일러(絲車)를 조작할 수 있도록 설치되었다. 그 같은 현대적 설비들은, 예컨대, 장쑤성의 전장(鎭江) 시에 있다.[129]

b) 방적을 위해 수입된 기계들에 관하여 상세한 정보는 존재하지 않는다. 수입된 직조기의 전체 가치는 정확히 산정될 수 있으나, 그중 몇 개가 명주 방적 업체에 귀속되었는지는 파악할 수 없다. 직조기의 대부분은 목화 산업체에 의해 사용되기 때문이다. 수입된 직조기의 전체 가치는 다음과 같다:

1912	54,722해관태일
1917	1,216,153 〃[130]
1922	30,480,376 〃 (최대 수입량)
1924	5,709,569 〃[131]

(방적 업체 설립은 1910~1918년 사이에 가장 왕성했다.)

---

128 "Communications", *The Journ. of the Min. of Agr. and Comm.*, 1924. 2, pp. 57~58 참조.
129 엔지니어 Li, Tschi-su의 진술.
130 *China Jahrbuch*, 1924, p. 1653.
131 *The Maritime Customs, Foreign Trade of China* I, 1924, p. 21.

c) 광저우에서 중국산 기계 1개당 가격은 다음과 같다:[132]

증기 엔진($6\frac{1}{2}$ PS)	1400광저우 은화
증기 보일러	7000 〃
펌프	170 〃
실잣기 용도의 증기 엔진(2PS)	400 〃

(홍콩 은화 1개 = 광저우 은화 약 1.30) **42**

3. 상하이의 공장 임대료

상하이의 독특한, 그래서 언급되어야 할, 요소는 방적 업체를 위한 '공장 임대'라는 제도다. 설비를 갖춘 공장 건물의 80~90%는 자본가들의 소유이며 이들은 임대에 의해 실가치의 15% 이상의 연 수익을 손쉽게 올리고 있다. 업체는 그 같은 자본가와 보통 1년 약정의 공장 임대계약을 맺는 게 보통이다. 임대료는 선급으로 지불되어야 하는데 보일러 1개당 통상 월 2.5해관태일 정도다.[133]

이 같은 독특한 시스템의 결과, 공장들은 회사를 빈번하게 바꾸게 된다. 자체 건물을 보유하는 기업에 비해 이 제도가 갖는 단점은 다음과 같이 크게 세 가지로 요약할 수 있다:

① 비싼 임대료를 지불해야 하므로 기업에 지나친 부담이 된다.

② 공장 설비로 수탈이 발생할 수 있는데 자본가도 기업가도 이를 제대로 교정할 의사가 없다.

③ 중국 기업은 대개 투기 성향을 갖고 있는데, 기업 처분을 가볍게 생각하기 때문에 그 같은 투기 성향이 더욱 심각해진다.

III. 재정

1. 자본 조달

2. 이율

---

132 *Chin. Weekly Econ. Bull.*, 1926.1.16, p.13.
133 "Reports", *Journ. of Gen. Chamb. of Comm. of Shanghai*, 1924.7, p.41.

1. 중국은 오늘날까지 절대적인 농업국(주민의 약 80%가 농민)이다.[134] 중국은 유럽적인 의미에서 자본이 풍부한 국가가 아니다. 국부가 어떻게 되는지 산정도 할 수 없다. 그 이유는, 신뢰할 만한 은행 조직이 존재하지 않기 때문에 잉여자산을 은괴의 형태로 보관하는 것이 오늘날에도 여전히 중국인들의 관습이라는 데에 있다.[135] 산업체에 재정을 지원할 수 있는 집단으로는 오직 다음만이 고려될 수 있다: 1. 거상, 2. 고위 관료와 장성, 3. 부유한 해외 중국인.

현대 경제의 특징으로는 주식회사를 들 수 있는데, 이 기업 형태는 중국에서 [43] 현재 미미한 위치를 가질 뿐이다. 기업 재정은 대개 기업에 의해 직접, 또는 지인이나 혈족으로부터 충당된다. 기타 재력가에게는 자신의 자산을 기업에 투자할 수 있는 기회가 거의 없다. 따라서 기업의 재정은 취약하다.

대부분의 기업이 재정을 스스로 조달하긴 하지만, 명주 생산지인 저장성과 장쑤성에는 특별한 은행들이 있어 양잠 업체에게 롬바르드 대출을 제공한다. 그래서 1922년 저장(浙江) 실크상업은행 주식회사가 등록되었는데 본점은 상하이에 소재하며 자본금은 200만 페소다.[136] 저장 지역산업은행은 항저우(杭州)에 생사와 실크 생산품을 지원하기 위해 별도로 롬바르드 신용회사를 설립했다.[137] 1925년 영국과의 전쟁을 계기로 광저우 상인들은 현지 양잠산업을 해외 자본으로부터 독립시키기 위해 특별 은행을 설립하겠다는 계획을 세우게 되었다.[138] 이 계획이 얼마큼 진척되고 실현되었는지에 관해서는 신뢰할 만한 정보가 없다.

광저우 기업인들의 자본은 보통 크지 않다: 자체 자본으로 운영되는 기업체는 드물고 대개 광저우 현지의 전통 금융기관이나 명주 매매기업에 의존한다. 이들은 여러 곳의 방적 업체를 재정지원하거나 산업 활동에 직접 참여한다.[139]

산업계의 재정 상황을 개관하는 것은 불가능하다. 통계 자료가 없기 때문이다. 나아가 중국 기업인들은 그들의 재정 상황을 비밀로 하는 게 통례다.

---

134 *Berichte über Landwirtschaft* I(Heft 3·4), Berlin : v. Reichsministerium f. Ernährung u. Landwirtschaft, 1924, p.217 참고.
135 "Internatuionl Finance", *The Bankers' Magazine* 25-12, 1925. p.6.
136 *The Chinese Econ. Bull.*, 1923.1.13, p.3.
137 *China Jahrbuch*, 1924, p.797.
138 *Chin. Weekly Econ. Bull.*, 1926.1.30, p.5.
139 "Reports", *Journ. of Gen. Chamb. of Comm. of Shanghai*, 1924.7, p.27.

2. 중국 경제계의 열악한 재정과 신용기관의 불충분한 발달로 인해 중국의 이자율은 기업에 심각한 부담이 될 만큼 전반적으로 매우 높다. 연간 이자율은 대개 10~15%다.[140] 예컨대 광저우에서는 대출자가 높은 신용도를 인정받는다면 9 내지 10%의 주간 이자율을 제공받는다. 그렇지 않다면 더 고율이 된다.[141] 전반적인 자본 부족 현상은, 다음과 같이, 중국 중부(상하이)에서의 사례를 통해 확인할 수 있다. 누에고치 상점을 임대하는[44] 생사 업체와 누에고치 중개상은 자기 자본이 부족하기 때문에 누에고치 수확기에 누에고치를 구입하기 위해서는 은행으로부터 고리로 융자를 받아야 한다. 100,000페소를 대출할 경우 30,000페소를 보증금으로 선차감해야 한다. 즉, 70,000페소만을 자신의 용도로 수령할 수 있는 것이다.[142][45]

2장 산업 성립의 인적 조건

I. 중국 노동력

---

140 "Chinese Silk Production", *The Bankers' Magazine*, 1924.4, p.4.
141 "Reports", *Journ. of Gen. Chamb. of Comm. of Shanghai*, 1924.7, p.27.
142 "Reports", *Journ. of Gen. Chamb. of Comm. of Shanghai*, 1924.7, p.34.

4. 노동 조건 개혁을 위한 노력

    a) 법적 조치

    b) 노동운동

1. 노동력 조달

인구 밀도가 높은 지역에서는 산업 인력을 대량으로 조달하는 일이 어렵지 않다. 누에 경작 지역에는 1km²당 다음과 같은 숫자의 주민이 거주한다:[143]

광둥	125명
장쑤	269 ″
산둥	253 ″
쓰촨	166 ″

(유럽에서 가장 인구 밀도가 높은 나라인 벨기에에서는 1km2당 247명의 주민이 존재한다.[144])

중국의 인구 과잉은 매년 수천 명의 노동자들이 생계비를 벌기 위해 북으로 만주나 시베리아로, 남으로 동남아로 이주한다는 점에서도 나타난다. [46]

빈곤한 지방민들은 잦은 홍수와 가뭄으로 인해 도시에 와서 양식을 구걸할 수밖에 없어 되어 그 결과 노동자들의 도시 유입이 더욱 늘어나게 된다.

높은 인구 밀도 덕택에 중국의 각 산업 부문은 노동력 조달에 관해 어려움을 겪지 않는다. 양잠산업은 거의 전적으로 여성과 아동들에 의해 이루어지므로 이 부문 노동력을 구하는 일은 특히나 용이하다. 예컨대, 상하이의 방적 업체들에서는 전체 노동자의 1/7이 7~13세의 어린 소녀들이다.[145]

사람 숫자가 노동력으로 직결되는 것은 당연히 아니다. 현대 산업은 주로 숙련된 고급기술자를 필요로 하는데 이 같은 인력은 아무 곳에서나 발견되지는 않는다. 그래서 한커우에 위치하는 일본 방적 업체 같은 경우는 장쑤성에서 저장성 출신의 방적공만을 채용했다.[146]

---

143 *Westermanns Weltaltas*, p.69b와 *Mar. Cust. Foreign Trade of China* I, 1924, p.156를 참고하여 자체 계산.

144 *Westermanns Weltatlas*, p.27b.

145 "Latest News", *The Journ. of the Min. of Agr. and Comm.*, 1924.7, p.11.

2. 작업 효율

작업 효율에 대한 조사는 경제심리학의 과제이면서 다른 한편으로는, 기업의 조직과 조건을 연구하는 경영학의 과제이기도 하다. 어떤 민족의 역량은 민족, 풍습, 민족 구성, 기후 조건 등과 같이 상이한 요소들에 의해 결정되기 때문에 쉽게 판단될 수 없다. 중국은 아직 현대화되지 않아서 중국 문화권 사람들의 경제 활동과 고용 환경은 유럽인이나 현대화된 일본인의 그것과는 완전히 다르다. 새로운 작업 방식에 적응하는 데에는 매번 시간과 노력이 소요된다. 지금까지 간단한 가사노동 형태 속에서 노동해 온 사람이 공장형 기업에 갑자기 노출되면, 그는 기능 부족으로 인해 바로 성과를 거의 보일 수 없어서 차근차근 교육을 받아야 한다. 그런데 방적 노동의 경우는 비교적 간단하다. 그럼에도 불구하고 중국 방적공들은 다른 나라의 방적공들에 비해 기능이 떨어진다. 그래서 그들에 의해 생산된 비단은 다른 나라 방적공들에 의해 생산된 비단보다 품질과 수량 면에서 뒤쳐진다.

물론 작업 성과는 기업 설비, 누에고치 품질, 생산되어야 할 명주의 섬세함에 따라 다를 수 있다. 예컨대, 방적 업체 Yunli(장쑤성 소재)에는 자동화 기계가 갖추어져 있어서 방적공 한 명당 5~6개의 보일러를 관리할 수 있기에 [47] 그곳에서는 248명의 방적공들이 1일 100~150근[147](59,680~89,520g)을 생산해 낸다. (몇 시간 노동을 하는지에 관해서는 정보가 없다.) 상하이 통상의 1일 12시간 노동을 산정 기초로 잡아 본다면 방적공 1인이 하루에 240~361g을 생산한다고 생각할 수 있다.

자동화 기계가 설치된 이탈리아나 프랑스의 방적 업체에서는 방적공 1인이, 숙련도에 따라, 4~8개의 보일러를 관리한다. 그들은 1일 8시간 노동으로써 통상 450g을 생산하는데, 생산량은 누에고치 품질, 생산해야 할 명주의 섬세함, 업체의 기계 설비 등에 따라 최대 480g, 최하 300g까지 변동한다.[148]

중국 방적공과 유럽 방적공의 능률 차이는, 중국 방적 업체가 1일 12시간 근로를 기준으로 한다는 점을 생각한다면, 더욱 커진다. 중국 방적공의 시간당 작업

---

146 *Chin. Weekly Econ. Bull.*, 1925.3.7, p.7.
147 "Reports", *Journ, of Gen. Chamb. of Comm. of Shanghai*, 1924.7, p.44.
148 "Reports", *Ibid.*, 1925.9, pp.25~26.

능률은 20~30g인 반면, 이탈리아와 프랑스 방적공의 그것은 37~60g 정도에 육박한다. 즉, 중국 노동자는 같은 시간 내에 유럽 방적공이 생산해내는 양의 불과 절반 정도만큼을 생산하는 것이다. 물론 이러한 비율이 절대적인 결론으로 또는 어떠한 상황에서도 타당한 것으로 받아들여질 수는 없다. 왜냐하면, 작업 능률은 작업의 외적 조건에 따라 달라질 수 있기 때문이다.

제2장
중국의 생사 공업

3. 근로 조건

a) 노동 시간

중국 방적 업체의 일반적 노동 시간은 1일 10~12시간이다. 그러나 지역 관습에 따라 차이가 있다. 예컨대, 상하이 경우는 하루 12시간 노동이다(근로 시작 15~20분 전에 아동들이 미리 도착하여 성인들이 작업할 수 있도록 모든 준비를 해 놓는다).[149] 이에 비해 광둥성에서는 10시간 노동이 보편적이다.[150] 장시간 노동 외에 근로일이 더 많다는 점이 중국 노동자의 낮은 능률을 상쇄해 준다.

중국에는 일요일 휴무가 없다. 전체 중국에서 단지 소수의 업체만이 그렇게 하며, 대기업 중에서 열흘 내지 2주에 한 번씩 노동자를 쉬게 해주는 경우는 극히 드물다. 그 외에는 전국적 풍속에 따라 소수의 중국 명절, 즉 정초 3~15일, 여름과 가을 명절에 각 1일씩 쉴 수 있다.[151] [48]

양잠산업에는 일요일도 공휴일도 존재하지 않는다(각각 10 또는 14일). 그러나 위생적 우려(예컨대, 상하이의 방적 업체들 경우)로 인해 일주일 단위의 하절기 반일 근무가 이미 시행 중이다.[152]

노동 시간은, 근무일과 마찬가지로, 프랑스나 이탈리아의 방적 업체에서보다 높은 수준이다. 후자들은 일요일 휴무 외에도 1일 8시간 근무를 준수한다.[153] 단지 일본 방적 업체만이 중국 상황과 유사성을 갖는데, 마찬가지로 일요일 휴무를 인정하지 않으며 심지어 1일 12~13시간 근로를 요구한다.[154]

---

149 *Intern. Rundschau der Arbeit* 3-3, 1925.3, p.210.

150 "Reports", *Journ. of Gen. Chamb. of Comm. of Shanghai*, 1924.7, p.27.

151 *The Journ. of the Min. of Agr. and Comm.*, 1924.7, p.10.

152 Bull., *China Gouvernm. Bureau of Econ. Inform.*, 1923.6.30, S. 23.

153 "Reports", *Journ. of Gen. Chamb. of Comm. of Shanghai*, 1925.9, p.26.

b) 노동 임금

① 임금

중국의 임금 수준은 일반적으로 매우 낮다. 노동력이 풍부하기 때문이기도 하고 또 한편 생계비가 저렴하기 때문이다. 노동 임금이 최저생활수준을 넘는 경우는 드물다. 뿐만 아니라 사회보장, 의료보험, 노후연금 제도가 아직 중국에서는 전혀 도입되지 않았음도 고려되어야 한다.

광둥 성 방적 업체들에서의 방적공 임금은 다른 성에서보다 약간 높다. 방적공의 통상 일당은 은전 25~40개다. 매우 숙련된 노동자일 경우 은전 70개까지 받는다.[155]

상하이에서는 보수가 더 적어서 은전 15~40개에 불과하다.[156]

상하이 주재 일본 상업회의소가 펴낸 1924년 연례 보고서는 중국 전체 방적 업체 근로자들의 월평균 임금을 다음과 같이 발표했다:[157]

	기초 작업(단위 : 페소)			세밀 작업(단위 : 페소)		
	최고 임금	최저 임금	평균 임금	최고 임금	최저 임금	평균 임금
남자	12	6	8.5	30	9	15
여자	10	5	7.5	20	7.5	12
아동	6	2.4	4	—	—	—

(임금 수준은 목화 산업에서의 그것과 같음) [49]

임금에 비해 단순 노동자의 한 달 생계비는, 앞서 보고서에 의하면, 다음과 같다:[158]

---

154 "Conditions of Labour in the Japanese Spinning Industriy(Industrie의 오기─역주)", *Intern. Labour Review* 7-5, 1923.3 참조.

155 "Reports", *Journ. of Gen. Chamb. of Comm. of Shanghai*, 1925.7, p.27.

156 *The Journ. of the Min. of Agr. and Comm.*, 1925.6.15, p.5.

157 아래 각주 참조.

158 *Unabhängige Jugend, Schanghai*, 1926.2, pp.49~50.

	1인		5인 가족	
	페소	%	페소	%
식료품	5.45	46	11.10	52
의복	1.19	10	2.13	10
주택 임대료	1.78	15	2.78	13
난방	0.47	4	1.92	9
교통(전차 등)	0.71	6	0.85	4
기타 비용	2.25	19	2.56	12
총계	11.85	100	21.34	100

즈푸 소재의 천연실크 방적 업체(참나무 산누에고치 명주 또는 작잠사)는 뽕나무 누에고치 방적 업계에서 두루 통용되고 있는 시급제 대신 개체당 지불 시스템을 실시하고 있다. 개별 방적공은 하루에 960개의 누에고치를 가공하여 8가닥의 비단을 생산해야 한다. 임금은 각 명주실마다 구리 동전 5개, 하루에 구리 동전 50개에 해당한다. 그 외에 노동자는 음식을 제공받는데 그 품질은 매우 조악하여 구리 동전 10개 값어치에 해당한다(현재 1페소 = 구리 동전 185개이고, 1달러 = 1.88페소).[159]

일당을 화폐로 환산하면, 즉, 구리 동전 40개와 식비용 구리 동전 10개로서 총 구리 동전 50개 또는 은전 27개에 해당한다. 이러한 명목임금은 상하이와 광둥성 방적 업체에서의 임금보다 훨씬 낮다.

숙련된 방적공은 할당량을 10 또는 11시간이면 완수할 수 있지만 그렇지 않은 사람들은 12~15시간 작업하게 된다. 어떤 방적공이 할당량을 완수하지 못해 24시간 동안 휴식 시간을 충분히 갖지 못하게 된다면 그는 해고된다.[160]

② 국제 비교

이제는 중국의 명목임금과 일본, 이탈리아, 프랑스 노동자들의 명목임금을 비교하고자 한다. 단, 생활수준은 고려하지 않는다.

1924년 일본 방적 업체의 평균 일당은 0.96엔[161] = 0.73페소였다. 중국 방적

---

159 *Intern. Labour Review* XII-5, 1925.11.
160 *Intern. Labour Review* XII-5, 1925.11.

업체에서의 대체적 일당을 은전 40개로 가정한다면, 일본에서의 일당은 중국보다 33은전만큼 또는 82% 높다. 1923년 이탈리아에서는 방적공(남여)들이 8~9월 사이에 [50] 860리라[162] 내지 0.73페소, 즉 일본과 같은, 다시 말해 중국 노동자보다 82% 높은 임금을 받았다. 1924년 10월 프랑스(띠지(Thizy) 지역)에서의 평균 일당은 남자 방적공의 경우 14프랑 내지 1.33페소였고 여자 방적공의 경우 11.50프랑 내지 1.10페소였다.[163] 즉, 이러한 임금들은 중국의 그것보다 세 배 높다.

위에서 언급된 세 국가 노동자들의 작업 능력에 차이가 있는 점, 즉 프랑스와 이탈리아 노동자가 중국노동자보다 약 두 배의 효율을 보인다는 사실을 고려한다면, 최소한 이탈리아의 임금 수준은 중국보다 높다고 할 수 없음을 알 수 있다.

③ 임금과 가격 변동의 비교

중국에서는 임금 변동이 상품 가격 변동에 훨씬 뒤쳐져 발생한다. 이는 명주 방적업에도 해당한다. 전쟁 전 광저우 지역 방적업체(絲廠)에서 여성 초보자는 일당으로 30~40페니히(은전 16.6~22.2개)를, 여성 숙련공은 80페니히에서 1마르크(은전 44.4~55.5개)까지를 받았다.[164] 전쟁 전 최고임금(1913년 은전 55.5개)과 전쟁 후 최고임금(1924년 은전 70개)의 차이는 14.5센트에 달한다. 즉, 26.1%의 상승이 있었던 것이다. 일용품(17개 물품) 가격은 같은 기간 동안 광저우에서 다음과 같이 변화했다:[165] 1913년 그들의 평균 가격을 100으로 한다면, 1924년의 물가는 44.1% 상승한 반면 임금은 26.1% 상승했다. 임금 변화 상황은 상하이와 기타 지역에서 거의 같았다. 그에 비해 1913년 2월 상하이에서의 곡물 가격은 1924년경 142.5% 상승했으며 연료 가격은 심지어 168.3% 증가했다.[166] 현재의 임대료는 전쟁 전 수준보다 100~200% 높다.[167] 임금과 물가의 이러한 불균형으로 인해, 1922년과 1924년 상하이에서는 방적공들의 시위가 발생했는데 이 때 임금 인상이 주된 요구사항이었다(54쪽 참조).

---

161 *Annuaire statistique de l'Empire de Japon*, 1925, p.155.

162 *Salari nell' Industria laniera e nell' Industria serica italiana, Roma*, 1924.

163 *Bull. de la statistique générale de la France Jan.*, 1925.

164 "Bericht über Handel u. Industrie im Jahre 1913~14", p.331.

165 "Chinese Finance and Econ.", *The Bankers' Magazine, Peking*, 1925.10.25, p.6.

166 "The Shanghai Market Prices Reports", 1924.10~12, p.13.

167 *Chin. Weekly Econ. Bull.*, 1925.10.24, p.8.

c) 방적 업체의 위생 문제

낮은 임금의 장시간 노동과 열악한 생산성 같은 중국 노동자 전반에 해당하는 가혹한 상황 외에도, 방적업체의 위생 환경이 〔51〕 바로 중국 방적공의 환경을 매우 비참하게 만드는 요소다. 이런 환경에서는 위생적으로 완벽한 기업 내에서 가능할 수 있을 수준보다 낮은 작업성과가 초래되는 것은 당연하다. 대다수 경영자들은 산업 합리화에 관심을 기울이지 않고 수탈경제를 이어간다. 예컨대 항저우에서는 불과 몇몇 현대적 방적업체만이 훈증실과 방적실을 분리함으로써 어느 정도 상황을 개선하였다. 상하이의 상황이 전반적인 것으로 간주될 수 있다. 즉, 작업실은 뜨거운 물 때문에 항상 고온이고 공기가 습하여 더운 날씨에서 실신하는 노동자들이 적지 않다.[168] 그 예로서, 명주 제사 공장에의 심각한 위생 상황을 언급할 수 있다: 1925년 여름 저장성 자싱(嘉興)의 어느 제사 공장에서는 방적공들이 하루 종일 105°F[169]의 온도 속에서 작업을 했다. 그중 많은 사람들이 실신했고 그로부터 며칠 사이 같은 작업실에서 8명의 방적공이 목숨을 잃었다.[170]

4. 노동 조건 개혁을 위한 노력

a) 법적 조치

1923년 중국 정부는 한시적 제조업 법령을 반포하였으며 그로 인해 아동과 청소년 노동 관련 규정, 정규 노동시간과 의료 및 산모 보호 제도가 도입되었다.

12세 이하 아동의 노동은 금지되었고 18세 이하 청소년은 제한적으로 가능하다. 진학 의무제도가 도입되었으며 그 비용은 공장주가 부담한다. 성인의 정규 노동시간은 일일 10시간으로 정해졌다. 나아가, 각 근로자는 최소 월 2회 월차를 사용할 수 있다. 공장 노동자의 의료비는 사용자가 부담해야 한다. 사용자는, 질병에 걸리거나 고용 기간 중에 부상을 입은 노동자들의 임금을 삭감할 수 없다. 입원 전후로 노동자에게 5주의 휴가와 적절한 보조금을 제공해야 한다.[171] 중국

---

168 *Intern. Rundschau der Arbeit* 3-3, 1925.3, pp.210~211.
169 [편주] 섭씨 40.5도.
170 "Aus eigener Kraft", *Tzu-Ch'iang*, Schanghai, 1926.15, p.53.
171 *Provisional Factory General Regulations*, 1923.

정부가 이 법령을 반포한 뒤 상하이 시의회(외국인들)도 상하이 시 자체의 노동조건 법제화 및 유사 규정 도입을 위해 노력하고 있다. 역점 사항은 52 아동 노동과 교육기관에 관한 것이다.[172]

명주 제사업과 관련하여 1923년의 제조업 법령은 실로 중대한 의미를 갖는다. 이 산업에는 특히 여성과 아동들이 열악한 위생 조건 하에서 근로하고 있다.

규정의 훌륭한 내용들은, 그러나, 유명무실하다. 다음과 같은 이유들이 법적용을 불가능하게 만든다:

① 정부가 너무나 무능하여 관철시킬 능력이 없다.

② 기업인들은 경제적 이유 때문에 법령을 준수할 의사도 없고 준수할 상황도 아니다. 즉, 제사 설비들이 주로 노후(자동화 기계 아님)된 상태다. 회사가 어떻게든 이윤을 유지하여 존속하려면 값싼 노동력에 최대한 의존하지 않을 수 없다.

b) 노동운동

현대적 노동운동은 중국 노동계에도 강하게 영향을 주고 있다. 노동자 단체와 노동조합이 최근 서서히 형성되면서 전체 산업 부문으로 확산되고 있다. 노동자 단체의 종류는 매우 다양하다. 그러나 얼마 전에는 그러한 모든 움직임을 하나의 공통 조직으로 포괄하기 위한 노력이 있었다. 노동운동이 가장 발달한 광저우에는 현재 약 180개의 다양한 노동자 단체가 존재한다. 그들 다수는 하나의 중앙 조직으로 연대하고 있는데, 이 조직은 회원 8만 명을 보유하고 '광저우 노동자 대표 회의'라는 명칭을 갖고 있다. 목표는, 노동자의 권리를 보호하고 유지하는 데에 있다. (그래서 노동시간과 시간당 공임이 그 조직에 의해 일방적으로 결정된다.)[173]

상하이에도 다수의 노동자 단체들이 존재하지만 광저우에서처럼 발전된 형태는 아니다. 그 이유는 이 도시에서는 외국 및 중국 관공서들이 노동운동을 강력히 탄압하기 때문이다. 그 결과, 제국 노동자 연합(중앙 조직)은 1925년 중국 정부에 의해 해산되었다.[174] 탄압만으로 노동운동을 저지할 수 없는 것은 당연하지만,

172 *Intern. Rundschau der Arbeit* 3-3, 1925.3, pp.206~207.
173 *Chinese Weekly Econ. Bull.*, 1925.3.9, p.4 참조.
174 *The Eastern Mischellany*, 25/11. 1925. S. 127.

노동자들의 극심한 빈곤이 파업과 노동쟁의를 이어나갈 동력을 제거하고 있다. 조직화된 노동운동은 이미 여러 차례 파업을 시도했다. 예컨대 1922년과 1924년 상하이에서는 방직공들이 대규모 파업을 일으킨 바 있다.[175] [53]

1922년의 요구 조건은 다음과 같았다:

① 일당은 전반적으로 은전 40센트로 상향되어야 한다.

② 일일 10시간 근로시간 준수

③ 방적공이 본인 귀책사유가 아닌 이유로 근무하지 못한 경우, 해당 일의 임금은 삭감될 수 없다.

④ 임금 삭감 제도는 폐지되어야 한다.

1924년에는 다음을 요구하였다:

① 은전 50센트로 일당 인상

② 일일 10시간 근로시간 준수

③ 야간작업 철폐

II. 외국 전문가와 중국 직원

1. 모든 신규 사업에서는 가장 중요한 질문의 하나로서 기술 전수 문제가 제기되어야 한다. 현대적 제사 공장에서의 작업 방법과 사용 기술은 구식의 토착적 방법과는 당연히 완전히 다르다. 그러므로 현대적 제사 공장이 설립되면, 외국인 선임 기술자와 전문가가 고액으로 초빙되고 중국인 근로자들은 그들로부터 기초 교육을 받는다. 그 결과 상하이의 거의 모든 방적공들은, 대개 이탈리아 출신인, 외국인 방적 전문가의 감독을 받으며 흔히 이 전문가는 몇몇 선임 기술자(이탈리아 방적공)들의 보조를 받는다. 광저우에서는, 그에 비해, 제사 공장들이 중국인의 감독을 받는다.[176]

2. 중국인에게 낯선 것이 현대적 산업 기술만은 아니다. 현대적 관리 및 경영

---

175 *Chin. Weekly Econ. Bull.*, 1925.10.24., pp.5~6.
176 Hellauer, *China*, pp.243 · 246.

수단도 그들에게는 완전히 미지의 분야다. 중국 공장주들은 직원에게 양질의 직업 교육을 제공하는 데에 아직 별 관심을 보이지 않는 반면, 신규 채용을 하는 경우 거의 대부분 가족 구성원을 선택하는 태도를 보인다. 이러한 이유 때문에 중국 산업계는 비전문가, 즉 기업 소유자와 약간의 인척 관계도 없다면 실직 상태에 놓여 있을 인력으로 채워지게 된다. 그들 중 적지 않은 수가, 외관상, 유의미한 작업을 수행하지도, 그들의 활동이 불가피해 보이지도 않으므로 그들은 단지 나눠 먹기 목적으로 고용된 것처럼 보인다.

이런 유형의 종업원 제도로는 기업에 대한 현대적인 관리가, 당연히, 이루어질 수 없다. 그래서 중국의 공장에서는 54 서양에서의 회계, 합리적이고 정확한 통계 등이 부족하다. 그 결과 중국의 경제생활은 불분명하고 불투명하다.

물론 경제학과 경영학적으로 충분히 교육받은 사람이 리더의 위치에 있는 경우도 있을 수 있다; 그러나 그의 지식과 능력이 온전히 효과를 발휘할 수는 없다. 왜냐하면 다른 관리자들 대부분이, 이 같은 교육이 부족하여, 그러한 노력과 시도에, 반대하는 것은 아니지만, 순순히 따르지 않기 때문이다.[177]

III. 기업가

    1. 출신(Herkunft)
    2. 성과(Leistung)

1. 고대부터 현재까지 중국에서 경제생활은 농업에 기반하고 있다. 가공업(Veredelungsgewerbe)이 운영되었던 시점 까지는 전국에 수공업형태의 사업장이 생겨났었다. 현대 산업의 도입과 함께 중국에서도 기업가 문제가 발생했다.

예전에는 현대적인 의미의 기업가를 본국(alten Landes)에서 매우 크고 상당히 발전된 국내거래(Inlandsverkehr)를 장악하고 있는 대기업과 관련해서만 말할 수 있었다. 현대 산업국가에서는 재화만을 제공하는 자본가계층 외에 특별한 기업가 계층이 존재한다. 이와 다르게 중국에서는 자본가와 기업가가 대체로 한 사람으

---

177 *China Cotton Jornal*, 1924. 1~3, p. 2 참조.

로 동일하다.

대체로 기업가는 상인과 공무원 계층에서 나타나는데, 이들은 정치적 힘을 가지고 있고 중국의 자본가들(대부분 토지소유자)이다. 이들은 그들의 혈족과 같이 독립적인 경제세력을 형성하고 주로 정치활동에 관심을 가지고 있다. 그들은 그들의 정치적 목표를 이루지 못하면, 먼저 경제활동에 종사해서 '경제계의 리더'가 된다. 그리고 그들은 정치적으로 영향력이 큰 계층과 관계를 맺고 있는 경제계의 경험이 풍부한 상인들과 손을 잡는다. 이러한 '경제계의 리더'로서의 활동은 단지 일시적으로 수행하는 역할이다. 정치계로 돌아갈 수 있는 기회가 생기면, 대체로 이러한 공무원-기업가는 사업체를 직접 경영하지 않고, 경험이 풍부한 상인들에게 관리를 위임한다. 55

그런데 양잠산업과 관련해서는, 기업가들이 대부분 중국의 거상 계층 출신이다. 목화산업과 달리 양잠산업에서 외국 기업가의 참여는 그리 중요하지 않다.[178]

2. 이러한 형태의 중국 기업가가 현대 산업체의 복잡한 조직 업무를 어느 정도로 이끌어 나갈 수 있을 지가 중국의 명주산업에서는 사활이 걸린 문제다. 이러한 능력을 평가하기 위해서는 중국인들의 경제적 관점을 간단하게 설명해야 한다.

중국인들의 정신세계는 물질적인 생활과 관련해서 특히 자기만족과 단순함을 요구하는 유교에 뿌리를 두고 있다. 이것이 중국인들에게 개방정신이 부족한 이유다. 외부로의 진출은 단지 생존의 필요성이 존재하는 경우에 국한하며, 이에는 특단의 노력이 필요하다. 천 년 동안 이런 세계관에 사로잡혀 중국인들은 서구식 의미의 진보를 낯설게 여기고 다른 문화를 쉽게 받아들이지 않는다. 현재 경제를 이끌고 있는 중국인들의 학력도 전문적인 교육에 의한 것이 아니라, 고귀함의 이상에 맞는 윤리적인 동기에 중점을 둔 보편적인 철학적 교육에 의한 것이다.

중국기업가들에게는 단지 조직화 기술만이 모자라는 것이 아니라 특히 조직적인 정신도 부족하다. 이러한 결함은 중국에서 현대 경제의 발전에 커다란 저해 요소다. 바로 실크산업이 이러한 조직화의 결함으로 인해 어려움에 처해 있다;

---

178 "Reports", *Journ. of Gen. Chamb. of Comm. of Shanghai*, 1924.7; "Miscellan. Art.", *Ibid.*, p.10.

무엇보다도 그들의 제품은 세계시장에서 치열한 경쟁에 직면하고 있으므로 양질의 조직을 갖춘다면 잘 보호받을 수 있을 것이기 때문이다.[179]

그러므로 중국의 실크 산업은 추측에 크게 의존하고 있다. 기업은 세계경제 및 세계시장의 형세에 대한 충분한 지식 없이 그리고 정확한 통계 근거 없이 만들어져야만 했다. 이에 따라 산업을 계획적으로 그리고 앞날을 예측하여 구상하는 것은 거의 불가능하다. 56

3장 국가경제의 전제조건

I. 교통 상황
1. 일반적 고찰
2. 중국의 도로

II. 국가 정세
1. 내외 정치적 불안에 의한 경제생활의 파괴
2. 관세 및 조세

산업과 관련한 요소들 외에도, 산업 발전을 파악하기 위해서는 국가경제 전체와의 조화로운 관련성도 조사되어야 한다. 국가경제 차원에서 매우 중요한 요소로서 교통 상황과 국가 상황이 고려된다.

I. 교통 상황
1. 일반적 고찰
산업 번창에 매우 중요한 것은 국가의 교통 환경이다. 왜냐하면 그것은 한편으로는 특히 원료 조달에, 다른 한편으로는 생산품 판매 가능성에 영향을 주기 때

---

[179] Tang Chin, "Bericht", p.11.

문이다. 누에고치 수확량의 57%가 가내공업에 의해 가공되는 반면, 중국 방적업체들은 전반적으로 원료 부족에 허덕인다. 이는 교통 환경이 호전되면 해결될 수 있는 문제다. 그렇게 되면 방적업체들은 내륙 지역으로부터 누에고치를 구해 오거나 비단 생산 지역에 건설될 수 있게 된다.

비싼 운송료는 오늘날에도 장쑤성에서 내륙 지역의 누에고치를 구하기 어렵게 만드는 장애요소다. 그래서 예를 들면, 홍쩌현(洪澤縣, 난징에서 약 70리 또는 40.32km 거리)처럼 품질 좋은 누에고치가 생산되고 비단 생산에 필요한 양질의 수자원이 존재하는 마을도 지금까지 세 번이나 방적공장을 운영하려 노력했으나 실패하고 말았던 것이다. 열악한 교통 상황은 경영에 부정적인 영향을 미친다. 이곳에서 다른 산업도시로 누에고치를 수송하는 데에도 고가의 경비가 소요된다.[180] [57]

2. 중국의 도로

중국에서 운송에 관해 결정적 중요성을 갖는 요소는 수로다. 중국 중부의 핵심 운송망인 양쯔강은 여러 지류를 갖으며 선박 항해 가능 구간은 총 10,200해상 마일이다.[181] 대양 선박은 한커우(1,000km)까지, 강 증기선은 거기서 다시 1,500km 상류에 위치한 쑤저우까지 운항한다.[182] 증기선 운항은 영국, 일본, 중국 회사에 의해 경쟁적으로 이루어진다. 그 외에도 현지인에 의한 저가 선박 운송이 매우 발달했다. 양쯔강 및 지류는 유리한 운송 조건을 갖기 때문에 중국 중부의 양잠산업과 내륙 지역, 특히 쓰촨성과 후베이성의 양잠산업을 발전하게 하였다. 중국 남부에서는 시장(西江)강이 광저우의 산업 중추다.

수로 외에 철도가 운송 수단으로 사용 가능하다. 중국 철도의 총 길이는 1922년 말 9,360영국 마일,[183] 즉 중국 전체 면적으로 환산하면 1,000km²당 0.84마일이다. 거대한 대륙에 철도가 지나치게 부족하다는 점은 분명 현대산업 발전에 큰 장애요인이다. 그렇지만 중국 양잠산업에서 철도가 차지하는 의미는 크다. 명주

---

180 *Chinese Weekly Econ. Bull.*, 1925.8.1. p.32.
181 *Industry & Commerce*, 1926.1, p.95.
182 *Westermanns Weltatlas*, p.71b.
183 *The Statesman's Year-Book*, London, 1925, p.759.

경작이 종종 철로 근처에서 이루어지므로 필수 원료인 누에고치 조달이 손쉬워지기 때문이다. 이는 특히 상하이 양잠산업에 해당한다. 즉, 원료가 상하이-난징 철도와 상하이-항저우 철도에 의해 반입되기 때문이다.

수로 및 철도 운송은 산업에 중요한 의미를 갖는다. 이 두 가지가 결여된 내륙 지역에서는 지방도로가 역할을 대신한다.

2,000영국 마일의 '황제 도로'[184]는 대부분 피폐해졌고 그 이외의 도로와 소로들은 현대산업의 대량수송에는 적합하지 못하다. 최근에야 비로소, 특히 1921년 '중국 제국도로 건설협회'가 창설됨으로써 현대적 수요에 부응하는 도로 교통망이 건설되기 시작했다. 4년 동안 38,000리 또는 21,888km의 자동차도로가 건설되었다.[185] 이는 환산하면 1,000km²당 1.96km다. 이들은 현대 산업도로로서 아직은 현저히 부족하다. 오늘날에도 지방도로에서의 운송수단은 58 가축, 손수레, 인부 등이다. 이런 유형의 운송수단으로 현대산업이 필요로 하는 양만큼 원료를 수송하는 것은 불가능하다. 왜냐하면 이들은, 이미 위에서 보았다시피, 운송비를 매우 상승시키게 되기 때문이다.

II. 국가 정세

1. 내외 정치적 불안에 의한 경제생활의 파괴

중국의 불안정한 국가 정세의 특징은 내정 분열, 외세 간섭, 오랜 내전, 높은 부채비율 등이 서로 뒤섞여 있다는 데에 있다. 이러한 국가에서 경제 또는 어떤 산업부문이 건실하게 성장하기란 불가능하다.

1911년 중국 혁명을 거치면서 자유에 관한 두 가지의 개념이 발생했다. 한편에서는 군 장성들이 전쟁에서 내세웠던 '사적 자유'다. 그들이 의미한 바는 실상 사적 이익이었다. 그러므로 그들이 벌이고 있는 전쟁은 내전이 아니라 말 그대로 장군 전쟁이다. 다른 한편에서는 시민들이 외세에 맞서 민족적 자유를 주장한다.

장군 전쟁은 중국의 국가 경제를 파괴하며 따라서 무의미하고 무가치하다. 그

---

184 *The China Year Book*, London, 1924~1925, p.397.
185 "Documents", *The Good Roads Monthly*, 1925.9.15, p.2. (이렇게 된 계기는, 장성들이 군 수송을 더 빠르게 하기 위해 병사들을 동원하여 이 작업을 독려한 데에 있다.)

에 비해 민중이 파업 등의 방법으로서 외세에 맞서 민중의 자유를 얻기 위해 벌이는 투쟁은 마땅히 필요한 것이다. 하지만 경제 교란 역시 때때로 불가피하다. 그래서, 예를 들어, 1924년 가을 장쑤(江蘇)와 저장(浙江) 사이에서 벌어진 내전 동안 우시(無錫), 쑤저우(蘇州), 전장(鎭江)의 모든 방적공장들은 폐쇄되어야 했다.[186]

운송 적체 및 운송비 증가가 발생했고 군사조치로서 모든 통행에 관해 상식 밖의 세율이 부과되었다. 비단 경작지에서는 기계와 설비들이 파괴되었다. 쓰촨성과 후베이성에서 생산되는 황색 비단의 매상고 역시 교통 두절로 인해 심대하게 피해를 입었다.[187] 내전이 끊이지 않던 광저우에서는 여성 노동력을 구하는 데에 큰 어려움이 발생했다.[188]

1925년 상하이에서는 영국인을 상대로 한 총파업이 일어나 은행, 상거래, 산업이 완전히 마비된 바 있다. 이로 인해 유발된 일일 손실은 약 1,000만 페소에 달했던 것으로 보인다. 손해의 큰 부분 중 하나는 당연히 상하이 방적업체들에게 발생했는데, [59] 그들은 그 외에도 2,800명의 근로자들이 파업에 참여함으로써 또한 파업 참여의 결과 누에고치 구매의 적기를 놓치게 되고 말았다는 점에서 더욱 심각한 피해를 입게 되었다.[189]

파업으로 인해 광저우와 홍콩 사이의 교통이 단절되어 광저우[190]에서는 한 달 동안 명주 수출이 완전히 중단되었다. 그 결과 8/10의 방적업체들이 운영을 중단해야 했고 수 만 명의 방적업체 근로자들이 실직하였다. 업체와 근로자의 막대한 손해는 지역 명주산업을 큰 위기에 빠뜨렸다. 그 후 관공서와 대규모 무역상에 의해 상하이와의 교통이 회복되고 이로써 이 도시를 경유한 명주 수출이 가능하게 되었다.

---

186 "Trade Conditions of the Month" *Journ. of Gen. Chamb. of Comm. of Shanghai*, 1924.10, p.1; "Trade Conditions of the Month", *Ibid.*, 1924.4, pp.1~2.

187 "Trade Conditions of the Month" *Journ. of Gen. Chamb. of Comm. of Shanghai*, 1924.10, p.1; "Trade Conditions of the Month", *Ibid.*, 1924.4, pp.1~2.

188 "Special Art.", *The Journ. of the Min. of Agr. and Comm.*, 1923.9, p.24.

189 *Chinese Weekly Econ. Bull.*, 1925.9.5, pp.16~17.

190 *Chinese Weekly Econ. Bull.*, 1926.1.30, pp.4~5.

2. 관세 및 조세

어떤 산업이 세계시장에서 다른 제품들과 경쟁을 하려면 그것은 국가의 지원을 받아야 하는데 특히 세제 감면과 관세 정책이 중요하다(명주에 대한 수출세의 철폐 및 외국 명주제품에 대한 보호관세 도입). 그 같은 국가적 조치들은 일본에서 실시되고 있지만 중국 산업에서는 존재하지 않는다.

중국의 관세 정책이 비정상적이라는 점은 해외 관세가 외국 정부의 관할이지만 국내 관세는, 이는 중국 도처에서 징수되고 있는데, "어둠침침한" 중국 정부의 관할이라는 사실에서 잘 드러난다. 해외 관세뿐만 아니라 국내 관세도 중국과 지방정부의 재정 수입원이다. 그래서 명주세는 중국과 특히 명주 생산지에서 세수로서 큰 중요성을 갖는다. 명주 가공 국가 중에서 원사에 대해 수입세를 부과하는 경우는 거의 없다. 그에 비해 중국은 자체 원사를 해외로 수출할 때에도 수출세를 부과한다. 산업이 발전하려면 명주에 부과된 비합리적 부담이 제거되어야 하겠지만, 중국의 현 경제 상황으로 인해 그렇게 되지 못하고 있다.

난징 조약(1842)의 결과, 중국 정부는 처음으로 상품 가치의 5%를 수출입 관세로 부담하게 되었다. 수출관세는 별정 관세(1담, 제품 한 개 등에 대한 해관태일) 또는 상품액의 5%다. 본래 별정 관세는 5% 가치세에 기초하여 산정된다.[191]

이러한 관세 정책은 중국 명주산업에 부정적 영향을 준다. 관세가 낮아서 [60] 해외 명주가 중국에 쉽게 유입되기에 중국의 현대적 방적업은 발전에 어려움을 겪는다. 그 결과, 기계사의 국내 판매량이 줄어든다. 원사에 부과되는 수출세는 그에 비해 중국 명주의 세계시장 경쟁력을 떨어뜨린다.

수출세는 중국 전역에 통일적으로 적용되며 다음과 같다:[192]

생사 및 꼬인 명주 100카티에 대해 10해관태일
쓰촨 산 황색 명주 100카티에 대해 7해관태일
야생 생사 100카티에 대해 2.5해관태일
누에고치 100카디에 대해 3해관태일

---

191 Berliner, Organ. · Betr. d., "Allg. Teil", *Exportgesellschäfts in China* I, p.53.
192 *Intern. Zollwesen* 103; *China*, 1894.10, p.12; *China Jahrbuch*, 1924 참조

내국세는 단일하지 않고 성마다 상이하다. 지방세와 통과세(이금세)는 서로 다르다.

200근의 건조 누에고치에 대해 장쑤성은 8페소의 통과세를 부과한다. 저장성의 통과세는 10페소이며 상하이로의 반출에는 1페소가 추가 부과된다. 성의 중요 원자재인 누에고치의 반출을 가급적 어렵게 하기 위해서다. (어떤 성의 산업 촉진용 세제가 다른 성에게 해가 됨!) 이곳에서는 제사(製絲)에 대해 80근당 34.8페소를 부과한다.[193] 최근 저장성 지방정부는 포고령을 통해 양잠산업 개선을 위해 1담의 건조 누에고치에 50은전의 누에세가, 80근에 대해 2페소의 생사세가 부과되어야 함을 공표했다.[194]

1담 제사에 대한 장쑤성에서의 전체 관세는 다음과 같이 개괄해 볼 수 있을 것이다:

상하이에서는 1담의 생사 생산에 관해 평균 6담의 건조 누에고치를 예정한다. 600근의 건조 누에고치에 대한 통과세는 48페소(6×8) 또는 32해관태일이다. 제사에 관해서는 43.5페소 또는 29해관태일이 지불되어야 한다. 이로부터 1담의 제사에 대한 관세 총액이 산출된다.

6담의 건조 누에고치	32해관태일의 통과세
1담의 제사	29해관태일의 통과세
1담의 제사	10해관태일의 반출세
	총 : 71해관태일

최고급 제사 1담의 평균가격은 상하이에서 1925년 1월부터 3월 사이 1,102.633해관태일이었다. 71해관태일의 관세는 이 가격의 6.4%를 차지한다. [61]

저렴한 비단에서는 그 비율이 매우 높다.

광저우 비단의 관세 및 조세 부담은 상하이 비단보다 현저히 낮다. 광저우에서

---

[193] "Chinese Silk Production", *The Bankers Magazine*, 1924.3.25, pp.3~7.
[194] Ch'en-pao, *Morgenblatt*, Peking, 1926.3.5, p.7.

는 1담의 비단이 공장으로부터 반출될 때까지 아래와 같은 세금이 부과된다(누에 고치세 제외):[195]

1.	광저우로의 반입세	1,000광저우 은화
	반입세 명목으로 38%의 추가요금	0.380 〃
2.	성벽 관세(Festungssteuer)	5.105 〃
	이에 61%의 추가요금	3.114 〃
3.	통과세	6.806 〃
	38%의 추가요금	2.587 〃
4.	반출세 10 해관태일	17.498 〃
		총 : 36,490광저우 은화 = 20.853해관태일

　반출세는 상하이와 광저우에서 동일하다. 양 비용에서 10해관태일을 공제하면, 1담의 광저우 비단은 단지 10.853해관태일의 세금만을 부담할 뿐이며 이에 비해 상하이 비단에는 29해관태일의 통과세가 남는다. 광저우 비단은 그 품질로 인해 가격 면에서 상하이 비단보다 다소 저렴하다. 그러나 그 정도 가격 차이가 세금 부담의 차이를 상쇄해 주지는 못한다. [62]

---

195 *Chinese Weekly Econ. Bull.*, 1926.1.16, pp.16~17.

2부-산업 역량

1장 생산력

I. 산업 조직

1. 업체 형태와 규모

2. 산업 관할 조직

a) 산업이익단체

b) 상하이 조정위원회

현대 산업국들에 비해 중국에서는 현대적 기준에 부합하는 산업체가 아직 도입되지 않았다.

1. 업체 형태와 규모

중국의 산업체는 개별 사업가에 의해 서로 무관하게 설립되고 운영되는 게 보통이다. 기업의 형태는 보기 어렵고 가까운 친족이나 친구 몇이 공동으로 회사를 설립하는 형태가 있을 뿐이다. 주식회사는 존재하기는 하지만 극히 드물다.

업체 형태가 이러하므로 개별 업체의 자본 상황이 취약할 수밖에 없다. 예컨대 상하이의 대형 비단방적회사 '신창(信昌)'이 600,000태을을 자본금으로[196] 하는 반면, 일본의 대형 방적회사들은 1,500만 엔 또는 그 이상을 기반으로 한다고 알려져 있다.[197]

각 업체는 통상 200개 남짓한 보일러(絲車)를 보유한다. 가장 큰 규모의 기업들에 관해서는 뒷부분에서 상술될 것이다. 또한 기업을 여러 개 보유한 업체도 존재한다. 상하이의 사업가 모샹칭(莫觴淸, 1871~1932)이 그런 경우로 63 예시될 수 있는데, 그는 4개의 회사로 구성된 대형 방적업체를 소유하며 여기에 총 1,636개

---

196 *Bericht von Tang Chin*, 1924.8, p.5.

197 "Chinese Silk Production", *The Bankers' Magazine*, 1924.4, p.5.

의 보일러가 소속되어 있다.[198]

2. 사업 관할 조직
a) 산업이익단체[199]

중국에서 비단 무역과 산업의 이익은 조합 형태의 여러 조직을 통해 대변되고 있다. 유명 비단산지에는, 산둥의 즈푸 비단협회처럼, 성 전체를 대표하는 조직들이 존재한다. 상하이에는 장쑤성, 저장성, 안후이성의 이익을 공동으로 대표하는 연합조직이 소재한다. 그 밖에도 여러 조직들이 있다. 그러나 중국 비단산업과 비단무역의 입장을 외국에 맞서 지지해 줄 전국적인 중앙조직은 존재하지 않는다. '상하이 사업개량회(絲業改良會, Silk Association in Schanghai)'는 외국 상인들에 의해 결성되었기에 중국 조직들과 경쟁하며 중국과 특히 유럽, 미국 사이의 비단 관련 거래를 직접 중개한다. 광저우에서는 국제 상공회의소가 비단산업과 비단무역에 관한 업무를 취급한다.[200]

b) 상하이 조정위원회

'상해만국생사검험소(上海萬國生絲檢驗所, International Testing House in Shanghai)'는 중국 비단산업체와 매매상이 해외 비단 무역상과 함께 설립했다. 이 기관의 임무는 일본, 유럽, 미국에 있는 단체들과 마찬가지로 비단 품질 및 비단 무게 단위의 검사와 조사, 비단의 건조 상태에 대한 조사, 생사는 물론 누에고치와 비단 제품과 관련한 연구 수행이다.[201]

II. 산업 지역
A. 뽕나무 누에나방 가공을 위한 방적 설비
1. 중국 남부(광둥성)

---

198 "Reports", *Journal of Gen. Chamb. of Comm. of Shanghai*, 1924.7, p.43 참조.
199 "Chinese Silk Production", *The Bankers' Magazine*, 1924.3, pp.8~10 참조.
200 *Hellauer, China*, p.252.
201 *China Jahrbuch*, 1924, p.1464.

2. 중국 중부

    a) 양쯔강 하류(장쑤성과 저장성) ⟨64⟩

    b) 양쯔강 중류(한커우)

    c) 양쯔강 상류(쓰촨성)

3. 중국 북부(산둥성)

B. 참나무 누에나방 가공을 위한 방적 설비

  1. 남만주(안둥, 하이청, 캉핑 등)

  2. 산둥성(즈푸)

양잠과 방적의 밀접한 관계로 인해 중국에서는 산업 중심지가 양잠 지역 또는 그 인근에 위치하게 되었다.

A. 뽕나무 누에나방 가공을 위한 방적 설비

1. 중국 남부

중국 양잠산업의 최초 중심지는 광둥성의 시장강(西江) 하구 연안이다. 이곳에서는 공장들이 원료 생산지에 설립되어 있다. 장점은, 토지 가격이 당연히 대도시(예컨대 상하이)에서보다 저렴하다는 것이다. 하지만 결정적인 장점은, 연중 7회 누에고치를 수확할 수 있으므로 원재료 조달이 용이하고 이로 인해 유동자산을 낮출 수 있다는 점이다. 이에 더하여 광저우 수출항이 산업지역에서 그리 멀지 않다. 예컨대 산터우시의 공업지구 중심부는 광저우에서 30마일 떨어져 있을 뿐이다.[202]

2. 중국 중부

a) 양쯔강 하류에 몇몇 공업도시들이 위치한다. 특히 강조되어야 할 사항은, 중국 중부 양잠산업의 중심인 상하이가 이곳에 위치한다는 점이다. 상하이는, 이론적으로 보자면, 반제품산업에 유리하지 못한 입지 조건을 갖는다. 왜냐하면 상하이는 국제적인 무역도시여서 토지 가격이 매우 높기 때문이다. 그럼에도 불구

---

[202] *The China Year Book*, 1925, p. 503.

하고 중부 중국의 양잠산업은 이 도시에 집중되어 있는데, 그 까닭은 우선 이곳에서 각국의 양잠 무역상들과 접촉할 수 있으며 한편 유리한 교통 조건 덕분에 장쑤성, 저장성, 안후이성으로부터 원재료를 입수하기 쉽기 때문이다. 양잠산업 측면에서의 장점은, 북부와 중부의 수출용 생사는 모두 상하이로 운송되어야 해외로 수출될 수 있다는 점이다. 일본과 중국 북부로부터의 산업용 석탄은 수상운송에 의해 공급되는데 운동 거리가 단거리다 보니 광저우 산업에 비해 비용이 저렴하게 든다. 중국의 현재 상황에 비추어볼 때 과소평가되어서는 안 될 장점은 상하이의 안정적 치안 상태다. 단, 노동자 집단행동에 의한 산업 장애가, 다른 대도시에서와 마찬가지로, ⑥5 소규모 산업지역에서보다 빈발할 가능성이 있기는 하다. 따라서 현재 상황에서 상하이는 생사 산업과 관련하여 불리하지 않은 지역이라는 결론에 이르게 된다.

b) 양쯔강 중류의 한커우에 명주 방적업체들이 위치하지만 그들은 현재 양잠산업에서 중요성을 갖지 못한다. 성 자체에서 원료가 충분히 생산되지 못하므로 대규모 산업이 뒷받침될 수 없다. 그러나 이 지역에서 생사 산업이 발전할 가능성은 존재한다. 필요한 원료를 베이징-한커우 철도에 의해 이웃한 허난성으로부터 조달한다면 그러하다. 허난성에는 현재 자체적인 생사 산업이 존재하지 않는다. 한커우의 단점으로 간주되어야 할 사항은, 이곳은 하절기에 광저우에서보다 더 덥다는 점이다.[203] 그러므로 명주 방적 설비의 위생 상태가 훨씬 더 열악하다.

c) 쓰촨성 인근의 양쯔강 상류에서는 방적업체들이 비단 생산지역에 산재한다. 충칭과 퉁촨(銅川)이 가장 중요한 양잠산업 도시들이다. 이 지역은 원료 조달에 유리하며 아마도 해안지역보다 저렴한 노동력을 보유할 것이다. 석탄 조달 상황은 좋지 않다. 이 지역의 생사가 수출용인 한, 매매와 관련하여 이곳은 불리하다고 할 수 있다. 이 지역의 대다수 방적업체들은 인근의 양쯔강 항구도시 충칭

---

203 예컨대 1923년 한커우시의 8월(가장 더운 달) 평균 기온은 87.1℉(30.6도－편주)였고 광저우시의 9월(가장 더운 달) 평균 기온은 84.0℉(28.9도－편주)였다.(*The China Year Book*, 1925~1926., pp.113·108)

과 완셴(万縣)으로부터 며칠씩 여행해야 하는 곳에 위치하는 데에다가 충칭으로부터 상하이 수출항까지는 1,427해리를 더 가야 한다.[204]

3. 중국 북부의 경우, 산둥성에 뽕나무 누에나방 가공을 위한 몇몇 제사 공장들이 존재하며, 이들은 칭다오(青島)-지난(濟南) 철로상의 저우춘(周村)과 이두(益都)[205] 그리고 칭다오 내에 위치한다. 칭다오는 원료 공급뿐만 아니라 노동력 조달과 제품 판매에 관해서도 유리하다.

B. 참나무 누에나방 가공을 위한 방적 설비

뽕나무 누에나방 방적업체가 중국 중부와 남부에서 발전하게 된 이유는 원료 생산지의 위치와 관련 있다. 원료 생산지를 고려하면 참나무 누에나방 방적업체는 중국 북부와 남만주 지역에 있음을 알게 된다.

1. 남만주

가장 중요한 방적 중심지는 안둥(安東)시다. 이곳은 작잠사 산업을 위한 주요 원료생산지로서, [65] 이곳 제품 전체가 현지 업체에 의해 모두 가공될 수 없기에 이곳에서 수확된 누에고치의 일부는 다른 산업지역으로 반출된다. 남만주의 탄광 지역(예컨대 푸순)이 그리 멀지 않은 곳에 위치하므로 연료 조달에 용이하다. 유리한 교통 덕택에 제품 판매가 손쉽다. 남만주의 다른 비단 생산도시에서의 상황도 거의 유사하다. 그중 남만주 철도에 위치한 하이청(海城)과 캉핑(康平)은 중요 산업도시로서 언급되어야 할 것이다.

2. 산둥성

두 번째 중심지이자 중국에서 뽕나무 누에나방 비단방적으로 가장 오래된 지역은 즈푸(芝罘)다. 이 지역이 더 발전하기 어려웠던 까닭은 산둥성에 원료가 부족했기 때문이다. 방적 설비들의 수요를 충족하기 위해서 현재 매년 남만주로부

---

204 *The China Year Book*, 1925~1926., p.32.
205 [편주] 1986년에 칭저우(靑州)시로 변경됨.

터 누에고치를 수입하고 있다.

III. 산업 규모

1. 전체 규모
2. 해외와의 비교
3. 양잠산업의 발달
4. 개별 업체의 크기

1. 전체 규모

산업지역에 대해 살펴보았으므로 산업의 규모를 파악해보고자 한다.

중국 양잠산업의 최고 중심지인 산둥성에는 199개의 방적업체가 있으며 보일러의 숫자는 87,290개에 달한다. 이는 중국 양잠산업 전체에서 약 2/3에 해당한다. 하지만 고려해야 할 사항은, 앞서의 출처에서 보다시피, 전체 숫자가 파악된 것이 아니라는, 즉 수치가 이보다 더 클 것이라는 점이다. 산둥성 양잠산업의 중심지는 산터우 지구로서 250평방 마일의 구역에만 180개의 방적업체가 존재한다. 각 방적업체는 약 300~500명의 근로자를 고용한다.

두 번째의 산업 중심지는 중국 산업 전체의 1/3에 육박하는 규모로서 중부 지역의 장쑤성이다. 이 지역에서는 상하이 시가 양잠산업의 중심지로서 중요하다. 이곳에만 80개의 방적업체가 소재하며 그중 72개의 업체가 총 19,364개의 보일러를 보유한다.[206] 장쑤성의 기타 3개 도시에 21개의 방적업체가 위치하며 전체 보일러 숫자는 5,762개다.[207] [67]

기타 성에서의 산업 규모는 이하의 도표에 정리되어 있다.

1) 뽕나무 누에나방 방적업체의 총규모

---

[206] *The China Year Book*, 1925~1926, pp. 216·217·503·215.
[207] *China Jahrbuch*, 1924, p. 1463.

	성	방적업체	보일러
중국 남부	광둥	109	87,290
중국 중부	장쑤	101	25,126
〃	저장[208]	7	1,736
〃	허베이[209] (각주 174)	4	930
〃	쓰촨[210] (각주 175)	29	3,197
중국 북부	산둥[211] (각주 176)	4	210
	총계	344	118,489

(도표의 보일러 숫자는 광둥의 경우 198개 방적업체, 장쑤의 경우 93개 업체, 쓰촨의 경우 25
개, 산둥 경우 2개 업체에 대한 내용을 토대로 한다. 기타 업체들에 대해서는 알려진 바 없다. 산
둥성 수치에는 칭다오 소재의 일본 기업이 하나 포함되어 있고, 마찬가지로 허베이성 자료에도
한커우 소재의 일본 기업이 하나 산입되어 있다.)

2) 참나무 누에나방 방적업체의 총규모

	지역	방적업체	보일러
산둥	즈푸[212]	42	16,385
남만주	안둥[213]	66	14,934
〃	하이청[213]	약[214] 20	-
〃	캉핑[213]	17	3,800
〃	선양[214]	1	500
	총계	146	35,619

(안둥에서는 3개의 일본 기업이 함께 계산되었다.)

---

208 *The China Year Book*, 1925~1926, p.214.
209 *Chin. Weekly Econ. Bull.*, 1925.3.7, p.6.
210 *China Jahrbuch*, 1924, pp.1470~1471.
211 *Chin. Econ. Monthly*, 1925.7, p.36.
212 *China Jahrbuch*, 1924, pp.1471~1473.
213 *Chin. Weekly Econ. Bull.*, 1925.9.19, p.37.
214 [역주] cs. : ca.의 오기.

2. 해외와의 비교

중국의 뽕나무 누에나방 방적업체가 보유한 보일러는, 도표에서 알 수 있듯이, 총 118,489개로 정리된다. (참나무 누에나방 방적업체는 해외와의 비교에서 제외되므로 여기에서는 고려되지 않는다.)

아래의 도표에서 중국 방적업체의 중요성을 해외 주요 명주 생산국과 비교하여 확인할 수 있다.

국가	보일러 수	중국 대비	보일러
일본[215]	총 575,760	485.9	16,385
	증기 275,760	232.7	14,934
중국	118,489	100	-
이탈리아[216]	47,993	40.5	3,800
프랑스[216]	4,033	3.4	500 [68]

보일러 숫자만으로는 각국에서 방적업체가 차지하는 중요성을 알 수 없다. 기계 상태, 사용 강도는 나라마다 상이하기 때문이다.

3. 양잠산업의 발달

상하이 방적업체의 발달[216]		
연도	방적업체 숫자	보일러 숫자
1890	5	—
1895	12	—
1900	18	5,920
1905	22	7,610
1909	35	11,058
1910	46	13,298
1914	56	14,424

---

215 *La Soierie de Lyon*, 1925.8.1, p.577.

상하이 방적업체의 발달[216]		
연도	방적업체 숫자	보일러 숫자
1916	61	16,192
1918	71	19,200

중국 양잠산업의 발달은 세계 비단 소비와 긴밀하게 연관되어 있다. 세계 수요에 상응하여 세계 생산량이 더욱더 증가한다(88쪽 참조). 중국 양잠산업은 1860년대 초 발생기부터 20세기 초에 이르기까지 가내공업(Hausfleiss)이었기에 발전에 어려움을 겪었다. 그러나 세계대전 이후 상황이 크게 변하여 양잠산업 발전이 가속화되고 있다. 그 이유는 일본의 고급 명주 제품으로 인해 중국의 — 가내공업에 의해 생산된 — 조악한 생사가 세계 시장에서 계속 밀려났으며 급증하는 미국의 수요(73쪽 참조)가 양잠산업에 자극제가 되었기 때문이다. 이 상황은 기계사(Filaturenseide)와 비기계사(Nichtfilaturenseide)의 수출 상황을 통해서 뚜렷이 확인할 수 있다(87쪽 참조).

4. 개별 업체의 크기

어떤 나라의 어떤 산업을 고찰할 때 그 중요성을 파악하기 위해서는 그 산업의 총규모 외에 각 업체의 크기를 조사해야 한다. 중국 산업에서 개별 공장은 일반적으로 대형이지만 기업은 일본에 비해 소형이다. 왜냐하면 기업이 보통 한 개의 공장만을 보유하기 때문이다.

현대적인 뽕나무 누에나방 방적업체가 보일러(絲車)를 가장 많이 보유하는데, 광둥성 소재의 방적업체 Mei-ho와 Chichang-sheng에 800개의 보일러가 속한다. 가장 작은 방적업체는 불과 40개의 보일러를 보유한 '황푸(晃禑)'로, 쓰촨성 퉁촨(通川)에 소재한다. [69]

광둥성에서는 모든 공장의 약 절반이 400~500개의 보일러를 소유한다. 73개의 방적업체들이 500개의 보일러를 보유하는 반면, 200개 이하의 보일러를 소유하는 소규모 방적업체들도 존재한다. 각 공장은 평균 441개의 보일러를 갖고 있다.[217]

---

[216] "Reports", *Journ. of Gen. Chamb. of Comm. of Shanghai*, 1924.7, p.40.

상하이의 개별 기업들은 광둥성에서의 경우보다 소형이다. 가장 큰 규모인 You-Chen은 624개의 보일러를, 가장 작은 크기인 Kong-Shing은 52개의 보일러를 소유한다. 방적업체의 절반 정도가 200~300개의 보일러를 갖고 있다. 각 공장은 평균 269개의 보일러를 소유한다.[218]

더 작은 규모는 쓰촨성의 기업들이다. 200개 이상의 보일러를 소유하는 공장은 불과 5%에 불과하고 절반 이상이 100~200개를 갖고 있다.[219]

중국 전체에 대해서는 도표(68쪽 참조)로부터 공장당 평균 344개의 보일러를 계산해낼 수 있다. 이탈리아의 평균치는, 그에 비해, 불과 50~60개로서 가장 큰 기업들이 164개의 보일러를, 가장 작은 크기의 기업들은 24개의 보일러를 갖고 있다.[220] 프랑스는 평균 47개, 일본은 평균 64개다.[221] 일본에서는 사업 규모에 비해 회사들이 소형이다. 그들 대부분은 100개 이하의 보일러를 소유할 뿐이다.[222]

뽕나무 누에나방 양잠산업에서보다 참나무 누에나방 양잠산업에서 회사 크기가 훨씬 다양하다. 1252개의 보일러를 보유하여 최대 규모인 '둥성더(東升德)'(안둥 소재) 외에도 소형 기업들이 있다. 안둥 지역의 공장에 대해 평균 233개의 보일러가 추정된다. 즈푸 지역의 회사들은 전반적으로 큰 규모다. 최대 규모인 '융지(永記)'가 불과 750개의 보일러를 소유할 뿐이기는 하지만, 방적업체 전체의 평균치는 390개에 달한다.[223]

IV. 제품

1. 생산

2. 생사의 다양한 종류와 품질

a) 방적 비단

b) 비 방적 비단

---

217 *The China Year Book*, 1925, pp.216~217; 1926, p.215.
218 *The China Year Book*, 1925, pp.216~217; 1926, p.215.
219 *The China Year Book*, 1924, pp.1470~1471.
220 *Seide, Krefeld*, 10. 19206.10, p.182.
221 "Reports", *Journ. of Gen. Chamb. of Comm. of Shanghai*, 1925.9, p.25.
222 *Japan Jahrbuch*, 1925, p.349.
223 *China Jahrbuch*, 1924, pp.1471~1473.

3. 품질 비교

1. 생산

양잠산업의 총생산량은 중국의 기계사 수출량과 거의 일치한다. 수출량에 관해서는 뒷부분에서 상술하게 될 것이다. 기계사는[70] 국내수요에는 거의 사용되지 못하고 주로 수출품목이다. 여기에서는 개별 회사의 생산에 대해서만 고찰하기로 한다.

광저우의 방적업체 Tung-an-tai는 400개의 보일러로써 연간 약 40,000근을 생산하는 것으로 추정된다. 방적업체(絲廠) '쉰창(順昌)'은 300개 보일러를 갖추고 연간 약 20,000만 근을 생산하는 것으로 추정된다.[224] 광저우에서는 일일 10시간 노동이 일반적이다. 연간 최소 300일의 노동일을 가정하면, 보일러의 일일 생산량은 각각 전자는 0.333근이고 후자는 0.222근이다.

상하이 인근 도시인 쑤저우에 위치하는 방적업체 Suking에서는 336개의 보일러에서 일일 140근이, 같은 도시의 방적업체 Heng-li에서는 200개의 보일러에서 80근이 생산된다.[225] 12시간 노동을 가정하면 보일러 1개에서 일일생산량으로서 0.417근 내지 0.4근을 얻게 된다. 그러나 이 두 지역의 시간당 생산량은 거의 같다.

목화와 달리 생사는 방적하지 않는다. 그 대신, 일렬로 나란히 나열된 2~8개의 명주실을 일정한 속도로 부드럽게 누에고치로부터 풀어낸다.

2. 생사의 다양한 종류와 품질

이하에서는 생사 거래에서 일정한 역할을 하게 되는, 생사의 다양한 종류와 품질을 논의하고자 한다.

a) 천연 색상에 따라 흰색과 노란색 생사로 구분된다. 현대적 방적 설비에서 생산된 생사는 기계사라고 불리는데 이것은 이러한 명칭에 의해 중국 전통 방식으로 생산된 생사와 구분된다.

---

224 "Reports", *Journ. of Gen. Chamb. of Comm. of Shanghai*, 1924.7, pp. 27~28.
225 *ebenda*, p. 45.

방적업체는 당연히 비단을 생산하지만 품질은 상이하다. 상하이에서는 비단이 품질에 따라 다음과 같은 6개의 등급으로 분류된다: 특등(Extra), 준특등(Petit Extra), 최상 I(Best I), I, II, III. 광저우 시장에서는 비단이 관인(官印)에 따라 거래되지만, 그들도 품질별로 구분된다. 다음의 표기가 상관행상 보편적이다: 특등(Extra), 준특등(Petit Extra), 최상(Grand Ier), 상급(Bon Ier), 하급(Petit Ier).[226]

작잠사(참나무 누에나방 비단)는 뽕나무 누에나방 비단에 비해 광택과 섬세함은 떨어지지만 섬유의 견고성 면에서는 우월하다. 작잠 기계사는 품질에 따라 비단 I, II, III 등급으로 나뉜다.[227] [71]

b) 현대적인 작잠사 이외에 다양한 종류의 비단이 존재하며 이들은 가내공업에 의해 중국 옛 방식에 따라 생산된다.

비 기계사 경우 두 가지로 구분한다: 비단 농가가 생산한 천연사와 농가가 구입 후 재차 특정 목적을 위해 실패에 감은 비단(Silk, Raw, Rereeled).

3. 품질 비교

비단의 품질은 누에고치의 품질뿐만 아니라 그 처리와 가공 방식에 의해서 결정된다.

중국 최고의 생사는 상하이의 제사 공장들에서 생산되는데 그들은 주로 저장성으로부터 원료를 조달한다.

상하이 '국제 조정위원회'의 보고서에 따르면, 중국의 최고급 생사는 신축성, 고른 명주실 굵기, 광택 면에서 일본 기계사보다 우수하기 때문에 미국 양잠산업계에서 인기가 높다. 하지만 그것은 청결하지 못하다는 단점이 있고 접착제를 다량 함유하여 쉽게 찢어진다.[228]

광저우 비단의 품질은 비교적 열악하다. 그것은 본질적으로 연약하다. (광저우 비단은 씨실로서 인기가 있고 벨벳 생산 공장에서는 날실로 사용된다.)[229]

226 *Hellauer, China*, pp. 244~247.
227 *Chinese Weekly Econom. Bull.*, 1925. 9. 19, p. 38.
228 "Commercial & Industrial News", *Journ. of Gen. Chamb. of Comm. of Shanghai*, 1925. 4, p. 17.

가내공업에 의해 생산된 태잠사(太蠶絲)는 청결하지 못하며 뻣뻣해서 쉽게 찢어진다. 신축성이 부족하기 때문이다. 명주실 굵기는 고르지 못하다. (누에고치는 4000m까지의 명주실을 함유하지만 균일한 굵기로는 불과 900m까지만 뽑아낼 수 있다. 끝으로 갈수록 명주실이 가늘어지기 때문이다.)[230] 중국의 가내공업은 원시적 생산방법으로 인해 명주실 굵기의 최소한의 균일성도 만들어 내지 못한다.

중국 비단의 다양한 품질을 서로 비교했으니 세계 시장에서의 주요 경쟁자들과 비교해보고자 한다.

평균적으로, 일본 비단은 중국 비단보다 우수하다. 명주실의 굵기, 충분한 견고성과 보다 큰 신축성, 쪄낸 이후의 무게 손실 면에서 그렇다. 그 이유는, 작업이 매우 청결하고 꼼꼼하게 또한 체계적으로 이루어지기 때문이다.[231]

이탈리아 비단은, 명주실의 신축성과 광택, 청결성과 굵기의 균일성과 관련하여, 세계 최고다.[232] [72]

2장 거래 규모

지금까지 우리는 생사 생산을 고찰했고 이제는 매출 측면을 살펴볼 차례다. 생사는 국제적 거래 품목이라는 바로 그 이유 때문에 매출 상황에 대한 조사는 산업계에 특히나 중요하다.

I. 명주 소비

생사는 반제품에 불과하다. 생사 수요는 명주 완제품에 대한 국제 수요에 의해 비로소 결정된다. 그러므로 우리는 먼저 명주 소비 상황을 간략히 살펴보아야만 생사 수요에 대한 고찰에 착수할 수 있다.

---

229 *Hellauer, China*, p. 246.

230 *Seide, Krefeld*, 1925.9.3, p. 282.

231 *Silbermann, Die Seide* 1, p. 415.

232 "Die Bandwerberei 2", *Handbuch der gesamten Textilindustrie von Otto Borth* 4, Teil, Leipzig, 1921, p. 248.

오늘날 비단은 문명국가의 사치품일 뿐만 아니라 어느 정도 필수품이 되었다. 중국에서 가장 오래된 의복 재료 중의 하나는 비단이었다. 비단은 대부분 여성복 및 남성복을 제작하는 데에 사용되었다.

지난 25년 동안 유럽과 특히 미합중국에서의 명주 소비는 현저히 증가했다. 후속 수치들이 우리에게 그것을 입증해줄 것이다.

미합중국으로 수입된 미가공 명주는 1901~1905년 동안 연평균 15,789,000파운드, 그에 비해 1924년에는 60,603,000파운드였으므로 그 기간에 수입량이 4배 증가한 것이다.[233] 현시대의 빈번한 유행 변화 및 보다 폭넓은 계층의 구매력 급증에 따라 명주 제품에 대한 수요가 증가했다. 그러나 전쟁 전에는 명주 제품이 특정 계층에 국한되어 있었다. 전쟁이 바야흐로 비단의 민주화를 유발했다. 그 이유는 특히 비단이 모직물과 면직물보다 상대적으로 저렴하기 때문이다(93쪽 참조). 전쟁 발발 무렵 면직물과 모직물은, 군수용으로 충당되었기에, 가격이 급등했고 그 반면 명주 가격은 상대적으로 낮은 수준에 머물렀다. [73]

유럽에서는 세계대전 이후 명주 소비가 잠시 감소했다가 이제야 되살아나고 있다.

1913년의 비단 제품 및 비단 반제품 소비는 각 핵심 국가에서 다음과 같이 전개되었다.[234]

국가	국민 1인당 소비(마르크)	일인당 섬유제품 총소비(마르크)	섬유제품 총소비에서의 비율
미국	9.90	85.48	11.582
프랑스	7.38	66.22	11.144
영국	6.77	65.93	10.268
독일	4.52	58.92	7.671

전쟁 이후 명주 소비가 현저히 증가함으로써 인조견 산업이 놀라울 만큼 급성장할 수 있었다(이에 관해서는 79~81쪽 참조).

---

233 *Commerce Yearbook*, 1924, p.325.
234 A. Kertesz, *Die Textilindustrie sämtlicher Staaten*, p.484.

II. 경쟁 상대

A. 비단

경쟁 문제에 관한 우리의 고찰은 세 부분으로 나누어진다. 포괄할 내용은:

1. 세계시장에 높은 경쟁력의 제품을 선보이는 국가 — 예컨대 일본과 이탈리아

2. 자체 생산을 늘리려 하는 수출국 — 예컨대 프랑스

3. 비단 수출이 현재까지 중요하지 않지만, 수출국이 생산을 지원하려 하거나 또는 자체적으로 생산 증가를 기도하고 있기 때문에, 장차 가능성이 있는 국가 — 예컨대 인도차이나와 터키

1. 일본산 생사

중국의 최대 경쟁상대는 이웃 일본으로서, 일본은 생사 수출을 더욱 증가시켜 미국[74] 황금을 입수하기 위해 온갖 노력을 기울이고 있다. 일본의 생사 산업은 그로 인해 또한 대폭 발전하였다.

일본 생사와의 경쟁은 비단 경작의 발전과 산업 자체의 기술 발전에만 국한하는 문제가 아니라 산업과 상업 조직의 문제이기도 하다. 그리고 그 점에 있어 일본은 단연코 우위에 놓여 있다.

양잠산업 자금 조달이라는 중요 문제를 일본에서는 방적업체를 대형 주식회사로 변화시키는 방법으로 해결하고 있는데 주주들은 명주 농가만이 아니라 사업에 재정적 관심을 가진 자본가들이다. 동시에 일본에서는 일본의 전체 양잠산

업을 카르텔화, 독점화하려는 노력이 진행 중이다. 그 계기는 중국 내 미국 자본의 움직임이었다. 즉, 현대적 조직을 통해 중국 양잠산업에 영향을 주고 그렇게 하여 세계시장에서의 경쟁력을 갖추게 하려는 것이었다. 이로 인해 일본 양잠산업의 독점화 계획은 최대한 신속히 실현될 수 있도록 추진되고 있다. 그 첫걸음은 1920년 설립된 제국양잠·명주회사(Imperial Sericulture and Silk Yarn Co.)와 함께 시작되었다. 이 회사는 누에고치 가격을 엄격히 규제했으며 생사 시장을 강력히 통제했다.[235] 일본 비단의 수출 촉진에 중요한 의미를 갖게 될 것은 요코하마에 설립된 생사 검사소(Konditionierhaus)다. 이 기관은 정부의 재정 지원에 의해 운영되며 완공 후에는 생사 검사의 새 지평을 열게 될 것이다.[236]

일본인이 그 밖의 어떤 수단으로 중국의 경쟁을 견제하는지는 다음의 상관행이 보여준다.[237] 누에고치 생산이 좋아서 생사 판매에 어려움이 발생하게 될 우려가 있는 해에는 대규모 자본을 가진 일본 명주 상인들이 상하이에 와서 중국 비단을 대상으로 선도거래(Lieferungsgeschäft)를 한다. 그 결과 누에고치 가격이 급등하고 중국 내 생산비용이 과도하게 상승함으로써 중국 산업품은 세계 시장에서 더 이상 일본의 경쟁이 되지 못한다. 이 '정책'이 가능한 이유는 중국의 비단 거래와 양잠산업이 현재까지 거의 조직화되어 있지 않기 때문이다. 중국의 경쟁을 견제하는 이러한 사례로서, 1924년 겨울 상하이에서 오랫동안 비단 거래가 미미하게 이루어졌으며 그나마도 2일 사이에 모두 끝났던 경우가 있다. 같은 시기에 요코하마의 비단 거래는 번성했다. [75]

중국과 일본의 비단이 미국 시장에서 차지하는 위치는 다음의 도표에서 확인할 수 있다.

235 *Seide, Krefeld*, 1925.4.30, p.141.
236 *Seide, Krefeld, Eildienst*, 1926.2.4, p.68.
237 "Trade Conditions of the Month", *Journ. of Gen. Chamb. of Comm. of Shanghai*, 1925.1, p.1.

미합중국의 생사 수입[238] (단위 : 100파운드)			
연도	전체 연도	일본산	중국산
1913	26,049	17,425	5,511
1923	49,482	33,354	12,262
1924	51,281	44,307	4,681
1925[239]	63,764	49,685	10,341

제2장
중국의 생사 공업

2. 기타 국가의 생사

유럽에서는 주로 이탈리아 비단의 경쟁력이 높지만 생산량 면에서는 중국에 뒤처진다. 하지만 그것은 중국산 비단보다 품질 면에서 우수한 데다, 이탈리아가 중국보다 소비시장과 지리적으로 가까운 거리에 위치하므로 운송하는 데에 비용이 적게 들고 보다 단시간 내에 수송될 수 있는 점에서 또 하나의 비교우위를 갖는다.

1910년 이래 이탈리아의 생산은 감소해 왔다. 전후 이탈리아인들은 생산을 늘리기 위해 열심히 노력하여 1924년 생사 생산이 5,255,000kg에 육박했고[240] 이로써 지금까지의 이탈리아 생사 생산에서 최고 수준을 달성하는 성과를 거두었다. 생산량의 소량(약 1/5)만이 이탈리아에서 가공되었다.[241]

다양한 비단 생산국들이 프랑스 시장에서 차지하는 위치는 다음의 도표에서 확인할 수 있다.

프랑스의 생사 수입(단위 : kg)			
	1925[242]	1924[243]	1923[243]	1913[243]
중국산	3,417,900	3,168,100	2,030,300	3,814,100[244]
이탈리아산	1,888,000	1,728,500	1,400,900	1,074,800
일본산	524,200	1,279,600	322,200	1,659,900

---

238 *Commerce Yearbook*, 1924, p.325.
239 *Monthly Summary of Foreign Commerce of the United States* I, Washington, 1925.12; 1926, p.57.
240 *Seide, Krefeld*, 1925.12.31, p.421.
241 *ebenda* 24, 1925, p.187.

프랑스의 생사 수입(단위 : kg)			
1925[242]	1924[243]	1923[243]	1913[243]
기타 국가	342,000	368,400	322,200	997,000
계	6,172,100	6,544,600	4,075,600	7,545,800

(전쟁 전에는 터키가 일정한 역할을 했고 1913년에는 프랑스로 620,600kg을 수출했다.) [76]

이탈리아 비단의 비중이 급격히 증가한 까닭은 무엇보다도 피폐해진 중부 유럽으로의 이탈리아 비단 수출이 단절된 데에 있다. 중부 유럽은 1913년 대략 1백만kg(이탈리아의 비단 총판매에서 약 38%)을 수입했던 바 있다.[245]

이탈리아 산업의 추가 확산 및 그로 인한 중국 생사와의 경쟁 심화는 예견되지 않는다. 기후상 누에고치 수확은 연 1회(연초) 가능할 뿐이며, 여름 및 가을 수확과 관련한 시도가 성공적인지 여부에 관해 현재 아무 것도 알려져 있지 않다.[246] 중국에서와 같이 값싼 노동력을 구하는 것 또한 불가능하다.

프랑스의 현재 생사 생산 규모가 총수입의 5%에 지나지 않을지라도, 자국 양잠산업에 저렴한 원재료를 확보할 목적으로 프랑스가 지난 1910년 이래 위축된 자국 양잠업을 재차 활성화시키기 위해 부단히 노력 중이라는 점에서 중국의 생사 산업은 또 다른 경쟁상대를 갖게 될 것으로 보인다. 이러한 노력의 결과로 프랑스의 수입이 축소되어 중국 생사가 타격을 입게 될 것인지 여부는 다음과 같은 근거에 따라 회의적으로 보인다. 프랑스에서는 기후상 연초 재배만 가능한 데다 필요 노동력마저 부족하다. 상이군인 근로제가 현재 시행 중이나 그것은 임시방편일 뿐이다. 온전한 노동력은 제사 공장에 장기간 묶어 두기 어렵다. 공장의 수익성을 확보하기 위해서는 임금이 다른 분야에 비해 매우 낮아야만 하기 때문이다. 양잠업 확산 가능성을 회의적으로 보게 만드는 또 다른 근거로서 프랑스 양잠업의 수익성이 다른 농업 분야에 훨씬 뒤처진다는 점을 들 수 있다. 일정 면적

---

242 *Stat. mens. du comm. extér. de la France*, Paris, 1925.12, p.44.

243 *Docum. stat. réunis par l'admin des douanes sur le commerce de la France*, Paris, 1913, p.28

244 *Tabl. gén. du comm. et de la navigation*, 1924, p.193.

245 *Seide, Krefeld* 30-8, p.59.

246 "Reports", *Journal of Gen. Chamb. of Comm. of Shanghai*, 1925.9, p.21.

의 토지에서 뽕나무 누에나방 경작할 때의 수확량은 동일 크기의 토지를 와인 포도 경작에 사용할 때 얻게 되는 수확량의 1/3에 불과하다.[247]

프랑스 자체에서보다는, 프랑스의 양잠 개선 시도가 더 큰 성공을 거둔 것은 인도차이나에서인 것으로 보인다. 이곳의 기후는 광저우와 유사하다. 연간 6 내지 7회 수확이 가능하므로, 노동력이 충분히 존재한다면 양잠업을 매우 확대할 수 있을 것이다. 이곳 비단은 또한 광저우 비단보다 더 나은 품질을 갖는다.[248] 양잠업 확대의 난점은 [77] 필요 노동력을 조달하는 데에 있다. 인구밀도가 낮은 국가에서 그것은 불가능하다. 캄보디아의 양잠 지역 1km²에는 불과 9명의 주민이, 마찬가지로 양잠에 적합한 통킹에는 51인의 주민이 존재한다. 이에 비해 명주지 광둥성(중국)에는 평방킬로미터당 125인의 주민이 존재한다. 그럼에도 불구하고 프랑스의 인도차이나 산 명주 수입 수치가 대폭 증가한 데에 알 수 있는 것처럼 인도차이나에서의 양잠업이 괄목할 만한 성장을 거두었다면, 그 이유는 프랑스의, 인도차이나의 양잠산업을 최대한 육성하겠다는 식민지 경제 정책에 있는 것이다.

프랑스의 연평균 인도차이나산 생사 수입:[249]

1911~1913	14,000kg
1922~1924	33,533kg
1924	47,000kg

터키에서는 세계대전 전에 연평균 6,366,219kg의 누에고치가 생산되었다. 1913년 유럽과 미국으로 485,925kg의 누에고치와 745,701kg의 생사가 수출되었으니, 품질로 유명한 터키 생사(부르사)는 전쟁 전에 세계시장에서 큰 역할을 했던 것이다. 전쟁 발발로 인해 오늘날에는 전쟁 전 생산량의 불과 약 1/3에 해당하는 명주만이 생산된다. 그 주된 원인은, 종전 이곳에서 양잠업을 운영하던 미국인과 그리스인들이 전쟁의 소용돌이 속에 그리스로 이주했다는 데에서 찾을 수 있다. 그러나 현

---

247 "Reports", *Journ. of Gen. Chamb. of Comm. of Shanghai*, 1925.9, pp. 21 · 26.
248 *Commercial & Industrial News*, 1925.6, pp. 5~6.
249 *Tabl. gén. du comm. et de la navig.*, 1911~1913, p. 193; 1922, p. 205; 1923, p. 217; 1924, p. 215.

제3부_ 유학 관계 자료 259

재 터키 정부는 터키 양잠산업을 다시 활성화하기 위해 노력 중이며 이를 위해 세제 혜택으로써 축산업자들을 명주 누에나방 경작으로 유도하고 있다.[250]

3. 비 기계사

가내공업에 의해 생산되는 중국 생사가 세계시장에서 차지하는 역할은 그리 크지 못하다. 흰색 태잠사는 계속 줄어들고 있다. 그러나 내륙 성(省)들에서 생산되는 황색 태잠사와 실패에 감긴 명주는 국제 교역에서 여전히 중요하다(77쪽 참조). 세계시장에서보다 경쟁이 더 크고 심각한 것은 가내공업에 의해 생산된 태잠사와 기계사의 국내 경쟁이다. 작잠사를 포함한 중국 내 생사 소비에 관해 관계 기관은 제작량의 55%라고 통상 추정한다.[251] 태잠사는 중국 내 명주 직조업의 주요 재료가 된다. 태잠사는 기계사만큼 올이 곱거나 고르지는 않다. [78]

그러나 그것은 후자보다 훨씬 저렴하기 때문에 중국인들이 선호한다. 태잠사의 저렴한 가격(92쪽 참조)은 또한 세계시장, 특히 아시아와 아프리카 시장에서 안정적 위치를 확보해주는 요인이기도 하다.

B. 기타 피륙

1. 인조견

천연 비단을 모방하여 1884년 인조견이 발명되었고 1891년 상품으로 처음 등장했다.[252] 그 이후 인조견 산업과 매매는 매년 증가했고 특히 전쟁 이후 현저히 급증했다. 인조견 생산의 목적은 본래 천연 비단을 인공적으로 생산하는 것이었다. 그러나 그것은 불가능하다. 그 이유는 '천연 비단은 단백질로서 양모와 비슷한 반면, 인조견은 합성 내지 인공 비단이 아니라 화학펄프 종류로서 무명과 비슷하다'는 것이다.[253]

인조견은 천연 비단의 과잉 소비를 방지하게 될 것이다. 그래서 그것은 오늘날

---

250 *Seide, Krefeld*, 1925.5.7, pp.146~147.

251 *L. Lion, Die Textilbranchen*, p.567.

252 "Notes on Silk Industry", *Journ. of Gen. Chamb. of Comm. of Shanghai*, 1924.7, p.6.

253 *Textilberichte über Wissenschaft, Industrie und Handel* 7, 1921, p.145.

여러 가지 목적으로 사용된다. 단, 스타킹, 속옷, 넥타이 생산 및 양모, 면, 혼합 섬유 제작용 천연 비단과 관련해서는 대개 사용되지 않는다. 내구성 면에서 인조견은 천연 비단의 경쟁이 되지 못한다. 두 비단의 품질은 서로 비교할 수 없다. 왜냐하면 그들은 본질상 근본적으로 상이하기 때문이다. 당연히 여기서 품질이 그 둘 중 어느 하나를 사용하는 기준이 뿐만 아니라 가격 차이가 큰 역할을 한다. 1924년 미합중국에서 평균 1파운드의 광저우 기계사 Ex. Ex. A.는 미화 5.96달러였지만,[254] 인공 직물(織物)은 300데니어(denir), 표백, A 레이온의 조건으로 미화 1.87달러였으니[255] 그 가격이 천연 비단의 1/3에도 미치지 못하였다. 저렴함이 바로 인조견 확대에 특히 기여한 요소인 것이다.

1912년 세계 인조견 총생산량은 2,000만 파운드, 1922년에는 8,000만 파운드에 달했다. 즉, 10년 동안 4배의 증가가 발생했다. 1923년 세계 인조견 소비는 약 9,000만 파운드에 달했던 것으로 보이며,[256] 1925년 세계 인조견 생산은 [79] 1억 5,400만 파운드일 것으로 추정되는데 그중 1/3을 미합중국이 차지한다.[257]

인조견 생산이 면과 양모의 세계 생산량에 비할 만한 수준은 아니다. 인조견은 물량 면에서 이제야 면의 2%에 육박할 뿐이지만 천연 비단의 생산보다 이미 거의 두 배가 늘었다.[258] 따라서 인조견은 현재 섬유 분야에서 독립적 위치를 차지하며 그 결과 모든 섬유 제품에 악영향을 끼친다.

2. 모직물

인조견의 영향력이 세계시장 그 자체를 뒤흔드는 반면, 모직물이 양잠산업에 미치는 영향력은, 특히 중국 내수시장과 관련하여, 중요하게 되었다.

중국에서는 남성들이 여성들보다 비단 제품을 더 즐겨 착용한다. 상류계층의 예복 전체, 상하의, 모자, 신발은 모두 명주로 되어 있다. 1911년의 혁명은 의복을 비롯하여 모자와 신발에 변화를 일으키는 계기가 되었다. 중상류 계층의 많은

254 *Annual Report The Silk Association of America*, 1925, p.108.
255 *Commerce Yearbook*, 1924, p.323.
256 *Chinese Weekly Econom. Bull.* 89, 1924.11, pp.19~20.
257 *Seide, Krefeld* 2, 1926, p.57.

사람들이 점점 유럽식 모직 의류와 중절모를 선호하고 있으며 중국 예복 자체도 모직으로 제작된다. 날씨가 매우 차가운 중국 북부에서는 특히나 사람들이 해가 갈수록 털가죽을 덧댄 종전의 비단 외투대신 두꺼운 겨울용 모직물 외투를 입고 있다. 이로써 모직물 수요가 급증했음을 알 수 있다.

자국 모직물 산업은 비중이 크지 않으므로 수요는 주로 수입된 모직물에 의해 충당된다. 공화국의 첫 해인 1912년에는 수입된 모직 제품의 전체 가치가 3,887,322 해관태일에 육박했고, 1913년에는 4,879,281해관태일로 치솟았다.[258] 전쟁 중에 모직물 수입이 잠시 줄어들었고 현재 다시 크게 활기를 띠고 있다. 1924년도 수입 모직물의 가치는 17,692,639해관태일에까지 다다랐다.[259] 이는 1913년보다 4배 상승한 가치다. 물량이 똑같은 비율로 늘어나지는 않았다. 수입의 대부분이 의복용 모직물이었다. 당연히 수입 모직물의 작지만, 일정 비율은 중국 거주 유럽인에 의해 소비되었다. 그러나 수입 활성화의 원인은 중국 소비의 급증 탓으로 돌려야 할 것이다.

자체 수요를 위한 모직 제품의 수입 양상은 아래의 도표에서 확인할 수 있다:[260] [80]

	1야드	1해관태일
1922	1,404,100	3,306,552
1923	3,122,871	6,817,104

모직물에 대한 점증하는 소비는 중국 명주 직조업의 발전에 장애가 된다. 기계사의 국내 판매가 그로 인해 저해되기 때문이다.

III. 명주 판매

1. 판매 조직

전체 생산에서처럼 판매 조직에서도, 일본의 합리적이며 현대적인 경제 제도

---

258 *Chin. Weekly Econ. Bull.*, 1925.6.20, p.9.
259 *The Maritime Customs, Foreign Trade of China* I, 1924, p.121.
260 *The Maritime Customs, Foreign Trade of China* II-I, 1924, p.107.

와 중국의 낡고 미비한 방식 사이에는 차이점이 존재한다. 우리 연구에서는 명주 수출만을 고려한다. 그 이유는, 현대 중국의 비단 직조업체가 중국 내에서 소비자로 간주되기는 하지만 자체 방적 설비를 갖고 있거나 생사 생산업자와 직접 연결되어 있기 때문이다. 이곳에서 연구되어야 할 대상인 해외와의 거래에 관해 중국은 국내에서도 해외에서도 자체적 무역 조직을 보유하고 있지 않다. 모든 생사 수출은 다양한 해외 업체에 의해 좌우되고 따라서 중국 산업계는 불가피하게 이윤의 일부를 상실할 뿐만 아니라 외국 무역상에게 종속되게 된다.

일본의 현저히 발전한 조직과 대조적으로 상하이와 광저우에는 자국 명주 수출업체가 하나도 존재하지 않고 오직 외국계 업체들만이 존재한다. 상하이에서 1921/22년도의 전체 수출은 37개의 무역회사를 통해 진행되었다. 그들은 다음과 같다:[261]

11개 : 프랑스 계열 회사

9개 : 영국 계열 회사

5개 : 스위스 계열 회사

3개 : 이탈리아 계열 회사

3개 : 인도 계열 회사

2개 : 미국 계열 회사

2개 : 일본 계열 회사

광저우에서는 같은 시기에 다음과 같았다:[262]

9개 : 프랑스 계열 회사

9개 : 영국 계열 회사

3개 : 미국 계열 회사

3개 : 일본 계열 회사

---

[261] *La Soierie de Lyon* 15, 1925.8.1, p.578.

2개 : 스위스 계열 회사

1개 : 이탈리아 계열 회사 81

이 업체들의 대부분은 본점을 리옹, 런던, 취리히 등지에 두고 있다. 이러한 대형 명주 판매 조직들은 흔히 더 대규모인, 중국 내 일반 수출입 업체들과 연계한다. 예컨대, 리옹에서 가장 유명한 명주 회사 중의 하나인 카브리에르, 모렐사(Cabrières, Morel & Co.)는 이화양행(怡和洋行, Jardine-Me[262]theson & Co.)에 연결되어 있다.[263]

상하이와 광저우의 대형 수입업체들 외에도 홍콩에는 대형 명주 수출회사들이 존재한다. 그들은 중국에서 비단을 사들여 해외로 판매한다.[264]

2. 판매 지역

I. 뽕나무 누에나방 비단

A. 수출

1. 기계사 소비국

2. 생산지로부터의 기계사 수출

3. 상하이와 광저우로부터 소비지역으로의 전체 생사 수출

4. 기계사와 비 기계사의 수출 상황 비교

5. 중국의 생사 수출과 일본 및 세계 생산과의 비교

B. 국내 판매

II. 참나무 누에나방 비단(작잠사)

A. 수출

1. 작잠사 소비국

2. 생산지로부터의 작잠사의 수출

---

262 [편쥐 Me : Ma의 오기. 이화양행(怡和洋行)은 자단-매터슨사의 중국명으로, 1832년 영국인 윌리엄 자딘(Scots William Jardine)과 제임스 매터슨(James Matheson)이 공동으로 중국 광저우에 유한책임합자회사 사전양행(渣甸洋行)을 설립한 뒤 1842년에 이름을 이화양행으로 바꾼 것이다.

263 *Hellauer, China*, p.251.

264 "Special Articles", *The Journ. of the Min. of Agr. and Comm.*, 1923.9, p.25.

3. 작잠사 및 참나무 누에나방 생사 수출의 상황

B. 국내 판매

I. 뽕나무 누에나방 비단

A. 수출

1. 기계사 소비국

거의 모든 명주 생산국들은 그들의 원재료를 어느 정도 직간접적으로 중국 방적업체로부터 조달한다. 주요 생사 수입국은 미합중국과 프랑스다.

유럽 시장의 경우, 중국 생사 수입은 기존의 자체 생산을 보충하는 용도로서 유럽 내 생산이 수요를 충족하지 못하기 때문이다. 예컨대, 프랑스에서는 82 자체 생산량이 내수용 명주 수입의 5%에 해당한다.[265] 미국은 자체 생산이 없고 주로 일본으로부터 생사를 공급받는다. (1925년에는 총수입의 약 80%를 차지) 아시아·아프리카 시장이 세 번째의 소비지역으로 언급될 수 있는데 그곳에서는 기계사의 비중이 미미하다. 이곳은 저가 생사의 주요 소비지역이다. 아래 도표에서는 현재 기계사 수출이 각 소비지역에서 어떻게 이루어지고 있는지 살펴볼 수 있다. 후속 도표로는 전쟁 전 상황을 비교할 수 있다. 이 통계는 중국으로부터 소비국으로의 직접 수출만을 나타내는 것이 아니라 해외 교역을 위한 중간 기착지, 즉 홍콩으로의 수출도 거기에 포함되어 있다. 후속하는 미국 자료는 각 소비지역의 중국 비단 수입 상황을 종합적으로 나타낸다(86쪽 참조). 하지만 이 통계는 기계사와 비기계사를 서로 구분하지 않는다는 점에서 불완전하다. 홍콩으로 수출되는 비단이 거의 모두 광저우 기계사라는 점과 광저우 비단의 약 3/5가 미국으로 또한 2/5는 유럽으로 수출된다는 점을 생각한다면, 그나마 한 가지 추론이 가능하다(86쪽 참조). 즉, 홍콩으로 수출되는 비단은 같은 비율로 미국과 유럽으로 수송된다.

다양한 국가로의 평균 수출 상황은 1922~1924년 사이 다음과 같다:[266]

---

[265] *Statist. means. du comm ext. de la France*, Paris, 1925.12, p.44; *Seide, Krefeld* 30-21, p.162.
[266] *Eigne Berechnung nach The Mar. Cust. Foreign Trade of China* II-II, 1924, pp.897 · 900.

백색 기계사		
홍콩	47,282담	62.3%
프랑스	15,733담	20.7%
미국	12,047담	15.9%
기타 국가	801담	1.1%
	75,863담 88,479,209해관태일의 가치	100.0%

황색 기계사		
프랑스	5,603담	83.3%
미국(하와이 포함)	525담	7.8%
일본(대만 포함)	449담	6.7%
기타 국가	148담	2.2%
	6,725담 5,939,256해관태일의 가치	100.0% 83

다양한 국가로의 평균 수출 상황은 1911~1913년 사이 다음과 같다:[267]

백색 기계사		
홍콩	37,779담	62.8%
프랑스	14,498담	24.1%
미국(하와이 포함)	6,146담	10.2%
이탈리아	1,567담	2.6%
기타 국가	155담	0.3%
	60,145담 38,919,829해관태일의 가치	100.0%

황색 기계사		
프랑스	792담	58.1%
이탈리아	365담	26.8%
영국령 인도	114담	8.4%

---

267 *ebenda* III-II, 1913, pp.656 · 659.

황색 기계사		
기타 국가	92담	6.7%
	1,363담 565,239해관태일의 가치	100.0%

도표에서 눈에 띄는 사항은, 현재 이탈리아가 중요 소비국 순위에서 사라졌다는 점이다. 전쟁 전 이탈리아는 흰색 기계사의 구입국가 및 중개국가로서 미국에 이어 4위, 황색 기계사의 구입국가로서 프랑스에 이어 2위를 차지하였다. 오늘날 황색 기계사 수출과 관련한 이탈리아의 지분은 거의 모두 프랑스로 흡수되었고 미국으로의 중국 비단 수출은 전체적으로 크게 증가했다.

2. 생산지로부터의 기계사 수출

소비국으로의 비단 수출 상황을 규명했으므로 이제는 중국 어느 지역으로부터 이러한 비단 물량이 발생했는지에 관하여 질문을 제기하게 된다. 그것의 확인은 생산통계의 과제이겠지만 — 앞서 언급했던 것처럼 — 결여된 상태다. 따라서 개별 지역의 수출로부터 해당 성(省)들의 생산량에 관해서 유추해야만 한다.

개별 산지에서 수출된 명주의 생산량을 취합하고 이를 중국 명주의 총수출량과 비교할 경우 두 수치 사이에 극히 미미한 편차만 발생하는데, 그 원인은 중국 전체의 비단 생산이, 광저우를 제외하면, 먼저 상하이로 운송되어 그곳에서 해외로 수출되는 데에 있다.

이하의 도표들은 개별 지역의 비단 수출 물량을 알려준다. 특히 주목할 만한 사항은 황색 기계사 수출의 급증으로서 이 산업의 큰 호황을 암시한다. [84]

항구나 도시 같은 상이한 생산지들의 1922~1924년 연평균 수출은 다음과 같다:[268]

---

268 *Eigne Berechnung nach The Mar. Cust. Foreign Trade of China* II-II, 1924, pp.897・900.

백색 기계사		
광저우	47,289담	62.2%
상하이	26,294담	34.6%
중부 및 북부의 기타 도시	2,409담	3.2%
	75,992담	100.0%

황색 기계사		
쓰촨성의 항구들(충칭 및 완셴)	5,064담	64.9%
산둥성의 항구들(자오저우 및 즈푸)	2,157담	27.6%
중부의 기타 도시	584담	7.5%
	7,805담	100.0%

항구나 도시 같은 상이한 생산지들의 1911~1913년 연평균 수출은 다음과 같다:[269]

백색 기계사		
광저우	37,776담	62.8%
상하이	20,463담	34.0%
중부의 기타 도시	1,888담	3.2%
	60,127담	100.0%

황색 기계사		
충칭	963담	85.2%
중부 및 북부의 기타 도시	167담	14.8%
	1,130담	100.0%

3. 상하이와 광저우로부터 소비지역으로의 전체 생사 수출

중국에는 전체 생사 수출을 감당하는 두 개의 큰 항구가 있다: 중부 및 남부의 비단이 수출되는 상하이와 남부의 생산물이 수출되는 광저우. 상하이로부터 수

---

269 *ebenda* III-II, 1913, pp.656 · 659.

출되는 비단들은 품종 면에서 상이하다. 기계사를 비롯하여 태잠사와 실켜기된 명주, 백색 및 황색 비단, 작잠사가 수출되며 그에 비해 광저우로부터 수출되는 생사는 거의 모두가 백색 기계사다. 한 미국 통계자료에 따르면, 생사 수출 상황에 관해서는 다음과 같이 소비 지역별로 아래와 같은 윤곽을 그릴 수 있다. [85]

기계사의 비율을 정확히 특정하기는 어려운데 그 이유는 통계자료가 생사에 관해 매우 전반적으로만 취급되기 때문이다. 도표에서와 같은 상황은 전쟁 이후 급변하였다. 무엇보다도 아프리카와 아시아 시장의 구매가 크게 감소했다.

상하이로부터 각 지역으로의 생사 수출(작잠사 포함)은 다음과 같다:[270] (포대 단위)[271]

	미국	유럽	아시아, 아프리카	전체
1914	20,046	25,407	27,246	72,699
1924	19,542	38,145	11,269	68,956
1914~1925 연평균	31,461	30,619	16,143	78,223

광저우에서 수출되는 비단은 거의 모두 미국과 유럽 시장으로 향한다. 그것은 아시아 시장에서는 의미가 없는데 그 이유는 기계사 수요가 매우 적고 그 대신 상하이의 저렴한 태잠사, 실켜기된 명주를 대량 구매하기 때문이다. 전쟁 이후 미국 시장이 광저우 생사 수출의 약 3/5를, 유럽이 약 2/5를 차지한다. 이를 아래의 도표가 나타낸다.

광저우로부터의 생사 수출[271]은 다음과 같다: (포대 단위)[272]

	미국	유럽[273]	총계
1914	18,560	22,137	40,697
1924	26,011	31,900	57,911
1915~1924 연평균	30,488	20,742	51,230

---

270 *Annual Report The Silk Association of America*, 1924, pp. 125 · 127; 1925, p. 123 · 125.
271 1 Ballen = 133⅓ Pfund(pounds)
272 1 Ballen = 106⅔ Pfund(pounds)

두 항구의 수출 상황은 다음과 같다: 1915~1924년 사이 상하이로부터 연평균 10,429,733 영국 파운드, 광저우로부터 5,464,533 영국 파운드가 수출되었다. 즉, 광저우로부터의 수출은 상하이의 절반을 약간 넘는 정도다. 우리의 본래 관심사인 기계사 수출에 대해서는 이 상황이 해당하지 않는다. 그 이유는, 이미 언급되었던 것처럼, 상하이 수치는 기계사뿐만 아니라 비 기계사(작잠사 포함) 수출을 포괄하기 때문이다.

4. 기계사와 비 기계사의 수출 상황 비교

양잠산업의 발전은[86] 그 두 비단 품종의 수출 증가에 의해 확인된다.

1905~1924년 기간의 기계사 수출은 61% 증가했고 그에 비해 비 기계사 수출은 32% 감소했다. 특히 저장성과 장쑤성에서 생산되는 백색 태잠사의 수출 비중이 크게 감소했다. 1920~1924년 동안, 그것은 1905~1909년 수출 물량의 20%에 불과했다.

지난 20년간 이러한 상황은 다음과 같이 전개되었다: (단위 : 담)

연평균	기계사	비 기계사				
	백색, 황색	비 기계사 총량	기계사 대비	실켜기된 명주 (백색, 황색)	태잠사	
					백색	황색
1905~1909 [274]	48,467	41,209	85.0	14,221	14,281	12,707
1910~1914 [275]	60,970	46,033	75.5	17,480	12,339	16,214
1915~1919 [276]	71,751	37,871	52.7	18,171	5,193	14,507
1920~1924 [276]	78,258	28,177	36.0	11,765	2,872	13,540

---

273 Diese Menge schliesst den geringen Exportanteil der asiatischen und afrikanischen Länder ein.

274 "Miscellaneous Art.", *Eigne Berechnung nach Journ. of Gen. Chamb. of Comm. of Shanghai*, 1924.7, p.32.

275 Eigne Berechnung nach Tabelle(s. p.135).

5. 중국의 생사 수출과 일본 및 세계 생산과의 비교(기계사 및 비 기계사)

50년 전 중국의 수출은 세계 총생산량의 절반에 달했다. 일본은 중국의 24%에 불과했다. 1906~1919년 사이 중국과 일본의 수출 통계는 대략 같아졌고 각각 세계 생산량의 32%를 차지했다. 1909년 일본의 수출 통계(8,372,000kg)[276]가 최초로 중국을 넘어섰다. 그 후 중국 수출은 제자리에 머무른 반면 일본의 수출은 1906~1910년 수준에 비해 266% 증가했다. 그래서 현재(1921~1924) 일본 수출은 세계 생산량의 61%를 차지하고 중국은 일본의 37%에 불과하다. 지난 반세기 동안 세계 생산량은 4배 증가했고 일본의 수출은 20배 상승했다. 중국 수출의 증가폭은 단지 75% 정도다.

아래의 도표는 중국과 일본 생사 수출 및 세계 생산량의 추이를 보여준다.[277]

(연평균을 1000kg 단위로 표시) 87

연도	세계 생사 총생산량 (중국과 일본, 페르시아와 투르키스탄)	중국의 생사 수출		일본의 생사 수출	
		총량	세계 생산량 대비 %	총량	세계 생산량 대비 %
1876~1880	8,360	4,178	50	994	12
1881~1885	9,200	3,344	36	1,356	15
1886~1890	11,380	3,843	34	2,056	18
1891~1895	14,220	5,403	38	3,006	21
1896~1900	16,020	6,362	40	3,361	21
1901~1905	19,080	7,355	33	4,865	25
1906~1910	23,220	7,391	31.8	7,448	32.0
1911~1915	24,960	7,649	31	10,770	43
1916~1920	25,426	7,035	27	14,306	56
1921~1924	32,630	7,354	23	19,811	61
1924	39,100	7,715	20	24,525	63

---

276 *Statistique générale de la France*, 1924, p.299.

277 *Diese Tabelle ist nach zwei Statistiken ausgerechnet : 1876~1922 von Statistique générale de la France*, 1924, p.299; 1923~1924; *Seide, Krefeld*, 1925.12.31, p.421.

B. 국내 판매

중국 기계사가 주로 세계시장을 대상으로 하지만 국내 매출의 의미를 가볍게 평가해서는 안 된다. 그 규모를 수치로 확인하기는 어렵지만 현대적인 기계식 방직업체들은 기계사에 대한 왕성한 수요를 발생시켰다. 그 대부분은 심지어 자체 방적 설비를 구비했는데,[278] 이들은 산업 규모를 나타내는 상기 수치들에 포함되어 있지 않다. 당연히 이러한 산업체들도 태잠사를 가공한다. 고급 제품 용도로는 대개 기계사가 사용된다.

기계식 명주 제조업은 중국에서 여전히 신생 사업 분야다. 최초의 기계식 명주 제조업체는 1909년 한커우에 설립되었다. 뒤를 이어 1911년 저장성 항저우(杭州)에 공장들이 생겨났으며 이곳은 현재 현대적 명주 제조업의 중심지가 되었다.[279] 최대이자 가장 유명한 명주 제조업체는 '웨이청사직고빈유한공사(緯成絲織股份有限公司, Wai Tzun Silk Co., Ltd.)'로서 300만 페소의 자본금과 150대의 직조기(絲織機)를 갖고 있다.[280] 총괄적으로, 항저우에는 11개의 현대적 기계식 직조업체가 존재하는데, 이들은 총 460개의 직조기를 갖추고 있고[281] 상하이에는 약 8개의 명주 직조업체가 존재한다.[282] 다른 도시들에도 현대적 기계식 명주 직조업체가 존재하지만 숫자로는 아직 파악되어 있지 않다. [87]

II. 참나무 누에나방 비단(작잠사)
A. 수출
1. 작잠사 소비국

기계사는 주로 일본에 수출되는데, 일본은 안둥(安東)과 다롄(大連)으로부터 수출되는 작잠 기계사의 거의 전체를 수용한다. 두 번째는 미국이다. 프랑스가 3번째 수입국으로 그 뒤를 따르고 그 다음에는, 도표에서 볼 수 있다시피, 기타 국가들이 있다.

---

278 "Reclame", *Journ. of Gen. Chamb. of Comm. of Shanghai*, 1925.10.
279 "Miscellaneous, Art.", *ebenda*, 1924.7, p.19.
280 *Anmerkung wie*, p.240.
281 *China Jahrbuch*, 1924, p.1474.
282 *Bericht von T'ang Chin.*, 1924.8, p.5.

각국으로의 수출 상황 : 1922~1924년의 연평균[283]		
일본(대만 포함)	13,843담	59.1%
미국(하와이 포함)	8,260담	35.3%
프랑스	1,004담	4.3%
기타 국가	297담	1.3%
	23,404담	100.0%
14,578,008해관태일의 가치		

각국으로의 수출 상황 : 1911~1913년의 연평균[284]		
미국(하와이 포함)	3,926담	50.5%
프랑스	2,850담	36.6%
이탈리아	736담	9.4%
일본(대만 포함)	255담	3.3%
기타 국가	13담	0.2%
	7,780담	100.0%
2,023,687해관태일의 가치		

비교할 수 있도록 세계대전 발발 이전의 상황이 예시되어야 할 것이다.

2. 생산지로부터의 작잠사의 수출

1922~1924년의 연평균[284]		
만주 지역 항구 (안둥, 다롄, 니우좡(牛庄)[285]	16,849담	72.5%
즈푸[286]	6,373담	27.4%
상하이	13담	0.1%
	23,235담	100.0%

---

283 *Eigne Berechnung nach The Mar. Cust. Foreign Trade of China* II-II, 1924, p.902.
284 *ebenda* III-II, 1913, p.661.
285 [편주] 지금의 잉커우(營口).

제2장
중국의 생사 공업

3. 작잠 기계사 및 작잠 태잠사의 수출 변화

전쟁 발발 이전에는 주로 천연 작잠사가 수출되었다. 그러나 1915년 이후 두 명주 품종의 수출 상황은 완전히 뒤바뀌었다. 태잠사의 수출은 급감한 반면 기계사 수출은 더욱 확대되었다. 지난 3년 사이(1922~1924) [89] 기계사는 연평균 23,405담, 태잠사는 2,432담 수출되었는데 이는 기계사의 10% 이상, 개전 전(1912~1914) 태잠사 수출의 10%를 상회하는 수준이다. 이러한 변화의 원인은 개전 이후 급증한 일본의 수요에서 찾을 수 있는데 태잠사 수입이 그와 함께 증가했던 것이다.[287]

태잠사의 수출 변화는 아래와 같다:[288]

연도	작잠 기계사	작잠 태잠사	총계
1912	14,862담	21,299담	36,161담
1913	609담	29,053담	29,662담
1914	103담	20,969담	21,072담
1915	24,225담	9,779담	34,004담
1916	13,165담	5,517담	18,682담
1917	14,310담	3,926담	18,236담
1918	23,327담	5,261담	28,588담
1919	27,990담	5,691담	33,681담
1920	16,874담	4,911담	21,785담
1921	31,411담	5,673담	37,084담
1922	20,792담	2,949담	23,741담
1923	29,357담	1,839담	31,196담
1924	20,065담	2,507담	22,572담

---

286 [편쥐 지금의 옌타이(烟台).
287 1914 exportierte Japan Tussahstoffe(Pongees) im Werte von 75 000 Yen, 1916 für 1 978 000 Yen, 1922 für 28 596 000 Yen.
288 1912~1918년 : *China Jahrbuch*, 1924, p.1175. 1919~1924년 : *The Mar. Cust. Foreign Trade of China* I, 1920, p.104; 1921, p.124; 1923, p.140; 1924, p.142.

B. 국내 판매

진짜 명주와 마찬가지로 태잠사의 국내 판매 상황도 명확하게 파악되지는 않는다. 태잠사 직조업의 현황과 규모로부터 결론을 도출하는 정도는 가능하다. 산둥성은 예컨대 오래되고 유명한 태잠사 생산지역이다. 이곳의 직조업에서는 여전히 가내공업과 구식의 토착적 공장기업이 주류를 이룬다. 하지만 이미 즈푸에는 6대의 직기를 갖춘 현대적 기계식 태잠사 직조업체가 존재한다.[289]

1920년 생산지역으로부터 중국의 기타 지역으로 1,539담의 태잠 기계사가 배송되었다.[290] 90

산둥성 동부의 4개 행정구역에는 전통 방식으로 작잠사를 생산하는 공장형 직조업체가 존재한다. 191개의 건물에 6,540개의 직조기가 있으며 연간 981,000통을 생산한다.[291] 1922년 전체적으로 6,965,200냥 가치의 폰지(작잠사 재료)가 즈푸로부터 송출되었다.[290]

3. 가격 형성과 동향

a) 명주 무역에서 가격 형성에 결정적인 영향을 끼치는 요인 중에는 주로 다음과 같은 대형 증권시장들이 포함된다: 주요 소비국인 미국의 뉴욕, 주요 생산국인 일본의 요코하마, 유럽의 리옹.

명주 가격은, 모직물이나 면직물 가격과는 달리, 대중의 폭넓은 구매력에 동일하게 의존하는 게 아니라, 높은 구매력으로 인해 명주 무역에서 거의 독점적 지위를 갖는 미국에 의존한다. 미국의 연간 수입량(1924년 경우)은 세계 생산량의 약 60%를 차지한다.[292] 당연히 미국은 주요 소비국으로서 명주 가격을 최대한 낮게 유지하는 데에 관심을 갖는다. 그 반대편에는 일본이 주요 명주 수출국으로서(일본의 수출은 1924년 세계 생산량의 63%를 차지) 자리하는데 일본의 국가경제에서 명주 무역은 가장 중요한 위치를 차지한다. 일본 가격정책은 현재, 일정 기간 내에 폭

289 *The Eastern Miscellany*, 1924.6, p.82.
290 *Chin. Weekly Econ. Bull.* 52, 1924, p.18.
291 *China Jahrbuch*, 1924, p.1474.
292 "Anhang", *Stat. Jahrb. f. d. Deutsche Reich*, 1924~1925, p.80.

발적 수익을 올리는 것과 같은 단기 목표를 지향하지 않고, 최대한 저가로 공급하여 미국 내 명주 소비를 증가시켜 이로써 명주 소비시장을 확대하고 굳건히 만들겠다는 목표를 추구한다.[293]

중국은 생사의 세계시장 가격 형성에 그 어떤 주도적 영향력도 갖지 못한다.

상하이에서의 가격 비교:[294] a) 최고가 b) 최저가 1925년 1~3월까지 1담의 평균 가격을 해관태일로 표시		
기계사:	제품명	가격
백색 a)	Factory 13/22 dens	1,102,633
b)	Double Lions (쓰촨성) 13/15 dens	700,179
황색 a)	Motor Car 13/15 dens (산둥성)	942,549
b)	Daily News 13/15 dens (쓰촨성)	565,530
작잠사 a)	작잠사 제사 공장 8Cocons, Sun Pagoda	482,495
b)	작잠사 제사 공장 8Cocons, Mirage 1	435,368 [91]

실켜기된 명주:		
백색 a)	Tsatlees Rereels, Cross & New Style, Gold Silver Incense Burner	812,388
b)	Tsatlees Rereels, Cross & New Style, Silver Three Horse	552,065
황색 a)	Five Bats	718,133
b)	Tien Kuan	556,553
태잠사:		
백색 a)	Hoong Foo Nuen	736,086
b)	Skeins Motsan, No. 3, 4 Gold Double Cock	444,345
황색 a)	Minchew Rereels 1st Quality, Double Men	745,063
b)	Seechong 1st Quality	269,300
작잠사	Tussah Natives	251,346

중국 비단의 평균가격이 1925년 1월부터 3월까지 상하이에서 어떻게 형성되었는지 이하의 표에서 개관할 수 있다. 도표에서는 비단 종류가 생산수단에 따라

---

293 *The Oriental Economist*, 1925.11.14, pp. 28~29.
294 *The Shanghai Market Prices Report*, 1925.1~3, pp. 127~133.

세 집단으로 구분되어 있으며 각 집단별로 최고가 비단 및 최저가 비단의 가격이 표시되어 있다.

최고급 기계 작잠사의 가격인 1,102,633해관태일을 100으로 하여 다른 종류 전체의 최고 가격을 비교하면, 다음과 같은 표를 얻을 수 있다:

	백색	황색	작잠사
기계사	100.0	85.4	43.7
실켜기된 명주	73.6	65.1	-
태잠사	66.6	67.5	22.7

뉴욕에서 일본과 이탈리아 비단에 형성된 세계 시장가격과 비교해보면, 1925 년 1사분기 중국 비단은 다음과 같은 평균 가격을 갖는다:[295] (단위 : 파운드)

이탈리아 Extra Classical	일본 간사이 Best. No. 1	중국 Steam Filature 1st Category	광저우 기계사 Ex. Ex. A.
6.68 $	6.35$	6.58$	5.53$

b) 목화 및 양모 가격이 지난 30년 동안 급상승한 반면, 명주 가격의 상승은 전 쟁 이전 시기에 조금도 확인되지 않는다.[296] 전쟁 및 전후 기간에는 전반적 물가 상승에 비해 명주 가격이 상승했다.

1등급 중국 기계사(중국 Steam Filature, 1st Category) 1파운드의 가격은 1914년 뉴 욕에서 4.12달러였다. 1916년 비단 가격이 상승하기 시작했다. 가격 상승은 1920 년 최고조에 달하여 10.38달러, 즉 1914년의 약 $2\frac{1}{2}$ 배가 되었다. 뒤이어 급격한 가격 하락이 발생했다. 1921년 1파운드의 명주는 6.67달러에 불과했다. 1923년 일본 지진의 여파로 9.35달러로 잠시 급상승하였다. [92]

미국에서 중국 비단의 목화와 양모 대비 상대가격은 다음과 같이 형성되었다:

295 *Annual Report The Silk Association of America*, 1925, p.108.
296 *A. Kertesz, Die Textilindustrie sämtlicher Staaten*, p.15.

					각 연도 대비 1924년 퍼센트 변화	
	1914	1922	1923	1924	1914 = 100	1923 = 100
중국 Steam Filature, 1st Category (누욕,[297] 1파운드)	4.12	8.19	9.35	6.81	+ 65.2	- 27.2
목화 : 평균 시장가격 (파운드당 센트)	12.1	21.3	29.4	28.7	+ 137.2	- 2.4
양모 : 평균가격 (파운드당 센트[298] (오하이오 ¼ - blood)	23	44	51	5.3	+ 130.5	+ 3.9 [93]

3장 산업 수익성

중국 양잠산업의 수익성을 평가하기는 어렵다. 그 이유는 중국 경제계에서는 사업 비밀 유지가 다른 어떤 곳에서보다 훨씬 더 핵심으로 여겨지기 때문이다.

상하이에서는 1924년도에 관해 다음과 같은 상황이 확인되었다:[299]

건조 누에고치 100근에서 생사 178근이 수확되었다. 그중 특급은 93근, 1등급은 52근, 2등급은 33근이었다. 1924년 생사 1담의 상하이 평균가격은 다음과 같이 형성되었다:

특급	1200해관태일
1등급	1150 〃
2등급	1000 〃

건조 누에고치 10담	1600해관태일
그 밖의 제반 생산비[300]	456 〃
포장, 수출세, 수수료[301]	54 〃

---

297 *Annual Report The Silk Association of America*, 1924, p.100; 1924, p.108.

298 *Commerce Yearbook*, 1924, p.298.

299 "Spec. Art.", *Journ. of Gen. Chamb. of Comm. of Shanghai*, März 1925, pp.26~27.

총생산비	2110 〃
생사 178근의 수익	2044 〃
부산물 판매 수익	253 〃
총수입	2297 〃

순이익은 187해관태일이다. 따라서 생사 100근 또는 1담에서 105해관태일의 순이익이 발생하며, 이는 총생산비의 8.9%다.

이 계산에서 누에고치 비용은 수출세, 포장, 수수료를 제외한 총생산비에서 약 78%를 차지한다. 94

남중국의 경우, 1916년 광저우에 소재하는 Tung-an-Tai 제사 공장의 생산비가 다음과 같이 산출되었다:[302]

생사 100근 생산 경우	
누에고치	700페소
여성 노동자 임금	100 〃
남성 노동자 임금과 직원 봉급	10 〃
석탄과 땔감	95 〃
이자와 임대료	25 〃
	총 925페소

부산물로는 85페소가 발생했다. 그에 비해 1916년도 광저우에서의 명주 가격도, 품질과 마찬가지로, 거의 확인되지 않기 때문에 제사 공장의 수익성 산출은 불가능하다. 누에고치 비용이 총생산비에서 차지하는 비중은 75.7%다.

1922년 하반기 경우, 상하이 제사 공장들은 평균적으로 다음과 같은 수익을 올렸다:[303] 64개 제사 공장에서 17,396개의 보일러에 의해 19,882담의 생사가 생산

---

300 Arbeitslohn, Brennmaterial usw., die sich einzeln nicht feststellen lassen.
301 Keine direkten Produktionskosten; sie werden aber vom Verkäufer getragen.
302 "Reports", *Journ. of Gen. Chamb. of Comm. of Shanghai* 4-7, p. 27.
303 *Eigne Berechnung nach : Chinese Government Bureau of Economic Information* 123-1, 1923.6, pp. 3~6.

되었다. 총매출액은 24,176,787해관태일, 순이익은 1,454,000해관태일이다. 총 생산비는 22,722,787해관태일에 달한다. 생사 1담의 평균 순이익은 73해관태일 또는 생산비의 6.4%다. 보일러와 일일 순이익은 0.56해관태일로서 보일러 1개의 반 년 순이익은 83.6해관태일이 된다. 각 회사의 수익성은 매우 상이하다. 예컨대 제사 공장 Yun-yü는 154해관태일(생사 1담 생산비의 14%)의 순이익을 거둔다. 그에 비해 64개의 제사 공장 중 4개의 중간 규모 회사들은 전혀 수익을 얻지 못했다.

자료에 기초하여 반 년간 6.4%라는 순이익이 산정되었지만, 중국에서의 통상적 이자율(평균 10~15%가 은행 이자로 통용)과 비교해보면 수익성이 그다지 높아 보이지는 않는다. [95]

결론 – 중국 국가경제에서 명주산업의 의미

1. 중국의 대외무역에서 명주 수출이 차지하는 의미
2. 중국 견방직과의 관계

1. 이 산업의 생산품들은 세계적 교역 물품이므로 명주 수출의 의미를 먼저 중국 대외무역의 측면에서 고찰하는 것이 온당해 보인다. 이 때 명주 수출의 백분율이 총수출, 총수입, 끝으로 면직물 수입과 비교되어야 한다. 후자의 비교는 두 가지 관점에서 의미가 있다. 첫째 두 가지 모두 섬유 제품이기 때문이며, 둘째 면직물(실 제외) 총수입에서, 기계사는 총수출(경우에 따라 상이)에서 수위를 차지하기 때문이다.

이에 관하여 다음 도표가 잘 보여준다:

연도	기계사(순수 및 작잠사) 수출 (단위 : 해관태일)[304]	총수출에서의 비중[305]	총수입(net)에서의 비중[306]	면직물(실 제외) 수입에서의 비중[306]
1922	117,234,774	17.9	12.4	77.3
1923	118,984,496	15.8	12.8	90.2
1924	90,769,149	11.7	8.9	58.8

수치로 볼 때, 콩과 콩 제품(주로 만주에서 생산된 대두)이 수출에서 현재 1위를 차지하고 있기는 하다. 1924년에는 96 총수출의 19.17%를 차지했다. 2위는 기계사로서 11.7%로 그 뒤를 따른다. 수출된 명주는 반제품인 반면, 콩류는 거의 모두 무가공 농산물이다. 두 수출품 사이의 이 중요한 차이를 고려한다면, 명주에게 현재 수출품 1위의 지위를 인정하는 것이 마땅할 것이다.

2. 중국 명주 제품이 국내와 국외에서 기존 시장을 유지 내지 확장하려면, 고른 결의 고급 기계사로 섬유를 생산해야 할 것이다. 또한 기술 개선도 필요할 것이다.
중국의 명주 제품 수출은, 다음 도표에서 알 수 있다시피, 줄어들기 시작했기 때문이다:

연도	명주 제품(순수)	작잠사 제품
1913[307]	17,179담	16,749담
1922[308]	13,270담	17,676담
1923[309]	14,533담	13,962담
1924[309]	13,303담	14,019담

---

304 *The Mar. Cust. Foreign Trade of China* I, 1923, pp.136~137; 1924, pp.138~139.
305 *Eigne Berechnung nach ebengenannter Quelle* I, 1924, p.98.
306 *Eigne Berechnung nach The China Year Book*, 1924, p.674; "Cart. 6", *The Mar. Cust. Foreign Trade of China* I, 1923; 1924.
307 *China Jahrbuch*, 1924, pp.1765~1766.

이 같은 감소의 원인은 기타 국가, 특히 미국과 일본에서 명주 가공업이 활성화되었다는 측면과, 한편으로는 균일한 결의 고급 섬유를 요구하는 흐름에 중국 가공업이 더 이상 부응하지 못하여 중단 상태에 처했다는 측면에 있다. 현재 중국에서조차 자국 명주 시장은 외국 제품의 경쟁으로 위기에 처한 상태로서, 서구 패션의 영향이 증가하면서 그 수입이 늘고 있다. 1924년에는 상하이로만 23만 근 이상의 명주 제품이 수입되었고[309] 1913년보다 6만 근 이상이 늘었다. 이 수입품들은 모두 의류 제품으로서 그에 대한 수요는 지속적으로 증가하고 있다.

이미 위에서 본 바와 같이(88쪽), 중국의 현대식 기계 직조는 이미 어느 정도 의미를 갖게 되었다. 그래서 어떤 일본 전문가는 항저우의 명주 직조업체 웨이청사 직고빈유한공사를 살펴보고 말했다:

"이 직조업체는 최신식이며 훌륭하게 조직되어 있습니다. 그래서 그 생산력과 제품이 일본 최고의 명주 직조업체들보다도 훨씬 우수합니다."[310]

현대적 직조업체의 생산품은, 특히 재래의 전통적 97 명주 가공 지역인 항저우의 제품들은, 해외 수출이 늘고 있으며 중국 시장에서도 가내 공업 제품들을 몰아내고 있다. 그래서 항저우 소재의 가내 공업에서 생산된 몇몇 명주 제품들은 이미 시장에서 더 이상은 볼 수 없다.[311]

현대식 직조의 발전은, 따라서, 중국의 대외무역을 위해서, 외국 명주 직물의 수입 증가로 위기에 봉착한 내수시장을 위해서와 마찬가지도, 크나큰 의미가 있으며 현대적 제사 공장의 발전과 병행하여 진행되어야 한다.

다양한 중국산 명주의 수출 총람[312]						
연도	뽕나무 누에나방 비단				작잠사	누에고치
	태잠사		조사(繰絲)(백색 및 황색)	기계사(백색 및 황색)	(기계사 및 태잠사)	
	백색	황색				
1910	10,842	15,876	19,497	63,969	29,042	18,050

308 *The Mar. Cust. Foreign Trade of China* I, 1923, pp.136~137; 1924, p.138.
309 *The Shanghai Market Prices Report*, 1925.1~3, p.5.
310 "Notes on Silk Industry", *Journ. of Gen. Chamb. of Comm. of Shanghai*, 1924.7, p.8.
311 "Miscellaneous, Articles", *ebenda*, p.19.

연도	뽕나무 누에나방 비단				작잠사	누에고치
	태잠사		조사(繰絲) (백색 및 황색)	기계사 (백색 및 황색)	(기계사 및 태잠사)	
	백색	황색				
1911	11,869	13,488	15,321	55,416	33,831	20,925
1912	20,876	19,414	22,430	59,157	36,161	22,897
1913	11,617	17,633	20,553	69,541	29,662	25,469
1914	6,491	14,659	9,601	56,766	21,072	23,679
1915	6,780	13,145	26,029	63,139	34,004	34,177
1916	5,947	13,867	15,461	68,286	18,682	30,333
1917	4,612	14,492	15,377	73,103	18,236	33,623
1918	4,159	12,361	15,659	64,187	28,588	32,740
1919	4,468	18,669	18,331	90,038	33,681	34,726
1920	3,482	13,410	9,595	56,043	21,785	15,925
1921	2,248	13,967	10,281	78,484	37,084	33,192
1922	2,593	14,433	13,462	89,248	23,741	32,077
1923	3,111	12,613	14,033	77,470	31,196	19,326
1924	2,928	13,276	11,452	81,047	22,572	26,378
1925	2,836	11,445	15,833	103,289	34,614	31,696

다양한 중국산 명주의 수출 총람[312]

송병욱 역

영인 72쪽

---

312 *The China Year Book*, 1923, p. 528; 1924, p. 529; *The Mar. Cust. Foreign Trade of China* I, 1924, p. 143; 1925, p. 200.

학적기록

이극로는 1922년 4월 28일 프리드리히-빌헬름 대학에 입학하여 1926년 6월 4일까지 재학하였다. **수료 (졸업)일자는 1926년 7월 27일로 기록되어 있다.**

베른하르트 교수가 7월 22일 심사 승낙을 하였고, 이극로는 11월 26일에 학장 앞으로 「구술 시험 신청서」를 보냈다. 주 전공은 민족경제학, 부 전공은 철학과 민족학으로 적혀 있다.

11월 30일자 베를린 대학 철학부의 「박사 시험 신청서」에 대해 학술, 예술, 국민교육부에서는 12월 11일자로 응시를 허가하였다. 이극로는 11월 30일에 슈마허와 베른하르트 교수에게 논문 심사 요청을 하였다. 이로서 슈마허는 **1926년 12월 27일** 「논문 심사서」에 "매우 칭찬할 만한"의 평가를 제안하였고 베른하르트는 1927년 1월 10일에 동의하였다. 1월 14일에 논문 심사 결과를 동료 교수들에게 통보하였고

〈그림 1〉 이극로 독사진 뒷면 자필 기록—
"이 사진은 4260해(1927) 2달 4날(박사 시험에 붙은 다음날)에 벨린에서 박인 것."

1927년 1월 20일에 회의에서 최종 인정되었다.

다만, 1922년 2월 3일 **구술 시험**에서는 철학과 교수 마이어가 "전체적으로 우수", 민족학 교수 투른발트가 "우수"의 점수를 주었고, 베른하르트 교수는 "양", 슈마허 교수는 "가까스로 양"의 낮은 점수를 주었다. 가까스로 구술 시험을 통과한 다음날 이극로는 기념으로 독사진을 촬영했다. 독사진 뒷면에 자필 기록이 남아 있다.

그리고 1927년 5월 25일에 학위수여식을 하였고, 이날 동향 사람인 신성모와 안호상이 축하 차 참석했고 3인의 기념사진은 안호상 박사 집안에 전해온다.

독일어 쉬터린체 분석은 송병욱 씨의 지인인 아스콜트 히츨러(Askold Hitzler) 씨와 그의 모친께서 도움 주셨다. 원본 문서의 오른쪽 혹은 왼쪽이 철해져서 한 쪽 끝 글자들이 거의 보이지 않아 완역하지 못한 점이 아쉬움으로 남는다.

논문 심사 승낙서

1926.7.22.

베를린, 1926년 7월 22일

저는 코루 리 씨의 박사논문(「중국의 생사 공업」)을 위한 심사를 기꺼이 할 것 입니다.

오이겐 베른하르트

영인 124쪽

Berlin, 22. Juli 1926.

Ich bin bereit, das Korreferat für die Promotionsarbeit des Herrn Li Kolu
Die Seindenindustrie in China
zu übernehmen.

Eugen Bernhard

수료증 초안

"Entwurf Abgangszeugnis", 1926.7.27.

베를린 프리드리히-빌헬름 대학 총장 및 대학평의회

남성/ 코루 리

출생 : 중국 환인현

우쏭 김나지움의 졸업증명서에 따라

1922년 4월 28일부터 1926년 6월 4일, 학생증 만료에 따라 그의 등록이 삭제될 때까지 철학과 학생으로서

"이 수료증으로써, 중국 환인현 출신 남성 코루 리(Kolu Li)가 우쏭 김나지움 졸업증에 따라 1922년 4월 28일부터 1926년 6월 4일까지 본(우리) 대학의 철학과 학생으로서 재학했으며, 철학과에 등록되어 있었음을 증명합니다."

(해당자가) 이수한 강의는, 별첨된 수강 기록부(Anmeldebuch)에서 확인할 수 있습니다.

(해당자의) 행실에서 부정적 측면(특이 사항)이 발견된 경우는 없습니다.

베를린, 1926년 7월 27일

대학총장 서명,   대학비서 서명

아스콜트 히츨러(Askold Hitzler) 쥐터린체 감수, 송병욱 교정·교열

영인 125쪽

Rektor und Senat der Friedrich-Wilhelms-Universität zu Berlin
bekunden durch dieses Abgangszeugnis, daß

Herr : Kolu Li

geboren zu : Huan-jin-chen, China

auf Grund des Zeugnisses : d. Rfe. d. Gymnas. Wusung

vom : 28.4.22 bis zu seiner am 4.6.26 wegen Abl.(Ablauf) d.(der) Matrikel erfolgt-
en Löschung als Studierender Philos.

der an unserer Universität immatrikuliert und bei der Philos. Fakultät eingeschrieben gewesen ist.

Die von ihm/ihr belegten Vorlesungen sind aus dem angehefteten Anmeldebuch
ersichtlich.

Ueber seine/ihre Fuehrung ist nichts Nachteiliges bekannt geworden.

Berlin, den 27. Juli 1926

Der Rektor der Universität,   Der Universitätssekretaer

이력서 2

"Lebenslauf".

저는 1896년 의사 이근주의 아들로 만주 환인현에서 태어났습니다.

상하이 우쑹에 있는 김나지움에 해당하는 (독일-중국계의) '둥치' 의학·공학학교를 4년간 다닌 뒤, 1920년 1월 그 곳에서 졸업시험을 봤습니다. 그 후 한 학기 동안 같은 기관의 공학수업을 들었습니다.

1922년 4월 저는 베를린 프리드리히-빌헬름-대학의 철학학부에 입학했습니다. 8학기 동안 저는 민족경제학, 법학, 철학과 민족학을 공부했습니다. 몇 학기 동안 저는 신뢰가 가는 조언자인 슈마허 교수, 좀바르트 교수, 하인리히 마이어 교수와 막스 슈미트 교수의 하웁트세미나[1]의 일원이었습니다. 제가 신뢰하는 조언자, 존경하는 선생님 슈마허 교수님께 제 연구에 있어 특별한 자극과 후원을 받았습니다.

1923년부터 저는 베를린 프리드리히-빌헬름 대학의 동양어 세미나에서 한국어 강사로 일하고 있습니다.

정용준 역
영인 125쪽

---

1 [역쥐 독일 대학에는 여전히 두 가지 세미나가 있다. Proseminar와 Hauptseminar인데, 전자는 4학기 미만의 학부생들이 듣고, 후자는 4학기 이상의 학부생들과 대학원생들이 함께 듣는다. 하웁트세미나가 더 전문적이고 깊은 내용을 다룬다.

Lebenslauf

Ich bin geboren am 10. April 1896 als Sohn des Arztes Ken-chu Li in Huan-jen-hsian in der Mandschurei.

Nach 4-jährigem Besuch der Gymnasialabteilung der (deutsch-chinesischen) "Tungchi" Medizin- und Ingenieurschule in Wusung bei Schanghai machte ich dort im Januar 1920 das Abiturium[1]. Danach besuchte ich ein Semester lang die Ingenieurschule der gleichen Anstalt.

Im April 1922 wurde ich bei der philosophischen Fakultät der Friedrich-wilhelms-Universität zu Berlin immatrikuliert. Während 8 Semester studierte ich Nationalökonomie, Jura, Philosophie und Ethnologie. Mehrere Semester war ich Mitglied der Hauptseminare der Herren Professoren Geheimrat[2] Schumacher, Geheimrat Sombart, Geheimrat Heinrich Maier und Max Schmidt. Besondere Anregung und Förderung meiner Arbeit verdanke ich meinem hochverehrten Lehrer Herrn Geheimrat Schumacher.

Seit 1923 bin ich als Lektor für die[3] koreanische Sprache am Seminar für Orientalisch Sprachen an der Friedrich-wilhelms-Universität zu Berlin tätig.

Kolu Li

---

1   [역주] Arbitrium의 오기.
2   [역주] 본래 고대 로마정부의 비밀관리를 이르는 말. 후에 „비밀"이라는 뜻이 강조된 채 전이되어 „믿음직한 조언자"라는 의미로 확장되어 사용되었다.
3   [역주] 원문 탈자

이극로 발송 편지 5

베를린, 1926년 11월 26일

저는 제 논문을 스스로 하였고, 그 어떤 허용되지 않은 도움은 받지 않고 작성했으며, 똑같은 논문을 다른 소재로 시험에 제출한 적이 없고, 그 밖에 부분적으로나 논문 전체를 밖으로 출판한 적이 없음을 선서 대신에 약속드리는 바입니다.

코루 리

철학 석사

모든 서류들 그리고 논문을 돌려받았음.

정용준 역

영인 126쪽

Berlin, den 26. November 1926

Ich versichere an Eidesstatt, daß ich meine Dissertation selbst und ohne un-
erlaubte fremde Hilfe angefertigt und daß ich dieselbe einer andern Stelle zur
Prüfung nicht vorgelegt habe, ferner, daß die weder ganz noch im Auszuge veröffentlicht worden ist.
Kolu Li
cand. phil.
Sämtliche Papiere u. Dissertation zurück erhalten.
28/11 27. Kolu Li

구술 시험 신청서

1926.11.26.

베를린, 1926년 11월 26일

학장 각하께.

저의 박사 학위논문 「중국의 생사 공업」과 개인신분증명서를 제출하며 저의 구술 시험 신청을 받아 주실 것을 부탁합니다.

저는 다음 전공들을 평가받고 싶습니다.[1]

주 전공 : 민족경제학

부전공 : 철학 그리고 민족학

이극로

철학 석사

베를린 북서부 87, Jagowstr. 23

철학부 학장님께,

여기

정용준 역
영인 127쪽

___
1 [역쥐 저는 다음 전공들에서 평가되고 싶습니다(직역).

Berlin, den 26. November 1926

Eurer Spektabilität[1]

erlaube ich mir unter Überreichung meiner Dissertation : Über „Die Seidenindustrie in China" und meiner Personalpapiere die Bitte auszusprechen, meine Meldung zum Doktorexamen gefälligst anzunehmen.

Ich möchte in folgenden Fächern geprüft zu[2] werden

Hauptfach : Nationalökonomie,

Nebenfach : Philosophie u. Ethnologie

Kolu Li

cand. phil.

Berlin NW87, Jagowstr. 23

An

Seine Spektabilität den Herrn Dekan der Philosophischen Fakultät,

hier

---

1 [역쥐 편지의 서두에 쓰는 호칭으로는 본래 „Eure Spektabilität"가 맞는다. 필자의 문법상의 오류로 보임. 끝에 쉼표(,)가 누락되었다.

2 [역쥐 „möchten"은 조동사로, 뒤에 따라오는 동사 원형 앞에 „zu"를 붙일 필요가 없다. 필자의 실수로 보임.

학위 수여 신청 공문

1926.11.30.

프리드리히-빌헬름대학 철학부
1926년 11월 30일

철학부는 중국 국적의 코루 리 씨의 박사 학위 수여 신청을 허락할 수 있도록 부탁하는 바입니다.

학장 (서명)

학술, 예술, 국민교육부 장관 귀하,
여기

영인 127쪽

Philosophische Fakultät
der
Friedrich-Wilhelms-Universität
30. November 1926.

Die Philosophische Fakultät bittet, die anliegende Promotionsmeldung des Herrn
Kolu Li, staatsanghörig in China, genehmigen zu wollen.

Der Denkan

An den Herrn Minister für Wissenschaft, Kunst und Volksbildung
hier.

박사 시험 신청서

"Philosophische Fakultät Meldung zur Promotionsprüfung", 1927.1.20.

철학 석사 코루 리

철학 석사 코루 리가 국가경제학과의 박사 학위 시험을 신청하는 바입니다.

지원서에 덧붙여짐 : 유

1. 이력서 : 유

2. 이 응시자가 직접 논문을 작성하였고, 다른 외부의 도움을 받지 않았으며 다른 소재로 논문 검토를 위해 제출하지 않았고, 논문 전체적으로나 부분적으로 외부에 출판한 적이 없음을 담은 문서에 의한 단언 : 유

3. 졸업 증명서의 신청서(혹은 학적등록을 위한 경찰의 품행진단서)

경찰의 품행진단서 1926년 11월 22일 베를린.

4. 김나지움 졸업증서(장소와 시간)

1920년 2월 우쑹(중국)의 김나지움

5. 3년간 대학생활의 증명은 베를린에서의 8학기를 통하여 함.

베를린 8학기

6. 박사 학위논문 제목

중국의 생사 공업

7. (경우에 따라서 화학자들에게) : 실험실 수뇌부의 증서와 연합시험의 증명서.

저는 심사원 슈마허와 베른하르트에게 논문에 대한 바람직한 판결과 조언 그리고 그에 알맞은 점수를 간청하는 바입니다.

베를린 1926년 11월 30일

철학부 학장 (서명)

저는 이제 "매우 칭찬할 만한" 점수를 가지고 다음 페이지에 있는 허용 신청서를 제 존경하는 동료들에게 통보하는 바입니다.

베를린, 1927년 1월 14일

철학부 학장 (서명)

회의에서 1927년 1월 20일 허가함.

영인 128쪽

Der cand. phil. KoluLi

meldet sich zur Promotionsprüfung im Fache der Staatswissenschaften

Dem Gesuche ist beigelegt : vorhanden

1. Der Lebenslauf. : vorhanden

2. Die schriftliche Versicherung des Kandidaten, daß er die bezeichnete Dissertation selbst und ohne fremde Hilfe verfertigt, daß er sie noch keiner andern Stelle zur Beurteilung vorgelegt und weder ganz noch im Auszuge bisher veröffentlicht hat. : vorhanden

3. Anmeldung zum Abgangszeugnis(oder polizeiliches Führungsattest behufs Immatrikulation) :

Polizeiliches Führungszeugnis Belin 26. November 1926.

4. Das Zeugnis der Reife(Ort und Zeit) :

Gymnasium zu Wusung(China) Februar 1920.

5. Die Nachweisung des akademischen Trienniums durch

Berlin 8 semester.

6. Die Dissertation, betitelt :

Die Seindenindustrie in China.

7. (Bei Chemikern eventuell) : Bescheinigung des Laboratoriumsvorstandes und Zeugnis über Verbands-Examen.

Ich ersuche die herren Schumacher und Bernhard.

um gefällige Beurteilung der Dissertation und Vorschlag eines geeigneten Prädikats für dieselbe.

Berlin, den 30. November 1926.

Der Dekan der Philosophischen Fakultät

Ich bringe nunmehr den umstehenden Antrag auf Zulassung mit dem Praedikat : "Valde Laudabile" zur Kenntnis meiner geehrten Herren Kollegen

Berlin, den 14. Januar 1927

Der Dekan der Philosophischen Fakultät

Genehmigt in der Sitzung
Von 20. 1. 1927

박사 시험 허가 공문

1926.12.11.

경우에 따라, 입학허가
1권

1926년 11월 30일 자 편지에 따라, Kolu Li(환인현 출신)의 철학과 박사 시험 응시(해당 학과에서 주관)가 허가되었습니다.
수수료 : 5라이히스마르크
학술, 예술, 국민교육부 장관을 대행하여
직권 대행 라이스트

베를린 대학 철학과 귀중

송병욱 역
영인 128쪽

Zl. 237 (evtl. Zulassung)
1 Heft

Auf den Brief vom 30. November 1926-160- wird die Zulassung des Studieren
den Kolu Li aus Huan-jen-hsian zur philosophischen Doktorprüfung bei der dorti-
gen Fakultät genehmigt.
Verwaltungsgebühr: 5 RM[1]
Im Auftrage
Des Herrn Ministers für Wissenschaft, Kunst und Volksbildung
Im Auftrage
gez. Leist.

An
Die Philosophische Fakultät
Der Universität
In
Berlin

---

1   [역주] Reichsmark

박사 논문 심사서

1926.12.27.

이 작업(즉, 논문)은 ○○○[1] 악센펠트 박사(Dr. Axenfeld)의 중국 무명 산업[2]에 관한 ○○○ 훌륭한 ○○○을 보완합니다. 그에 비해 중국 문헌도 이용할 수 있다는 면에서 장점을 갖습니다.

명주 산업은 중국에서 중국인이 독점하는 영역이기 때문에, 중국의 생사 공업 문헌은 이곳에서 매우 중요합니다. 왜냐하면 그 내용은 이곳에서 거의 불가능하기 때문입니다.

Dr. Randidott,[3] 대단히 목표가 뚜렷한 ○○○ 소설, 문헌을 이용하고 ○○○ 중국어와 영어에 능숙합니다. 그는 본인의 주제와 관련되는 모든 문헌들을 활용했고 ○○○ 꼼꼼히 ○○○ 그리고 날카로운 시각으로 작성했습니다. 그의 작업은 명료하고 깔끔하게 구성되어 있습니다. ○○○ 언어 구사는 독일인에게서 흔히 볼 수 없는 그런 방식입니다.

총괄적으로, Indantin(중국에서 가장 오래되고 중요한 것으로 보아야 마땅)에 관해 단행본이 발간된 것입니다, 그건 정말 소수의 사람만이 소유하는 최고급과도 같은 것입니다.

객관적으로 이 작업은 ○○○로서 평가되기에 충분합니다. 즉, 소설에서 그러한 성과를 달성했다는 ○○○ 아무런 의미가 없다고 말할 수는 없을 것입니다. 여기에서 성취된 것은 뭔가 매우 특이한 것입니다. 독일 학계가 이번 작업에서와 같이 높은 수준으로 달성한 것을 로마인들은 거의 이루어낼 수 없었을 것입니다. 그래서 나는, '매우 칭찬할 만한'이라는 평가를 제안할 만하다 생각합니다.

1926.12.27. 슈마허

---

1 [편쥐 원본 철 접혀진 부분 판독불가. 이하 같음.
2 [편쥐 Martin Axenfeld, *Die Baumwollindustrie in China*, Diss. : Berlin Univ., 1924.
3 [역쥐 판독 불명확.

"동의"

1927.1.10. 오이겐 베른하르트

안네도레 히츨러·아스콜트 히츨러 모자, 쥐터린체 감수, 송병욱 역

영인 129쪽

Die vorliegende Arbeit ist das Gegenstück zu der guten ○○○ Arnim von Dr. Axenfeld über die chinesischen Baumwollindustrie gedacht. Sie hat dieser gegenüber den Vorzug, auch die Literatur in chinesischer Sprache benutzen zu können.

Da die Seidenindustrie in China, im A○○○ zur Baumwollindustrie, sich ganz in den Händen von Chinesen befindet, ist die ○○○ Literatur hier von großer Wichtigkeit; denn sie ist eine ○○○ Darstellung hier kaum möglich.

Dr. Randidott(?), ein Roman von ungewöhnlich zielsicherer St○○○, braucht (bremst/benutzt) die Literatur ○○○ in die chinesische Sprache und im Englischen gut bewandert. Er war in der Lage, alle, sein Thema berührenden Veröffentlichungen heranzuziehen ○○○ hat sie mit Fleiss (Fleiß), ○○○ und kritischer Besonnenheit erzeugt (?). Seine Arbeit ist klar und übersichtlich aufgebaut. ○○○ Sprache ist in einer Art und Weise gehandhabt, wie es oft von einem deutschen Kandidaten nicht erwirkt (sein kann).

Im Ganzen ist über die Indantin (?), die die älteste und wichtigste (?) in China genannt werden darf, eine Monografie geliefert, wie sie so erstklassisch überhaupt nur ganz wenige besitzen.

Sachlich verdient diese Arbeit in vollem Maße als ○○○ bezeichnet zu werden. Ich meine, es müsste aber auch ○○○, das in Romane eine solche Arbeit geleistet wird (?) nicht ganz ohne besondere Bedeutung bleiben. Es ist etwas ganz Ungewöhnliches, was hier geleistet worden ist. Angehörige Roms(?) dürften noch kaum etwas hervorgebracht haben, das deutschem wissenschaftlichen Denken in so hohem Maße (?) entspricht, wie die vorliegende Arbeit. Ich glaube deshalb, das Prädikat „valde Laudabile" in Vorschlag bringen zu dürfen.

Schumacher 27.12.26

"Einverstanden"

Eugen Bernhard 10.1.27

슈마허 발송 편지

1927.2.2.

친애하는 ○○○께,

죄송합니다만, 내일 학과 회의에 불참해야 하겠습니다; 독감에서 아직 완전히 낫지 못했습니다.

Kolu Li에 대해 ○○○를 요청합니다. 그 이상의 평가는 절대로 불가능합니다.

위의 B○○○에 대해서는 ○○○박사 신청이 충분합니다. ○○○ 그 신청 은 ○○○

정중히 인사를 올리며

H. 슈마허 배상

19272.2. 슈테글리츠에서

안네도레 히츨러·아스콜트 히츨러 모자, 쥐터린체 감수, 송병욱 역
영인 129쪽

Sehr werter ◯◯◯

Leider muss ich Sie bitten, mich morgen in der Fakultätssitzung zu entschuldigen; ich bin mit meiner derzeitigen Grippe noch immer nicht fertig.

Für Kolu Li beantrage ich ◯◯◯ Höher kann ich unter keinen Umständen geben.

Für o. (obige) B◯◯◯ reicht ein Antrag auf den Doktor (?) ◯◯◯ Er lautet auch auf ◯◯◯

Mit freundlichen Empfehlungen

Ihr ergebenster

H. Schumacher

Steglitz, 2. Februar 1927

구술 시험 회의록

1927.2.3.

철학부

1927년 2월 3일 회의

박사 학위 시험 응시자 : 코루 리

(논문 점수 : 매우 칭찬할 만한)

심사원 : 슈마허, 베른하르트, 투른발트, H. 마이어

위 심사원들은 공적인 학부회의가 있기 전에 응시자에게 수여할 구술 시험-총점에 대해 이미 확고한 점수가 정해졌기를 바라는 바입니다. (학부회의 1923년 12월 20일)

구술 시험 총점 ＿＿＿＿＿＿

시험관이 응시자를 대상으로 시험을 주관했다.

철학 : 흄[1]

흄의 종교철학 — 흄의 ○○ 평가 — 흄과 칸트

"전체적으로 우수"

H. 마이어

종족학 : 군주국의 형태 — 권력 형태 — 크기별 문화 집단 — 원시 수공업의 유입 — 수공업자의 지위 — 주술에 대한 심리적 분석 — 집단 교역 — 간접 교역

"우수"

R. 투른발트

○장에 대해 평가합니다 — 평가 ○ — 초안 ○

결과 : "양(良)"

E. 베른하르트

---

1   [편쥐] 데이비드 흄(David Hume, 1711~1776) : 영국 스코틀랜드 출신 철학자. 『인성론(人性論, *A Treatise of Human Nature*)』 등 저작을 남겼다.

평가 : 통상 정책의 형태. 특혜 남용 — 제외 — 마르크스주의의 특성
결과 : "가까스로 양(良)"

슈마허

안네도레 히츨러·아스콜트 히츨러 모자, 쥐터린체 감수, 송병욱 역

영인 130쪽

Philosophische Fakultät

Sitzung am 3. Februar 1927.

Promotionsprüfung des Kandidaten: Kolu Li

(Prädikat der Dissertation: valde laudabile)

Examinatoren: die Herren Schumacher, Bernhard, Thurnwald, H. Maier.

Die Herren Examinatoren werden gebeten, sich vor Beginn des geschäftlichen Teiles der Fakultäts-Sitzung über die zu erteilende Gesamtnote der mündlochen Prüfung schlüssig zu werden.(Fak.-Sitzg. v. 20. Dezember 1923)

Gesamtnote der mündlichen Prüfung _____

Die Prüfung eröffnete Herr

Philosophie: Hume (···중략···)

Humes Religionsphilosophie — Humes ◯ zur Ermittlung — Hume und Kant

Im ganzen gut

H. Maier

Völkerkunde: Die Form des hlg. (heiligen) Füstentums — die mana- Darstellung — Kulturgruppen in der Größe — Zuzüge des primitiven Handwerks — Stellung der Handwerker — Psychologische Begründung des Zaubers — Kollektivhandel — Stummer Handel.

Gut

R. Thurmwald

Ich prüfte über Kapitel◯ — Wert◯ . — Entwurf ···.

Ergebnis: Ausreichend

E. Bernhard

Ich prüfte: Formen der Handelspolitik. Missbegünstigungen (?) — ◯ Ausser(außer) den Gold··· — Grundzüge des Marxismus — Gründliches Betriebssystem.

Ergebnis: Knapp genügend

Schumacher

박사 학위 증명서

"Vniversitatis Litterariae Fridercae Gvilelmae Berolinesis", 1927.5.27.

행복한 것과 축복받은 것이 있기를[1]

프리드리쿠스 빌헬르무스 베를린[2] 대학 증명서류

(…중략…)

분별력 있고 교육받은 한국인 남성 이극로에게 그가 정당한 방법으로 박사
시험을 치른 뒤 자신의 힘으로 증명한 매우 칭찬받아 마땅한 「중국의 생사
공업」이라는 제목의 박사논문을 발표 후 철학박사와 문학박사[3]의 칭호[4]와
명예를 1927년 5월 27일 규정에 따라 수여한다

이 증명서를 받아 모아 정리하여 그가 체계적으로 철학함을 증명했음을
인증함

베를린의 애밀리우스 에버링

정용준 역

영인 131쪽

---

1   [역쥐 Cicero가 사용한 뒤로 전통적으로 사용된 격언.
2   [역쥐 원래의 라틴어 독음은 "프리드리쿠스 그빌렐무스". 대학 명은 '프리드리히-빌헬름'.
3   [역쥐 "Magister"를 번역할 단어가 마땅치 않아 부득이 '박사'라 번역함. 정확히 말하자면 영어의
     "assistant"에 해당한다. 해당 자격을 갖고 있으면, 대학에서 언어강의 등을 할 수 있다. 이극로가 대
     학에서 한국어강좌를 개설할 수 있었던 요인에 철학박사 타이틀이 아닌 이 "Magister artium
     liberalium"이 주요 자격이었던 것으로 보인다.
4   [역쥐 장식, 치장(직역).

QVOD FELIX FAVSTVMQVE SIT

VNIVERSITATIS LITTERARIAE

FRIDERICAE GVILELMAE

BEROLINESIS

VIRO CLARISSIMO ATQVE DOCTISSIMO

KOLU LI

COREANO

POSTQVAM EXAMEN PHLOSOPHIAE RITE SVSTINVIT

ET DISSERTATIONEM VALDE LAVDABILEM CVIVS TITVLVS EST

"DIE SEIDENINDUSTRIE IN CHINA"

AVCTORITATE ORDINIS PROBATAM EDIDIT

PHILOSOPHIAE DOCTORIS

ET ARTIVM LIBERALIVM[1] MAGISTRI

ORNAMENTA ET HONORES

DIE XXVII. M. MAII A. MCMXXVII

RITE CONTVLIT

COLLATAQVE PVLICO HOC DIPLOMATE

PHILOSOPHORVM ORDINIS OBSIGNATIONE COMPROBATO

DECLARAVIT

---

1 [역주] 문법, 수사학 등의 „자유학문"이라 일컬어지는 학문이다. 중세 때 쓰이던 용어인데, 계속 사
용되어 일반 문학과목 역시 지칭하게 되었다.

학적부

	학생 성명	출생지와 국적	전공	부모 신분	타 대학 출신 여부
4285	리 코루	중국	철학	의사	—

송병욱 역

영인 132쪽

	Vor- und Zunamen der Studierenden	Geburtsort und vaterländische Provinz}	Studium	Stand der Eltern	Ob und von welcher Universität sie gekommen sind
4285	Li Kolu	China	Phil	Arzt	—

제4부
칼럼

—

獨逸學生 氣質

『新東亞』5-4, 新東亞社, 1935.4, 64~65쪽

歐洲大戰이 막 지낸뒤 끝 一九二三年 봄부터 五年동안 나는 伯林에서 留學하였다. 그때에 나는 獨逸學生을 사괴면서[1] 觀察한바 있어 이제 간단히 紹介하고저 한다.

一, 尙武精神, 歐洲大陸 中心地를 차지하고 사는 게르만民族 獨逸사람은 그 立國의 精神이 尙武에 있다. 그들의 말을 드르면 「우리 獨逸은 地理的 關係가 尙武를 아니할 수가 없다고 한다. 그 까닭은 國境을 에워 싸고 있는 모든 强한 나라들은 우리의 弱한 것을 조곰만 본다면 東西南北에서 달려들 可能性이 많은 것이다. 그러므로 우리는 언제나 武裝狀態에 있어야 되겠다.」이 尙武의 國民精神을 가진 獨逸學生은 大學에 入學이 되면 한 一二年 동안에는 공부를 잘하지 아니하고 그 大學 안에 組織되어 있는 여러 가지 武藝團體에 加入하야 武의 精神과 技術을 鍛鍊한다. 그래서 大學門에 出入하는 젊은 學生을 보면 얼골에 칼금이 없는 사람이 별로 없으며 또 많이는 繃帶로서 얼골이나 머리를 사이서 매고 다닌다. 나히가 많은 學生은 물론이어니와 늙은 교수들도 얼골에나 머리에 칼금의 숭터[2]가 종종 보인다. 무슨 記念日이나 大學總長 就任日이 되면 그날 記念이나 就任式場에는 그 學校에 있는 각 武術團體는 各各 自己의 制服을 입고 旗를 들고 칼을 들고 嚴肅한 態度로 式場에 둘러 선다. 그래서 國歌로써 開式이 되면 이 武裝學生은 서리빛이 나는 칼날을 빼어들고 칼춤-釰舞[3]로서 칼날을 번적이면서 國歌을 부른다. 이때에는 威風이 式場에 돈다.

二, 軍隊的 動作, 獨逸에는 一般으로 每土曜日 午後로부터 日曜日 저녁까지는

---

1 [편쥐 사괴면서 : '사귀면서'.
2 [편쥐 숭터 : '흉터'의 경상도 사투리.
3 [편쥐 인무(釰舞) : 검무(劒舞).

마치 宣傳布告를 하고 動員令을 나린 것과 같은 氣分이 찬다. 一週日 엿새동안 부 즈런히 일하다가 쉬는 그때에 運動을 좋아하고 散步를 좋아하고 旅行을 좋아하는 그들은 집에 붙어 있지 아니하고 마치 遊擊隊와 같이 열 스물 떼를 지어 등에는 背 囊을 지고 어깨에는 旗대를 메고 손에는 만도린, 手風琴, 나팔 等 樂器를 들고 風 樂을 하면서 市街로 終日 나간다. 그래서부터 野外로 혹은 天幕에서 野營을 하고 밤을 지내면서 運動도 하고 音樂도 하고 노래도 불러 愉快히 놀아 團體生活, 軍隊 生活의 訓鍊을 하고 있다.

이 우에 것은 그 國民一般을 말한 것이어니와 專門學校 學生은 어떠한가. 나의 體驗을 말하고저 한다. 나는 伯林大學 在學期間에 獨逸學生과 함께 工場 其他 實業 機關 或 文化施設을 見學하고저 修學旅行을 여러 번 다닌 일이 있다. 學生團體로 가므로 個人으로는 도처히 볼 수 없는 것을 보게 되는 것과 또 經濟的으로 普通 旅 費의 三分의 一이 못드는 그러한 모든 便宜를 얻게 된 까닭이었다. 이 修學旅行團 을 본다면 그 차리고 나서는 것이 마치 出戰하는 軍隊와 같다. 그들이 타는 汽車 는 어떠한가. 獨逸에는 貧民을 위하야 四等車를 두었는데 이 車는 木版 걸상이 있 는 間도 있지마는 흔히 그냥 普通貨物車와 같은 間에 걸상도 없는 맨바닥뿐이다. 우리 修學旅行團은 언제나 이 걸상도 없는 四等車를 탄다. 그래서 밤이면 맨 바닥 에 그냥 들어누어 자는대 비자울⁴ 때에는 발과 머리를 엇사괴⁵ 누어서 [64] 험한 구두발이 다른 사람의 볼에 대이게 된다. 이렇게 車를 타고 어느 地方에든지 가면 그들의 宿所를 어떠한가. 더욱 놀램직하게 되었다. 獨逸에는 큰 都市에나 적은 地 方을 물론하고 이러한 旅行團을 위하야 宿所를 社會에서 設備하였는대 그것은 곧 民間兵營이라 할 수 있다. 큰 倉庫와 같은 집인대 어떤 지방에는 寢臺를 두고 험한 布가마니에 마른 풀을 넣은 밑자리를 깔았고 軍隊式 담요 하나식 準備를 하였지 마는, 허다한 地方에는 그런 準備도 없고 너른 倉庫와 같은 間에 보리짚이나 밀짚 을 한 길이나 되도록 쌓아 두었다. 그래서 그 가온대 파문히어 잔다. 그렇게 자고 잃어나는 사람이라, 아츰에 일어나서 머리에 북더기⁶를 한참 뜯어야 된다. 그리

---

4 [편주] 비자울 : '비좁을'의 경상도 사투리.
5 [편주] 엇사괴 : 엇사귀게. 서로 어긋나 걸치게.
6 [편주] 북더기 : 북데기(짚이나 풀 따위가 함부로 뒤섞여서 엉클어진 뭉텅이).

고 먹는 食物가가에 가서 검은빵과 바터를 사고 또 끄린 물을 사아가지고 와서 둘러앉아 먹는 것도 軍隊式 그대로다.

이렇게 자고 이렇게 먹고 見學場所로 떠나는 그들은 발마추어 나가는 것도 行陣形 그대로다. 見學場所-普通工場 같은 대에는 괜찮치마는 땅속으로 들어가 있는 鑛山 속을 구경하려면 그냥 허락을 하지 아니하고 鑛山會社에서는 마땅이 이러한 다짐장을 받고 드린다. 그 다짐장에는 『내가 負傷을 하거나 죽거나 하여도 貴會社에는 責任이 없다』 이런 죽음의 다짐장을 쓰면서도 서로 먼저 署名하기를 다툰다. 마치 敵國의 要塞를 占領하려고 決死隊를 組織할 때에 愛國犧牲心에 바치어서 일어나는 勇士들이 爭先 署名하는 光景과 같이.

三, 研究穿鑿力, 우에 말한 것을 보아서는 獨逸學生들은 그냥 날뛰는 武人의 氣質뿐이냐 하면 그런 것이 아니다. 그들은 몹씨 무엇을 파고 들어가는 沈着한 研究力이 强하다. 그것은 獨逸의 科學과 哲學과의 發達로써 證明하는 바이다. 圖書舘에 들어가 보면 손바닥만한 좀먹은 누다가 못하여서 붉어진 묵은 조히 조각에 붙은 글자 劃 하나를 顯微鏡 밑에 놓고 몇 달 몇 해를 드려다 보고 거기에 對한 著書가 몇 卷이 나온다. 또 博物舘에 들어가 본다면 亦是 돌쪽아리 하나이나 나무쪽아리 하나를 몇해식 研究하고 있다. 果然 송곳같은 性質을 가진 사람들이다.

四, 非常時 突破力, 언제나 非常時로 알고 準備하며, 訓鍊하며, 가다듬고 있는 그들은 무서운 點이 많다. 그런데 歐洲大戰 中에는 물론이어니와 大戰 卽後에도 그들은 原狀 恢復에 얼마나 노력하는 것과 非常時 處世하는 것을 目擊하였다.

本來부터 獨逸國民은 儉素한대 獨逸學生은 더 儉素하다. 佛蘭西에나 英國에나 米國에서 大學生을 보던 눈으로 獨逸에서 大學生을 보면 마치 村農夫나 勞動者를 보는 느낌이 난다. 根本 그런대다가 非常時를 당한 그들은 더욱 特別하다. 大學에 出入하는 學生들의 입은 옷은 많이는 勞動服이오, 바지 밑구멍이 나서 떨러진 속옷이 보이는 것은 勿論이다. 검은빵 족아리에 人造 빠터를 발라서 좋이에 싸어서 포케트에 불룩하게 넣어 가지고 와서 공부하다가 쉬는 틈마다 한쪽식 내어서 마른 떡을 그냥 꾹꾹 씨버먹는다. 그리다가 점심 때가 되면 學校 안 食堂에 가서 맨 보리차물 한잔만 사서 먹고 혹은 그 食堂에서 간단한 점심을 먹는다. 그런대 이 大學食堂에 심부름하는 뿌이들은 月給을 주는 사람이 아니라. 그 大學에서 공부하는 貴人의 딸들인 꼴같은 女學生들이 봉사적으로 몇 패가 번을 드는 것이다. 그래서 經濟的으로 互助하는 뜻에서 食堂을 學生이 半自治로 하는 것이다.(끝) 65

채케리크에서 한여름

『新東亞』 5-8, 新東亞社, 1935.8, 165~166쪽.

때는 一九二六년 八月이다. 나는 伯林大學 在學中에 여름放學을 利用하야 獨逸의 農林業을 硏究할 뜻으로 伯林에서 東으로 約 三時間쯤 汽車로 가는 채케리크[1]라고 하는 農村에서 한 여름을 지내게 되었다.

나는 그동안에 伯林大學의 見學團에 들어서 獨逸 各地方의 工業과 鑛業은 數年동안에 많이 見學을 다니었다. 그러나 農業과 林業과의 見學은 이번이 처음이다. 性質上으로 工鑛業의 見學은 團體가 아니면 매우 어렵다. 그러나 農林業은 그 반대로 個人이라도 自由見學을 하기가 쉬운 까닭에 나는 單身으로 한 여름을 작정하고 이곳으로 온 것이다. 또 한쪽으로는 經濟政策의 學的 權威인 伯林大學 敎授 나의 恩師인 수마헬[2] 先生의 말슴에 쫓아 더욱 이곳으로 아니올 수가 없었다. 수마헬 先生은 나에게 말슴하시기를 "朝鮮은 農業國이오 또 山岳이 많은 땅이니 農林經濟에 置重하는 것이 國利民福이 되리라" 하며, "獨逸의 農林業은 世界 어느 나라보다도 發達이 되었으니 잘 見學을 하는 것이 좋다"고 한 바도 나로 하여금 한여름 이 農村生活을 하게 한 動機가 된 것이다.

처케리크는 獨逸의 큰 江의 하나인 오델江[3] 가에 있는 農村이다. 뒤에는 높지 아니한 山인데 松林이 鬱蒼하고 앞에는 오델江이 흘러 가는데 이 江 左右便에는 肥沃한 平野가 廣漠하야 農業이 크게 發達 되었다. 나는 그 附近 약 二十里 地域 안의 各農村을 돌아다니면서 농사 짓는 法과 森林 養成하는 法을 듣고 보게 되었다. 여기에는 農夫들이 밭에 갈 때에도 自轉車를 타고 다닌다. 그러므로 그들을 딸아다니면서 구경을 하고저하매 不得已 自轉車를 타게 되었다. 그러나 부끄러운 말이지마는 나는 그 때까지 自轉車 타는 것을 배우지 못하였다. 이제 나의 目的을

---

1 [편쥐 채케리크 : 체케리크(Zäckerick). 독일과 폴란드 접경에 위치하며 독일 브란덴부르크 동부지역에 속했으나, 현재는 폴란드 영토다. 폴란드어로는 시에키에르키(Siekierki).

2 [편쥐 수마헬 : 헤르만 슈마허(Hermann Schumacher, 1868~1952).

3 [편쥐 오델江 : 오더(Oder)강. 독일과 폴란드 국경을 흐르는 강.

위하야는 主人의 指導로서 늦게야 自轉車 타는 것을 배우게 되었다.

大農家에서는 發動機로 써 타작을 하며 곡식을 베고 묶고 모으고 하는 것을 한 機械로써 하되 그 반대로 가난한 農家에서는 곡식을 낫으로 베고 나무몽둥이로 된 도리깨로써 곡식알을 치고 있다. 羊을 쳐서 털을 깎아 그것을 손으로 두르는 물레에 자아 실을 뽑아서 손으로 속옷과 洋服을 뜬다. 빵은 때때로 사서 먹는 都市처럼 날마다 새 떡을 구워 내는 것이 아니라 집집이 每週日에 一二次식 구워서 貯藏하여 두고 먹는다. 또 대개는 집집이 도야지를 쳐서 가을이면 잡아서 소곰[4]에 저리고 불에 그을어서 두고 一年 먹을 것을 準備한다. 술은 農酒로 林檎즙 葡萄汁 술을 貯藏하여 두고 먹는데 어느 것이 다 自作自給 아닌 것이 없다. [165]

이 채케리크 農村에는 山林官 스피첸베르끄[5]氏가 山林官官舍에 있었다. 이 스피첸베르끄 氏는 일개 山林官으로서 전 獨逸 아니 全世界에 有名한 것은 다름이 아니라, 그가 發明에 天才가 있으므로 養林學과 農林器具와 機械를 많이 發明한 까닭이다. 實例를 들면 그 前에는 나무 심는 자리를 쟁기로 가라서 생땅이 나온 흙에 심었다. 그러나 氏는 가라 엎는 쟁기를 버리고 서리발과 같은 機械로 땅을 그냥 쿡쿡 쑤시어서 풀잎과 나무잎이 썩어서 걸게 된 地面을 그대로 두고 그 속에 나무를 심게 하는 것이다. 둘재는 勇根法을 발명한 것이니 앞날에는 나무 심으는 法이 굵고 큰 나무만 移植할 때에 勇根을 하였고 적은 種苗는 그냥 심었다. 그러나 氏의 實驗에 의한 科學的 事實은 種苗도 勇根을 하여야된다는 것이다. 뿌리를 잘라서 세 뿌리가 나리는 것이 썩 빠르게 자란다고 하였다. 묵은 뿌리가 굽으러지고 접치고 하야 땅속에서 自然스럽게 펴여 있지 못하므로 그 나무의 자라는 때에 크게 妨害스러운 것을 證明하였다. 氏의 이름이 높아진 것을 많아 그때 얼마 전에 獨逸 第一世 大統領 에베르트 氏[6]가 이 小官을 그 山林官舍에 訪問하고 그의 實驗成績을 視察한뒤에 많은 讚辭를 하였다고 한다. 나는 見學의 目的을 가지고 그 곳으로 간 사람이라 자조 氏를 방문하게 되면 매우 親切히 對하며 熱心으로 모

---

4 [편쥐] 소곰 : '소금'의 경상도 사투리.
5 [편쥐] 스피첸베르끄 : 카를 슈피첸베르크(Karl Spitzenberg, 1860~1944). 독일 중부 튀링겐 주 산간 마을 아이흐스펠트의 마르틴펠트에서 출생. 당시 체케리크 지역 산림감독관으로, 발명가이기도 했다.
6 [편쥐] 에베르트 氏 : 프리드리히 에베르트(Friedrich Ebert, 1871~1925).

든 것을 說明하여 주었다.

사람이 自然力을 잡아 부리는 것은 東洋이나 西洋이나 오래 되었다. 물힘으로 찧는 물방아를 만드는 것은 우리 朝鮮에도 옛날부터 하여 오는 것이지마는 바람 힘을 응용하야 찧는 바람방아를 만드는 것은 歐洲에서 옛날부터 發達된 것이니 機械방아가 發達된 이때지마는 곳곳에 바람방아가 우뚝우뚝 섰다. 이 바람방아 는 나무조각을 비눌다라 만든 프로펠러形으로 된 것인데 바람 힘으로 이 프로펠 러를 돌리고 그것이 돌아가는 힘으로 그 안에 裝置된 輪이 돌고 그 輪이 또 맷돌 을 돌리는 것이다. 큰 길가에 심은 나무는 林檎나무다. 봄철이면 꽃구경도 좋으 러니와 그 果實에서 나는 收入도 많다. 그래서 그 空地를 應用하야 그 地方의 收入 이 크다고 한다.

이 農村사람들은 대개 그 地方新聞을 본다. 이 新聞은 우리 朝鮮으로 말하면 邑 內와 같은 小農村인 小都市에서 박아내는 것이다. 이 新聞의 內容은 農村사람이 一般으로 아라야 될 簡略한 內外政治及經濟問題의 記事를 除한 밖에는 그 地方에 서 일어난 社會事情을 자세히 揭載한 것이다. 그래서 自己生活에 關係가 많은 鄕 土의 事情을 잘 알고 있게 된다. 나는 언제 獨逸의 言論機關을 調査할 일이 있어서 伯林圖書舘에서, 圖書目錄을 뒤져 보니, 이런 地方新聞의 數가 千餘가지나 되었 다. 이것만 보아도 그 國民의 敎育程度를 可히 알겠다.

敎育機關은 村村에 小學校가 있는데 特別히 鄕土學(地理 歷史나 博物學을 勿論하고) 을 重要하게 가르킨다. 敎堂도 村村이 있는데 한 牧師가 數處를 맡아 보게 되므로 禮拜時間은 勿論 각각 다르게 定하였다. 娛樂機關은 舞踏場이 村村이 있어 都會地 와 같이 나날이 열지는 아니하나 한 週間에 한두번식 열게 된다. 166

(海外留學印象記) 獨逸留學篇

『學燈』21, 漢城圖書株式會社, 1935.12, 35~36쪽.

一, 獨逸國民의 國難期의 處身

國難에 思賢相이란 것은 옛사람의 말이다. 오늘날에는 國難에 四賢民이라고 하여야 옳다. 東西古今을 通하야 國難이라고 하면 지난 世界大戰 뒤에 獨逸의 國難처럼 큰 것이 어듸에 있었을가. 四方을 包圍하고 있는 列强은 獨逸國民으로 하여곰 숨을 못 쉬게 하였다. 그런 非常時를 當하여야 비로소 그 國民의 道德과 能力을 알 수 있다.

나는 마츰 世界大戰이 끝난 뒤에 곧 獨逸 國難期에 그 나라에 가서 六年 동안 지나면서 그 國民의 國難期에 處身하는 것을 目睹하였다. 戰爭 中에는 國民生活을 全的으로 統制하였다가 다소간 開放하였다는 그 때지마는 生活의 統制는 상당히 嚴하였다.

첫재는 食料事務所를 設하고 집집이 食口를 調査하야 每人分에 빵 얼마식, 빠다 얼마식, 雪糖 얼마식, 고기 얼마식 모두 重量을 定하여 놓고 票를 내어 주었다. 그 票를 가지고 商店에 가야 定한 分量의 食料品을 살 수 있었다. 그 票가 없으면 돈을 한 짐 지고 가도 빵 한쪽 고기 한 덩이를 살 수 없었다.

둘재는 住宅統制니 또한 住宅統制事務所를 區域마다 두었는데 누구나 집이나 방을 求하려면 거기에 가서 말을 한다. 貰집이나 貰방을 얻은 뒤에는 곧 그 事務所에 가서 報告를 하여야 된다. 또 제집이라도 너르게 쓰기 爲하야 가진 딴 방間이 있다면 强制로 貰를 놓게 하였다.

셋재는 電燈統制니 본래 獨逸國民은 個人經濟觀念을 떠나서 國家統制觀念이 發達되었기 때문에 計量機가 없을지라도 쓸대없는 등불은 暫時를 켜두지 아니한다. 우리 大衆들처럼 電燈불값은 주었으니 밤새도록 불을 켜도 是非할 사람이 없다 생각하고 집집이 밤을 낮처럼 환하게 밝게 하여놓고 잠을 자서 視神經이 疲勞하

야진다는 衛生常識도 없고 또 한 집에서 十分식만 電燈을 꺼 준다면 그것을 全國
的으로 보아서 여러 萬圓의 利益이 있다는 國家經濟 觀念도 없어서 그런 解만 있
고 利가 없는 沒常識한 짓을 하지 아니한다. 個人의 집에 켜는 電燈經濟問題는 國
民 常識에 맡기었으나 公衆施設로 된 街路의 電燈은 十의 七八은 休燈이 되었다.
그래서 不夜城은 거이 暗墨街가 되었다. 專門學校 學生들 가운데에는 半日은 공부
하고 半日은 일을 하는 사람이 퍽 많았다. 大學에 공부하는 學生들은 점심 한 끼
를 바두 못 먹고 검은 빵쪽을 종이에 싸서 주머니에 넣어 가지고 다니면서 休息時
間이면 한쪽식 내어서 마른입에 먹는다. 한다는 一類 學者들이 時間 敎授를 하여
주는데 돈 時勢의 變動으로 時間費를 돈으로 치기가 어려워서 한 時間에 검은 빵
한 덩이식 주고 배울 學生을 紹介하여 달라는 交涉을 나도 종종 받은 일이 있었다.
大學 안에는 學生이 半自治로 經營하는 食堂과 ⑤ 賣店과 洗濯裁縫紹介所가 있
다. 거기에 일보는 사람은 모두 男女學生들인데 奉仕的으로 番을 든다. 또 떠러진
勞働服을 입고도 조곰 躊躇없이 濶步로 大學門을 出入하는 大學生의 얼굴에는 그
래도 우리가 學問으로 世界를 征服한다는 氣象이 나타났다.

二, 獨逸國民의 尙武精神

歐洲大陸의 中部를 차지하고 사는 獨逸民族은 예로부터 武士의 精神이 發達되어
온 것은 歷史가 證明하는 바어니와 이제도 그들은 그 精神 밑에서 살아간다. 獨逸사
람의 말을 들으면 獨逸은 地理的關係가 尙武主義를 아니 가질 수가 없다. 列强이 四
方의 國境을 包圍하고 있는 것만큼 조곰만 弱한 듯하면 東西南北 어느 方面에서나
侵略할 危險性이 있는 까닭이다. 우리는 언제나 全國民이 武裝狀態에 있지 아니할
수 없다고 말한다. 그 尙武精神의 表現은 大學에서 늙은 敎授로부터 젊은 學生까지
그들의 頭部를 보면 곧 알 것이다. 머리와 얼굴에 칼금이 없으면 獨逸南兒가 아니라
한다. 大學에 入學한 뒤에 한 해 동안은 學科에 힘을 쓰지 아니하고 大學 안에 組織되
어 있는 여러 武術團體에 加入하야 武術을 硏究하며 鍛錬한다. 大學에 무슨 精神이
있으면 各武術團體는 各自의 正規服을 입고 그 團體의 旗를 들고 長劍을 빼어 들고

禮式場에 들러 선다. 그래서 開式은 언제나 각 武術團의 서리 빛이 나는 칼날로 劒舞를 하면서 國歌를 부르는 것으로 始作된다. 그 때의 式場은 威風이 돌뿐이다.

또 다른 나라에서 보기 어려운 特色은 四철로 每週의 土曜日과 日曜日은 總動員狀態에 있다. 各種 靑少年의 團體는 部隊를 지어 團體의 旗를 들고 天幕과 食物과 軍隊式 寢具를 지고 곧 武裝한 軍隊와 같이 차리고 여러 가지 風樂을 하면서 野外 森林속에나 草原으로 나간다. 그래서 一晝夜 동안 運動과 노래와 講話로 愉快하게 지내고 돌아온다. 또 有名한 獨逸의 완델포겔[1](候鳥)運動은 한 새로운 人間을 만들어낸다는 運動인데, 獨逸청소년 男女로 하여금 大自然 속에 이리저리 돌아다니면서 自由롭게 산다는 精神을 가진 것이니 이것도 곧 一種 尙武精神의 發露다. 이 候鳥隊는 旅行을 매우 좋아한다. 이 旅行團을 爲하야 各地方에는 無人 山中에나 繁華한 都市에나 어듸를 勿論하고 그 地方 社會에서 施設하여 놓은 宿泊所가 있다. 그 施設은 마치 戰時의 軍隊野營과 같아서 모두 臨時 救急的으로 된 것처럼 만들었다. 例를 들면 너른 倉庫와 같은 間에 보리짚이나 밀짚을 한 길이나 쌓아 두어 그 속에서 파묻히어 자는 것이라든지 혹은 寢囊 우에 까는 褥[2]를 葛布가마니 속에 마른 풀을 넣어서 만들은 것이라든지, 물 끄리어 먹는 가마가 준비되어 있는 것이다. 나는 伯林大學 在學 中에 獨逸學生들과 함께 各地方으로 修學旅行을 여러 번 다니었는데 이런 旅行團도 그런 宿泊所를 많이 應用한다. 獨逸에는 汽車가 四等 客車가 있는데 貨物車와 비슷하야 걸상도 없는 것이 있고 혹은 널板子로 된 걸상이 가장자리에 몇 個가 놓인 것도 있다. 이런 客車를 使用하는 것은 가난한 사람을 爲하는 뜻도 있겠지마는 그보다 오히려 軍隊生活의 訓練을 平常時의 實生活에 그냥 實施하고 있는 것이다. 有事之秋[3]에 軍隊를 輸送하려면 貨物車를 그대로 應用하기 때문이다. 學生 修學旅行團은 언제나 이런 四等車를 타는데 그 흙바닥에 그냥 주저앉고 밤이면 그냥 누어 자는데 비자우면 서로 발마추어 눗는다. 그래서 흙이 묻은 구두발을 얼굴에 대고 그냥 잔다. 한마듸로 말하자면 모두가 出戰하는 軍隊式이다. (끝) 36

---

1 [편쥐] 완델포겔 : 반데르포겔(wandervogel).
2 [편쥐] 褥 : 요.
3 [편쥐] 有事之秋 : 국가나 사회 또는 개인에게 비상한 사고가 있을 때.

海外로 留學하고 싶은 분에게

『學燈』 22, 漢城圖書株式會社, 1936.1, 14~15쪽.

知識을 남의 나라에서 구하고저하는 사람은 다음과 같은 主意件을 參考하야 自己의 뜻하는 바를 잘 이루도록 생각할 必要가 있다.

一, 語學準備. 남의 나라에서 敎育을 받으랴면 먼저 그 나라의 敎育 用語를 배워야 될 것이다. 外國語를 敎授 받을 程度로 배운다는 것은 그리 쉬운 일이 아니다. 그런데 흖이 생각하기는 外國말은 그 나라에 가서 배우는 것이 第一 빠르다고 한다. 어느 點으로 보아서 그럴 듯도 하다. 그러나 사실은 「밥을 달라 물을 달라 여기가 어디오」하는 그러한 簡單한 會話 따위나 조곰 練習이 나을 것이오, 깊은 學術을 硏究하는 대에 쓰는 말쯤은 여기에나 거기에나 일반이다. 그리고 會話 練習쯤이야 공부하는 동안에 절로 될 것이니 비싼 學費를 써 가면서 語學 準備한다고 미리 갈 필요는 없다.

二, 제 나라에서 專門學校를 마칠 것. 自己가 小學과 中學을 마친 그 敎育用語로 專門敎育을 받으면, 事半功倍라고 하기보다 그래야 그 知識의 內容을 잘 알아들을 것이다. 要緊한 목에 말을 한 마디만 알아듣지 못하면, 그 全體의 뜻이 흐리어진다. 우리가 外國語를 배울 때에도 內容을 아는 글을 읽으면 말이 좀 서툴러도 文意를 잘 通할 수 있다. 그와 같이 우리가 이미 專門知識을 가지고 複褶하는 態度와 硏究하는 식으로 講演을 듣는다면 말이 좀 不足하여도 깨칠 수가 있다. 제 나라에서 專門學校를 마치고 또 다시 남의 專門學校를 다닌다면, 時間이 二重되지 아니한가 하는 생각이 들것이다. 그러나 事實은 正反對가 될 것이다. 語學不充分으로 畢竟 본다면 그 시간이 오히려 더 들지나 아니할는지 장담할 수 없을 것이다.

三, 自己가 專攻하는 學問이 特別히 發達된 나라와 곳으로 갓 것. 어느 나라 어느 곳의 專門學校엔들 배울 것이 없어서 못 배우리오마는 俗談에 「같은 값이면 붉은 치마라고」 공부를 할진댄 좀 나은 學校로 가는 것이 좋을 것이다. 예를 들어 말하자면 醫學이나 工學은 獨逸을, 美術學은 佛蘭西를, 商業學은 英國을 일커른다.

四, 自己의 將來 活動地帶에 關係가 있을 나라로 갈 것. 이것도 相當히 關係가 있다. 사람은 社交的 動物이라 서로 사괴어서 親하고 因緣이 깊은 대에서 무슨 일이나 서로 關係되기가 쉽고 周旋하기가 쉽다. 그런데 社交는 學生時代에 學窓에서 사괴는 것처럼 쉬울 수가 없고 또 親切할 수가 없다. 웨 그러냐 하면 그 때에는 다 無責任하고 利害關係가 없이 人間的으로만 사괴는 까닭이다. 普通 社會의 社交라는 것은 여러 가지의 複雜한 關係로 그리 쉽게 서로 無關하게 사괴어지지 못한다. 滿洲에서 活動地帶를 찾을 사람은 滿洲國의 專門學校로, 中國에서 活動할 사람은 中國의 專門學校로, 英國이나 米國이나 和蘭이나 그런 나라들의 關係있는 땅에서 (곧 領地) 活動을 하고 싶은 사람은 또[14] 그런 나라의 專門學校로 들어가는 것이 매우 有利하다.

五, 學費 關係로 經濟的 條件을 살필 것. 우에 말한 여러 가지 條件밖에 또 가난한 우리 조선 사람에게는 學費 問題가 크다. 그런데 學費가 比較的 더 많이 들기는 英國일 것이니 平均 每月에 二百五十圓은 들어야 될 것이며, 獨逸에는 每月에 二百圓은 써야 될 것이다. 그리고 다른 歐米 各國도 以上에 말한 두 나라의 것과 比較한다면 그 中間에서 多少間 오르락내리락 할 것이다. 中國이나 滿洲에는 그 人民의 生活水準이 낮은 것만큼 어느 나라에나 견줄 수 없이 퍽 헐할 것이다.

우에 말한 여러 가지 條件을 두루 살피어서 綜合하야 가지고 모든 打算을 다 한 뒤에 自己의 갈 길을 定하는 것이 穩當한 態度이라고 생각한다.[15]

伯林의 大學과 獨逸文化

『四海公論』2-2, 四海公論社, 1936.2, 108~110쪽.

예나 이제나 어느 나라를 勿論하고 政治의 中心地가 곧 文化의 中心地가 되는 것은 自然한 일이다. 獨逸 서울 伯林은 이제 獨逸文化의 中心地다. 그 文化를 發達시키는 그 곳에 어떠한 專門學校들이 있나 한번 알아보는 것도 뜻이 있는 일이다.

一, 綜合大學 곧 伯林大學, 이 大學은 一八一○年에 「프리드리시・윌헬음王의 大學」이라는 이름으로 創立되었다. 처음에 校舍는 普魯士王子 하인리시 宮殿을 쓰게 되었다. 그 뒤에 一八八九年에서 一八九一年까지 거기에 校舍를 增築하였고 또 그 뒤에도 거기에 大規模로 더 擴張하였다. 第一世 大學總長은 「스말츠」敎授가 취임되었다. 開校 當時에는 五十五名의 敎授와 二百五十名의 學生이 名簿에 오르게 되었다. 그러나 圖書館 設備와 其他 一般施設의 充實은 未久에 全獨逸의 學生이 集中하게 되었다. 그래서 加速度의 發展은 본래 묵은 校舍 그것만으로는 到底히 收容할 수 없게 되었으므로 여러 學生이 伯林 全市에 散在하게 되었다.

이 綜合大學에는 四部가 있고 部 안에 다시 여러 科가 나누어 있다. (一)神學部 (二)法學部 (三)醫學部 (四)哲學部가 곧 그것이다. 그런데 다른 部는 그 안에 무슨 科가 있을 것을 누구나 짐작하겠으므로 그만 두고 다만 哲學部 안에는 各科를 쓰지 아니할 수 없다. 그 안에는 哲學科, 數學科, 自然科學科, 政治經濟科, 歷史科, 地理科, 考古學科 美術學史料, 音樂學科, 文學科로 되어 있다. [108]

二, 農科大學 이 大學은 一八五九年에 講習所로 시작된 것이다. 그것이 一八八一年에 와서 비로소 大學으로 完成되었다.

學科는 (一)農業學 (二)自然科學 (三)農業管理學과 協同組合 (四)土壤學과 農作術 (五)農作物加工學 1, 釀造工業學 2. 製糖工業學 3. 製粉工業學 等으로 되어 있다.

三, 工科大學 이 大學은 두 專門學校가 合하야 된 것이다. 一七九九年에 創設된 建築學校와 一八二一에 創設된 實業學校가 合하야 一八七九年에 大學으로 成立되었다. 그래서 第一世總長은 機械學 專門家로 有名한 헬만・위베가 되었다. 一七七

○年에 創設된 以後로 오래동안 獨立되어 있던 鑛山學校도 一九一九년에 와서는 合하고 말았다. 그래서 이제 이 大學에는 다음과 같은 여러 科가 있다.

(一)建築科 (二)土木科 (三)機械科 (四)造船科 (五)化學 鑄鐵科 (六)鑛山科 (七)數理學科

四, 商科大學 이 大學은 一九○六年에 伯林商業會議所에서 創立한 것인데 一九二○年에 伯林商工學會에서 引繼하야 經營한다.

學科는 個人經濟學, 國家經濟學, 法學, 保險學, 協同組合學, 化學工藝學, 機械工藝學, 世界地理學, 稅金學, 簿記學, 外國語學, 外國風俗學, 等이다.

五, 獸醫大學 이 大學은 一七九○年에 講習所로 시작되어 [109] 서 오래동안 지나오다가 一八八七年에 大學으로 完成되었다.

學科는 病理學, 解剖學, 衛生學과 細菌學, 精肉과 乳汁檢查學, 獸醫藥學 등이다.

六, 管樂大學, 이것은 一九○三年에 設立되었는데, 여기에서 一般 高等音樂에 對하야 器樂이나 聲樂을 勿論하고 理論과 實際를 學習한다.

七, 東方語學校, 이것은 一八八七年에 創設되었다. 獨逸의 政治經濟의 世界的 進出은 加速度로 發達되었다. 그래서 「비스말크」의 理想에는 벌서 外交官 養成의 必要가 느끼어졌다. 特別히 亞細亞와 亞弗利加 여러 나라에 對하야 着眼하였다. 그러므로 여기의 學科는 東西 各國의 語學과 風俗學과 地理와 歷史와 政治經濟學 等이다. 그리고 附帶事業으로 東方語敎科書編輯과 東方 여러 나라의 言語와 一般 文化에 대한 年報가 發行된다.

八, 體育學校, 이것은 一八二○年에 創設되었다. 世界大戰 뒤에 列强에게 軍備制限을 받은 獨逸은 國民義務兵役制가 깨어지고 雇傭兵制가 實施되매, 軍國主義 精神으로 살아오는 獨逸國民은 不安과 不平을 느낀 바 一般 體育에 힘을 써서 兵役 義務를 代身하여야 되겠다는 것이 當時의 國論이었다. 그래서 이런 學校도 생긴 것이다.

修鍊 年限은 三個年인데 體育에 대한 一般 理論的 學科와 水陸 各種 運動의 實際 技術을 學習하고 있다.

九, 政治學校, 이것은 一九二○年에 創設되었다. 이 學校도 體育學校와 같이 世界大戰 失敗 끝에 생긴 것이다. 獨逸國民은 늘 하는 말이 「우리는 싸움은 이기었고 外交는 지었다. 卽 政治的으로 失敗하였다.」 그래서 政治 硏究에 專心하게 된 바 이 學校가 創立되었다. 이 學校에는 政黨의 黨派心을 버리고 自由로 聽講하여 政治原理를 硏究한다. 여기에 敎授는 政治學者와 實際 政治家로 組織되었다. 以上.

(컬은 伯林市街의 一部, 記事中 寫眞은 伯林大學 本舘) 110

베를린 시가의 일부

베를린대학 본관

나의 大學卒業時代의 追憶

『學燈』23(2 · 3月合號), 漢城圖書株式會社, 1936.3, 10쪽.

이 받은 問題에 對答하려고 그때의 일을 생각하매 몇 가지가 記憶에 남아 있다. 大學卒業이라 하면 學業으로는 最高의 目的을 달한 것으로 한 가지 成功으로는 누구나 생각할 것이다.

一般으로 보아서는 家庭形便과 經濟的 條件과 健康問題가 다 成功의 條件이 된다. 그러나 이러한 條件을 떠나서 제 갈 길을 걸어갔다면 거기에는 어떠한 個性의 딴 條件이 붙지 아니하면 아니 될 것이다. 그런데 나의 家庭 形便과 環境과 經濟的 條件은 小學校 하나를 마칠 수가 없었다. 그러나 나는 外的 條件은 떼어 놓고, 內的 條件으로만 卽 自己의 뜻과 自己의 힘으로만 學業成功의 基礎를 삼은 것이다.

어릴 때에 家庭에서는 지게를 지고 나무와 풀을 비었고, 밭과 논을 갈고 매었으며, 海外에서는 남의 農家에서 雇傭살이도 하였다. 學窓生活의 飢寒은 나의 친구이었었다. 나의 過去는 모두가 逆境이었다. 그러나, 어릴 때부터 세운 제뜻대로는 걸어 나왔다. 그래서, 逆境突破의 經驗을 가졌고, 이제도 무슨 일에나 逆境突破라고하면 勇氣가 난다.

나는 伯林大學에서 學位證書를 쥐고 나올 때에 다음과 같은 所感을 가진 일이 있다.

成功의 三大德…

一, 遠大한 理想과 希望을 가질 것.

二, 百折不屈하는 忍耐力을 가질 것.

三, 奮鬪하는 勇氣와 熱心을 가질 것.

무슨 일에나 이 三大德이 調和가 되면, 不順한 環境과 處地를 征服할 수가 있다는 自身을 나는 언제든지 가진다.

海外留學案內 – 獨逸篇

『四海公論』 2-4, 四海公論社, 1936.4, 86~88쪽.

一, 學期, 學年, 入學手續

學期는 一年에 夏期와 冬期와의 二學期가 分하여 있는데, 그 期日만은 地方을 따라서 多少의 差異가 있다. 伯林大學에는 夏期學校는 四月十六日로 八月十五日까지요, 冬期學期는 十月十六日로 三月十五日까지다.

入學期日은 開學日이요, 開講日은 開學한제 十日後이요, 最後 學費支拂期日은 夏期에는 五月二十五日까지요 同期에는 三月二十五日까지다.

外國學生은 文部大臣의 認可를 얻어야 入學이 된다. 그러므로 入學願書는 大學을 經由하야 文部省으로 가는데, 入學願書에 添附하는 것은 다음과 같다.

1, 高等學校나 혹 同等程度 學校의 卒業證書를 原文과 또 自己 나라 官廳에서 한 飜譯文

2, 聽講程度의 獨逸語 學得證書나 그것이 없으면, 獨逸語 入學試驗을 特別히 보아서 얻은 證書.

3, 다른 大學이나 혹 專門學校의 修業證書나 혹 學位狀이 있으면, 그것들.

4, 自筆 履歷書.

5, 공부할만한 財産證明書.

6, 學生證明書에 부칠 寫眞.

7, 最後 居住地 警察署에서 받은 身分證明書.

大學에서는 科目制요 學年制가 아니므로 自己 趣味와 力量에 맞도록 어느 都 어느 科의 學科든지 마음대로 選擇하야 제 課程을 제가 짜는 것이다. 다만 最小限度의 年限과 學科만은 공부하여야 試驗 볼 資格(86)을 얻는 免許狀을 받는다. 이 免許狀만 있으면, 一生을 두고 어느 때에나 學位論文을 쓰고 口述試驗 準備만 하면, 學位 얻을 候補者가 될 수 있다. 哲學部의 修學年限은 四年인데 만일 이 年限이 지나고 더 공부할 생각을 갖이면, 修業延期手續을 하여야 된다. 修業 中에는 研究室에 다니면서 小論文도 몇 번을 쓰고 혹 講演도 하게 된다.

二, 學位 얻는 規定.

여기에는 哲學部의 것만 말한다. 哲學部에 屬한 여러 科의 學位는 一般으로 哲學博士를 준다. 그런데, 그 規定은 다음과 같다.

1, 哲學博士의 學位는 다만 印刷하야 發表된 學位論文과 口頭試驗의 合格으로 得함.

2, 學位論文은 科學的 價値가 있어야 되는데, 學位를 받을 候補者는 自立的으로 科學的 일을 할 수 있어야 됨.

3, 候補者의 資格을 許與하는 대는 高等學校의 卒業證書가 있어야 됨.

4, 候補者는 最小限度로 大學에서 三年동안 修業한 뒤에 받은 候補免許狀이 있어야 됨.

5, 學者的 著述로 特別論文이 印刷發表된 것을 願書와 함끠 提出할 때에는 學位論文으로 接受함. 論文은 마땅히 獨逸語나 라텐語로 써야 된다. 候補者는 그 論文을 남의 도움이 없이 獨立的으로 썼다는 誓約文을 써서 바치어야 된다. 또 添附할 것은 그 論文이 혹 다른 곳에서 學位를 얻으려고 提出된 일이 있었는가, 혹은 그 것이 全部나 혹 一部分이나 이미 다른 대에 發表된 일이 있었는가 하는 일이다.

6, 論文에 對하야 問議하는 바가 있으므로 候補者는 自己가 直接으로 그 分科大學長에게 論文을 提出할 것. 原書에는 마땅히 試驗 볼 各科를 表示할 것. 履歷書를 添附할 것. 入學한 때가 오래된 사람은 最後 居住地 警察에게서 身分證明書를 받아 添附할 것.

7, 學位論文을 꼰을 試官은 分科大學長이 正敎授 二人에게 委任함.

8, 만일 論文이 棄却을 당할 때에는 候補者는 일러도 六個月 뒤에 늦으면 一年 뒤에 그 修整한 論文이나 혹은 새 論文을 提出하여야 됨.

9, 口頭試驗은 論文이 通過된 뒤에라야 볼 수 있음.

10, 口頭試驗은 論文과 關係된 正科밖에 또 規定에 依하야 二種 혹 三種의 副科를 보아야 하는데, 그 中에 하나는 마땅히 哲學이 되어야 함.

11, 만일 口頭試驗에 落第가 되면 半年前에는 다시 試驗을 보지 못함. 만일 두 번째 口頭試驗에 落第가 되면, 다시는 試驗볼 資格이 없음.

12, 學位는 늦어도 試驗入格後로 六個月前에 받아야 되는데, 學位授與式 期日은 當者의 志願에 쫓아서 分科大學長이 定한다. 學位授與式 前에 候補者는 印刷한 論文을 定한 部數대로 그 大學에 바치어야 됨. [87]

13, 學位試驗 手續費는 三百五十五馬克(約 一百七十圓).

三, 專門學校 種類와 數

地理的과 歷史的의 關係로 全國에 分布된 綜合大學과 單科大學은 五十九處인데, 그것은 다음과 같다.

1, 綜合大學　　　　二三

2, 工科大學　　　　一一

3, 獸醫科大學　　　二

4, 鑛山科大學　　　二

5, 林科大學　　　　三

6, 商科大學　　　　五

7, 農科大學　　　　三

8, 農科와 釀造科大學　一

9, 哲學科와 神學科大學 八

10, 醫科大學　　　　一

四, 學費와 學生生活

學費는 京鄕이 큰 差異가 없다. 다만 自己가 生活標準을 세우는 대에 따라서 크게 다를 것이며 또 有料 學科를 많이 듣고 아니 듣는 대에 따라서 차이가 있을 것이다. 一般으로 보아서 每月 平均 金貨 一百五十圓이면, 學生生活로는 괜찮을 것이다.

寄宿은 學校의 寄宿舍가 있어서 거기에 하는 것도 아니고, 또 一般 下宿屋이 있어서 거기에 하는 것도 아니다. 個人私家에서 寢具와 其他 器具를 차려 놓고 貰놓는 房이 많으므로 거기에 月貰로 들게 된다. 그런데 그런 私家에서 大槪는 食事를 못하게 되고 約束에 따라서 아침 요기로 茶를, 牛乳, 麵包[1] 等을 주고, 혹은 저녁 茶물도 먹을 수 있으나 正式으로 食事는 아무 대에나 公衆食堂에 가서 먹게 된다. (끝) 88

---

1 [편주] 麵包 : 빵.

(海外生活콩트集) 伯林大學 鐵門

『新人文學』3-3, 靑鳥社, 1936.8, 31~33쪽.

伯林大學 圖書館에는 김히 무거운 鐵門이 있습니다. 冊을 보려 드러가는 사람, 나가는 사람―모다 젔먹은 힘까지 다하여 極力 떼밀어야 門이 열리고 門이 닫기고 합니다. 나도 圖書館을 드러가며 두손으로써 나의 온갖 힘을 다하여 겨우 門을 열고 닫구하였습니다. 그때마다 나는 여러 가지로 생각하여 보았지오. 웨 이렇게 門을 무겁고 억세게하여 들어가는 사람 나가는 사람(31)에게 많은 힘을 드리게 하는가하고요. 이것은 분명이 經濟學上으로 보아 여러사람의 많은 칼로리를 없이하는 것이니 實로 害가 많다고 생각하였습니다. 그러나 나는 몇달을 두고 그 門을 열고 드러가고 나오는 동안 다시 생각한 바이 있었습니다. 그것은 獨逸의 建築 設計家가 政府와 議論한 후 우정[1] 그 鐵門을 그렇게 무겁게 만든 것이라는 것입니다. 그 까닭은 冊을 보려고 圖書館을 出入하는 사람들은 모다 精神勞働만 하는 사람들 뿐이오 肉體運動을 아니하는 사람들이라, 但 一分間이라도 筋肉運動을 强制的으로 시켜 그 身體의 健康을 도웁자는 뜻이겠지오. 나는 이 뜻을 여러 獨逸學友들에게도 이야기하고 또는 어떤 先生에게도 이야기했드니 옳은 말이라고 讚成하더이다. 그때부터 나는 運動이라는 것을 생각하고 사람은 運動을 하지 아니하면 自己 生命을 自己가 短縮시키는 것이라고 생각하였읍니다. 그러고 運動을 하기 시작하였고 또 運動 中에는 가장 合理的인 徒步運動을 하였습니다. 伯林에 있으면서 매일 아침 일직이 起床하여 郊外로 散步를 단였습니다.

獨逸서는 運動을 獎勵하고 旅行을 獎勵합니다. 獨逸人처럼 運動과 旅行을 좋아하는 사람은 없을 것입니다. 徒步旅行團이니 旅行「시알」이니 하며 一年에 누구나 一二次는 반다시 旅行을 다니고 또는 生活이 어려운 사람이라도 旅行貯金이라고 하여 每月 얼마씩 貯金하여 가지고 一年에 一次式 或은 반다시 딴 地方으로 旅行을 갑니다.

---

1   [편쥐 우정 : '일부러'의 강원도 사투리 또는 옛 문투.

사람은 살아야 하고 사는 同時엔 身體의 健康을 要求합니다. 身體가 튼튼하고야 그 우에 理想도 가질 수 있고 모든 事業도 할 수가 있습니다. 蒲柳弱質² 앞에는 모든 것이 그의 앞에서 떠나갑니다. 이런 까닭에 누구나를 勿論하고 하루에 一二時間式은 반드시 運動을 要求합니다. 伯林大學鐵門을 그렇게 한 것은 設計 當時에 政府에서 建築業者와 그러한 理想과 푸란³을 가지고 만든 것이라 합니다. 우리는 이런 의미에서 精神勞働을 하는 사람에게 반드시 運動을 권하고 運動 中에는 一時的으로 過激한 運動을 突然이 시작하느나보다 가장 合理的이오 漸進的인 徒步運動이 必要하다고 생각합니다. 내가 郊外에 住宅을 둔 것도 이 까닭이며 郊外에 살게 되니까 半强制的으로 어느 날을 勿하고 每日 一二時間을 運動하게 됩니다. 그래서 나는 原來 튼튼한 사람이지만은 感氣 한번 알어보지 않으며 또는 자리 [32] 에 누어 病으로 苦生해 본적이 없습니다.

요컨대 身體도 自己가 스사로 튼튼하게 하고 굳세게 하며 따라서 自己 生命을 自己 손으로 延長시키고 短縮시킬 수가 있읍니다. 弱한 者여 運動하라. 運動 中에도 散步나 徒步運動을 하라. 이렇게 말하고 싶습니다. (끝) [33]

---

2 [편쥐 蒲柳弱質 : 갯버들처럼 가늘고 잔약한 체질.
3 [편쥐 푸란 : 계획(plan).

外國大學生活座談會

『新人文學』3-3, 青鳥社, 1936.8, 36~43쪽.

出席人士	李克魯, 丁來東, 安浩相, 金메리
本社側	盧子泳, 趙文德, 卞曙峰, 李俊淑
時 日	三月九日 午後 六時
場 所	市內 仁寺洞 天香園

盧, 여러분께서 이렇게 오셔서 매우 感謝합니다.

李, 천만에 좋은 요리를 주셔서 도리여 感謝합니다.

盧, 丁先生, 中國에 몇 해나 게셨읍니까.

丁, 滿十一年동안 있었읍니다.

李, 참 오래 게셨군요, 어데 만이 게셨읍니까?

丁, 全여 北京에만 있었읍니다. 上海와 南京에도 못가봤읍니다.

盧, 李先生은 獨逸에 몇 해나 게셨읍니까.

李, 滿七年동안 있었읍니다.

安, 저는 獨逸에 滿八年을 있었지요.

大學生活의 스탓트

盧, 丁先生 많은 外國大學中에 何必 中國으로 가셨읍니까?

丁, 그때 新興中國에 興味를 가지고 또는 中國文學에 적지 아니한 趣味가 있어서 中國을 가게 되었읍니다. 그러나 入學은 곳 할 수가 없어서 豫備學校에서 中語를 年半間이나 배우고 다시 民國大學을 거처서 北京大學으로 들어갔읍니다.

盧, 安先生 말슴 좀 하여주시오.

安浩相, 저는 上海同濟大學서 연락을 가지고 獨逸로 갔기 때문에 別로 入學 [36]에 支障은 없었읍니다. 내가 단인 學校는 「예나」大學입니다.

盧, 李先生은요?

李, 저 역시 上海서 連絡을 가지고 갔기 때문에 入學은 順調로 하였고 단인 學校는 伯林大學인데 經濟學을 좀 徹底이 공부해 보려는 까닭이었읍니다.

盧, 外國大學에 있어서 學費關係를 말씀하여 주십시오.

丁, 中國은 朝鮮보다 쌉니다. 食價八九圓이면 足하고 房세 四圓하고 其他 學費를 合하여 四五十圓이면 넉넉하지요.

李, 그러나 中國의 밥이란 어데 먹겠읍듸까?

安, 나는 中國의 그 힌죽 먹기가 싫어서 只今 생각해도 실증이 납니다.

李, 安兄 힌죽에 단단이 혼이 낫구려.

丁, 그래두 그 만두 같은 것은 좋이 않습니까?

李, 암 맛이 꽤 좋아요.

安, 난 그래두 四,五個밖에 더 먹지 못하겠두군요.

丁, 어떤 朝鮮學生은 七十個가 먹은 이가 있었답니다.

安, 원 먹기두 많이 먹었구려,

曙峰, 참 大食家인데요.(一同大笑)

盧, 요새 中國에 가 있는 朝鮮學生들이 많이 있읍니까?

丁, 北京만 해두 十餘年 前에는 二百名 가량이나 있었으나 只今은 三四十名에 不過합니다.

俊淑, 或 女子들도 많이 있읍니까?

丁, 요새는 仔細이 몰으겠으나 前에는 女子들도 十餘名 있었지요.

俊淑, 梨專을 卒業하고 北京간 이도 있지요.

丁, 참 그 女子는 中國人 學生과 戀愛를 해가지고 結婚까지 한 후 四川省으로 갔다고 합니다.

李, 그런데 中國大學의 敎授들은 어떠습니까?

丁, 大學에는 大部分이 外國人 敎授가 많고 敎授 用語는 英語를 많이 쓰두군요. 그러나 中國語로 敎授하는 것두 많구요. [37]

文德, 中國서 공부하려면 英語나 中語에 能通치 못하면 안되겠읍니다 그려.

丁, 그러치요.

盧, 外國人 教授들의 俸給은 얼마 가량式이나 됩듸까?

丁, 아마 朝鮮돈으로 四百圓 가량이나 주는 모양이두군요,

盧, 이제는 舞臺를 돌려 獨逸로 갑니다. 獨逸서 大學生活을 하려면 每月 學費가 얼마式이나 들가요.

李, 내가 獨逸서 나올 때에는 每月 四百 마크—곳 여기 돈으로 百五六十圓이면 足하였으나 지금은 日貨가 떠러저서 約 四百圓 가량이나 가저야 공부할 수가 있읍니다. 그러나 내가 獨逸 처음 간 때는 歐洲大戰 卽後이라 마크 時勢가 餘地없이 떠러저서 日貨 五圓을 가지고 한 달을 지낸 때가 있읍니다.

安, 學費로 말하면 獨逸보다 英國이 더 高騰합니다. 只今은 每月 五百圓 가량이나 있어야 공부할 수 있다고 합듸다. 그러나 米國은 더 비싸다구 하두군요, 그 差異는 日本內地對朝鮮과 마찬가지라고 합듸다.

金메리, 저는 스칼라, 쉽으로 갓기 때문에 學費는 全여 學校에서 當해주었고 入學도 無難이 잘했지요. 그러나 처음 가서 「마라리아」를 알키 때문에 큰 고생을 하였읍니다.

盧, 大學은 어느 大學이시든가요.

金, 미시간 大學입니다. 미국에서도 몇재 안가는 優秀한 大學이었읍니다.

大學生活의 逸話

盧, 大學生活 하시든 때에 가장 滋味있든 이야기를 하나 하여 주십시요.

李, 나는 獨逸大學生活에 있어서 무엇보다도 질거운 것은 旅行하든 이야기입니다. 四等貨物車를 타고 軍隊出動式으로 貧富의 差가 없이 地方으로 旅行단이든 일은 퍽이나 愉快하였고 只今도 印象에 새롭습니다. 地方으로 단이며 鑛山, 林業 등 온갖 것을 視察하는데 鑛山에 들어가려면 署名用紙가 있는데 그 用紙에는 이 鑛山 坑에 들어갔다가 生命을 잃는 境遇에 그 責任은 會社에서 질 수가 없다는 誓約書

이지요. 그러나 용감한 獨逸學生들은 앞을 다투어 署名捺印을 하고 그 危險한 鑛山坑으로 들어가서 求景합듸다. 나는 그 때 그 壯快한 氣風이 퍽이나 좋았고 軍隊式 旅行이 매우 愉快하였읍니다.

丁, 저는 別 신통한 逸話가 없으나 北京에서는 王府라고 하여 庭園 같은 것이 많은데, 거기는 學生들의 會合이 많아서 滋味있는 이야기를 많이 들었지오. 그때 어떤 女學生의 이야기인데 그의 말을 들으면 女學生들은 시골旅行을 하기가 퍽이나 어렵다구하두군요. 그 理由는 土匪들이 많아서 女學生만 보게 되면 끌어가⑧고 또는 官軍이란 者들도 역시 한 모양인데 언제 한번은 自己 村落에 土匪가 襲來하기 때문에 土窟을 파고 거기서 사흘을 있은 적도 있었으며, 또 한 번은 얼골에 흙칠과 검당칠을 하고 람루한 누더기를 입은 후 甚한 醜婦가 되어 難을 避하였다는 말도 있읍듸다.

盧, 참 中國은 수수꺽기 나라인가 봐요. 그러나 女學生들은 퍽 모던式이라든데요.

丁, 아무렴이요. 참 을추라 모던걸이 많지요. 대부분 女學生은 단발을 했으니까요.

安, 中國女學生과 朝鮮女學生을 比較해보면 어느 便에 人物이 나을가요.

丁, 中國學生들이 人物이 이뿐 것 많지요.

盧, 寫眞을 보면 中國女子들 中에 美人이 많든데요.

盧, 安先生의 滋味있는 逸話를 하나 말슴하여 주십시오.

安, 거짓말 보태여 한마디하지요. 獨逸을 처음 가서 男女 六七人과 郊外 散步를 갓습니다. 「쉘라」와 「께데」¹가 시를 많이 쓴 「도렌뿌룩」²이라는 곳입니다. 거기는 조고만한 집들이 있고 茶와 菓子를 파는 데가 많습니다. 거기서 우리 男女 一行은 滋味있는 舞踏會를 열었지요.

李, 着實이 남의 발등만 발벗겠구려. 호호.

安, 호호 그렇지요. 같이 춤추는 女子의 발등만 밟어서 그 女子는 골이 난 모양으로 나는 옆에 있는 「소푸아」에 앉어 있으라구 하두군요. 그래서 그 쏘푸아에 털석 앉어 그만 눈을 감고 자 버렸지요. 실컷 자다가 눈을 떠보니 새벽 세시나 되

---

1   [편쥐 쉘라와 께데 : 실러(Schiller)와 괴테(Goethe).
2   [편쥐 도렌뿌룩 : 도른부르크(Dornburg).

었읍듸다. 그래도 獨逸男女學生들은 아직도 좋다고 춤만 추는구려. 겨우 네 시쯤 하여 집으로 오다가 큰 나무 밑에서 잠들을 자게 됐지요. 獨逸은 큰 나무 밑에는 椅子를 대 놓아서 쉬기 편하게 만든 곳이 많읍니다. 거기서 곤드레만드레 골아떠러저 잠을 자는데 男女가 無意識的으로 서로 껴안고 키쓰하고 참—우수웠지요. 더 이야기하면 큰일입니다.

盧, 金先生 米國生活 中 滋味있든 이야기를 하나 하여 주십시오.

金, 저는 별로 없읍니다. 다못 그네들의 明朗한 氣分과 씩씩한 態度가 좋두군요. 그리고 미시간에서 오페라를 求景한 것도 자미있읍듸다.

盧, 그와 反對로 大學生活 중 苦生하신 이야기를 좀 들리워주시오.

<u>李, 밥 굴머 본 일밖에 더 없읍니다. 나는 고생을 고생으로 역이지 않기 때문에 別한 이야기가 없읍니다.</u>

安, 나는 처음 獨逸에 가서 房을 얻느라고 대단이 苦生하였지요. 그때가 大戰 卽後이라 日本人에 對한 感情이 나뻐서 나를 日本人으로 생각함인지 永 빌리지를 안 아서 혼이 났지요. 방 빌린다고 써 놓고도 막상 가면 없다고 따는구려. 참말 辛苦하여 겨우 房을 얻었습니다. [39]

丁, 저는 別한 苦生한 이야기는 없으나 中國말을 몰으고 갓기 때문에 中國語를 배우느라고 꽤 혼이 났읍니다. 점점 어렵두군요.

金, 저는 別한 苦生은 없었으나 마라리아病으로 몹시 苦生하였지요. 外國에서 病席에 눕는다는 것은 여간 괴로운 일이 아니두군요.

學制와 學園風景

盧, 外國大學의 學制을 좀 말슴하여 주시오.

<u>李, 獨逸은 學制가 아니오, 科目制이지요. 最少限度의 年限은 있으나 모두가 自由입니다. 職業을 가지고두 大學을 할 수가 있지요. 한 科目式 한 科目式 공부하여 몇 十年에 공부를 마치는 사람도 있읍니다.</u>

盧, 中國은 어떠습니까?

丁, 中國은 大學이 本科 四年이오 高等科나 豫備科가 없읍니다. 그 代身 中學이 六年입니다.

盧, 大學의 學科制는 좋다고 할가요.

李, 글세요.

盧, 各國 大學의 制服 이야기를 하여 주십시오.

李, 獨逸에는 大學이나 中學이나 勿論하고 制服이 없읍니다.

丁, 中國大學도 制服이 없읍니다.

安, 英國도 大學制服이 없두군요.

李, 大學에 制服이 있는 곳은 아마 世上에 日本밖에 없을걸요.

盧, 여러분이 大學生活을 하시는 中 그들의 學生氣質을 보신대로 말씀하여 주시오.

李, 칼 빼 들고 이마에 칼자죽 내고 붕대 동이고 意氣揚揚한 것이 獨逸學生들의 氣質이지오. 그들은 世上에 무서운 것이 없다는 것입니다. 이마에 칼자국 하나 없으면 사람으로 알지 안습니다.

安, 獨逸女學生들두 그들의 氣質이야말로 씩씩하지오. 그리고 공부도 부지런하고 싸움도 부지런이 잘하고 더욱이 새벽에 劍術會가 있어서 午前 여섯시頃이면 會合을 하고 試合을 합니다. 그들은 언제가 非常時的 訓練을 하두군요.

丁, 中國學生들은 대체로 점잔은 것이 特長이오. 그와 反面에 게으런 것두 特質이두군요. 날만 치워두 잘 登校를 하지 안습디다.

李, 또 한 가지 우수운 風景을 말하지오, 獨逸男子들은 빵떡을 호주머니 여기저기 조히에 싸넣어가지고 와서 休息時間에도 먹고 散步하면서도 먹고 運動場에서도 먹두군요. 그리고 더운 물만 마시면 그뿐이지오. 그들은 好衣好食은 度外視하고 全여 軍隊式입니다.

安, 참 그뿐인가? 女學生들도 「밴또」라는 것이 없이 그야말로 빵떡을 가지와서 주머니에서 께내먹두군요. [40]

李, 獨逸女學生에게서 香水냄새를 마트랴다가는 큰일이지오. 호호.

安, 암 香水냄새 대신에 빵떡냄새뿐인데.

盧, 그 外에 學園에 特異한 風景은 없읍니까?

李, 珍奇한 風景이 많습니다. 한 가지 例를 들면 硏究室에서 先生이 學生들을 보고 오늘 저녁 料理집을 같이 아니가겠느냐하고 묻는 것입니다. 全여 친구와 같은 態度이지오. 그래서 先生과 學生이 料理집에 가서 먹고 마시고 친구같이 愉快이 노는 것입니다.

曙峰, 그러면 先生이 한턱을 냅니까?

李, 내다니오. 獨逸은 꼭 分擔입니다.

俊淑, 萬若 돈이 없다면요?

李, 없어면 當初에 가지 안치오. 한턱 낼 줄 알엇다가는 큰일 납니다.

安, 그밖에 別한 風景은 생각나지 않습니다. 大學食堂 같은 데서 苦學生에게 食價를 싸게 해주고 또는 或 免除도 해주는 일은 있지오.

丁, 中國에는 先生과 弟子와의 關係는 別로 없고 同窓들의 關係는 매우 많은데 친밀하게 지내는 것을 한 가지, 들어 맞할까요.

盧, 獨逸學生들의 時間觀念은 어떻습니까.

李, 그들의 時間觀念은 매우 嚴重하지오. 早退 遲刻이 別로 없습니다.

安, 西洋서는 時間觀念이 적은 사람으로 露西亞 사람을 치지오, 「로서아 時計」라는 말이 있으니깐요.

李, 「露西亞 時計」는 고사하고 東洋은 더욱이 時間觀念이 없는 줄로 생각합니다. 그래서 나는 獨逸서 그곳 先生들을 혼을 내엿지오. 時間의 正確을 지키기 위하여 맛나거나 訪問하는 時間에는 그 時刻보다 몬저 가서 빙빙 散步를 하다가 時計를 꺼내여 正刻만 되면 一分一初가 틀림없이 곧 찾어들어갓지오. 그리하기를 몇 十番하엿드니 그들은 내 時間 正確에 그만 降服을 하며 「어떻게 그렇게 時間의 正確을 지키느냐」고 嘆服[3]을 하기에 「西洋사람 버릇을 좀 곤처주려고 그랫소」하고 웃었지오.

---

3   [편쥐 嘆服 : 탄복(歎服).

學友와 修學旅行

時,[4] 外國大學生活에서 只今까지 생각나시는 學友들이 있으면 말슴 좀 하여 주시오.

李, 꼭 한사람이 있읍니다. 趙厚達[5]이라고 하여 張作霖 時代에 東北大學 總長까지 지낸 사람입니다. 瑞西에 가서 武器를 專門研究한 工學者인데 그도 苦學이여서 나와 함께 上海에서 같이 공부하였지오. 내가 中國人 學生과 言爭이 있을 때 그는 내 便을 들어주고 朝鮮人 學生의 處地를 생각하여 주는 좋은 사람이었읍니다. 내가 그에게 여러 가지로 同情도 받고 도움도 받았읍니[41]다. 그러나 지금 그는 死亡하였읍니다.

安, 나도 只今까지 印象에 깊은 한사람이 있읍니다. 내가 上海 있을 때의 이야기지오. 밤 열시면 學校規則이 불을 끄고 자야 하는 法인데, 그때가 마참 試驗 때이라 나는 초불을 켜고, 조고마한 양철통으로 가리운 후 비밀이 工夫를 시작하였지오. 이 눈치를 본 어떤 中國人 學生은『亡國民族은 할 수가 없어 밤에 자야 한다는데 웨 불을 켜느냐?』하고 辱질을 하는구뇨. 나는 참다못해 분이 나서 초불을 가리윗든 양철통으로 그 자의 대가리를 따려부섯지오.『이놈아, 그래 亡國民이면 어쩌란 말이냐』하고 대들었읍니다. 그랫드니 學生 中에 趙某라는 學生이 仲裁를 하며 그 者의 不當을 순순이 訓戒하고 우리 中國人은 亡國民이 안이냐고 하두군요. 그때부터 趙氏와 친하게 지내고, 只今도 기억에 새롭습니다.

丁, 저는 특별한 學友는 없으나 가장 생각나는 學友로는 行培良[6]이라는 이가 있읍니다. 그는 劇과 小說에 趣味가 있어서 나는 그에게 中國語를 배우고, 그는 나

---

4 [편쥐] 時 : 盧의 착오.

5 [편쥐] 趙厚達(자오호우다, 1886~1924) : 중국 요녕성 개원 출신 공학자·교육자. 일본 도쿄 호세이대학, 중국 칭다오공업대학, 상하이동제의공대학을 졸업, 1918년부터 일본과 미국, 유럽 등지를 유람하면서 스위스 취리히공과대학에서 군사기술을 연구했다. 1922년 공학 박사 학위를 취득(학교명 미상)했고, 같은 해 중문타자기를 발명했다. 귀국하여 1923년 동북대학 공과학장 겸 이과학장 등을 역임했으나, 지병으로 인해 독일에서 작고했다.

6 [편쥐] 行培良 : 向培良(샹페이량)의 오기. 중국 후난성(湖南省) 첸양현(黔陽縣) 출신 작가. 1923년 베이징사립중국대학(北京私立中國大學)에 입학했다가 베이징에스페란토전문학교(北京世界語專門學校)로 옮겼다.

에게 日語를 배우며 文學論두 하고 매우 親하게 지내였읍니다. 親하고 보니 中國
人 學生도 매우 좋두군요.

盧, 外國은 男女共學이라니 女學友와의 혹, 자미있는 이야기는 없읍니까?

李, 하하, 큰일 날 말슴을 하는군요.

盧, 좀 逸話가 있으면 말슴해 주시오.

李, 東洋사람이니 만치, 얼굴이 잘낫든 못낫든 原來 貴物이라 好奇心을 가지고
對하니까 學友로서 친한 사람은 만이 있읍니다.

安, 그런, 아기자기한 材料야 어떻게 뜨러놈니까? 호호.

盧, 修學旅行하시든 滋味있는 이야기를 말슴하여 주시오.

李, 修學旅行이란 원래 獨逸에서 난 것입니다. 獨逸처름, 旅行을 좋아하는 나라
는 없지오. 「원데르포켈」(徒步旅行團)이라고 하여 背囊을 메고 農村으로 시골로,
山으로 바다로 가는구려. 都市生活에 對抗하여 나는 새처름 自然으로 가자, 山에
도 溪谷에도 原野에도 바다에도 좀 훨훨 단여보자는 것입니다. 그래서 나는 前에
말슴한 것과 같이 四等貨物車를 타고 各地를 단였고 또는 배랑을 지고 徒步旅行團
의 한사람이 되어, 獨逸의 山水를 探訪하였지오.

丁, 中國서는 旅行은 멀리 못하였읍니다. 北京서 멀리 아니한 西山에 각금 나삿
는데 거기는 나귀가 많어서 나귀 타는 滋味가 매우 많읍니다. 朝鮮서도 西山나귀
라는 말이 많은데 아마 이것은 中國 西山나귀를 말하는 것이 안인가 합니다. 몇
푼식 주고 나귀에 올라 여기저기 단이며 구경하는 滋味는 퍽 좋읍니다.

卒業과 歸國

盧, 外國大學의 卒業式은 어떠합니까? [42]

李, 獨逸에는 卒業式이 없읍니다. 自己 論文만 통과되면 誓約文을 읽고 卒業證
書를 받을 뿐이지오.

丁, 中國에서는 卒業式 때에 孫中山 寫眞에 절을 하고 또는 國民黨 黨則을 읽두
군오.

金, 米國의 卒業式도 朝鮮과는 달읍니다. 亦是 證書만 받고 간단한 式이 있지오.

盧, 李先生 獨逸 伯林大學서 敎授 일을 보섰다지오.

李, 네, 朝鮮語科를 두어 그 講座를 擔任하여 가지고 한글을 가라쳤지오.

盧, 그래 朝鮮어를 배우는 학생이 많았읍니까?

李, 웬글이오, 十餘名밖에 되지 못했습니다. 東洋語學에 關心을 가지는 이들이 그 語法과 組織만 좀, 배우고 硏究하려 함이지오.

盧, 歸國하시든 感想을 말슴해 주시오.

李, 그저 기뻤지오.

安, 나는 몸이 弱하여 歸國했으니까 그리 기뿌지는, 안었읍니다. 그러치 않었드면 몇 해 더 硏究를 하려하였읍니다.

金, 나는 卒業式이 끝나자 곧 歸國하였는데 學友들은『너는 愛人이 있어서 그리 急이 歸國하는구나』하고 웃두군요. 그러나 나는 愛人은 없어두 愛人보다 朝鮮이 더 보구싶은 까닭이었읍니다.

丁, 나두 歸國할 때에는 큰 짐을 논 듯하여 愉快합디다.

盧, 時間이 오래여 매우 罪悚하외다. (끝) **43**

歐美留學時代의 回顧

『우라키(The Rocky)』7, 우라키社, 1936.9, 76쪽.

[設問]

一. 貴下는 언제 어느 나라에 留學하셨읍니까?

二. 무엇을 專攻하셨읍니까?

三. 學費는 大略 一年에 얼마나 됩니까?

四. 苦學할 수 있다면 如何한 方便이 있읍니까?

五. 初渡留學生의 用心할 條件을 擧示하여 주십시오.

六. 外國서 지난 戀談이나 하나 말숨하시지요.

七. 그 나라 家庭에서 조혼 印象받은 것.

八. 社會에 對한 國民의 特長을 말숨하신다면?

經濟學博士 李克魯

一. 一九一六年–一九二〇年 中國 上海에서 同濟大學(獨逸人經營). 一九二二年–一九二六年 獨逸伯林大學. 一九二七年 英國倫敦大學.

二. 經濟學

三. 一年에 日貨 約 一千八百圓(獨逸에서)

四. 獨逸에서 苦學은 不可能합니다. 例外로 있다면 個人의 非常한 手段이겠습니다.

五. 獨逸에서는 大學入學에 入學試驗을 보이고 들이지 아니합니다. 그러므로 마땅히 高等中學(다른 나라에서 大學 豫科와 같음) 卒業證書를 가저야 됩니다. 그리고 獨逸말로써 가르키는 學校에서 배우지 아니한 外國學生이면 또 獨逸語講習所의 卒業證書를 가저야 됩니다.

六. 治安維持!

七. 整頓, 勤勉.

八. 組織的, 軍隊式.

(世界的 人物會見記) 世界 各國의 諸偉人의 面影

『朝光』 4-11, 朝鮮日報社出版部, 1938.11, 90~92쪽.

이 問題를 받고 붓대 들기를 躊躇하다가 한 趣味로 보는 雜誌原稿라고 생각하는 데에서 붓대를 잡은 것이다. 世界的 人物이란 標準과 또 會見이란 標準도 잡기가 조금 困難하다. 그러나 내가 여기에 標準잡는 것은 權威的 人物과 新聞紙的 人物인데, 이것은 곧 一般이 널리 알지 못하는 學界의 權威 人物과 또는 新聞紙上에 널리 廣告된 政治, 軍事, 社會 等 各方面의 代表의 人物을 말하는 것이다. 그리고 會見이란 것은 廣義와 狹義로 解釋하여 하나는 그저 그 人物의 肉色을 보고 肉聲을 들었으니 그만하여도 그 人物에 對하여 보았다고 할 수 있다. 그 人物의 얼굴을 寫眞에서 본 것이나 소리를 蓄音器에서 들은 거기에 견주어 본다면 勿論 會見이라고 할 수 있다. 이제 쓰고저하는 人物들은 내가 多年間 가까이 사귄 이도 있고 暫時 會談한 이도 있고 또는 肉聲을 直接 듣고 肉色 直接 보는 程度에 그친 이도 있다. 위에 말한 그러한 여러가지 程度의 會見 人物을 생각나는 대로 다음에 적어 보고저 한다.

힌덴부르크[1] 元帥

때는 大正拾四年 봄이오, 곳은 伯林大學 庭園이다. 지난 世界大戰에 犧牲된 獨逸 大學生을 追慕하는 뜻으로 伯林大學 庭園에는 花崗 90 石으로 만든 運動의 肉體美를 나타내고 고개를 半쯤 숙이어 犧牲의 態를 보인 피끓는 靑年의 石像이 서게 되었다. 이 開幕式에 當時의 獨逸大統領으로 있던 힌덴부르크 元帥는 軍服을 입고 투구를 쓰고 軍刀를 차고 侍從武官의 護衛를 받고 大學總長의 迎接으로 그 開幕式

---

1 [편주] 힌덴부르크: 파울 루트비히 폰 베네켄도르프 운트 폰 힌덴부르크(Paul Ludwig von Beneckendorf und von Hindenburg, 1847~1934).

場에 臨席하였다. 그 너른 庭園에는 伯林大學 敎授와 學生이 삼대처럼 둘러섰다. 嚴肅한 가운데 國家 소리가 끝나자 힌덴부르크 大統領의 간단한 開幕辭가 敬虔한 態度로 나오게 되었다.『이 石像은 祖國을 위하여 犧牲한 獨逸 靑年의 永遠한 빛이다』이 말씀이 떠러질 때에 群衆은 더욱 沈默하였다. 힌덴부르크 元師는 西洋사람 가운데도 뛰어나게 키가 크고 몸집이 굵다. 그 얼굴은 獅子像이다. 그렇게 威風이 돌면서도 또 四月 南風과 같이 뜻뜻한 德氣가 뭇사람을 둘러 싼다.

쪼지 五世[2]

때는 昭和二年 봄이오, 곳은 倫敦王宮 앞이다. 어느 나라를 勿論하고 임금이 거동구경이라면 거리에 사람 城을 쌓을 것은 환한 일이다. 그때에 英王 쪼지 五世가 王子 요르크公[3]을 맞으려 빅토리아 停車場으로 나가옵시던 길이다. 이제 英國의 임금이 된 當時에 요르크公은 阿弗利加[4]와 印度와 濠洲 等 殖民地를 巡視하고 도라오던 길이다. 英王의 儀仗兵이란 獨特한 古典이다. 그래서 이런 거동을 볼때에 마치 歷史的 假裝行列을 구경하는 느낌이 난다. 鹵簿[5]가 宮殿을 떠나 街路를 지날 때에는 천천이 가는데 수레 안에 앉은 쪼지 五世는 和氣가 도는 얼굴로 群衆을 멀리 살피면서 가는 態度가 마치 이웃집 복스러운 老人같이 보이었다. 王은 보통 西洋사람의 體大를 가지었고 타입은 판백이 게르만族이다.

2　[편쥐 쪼지 五世 : 조지 5세(George V, 1865~1936). 본명은 조지 프레데릭 어니스트 앨버트 윈저 (George Frederick Ernest Albert Windsor).

3　[편쥐 요르크公 : 요크 공(Duke of York). 본명은 앨버트 프레데릭 아서 조지 윈저(Albert Frederick Arthur George Windsor). 후의 조지 6세(George VI, 1895~1952).

4　[편쥐 阿弗利加 : 아프리카.

5　[편쥐 鹵簿 : 노부. 왕이 나들이할 때에 갖추던 의장(儀仗) 제도 또는 의장 행렬.

아인스타인[6] 先生

때는 大正拾二年 五月이오, 곳은 伯林大學이다. 나는 數學을 專工한 사람도 아니오 또 거기에 큰 趣味도 가지지 못한 사람이다. 그러나 하도 世上에서 떠드는 相對論이란 新學說이 무엇인가 또는 그것을 創導한 人物은 어떠한가, 이것을 한번 구경삼아 듣고 보고 싶어하는 好奇心에서 아인스타인 敎授의 時間에 그의 敎室을 찾아가서 몇 시간 相對論 敎授를 받은 일이 있다. 그래서 나는 그 先生과 몇 번 談話한 일이 있다. 先生은 中키나 되는 얌전한 선비로 생기었다. 코나 눈이나 입이나 머리털이나 典型的 猶大사람이다. 그 맑은 눈이 깜작깜작하면서 낮은 목소리로 가만가만이 가다금 칠판에 그림을 그리어 가면서 相對論을 說明할 때에는 마치 이 宇宙를 空間的으로 時 91 間的으로 혼자 航行하는 氣色과 精神이 보인다.

수마헬[7] 先生

때는 大正拾年에서 同拾四年[8]까지 五年동안이오, 곳은 伯林大學이다. 이 교수는 나의 恩師인데, 經濟學者로 특히 經濟政策論으로 世界的 權威다. 그리고 雄辯이 靑山流水다. 그의 學的 權威로 政府顧問의 職啣[9]을 가지고 있다. 先生은 普通 西洋人의 體大로 그 씩씩한 氣象이 學者보다도 더 政治家로 보인다. 내가 三年동안 이 敎授의 硏究室에서 친절한 指導를 받고 지낸 것만큼 또 나에게 學位를 준 것만큼 퍽 親하게 지내었다.

솜바르트[10] 先生

때는 大正拾年에서 同拾四年[11]까지 五年 동안이오, 곳은 伯林大學이다. 이 敎授

6　[편쥐] 아인스타인 : 알베르트 아인슈타인(Albert Einstein, 1879~1955).
7　[편쥐] 수마헬 : 헤르만 슈마허(Hermann Schumacher, 1868~1952).
8　[편쥐] 서기 1921~1925년. 입학연도가 1922년이므로 1922~1926의 착오로 보임.
9　[편쥐] 職啣 : 직함.
10　[편쥐] 솜바르트 : 베르너 좀바르트(Werner Sombart, 1863~1941).

도 나의 恩師인데 經濟學者로 특히 社會史와 經濟史의 世界的 權威다. 그리고 天才 著述家로 이름이 높다. 이 先生 역시 그 學的 權威로 政府顧問의 職啣을 가지고 있다. 先生은 상당히 큰 키로 健壯한 學者 타입이다. 나는 이 教授의 研究室에서 二年다안[12] 親切한 指導를 받았다.

뮐레르[13] 先生

때는 大正拾年에서 同拾四年[14]까지 五年동안이오, 곳은 伯林 人類學博物館[15]이다. 나는 人類學을 副科로 삼아 공부한 것만큼 이 博物館에서 人類學 講演을 듣게 되고 또 그안의 研究室에 동니게[16] 되었다. 그래서 이 博物館 舘長이오 世界的 言語學者이오 佛教哲學 權威인 뮐레르 教授의 指導를 많이 받게 되었다. 이 先生은 言語學者로서 當代 最高 權威인데 二十七個 國語를 翻譯할 程度로 能通하여 그 중에 朝鮮語도 相當히 안다. 先生은 크다란 몸과 조금 넓적한 얼굴로 長者風이 도는 巨儒다.

스프랑게르[17] 先生

때는 大正拾二年[18]이오, 곳은 伯林大學이다. 數年前에 朝鮮도 다니어간 教育學으로 世界的 權威인 先生은 體質로나 性格으로나 在來 東洋學者처럼 보인다. 그의

---

11 서기 1921~1925년. 1922~1926년의 착오로 보임.
12 [편쥐] 다안: '동안'의 오식.
13 [편쥐] 뮐레르: 프리드리히 빌헬름 카를 뮐러(Friedrich Wilhelm Karl Müller, 1863~1930).
14 [편쥐] 서기 1921~1925 : 1922~1926년의 착오로 보임.
15 [편쥐] 人類學博物館 : 민속학박물관(Völkerkundemuseum).
16 [편쥐] 동니게 : '다니게'의 오식.
17 [편쥐] 스프랑게르: 에두아르트 슈프랑거(Eduard Spranger, 1882~1963). 독일 철학자, 심리학자, 교육학자.
18 [편쥐] 서기 1923.

손에서 떨어지는 글씨는 마처 누예[19]실을 뽑아내는 것 같다. 그 글씨와 같이 言行이 끈질기고 찬찬하고 고르다. 나는 한 學期동안 先生에게 敎育哲學을 들은 일이 있다.

대니얼 존쓰[20] 先生

때는 昭和二年[21] 五月이고, 곳은 倫敦大學[22]이다. 先生이 音聲學으로 世界的 權威인 것은 누구나 다 아는 바이다. 나는 수차 先生을 만나 朝鮮語音에 對하여 參考의 말슴을 들은 일이 있다. 이 敎授도 身體가 그리 크지 못하고 조금 약하여 보이는 學者이다.

위에서 記述한 十二[23]人物은 그래도 世界的 人物이라고 말하는 것이 過히 틀리지는 아니하리라고 생각한다. 이밖에도 近似한 人物이 없는 것은 아니나 紙面의 制限으로 그만둔다. 92

---

19 [편쥐] 누예 : 누에.
20 [편쥐] 대니얼 존쓰 : 대니얼 존스(Daniel Johns, 1881~1967).
21 [편쥐] 서기 1927. 이극로가 실제 대니얼 존스를 만난 일자는 1928년 6월 12일이므로 착오.
22 [편쥐] 倫敦大學 : 유니버시티 칼리지 런던(UCL).
23 [편쥐] 본문에는 8인만 소개되어 있다.

(내가 밤을 새고 읽은 책) 솜바르트 著 現代資本主義

『春秋』 2-5, 朝鮮春秋社, 1941.6, 237~238쪽.

獨逸經濟者로 世界的 巨儒의 이름을 얻은 솜바르트 氏요, 또 그의 著述中에도 現代資本主義[1]란 이 책이 有名하다. 이 先生이 伯林大學에서 敎鞭을 잡고 있을 때에 나는 五年동안 그 밑에서 敎授를 받는 同時에도 最後 二年間은 이 先生의 硏究室에서 같이 지내게 되었다. 나의 留學時期는 西曆一九二二年 春에서 一九二七年 春까지 그동안이었다.

솜바르트 氏는 많이 아는 學者일뿐않이라 天才 著述家이다. 氏의 著書는 理論이 明晳할뿐 아니라 文章이 또 明瞭하다. 이 著書는 西洋經濟發達史인데 이 책을 通하여 世人의 새로운 認識을 많이 준 것은 조금도 틀림이 없다. 오늘날 나치스 獨逸이 생긴 것도 偶然이 아니다. 이 『現代資本主義』란 책은 四冊에 二千數百頁가 되는데, 그 內容의 論點을 들면 다음과 같다.

資本主義 前의 經濟, 現代國家의 本質과 發端, 現代的 軍隊와 艦隊, 商工業 政策, 交通政策, 植民地 政策, 國家와 寺院, 金錢의 本質, 工業의 精神, 貴金屬 生産과 運用, 國民富力의 成立, 物質要求의 新體[237]制, 衣食住의 奢侈[2]勞働者의 苦痛, 猶太人은 企業家, 農村과 都市의 住民移動 軍需工業, 國際的 經濟關係와 市場爭奪戰. [238]

---

1   [편주] 現代資本主義 : 원제목은 *Der moderne Kapitalismus*.
2   [편주] 奢侈 : 사치.

(잊지 못할 나의 恩師記) 回甲 지나서 「愛의 巢」를 이룬 世界的 學者
숌바르트 博士

『三千里』13-9, 1941.9, 124~125쪽.

伯林大學 時節의 나의 恩師로는 누구보다도 「숌바르트」博士를 잊을 수 없다. 氏는 當時 社會經濟史的 研究와 著述로써 世界的으로 이름이 높았던 偉大한 學者였었다. 特히 經濟史的 體系를 세운 이로서는 氏가 一人者일 것이며, 및 方法論, 論評, 著述로서는 天才中의 天才였었다. 才士는 薄德이라 하나 氏는 學問과 德을 가축[1] 特異한 存在였으며 當時 露西亞의 有名한 經濟學者 한 분이 氏의 門下에 와서 經濟議論의 講議를 받는데, 한 時間에 五十딸라(百圓)이라는 巨額을 支拂하면서 修學했다 하니 可히 그의 名聲을 짐작할 수 있을 것이다.

氏는 當時 六十이 넘은 老軀임에도 不拘하고 그 門下에 많은 弟子를 두어 著名한 學者로 길러내기에 努力을 아끼지 않았으며, 나도 三年間이나 伯林大學 研究室에서 氏의 指導를 받았다.

氏의 門下에는 定員二十名이라는 限定된 研究生을 두기 때문에 좀처럼 자리를 얻을 수 없으며 더욱이 弟子의 大部分은 모두 大學을 卒業하였을 뿐 아니라 學位까지 獲得한 者가 많았었다. 이 二十名中에 東洋人으로는 내가 唯一한 弟子로서 教授를 받았었으며 露西亞人 二十三名을 除하고는 擧皆가 獨逸人이였었다.

人間的으로서의 氏의 性格은 매우 包容性이 크고, 또 弟子를 사랑하는 마음이 두터워서 一週日에 一次씩(二時間)의 公開講演이 있은 뒤에는 으레 弟子들 드러 『나와 가치 食堂으로 갈 사람이 없느냐. 가고 싶은 者는 다 따라나서라.』 말하고는 大學에서 얼마 되지 않는 가까운 食堂으로 간다. 無論, 따라나서라고 해서 料理값을 氏가 支拂하는 것은 아니다. 食堂에서 다시 師弟間의 研究로 因한 意見交換이 벌어진다. 나는 種種 이 食堂에서도 氏와 이야기할 機會를 갖게 되는 것을 限없는 기쁨으로 삼았었다.

---

1 [편주] 가축: '갖춘'의 오식.

이것은 한 餘談이지만 氏가 한동안은 學校에 나오시지 않더니, 講義 揭示板에 一個月餘의 休暇 廣告[124]가 發表되였었다. 며칠 뒤에 알아보니, 일찍이 夫人의 別世로 相當히 오랫동안 獨身生活하시던 氏가 六十四才의 高齡임에도 不拘하고 結婚해서 新婚旅行을 떠났다는 것이다. 그 再婚한 婦人이란 다른 이가 아니고 氏의 門下에서 敎授받던 불가리아國의 젊은 女子였는데 이를테면 師弟間의 戀愛였었던 것이다. 新婚旅行의 地는 妻家가 있는 불가리아였으며 一個月後에 돌아온 氏는 語弊가 있을지 모르나 매우 明朗해졌었다. 그리고 氏의 家庭살림사리란 實로 깨가 쏟아지듯 매우 和樂하여 文字그대로「愛의 巢」를 이루고 있어서 美望[2]의 的이였었다. 더욱이 六十四歲인 老人으로써 첫 아들을 보았을 때의 그의 기쁨이란 實로 形言하기 어려웠다.

　-끝-[125]

2　[편주]美望 : 선망.

獨逸女子의 氣質

『新東亞』 5-5, 新東亞社, 1935.5, 92~93쪽.

女子는 아이의 어머니라. 그 氣質이 곧 그 國民의 氣質에 直接으로 影響이 있는 것은 길게 말할바이 아니다. 우리가 이제 獨逸 國民의 特殊한 氣質을 생각할 때에 먼저 그 나라 女子의 氣質이 特殊한 것을 생각게 된다. 獨逸 女性은 果然 어떠한가. 다음에 몇 가지를 적으려 한다.

一, 勤勉, 萬古의 格談이다. 『一勤天下無難事』[1] 샛듯한[2] 재조보다는 부즈런히 하고 꾸준히 하는대에 成功이 있는 것은 個人을 살피어 보아도 그러하다. 獨逸 女性은 곰의 性質을 가지었다. 그래서 좀 미련하고 鈍한듯하다. 그리고 不斷의 努力은 그들의 氣質을 代表한 것이다.

人文 發達史를 보드라도 처음에 사나이들은 산양하는 것이 그 職分이었고 계집들은 농사짓는 것이 그 職分이었다. 이제 獨逸 農村의 女子를 보아도 그런 느낌이 없지 아니하다. 심으고, 매고, 걷우는 일에나 또 西洋 農業에 重要性을 가진 牧畜에는 男子 以上으로 女子가 잘하고 많이 한다. 世界 共通이 되어 있는 것은 또 女子의 職分으로 질삼하는 것이다. 普通으로 생각한다면 獨逸 같은 工業國에 손으로 두르는 물레질이 있겠느냐 하겠지마는 事實인즉 農村에는 92 自作自給하는 精神에서 自己의 집에서 綿羊 마리나 쳐서 거기에서 나는 털을 물레에 자아 실을 뽑은 뒤에 그 실로써 또 手工으로 洋襪도 뜨고 속옷도 뜬다. 農村에 사는 女子는 우에 말한바와 같거니와 都會地에 사는 女子는 어떠한가. 한번 살피어 보자.

옆에 손님을 앉히어 두고 이야기를 하면서 떠러진 洋襪이나 떠러진 옷을 깁는다. 또는 시집을 아니 간 處女는 勿論이어니와 시집을 간 女子로서 아이가 몇 식 있겠마는 아이들은 托兒所에 맡기고 아츰이면 工場이나 會社나 商店으로 몰리어 나가는 것이 마치 動員令이 떠러진 뒤에 戰線으로 出動하는 씩씩한 軍隊와 같다.

---

1 [편쥐]一勤天下無難事 : 한결같이 부지런하면 천하에 어려움이 없다.
2 [편쥐]샛듯한 : 새뜻한(새롭고 산뜻한).

그래서 그들의 힘은 마즘내 世界市場을 征服하는 대까지 뽐내고 있다.

二, 整理, 時間經濟의 方法은 整理에 있다. 나는 언제 서울 內資洞에서 어느 집을 하나 半日이나 찾다가 番地가 어떻게 混亂하게 되었든지 끝끝내 못 찾고 돌아선 일이 있었다. 또 나는 흔히 朝鮮家庭에서 보는 일이다. 아츰이면 學校에 가는 아이들 뒤를 걷우노라고 야단이 나는데, 책을 못 찾았네, 鉛筆을 못 찾았네, 먹을 못 찾았네 하면서 어른은 아이를 꾸짖고, 아이는 어른을 원망하면서 울며 불며 하는 것이 난리다. 또 보라. 속옷 한 벌이나 洋襪 한 커리[3]를 찾으랴면, 이 농 저 농 뒤지면서 여름옷 겨울옷 할것없이 있는대로 다 끄집어 내어서 윈방바닥에 헝어 놓고 떠나기가 바쁜 사람을 한 時間이나 붙잡아 앉쳐 놓고 애를 태이다가 마즈막에는 그만 싸홈통이 터지고 말지 아니하는가. 원 世上에 이렇게 整理가 없이 살다니! 우리는 이러하지마는 獨逸女子들이 管理하는 그들의 家庭은 어떠한가?

먼저 부엌칸부터 살피어보자. 그릇 하나이라도 關係를 맳아 다 제 각각 適當하게 定한 자리에 놓여있고 또 그릇을 만들 때에 必要한 것은 벌서 글자를 박였는데 例를 들면 소금 그릇, 밀가루 그릇이라고 쓰여 있다. 그 다음에 衣欌[4]을 볼 것 같으면 깜깜한 밤 중에 눈을 감고 찾아도 대변에 주어 내도록 되었다. 웃內服자리, 아래內服 자리, 넥타이 자리, 칼라 자리, 外套[5] 자리, 웃저고리 자리, 바지 자리 다 제 各各 定한 자리가 있는 까닭이다.

三, 組織, 獨逸國民의 特色 中에도 特色이란 것은 組織的이라 한다. 이 特色이 發達된 것은 尙武主義가(軍隊行動이) 發達된 까닭이다. 『사람은 둘인데 團體는 셋이라』하는 有名한 말이 獨逸에 있다. 과연 그들은 언제나 組織的이다. 담배 한 대를 피여도 組織的인데 한사람이 담배를 입에 물고 석냥[6]을 끄집어 내면 여러 사람 가온대 담배를 피이고 싶은 이는 다 곧 담배를 내어서 입에 물고 첫 사람이 그린 석냥불이 제게 돌아오기를 기다린다. 그래서 석냥 한 개로 여러 사람이 담뱃불을 부친다.

---

3 〔편쥐〕커리 : 켤레.
4 〔편쥐〕衣欌 : 옷장.
5 〔편쥐〕外套 : 외투.
6 〔편쥐〕석냥 : 성냥.

實際 政治生活에 있어서도 自己가 關係하는 政黨에서 政治問題로 示威運動을 하게 되면 女子들은 많아 다닐 수 있는 自己의 어린 子女까지 統率하고 다 각각 示威行列의 旗대를 들리고 鬪爭의 뜻을 보인다.(끝) 93

(十二月의 追憶) 伯林의 除夜

『四海公論』 8, 四海公論社, 1935.12, 12~13쪽.

묵은해가 가고 새해가 오면 平常時에 없는 다른 느낌을 가지게 되는 것은 東西가 다 一般이다. 예수敎國들의 風俗에는 예수聖誕節이 一年 中에 가장 큰 名節인데 이 聖誕節이 十二月二十五日 곧 年末인 것만큼 送舊迎新하는 除夜의 光景은 聖誕節의 거룩한 차림으로부터 말하게 되어야 한다.

獨逸도 예수敎國이다. 그러므로 伯林도 섣달이 들면 큰 名節의 氣分이 거리거리 집집에 나타난다. 『一年을 벌어 가지고 와이나흐트[1](크리스마스)에 다 쓴다』하는 말은 俗談처럼 되어 있다. 그런 것만큼 各 商店은 이때에 大活氣를 띄고 있다. 獨逸 風俗에 이 聖誕節에는 한 家庭에서도 夫婦間, 父子間, 兄弟間, 姉妹間 그 밖에도 親知間, 男女老幼를 勿論하고 서로서로 선물하는 것은 通常禮節이 되어 있다. 어린 아이들도 父母에게서 얻어가지고 菓子를 사서 먹는 돈 가온대 **12** 에서 한푼 두푼의 貯金을 하였다가 그것으로 저 聖誕節에 父母에게와 兄弟姉妹에게 선물할 準備를 한다. 과연 이때에는 선물의 總動員!

聖誕節 두어 週日 前부터 貨物車와 貨物自動車로 四方에서 모여 드는 聖誕節樹는 거리마다 山덩어리처럼 쌓인다. 그러나 몇일 뒤에 본다면 어디로 갔는지 그 많은 나무는 다 없어지었다. 집집이 방안에 聖誕節樹를 세우고 그 나뭇가지마다 초불처럼 만든 電燈들을 켠다.(앞날에는 肉燈을 쓰었음) 그 나무 밑에는 왼 家族이 제 各各 받은 선물을 벌리어 놓는다. 이 나무의 設備는 聖誕節만 祝賀하는 것뿐 아니라 새해를 맞는 것까지 兼하였다. 그러므로 新年初까지 聖誕節에 걸린 등불이 환하여 있다. 이렇게 聖誕節을 거룩하게 지내고 除夜를 하게 되는데 섣달 그믐날 밤이 되면 各禮拜堂에서는 除夜의 禮拜를 보고 各家庭에서도 舞蹈會가 열리려니와 더구나 각 舞蹈會에나 술집에서는 靑年 男女들의 除夜 舞蹈會가 열리게 된다. 거리거리 四方에서 뚱땅거리고 질겁게 노는데 밤 열두時 子正이 땅! 치게 되면 各 禮拜堂에

---

1   [편주] 와이나흐트 : 바이나흐트(Weihnacht).

서는 鍾을 울리고 거리거리에는 紙砲를 터티리고 天地를 뒤집는 듯 하는 때에 男女를 勿論하고 서로 알거나 모르거나 맞나는 사람이면 『프로시트 노이얄』[2] 即 『새해를 기뿌게 맞읍시다』하는 소리가 거리에 차는데, 길 가는 男女를 보기만 하면 서로서로 色紙帶로 머리에서부터 몸덩이까지 걸어 매어 준다. 마치 요사이 新式 結婚式에 新郎 新婦에게 五色 가지 종이띄로 읽어 주는 것과 똑같이 한다. [13]

---

2 [편쥐] 프로시트 노이얄 : 프로지트 노이야르(Prosit Neujahr).

(異域에서 새해 맞든 느낌) 獨逸의 新年

『高麗時報』, 1936.1.1..

伯어느 나라이나 예수敎國에는 새해 맞는 것이 예수聖誕節로부터 시작된다.

독일도 예수敎國인것만큼 새해 맞음을 말하려면 먼저 聖誕節을 말하지 아니할 수 없다.

十二月 열흘만 지나면 거리마다 聖誕節樹가 산처럼 쌓인다. 그러나 그 나무들은 十餘日을 지난 뒤에는 다 팔리어 없어진다. 집집이 울긋불긋하게 치장한 聖誕樹를 세우고 밤에는 나뭇가지마다 초불모양으로 된 電燈을 켜어서 光明을 나타낸다. 聖誕節兼 새해의 선물은 서로 주고받는 것이 참 놀램직하다 많다. 어린아이들도 한 해 동안에 父母에게서 한푼 두푼 얻은 것을 모았다가 이때에는 무슨 물건을 사서라도 父母, 兄弟, 姉妹에게 선물을 드린다.

이 선물은 왼 家族이 제 各各 聖誕節樹밑에 벌리어 놓아둔다. 그래서 聖誕節 저녁에는 그 앞에서 祈禱와 讚頌으로 感謝하며 즐긴다. 그리고 數日이 지난 뒤 섣달 그믐날을 當하면 이 날 밤에는 各 舞跳場이나 또 거의 집집에 노래와 춤이 벌어진다. 그래서 매우 즐겁게 노는 가운데 거리마다 紙砲소리와 불노리가 요란하여진다. 그리자 거의 열두 時가 되면 각 禮拜堂에서 鍾소리가 울린다. 밤은 어둡것만은 새해의 光明은 天地에 돈다. 밤 열두 時를 땅친 그 다음부터는 어디에나 만나는 사람이면 알거나 모르거나 『프로시트 노이얄』[1] 卽『새해의 幸福을 빕니다』서로 새해인사를 주고받는다. 길에 가는 男女를 맞나면 結婚式場에서 하듯이 色紙帶로 두 男女를 찬찬 동여 주는 弄을 한다. 우에서 말한 여러 가지를 보아서 그들은 樂天的이오 活動的이다.

---

1   [편쥐 프로시트 노이얄 : 프로지트 노이야르(Prosit Neujahr).

(戰勝軍隊의 凱旋紀念) 伯林의 凱旋柱

『三千里』 10-12(送年號), 三千里社, 1938.12, 33~34쪽.

伯林 中央에 있는 國會堂은 燦爛하고도 壯嚴한 建物 33 로 스프레江 南岸에 우뚝 솟았다. 이 建物의 正面 마당에는 鐵血宰相 비스마르크 銅像이 섰고, 그 앞으로 조금 나가면 王場이란 廣場이 있는데 그 한복판에 높이 솟은 建物이 곧 獨逸國民의 武運의 光輝를 永遠이 나타내는 凱旋柱이다. 이것이 곧 戰勝塔[1]이다.

이 凱旋柱는 西曆 一八六四년에 된 獨丁戰爭 丁抹[2]과 싸움)과 一八六六年에 된 獨墺戰爭(墺地利[3]와 싸움)과 一八七〇年에서 一八七一年까지에 된 獨佛戰爭(佛蘭西와 싸움)과의 이긴 戰勝塔으로 一八七三年 九月 二日에 除幕式을 한 빛나는 建物이다.

이 崇嚴한 戰勝塔은 八米突 平方形의 高로 된 基礎를 붉은 花崗巖으로 쌓았다. 그리고 廓廊은 十一米突 高와 十五米突 七데시 廣으로 되었다. 이 戰勝塔은 三層으로 되었는데 二十米突 四데시 高의 砂巖으로 쌓은 柱가 그 直徑이 五米突이다. 이 柱의 아랫동에는 二十個의 丁抹의, 가운뎃 동에는 二十個의 墺地利의, 윗동에는 二十個의 佛蘭西의 大砲身을 새기어 鍍金하였다. 이 塔은 八모진 棟飾[4]의 棧敷로 되었는데 거기를 싸고 빙빙 돌아올라가는 螺旋階段이 되어 있다. 塔의 꼭대기에는 崇嚴한 普魯士를 代表한 戰勝女神을 올리어 세우었는데 그 高는 八米突 八데시나 된다. 基礎場面에는 靑銅으로 된 四個의 浮彫가 있는 데다 各各 二十米突 八데시 高와 十三米突 十八 데시 長으로 되었다. 아랫 層에는 四方에 出征, 激戰, 凱旋, 平和 等의 그림을 그리었다.

이 戰勝塔의 高는 遊步室까지는 四十米突이오, 絶頂지는 六十一米突 五데시나 된다. 그리고 建築費는 約 一百八十萬(馬克[5] 約 九十萬圓)이나 들었다. 34

---

1 [편쥐戰勝塔 : 전승기념탑. 독일어 원명은 "Siegessäule(지게스조일레)", 주소는 Großer Stern, 10557 Berlin. 본래 국가의회 의사당(Reichstagsgebäude, 주소는 Platz der Republik 1, 11011 Berlin) 앞 광장에 세워졌지만, 1939년에 현재의 위치로 이전되었다.

2 [편쥐丁抹 : 덴마크.

3 [편쥐墺地利 : 오스트리아.

4 [편쥐棟飾 : 지붕 용마루 장식

5 [편쥐馬克 : 마르크(Mark).

(내가 맛나 본 外國女子－世界女性의 氣質) **일 잘하고 검박한** 獨逸女子

『女性』 4-1, 朝鮮日報社出版部, 1939.1, 46～47쪽.

독일 여자요? 독일 여잔 놀 줄 모르는 여자입니다. 노는 것을 도리어 부끄러워합니다. 집안이 비교적 부요해서 먹고 입고 지날 근심이 없는 가정에서라도 절대로 노는 법이 없습니다.

가령 손님 같은 것이 찾아온다 하드라도 그 손님을 접대하면서도 일을 하지요. 말을 하면서도 할 수 있는 그러한 일을 합니다. 양말이나 짜겔같은 것을 뜨는 일이지요. 독일 여자는 그만큼 시간을 아낄 줄 압니다. 조선 같으면 손님이 왔는데 일을 하면 푸대접을 한다고 골을 올리고 돌아가서 욕 같은 것도 하게 될 겁니다만은 독일선 습관이 그렇게 됐으니까 도로여 주인이 일을 아니하고 손님을 맞으면 그 손님이 미안해합니다. 자기 때문에 귀중한 시간을 허비하고 일을 못하게 되니까. 그러기 때문에 손님을 맞어서 접대를 하면서도 일을 하는 것이 도리여 그 손님을 극진이 맞는 표시가 되는 것입니다. 그리고 여간 검박하지를 않습니다. 저 할일을 다 하면서도 참 검소하지요. 자작자급의 정신이 있습니다. 이게 다 우리 조선 여자로선 본받을 점입니다.

농촌을 가보니까 여자들이 다 농사를 합디다. 남자들의 조력으로 하는 것이 아니라 전담해서 합니다. 크다란 낫을 들고 길이 넘는 풀밭에서 드러서 씩씩하게 낫들을 후리드군요.

그리고 이렇게들 농사를 하고나서도 농한기에도 조금도 노는 법이 없습니다. 조선으로 말하면 물레질 같은 것을 하지요. 양모(羊毛)라든가 토모(兎毛)라든다 이런 [46] 것들을 뽑습니다. 대개는 양 같은 것들을 처가지고 털을 사용하지만 그런 김생[1]을 치지 못하는 집에서라도 그대로 노지는 아니하고 양모 같은 것을 사다가라도 물레질을 합니다.

그런데 이렇게 놀 줄은 전연 모를 것처럼 일을 할 대는 그렇게들 하다가도 도 놀

---

1 [편쥐 김생 : '금수(禽獸)'의 경상도 사투리.

때는 아주 유쾌하게 씩씩하게 놉니다. 토요일 같은 날은 아주 야단입니다. 모다들 떨처나서 기들를 받고 노래를 부르며 마서라 때려라 하고 무도를 하느니 무엇을 하느니 참 재미들 있게 놉니다. 동양 사람들은 그 동양 특유의 도적 관렴에 억매야 남녀 간 교제가 하고 싶어 가슴에선 불눅불눅하고 소사 나오려는 마음을 누르고 참어 오지만 그네들은 그렇지 않습니다. 남녀가 가치 석겨서 마시고 노래하고 춤추고 밀녀다니고 그래서 그 본능적으로 북눅거리는 마음을 만족시킴니다.

그래 土요일이나 日요일 같은 날은 짝들을 지어가지고 도시를 떠나 삼림 속으로 드러감니다. 버러먹기 위해서 도시에 살기는 하지만 건강에는 아주 나쁘니까 이러헌 날이면 自然속에 사자고 그래서 新鮮한 공기를 마시자고 모다 떨처나지요. 가령 예를 드러 말하면 개성 같은데 사는 사람은 서울로, 서울서는 개성으로 이렇게 후조(候鳥)²와 같이 왔다갔다 밀려다닙니다.

그런데 정조 관렴이라는 것은 동양보다는 좀 희박한가 봅니다. 그러나 그렇다고 정조관렴이 없는 것은 아닙니다. 그들은 어렸을때부어 그렇게 꺼림 없이 서루 교제를 하며 지나니까 그렇게 서루 뒤덤벅이며 지나도 남자나 여자나 서루 무슨 그런 별다른 생각은 가지게 되지 않는 것 같드군요.

그리고 결혼 연기는 대개 二十五六, 그 시기들입니다. 부요한 가정일수록 결혼 연기가 늗드군요. 공부를 하고 엄벙덤벙하노라하면 자연 그만한 연기에 달해야 자유의 몸이 되니까요. 그들에겐 이러한 경향이 있는가봐요. 결혼을 하면 가정에 억매이게 되여 애를 낫느니하야 퍽 부자유한 몸이 되니까 늦게 결혼을 하는 것 같습니다. 그리고 이와는 반대로 가난한 가정이면 결혼들을 일즉이 합니다. 그 이유는 아마 피차에 의지하고 버러야 되겠으니까 일직이 하는 것 같드군요. 하여튼 일 잘 할 줄 알고 검박한 여자는 독일 여자일 것입니다. ⁴⁷

---

2 [편쥐 후조(候鳥) : 철새.

(戰時生活現地体験記－世界大戰 當時를 回顧코) 獨國民의 忍耐性

『朝鮮日報』, 1939.1.1.

休紙가튼 馬克時勢
굶고 일하는 國民
留學生 한달 學費는 僅五圓!

근대사(近代史)는 구주대전을 분수령으로 하였으며, 전쟁의 형식과 내용에 있어서도 전사와 후사를 구별 짓도록 엄청나게 참담한 전쟁이였다. 이러한 전쟁에서 참패한 독일! 여지없시 파괴당한 그 나라에서 그 뒤에 오는 것을 그 나라 사람들과 가티 체험한 조선어학회의 이극로(李克魯)씨에게 이야기를 들오보앗다. 이극로 씨는 전쟁이 끗난지 반년 후인 일천구백이십년 구월부터 백림에 계시던 분이다.

朝鮮語學會

李克魯氏

내가 독일을 간 것은 구주대전 끗이 난지 여나 두 달 뒤인 일천구백이십년 구월이였다. 옛말에도 잇드시 「난리 뒤」라는 것이 얼마나 참혹하다는 것은 말할 나위도 없거니와 더욱 구주대전은 근대 전쟁의 특징인 기계화(機械化)전쟁이엇섯기 때문에 전후의 참담한 정도는 형언하기 어려웟다. 그러나 내가 잇던 독일은 전쟁에 진 나라라고는 하나 직접 총과 폭탄으로 해서 파괴당한 것이 아니엇다. 독일 사람들이 말하는 것과 가티 「싸움은 이기고 외교(外交)는 젓다」는 의미로 실상 독일의 영토 안에는 그 무서웁던 폭탄 한 개가 떨어지지 안헛고 파괴는 연합국—특히 백이의(白耳義)나 불란서가 참혹하게 입엇다. 그 대신 실질적으로 싸움에 진 나라인 독일이라 여기에는 무기의 세례보다도 더 비참한 경제적 파탄을 가저오게 되엿스니 내가 백림에 드러가슬 때는 총칼을 맛대이던 전시보다 더 지독스런 혼란을 가지고 백림은 물들듯하엿다.

×

전쟁이 종결을 고하고 벨사이유조약이 체결되여 독일의 식민지가 모두 빼앗겨버리자 각처 식민지에 나가서잇던 독일 사람들과 그박게 외국에서 잇던 독일 사람들이 전부 본국으로 도라오고 한편으로 외국 사람들의 유학생과 장사치가 모여들어서 백림은 주택난(住宅難)에 허덕이게 되엿다. 몸을 담고 살만한 집이 업스므로 주택통제가 생겻는데 시청(市廳)에다가 통제사무소를 두고 어느 동리 누구의 집에 방이 몃 개 잇스며 몃 개가 비엇다는 등의 조사를 하야노코 집에 대한 개인의 소유권을 박탈하다시피하야 집은 전부 시청의 관리 미테 두게 하엿다.

그래서 집을 어들 사람은 시청주택사무실에 가서 신청하면 등급을 보아서 어느 동리 누구의 집 문칸방이 비엇스니 그리로 가되 집세는 얼마다 하는 증서(證書)를 준다. 그래서 그 증서를 가지고 차저가면 집주인은 시청의 지시에 이의를 하지 못하게 되었다. 그래서 방 한간에 한 살림식 살지 안흐면 안되도록 되엿스니 곤난스러운 것은 말로 다할 수 업섯다.

×

그 다음은 식료품(食料品)인데 주택통제와 아울러 식료품통제가 엄격하엿다. 돈이 업서서 절절 매는 판이라 시청에서 식구비례로 주일마다 식료품 구입표를 바더 가지고 가지 안흐면 물건을 팔지 안헛다. 요사이 여기 서울서 휘발유 사는 것처럼 구입권이엿다. 대개 어룬 한사람 아페 하루 반덩이의 빵인데 빵은 「로젠」[1]이라는 보리가루로 만든 흑빵이엿다. 그리고 우유와 든 고기도 이 모양으로 통제가 되어잇서서 여기에는 부자나 가난한 자나 맛찬가지로 아모리 돈이 잇더라도 제한이상으로는 손에 너흘 수가 업섯다. 그러므로 아침저녁으로 식료품 가게 아페는 사람사태가 나고 두세시간식 기다리지 안흐면 빵 한 토막을 살 수 업는 형편이엿다. 그 대신 의복은 그다지 곤난하지 안헛다. 실상 의복이라는 것은

---

1 [편쥐 로젠: 로젠 브로트(Roggenbrot). 호밀로 만든 흑빵.

집이나 음식물과 달러서 여러 가지 대용품과 헌 것을 곳처 입을 수도 잇스므로 물자가 결핍된다 하더라도 그다지 큰 문제가 되지 안헛다. 그레 그때 독일에서도 의복은 통제하지 안코도 될 수 잇섯다.

×

그리하야 일천구백이십삼년여를-즉 구월부터 이처럼 물자(物資) 궁핍에 쪼들리는 독일에 정말 큰 난리가 닥처왓다. 그것은 말크(馬克) 갑시 떨어지는데 뉴-욕 시장에서의 시세가 십오 분만큼 떠러저 내리엇다. 아침에 나갈 적에 백 말크를 가지고 물건을 사러나가면 상점까지 가는 사히에 벌서 돈갑시 떠러져서 물건을 살 수 업게 되엿다. 그래서 몃칠 전엔 육십 말크면 살수 잇던 빵한덩이가 한참 지독한 구월 초순경에는 일천오백 말크를 주지 안흐면 살수 업도록 돈 갑시 떠러젓다. 그래서 그때 백림사람들은 날마다 하는 일이라고는 돈 태환(兌換)하는 것이 일이엿는데 거리에는 사람들이 모다 밋처서 날뛰고 은행원들은 게산이 복잡하야 정신 이상자가 속출하엿다. 정부에서는 지패를 백혀낼 수가 업스니 그냥 일 말크짜리를 시세에 따러서 시간마다 십 말크, 백 말크, 천 말크로 수짜를 색여두고 스탬프처럼 찍어내는 것이 일이엿다. 십 말크짜리 지패가 나종에는 일천만 말크로까지 변경이 되엿스니 상상만하여도 그 혼란의 정도를 짐작할 것이다. 이러케 되고 보니 불란서와 백이의 등 외국에서 돈 장사가 작고 들어왓다. 지금 말로 하면 「도루가이」란 것과 마찬가지인데 불란서에서는 거지로 지나던 사람이 불과 몃 프랑만 가지고 들어오면 독일서는 몃천 말크, 몃만 말크로 밧구어서 호화로운 생활을 할 수 잇게 되었다. 그때 우리 유학생들도 일본 돈 오원을 가지면 한 달 동안 구모 잇게 써서 생활을 하도록 되엿스니-놀라지 안흘 수 업엇다. 「도루가이」는 길거리마다 성행되엿는데 관헌은 취체할 도리가 업섯다. 이러케 되어서 카페나 딴스홀 가튼데 서도 독일 사람은 트렁크에 돈을 잔득 너어 가지고 와서도 한편 구석에서 쏩쏠한 차나 마시고 안저 잇되 외국 사람은 지금까지 거지로 지내던 사람이라도 그냥 몃 푼만 던지면 호탕하게 놀 수 잇서서 천하의 활양으로 행세할 수 잇섯다. 대학 교수들은 외국 학생들에게 어학 가튼 것을 시간교수를 해주고 그 대상으로 돈을 밧는 것이 아니라 한 시간에 빵한덩이식 밧고 생활을 지탕해 나갓다.

이러케 되니 독일 사람들의 감성 속에는 외국 사람을 미워하는 기풍이 골수에 맺처지기 시작하야 어떠케하면 저놈들의 원수를 갑느냐하는 것이 노소를 물론하고 그들의 생각하는배 전부엿다. 이리하야 여기서 비로소 독일은 살어야겟다는 사조가 부루게 되엿스니 위선 등화성리와 위체신용을 회복하기 위한 것으로 농산물(農産物)을 담보로 한 위체정리가 생겻다.

이것이 일천구백이십삼년 말인데 이때의 돈이 소위 렌텐말크[2]라는 것이다. 그 다음에 비로소 「힌덴버르크」가 대총통이 되고 그가 민중의 지도자로서 독일을 살리자는 일대 국민운동의 압쟵이 되엿는 것이다. 그때 국민의 표어는 「싸움은 이기고 외교(外交)는 젓다」는 것으로 패전의 원인을 발키고 독일 사람들은 세계에 대하야 새로운 눈을 뜨기 시작하엿다. 그래서 학생들은 노동자로서 공장에서 일을 하는 한편 학교엘 나오는데 옷은 모두 노동복이엿고 흑빵을 주머니에 너코와서 대학식당에 가서 더운 차 한 잔을 어더 가지고 먹고 살엇다. 학교에는 소비조합(消費組合)이 잇서서 여학생들은 식당과 세탁을 마터서 봉사하고 남학생들은 구두를 수선하여 자작자급을 도모하엿다.

노동자는 모두 콩죽을 먹고 살아서 영양부족으로 얼굴살이 누럿건만 머리에 백혀잇는 분한 생각은 그 고생스런 현실을 능히 이겨나갓다. 이러케하야 그들은 "적게 쓰고 만이 생산하자"라는 새로운 표어를 가지고 농촌과 공장과 학교가 여기에 힘쓰는데 옷이라고는 살만 가리면 족하엿고 음식은 일하는데 지장이 업도록 배만 채우면 족하다는 것으로 전 국민의 생활양식이 통일되엿다.

그리고 한편으로는 외국 사람의 입국을 장려하야 다만 한 푼이라도 외국돈이 국내에 드러오는 것은 놋치지 안되 연합국에 밧치는 배상금이란 것은 당초부터 국민의 생활개선과 사상통일에 쓰는 정부의 선전에는 큰 효력을 보이엿스나 독일인 전체의 생각에는 차라리 그것은 갑흘 생각이라기 보담 그것을 탕감하기 위하야 또 한 번 싸울 준비를 하자는 사상을 배양시켯든 것이다. 이래서 학자는 기

---

2 [편쥐 렌텐말크 : 렌텐마르크(Rentenmark) : 독일의 초인플레이션을 잡기 위해 1923년 11월 23일 발매된 임시 화폐.

게를 생각해내고 노동자와 농민은 그것을 이용하야 생산에 힘을 쓰되 외국인이 잠자는 시간에 일을 하여야 산다는 것이 비결처럼 되어잇섯다.

(大戰의 敎訓) 敗戰에 慟哭도 一瞬, 强國 獨逸을 再建

『朝鮮日報』, 1939.9.12.

오늘은 조선어학회(朝鮮語學會) 간사로 잇는 독일경제학박사 이극로(李克魯) 씨의 이야기를 들어보겟다. 그는 제일차세계대전이 일어나던 때로부터 끗날 때까지 상해오송(上海吳淞)에 잇는 독일인 경영의 동제(同濟)대학에서 공부하엿고 또 대전이 끗난 뒤로는 독일백림대학에서 졸업할 때까지 육년 동안 유학하엿다. 그래서 전쟁 중 또는 전쟁 직후의 독일사정을 잘 알고 잇다. 이하는 그의 이야기이다.

제일차세계대전이 일어나서 청도(靑島)가 점령되자 청도 천진(天津) 한구(漢口) 기타 전 중국 각처에 잇던 독일인 경영의 덕화학교(德華學校)는 전부 폐쇄되어 버렷다. 그래서 그 여러 곳에 잇던 덕화학교의 교원과 학생들은 모두 상해동제대학으로 모여들어서 한동안 굉장히 번창하였다. 전 중국에서 마지막으로 오직 하나로 남아 잇는 독일인 경영의 교육기관이기 때문이엇다.

동제대학은 불란서조계(佛租界) 안에 잇섯는데 중국이 전쟁에 참가하기까지에는 아무러치도 안코 공부를 계속하였다. 그리다가 마침내 중국이 전쟁에 참가하게 되자 조계공부국(工部局)으로부터 동제대학교장에게 세 시간 이내로 철퇴하라는 통첩이 왓다. 그래서 학생들은 모두 분개하여 중국 땅이오 불란서 땅이 아닌데 철퇴하라는 말은 당치안타고 반대운동을 하엿다. 그러나 통첩 바든지 세 시간이 되자 불란서 주둔군(駐屯軍)은 학교에 직시 출동하여 압뒤를 에워쌋다. 그리고는 맨 먼저 열쇠를 차지하고서 교실과 실험공장 등 학교 전부를 봉쇄하여 버리고 학생을 해산시켜 버렷다. 그러나 우리는 최후 순간까지에도 선생들로부터 교수를 바닷다.

학교 안 기숙사에 잇던 외지유학생들은 갑자기 갈 곳이 업서서 딱한 형편이엇는데 그때 당소의(唐紹儀) 씨의 알선으로 각 여관을 빌어서 약 한달 동안 머물며 공부도 한 달 동안 쉬엇다. 그리다가 양게초(梁啓超)씨가 경영하다가 그만둔 중국 공학교의 집을 빌어서 공부를 계속하엿다. 독일인 교원도 모두 그 학교 안에 다시 사택을 짓고 거주하엿다. 그리다가 그 뒤 독일이 패전하엿다는 소식이 들렷다. 서양 사람의 우는 것은 좀처럼 본 일이 업섯는데 그때에 독일인 교원들의 통곡하는 광경을 보앗다. 패전된 뒤로 중국에 잇는 독일 사람은 전부 배에 태워서 쪼차내게 되엇다. 쫓겨나갈 기한이 수일 박게 남지 안허스며 또한 그 통지를 밧고서도 사택에 잇던 독일선생들은 태연자약하엿다. 뿐만 아니라 정원에 심어 둔 화초에 물을 뿌리며 여전히 정성껏 가구고 잇섯다. 그들은 아마 비록 자기들이 그 집을 떠난다더라도 그 화초만은 누구에게든지 귀엽게 가구어지도록 남겨 두자는 뜻인듯하엿다. 나는 그때에 그들의 그 정신을 보고 참으로 우리 동양 사람보다는 특별한 다른 장점을 엿볼 수 잇는 동시에 감격하엿다.

◁──▷

나는 전란 중에서 동제대학을 마치고 전쟁이 끗난 이년 뒤에 독일로 가서 백림대학에 입학하엿다. 그때에 백림은 물론 전 독일 각 도시에서 주택과 식량은 전부 국가에서 통제하게 되엇다. 백림시청에는 『보눙스암트』[1](주택관리국)라는 것이 잇서서 비록 민간의 소유가옥이라도 제 마음대로 사용하지 못하게 하고 집 업는 사람이 집을 구하게 되는 때에는 표를 발행하여 강제로 빌리도록 하엿다. 『빵』 기타 일용식료품도 모두 평균히 배급하기 위하여 전표로써 사도록 되어 잇섯다. 큰 길ㅅ거리에도 전등을 띠엄띠엄 켜기 때문에 거리가 캄캄하엿다. 이것은 전기를 절약하기 때문이엇는데 차차로 더 켜서 밝게 하엿다. 이때에 독일에는 통화가 팽창되어서 외국돈은 비싸고 독일돈은 무척 험해젓기 때문에 외국유학생들이 무척 만히 모여 들엇다. 대학에 와서 공부하는 학생들 가운데 외국학생들은 고운 옷을 입고 꽤 사치한 생활을 하고 잇섯지만 독일학생들은 미꾸멍이 뚫허진 바지나 그러치안흐면 갑싼 노동복을 입고 다녓다. 그리고 그들은 검은 『빵』한 조각

---

1   [편쥐] 보눙스암트 : Wohnungsamt.

에 인조『뻐터』조금씩을 발러 먹고 끼니를 지내고 잇섯다. 그러나 그들의 기상
은 언제든지 늠늠하고 강한 모국을 다시 건설하려는 투쟁력이 왕성하엿다.

그박게 학생소비조합이 잇서서 모든 학용품은 거기서 사게 되며 또 그 식당에
는 남녀학생이 번갈라가면서 수종을 하고 대학 안 구두수선과 세탁소 양복수선
소의 감독사무는 학생들의 어머니가 와서 일을 보아주고 잇섯다. 이것은 모두 학
생들의 경비부담을 절약하게 하고자 하는 성의엇다. 독일 돈 시세가 날노 떨어지
기 때문에 수입이 적은 교수들 가운데는 외국유학생들에게 개인교수를 하여줄
터이니 돈 대신에『빵』한 덩이씩을 달라고 교섭한 일도 잇섯다. 나도 그런 교섭
을 바든 일이 잇섯다. 그때야말로 독일학자들의 생활도 말할 수업시 참담하던 때
이엇다. 독일에서는 대전 뒤에 이러한 표어가 유행되고 잇섯다. 즉『독일은 싸움
에는 이겻스나 외교로는 젓다』『아프로는 외교를 배워야 한다』는 것이엇다.

그래서 백림대학에서는 외교 강좌를 설치하고 독일학생에게만 외교공부를 시
켯다. 그리고 학교 안에 사교구락부를 두고서 외국학생들과 교제를 시켯다. 굿센
투쟁과 끈기 잇는 인내로써 이십여 년 동안에 강한 독일로 다시 세웟든 것인데
이번에 또 전쟁을 일으키게 된 것이다.

(사진은 이극로 박사)

獨逸과 獨逸精神 獨逸留學生座談會(十四) — 積極 外交에 進出, 大學에 外交研究會 設置

『每日新報』, 1941.5.16.

(紙上參加) 伯林에 가기는 一九二一年度이엿스나 二二年부터 伯林大學 哲學部에 들어갓습니다. 一九二三年이 『인풀레』의 고개엿는데 그 때 나는 一個月에 七, 八 圓가지고 生活햇습니다. 그 때 伯林大學에 다니는 獨逸學生들은 正服을 못 입고 勞働服 가튼 洋服을 입고 다니드군요. 그러나 그들은 조곰도 부끄러워 하지 안드군요. 그들은 우리들 外國留學生은 퍽 미워하드군요. 卽 外國留學生들은 敗戰 獨逸의 惡性 『인풀레』를 利用하야 獨逸에 온 것이니까 당연히 미움바더야 할 줄 압니다만……. 그러나 伯林大學 內에는 外國人 留學生俱樂部를 組織시켜 그들은 外國人과의 接觸에 힘써주드군요. 그때 獨逸사람들은 敵彈이 獨領 內에 쩌러진 적이 업스며 獨領은 조곰도 侵犯당하지 안헛스므로 『우리들은 싸홈에는 이겻다. 우리들이 敗한 것은 外交다』라는 구든 信念을 가지고 잇섯습니다. 그러므로 그네들이 大戰에 敗한 뒤 무엇보담도 銘心케 된 것은 獨逸人은 外交에 힘써야 한다는 것이엿습니다. 그래서 學生들은 大學 內에서 外國人留學生俱樂部를 組織하야 外國人과 接觸하여 社交를 할 째에도 外交를 알려고 無限한 努力을 하엿지요. 그리고 獨逸에 간 留學生은 學生들이니만치 將來에 本國의 代表的 人物이 될 것을 豫想하고 미리부터 힘쓰게 된 것입니다. 只今도 그러려니와 그 때 獨逸人들의 英國人에 對한 憎惡感은 限量업섯습니다. 自己네 들의 素朴하고도 順直한 性格 卽 農民的 性格에 對하야 英國人들의 狡猾한 商賈[1]의 性格에 對한 憎惡感은 特히 靑年學生들 사이에 노팟지요. 그 反面에 獨逸사람들은 만은 反省을 하는 同時에 英國사람들의 商賈的 性格으로부터 多大한 示唆를 바덧다 합니다. 卽 『現代戰爭에는 武力만 가지고는 안 된다. 外交가 짜러야 한다는 것을 알게 된 것입니다. 그 結果 伯林大學 內에 國內의 權威者를 網羅한 外交研究會를 組織하여 徹底的으로 學生들에게 外交

---

1 [편쥐] 商賈 : 장사꾼.

術을 練磨시켯습니다. 그런데 나도 이 外交硏究會에 入會할려고 차저간 일이 잇습니다. 勿論 外國人의 入會는 許可치 안습니다. 이와 가치 그 때부터 獨逸은 秘密히 外交를 硏究하엿습니다. 그리하야 今日의 勝利를 엇게 된 것입니다.

한 便 獨逸은 軍隊訓練에 힘썻습니다. 七, 八歲의 어린 아이들과 男女老少의 區別업시 每 土曜日과 日曜日의 틈을 타서 大自然을 차저 山과 들과 바다로 野外敎練을 갑니다. 그 째 獨逸은 公々然히 軍隊訓練은 못하엿스나 이러한 野外生活에 이름을 빌려 그 目的을 達햇지요. 學生들의 修學旅行도 亦是 軍隊訓練의 目的下에 體力을 鍛鍊햇습니다. 이와 가치하야 動員令이 發令되는 時에는 멧 時間 內에 全國民이 動員할 수 잇도록 團體的 組織的 精神訓練을 햇습니다. 그리고 學生들은 汽車는 貨物車가튼 四等을 타고 修學旅行을 단이엿담니다. 이 四等이란 것은 座席이 업고 마루바닥에 안게 됩니다. 마치 動物과 다름 업는 旅行을 합니다. 또『반다포겔』²隊를 組織하야 놀너다니면서 軍國精神訓練에 힘썻습니다. 農山漁村을 莫論하고 坊々曲々에 自治的인 所謂 無料宿泊所라는 것이 잇섯습니다. 이것은 倉庫 속에 보리집과 밀대를 깔고 宿泊시킴니다. 그들은 밀집과 보리집 속에서 하로 밤을 새웁니다. 그리고 이 宿泊所에는 커다란 솟이 하나 걸려 잇는데 이것으로 밥을 집니다. 그래서 候鳥隊의 무리들은 大自然을 차저서 移動하여 단이다가 밤이 되면 이 宿泊所를 차저듭니다. 이와 가치 國民全體가 組織的 觀念下에 自己의 屬하는 團體의 祝福을 빌며 麥酒를 마신다 합니다. 이와 가치 하야 敗戰의 苦痛과 障碍를 박차고 꾸준히 將來의 再起를 힘섯스니다. 오늘의 獨逸의 勝利를 生覺할 째 當然한 歸結일줄 압니다.

2　[편쥐 반다포겔 : 반데르포겔(wandervogel).

(勤勞精神의 源泉을 차저서) 勤勞가 國民道德 배울만한 獨逸國民의 勤勞
精神

『每日新報』, 1941.9.24.

동부에 영국과 불란서를 상대로 하다가 다시 서부에서 로서아를 상대로 전격
적(電擊的) 진격을 하야 구주(歐洲)의 천지를 진동시키며 구주신질서건설의 힘찬
진군을 하고 잇는 독일(獨逸)은 인종(忍從)과 근로(勤勞)의 표본과 가튼 나라이다.
전번 구주대전 째 국력은 거의 쇠잔해 버리고 그 우에 패전국이란 낙인으로 말미
암아 이루 수자로 헤아릴 수 업는 배상금까지 해마다 바치게 되어 비참하기 짝이
업슬만치 극도로 피폐하여젓든 국력을 와신상담(臥薪嘗膽) 二十여 년에 완전히 국
력을 부흥 식힌 그 위대한 힘에 『히틀러!』와 가튼 위대한 지도자가 잇섯든 탓도
잇다. 하지만 『일 하지 안는 사람은 그보다 더한 부끄러운 일은 업다』라는 사회
도덕을 직히며 국가에 대한 의무로서의 근로정신이 쪄꼴에 백인 독일 국민의 정
신으로 말미암아 된 것이다. 그러면 그들은 대전 후 어쩌한 생각을 해가며 어쩌
케 국력을 싸어왓는가를 대전 직후부터 七년 동안 독일에 유학하엿든 조선어학
회(朝鮮語學會)의 이극로(李克魯) 씨에게 부지런한 독일 국민의 이야기를 들어 소개
키로 한다.

내가 독일을 가든 해는 一九二一年 즉 대전이 긋나서 얼마 안 되엿슬 째다. 패전
국의 쓸아림은 일반 국민생활에 전면적으로 나타낫다. 첫인상에 패전국이란 얼
마나 비참한 가를 알 수 잇섯다. 그러나 그들의 정신생활만은 결코 타락된 것이
아니고 퍽 명랑하엿다. 첫 번 가서 놀랜 것은 하룻밤을 자고 난 이튼 아츰의 일이
다. 처음 하숙에 드니 낫선 곳이라 잠도 잘 아니 오고 해서 상당히 일즉 이러난 셈
치고 먼동 틀 역[1]에 밧갓을 나가 보앗더니 거리에는 틕끌 하나 업시 깨끗이 쓸려
잇고 가개마다 저자를 버려노코 잇는 것이엿다. 그리고 밤이면 어둡기가 무섭게

---

1 [편쥐 역 : '녘'.

가개문을 닷군하엿다. 이것은 부즈런한 그들의 한 습성임을 나종에야 아랏다. 그들은 한 가지 일을 잡으면 하로 종일 길게 시간을 잡지 안는다. 일할 째는 최선의 능률을 다 내도록 일하고 쉴 째는 가장 유쾌한 방법으로 각히 자유로운 시간을 가지고 충분히 체력을 회복식인다. 그러므로 그들은 아침에 일즉 일러나는 것이 습성이 될 수도 잇다고 볼 수 잇다. 그러고 일할 째 일하고 쉴 째 쉬는 시간 즉 규측생활이 사회도덕으로 되어 잇다. 늦게 이러나도 수치고 남이 일할 째 노라도 수치이다. 그러키 째문에 자기의 할 일이 업스면 남의 일까지 하여 주는 그들이다.

———◇———

내가 어썬 째 평소에 사모하든 어느 학자의 집을 방문하엿슬 째 일이다. 그째 나는 구멍이 쑤러진 양말을 신고 째가 샛카마케 무든 『칼라』가 달린 와이샤씨를 입고 갓섯슴으로 되도록 더러운 것을 아니 보이려고 어색하게 구럿더니 주인마나님이 이것을 아라채리고 양말과 샤쓰를 버스라고 강권당하다시피하야 양말은 쑤어매주는 것을 신고 샤쓰도 그여코 그 집에서 쌀아

입게 된 일이 잇섯다. 이것은 그 집에서만 세탁과 바느질을 해주엇든 것이 아니라 어느 집에 누가 차저가든지 손님의 것이라도 가족의 것이나 다름업시 일 해주는 한 풍습이 되어 잇는 것을 나종에야 알엇다.

———◇———

그들이 남의 일이라도 즐겨서 해주는 풍습은 어데를 가나 볼 수 잇다. 내가 다니는 학교 안에 소비조합(消費組合)이니 식당 리발소 세탁소 구두방 가튼 것이 가추잇섯는데 여기에는 여염집 부인임은 물론 이들은 학부형들이지만 그러한 부인들이 와서는 세탁도 해주고 식당심부름도 해주군 하엿다. 이발가튼 것은 학생자신들이 서로 싹가주지 짜로 사람을 두지 안엇다. 이 학생들의 근로봉사는 교외에까지 미친다. 휴가 째가 되면 각각 여행 삼아 농촌으로 가서 농장에 일을 해준다던지 집단적으로 대를 지여 나가서 도로를 개수하고 삼림을 가꾸며 여러 가지 공익사업을 하고 온다. 이것을 『봔데르포겔』(候鳥²隊)이라 하는데 청소년들이 이러한 대를 조직하야 집단적으로 야외에 나가서 근로봉사를 겸한 체력증진운동을 한다.

—◇—

　나도 이러한 『완데르포겔』에 끼여 농촌으로 근로봉사를 하러 간 일이 잇섯는데 그 농촌은 하도 아름다워 일 년 동안이라 체재한 일이 잇섯다. 이 농촌에서는 집집마다 서로 품을 내서 공동 작업을 하는 일이 한 두 가지가 아니엿섯다. 도로의 가로수는 과수를 심어서 풍치가 대단히 조흔데 과실이 열려 주렁주렁 달려도 어느 아해 하나가 짜먹으려고 덤버드는 아해 하나 업섯다. 과일을 짤 째는 동리가 총동하다시피 관리나 목사 교원 농부할 것 업시 남녀노소가 다 나와 짜서 짜가지고 그것을 판 돈으로 동리공동작업기금으로 쓴다. 이들의 근로정신은 쩌쓸에 백여서 강제부역이라는 것이 업고 이와 가치 자치적으로 자진부역을 하야 유쾌히 일하는 미풍이 잇다.

—◇—

　이것은 어느 휴가를 이용하야 정신병자를 스용하는 료양촌(療養村)에 가본 째이엿섯는데 그곳은 널다란 자치왕국이 되어 농장도 잇고 여러 가지 공장도 퍽 만햇다. 그 농장이나 공장의 일은 누가 하느냐 하면 짜로 사람을 사서 하는 것이 아니라 정신병자들이 하는 것이라는 것이다. 즉 정신병자도 하로 한번은 보통 사람의 정신으로 도라가는 주기적 증세를 이용하야 일을 식힌다는 것이엇다. 맹아학교에를 가보아도 그들에게도 고등교육을 식혀 사람으로서의 일할 기회를 주어 인적 자원의 부족한 것을 충당한다고 한다. 이와 가치 불구자라도 육체에서 불구된 부분을 제외한 육체로 살려 쓰도록 하는 독일의 근로정책에는 놀라지 안흘 수 업스나 이것은 결코 정책적에서만 어더지는 것이 아니라 결국은 그들의 국민성이 정신병자의 주기적인 잠시 회복의 순간 짜지라도 사람답게 살려주는 것이라고 볼 것이다. 그들은 근로를 한 의무로서 실행하고 잇는 예를 나는 쏘 하나 보앗다. 이것은 독일서 본 것 아니라 내가 상해(上海)에서 공부할 째 일인데 독일인 교사들이 제일차구주대전에 독일이 패하엿스므로 그들은 자기들이 사용하고 잇던 기숙사를 다른 나라사람들에게 양도하게 되엿섯는데 써나든 전날 내가 차자가니

2　[편쥐 후조: 철새.

짜 그들은 오늘 그 집을 쩌난다고 하면서도 그 쓸에 잇는 화초 물을 주어 가꾸며 쓸에 잡풀을 뽑고 깨끗이 청결을 하고 잇섯다. 만리타국에 와 잇서 쏘 언제 자기들이 그 집에 되차저올지를 모르는 그 집을 그러케 깨끗이 하는 것은 뒤에 올 사람들을 위하야 의식적으로 청결을 다하는 것이 아니고 자기들이 잇슬 동안에는 당연히 하여야 할 것을 다하여야만 한다는 숭고한 의무감이 굿세엿기 째문이라고 생각되엿다.

오늘의 이 시국의 국민개로운동을 이르킴에 과연 배울 만한 것은 독일국민의 근로정신이엇다고 이극로 씨는 재삼 감탄을 마지안헛다. (사진은 이극로 씨)

倫敦 言論市場 實際 視察談

『東亞日報』, 1930.1.2.

言論彈壓의 意義
彼此의 得失은 如何
【二】 언론탄압은 어쩐 경우에 생기느냐.
위정자와 민중의 득실은 어쩌한가
各 方面 人士 紙上論壇

倫敦 言論市場
實際 視察談
‖마치 장거리 가티 언론을 공개해‖
‖무슨 말이나 하고 십흔대로 발표‖
　　【經濟學博士 李克魯氏】

　조선의 언론탄압문제에 대하야 나는 참고로써 영국(英國)의 례를 한 가지 들어 말하겟다. 내가 수년 전에 영국을 시찰갓슬 해에 『론돈』에서 언론시장(言論市場)을 실지로 시찰한 바가 잇섯다.

街頭에 演壇設備, 論客은 自由登壇

　이 언론시장이란 것은 흡사히 시장(市場)에서 진기한 물건을 진렬해노코 장을 보이는 것과 가태서 공원(公園)이나 혹은 길거리에 연단(演壇)을 여긔저긔에 여러 개를 설비해노코 아츰으로부터 저녁까지 계속하야 제각기 등단하야 학술(學術)이나 사상(思想)이나 무엇을 물론하고 각기 그 의견을 한 시간이나 혹은 반시간씩 생각가진대로 발표하는데 그것은 춘하추동 사시철에 어느 해 어느 널을 물론하고 언제든지 개시(開始)를 하는 것이지마는 특별히 토요일(土曜日)이나 일요일(日曜日)이 제일 번창하다.

자기의 興味딸아 聽衆은 之東之西

그런데 그 언론시장에 언론을 들으러 오는 청중(聽衆)은 마치 시장에 물건 사러 가듯이 이곳저곳 다니면서 제 맘대로 듯다가 그중에 자긔의 취미가 쓰을리는 연단 압헤 가서 제일 오랫동안 듯고 가게 된다. 영국에 상원(上院) 하원(下院)의 국회(國會)가 잇서서 소위 국민의 대표라는 대의사(大議事)들로써 국정(國政)을 의론한다 하지마는 멧백명의 대의사만으로는 도저히 진실한 민중의 사상을 알기 어려움으로 참으로 민중의 사상을 자세히 잘 알랴면 압헤 말한 그 언론시장 그것을 의뢰하는 수 밧게 업다.

彈壓보담도 奬勵, 民意의 發表機關

그래서 민중의 의사(意思)를 민중 가운데에서 직접으로 채취(採取)하야 그것을 정치의 참고로 삼는다. 그럼으로 영국에서는 위정 당국이 언론을 금지 혹은 탄압하기보다 오히려 그것을 자유로 발표하도록 장려(奬勵)를 한다. 그래서 압헤 말한 언론시장의 연단 우에 비록 인도(印度)의 독립단(獨立團)이 올라서서 말을 하려하드래도 족음도 구속치안코 그것을 허락한다. 흐르는 물과 가튼 사조(思朝[1])를 막아 두는 것은 돌이혀 위험하다하야 그것을 자유로 발표하게 하는 것이 영국의 정치적 정신(政治的精神)일 뿐 아니라 영국의 위정 당국은 민정(民政)을 직접으로 참작하기 위하야 일종의 민의(民意)의 응용긔관(應用機關)으로 전긔의 언론시장을 공

---

1 [편쥬] 思朝 : '思潮'의 오기.

개해 두는 동시에 국민을 정치생활에 훈련케하야 인민의 미혹(迷惑)을 덜기에 힘 쓴다.

民衆判斷力助長, 盲目的 行動防止

언론을 탄압하야 사상을 막아 둔다면 그것은 일방으로만 편중(偏重) 할 우려가 잇게 되지마는 자유로 개방해 두면 각 방면으로 널리 알게 되고 판단력(判斷力)을 가짐으로 맹목적(盲目的) 행동을 취하지 안케 되는 소득이 잇게 된다. 그럼으로 미 봉책(彌縫策)으로 언론의 자유를 방지함이 일시적으로는 유효할는지는 알 수 업 스나 정치상(政治上) 백년대계(百年大計)의 장구책(長久策)이라고 할 수는 업슬 것이 다. (文貴在記者)

국어가 민족의 승명, 듕요보다 지급문뎨

『新韓民報』, 1928.8.30.

| 北美 |
국어가 민족의 승명, 듕요보다 지급문뎨
강사 리극로 박사의 력셜

임의 광고한 바와 갓치 상항 국어학교 교쟝 황사션 씨의 주최로 금二十六日 하오 三시에 상항 한인 례비당에서 국어 강연회를 열고 강사 리극로 박사의 연구 만흐신 강연을 일반이 미우 자미잇게 들엇다.

리극로 박사는 一九一二년에 그의 고향인 경샹남도 을영[1]군을 써나 상히로 건너가 당디에 잇는 ㅅ져민 사람의 셜립한 의공대학에서 공부하여 동대학을 필한 후에 一九二一년경에 다시 ㅅ벌린으로 류학 가서 ㅅ벌린 대학 경졔전문과에셔 약 六년간 연구한 결과 철학박사의 학위를 밧으신 후 다시 론돈으로 건너가 약 一년간 영어를 연구하야섯다. 박사는 물론 덕어에는 청산류수와 갓고 기타 듕국 말과 법어 일어에도 보통 상식이 잇다. 그이난 일즉히 주시경 션성의 문하에셔 국문을 만히 연구한 고로 우리 국문에도 박사이다.

리박사가 국문 강연 벽두에 말심하시되 「니가 학위를 얻은 과목은 경제학과인데 비운 바 전문학과에 대하여서는 강연을 희달나고 청하는 이를 보지 못하엿고 우리 국문에 대하야 강연하여 달라는 청구는 발서 세 번지임니다. 뉴욹과 라셩[2]에서 강연하여섯고, 오날 상항에서 ㅅ가지 세 번이올시다. 그런고로 우리 국어문데가 가장 중대 문데라기보다 지급문데가 되난 줄 암니다. 우리난 우리말이 잇스되 일정한 국어난 업슴니다. 짜라서 우리는 국어자뎐이 업슴니다. 六十년전에 우리나라에 션교하려 들어온 프린취 신부가 비로소 우리글을 모아서 자뎐이라고

1　[편쥐] 을영 : 의령.
2　[편쥐] 뉴욹과 라셩 : 뉴욕과 나성(LA).

민들어셧스나 우리말의 잇는 것도 ㅅ바진 것이 만흔즉 참고할 만한 자뎐이라고 할 수 업슴니다. 그 다음에 「ㅅ게일」박사가 우리 자뎐을 만드러스나 그 역시 불완전함은 여러분이 다 아실 바임니다. ㅆㅗ한 그 다음에는 총독부에서 만든 됴션어 사뎐이라는 것이 잇스나 이것은 더욱이나 말할 것도 업슴니다. 그리고 본즉 불완전한 자뎐이나마 모다 외국 사람이 만든 것이오 우리 손으로 한 것은 하나도 업슴니다. 참말 북그러운 일이올시다. 오날과 갓치 과학시대에 잇는 우리로서 과학뎍 연구로 만들어 놓은 자뎐이 업시 질셔 업난 말을 가지고 과학싱활을 하기가 절대 불능이라고 함니다. 그런고로 나는 우리글의 문뎨가 절대 지급한 문뎨라고 봄니다.

니가 ㅅ벌린대학에서 우리말을 약 四년 동안 교수할 ㅆ에 참고할 만한 우리글의 사뎐이 업서서 미우 곤란하여셧슴니다. 첫히에는 우리글의 자모음을 가라치며 이럭 저럭 지나갓지만 둘지 해부터 넷지 해ㅅ가지는 학싱들의게 참고 지료를 주지 못하야 참말 수치스럽게 되엿슴니다. 그런고로 우리글의 자뎐을 ㅆ구며 니는 것이 미우 지급 문뎨라고 함니다.

어느 나라를 물론하고 모어가 그 민족성이 됨니다. 그런고로 모어를 일허버린 나라는 민족성을 일케 됨니다. 유틔 민족이 종교로써 그 민족성을 유지하여 왓다고 하나 그리도 그 어머니의 말이 그 민족의 고유성을 보전하게 됨니다.

우리말의 생명을 일케된 원인은 곳 국한문을 셕거 쓰는 폐단 ㅆ문이올시다. 그러면 우리말의 싱명을 회복하려면 한문의게 사형선고를 하고 한문을 ㅆㅗ아너고 우리말을 할 수 잇는 듸로 만히 쓰야 되겟슴니다. 우리가 혼히 말하기를 순국문으로는 통정을 잘 할 수 업다고 함니다마는 한문의 고질된 소수 한문 아는 사람의 말임니다. 순국문으로 무엇이던지 다 셜명할 수 잇슴니다. 우리는 국한문을 셕거 쓰기 ㅆ문에 인쇄술에도 폐단이 만코 ㅆ라셔 불편리 불경제가 됨니다. 니가 우리 신문에 국한문 셕거 쓰기 ㅆ문에 한문 모르는 사람은 알아 볼 수가 업난 것을 보앗슴니다. 례를 들자면 니가 三一신보에서 이런 말을 보앗슴니다. 니듸에 한지가 심하다는 긔사에 「한발이 심하야 음료수가 부죡」이라는 것을 보앗슴니다. 이 말 무슨 말임닛가? 우리말로 쉽게 말하자면 「가물어서 마실 물이 넉넉지 못하다」는 말임니다. ㅆㅗ한 신한민보에서 「심인 광고」라는 것을 보앗슴니다. 웨 「사람 찾는 광고」라고 하엿스면 누구나 얼는 쉽게 알 것을 「심인광고」라 하야 남이 알지 못하게 할가요? 너가 이 말을 함은 한문은 아조 비흐지 말나는 말은 안이외다. 현금 문화 교통시대에 한문뿐만이 안이라 각국 말을 비흐난 사람이 잇스야 하겟슴니다. 영어도 비흐고 일어도 비흐고 법어도 기타 다른 나라 말을 비흐는 사람이 잇서야 할 것임니다. 그러나 나의 말하는 본의는 우리말로 근본을 삼스자함이외다. 우리가 우리글을 쓸 쎄에 두 가지를 생각하여 볼 것이 잇슴니다.

첫지 그 말이 우리글에 잇는가 업는가를 싱각하여 볼 것임니다. 만일 우리말에 그것이 잇다면 우리말더로 쓸 것임니다.

둘지 그 말이 우리글에 잇다 하더라도 다른 나라 말이 우리나라에 수입된 지가 오리여서 우리말과 동화되야 성음이라던지 의미라던지가 우리 본말 보다 나흔 점이 잇스면 곳 그 외국어를 우리말로 만들 것임니다. 남의 아달을 양자로 정히 가지고 너 아달로 만드난 수가 잇는데 남의 말을 우리말로 정한다면 무슨 관계가 잇슴닛가. 오날 문화 교통이 발젼된 쎄문에 세계 각국에서 남의 말을 자거네 말로 만든 나라이 젼부 다라고 할 수 잇슴니다.

우리국문에 대한 필요와 지급 문뎨는 이만침만 말하고 지금은 우리글을 가지고 말하려고 함니다. 나는 우리글을 좀 기량하여 쓰자고 주장함니다. 우리글은 과연 리상덕으로 된 글임니다. 세계 각국의 글이 다 우리글과 갓치 리상덕으로 된 것이 업슴니다. 그러나 우리는 우리글을 무시하엿기 쎄문에 기량이 되지 못하엿슴니다. 세계 각국 말을 보더라도 오날 쓰는 말이 그 처음에 쓰던 말이 안이고 모두 기량된 말임니다. 례를 들지 안터라도 여러분이 다 아실 것임니다. 최초에 우리말을 글로 만드러 놋키는 세죵대왕이심니다. 세죵대왕이 三년동안 학자들을 궁닉에 모아노흐시고 국문을 연구하엿슴니다. 그쎄에 한문학쟈들이 국문은 글이 안이라고 하야 세죵대왕의게 츙간한 이도 만헛지만 임검의 권력이라 츙간함도 불고하시고 우리글을 연구하야 四셔三경의 희셕과 기타 모든 한문 서적을 우리글로 희셕하엿슴니다. 우리글을 연구히닌 이들이 한문의 습관이 잇섯기 쎄문에 우리글의 철자법도 한문의 샹형자와 갓치 평방면적 □ 안에 한자식 네모 방정하게 쓰게 되엿슴니다. 그러나 우리글은 자모음으로 된 글인즉 지금 우리가 한자라고 쓰난 글자들이 한마디 말이 안이고 한 「씰리바」[3]에 지나지 안슴니다. 그런고로 우리 철자법을 기량하야만 되겟슴니다. 쪼한 우리글을 가루[4] 쓰자고 함니다. 자모음으로 된 글은 거히 가루 쓰난데 오직 우리글만 니려 씀니다. 가루 쓰난 글도 두 가지가 잇슴니다. 현대의 영, 법, 덕어 등은 모다 왼편에서 시쟉하야 올혼편으로 가되 고대에 이즙트[5] 글 갓흔 것은 올혼편에서 시쟉하야 왼편으로 써감니다. 그리고 니려 쓰는 글도 두 가지 종류가 잇슴니다. 우리글과 한문과 일문은 니려쓰되 올혼편에서 시쟉하야 왼편으로 가되 몽고 글과 만주 글은 왼편에서 바른편으로 감니다. 그러나 현대의 자모음 쓰난 모든 나라 말이 자[6]편에서 시쟉하야 가루 쓰난 터인즉 우리글도 그러키

(뎨二면 뎨四란에서 계쇽)

리극로 박사의 강연

(뎨一면 뎨二란에서 계쇽)

쓰난 것이 리치라고 함니다. 우리글을 발명한 세죵대왕 시긔는 지금 四빅八十四년임니다. 그런즉 五빅년 우리 문화싱활에 우리글이 발젼되지 못한 것은 도시[7] 한문 씨문임니다. 비록 우리나라에 예수교가 들어온 후에 우리글이 조곰 발젼되엿다고 하나 졍죵[8] 시대에 비하면 퇴화되엿다고 함니다. 주시경 선싱이 우리글을 연구하기 시작한 후 三十여 년 동안에 우리글의 력사는 과연 시 광션을 빗닛다고 함니다. 우리글의 력사담은 그만 하고 이제 우리글의 자음 중에서 몃 가지 주의점을 말하겟슴니다. 즉 「ㅋ」음, 「ㅌ」음, 「ㅍ」음, 「ㅊ」음임니다. 이 네 음을 과학뎍으로 히석하자면

ㅌ ＝ ㄷ＋ㅎ 쏘 ㅎ＋ㄷ

3 　[편쥐] 씰러바 : 실러블(Syllable), 음절.
4 　[편쥐] 가루 : '가로'의 오식. 이하 동일.
5 　[편쥐] 이즙트 : 이집트.
6 　[편쥐] 자 : '좌'의 오식.
7 　[편쥐] 도시(都是) : 도무지.
8 　[편쥐] 졍죵 : '정조'의 오식.

ㅋ = ㄱ+ㅎ 쏘 ㅎ+ㄱ

ㅍ = ㅂ+ㅎ 쏘 ㅎ+ㅂ

ㅊ = ㅈ+ㅎ 쏘 ㅎ+ㅈ (+자는 가표)

「ㅋ」음이 엇지하야 「ㄱ+ㅎ」로 된 음인가 하면 그 실례를 들 수 잇습니다. 가령 「좋고」라는 말을 두고 봅시다. 「고」자는 토 밧침임니다. 말하자면 「먹고」「입고」「자고」라는 말에 「고」자는 토임니다. 그러나 「조」ㅅ자의 토는 「고」가 못되고 「코」가 됨은 「ㅋ」음이 「ㅎ+ㄱ」음을 가진 쩌문이외다. 쏘한 「좋다」라는 말을 두고 봅시다. 우리가 흔히 쓰기를 「조타」라고 쓰나 「타」가 「조」의 토가 안이고 즉 「다」가 토임니다. 례를 들자면 「간다」「온다」「잔다」라와 기타 우리말의 「다」가 보통 토인즉 「조」ㅅ자의 토도 「타」가 안이 될 것이고 「다」가 토이 될 것이올시다. 그런고로 「ㅌ」음이 ㅎ+ㄷ과 상동한 것을 여긔서 차자볼 수 잇고 「좋다」라는 「좋」자의 밧침은 「ㅎ」가 됨이 분명함니다. 례를 들자면 만흐나 시간문뎨로 그만 둡니다.

西伯利亞와 美國의 火山坑

『新人文學』 2-6, 靑鳥社, 1935.8, 25~26 · 30쪽.

나는 半生을 中國, 露西亞, 獨逸, 佛蘭西, 美國으로 돌아다니며 勞働을 하고 工夫도 하고 그야말로 放浪生活을 하였읍니다. 그 모든 生活記錄을 모아 놓는다면 훌륭한 冒險小說이 될 것입니다.

海外生活에 있어서 가장 滋味있는 토막은 西伯利亞 「치따」에서 近一年間 감자 농사를 하는 이야기입니다. 그때가 바루 歐洲大戰이 勃發하든 當時이라 치따 兵營에서는 每日같이 大砲를 놓고 機關銃을 놓으며 싸홈 練習을 하였는데 그 兵營 옆에 있는 큰 밭에다가 감자를 한밭 가득이 심우고 아침저녁으로 물을 주고 김을 매고 栽培하는 趣味는 着實이 좋두군요. 그래서 가을에 감자을 멋 百石 캐여서 치따 兵營에 팔었는데 利益도 있고 滋味도 많었읍니다. 人間生活에 있어서 田園生活이란 퍽도 閑暇하고 愉快하옵디다.

그러나 이와 反對로 海外生活에 있어서 苦生한 이야기[25]요 많습니다. 그러나 그 中에 美國 國立公園의 하나인 「끄랜드, 캔이언」이라는 火山坑[1]을 求景하다가 죽을 번한 이야기입니다. 이 「끄랜드, 캔이언」은 멕시코 國境에 있는 땅으로 火山脈이 갈라저서 땅속으로 몇 十길 가라앉지며 그 넓이가 五六十里나 되어 그 속에는 다시 江이 흘르고 山이 있어서 所謂 地下 金剛式으로 되였읍니다. 그러나 그 속의 大部分은 砂地가 많어서 沙漠 一帶를 形成하였으며 一便으로 奇岩怪石이 많어서 그 絶景의 風致는 世界遊覽客의 발길을 期於이 끌고야 마는 형편입니다. 原來 冒險을 즐기는 나는 美國을 歷訪하든 中 이 絶景을 그냥 두고 올 수는 없었지오. 그래서 짧은 時日에 마침내 불이야 불이야[2] 汽車를 타고 그곳을 찾어갔읍니다. 밤 열시頃에 「끄랜드, 캔이언」에 到着하여 그곳 「호텔」에서 하루밤을 지내고 아침 여덜시에 起寢하였지오. 그곳 事情을 몰으는 나는 이렇게 늦잠을 잔 것입니다.

---

1 [편쥐 火山坑: 화산갱.
2 [편쥐 불이야 불이야: 부랴부랴.

「호텔」 主人의 말을 들으면 이 「캔이언」을 求景하는 데는 세 가지 方法이 있는데 하나는 飛行機를 타고 그 地帶에 低空飛行을 하며 求景하는 것이오 또 하나는 말을 타고 땅 속으로 나려 가서 여기저기 단이며 求景하는 것이오 또 하나는 徒步로 求景하는 것이라고 합니다. 主人이 어떤 方法으로 求景을 가겠느냐고 뭇기에 물론 주머니가 넉넉지 못한 나는 徒步로 求景을 하겠다고 했지오. 그러니까 主人은 徒步로 가려면 첫 새벽에 이곳을 떠나야지 늦게 떠나면 더워서 견듸지를 못한다고 挽留하옵디다. 그러나 나는 구지 뭇지 않고 아침 아홉시頃에나 그곳을 떠나 地下金剛으로 나려갔지오. 나려 가서 얼마동안은 그 怪異한 風光에 滋味는 보았지만은 열두시가 지나니까 어찌두 더운지오. 덥다기 보다도 몸을 불에 굽는 것 같읍디다. 몇 거름 오다가는 주저않고 주저 앉었다가는 좀 걸어 보고 참말 숨이 막켜 못살겠두군요. 땀은 비 오듯 하고 氣運은 모다 빠지고 文字 그대로 寸步를 것기가 어려웁디다. 조곰한 돌 그늘이라도 있으면 그기다가 머리를 박고 숨을 할닥할닥하며 쉬고 있었지오. 當場 죽을 것 같읍디다. 이렇게 苦生을 하며 겨우 땅 우에 나오자 바람이 혹 끼치드니 當場 感氣가 들두군요. 甚한 感氣에 붓잡피게 되였읍니다. 그러나 歸國하는 車票와 배표를 모다 산 터이라 알으면서 太平洋을 건너 朝鮮에 왔지오. 京城에 와서 典洞旅舘에서 一週日이나 죽도록 알코 그 후 二個月 동안이나 치료했읍니다. 이런 苦生이 또 어데 있읍니까.

이밖에 痛快 이야기도 많이 있읍니다. 그 中 한 가지로는 내가 上海同濟大學에서 工夫할 때 이야기입니다. 그때가 歐洲大戰 初期이라 獨逸이 連戰連勝하매 獨逸에 대한 人氣가 좋아서 獨逸人 經營의 이 學校는 學生이 滿員 아니 超滿員이 되였읍니다. 그래서 우리 몇 사람은 體操室에 設備한 臨時 寄宿舍에 있게 되였지오. 그런데 내 녚[3]에는 (三○頁에 續) 26 (二六頁續) 中國人 學生이 있어서 그 者는 品行이 不良할뿐 아니라 共同으로 쓰라는 電燈을 自己 寢室도만[4] 가저가고 또는 공연이 朝鮮人이라고 辱질만 하며 그 外에 남의 物品을 번번이 도적질까지 하두군요. 하루밤은 電燈 까닭에 승강이를 하다가 나는 激憤한 끝에 椅子[5]를 들어 그 者를 따

3　[편쥐] 내 녚 : 내 옆.
4　[편쥐] 寢室도만 : '寢室로만'의 오식으로 보임.
5　[편쥐] 椅子 : 의자.

려부시고 테불⁶을 들어 그 者를 눌러주었지오. 그랫드니 그 者는 꼼작도 못할뿐더러 全 寄宿生들이 물끌듯하며 騷動⁷을 하고 那終⁸에는 學生 代表가 나와서 그 者의 좋지 못한 行爲를 論駁하두군요. 그때 나는 퍽이나 痛快할 뿐 아니라 그 뒤부터는 내가 장사(力士)라는 所聞이 나서 모든 學生들이 나를 注目해보고 또는 尊敬하는 것도 매우 愉快하였읍니다.

이 밖에는 冒險한 이야기도 많고 또는 각금⁹ 失手하여 우슴거리를 만든 이야기도 많읍니다. 그 中에는 처음으로 洋服을 입을 줄 몰라 우슴거리를 산 것도 있고 또는 洋料理 먹는 法을 몰라 失手한 것도 많지오. 그러나 그런 것이야 이야기해서 무엇 합니까? (끝) 30

---

6 [편쥐] 테불 : 테이블(책상).
7 [편쥐] 騷動 : 소동.
8 [편쥐] 那終 : 나중.
9 [편쥐] 각금 : 가끔.

아메리카 紅人種村을 찾아서[1]

『新家庭』3-9, 新東亞社, 1935.9, 70~75쪽.

一, 내뛴 마음으로 나는 독일 백림대학에서 공부할 때에 인류학(人類學)을 부과(副科)로 삼아 공부하였다. 인류학이란 과학은 우려가 흙이 말하는 야만이라든지 혹은 매우 미개인 민족의 문화를 연구하는 학문이다. 그러므로 강연을 듣고 책과 그림을 보고 또는 인류학 박물관에 벌리어 놓은 실물을 보고 얻은 기초지식은 나로 하여곰 인류학연구의 대상물이 되는 아메리카 토박이 홍인종의 생활 상태를 한번 바루 살피어 보게 한 것이다. 구라파에서 조선으로 돌아오는 길에 아메리카를 지나오게 된 것이 좋은 기회라 여행 프로그람에 홍인종촌을 찾아본다는 것이 중요한 것의 하나이었다. 이 프로그람을 가진 나는 목적을 이루기 위하여 와싱톤에서 미국정부의 홍인종 사무국을 찾아 본 날은 一九二八年 七月 二十八日이다. 나는 이 사무국의 친절한 소개 편지를 받아 갖이고 어느 지방에나 홍인종 사무관서에 가기만 하면 그들의 인도로 홍인종촌을 잘 구경하게 되었다.

二, 홍인종에 대한 일반.

홍인종은 어떻게 생기었나 누구나 궁금할 것이다. 흙이 생각하기는 홍인종이라 하니까 마치 살빛을 따라 누르다고 황인종, 검다고 흑인종, 히다고 백인종이라고 한 것과 같이 홍인종은 살빛이 붉은 줄로 생각할 것이다. 그러나 이것만은 예외로 살빛의 본바탕이 붉어서 그런 것이 아니라 붉은 물로 몸에 그림을 많이 그린 까닭에 홍인종이란 이름을 붙이게 된 것이다. 그러면 그들의 살빛은 어떠하며 생긴 꼴은 어떠한가를 간단히 말하자면 황인종과 같다. 곳 우리 동양 사람과 다름이 없다.

---

1 [편쥐 본문에 사진 3컷 ─ 〈紅人種 家族과 筆者〉(70쪽), 〈紅人種小學校와 筆者〉(72쪽), 〈紅人種의 祭壇〉(73쪽)이 삽입되어 있는데 해상도가 좋지 않다. 본서에 첫 번째 사진만 수록했다.

그들이 황인종 속에 섞여 있으면 가리어 보기가 어려울 것이다. 물론 황인종에도 여러 가지 종자가 있는 것과 같이 그들도 여러 가지 종자가 있다. [70]

홍인종은 어데서 어데게 퍼저 나갔는가 이제까지는 이렇게 알고 있다. 아세아와 북아메리카가 베링해협이 없고 땅이 있닿였을 때에 동북 아세아에서와 또 동북 구라파에서(여기에도 황인종이 살던 또는 이제도 사는 땅) 건너 간 것이라고 말한다. 건너 간 때는 돌그릇때(石器時代)가 분명한 것이 사백여년 전에 컬럼버쓰가 아메리카를 찾은 뒤에 그 뒤를 이어서간 사람이 집짐승(家畜)으로는 개만 보았다고 한다. 그때에 물론 농사짓는 일은 없었다. 다만 중아메리카 한 적은 부분인 멕시코와 페루 지방에만은 상당한 문화가 있었다. 농사짓는 일은 썩 뒤에 와서 중아메리카 식물인 옥수수를 가저다가 주요한 곡식으로 비로소 심으게 되었다.

이제 북아메리카 홍인종의 생활 상태를 나누어 보자면 1, 큰 부분은 농사짓는 것이니 농촌을 이루어 가지고 살며, 2, 큰 들(平原地帶)에서 주장으로 물소와 노루 산양하는 일이니 천막생활로 이리저리 옮아 다니면서 살며, 3, 아메리카 서쪽 갈리포이나에 사는 홍인종은 정도가 매우 낮아서 아직도 풀뿌리나 나무열매나(굴밤이 중요한 것) 나물을 캐고 주어 모아서 양식을 작만한다. 문화가 높은 홍인종에게는 가죽을 다루는 기술이 발달 되었다. 그래서 옷이나 신을 다 가죽으로 만들었다. 또 수공업으로 발달된 것은 실로 뜨는 것과 베짜는 것과 지그릇²(도긔)을 굽는 것이다.

紅人種 家族과 筆者

---

2 [편쥐] 지그릇 : '질그릇'의 오기로 보임.

홍인종의 말은 매우 복잡하게 다르다. 보기를 들면 멕시코 북부에서만 쉰여덜 가지의 아무 딴 말이 있고, 그중에는 또 무수한 사투리가 있다.

북아메리카에 사는 홍인종의 종교적으로 믿는 것은 흙귀신·물귀신·불귀신·공기귀신이니 곧 옛사람들이 이 세상은 땅·물·불·바람 네[71] 가지로 되었다고 하던 그 네 가지 바탕(사대원소)을 믿는 것이다.

처음에 백인종이 아메리카로 건너가서 살게 되매, 홍인종은 매우 반항하였다. 이 배타적 반항은 백인종으로 하여곰 총칼로써 그들과 싸우게 한 것이다. 곧 정복을 하여야 되겠다는 데에서 홍인종 사무를 미국 정부는 육군성에서 오래동안 관리하여 오다가 이제는 내무성에서 관리하고 있다. 이렇게 오래동안 싸워 온 것만큼 홍인종은 백인종의 문화를 받지 아니하고 밀리어서 산중에나 사막지대로 가서 퇴화적 생활을 하므로 인종이 많이 줄어 왔다. 그리더니 이제는 백인종의 문화를 차차로 받고 최근 삼사십년 래에는 다시 인종이 잘 늘어가는 것이 백인종보다 지난다고 한다. 홍인종의 수는 一四九二年에나 一七八〇년에나 거의 같겠는데 그 때의 미국과 카나다에 사는 수는 대개 칠십오만 명에서 백만 명 중간에 들었으리라고 한다. 그런데 이제는 수십만 명에 지나지 아니할 것이라고 한다.

紅人種小學校와 筆者

三, 털사와 파후스카를 찾아보다.

一九二八年 팔월 열이튼날 아츰에 오클라호마 털사에 대이다. 툴사는 미국의 유명한 석유광이 있는 곳이다. 여기에 여관을 정하고 뻐쓰로 두 시간이나 가는 파후스카에 대이다. 이 날은 마츰 일요일이라 털사에 있는 홍인종 사무서를 찾아 보지 못하고 먼저 이 촌으로 간 것이다. 여기는 물론 홍인종만 사는 농촌인데 그들의 집은 대개 나무로 서 지은 것이 백인종의 농촌집이나 다름이 없다. 그 마을의 길이나 모든 것이 잘 정리되었다. 이 골목 저 골목으로 혼자 도라 다니면서 밖같 모양만 구경하는 가온대 한 홍인종 늙은이를 만나서 내가 일부러 여기까지 당신들의 촌구경을 왔다고 한즉 매우 반가워하면서 친절히 인도하여 주어서 서 72 너 가정을 찾아보았다. 그들의 집안 설비도 백인종의 것이나 크게 틀림이 없다. 이곳에 사는 홍인종은 그 모양이 우리 조선 사람이나 다름이 없다. 그래서 하와이에서 조선 사람의 농촌을 구경하던 느낌과 같은 느낌이 났다. 몰리어 다니는 아이들을 보니 물론 백인종의 피가 섞인 트기가 더러 나타난다. 이 촌에서 반날을 지내고 저물게 툴사로 도라오다. 그 이튼날 하로는 툴사에서 석유광과 석유공장을 구경하고 열나흗날에는 홍인종 사무서를 방문하고 오클라호마 주에 사는 홍인종의 현상을 조사하다.

四, 알뷰커크와 이슬레타를 찾아보다.

八월 열엿새날 아츰 일곱 시에 뉴멕시코 주에 있는 알뷰커크에 대이다. 여기에서 홍인종 사무서를 찾아보고 그 관서의 관리로 있는 모리썬 씨의 인도로 거기에서 자동차로 한참 가는 이슬레타를 구경하다. 누구나 알뷰커크 정거장에 나리기만 하면 홍인종의 손으로 만든 수공품을 많이 보게 되는데, 그 수공품 가온대에는 질그릇 천(織物), 뜬 것(編物)이 가장 특색을 나타내며 예술적 값을 자랑하게 된다. 이슬레타는 홍인종의 문화를 자랑할 만큼 대표적 지방이다. 여기에 소학교가 있는데 마츰 여름방학 때라 학교당국자가 없으므로 학교내부를 구경하지 못하였

紅人種의 祭壇

고 또 자세한 내용을 듣지 못한 것이 좀 유감이었었다. 이곳에서 홍인종의 집의
방문한 가온데 가장 기억되는 것은 치위위매리라고 하는 늙은 여자의 집을 찾은
것이다. 이 늙은이는 질그릇을 만드는 기술로 이름이 높다. 질그릇은 모양으로나
품질로나 여러 가지 층이 있는데 상품은 한 개에 수십 원짜리가 있다. 질그릇의
빛갈은 대개 붉고 누른빛이오 여러 가지 그림을 그린 것도 있다. 이 질그릇은 마
른 소똥[73]불을 마당에 피어 놓고 그 가온데 묻어서 굽는다.

곡식을 찧는 방아는 어떻게 되었나, 자연으로 된 넓고 움벙한 돌은 절구가 되었고
또 자연으로 둥글고 길죽하게 된 돌은 절굿대가 되었다. 그것으로 써 그들의 주요
한 양식인 옥수수나 그 밖의 모든 곡식을 찧어서 먹는다고 한다. 홍인종의 먹을새
(음식) 가온데는 고추가 중요한 것이다. 그러므로 고추농사를 많이 짓는다. 때는
마츰 여림이라 그들의 농사하는 것을 본즉 농사짓는 연장이나 방법이 다 현대적
이다. 이슬레타 마을 가온데 있는 제단은 그들이 귀신에게 제사를 지내는 곧인데
한 스무 남은 평이나 되게 흙으로 둥글게 한길이나 높게 토담을 쌓고 한 옆에는 기
때 돌을 비스트럼하게 세워 두었고 또 한 쪽에는 올라가는 칭게[3]를 놓았다.

알뷰커크 시가에는 홍인종의 직업학교가 있는데 여기에는 주장 그들의 재래
의 수공업 기술을 가르친다. 그래서 그들의 문화를 유지하며 발전시킨다.

3　[편쥐] 칭게 : 층계.

五, 산타페와 테수크를 찾아 보다.

八월 열일헷날[4] 아츰 여덜 시에 뻐쓰를 타고 알뷰커크를 떠나서 동 열시에 산타페에 대이다. 호텔에 주인을 정하고 먼저 홍인종 사무서를 찾아보고 그다음에는 바루 그 관서 옆에 있는 홍인종문화박물관을 구경한 뒤에 그 관서의 관리로 있는 지, 시, 윌리암쓰의 인도로 자동차를 타고 수십 리나 되는 테수크라고 하는 수십 호가 사는 홍인종 촌에 가서 그들의 생활 상태를 구경하게 된다. 이 마을은 가난한 빛이 들어난다. 집은 흙으로 쌓은 토담에 셋가래가 쑥쑥 나온 평면 흙지붕으로 되었다. 그야말로 원시적이다. 한 가정을 찾아보니 집주인은 매우 친절하게 대한다. 그 집에서 한참 쉬면서 그들의 말을 얼마 조사하여 본 뒤에 그 집 주인의 새털 모자를 얻어 쓰고 그 집 문 앞에서 그 가족과 함께 내가 메고 다니던 사진기게로 기념사진을 박이었다. 그런 뒤에 이 골목 저 골목으로 도라 다니면서 구경을 하는데 한 집 앞에 가니 여름이라 더워서 숯을 마당가에 걸어 놓고 그 때에 마츰 점심때라 그 큰 숯에는 풋고추만 도야지 기름에 볶아놓고 다섯 사람이 둘러앉아서 그 고추만 먹는다. 이런 구경 저런 구경을 다하고 서너 시간 뒤에 다시 산타페로 도라오다.

六, 남을 물리침과 남을 따름으로 말미암아 얻는 것과 잃는 것.

나는 뉴욕과 와싱톤에서 흑인종의 거리를 도라 다니면서 많이 살펴본 일이 있다. 과연 거기에는 흑인종의 세게다. 큰 도시에서 한 모퉁이를 크게 점영하고 십수만 명이 모여서 사는 것만큼 그 세력이 놀랍게 보인다. 또 문명한 도시와 같이 사는 것만큼 생활방식이 문명인 그대로다. 그러나 그들은 자기의 고유한 문화 [74]라고는 조고마한 냄새도 피우지 못한다. 그러하지마는 그들은 인종적으로 보아서 번식이 않이 된다. 그러니 혈족으로 보아서는 확실히 승리를 얻었으나 그 반대로 문화로는 확실히 실패를 하였다. 이 흑인종의 사정과는 정반대로 홍인종

제2장
영국/미국

은 혈족으로는 실패를 보았으나 문화로는 확실히 승리를 얻었다. 하늘땅 사이에 있는 만물 가운데 오직 사람이 가장 귀하다는 것은 다른 동물이 가지지 못한 문화를 가지었다는 뜻이다. 번식욕만은 일반 동물의 본능이니 그것을 귀할 것이 없다. 현대문명국의 산아제한이 발달되는 것만도 그것을 넉넉히 증명하는 것이다. [75]

(그 山 그 바다(十一)) 幅五十里 長千餘里 米南方의 地下金剛, 九死에서 一生을 얻은 奇蹟

『東亞日報』, 1937.7.18.

『白頭山 이야기는 그 程度로 하시고 米國의 地下金剛 이야기를 좀 해주섯으면 조겟는데요』

하고 말슴을 해도 李克魯氏는

『暫間만-』

하고 손으로 記者를 制止하시며

『그 天地의 神祕함- 이것은 아모리 科學의 힘이 偉大하다 하더라도-』

『先生님, 그만큼 하시고-』

『그럼 우리 白頭山 이야기는 그만큼 해두죠』

『米國의 地下金剛이란 어디 잇는겁니까』

『米國에 잇는 줄 알면서?』하고 싱긋이 웃으시며

『米國 南方 그랜드 · 캐니언에 잇는대 로산젤스에서 數十里 支線을 타고 들어가죠』

『平北에 蝀龍窟¹이라고 잇는데 가보섯읍니까』

『蝀龍窟? 蝀龍窟도 그 생김이 米國의 地下金剛과 비슷하지요. 하지만 米國 것이 蝀龍窟보다는 몇百倍가 될지 하여튼 廣이 四十里에 長이 數千里나 되게 크니까요』

『그러케요?』

『그러죠』

氏는 그랜드 · 캐니언에 잇는 地下金剛이 氏 自身의 所有나 되는 듯이 자랑을 하신다.

『그러면 그 地下金剛은 어떠케 해서 생겻는가요?』

---

1   [편주] 蝀龍窟 : 평북 구장군 용문산 남쪽에 있는 종유굴.

『글세 그건 모르지요. 우리 人間이 生活을 한다는 意識조차 없던 太古에 생긴 일일게니까요』

『紀元前일까요』

『前이죠』

『아마 太古時代에 斷層地震이 생겨서 그대로 平野가 퍽 갈러지는 통에 그 안에서 山도 되고 江도 되고 햇을 것입니다』

『땅속에 江이 잇읍니까』

『가만 잇자. 順序를 밟아 이야기하죠. 내가 거기를 간 것이 八年前 八月인네 내가 간 때는 한여름이라 몹시 더윗읍니다. 지금은 없어젓답니다마는 그때는 十里쯤 그 窟 속으로 나려가면 나무가 몇 개 선 언덕 우에 조고만 호텔이 잇어서 探勝客들이 쉬고는 햇섯읍니다. 그런데 그 旅舘에 들어가서 자고 깨니까 午前 아홉時나 되엇는데 그때 探勝을 가겟다고 하니까 모두 말립디다.-』하고 氏는 한참 무슨 생각을 하시더니

『참 天幸이죠. 그야말로 九死一生이엇지.』

하고 혼자 말슴을 하신다. 이야기하시는 동안에 그때의 實情이 그대로 나타나는지 氏의 얼굴에는 興奮하는 빛까지 나타나 보인다.

『웨 苦生을 하겟읍니까.』

『苦生-程度가 아니지요. 그 안에 들어가면 沙漠도 잇고 北岳만한 山도 잇고 漢江폭이나 되는 江도 잇는데.-』

『그러케 큰 江이 잇읍니까?』

記者는 事實 꿈나라 이야기를 듣는 것도 같았다.

『아마 漢江폭이나 될겝니다. 그런데 그 沙漠에서 갑작이 渴證이 나서 쓰러젓지요. 얼마를 허덕대다가 조고만 바우 그늘에 가서 입만대고 좀 찬 공기를 마시고 겨우 몇 걸음씩 움직엿서요. 말, 飛行機 같은 것이 探勝客을 爲해서 設置되어 잇지만 그런 것은 費用關係를 생각도 못하고 그대로 떠낫엇는데 沙漠 속에 昏倒[2]되어 생각을 하고 보니 實로-. 沙漠을 건늘 때는 三十四, 五度나 됩디다. 그저 불꽃이 확

---

2 [편쥐 昏倒 : 정신이 어지러워 쓰러짐.

확 내닷는 것 같아요.』

『그런데도 草木이 잇읍니까.』

『나무라야 어쩌다 죽고만게 잇고 沙漠과 山岳地一帶로 仙人掌이 宏壯히 만습디다. 種類도 만코-.』

『廣이 五十里라면 普通 이런 地上과 같겟읍니다요?』

『그러죠. 地下라고 생각하니까 그러치, 山이 잇고 江이 잇고 上空에는 飛行機가 뜨고 거기다 沙漠까지 잇지 안슴니까? 이것이야말로 기이지요. 都是³ 그럴 수가 잇어요? 그야말로 桑田이 碧海로 이룬다더니 거기를 두고 한 말이지요.』

---

3 [편쥐 都是 : 도무지.

여름의 나라『하와이』(上)

『每日新報』, 1939.8.18.

우리가 여름철에 안저서 여름의 나를 한번 알아보는 것도 재미잇는 일이오 쏘 하와이 群島가 太平洋 가운데 잇서 交通上 經濟上 軍事上의 重要性을 씐 것은 누구 나 다 잘 아는 일이다. 그러므로 이제 이 群島를 地理的으로 歷史的으로 産業的으 로 常識을 엇는 것도 意味가 업지 아니하다.

내가 하와에 一個月 동안 머물면서 프로그람的으로 여러 곳을 구경하게 된 動 機는 나의 獨逸留學을 마치고 歐米諸國의 文化와 經濟를 視察하던 것이다. 이 하 와이 群島가 비록 米國의 領土일지언정 그 住民의 **八割**이 東洋사람인 것만큼 特別 한 趣味를 가지고 視察한 것이다.

먼저 地理的으로 본다면 하와이는 橫濱에서 米國 桑港까지 가는 太平洋航路의 約 三分之二나 되는 位置에 잇는 群島이니 그 最近 距離에 잇는 섬이 約 二千키로 米突[1]이나 멀고 쏘 最近 距離에 잇는 大陸이 약 四千키로米突이나 멀다. 北緯 十八 度五十七分과 二十二度十六分 사이인 卽 回歸線의 조금 南쪽으로 쏘 熱帶線 北쪽 地境에 가까운 자리에 그리고 西經 一百五十四度四十九分과 一百六十度二十三分 사이에 위치한 群島로서 사람이 사는 큰섬이 八個요 사람이 아니 사는 바위로된 적은 섬이 몇 個가 된다. 그래서 모두 合하면 그 面積이 一萬六千七百二平方키로 米突이다. 그 中에 가장 큰 섬인 하와이가 群島의 全面的의 三分之二가 된다. 이 群島는 모두 山岳으로 되엇는데 그 가운데 第一 놉푼 山은 하와이 本島에 잇다. 그 山은 四千二百八米突이나 놉다. 이 섬들에 잇는 돌은 거이다 어린 火山岩이오 혹 가다금 珊瑚岩이 잇다. 하와이 **本島**가 아마 가장 어린 섬인 듯한 것은 여러 섬 가 운데 오직 여기에만두 살아움직이는 火山이 잇는 것으로 써 짐작 하겟다. 그 하나 는 四千一百六十八米突이나 놉흔 마우나 로아山이오, 다른 하나는 一千二百三十 一米突이나 되는 킬라우에山이다.

---

1   [편쥐] 米突 : 미터.

氣候는 퍽 溫和하고 雨量은 만타. 東部地方이 더욱 雨量이 만흔데 겨울철이 더 甚하다. 西南部에는 一般으로 乾燥한데 가다금 沙漠性이 잇다. 하와이 政府가 잇는 오아후 島의 호놀룰루 市도 雨量이 만치 못하다. 그래서 그 近處는 무던히 쓸쓸하다. 그러나 조곰 멀리 잇는 뒷山에는 날마나 구름이 써 잇고 비가 온다. 하와이 群島에는 안개와 구름이 六百米突로부터 一千二百米突까지 올라간다. 이런 雲霧層에 놉히 솟아난 그 크나큰 火山들이 明朗한 空氣 中에 奇觀을 나타내고 잇다.

이 섬의 茂盛한 熱帶植物은 十分의 九가 그 地方特有의 風土的 植物이다. 海岸에는 椰子樹와 바나나樹들이 夏國의 風景을 그리어준다.

人口는 數三十萬名에 不過하다. 그 中에 東洋人이 大部分인데 全人口의 五分之二가 日本內地人이오, 二十分之三이 支那人이오, 朝鮮 사람이 五六千名이나 된다. 白人種은 全人口의 五分之一이나 되며 土人은 數萬名에 不過하고 混血種이 數十分之一이나 된다. 土人은 폴리네쓰 族屬[2]으로서 카나크族[3]이라고 부른다. 이 種族이 어느 時代에 어데서 옮아온 것은 알 수 업스나 白人種이 처음 올째에 벌서 相當한 文化가 잇섯다. 例를 들면 山谷에 흐르는 물을 乾燥한 平野로 引水하는 運河를 파서 灌漑事業이 發達되엿다. 이 土人들은 물토란 고구마 砂糖수수 바나나 호박 農事를 주로 한다. 압날에는 織物의 原料로 닥(楮) 농사도 만히 하엿다.

島民인 것만큼 船夫와 漁夫生活에 能하다. 또 戰爭을 조하하는 種族이엇섯다. 그래서 이제도 拳鬪와 競走와 激浪遊泳[4]과 音樂과 唱歌와 舞踊을 조하한다.

이 박게는 土俗이 그다지 남아잇지 아니하다. 예수敎를 信仰하고 洋服을 입어 그냥 西洋化하엿다. 벌서 義務敎育이 實施되엇다. 實業界로 본다는 百人은 農場과 牧場을 만히 經營하며 支那人은 주로 벼 農事를 하고 日本內地人은 카피農事를 만히 한다. 이 섬의 特殊한 砂糖수수 바나나와 파인애풀(鳳梨) 農事는 有名하다. 朝鮮 農夫는 대개 白人의 經營하는 大規模의 이 特殊農業에 從事한다. 商業으로 말하면 米國 本土로 輸出하는 것이 大部分인데 그 輸出品은 雪糖, 카피, 白米, 바나나, 파인애풀, 皮物, 羊毛, 蜂蜜들이다. 全島의 輸出港은 호놀룰루다.

---

2   [편쥐 族屬 : Polynesian people.
3   [편쥐 카나크族 : Kanak people.
4   [편쥐 激浪遊泳 : 격창유영.

여름의 나라『하와이』(中)

『每日新報』, 1939.8.19.

하와이는 어쩌한 歷史를 가지고 이제까지 왓는가. 그 大綱을 말하겟다.

이 群島는 西曆 一五二七年에 最初로 西班牙人에게 그 다음에는 一五五五年에 유안 가에타노[1]에게 發見되엇다. 一七七八年에는 英人 쿡이 이 섬을 찾아온 일이 잇다. 쿡은 自己의 **恩人**인 쏜 샌드위춰 伯爵의 이름으로 이 섬의 이름을 지엇다. 그래서 샌드위치 島라고 불럿다. 發見 當時에는 하와이 群島가 三個國으로 分立되어 잇섯다. 하와이 本島를 차지한 카메하메하 王은 오랜 歲月에 싸워서 一七九五年에 비로소 群島를 一國으로 統一하엿다. 그리고 카메하메하 一世는(一七八一-一八一九) 政務를 整頓하고 商業을 獎勵하고 예수敎의 輸入을 準備하엿다가 그 아들 카메하메하 二世(一八一九-一八二四) 째에 와서 成功하엿다. 그래서 예수敎宣敎師가 처음으로 米國에서 하와이로 오기는 一八二〇年이엇다. 카메하메하 三世가 (一八二四-日八五四) 一八四〇年에 全國에 憲法을 頒布하엿다. 카메하메하 五世가 一八七二에 죽으니 그 다음에 後繼者로 카메하메하 一世의 後孫 中에 루날릴로를 選擇하엿다. 그 뒤에 다위드 칼라카우아 王(一八七四-一八九一)이 죽은 뒤에 **國家**가 繼續은 하엿스나 國債를 만이 저서 말이 못되엇다. 그가 죽은 뒤에 無後하여 그 누의 릴리우오칼라니가 王位를 이엇다. 그래서 憲法을 고치려고 試驗하엿다. 一八三年에 革命이 이러난 결과로 하와이王國은 共和國으로 宣言하엿다. 그러나 이미 一八九七年 以來로 米國黨의 勢力으로 마침내 一九〇〇年에 하와이國은 米國의 領土化하고 말앗다. 그래서 退位한 女王에게는 一九〇三年에 米國政府로부터 恩謝金을 주엇다.

하와이 群島의 首府인 호놀룰루 市는 어쩌한 곳인가 紹介하고저 한다. 이 首府는 北緯 二十一度十八分과 西經 一百五十七度五十分에 位置하엿다. 오아후 島의 南海岸에 珊瑚礁[2]로 된 港口로서 큰 船舶을 대기가 썩 便하다. 이 市街는 附近地에

1　[편쥐] 유안 가에타노 : 후안 가에타노(Juan Gaetano).

둘러잇는 山이 茂盛한 樹林으로 덥폇다. 街路邊에는 各種 熱帶植物을 심그어서 不冬城을 만들엇다. 一八八二年에 竣工된 王宮은 政廳이 되엇다. 큰 議會堂과 大中小 各種 學校와 圖書館 博物館이며 孤兒院 等 各種 文化機關의 **施設**이 完備되엿다. 그리고 政治文化의 中心地이면서 또 商工業 都市로 되엿다. 그래서 工業으로는 各種 鐵工場과 造船所와 製穀所와 파인애플 통조림工場 等이 잇다. 大規模의 商業은 白人의 手中에 들어잇다.

이 市街는 한 조흔 花園市다. 그래서 世界遊覽客이 끈어지々 아니한다. 또는 特別히 肺病患者의 療養地로 適宜³한 것은 四時로 氣候의 變動이 적은 까닭이다. 여기에 平均 溫度가 一月에는 攝氏 二十一度二分이오 八月에는 二十三度三分이다. 一年의 平均 最高溫度는 三十度요 最低溫度는 十三度이다. 그리고 雨量은 적다. 호놀룰루 市의 特色은 晴天白日 雨蕭々다. 맑은 하늘에 볏⁴이 낫는데 갑작이⁵ 細雨가 나린다. 그래서 비가 아니 오는 날이 업다.

市街 遊覽은 簡素한 古王宮으로부터 그 附近地까지 여러 가지가 만타. 카메라 메하 一世大王의 銅像이 古王宮殿에 선 것은 遊客의 感懷를 이르킨다. 폴리네스 民俗博物館은 카나크族의 大洋孤島에서 獨特하게 發達된 文化像을 **完全**히 고대로 保存하엿다. 海岸에 잇는 카피올라니⁶ 公園도 有名하거니와 그 엽헤 잇는 海岸 호텔 모아나가 太平洋을 건느는 그 손님을 맛는 것도 정답다. 이 호텔에서 徒步로 一百五十米突이나 놉은 펀취바울 힐⁷이란 山 위에 올라서면 全市街와 附近이 환히 나려다 보인다. 이 山은 죽은 제가 오래된 死火山이다.

---

2 [편쥐] 珊瑚礁 : 산호초.
3 [편쥐] 適宜 : 알맞고 적당함.
4 [편쥐] 볏 : 볕.
5 [편쥐] 갑작이 : 갑자기.
6 [편쥐] 카피올라니 : 카피올라니 공원(Kapiolani Park).
7 [편쥐] 펀취바울 힐 : 펀치볼 분화구(Punchbowl Crater).

여름의 나라『하와이』(下)

『每日新報』, 1939.8.20.

하와이 本島의 首府인 힐로는 本島의 東海岸에 위치한 적은 都市다. 이 곳의 住民은 特히 東洋사람이 만흐니 그것은 그 附近地에 砂糖수수 農場이 만흔 싸닭이다. 이 市街에서 西便으로 約三키로米突되는 곳에는 二十五米突 高나 되는 天虹瀑布¹ 와일루쿠²가 잇서 한 名勝이 된다.

하와이 火山 구경을 가려면 두터운 옷과 비웃을 準備하여 가지고 가야 된다. 그 山은 놉하서 아츰 저녁이면 춥고 쏘 비가 자주 오는 싸닭이다. 하와이에 잇는 火山으로 마우나 케아 山과 마우나 로아 山은 危險함으로 사람이 잘 가지 아니할 쑨 아니라 갈려면 準備가 만아야 되고 쏘 여러 날 걸님으로³ 費用이 만히 든다. 그러나 킬라우에아 火山은 (海拔 一二三一米突) 安全함으로 一般이 구경을 만이 가는 곳이다. 이 火山口의 附近地에 큰 호텔이 잇서 旅客의 便利를 준다. 그러나 大概는 힐로 市에서 自動車로 일쯕 써나면 當日에 다니어 온다. 이 火山에 올라가는 길가에는 椰子樹도 만으려니와 고사리가 퍽 만타. 고사리는 一年生 草이지만는 여기는 熱帶地方이라 多年生으로 되어서 해마다 밋둥이 자라서 그 위에 는 만흔 고사리 줄기와 님피 茂盛하여잇는데 큰 키의 길반이나 놉흔 고사리나무가 만히 보인다.

朝鮮 사람과 하와이, 마치 米國南方에서 棉花農事를 위하여 亞弗利加에서 黑人種의 勞働者를 실어드리듯이 米國人이 하와이에서 大規模의 사탕수々와 파인애풀 農場을 經營하고저 그 勞働力을 東洋 黃人種에게 구하게 되엇다. 그래서 하와이 開發會社에서 이제로 三十五六年前에 朝鮮까지 와서 勞働者를 數次 募集하게 되매 京郷을 勿論하고 生活難에 싸진 사람이나 쏘는 新風潮에 써서 바람잡은 사람은 만히 應募되엇다. 그래서 前後로 數千名이 各地로부터 하와이로 들어가게

---

1   [편쥬] 天虹瀑布 : 무지개 폭포(Rainbow Falls).
2   [편쥬] 와일루쿠 : 와이루쿠 주립 공원.
3   [편쥬] 걸님으로 : 걸리므로.

되엇다. 그 關係로 간 사람들은 勞働生活 十數年에 經濟的 餘力이 조금 잇으나 거이는 獨身으로 갓기 째문에 本來 結婚하여 家庭을 이룬 사람들은 그 안해[4]를 다려간 사람도 잇엇다. 그러나 大概는 未婚者가 만핫기 째문에 女子의 饑饉이 들어서 그 뒤에 이른바 寫眞結婚이란 社會問題가 생기엇다. 이것은 配匹者[5]가 서로 寫眞을 交換하여 合意된 뒤에 朝鮮의 處女를 하와이로 다리어 가게 되엇다. 그래서 漸次로 男女의 均衡을 엇게 되어 結婚生活의 社會問題가 解決되엿다. 이로부터 생긴 三世國民이 벌서 만타. 그들은 米國의 市民權을 가진 東洋人이다. 그러므로 멀리 故土에 대한 觀念이 만키 째문에 天涯萬里에 아버지와 어머니 나라를 생각하고 故土의 同胞가 그 쌍을 訪問한다면 몹시 반가워한다. 이것은 人之常情이리라.

내가 米國으로부터 호놀룰루 港에 닷자 그곳의 基督敎靑年會 總務 李泰聖氏의 마중을 밧아 李正根氏의 **旅舘**에 들어서 主人을 定하고 한 달 동안 여러분의 引導를 밧아 하와이 各處에 視察을 다니게 되엇스며 쏘는 招請에 應하여 經濟問題와 文化問題에 對하여 講演도 하게 되엇다. 나는 여기에서 各 都市와 農村으로 돌아다니면서 特히 朝鮮 사람의 經濟界 敎育界 其他 一般生活狀態를 살피고 쏘 이 외에는 一般的으로 사탕수수 農場 파인애플(鳳梨) 農場과 호놀룰루 市에서는 製糖所 鳳梨 통조림 製造所 製氷所 監獄 精神病者 療養院 하와이大學 圖書館 博物館 等을 視察하엿다.

九月十八日 夕陽에 호놀룰루 港에서 배를 타고 써나서 하와이 本島 힐로 港으로 航行하여 翌日 아츰에 到着하여 李觀點氏의 引導로 諸般을 구경하고 二十一日에는 該氏의 自動車로 同伴하여 킬로우에아 火山을 구경하엿다. 이 山 마루는 比較的 平々하며 火山口는 八十米突이 깁고 長이 三百七十米突이오 廣이 三百五米突이다. 이 속에서 불이 식어 약간 검은 빗을 씐 불물이 움직이어 째々로 오르락나리락 한다. 이 火山을 구경하고 도라오는 길에 그 途中에 잇는 村을 구경하고 도라오게 되엿다. 이 村은 힐로 港에서 火田口까지 가는 **中間**에 잇는데 여기는 쌍 밋치 火山岩으로 쌀리고 샘물이 업슴로[6] 집집이 지붕의 落水物을 탕크에 바다두

---

4 [편쥐] 안해 : 아내.
5 [편쥐] 配匹者 : 배필자.
6 [편쥐] 업슴로 : 없으므로.

고 먹으며 쓴다. 비가 자주 오는 곳이라 이 貯水만으로도 食水와 用水가 넉넉할 쑨 아니라 오히려 만히 남아서 바린다고 한다.

하와이 群島에 흐터지어 사는 조선사람의 大部分은 사탕수수 農事를 하고 호놀룰루와 힐로 가튼 都市에서는 商工業 旅館業도 하는 사람이 적지 아니하다. 都市나 農村을 勿論하고 예수敎會가 잇서 조선牧師의 指導 밋헤서 管理가 되며 쏘 朝鮮敎育이란 것도 여기에서 시기게 된다. 西洋學校의 中等 以上 專門敎育을 밧는 사람도 만타. 言語生活은 그곳의 通用語인 英語가 거기에 生長한 二世 國民부터는 社交語가 되어 잇다. 그러나 朝鮮에서 건너간 그 父母들이 아직 朝鮮말을 쓰기 째문에 不完全하나마 조선말을 알아듯고 쏘 조금식 할 줄 안다.

하와이를 가리키어서 世界人種展覽會場이라고 한다. 東西 各種 人種과 各 民族이 썩 複雜하게 모이어 산다. 이런 環境에서 생긴 人類愛의 思想에서 汎太平洋會가 생기엇다. 이 會는 各 民族의 協和에 努力하고 잇다. 이 會의 招請으로 九月二十四日 午餐會 席上에서 人類道德 問題로 演說한 것도 하와이 訪問의 한 記憶이 된다.

긋흐로 말슴 할 것은 하와이 土人의 風俗에 반가운 사람을 만나면 여러 가지 生花를 실에 쐬어서 쏘는 各色의 色종이의 꼿으로 花環을 만들어 그 사람의 목에나 팔둑에 걸어준다. 이 風俗이 至今은 一般化하여 埠頭에 손님을 迎接할 째에나 餞送할 째에 東西洋人을 勿論하고 迎接이나 餞送을 나온 사람들이 그런 花環을 몸에 걸어준다. 이것을 만히 밧는 사람이 곳 歡迎을 만히 밧는 사람이다. 그래서 호놀룰루 埠頭에 배가 대이거나 쩌날 째에는 그런 花環 장사가 만히 모이어 든다. 이 花環을 밧는 손님들은 그것을 목에 팔쑥에 어쌔에 만히 걸고 손에는 들고 記念寫眞을 박는다. 나도 하와이 同胞의 사랑으로 주는 그런 花環을 한 아름 밧아서 메고 들고 昭和四年[7] 十月二日 석양에 天洋丸을 타고 호놀룰루 港을 쩌나서 太平洋으로 向하였다. 어느 덧에 天洋丸은 渺滄海之一粟[8]이 되고 말았다. (完)

7　[편주] 昭和四年 : 서기 1929년.
8　[편주] 渺滄海之一粟 : 넓고 푸른 망망한 바다에 한 알의 좁쌀.

(내가 가진 貴重品) 鳥神人首의 磁器

『朝光』 2-3, 朝鮮日報社出版部, 1936.3, 55쪽.

埃及 서울 카이로 附近 나일江 左岸 沙漠에 우뚝 솟은 큰 金字塔[1]들은 古代埃及 王陵들이다. 그 中에도 크고 이름난 것은 헤읍쓰[2] 金字塔이다. 여기에는 四時로 구경군이 떠나지 아니한다. 내가 이 金字塔을 구경하던 때는 西曆 一九二〇년 여름이다. 이때에 同行 三人과 함끠 自動車를 타고 그 附近까지는 갔으나 그 塔은 相當히 높은 모래 언덕위에 섰슴으로 거기에는 駱駝를 타고 올나 가야 된다. 우리 一行은 모두 낙타를 타고 金字塔 앞까지 가서 記念으로 埃及사람의 갓웅지 같은 붉은 전帽子를 쓰고 寫眞을 박은 뒤에 金字塔 위와 속을 구경하고 나리어 와서는 그 塔 앞에 있는 古物商店에서 記念物品을 사게 되었다. 世上에 알 수 없는 것은 古物 값인데, 東西 遊覽客을 바라보고 사는 埃及古物商人의 에누리는 더욱 有名하다. 五倍以上 에누리는 그들의 常習이다. 그런데, 나는 物件을 하나 잡고 값을 무른즉 그저 五 金磅(約五十圓)을 달라고 한다. 여러 千年을 두고 파낼 古物이 어데 그렇게 있으리오 뻔한 假짜인줄 짐작하고 흥정한 바 한 金磅으로 작정이 되었다. 이 古物은 埃及神話에서 온 鳥神人首로 된 磁器라. 그 크기는 담배물주리만하고 빛은 灰色이다.

---

1 [편쥬] 金字塔 : 피라미드.
2 [편쥬] 헤읍쓰 : 이집트 제4왕조의 파라오(재위 : 기원전 2589~기원전 2566) '쿠푸'.

(歐米航路의 로맨쓰) 印度洋上의 喜悲劇

『朝光』 4-8, 朝鮮日報社出版部, 1938.8, 170~171쪽.

　　모든 航路中에 印度洋처럼 滋味있는 곳은 없읍니다. 그 理由를 말하자면 太平洋
은 橫濱이나 其他 港口를 떠나면 겨우 中間에 布哇島[1]를 거처 美國에 直行하게 되
고 太西洋으로 말하면 英國이나 其他 港口을 떠나 美國에 直行한게 됨으로 別로
심통한 이야기가 없읍니다. 그러나 印度洋은 假令 香港을 起點으로 한다면 印度
支那 安南,[2] 싱가폴, 印度 等 가지 각 곳을 지나게 됨으로 別別 滋味있는 이야기가
많습니다. 몬저 悲劇에 關한 이야기를 하나 하겠읍니다.

　　배가 香港[3]을 떠나 西貢[4]을 지날 때입니다. 香港에서 乘船한 K라는 印度人은 그
만 船中에서 世上을 떠났읍니다. 이 印度人은 오래동안 香港에서 가진 勞働을 하
여가며 惡戰苦鬪하였으나 別로 손에 쥔 돈도 없이 다못[5] 불타는 鄕愁에 그만 이기
지 못하여 歸國하는 中이었다고 합니다. 마침내 虛弱한 몸이 乘船하자 그만 病을
얻어 그리운 故鄕의 땅은 밟아도 보지 못하(170)고 悲慘한 最後의 길을 船中에서
마친 것이라고 합니다. 그러나 船中에서 客死한 船客은 一金貳百圓인가 얼만가를
船長에게 내놔야 그 屍體를 故鄕까지 갖다 주는 것이오. 그렇지 않으면 그 屍體를
海洋中에 던저버리는 것입니다. 船規가 이러하니 이 불상한 勞働者에게 一金貳百
圓이 있을理 있읍니까. 그래서 船中에는 半旗가 달리고 船員들이 大部分 甲板에
나와 이 불상한 屍體를 거적에 싸서 바다에 풍덩 내여버렸읍니다. 故國을 그리고
故鄕을 그리든 이 印度人은 그렇게 夢寐間[6]에도 못 잊어하든 精다운 故鄕을 보지
도 못하고 그만 印度洋中에 孤魂이 된 것입니다. 더구나 이 印度洋 복판에는 水島
도 없고 魚族들도 없어서 그 불상한 屍體를 弔喪하거나 보아주는 이까지 없읍니

1　[편주] 布哇島 : 하와이.
2　[편주] 安南 : 베트남.
3　[편주] 香港 : 홍콩.
4　[편주] 西貢 : 사이공. 베트남 남부 도시 호찌민의 전 이름.
5　[편주] 다못 : '다만'의 방언.
6　[편주] 夢寐間 : 잠을 자며 꿈을 꾸는 동안.

다. 다못 푸른 물결이 그 屍體를 않고 永遠한 忘却 속으로 들어갔겠지오. 나는 이 것을 보고 새삼스러이, 人生의 無常한 것을 느꼈읍니다.

다시 한 가지 戱劇을 이야기하겠읍니다. 나의 탄 배가 印度「골롬보」[7]를 둘너「아푸리카」를 向하여 가는 途中이었읍니다. 그런데 우수운 것은 배가「골롬보」에 다 앗을 때 어떤 印度勞働者는 배안에 드러가서 菜蔬도 시처주고[8] 감자도 깍가주고[9] 심부름을 하고 있었든 모양입니다. 그리다가 이 멍텅구리는 배가 떠나는 줄도 몰우고[10] 그저 일만 하다가 이제는 不得已, 歐羅巴行을 하게 되였읍니다. 그래서 이 印度人은 배안에서 便所를 치고 食器를 닥고 온갖 勞働을 하는 外에 別別 虐待를 받으며 겨우 밥만 얻어먹게 되였지오. 이 印度人으로 말하면 기박한[11] 身數가 더욱 기박하 여 한 푼의 돈도 받지 못하고 이 배의 종이 된 셈입니다. 그런데 우수운 것은 이 印度人은 더웁고 더운 印度洋에서 온갖 苦役을 하며 배 밑에서 居處를 하다가 하루는 짐 짝 놓은 甲板으로 겨우 어슬렁어슬렁 올라와서 그만 그 자리에 누어 잠이 들었읍니다. 그런데 이 배의 船員(佛國人[12])들은 이 印度人을 작란깜[13]으로 놀리며 아주 興味를 느꼈읍니다. 그 자는 놈을 가만히 가서 혹은 다리에 털을 뽑고 또는 그 크다란 코털을 뽑고 귀를 잡아채고 하여 더위에 지처 겨우 짐짝 있는 甲板에서, 海風을 쏘이며 자는 이 印度人을 개도야지[14]만치도 역이지 않습니다. 그리다가 그 印度人이 조곰만 성을 내면 발길로 차고 따리는 것입니다. 나는 이 光景을 보고 그 西洋놈들의 고약하고 거만한 態度에 화가 났읍니다. 事實 西洋을 가보지 못한 人士들은 몰우시겠지만[15] 누구나 歐美를 단여온[16] 사람들은 西洋人들의 傍若無人하고 우리를 사람으로 역이지 안는[17] 態度에 모두 憤怒를 느끼고 있읍니다. 不遠한 將來에 그네들도 天罰을 받을 것입니다. (文責記者) [171]

---

7 [편쥐 골롬보 : 콜롬보.
8 [편쥐 시처주고 : 씻어 주고.
9 [편쥐 깍가주고 : 깎아 주고.
10 [편쥐 몰우고 : 모르고.
11 [편쥐 기박한 : 팔자, 운수가 사납고 복이 없는.
12 [편쥐 佛國人 : 프랑스인.
13 [편쥐 작란깜 : 장난감.
14 [편쥐 개도야지 : 개돼지.
15 [편쥐 몰우시겠지만 : 모르시겠지만.
16 [편쥐 단여온 : 다녀온.
17 [편쥐 역이지 안는 : 여기지 않는.

제5부
기타 자료

—

|해제|
이극로의 독일 하숙집 터 지적도

이극로는 1922년 1월 10일 독일 베를린 샤를로텐부르크(Charlottenburg) 지구 아욱스부르거슈트라쎄 23번지(Augusburger Str. 23) 다세대 주택에 하숙집을 정하고 고학을 시작했다. 그는 "빈민 구역에도 매우 가난해서 전등 시설이 없고 조그마한 석유 등을 켜는 적은 방을 찾아 가서 거주하면서 한 끼는 빈민 식당에서 먹고, 아침·저녁에는 주인집에서 보리차 물을 끓여 가지고 검은 빵에 인조버터, 양배추 김치로 먹은 것"이라고 술회했다. 고향 후배 안호상은 1925년 초 이곳에서 1개월 기거했다.[1]

현재 건물이 당시 건물인지 확인하지 못했었는데, 편자의 답사 이후 추가 조사를 한 독립기념관 사적지 정보에 따르면 "7층 건물로 리모델링하여 당시 건물 모습이 남아 있지 않다"고 했다. 건물의 방향은 지적도 상에서 '북동향'으로 확인된다. 건물 입구에 오스트리아 출신 여성 심리학자 멜라니 클라인(Melanie Klein, 1882~1960)이 1921년부터 1926년까지 거주했다는 명판이 부착되어 있다.

1925년 7월 3일자 일제 첩보-「고경 제2251호」 및 1926년도 이극로의 「학적부」에는 그의 주소지가 야고브슈트라쎄 23번지(Jagow Str. 23)로 기재되어 있는데, 1925년도에 형편 때문에 이사를 간 것으로 보인다. 답사 결과 첫 하숙집에서 북쪽으로 2.58km 떨어진 모아비트(Moabit) 지구에 위치하며, 더욱 외진 곳이다.

---

1   안호상, 『한뫼 안호상 20세기 회고록』, 민족문화출판사, 1996, 87~88쪽.

〈그림 1〉 이극로의 첫 번째 하숙집 터(Augusburger Str.23, 중앙 건물)(2007.10.1 답사)

〈그림 2〉 이극로의 두 번째 하숙집 터(Jagow Str.23)(2007.10.1 답사)

Grundstückskarte 10789 Berlin | Augsburger Str. 23

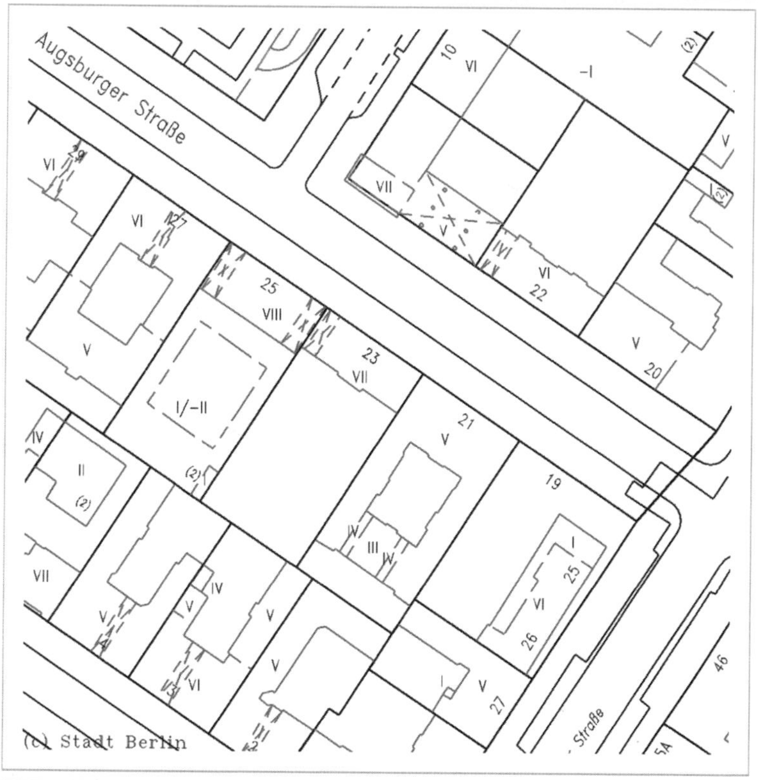

N

0m 10m 20m 30m

Maßstab 1:1000.0	Ausdehnung: 160.0m x 160.0m
(im Papierausdruck)	Keine Verschiebung zur Lage.

Karte wird von on-geo angeboten im Maßstab 1:1000 mit Grundstücksdaten für die oben eingegebene Adresse

Die Liegenschaftskarte – automatisierte Liegenschaftskarte (ALK) – zeigt die amtlichen Grundstücksdaten der Stadt Berlin. Die Karte enthält u.a. die Hausnummern, Gebäude, Straßennamen, Flurstücksgrenzen. Flurstücksnummern dürfen aus rechtlichen Gründen nicht in einer Online-Lieferung der Liegenschaftskarte enthalten sein. Die Karte liegt flächendeckend für das gesamte Stadtgebiet Berlin vor und wird von on-geo im Maßstab 1:1000 angeboten.

Datenquellen: Automatisierte Liegenschaftskarte Berlin , Senatsverwaltung für Stadtentwicklung Berlin, Abt. III Stand: Juli 2006

〈그림 3〉 베를린 아욱스부르거슈트라쎄 23번지 지적도(북동향)

國民會總會公牘 – 공문 뎨九十五호

『신한민보』, 1924.6.26.

공문 뎨九十五호

통텹

류덕고려학우회 셔무원 리극로 각하

대한민국六年 六月二十三日

대한인국민회 총회쟝 최진하 [셔명]

동졍금 지발에 관한 건

ㅅ져미니에 류학하난 우리 一반 학싱의 수년이리 싱활 곤란이 극도에 달함은 듯기에 심히 측은한지라. 아! 총회난 본회의 죵지샹으로나 동포의 졍의샹으로나 물론 어니 방면으로던지 동졍의 눈물을 안이 흘릴 수 업도다. 본회는 본회 긔관 보인 「신한민보」에 류덕학싱의 곤란한 형편을 들어 지미 一반동포에게 통고하야 류덕학싱이 동졍금 二빅七十元을 수합한 바 이를 지발하오니

귀회난 이것을 가져 곤란에 ㅅ바진 一반 학싱에게 평균분비하야 만분 一의 도움이라도 되기를 바라나이다.

류덕학싱이 재미동포의 동정금 감사, 고학싱들이 곤란을 면하엿다고

『신한민보』, 1924.8.15.

대한인국민회 총회장 최진하 각하

귀 공함 뎨九十五호 동정금 지발에 관한 건과 미화 二빅七十쌀라를 잘 령수하엿나이다. 이달 덕국에셔 류학하는 우리나라 고학싱은 경졔곤란이 극도에 달하야 엇지할 바를 모르던 쎄에 귀회의 큰 주션력과 지미동포의 셩의로써 모집된 동졍금이 마츰 오아셔 큰 곤란을 면하게 되엇나이다. 본회는 거긔에 대하야 무한히 감사한 인사를 드리며 특별히 로스인젤쓰에 게신 동포들이 만흔 동졍금을 보니주신 데 대하야 감사하오며 지미 동포의 건강과 귀회의 큰 사업이 날로 나아감을 마음쯧 비나이다.

긔원四쳔二빅五十七年 七月二十三日

류덕고려학우회 셔무 리극로 [회의 인쟝]

◆령 수 증

동정금 미화 二빅七十쌀라 령수함

긔원 四쳔二빅五十七년 七月二十三日

류덕고려학우회 셔무 리극로 회게 김필수

대한인국민회 총회장 최진하 각하

불온신문 「도보」의 배송처에 관한 건

1925.7.3.

불온신문 「도보」의 배송처에 관한 건

고경 제2559호(대정 14년[1925] 8월 6일)

조선총독부 경무국장 미쓰야 미야마쓰(三矢宮松)

외무성 아세아국장 기무라 에이이치(木村鋭市) 앞

북경에 있는 불령선인 원세훈이 발행한 불온신문 「도보(導報)」(조선어 명 : 앞잡이)의 주의(主義), 강령 및 간략 내용에 관해서는 기존 보도(7월 3일 고경 제2251호, 동 19일 고경 제2559호 참조)와 같습니다. 그 배송처에 대해서는 이후로 이를 탐지하는 노력 중에 이번에 미국·하와이·러시아·독일·영국·프랑스 등 각국에서의 조선인 단체 또는 개인에 대한 위 「도보」의 발송처를 탐지하여 얻은 그 수신처는 아래와 같습니다.[1] 관할 재외 제국관헌에서는 은밀히 그 언동을 주의하도록 조치해주시기를 바라며, 또한 해당 인명 중 저희 쪽에서 신원이 판명된 자에 대해서는 별지 명부(갑을 양종)를 첨부하였으므로 참조바랍니다. 이 점을 통보하며 의뢰드립니다.

추가로 본건은 그 수신인 각자에 대하여 공공연하게 조사를 하는 일을 삼갔고, 첩보자에게 피해를 입힐 우려도 있음을 이해해주시기를 만약을 위해 덧붙여 말씀드립니다.

1　[편쥐] 1925년 7월 3일자 일제측 첩보ー「고경 제2251호」에는 「도보」의 해외 수신처 28곳 주소가 나온다. 이극로는 "Li Kolu(李克魯)「カンツステルー二二 支那學生俱樂部內」Berlin N.W. 87, Jagowstr. 23", 신성모는 "S. M. Sihn(申性模) Eng. King Edward Ⅶ Nautical College 680 Commercial Rd. E.14, London, England"로 정확히 기재되어 있다.

(갑)불온신문 「도보」의 송부를 받은 바 있는 재외 요주의 선인 명부

(…중략…)

(을)불온신문 「도보」의 송부를 받은 바 있는 재외 요주의 선인 학생명부

이름	생년월일	주소	본적	학교명	성행 개요
이극로	명치26 (1893)	독일 베를린 칸트슈트라쎄 122 지나유학생구락부	경상남도 의량군 지정면 두곡리 827	베를린대학	조선에 있을 때 성품과 행실이 순량했음

선지수 교정·교열

不穩新聞「導報」ノ配送先ニ關スル件

不穩新聞「導報」ノ配送先ニ關スル件

高警 第2559號(大正14年8月6日)

朝鮮總督府 警務局長 三矢宮松

外務省 亞細亞局長 木村銳市 殿

　在北京不逞鮮人元世勳ノ發行スル不穩新聞 「導報」ノ主義　綱領並簡章ニ關シテ
ハ既報ノ通リニシテ其ノ配送先ニ付キテハ爾來之カ探知ニ努力中ノ處今回米布・
露・獨・英・佛等ノ各國ニ於ケル鮮人團體又ハ個人ニ對スル右導報ノ發送先ヲ探
知シ得タルカ其ノ宛先左記ノ通リニ有之所轄在外帝國官憲ニ於テハ隱密ニ其ノ言
動ヲ注意セラルル樣御取計相成度尙該人名中當方ニ於テ身許ノ判明シ居ル者ニ對
シテハ別紙名簿(甲乙兩種)添附致置候條御參照相成度此段通報旁及依賴候也.
　追テ本件ハ其ノ宛名人ニ對シ公然調査ヲ行フカ如キハ惹ヒテ諜報者ニ迷惑ヲ及ホ
スノ虞モ有之候條御合置相成度爲念申添候.

(甲)不穩新聞「導報」ノ送付ヲ受ケツツアル在外要注意鮮人名簿

氏 名	生年月日	原籍	現住地	性行ノ概要
皇甫正杰	明治14 1. 17	平安南道 江西郡 長安面	米國 桑港	一見溫順ヲ裝フモ陰險ニシテ怠惰、他人ヲ使喉煽動ノ虞アルモノニシテ排日思想ヲ有ス、皇甫正吉ノ別名アリ、橫領罪ニ依リ苦刑ニ處セラレタルコトアリ
安昌浩	明治8. 10. 8	平安南道 江西郡 草里面	上海	熾烈ナル排日思想ヲ有シ朝鮮獨立派ノ領袖ニシテ上海假政府ノ勞動總辦、國民代表會議發起人、興士團長、國務總理等ニ就任シタルモノナルカ最近渡米セリトノ說ヲ爲スモノアリ、島山ト號ス
文昌範	明治3.	咸鏡北道 慶源郡 有德面	露領 浦潮方面	排日思想ヲ有シ一時上海假政府交通總長タリシコトアリ其ノ後露領ニ在リテ共產黨ニ投シ宣傳ニ沒頭スルモノ
金夏錫	明治18. 9. 19	咸鏡北道 城津郡 鶴東面	浦潮 新韓村	頑固狡猾ニシテ排日思想ヲ有シ共產黨ニ投シ宣傳並不逞行動ニ奔走スルモノ 金河錫又ハ金ハセウト變名ス

氏 名	生年月日	原 籍	現住地	性行ノ概要
李斗贊	明治18. 5. 9	黃海道 海州郡 代事面	米領 布哇	溫順ナル如キモ不穩思想ヲ抱クモノ

(乙)不穩新聞「導報」ノ送付ヲ受ケツツアル在外要注意鮮人 學生名簿

氏 名	生年月日	住 所	本 籍	學校名	性行概要
李克魯[2]	明治26.	獨ベルリン カンツステル一二二 支那留學生俱樂部	慶尙南道 宜寧郡 芝正面 杜谷里 827	ベルリン大學	在鮮中ハ 性行順良
申性模	明治26. 5. 26	英國ロソトソ プリマス航海學校內	慶尙南道 宜寧郡 宜寧面 西洞 460	プリマス 航海學校	在鮮中ハ 性行順良
金永培	明治36. 5. 18	佛國 巴里市 Baiti pastali 369	京畿道 開城郡 松都面 西本町 101	不詳	在鮮中ハ 性行順良
朴恒秉	明治31. 11. 12	佛國 里昂市[3] Monsieur Laurent Bak villa La paix à st. Rambert l'Île-Barbe	京畿道 安城郡 邑內面 東里 485	不詳	

2 [편주] 1925년 7월말에 조사된 일제측 첩보-「歐洲留學朝鮮人名簿」의 내용과 같다.
3 [편주] 里昂市 : Lyon(리옹). 이하 주소는 국사편찬위원회 출판물에 누락되었음.

〔부록〕「고경 제2251호, 「도보」 해외 수신처 중 이극로・신 성모 주소지 첩보 원문

「高警 第2251號, 在北京導報社ノ主義綱領關ニスル件」, 『不逞團關係雜件 朝鮮人ノ 部 新聞雜誌』 3, 大正14(1925).7.3

20. Li Kolu(李克魯) 「カンツステルー二二 支那學生俱樂部內」 Berlin N.W.87, Jagowstr. 23

21. S. M. Sihn(申性模) Eng. King Edward Ⅶ Nautical College, 680 Commercial Rd. E.14, London, England

영인 132쪽

『헤바』 잡지 기사에 관한 건

1925.12.4.

『헤바』 잡지 기사에 관한 건

고경 제4313호(대정14년 12월 4일)

조선총독부 경무국장

재독일 유학생이 조직한 고려학우회 발간 『헤바(ヘ─ハ─)』[1] 제4호 10월 발행 1부를 입수하였는데, 본 잡지는 페이지 수가 십여 페이지로 주로 재유학생 동정을 기재한 것으로 아래 번역문과 같은 기사가 있으므로 참고하시기를 통보 드립니다.

『헤바』 제4호 (독일유학고려학우회)

본국 소식란

8월 1일 천도교에서 경영하는 『개벽』 잡지는 일본인의 손에 의해 사소한 일로 발행 정지되었고, 같은 잡지의 광고를 게재한 『동아일보』도 역시 발매금지를 받았다.

9월 3일 『조선일보』도 『개벽』의 뒤를 따라 동일 조건 하에 발행정지를 받았다.

본국은 모든 언론과 집회에 대하여 저들의 통제가 점점 가혹해지는 상황인데 이에 대한 대책은 어떠한가? 파괴가 있을 뿐이다.

8월 8일 발행 『동아일보』에 따르면, 1919년에 우리가 민족운동을 일으킨 이래 독립군의 총탄에 죽은 국경의 일경 수는 73명, 부상은 170명이라고 한다.

---

1 [편주] 잡지 원명은 한국어인지 독일어인지 정확히 알기 어렵고, 원본이 발굴되기를 기대한다.

집회란

지난 8월 29일 오후 4시 포츠담에서 국치기념식을 거행했던 집회자는 7인이 있었다. 이극로 씨의 감상담과 김백평 씨의 본국의 최근 사상계 추이에 대한 담화 후 오후 6시에 폐회하였다.

선지수 교정·교열
영인 133쪽

ヘーバー雜誌記事ニ關スル件

ヘーバー雜誌記事ニ關スル件

高警 第4313號(大正14年 12月 4日)

朝鮮總督府 警務局長

在獨逸留學生ノ組織セル高麗學友會發刊ノ「ヘーバー」第四號十月發行一部入手
シタルカ本雜誌ハ頁數十數枚ノモノニシテ主トシテ在留學生ノ動靜ヲ記載セルモ
ノナルカ左記譯文ノ如キ記事アリタルヲ以テ御參考迄及通報候也

譯文

ヘーバー 第四號(獨逸留學高麗學友會)

本國消息欄

八月一日天道敎經營ノ開闢雜誌ハ日本人ノ手ニ依リ些少ノコトテ發行停止セラ
レ同紙ノ廣告ヲ揭載シタル東亞日報モ亦發賣禁止ヲ受ケタ

九月三日朝鮮日報モ開闢ノ後ヲ追フテ同一ノ條件ノ下ニ發行停止ヲ受ケタ

本國ハ總テノ言論ト集合ニ對シテ彼等ノ取締カ漸ク苛酷トナル模樣テアルカ此ニ
對スル對策ハ如何?

破壞カアルノミデアル

八月八日發行東亞日報ニ依レハ千九百十九年ニ吾民族運動ヲ起シテ以來獨立軍ノ
銃彈ニ死シタ國境日警ノ數ハ七十三名テ負傷ハ百七十名テアルト

集會欄

去ル八月二十九日午后四時ポツタムニテ國恥記念式ヲ擧行シタ集會者ハ七人テ
アル李克魯氏ノ感想談ト金栢枰氏ノ本國ノ最近思想界ノ推移ニ對スル談話ノ後午
后六時閉會シタ

〔강세형〕朝鮮文化와 獨逸文化의 交流

『三千里』13-6, 三千里社, 1941.6, 117쪽.

(…전략…) 朝鮮人으로서 朝鮮文化를 獨逸에 紹介한 이로는, 朝鮮語學에 있어서는 李克魯博士가 嚆矢일 것이다. 李氏는 伯林大學에서 工夫하고 經濟學博士의 學位를 獲得한 이로서, 卒業 後, 伯林大學 講師로 就任하여 朝鮮語時間을 擔當해서 敎授했었다. 그 後 氏가 辭任하고 歸國한 뒤에 不幸히 伯林大學에는 그만 朝鮮語를 敎授하는 일이 中斷 되였었는데 내가 伯林大學을 卒業하자 同大學에 講師로 就任해서 다시 朝鮮語 課目을 復活시켰다. 그리고 朝鮮語學과 함께 朝鮮文學도 紹介했었다.

〔안호상〕 **한뫼 안호상 20세기회고록**(발췌)

『한뫼 안호상 20세기회고록』, 민족문화출판사, 1996.12.5., 86~88・92・123쪽.

베를린 생활 시작

파리서 빈털터리로

(…전략…) 베를린에 닿자 계획했던 대로 이극로 씨를 찾아갔다. 그는 우리 고을 사람으로의 전의 이씨 집성촌에 살던 어느 집안의 서자였다. 그때까지만 해도 한국에선 적서(嫡庶)가 분명했다. 잔칫날에도 적자와 서자가 밥상을 같이할 수 없는 것은 물론 밥상의 모양도 달랐다. 서자의 밥상다리는 짧아야 했다. 그런데 이극로 씨 집안의 어느 잔칫날에 일이 하나 벌어졌다. 신교육을 받아 젊은이들에게 존경을 받고 있던 그에게 볼품없는 밥상에 밥을 주기가 뭐했던지 집안 여인들이 다리 높은 밥상에 밥을 차려 내놓았다. 이를 본 형님이 가만있을 리 없다. 「저 밥상, 밥상…」하는 사이 재빨리 눈치를 챈 이극로 씨가 그냥 앞의 밥상을 들어 적자인 형님 얼굴로 집어 던지고 고향을 떠나 버렸다. 이 이야기가 세상에 널리 알려졌고 우연히 그를 만난 백산 아저씨가 『그 성격 그 기백이면 무엇이라도 해 내겠다』며 그를 86 도와주었다. 기미 장학회의 장학금을 대 준 것이다. 그런데 그에게는 그 이후에도 무용담이 많았다. 한국 진주에서 만주의 봉천까지 걸어서 간 것이다. 이유는 「돈을 아껴야 한다」는 것이었다. 그의 이 같은 행동과 성격 때문에 붙은 별명이 「물불」이다. 무엇이든 물불을 가리지 않고 해 낸다는 뜻이 담겨 있다. 뒤에 조선어학회 일도 함께 본 사람이지만 나는 그를 베를린에서 처음 만났다.

그는 중국에서 상해 중덕 동제대학 예과를 나와 22년 베를린 대학에서 경제학을 공부하고 27년 박사 학위를 받았다. 대종교 간부이기도 했던 그는 해방 후 북쪽으로 가서 동독주재 북한대사, 문교장관 등을 역임하며 김두봉과 함께 북한의 한글전용에 기여한 바 크다.

이극로(李克魯)씨 숙소서 기거

한 달 못되게 나는 그의 집에 머물렀다. 독일에서의 세탁비가 엄청나게 비쌌고 그 때 셋방은 이불호청을 자기 집에서 세탁해 오거나 [87] 주인에게 일임하거나 두 가지 방법이 있었다. 나는 집이 독일에 없었으므로 두 번째 방법을 택했다. 식사도 커피를 사다 두면 주인이 커피만 끓여 주었고 빵과 고기는 우리가 사서 요리해 먹어야 했다. 칼과 쟁반 등은 주인집 것을 썼고 식사가 끝나면 설거지도 주인이 해 주었다. 그 때 커피 값은 상당히 비쌌으므로 우리는 보리를 새카맣게 볶아 말츠(Malz)카페라는 것을 사다 두고 먹었다. 커피맛과는 좀 달랐지만 견딜 만한 것이었다. 돈이 없어 고기는 거의 사다 먹을 수 없었는데 밥과 달리 빵은 배부르게 먹으면 속이 괴로웠다. 서울 동경 등지에서 나빠진 위장이 더욱 나빠지기 시작한 때이기도 했다.

이극로 씨는 열성적인 사람이어서 베를린 대에서 1주일에 한번 한글강좌를 열기도 했다. 경제학을 한 그였지만 이상할 정도로 한글과 우리말을 사랑했다. 나에게도 철학을 포기하고 언어학을 하라고 권했다. 사실 베를린에서 첫 박사 학위를 딴 한국인도 언어학을 했다. 김중세(金重世)라는 분이다.

(…후략…) [88]

바이마르 공화국

공명선거의 본보기

이극로 씨가 살고 있던 집은 베를린의 빈민촌에 속했는데 당연히 그곳은 공산당과 사회민주당 천지였다. 3월[1] 첫 선거 때 힌덴부르크 쪽 사람들이 선거운동을 하러 그곳에 들어오기가 쉽지 않았다. 들어오는 낌새라도 있으면 공산당이나 사회당 편에서 차로 막아서고 갈때기 나팔로 비난을 퍼부어 댔다. 몸싸움은 없었지만 구경하기에 재미있을 정도였다. 얼마 있으면 경찰이 달려와 이들을 말리곤 했

1　[편쥐] 1925년 3월.

는데 역사상 처음 치르는 선거였음에도 불법적인 행태를 보여준 것은 없다. 그것이 나에겐 아직까지도 큰 인상을 남기고 있다.

(…후략…) 92

잊지 못할 추억들

신성모 씨 등과 다시 만나기

그해 11월[2]에는 오랜만에 이극로 씨와 신성모 씨를 만날 기회가 왔다. 이극로 씨가 경제학 박사 학위를 따게 된 것이다. 이극로 씨는 베를린에서 헤어진 지 2년 만이었고 신성모 씨는 북경서 헤어진 후 처음이었다. 신성모 씨는 아마 그때 영국 해군이었던 것 같다. 6·25때 많은 사진이 불타고 없어졌으나 그때 베를린에서 세 사람이 찍은 사진은 고향에 두었던 것이어서 지금도 간직하고 있다. 이목구비가 뚜렷한 유럽의 백인들만 보다가 오랜만에 두 사람을 보니 「참 이상하게 생긴 사람들이구나」라는 느낌을 받았다. 아마 나를 본 두 사람도 똑같은 느낌을 받았을는지 모른다. 서양인의 얼굴에 비해 동양인은 어딘지 빈약한 느낌을 준다. 그들의 얼굴이 어쩐지 못생기고 빈약해 보였던 이유도 그 때문이었을 것이다. 이극로 씨의 박사 학위 축하를 해주고 하룻밤 잔 후 다시 예나로 돌아오는 짧은 일정이었으나 이극로 씨는 그 짧은 시간에도 나에게 언어학을 하라고 다시 권유하는 것이었다. 그가 얼마나 우리나라 말을 사랑하는가를 그때도 실감할 수 있었다. 지금 북한이 한글전용을 한 데는 이극로 씨와 김두봉 씨의 공로가 컸을 것이라 나는 보고 있다. 그의 권유에 나는 「포네틱을 하고 있다」고 얼버무렸다. 물론 거짓말은 아니었다. 완벽한 독일어 구사를 위해 나는 독일어의 포네틱을 열심히 공부하고 있었으니까. 123

---

2 [편쥐 이극로의 박사 학위 수여식 날짜는 1927년 5월이고, 11월은 이극로가 영국 런던에서 유학하던 시기다. 다만 안호상의 유족이 소장한 〈신성모-이극로-안호상 3인 사진〉 원본의 뒷면에는 안호상의 자필로 "Universität Berlin 1927년 11월 등본한 것"이라고 적혀 있다.

이극로의 명함

이극로는 1927년 5월 졸업 후 6월 15일부터 영국 런던에 머무르는 동안, 구미시찰을 떠나 9월 초 영국에 온 최린을 만났다. 9월 25일, 최린으로부터 안전한 귀국을 위한 대비로 여겨지는 일본 정치인 사카타니 요시로(阪谷芳郎)[1]에게 보내는 「소개장」을 받은 사실이 있다. 최린은 일본 도쿄의 민석현에게 이극로 명함과 「소개장」을 보냈고, 민석현은 이를 사카타니에게 보낸 것으로 보인다.

한편 이극로의 미국행 승선 기록에는 런던 일본영사관에 방문했던 행적이 확인되는데, 일본 입국을 위한 절차로 이해된다. 이극로는 귀국 도중 일본을 시찰하면서 실제로 사카타니와 더불어 사이토 총독의 정치참모인 아베 미쓰이에[2]를 만났다. 일제 측에서 당연히 이극로를 포함한 유럽 한인 유학생의 동향을 속속들이 파악하고 있었지만, 위와 같은 조치 덕분에 귀국 당시 무사하였다. 불행히도 14년 뒤 조선어학회 사건으로 체포되면서 독일 유학 시기 행적이 소상히 혐의로 드러났다.

---

1 [편주] 사카타니 요시로(阪谷芳郎, 1863~1941) : 일제 관료이자 정치가. 동경 사단법인 조선협회 회장을 지냈다. 자택은 도쿄시 고이시카와구 하라마치 126번지(현재 文京區 白山4丁目7)에 있었으며, 묘소는 도쿄 야나카레이엔(谷中靈園 乙11号2側)에 안장되어 있다.

2 [편주] 아베 미쓰이에(阿部充家, 1862~1936) : 『경성일보』 사장, 『매일신보』 사장을 역임했고, 사이토 총독의 고문으로 조선의 지식인들을 회유하는 작업에 결정적 역할을 수행했다.

민석현 발송 편지와 동봉된 이극로의 명함

도쿄 고이시가와구 하라마치 126번지

사카타니 남작 각하

소화 3년(1928) 11월 7일

일본 클럽 내방

런던에 있는 최린 씨의 소개

및 새 소개자 이극로

씨의 이름은 저의 다른

(봉투에 있습니다)

재단법인 자강회 / 이사장 민석현[1]

도쿄부하 스가모마치 미야시타 1653번지

---

1 [편쥐] 민석현(閔奭鉉) : 손병희의 비서를 지낸 천도교인으로 일본 주오대학 경세과를 졸업한 뒤
  1923년 재단법인 자강회(自彊會) 이사장, 1926년 천도교 청년당 동경당부 조직, 천도교 동경종리원
  간부를 지냈다. 부인은 이종숙 여사. 자택과 사무실은 도쿄시 도시마구 스가모 7정목 1653번지(東
  京市 豊島區 巢鴨七丁目 一六五三番地)에 있었다(閔奭鉉, 『(自彊會)創立十周年記念誌』, 東京 : 自彊
  會, 1935).

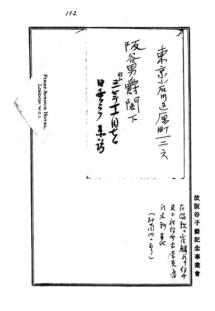

財團
法人 自 强 會

理事長 閔 奭 鉉

東京府下巢鴨町宮下一六五三

최린의 소개장과 동봉된 이극로의 명함

이극로 박사를 소개합니다.

박사는 베를린에서 다년간 경제를 전공한 인격이 고결한 학자입니다.

1927년 9월 25일 런던에서

최린(Choi Rin)

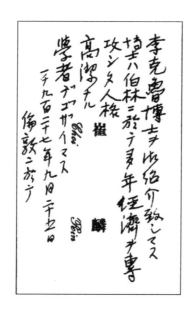

이극로의 명함

李克魯

DR. KOLU LI

이스라엘 코헨의 회고

Israel Cohen, A JEWISH PILGRIMAGE : The Autobiography of Israel Cohen,
LONDON : Vallentine, Mitchell & Co. Ltd. 1956, p.346.

극동지역에서 귀국한 지[1] 2년 뒤 한국에서 온 한국인의 방문이 있었다. 그 사람은 키가 작달막하고 남루한 레인코트를 입고 있었다. 그가 자리에 앉아서 독일어로 말하기 시작했다. 그는 몇 년간 베를린대학 학생으로 있었고 영국에 온 지는 얼마 안 되어 영어보다 독일어가 더 능통하다고 설명했다.

나는 그에게 무엇 때문에 나를 만나려고 하는지 묻자, 그는 자신이 일본 압제자들을 구축하기 위한 한국 혁명운동가의 일원이고, 팔레스타인의 유대인들처럼 독립 쟁취를 학수고대하고 있다고 말했다. 그는 내가 그에게 우리가 꾸민 계획에 대한 몇 가지 비밀 정보를 알려줄 수 있을 것이라고 생각한 듯 싶었다. 나는 그에게 "우리는 그런 계획 같은 것이 없다"고 말해 주자, 그는 실망했고 약간 의심하는 듯 보였다. 그렇지만 내가 한국[2]에 갔던 적이 있다고 말하자 그는 기뻐했다. 그의 이름은 코루 리였고, 내게 일본제국주의에 맞선 한국의 투쟁에 관한 2권의 작은 책자를 주었는데 둘 다 독일어로 쓰여 있었다.

■ 이스라엘 코헨, 『한 유대인의 순례 : 이스라엘 코헨의 자서전』, 런던 : 발렌타인 미첼사, 1956, 346쪽.

송병욱 교정·교열
영인 **134**쪽

---

1 [편쥐] 코헨이 아시아 여행을 떠난 시기는 1920~1921년이다. *A JEWISH PILGRIMAGE*, 216쪽에 따르면 극동지역에서 코헨이 귀국한 날짜는 1921년 5월 8일이다. 이극로가 영국에 있던 1927년을 역으로 환산하면 1924~1925년 경이어야 하는데, *A JEWISH PILGRIMAGE*, 240~258쪽에 따르면 1924년부터 1928년까지는 유럽 여행 시기다. 기억 착오로 보인다.
2 [편쥐] *A JEWISH PILGRIMAGE*, 202쪽에 따르면, 코헨은 아시아를 여행하면서 1920년 12월 20일 일본 시모노세키에서 배를 타고 부산에 내린 다음 다시 기차를 타고 서울에 가서 하루 묵고 만주 봉천성으로 향했다.

3. 승선 및 입국 기록

[해제]

이극로는 1928년 6월 13일 오후 5시 사우샘프턴(Southamton) 항에서 머제스틱 기선
(RMS Majestic)을 타고 그 항구를 떠나서 동 8시에 프랑스 셰르부르 항을 거쳐 미국 뉴욕
을 향해 대서양을 항행했다. 6월 19일 뉴욕 항에 도착한 다음 뉴욕, 로스앤젤레스, 샌프란
시스코까지 7,000km를 횡단하면서 "국어가 민족의 생명"이라는 주제로 현지 동포들에게
한글 강연을 했다. 그는 8월 29일 샌프란시스코 항을 떠나 9월 4일 하와이 호놀눌루 항에
도착하였고 10월 2일 호놀롤루 항을 떠나 귀국길에 올랐다.

〈표 5〉 이극로의 미국 횡단 경로(1928)

	지역	도시(체류일자)
1	북동부	뉴욕(6.19~7.3) → 보스턴(7.3~7.4) → 프레이밍햄(7.6) → 프로비던스·뉴헤이븐 (7.7) → 뉴욕(7.7~7.23) → 프린스턴(7.23) → 필라델피아(7.23~7.26) → 워싱턴 (7.26~8.1) → 피츠버그(8.2) →
2	중서부	디트로이트(8.3~8.4) → 시카고(8.5~8.8) → 샘페인(8.8~8.9) → 세인트루이스 (8.10) → 캔자스시티(8.11) →
3	남 부	털사·파허스카·털사(8.12~8.13) → 애머릴로(8.14~8.15) → 앨버커키(8.16~ 8.17) → 산타페(8.17~8.18) → 그랜드캐니언(8.18~8.19) →
4	서 부	로스앤젤레스(8.20~8.23) → 샌프란시스코(8.23~8.29) →

영국 국립문서보관소(The National Archives, TNA)에 이극로의 승선 및 미국 입국 기
록이 모두 남아 있으며, 구체적인 내용은 다음과 같다.

영국 머제스틱 승선 기록

"Names and Descriptions of Alien Passengers Embarked at the Port of Southampton",

1928.6.13.

1	Contract Ticket Number	FB102616
2	NAMES OF PASSENGERS[승객명]	[15번] Li Kolu
3	LAST ADDRESS IN THE UNITED KINGDOM[영국의 최종 주소지]	Japanese Consul-General London[일본인 총영사, 런던(런던 일본 총영사관의 오역-편주)]
4	CLASS[선실 등급]	R(2nd)[2등실]
5	Port at which Passengers have contracted to land[승객의 도착 항구]	New York
6	Occupation[직업]	Merchant[상인]
7	AGES OF PASSENGERS[연령]	41
8	Country of which Citizen or Subject[어느 나라 시민 또는 국민]	China
9	Country of Last Permanent Residence [최종 영주국]	Foreign countries
10	Country of Intended Future Permanent Residence[장래 영주국]	China

영인 135쪽

미국 입국 기록

"List of Manifest of Alien Passengers for the United", 1928.6.19.

1	No. on List	8
2		
3	NAME IN FULL[이름]	LI KOLU
4	Age[연령]	32
5	Sex[성별]	M
6	Married or Single[결혼/미혼]	S
7	Calling or occupation[직업]	Student
8	Able to Read/Write [읽기/쓰기 가능 여부]	Yes[Chinese,German]/Yes
9	Nationality[국적]	China
10	Race or people[인종]	Chinese
11	Place of birth[출생지]	China/Mukden
12	Immigration Visa Number[비자 번호]	8103
13	Issued at- [발급]	Berlin
14	Date [일자]	19th. Apr. 28
15	Last permanent residence[최종 영주지]	England/London

영인 135쪽

천양환(天洋丸, 덴요마루) 승선 기록

"List or Manifest of Outward-Bound Passengers for Immigration Officials at Port of Departure", 1928.10.2.

1	No. on List	16
2	NAME IN FULL[이름]	Li Kolu
3	Age[연령]	33
4	Sex[성별]	M
5	Country of which citizen or subject(nationality)[국적]	China
6	Country where you are going to live	China
7	Country of birth[출생국]	China
8	Country where you lived before coming to the United States[이전 거주국]	England
9	Last arrival in the United States[최종 미국 도착 시간과 장소]	6/19/28/New York
10	Where you last lived	Honolulu
11	Race or people[인종]	China
12	Calling or occupation[직업]	Student
13	Married or Single[결혼/미혼]	S
14	Whether able to Read/Write[읽기/쓰기 가능 여부]	Yes/Yes

영인 136쪽

HOMEWARD BOUND : Dr. Kolu Li

The Korean Student Federation of North America,[1] "HOMEWARD BOUND : Dr. Kolu Li", *KOREAN STUDENT BULLETIN*[2] 6-3, 1928.10, p.6.[3]

이극로 박사는 베를린 대학교에서 경제학 박사 학위를 받았고 독일에서 체류하는 6년 동안 같은 대학에서 조선어 · 문학 강좌를 개설한 바 있으며 여러 한인 사회 센터에서 조선어 음성학을 강의하고 있다. 지금은 배편으로 하와이에서 귀국 중에 있다.

유영인 역

---

1 [편주] The Korean Student Federation of North America : 북미대한인학생총회.
2 [편주] *KOREAN STUDENT BULLETIN* : 『한국학생회보』.
3 『海外의 韓國獨立運動史料 (23) 美洲篇 ⑤—THE KOREAN STUDENT BULLETIN』, 국가보훈처, 2000.

Dr.Kolu Li, who secured his Doctor's Degree in Economics from the University of Berlin, and who founded a chair of Korean Language and Literature in the same University during six years of his stay in Germany, is lecturing many centers of Korean communities on the Korean Phonetics. Dr.Li is now stopping over in Hawaii on his way homeland.

리극로 박사 하와이에서 귀국

『신한민보』, 1928.10.11.

일삭 동안 호항에 머물면서 국어에 디한 강연하시던 리극로 박사는 十월 二일 텬양환 선편으로 귀국하엿는데 그 전날 밤에 몬져 참수이 쵸더가 잇섯스며 그 후에 누안누 청년회관에 빅여명 동포가 쇼집하여 리박사 젼별회를 진힝하엿다. 리원슌 사회 하에 셔진슈 씨가 젼별사를 말삼하신 후 리졍근 부인은 부인을 디표하야 리박사의게 감샤담을 하엿다. 그 다음에 리박사의 연셜이 잇셧는데 문뎨는 독립운동에 젼심 갈력¹이더라. 이번 리박사를 위하야 호항늬 경상도 부인들은 특별히 물질로써 쓰거운 동졍을 표하엿스며 그 외 연조ㅅ가지 거두어 들엿스나 리박사끠셔 샤양하셧다더라.

---

1 [편쥐] 젼심 갈력 : 있는 힘을 다함.

영남부인실업동맹회

김원용, 『재미한인五十년사』, 1959.3, 238~239쪽.

一九二八년 九월 二七일에 「하와이」 「호노루루」에서 「김보배」 「박금우」 「곽명숙」 「리혜경」 「박정숙」 「리양순」들의 발기로 영남부인회를 조직하였는데 그 조직의 동기는 지방열로 시작된 풍파이고 결과는 대한부인구제회의 분열이었다.

이 풍파의 도화선은 「구라파」에서 박사 학위를 받고 귀국하던 길에 「하와이」에서 몇 주일 체류하며 국어강연을 하던 「이극로」가 경상도 사람이었고, 「하와이」에 경상도 여자가 많던 까닭에 외양에서 고향 사람 만나던 정서가 섞이어 환영하는 소리가 높았는데 이때에 「리승만」이 「이극로」에게 쏠리는 인심을 막으려던 것이 오히려 238 지방열을 충동하기에 이르렀던 것이다.

「리승만」이 「이극로」를 멸시하여 국어를 강연하겠다고 청구한 회관 사용을 거절하고 자기 동지자들에게 말하기를 '경상도 놈이 박사면 아는 것이 얼마나 되며, 국어는 얼마나 안다고 강연하겠다는 것인가' 하였는데 이 말이 전파되어 경상도 여자들의 감정을 일으킨 결과가 영남부인회 조직으로 나타났다. 239

第四節 李克魯와 趙素昂의 헛수고

徐光云,『僑胞政策資料』15, 海外僑胞問題研究所, 1973.4, 145∼146쪽.

李克魯는 한글한자. 伯林대학에서 철학 박사 학위를 받고 귀국하는 길에 호널룰루에 들렀다.

『그러니까 1928년 9월의 일이었소. 타관에서 경상도 지도자를 만나니 얼마나 반가웠는지. 그전까지만 해도 지도자라면 거의 이북 출신이었소.

그때 경상도 사투리를 쓰는 李克魯 박사를 대접하느라고 우리 부인들이 호들갑을 떨었지요.』

영남부인회 회장을 지낸 정순이 김은 당시를 돌이켰다. 그는 23년 [145] 11월 1일에 사진혼인으로 東萊에서 들어온 아가씨.

지금은 70살의 할머니다.

李克魯는 서너 주일 하와이에 머무르면서 국어강연을 할 참이었다.

대한부인구제회의 영남 출신 회원들은 李承晩에게 한인기독회관을 빌어달라고 교섭했다.

『경상도 놈이 박사면 아는 것이 얼마나 되며 국어는 얼마나 안다고 강연하겠다는 거야.』

이승만은 이맛살을 찌푸리며 동지 회원들에게 한마디 내뱉었다.

그로서는 李克魯에게로 쏠리는 인심이 여간 못마땅하지가 않았다.

회관사용을 거절당한 끝에 이런 말까지 들려오자 영남부인들은 들고 일어났다.

『여태껏 李박사[1]의 시중을 들었던 보람이 뭐냐. 이토록 편파적으로 나온다면 우리도 실속을 차려야지』하며 분에 못 이겨 그들은 대한부인구제회를 탈퇴하고 말았다.

영남부인회를 따로 조직한 것이다. 그러나 한줄기 회오리바람을 일게 한 李克魯가 호널룰루를 떠나자 흥분했던 감정은 절로 삭았다.

---

1 [편쥐 李박사: '이승만'을 지칭.

부인회 사이의 충돌이 무슨 소영이 있겠느냐는 쑥덕공론에 따라 영남부인회는 이름을 영남부인실업동맹회로 고치고 대한부인구제회의 지붕 아래로 되돌아갔다.

저금을 장려하고 국산품을 수입하고 실업발전에 노력하기로 한 동회는 회원이 많던 때는 1백 50여명. 박금우, 김보배, 이혜경, 박정숙, 전은용, 박정금, 정순이, 이양순, 김봉순, 서복수들이 대대로 회장을 맡아보았다. (…후략…)[146]

〔이광수〕西伯利亞서 다시 東京으로

春園, 『朝光』 2-5, 朝鮮日報社出版部, 1936.5, 102쪽.

　(…전략…) 치타 일을 이야기할 때에 잊지 못할 것은 李克魯博士와 만난 것이다. 그는 西間島에서 내 三從 學洙君과도 서로 안다하며 工夫를 하려고 치타까지 왔다가 高聖三이라는 사람의 집에서 한녀름 머슴을 살았다. 몸과 마음이 다 튼튼하고 愛ㄨ[1]의 熱情이 있었다. 그는 只今 朝鮮語學會와 朝鮮語辭典編纂에 一生을 바치고 있는 그 李克魯博士다. 내가 떠난 뒤에 그도 치타를 떠나서 上海를 거쳐서 獨逸로 간 것이다. 그러나 나는 치타에서는 李博士와 親하지는 못하였다.

1　[편쥐 초고에는 愛國이란 뜻의 '愛ㄨ'으로 표현되어 있으나 후대에 '義人'으로 고쳐졌다(이광수, 「多難한 半生의 途程」, 『이광수전집』 14, 삼중당, 1962, 397쪽).

〔이광수〕망명한 사람들

李光洙, 『나의 告白』, 春秋社, 1948.12.1, 98~99쪽.

치따에서 만난 또 한 사람은 리극로(李克魯)였다. 그는 나 보다 이삼개월 떨어져서 치따에 왔는데 내가 가장 놀란 것은 그가 서간도에서 여긔까지 걸어왔다는 것이다.

「노자가 없으니 걸어왔소.」

그는 이렇게 말하였다. 아마 사천 리는 될 것이다. 그가 이 멀고 먼 길을 걸어왔다는 말을 듣고 나는 그의 검으테테하고 찌그러진 얼굴을 다시금 보았다. 그도 나 모양으로 여긔 나가면 무슨 좋은 일이 있을까, 저긔나 가면 있을까 하여 치따까지 굴러 온 것이었다. 무론 치따에 와서도 그는 실망하였을 것이다. 우리 민족의 무력함을 느꼈을 것이다. 그는 당장 먹을 것이 없으매 회장 고성삼의 집에서 한 철 머슴사리를 하였다. 나는 이 사람의 의지력에 놀랐다. 오 년 후 상해에서 그를 다시 만지서[1] 내가,

「치따에서 상해까지도 걸어왔소?」

하고 물었더니 그는 웃었다. 아마 적어도 반 이상은 걸어왔으리라고 나는 생각하였다. 후[98]에 그는 독일 가서 박사가 되어 가지고 왔거니와 나는 언제나 그를 보면 저이가 독일도 걸어갔다고 생각하고 싶었다. 그가 조선어학회를 수십 년 지켜 온 것도 이 걸어오는 고집으로였다. [99]

---

1   [편주] 만지서 : '만나서'의 오식.

출처

제1부 항일 투쟁 자료

「한국 내 일본의 유혈 통치(*Japanische Blutherrschaft in Korea*)」: 국가보훈처

「한국 내 일본의 유혈 통치(*Japan's Bloody Rule in Korea*)」: 독립기념관

「한인학살(韓人虐殺)」(사본): 독립기념관

「이극로 발송 편지 1」: 국가보훈처

「재독한국인대회 대표자 조사 보고서」: 국가보훈처

「조선 대표단 결의안(Resolution der Koreanischen Delegation)」[1]: 네덜란드 국제사회사연구소 (IISG)[2]

『한국의 문제(Das Koreanisch Problem)』: 네덜란드 국제사회사연구소(IISG)[3]

「일본에 맞선 한민족의 투쟁(Der Kampf des koreanischen Volkes gegen Japan)」[4]: 조준희 소장

「한국에서 일본제국주의 정책 보고(Rapport sur la Politique Imperialiste Coloniale du Japon en Coree)」[5]: 네덜란드 국제사회사연구소

『한국의 독립운동과 일본의 침략정책(Unabhängigkeitsbewegung Koreas und japanische Eroberungspolitik)』[6]: 조준희 소장

『한국, 그리고 일본제국주의에 맞선 일제에 맞선 독립투쟁(Korea und sein Unabhängigkeitskampf gegen den japanischen Imperialismus)』: 독일 베를린 주립도서관(Staatsbibliothek zu berlin)[7]

제2부 조선어 관계 자료

「여름학기 한국어 강좌 수강생 수」: 독일 국립프로이센문화유산문서보관소(GSPK)[8]

「미트보흐 발송 공문 1」: 독일 국립프로이센문화유산문서보관소

「벡커 발송 공문」: 위와 같음

1　①세로 33.1×가로 21.2cm, ②세로 30.0×가로 21.1cm.
2　반제국주의연맹 아카이브(League against Imperialism Archives) 소장.
3　세로 23.0×가로 15.4cm. 위와 같음.
4　*Das Flammenzeichen vom Palais Egmont*, Berlin : Neuer Deutscher Verlag, 1927(세로 23.0×가로 15.5cm).
5　세로 33.1×가로 21.2cm.
6　세로 22.3×가로 14.6cm.
7　출판 허가 받음.
8　출판 허가 받음.

「미트보흐 발송 공문 2」: 위와 같음

「이극로 수신 편지」: 위와 같음

「이력서 1」: 위와 같음

「리히터 발송 공문」: 위와 같음

「이극로 발송 편지 2」: 위와 같음

「미트보흐 발송 공문 3」: 위와 같음

「이극로 발송 편지 3」: 위와 같음

「동양어학과 이극로 강사 확인서 초안」: 위와 같음

「이극로 발송 편지」: 위와 같음

「한 조선 지식인의 삶 한 장면(Aus dem Leben eines koreanischen Gelehrten)」[9]: 조준희 소장

「미지의 한국(Das unbekannte Korea)」(1928)[10]: 독일 베를린 주립도서관

〈이극로 음성 레코드판 이미지〉: 프랑스 국립도서관(BnF)[11]

제3부 유학 관계 자료

「중국의 농업 제도(Die chinesische Agrarverfassung)」[12]: 조준희 소장

『중국의 생사 공업(Die Seidenindustrie in China)』[13]: 위와 같음

「논문 심사 승낙서」: 독일 훔볼트대 아카이브(사진 : 독립기념관 김도형 박사)

「수료증 초안」: 위와 같음

「이력서 2」: 위와 같음

「이극로 발송 편지 5」: 위와 같음

「구술 시험 신청서」: 위와 같음

「학위 수여 신청 공문」: 위와 같음

「박사 시험 신청서」: 위와 같음

「박사 시험 허가 공문」: 위와 같음

「박사 논문 심사서」: 위와 같음

「슈마허 발송 편지」: 위와 같음

「구술 시험 회의록」: 위와 같음

「박사 학위 증명서」: 위와 같음

「학적부」: 위와 같음

---

[9] *Mitteilungen des Seminars für Orientalische Sprachen* Jg. 30, Berlin : Ostasiatische Studien, 1927(세로 25.0×가로 17.0cm).

[10] 세로 21.5×가로 15.2cm. 출판 허가 받음.

[11] 저작권료 지불 및 출판 허가 받음.

[12] 독일식량농업부(BREL), *Berichte über Landwirtschaft*(농업 보고서)(재판본) 1-3 · 4, PAUL PAREY, 1924(세로 26.2×가로 17.0cm).

[13] 세로 22.3×가로 14.4cm.

제5부 기타 자료

〈이극로의 독일 하숙집 터 지적도〉: 독일 On-geo GmbH

「불온신문 「도보」의 배송처에 관한 건」[14] : 국사편찬위원회

「『헤바』 잡지 기사에 관한 건」: 위와 같음

〈이극로의 명함〉(사본): 국가기록원

「이스라엘 코헨의 회고(*A Jewish Pilgrimage : The Autobiography of Israel Cohen*)」(LONDON : Vallentine, Mitchell & Co.Ltd., 1956)[15] : 조준희 소장

영국 머제스틱 승선 기록: 영국 국립문서보관소(The National Archives, TNA)

미국 입국 기록: 위와 같음

천양환(天洋丸, 덴요마루) 승선 기록: 위와 같음

〈헤르만 슈마허 사진〉: 미국 그레인저 컬렉션(The Granger collection)[16]

〈이극로 졸업식(이극로·신성모·안호상 3인) 사진〉: 안경홍 소장

〈이극로 독사진〉: 이승철 소장

〈수학여행단 사진〉: 위와 같음

〈재독한인유학생 단체 사진〉: 이영래 제공

---

14 『不逞團關係雜件 朝鮮人 / 部 新聞雜誌 / 四』(일본 외무성 외교사료관 소장).

15 세로 21.5×가로 14.0cm.

16 저작권료 지불 및 출판 허가 받음.

I. 머리말

이극로(1893~1978)는 경남 의령 출신의 한글운동가다. 그는 마산 창신학교에서 수학하였고, 일제강점 직후 항일투쟁의 뜻을 펼치기 위하여 서간도 회인현에 망명했다가 상하이를 거쳐 독일 베를린에 유학하였다. 귀국한 뒤 조선어학회를 실질적으로 주도하였고, 광복 후 월북해서 타계할 때까지 삶의 대부분을 어문운동에 투신한 인물이다. '어문운동'이라는 민족운동의 한 형태로 한민족 고유 어문의 정리·통일·보급을 도모하는 활동을 말한다.

지금까지 이극로에 관한 선행연구는 국어국문학계에서 조남호, 김하수, 차민기, 고영근의 성과가 있다.[1] 특히 고영근은 이극로의 독일 출판물 『한국의 독립운동과 일본의 침략정책(*Unabhängigkeitsbewegung Koreas und japanische Eroberungspolitik*)』(1924)을 발굴하여 언론의 주목을 받았다.[2] 역사학계에서는 이종룡의 연구[3]가 선구적이다. 또한 유럽에서 이극로와 유덕고려학우회(留德高麗學友會)의 존재를 처음 소개한 홍선표의 성과물[4]을 언급하지 않을 수 없다.

---

1 조남호, 「이극로의 학문세계」, 『주시경학보』 7, 주시경연구소, 1991 ; 김하수, 「식민지 문화운동과정에서 찾아본 이극로의 의미」, 『주시경학보』 10, 주시경연구소, 1993 ; 차민기, 「고루 이극로 박사의 삶」, 『지역문학연구』 2, 경남지역문학회, 1998 ; 고영근, 「이극로의 사회사상과 어문운동」, 『한국인물사연구』 5, 한국인물사연구소, 2006.
2 고영근 교수에 앞서 편자도 독일에서 자료 발굴을 진행하고 있었음을 밝힌다. 이극로의 독일명이 'Kolu Li'인 점, 이극로의 예비논문 및 박사 논문, 조선어 관계 문건, 1927년 독일어 저술 등을 최초로 발굴했다. 다만 언론에 공표하지 않았을 뿐이다.
3 이종룡, 「이극로 연구」, 부산대 석사논문, 1993.
4 홍선표, 「1920년대 유럽에서의 한국독립운동」, 『한국독립운동사연구』 27, 독립기념관 한국독립운동사연구소, 2006.

그러나 위와 같이 업적이 쌓여 가는데도 이극로의 유학시절 행적과 어문운동 배경이 구체적으로 알려지지 않은 면이 있다. 고영근은 이극로의 어문운동 동기를 『고투사십년(苦鬪四十年)』(1947)에 근거하여, 서간도 여행 시 의사소통 곤란, 동창학교(東昌學校) 동료교사 김진(1886~1952)과의 만남, 독일에서 조선어 강좌 시 수강생의 힐난의 3가지 사건에서 찾았다.[5] 김하수는 서간도 여행 시의 의사소통 문제를 그 동기로 보기 어렵다는 견해와 더불어 독일에서 한국어 교육 경험을 직접적인 계기로 추정했다.[6] 혹자는 이극로가 아일랜드 방문 시 국어교육 현황을 접하고 우리말·우리글의 고수를 결심했다는 사실에 주목하기도 했다. 이상에서, 우국지사 이극로의 항일투쟁 방략이 어문운동으로 전환된 시기는 유럽 유학시절과 관계 깊은 것으로 여겨진다. 그럼에도 이 시기 이극로의 활동상이 명확하게 밝혀지지 않는 이유는 무엇보다 1차 사료의 부족을 원인으로 꼽을 수 있다.

이극로 연구는 전적으로 그의 자서전인 『고투사십년』에 의존한다. 그가 「방랑 20년간 수난반생기」라는 연재물에 망명과 유학생활을 글로 정리하여 『조광(朝光)』에 기고한 시점은 1936년으로,[7] 졸업한 지 10년 뒤의 일이다. 『고투사십년』은 그로부터 다시 10년 뒤인 1947년에 간행한 책이다. 초고를 한데 묶고, 길돈(吉敦)사건과 조선어학회 내용을 보충하여 펴냈다. 그런데 『조광』 기사의 경우 일제강점기라는 현실에서 자신의 항일 자취를 공개하는 것이 불가능했다. 어문운동 관련 부분은 기억을 되살려 쓰는 과정에서 애초에 생략되었거나, 세월에 따라 첨삭된 흔적도 나타난다. 덧붙여, 잦은 연도 착오와 유럽 지명·인명을 모두 영어식으로 고친 표기는 당시 상황의 재구성을 지연시키는 요소다. 한편, 독일인마저 베를린대학 최초의 한국어강좌를 1952년으로 잘못 알고 있는 실정이다.[8] 나아가 이극로가 대표

---

5   고영근, 앞의 글, 329·334쪽.
6   김하수, 앞의 글, 267쪽.
7   이극로, 「조선을 떠나 다시 조선으로」; 1. 「가정형편과 조선내의 교육과 서간도행」, 『조광』 2-3 ; 「西伯利亞에서 머슴사리」; 2. 「만주와 西比利亞에서 방랑생활하던 때와 그 뒤」, 『조광』 2-4; 「중국 상해의 대학생활」; 3. 「중국 상해에서 유학하던 때와 그 뒤」, 『조광』 2-5; 4. 「독일 伯林에서 유학하던 때와 그 뒤」, 『조광』 2-6; 5. 「영국 倫敦에서 유학하던 때와 그 뒤」, 『조광』 2-7; 6. 「귀국도중에 미국시찰하던 때와 그 뒤」, 『조광』 2-8, 조선일보사출판부, 1936.
8   Wilfried Herrmann, 「베를린 훔볼트 대학교(동독)에서의 한국말 교육과 교재에 대하여」, 『교육한글』 4, 한글학회, 1991.

로 참가했던 1927년 벨기에 브뤼셀 국제피압박민족대회의 성격도 연구자에 따라 의견이 분분한 상태였다.[9]

이에 편자는 국내 사료의 한계에 문제의식을 느끼고, 해외 산재 이극로 사료 발굴을 시도하였다. 일찍이 1974년에 이극로의 독일 외무성 자료 — 「한국 내 일본의 유혈 통치(Japanische Blutherrschaft in Korea)」(1923) 등 — 를 발굴한 이는 고려대 독일문화연구소 한봉흠(1927~) 교수가 최초다.[10] 그뒤 유럽 한국독립운동 사료 발굴의 중요성을 정용대가 제기했다.[11] 그는 『한국의 독립운동과 일본의 침략정책』(1924)을 발굴해 1991년 국가보훈처에서 간행한 『해외의 한국독립운동사료(Ⅰ): 국제연맹 편』에 영인했다. 다만 정용대의 사료 조사 방법은 광범위한 사료를 발굴하기 위해 해당 기관에 편지로 문의하고 회신처에 한해서 현황을 파악한 문제가 있었다. 편자는 예상 자료 보관처들을 찾아가 직접 확인하는 방식으로써, 독일 베를린 소재 국립 프로이센문화유산문서보관소(Geheimes Staatsarchiv Preußischer Kulturbesitz)(이하 '프로이센문서보관소'라 줄여 적음)에서 조선어 관계 문서철을 입수할 수 있었다. 이곳은 한국 독립운동사료가 보관되어 있지 않은 기관으로 간과되었었는데,[12] 1920년대 조선어강좌 공문과 이극로의 자필 편지가 소장돼 있는 것을 새로 확인하였다.[13] 이 자료들은 학계에 보고된 적이 없는 1차 사료라는 점에서 가치가 있을 것으로 판단된다. 이극로의 유럽 활동을 올바로 이해하기 위한 두 번째 사료로 그가 독일에서 간행한 책자들을 분석하고자 한다. 앞서 『한국의 독립운동과 일본의 침략정책』(1924)을 비

---

9 당시 대회장에서 배포했다는 『한국의 문제(The Korean Problem)』를 중심으로, 이정은은 이미륵과 관련지어 소개했고(이정은, 「이미륵과 한국의 문제」, 『한국독립운동사연구』 13, 독립기념관 한국독립운동사연구소, 1999), 김광식은 김법린과의 연계성을 강조하였다(김광식, 「김법린과 피압박민족대회」, 『불교평론』 2, 불교평론사, 2000). 홍선표는 이극로의 저술로 확정했다.

10 「日帝 피의 統治·獨立운동 眞相 베를린 諜報文書 (1) 在獨 「朝鮮人會」」, 『경향신문』, 1979.3.2.

11 정용대, 「구주에서의 한국독립운동 사료발굴의 당면과제」, 『한국민족운동사연구』 4, 한국민족운동사학회, 1989.

12 위의 글, 199쪽.

13 편자는 2007년 9월 25일부터 10월 2일까지, 이극로의 유럽 행적 — 독일(Ludwigshafen, Spreewald, Berlin)·프랑스(Metz, Verdun, Paris)·영국(London) — 을 면밀히 추적하였다. 베를린 국립프로이센문화유산문서보관소를 방문한 날은 10월 1일이며, 이 날 찾은 사료는 문서번호(Aktensignatur) 'Rep. 208A, Nr. 90'으로 분류돼 있었다. 이밖에 문서철 'I. HA Rep. 76, Va Sekt. 2, Tit. X, Nr. 124, Bd. 11' 등에도 약간의 조선어 관계 기록이 있음을 확인했다. 당시 훔볼트대에 재학 중이던 송병욱 선배가 본 문서보관소의 존재 및 사료 수집에서 원문 번역과 난해한 쥐터린체 해독까지 물심양면으로 힘써 주었음을 밝힌다.

〈그림 1〉 베를린 프로이센문서보관소에서 편재(2007.10.1)

롯하여, 『한국, 그리고 일본제국주의에 맞선 독립투쟁(*Korea und sein Unabhängigkeitskampf gegen den japanischen Imperialismus*)』(1927)와 『한국의 문제(*Das Koreanische Problem*)』(1927)를 다룰 것이다.

이 글의 목적은 기존 연구를 보완하면서, 이극로가 어문민족운동에 투신하는 과정을 정확히 밝혀 보려는 것이다. 향후 일제강점기 재유럽 한민족사와 어문운동사를 조명하는 데에도 도움이 될 것으로 기대한다.

II. 독일 베를린대학의 조선어강좌

1. 이극로의 독일 유학 배경

이극로는 일제 강점 직후 독립군이 되고자 서간도 신흥강습소(뒤의 신흥무관학교)를 향해 만주로 건너갔다. 길을 가던 중 1912년[14] 이원식이 회인현에서 경영하는 여관 동창점(東昌店)에 들렀다가 이원식의 조언으로 동창학교 교사진에 합류했다.[15]

14　원문 '壬子年 四月 (…중략…) 三月二十日頃'의 임자(1912)년을 박은식의 동창학교 체류 시기와 대조하여 '1911년'의 착오라고 추정했었으나, 박은식이 1912년 동창학교를 떠나기 직전에 만났을 가능성이 높아 이에 본고에서 이극로의 망명 시기를 자신의 기록대로 1912년으로 바로잡는다.

동창학교(東昌學校)는 국조 단군을 교조(教祖)로 하는 대종교(大倧教)에서 시교사 (施教師) 윤세복을 파견하여 설립한 서간도 회인현의 대표적인 민족학교다. 민족 주의 사가 박은식과 신채호, 주시경의 제자 김진, 한국 불교 현대화에 지평을 넓 히는 운허 이시열 등의 명사들이 교원으로 활약했다.

이극로에게 어문운동의 동기를 부여했던 첫 번째 인물은 백주 김진이다. 그는 동창학교 교원시절 동료였던 김진을 회상하여,

> 또 여기 일을 잊지 못할 것은 내가 한글 연구의 기회를 얻은 것이다. 함께 일 보던 교 원 중에는 白舟 金振氏라는 분이 있었는데 이는 주시경 선생 밑에서 한글을 공부하고 조 선어 연구의 좋은 참고서를 많이 가지고 오신 분이다.[16]

라고 술회하였다.

김진의 본명은 김영숙[17]으로, 주시경이 세운 국어연구학회(1911년부터 조선언문 회로 개칭)의 조선어강습원 중등과 제1회 수업생으로 확인된다.[18] 중등과 제1회 강습은 1912년 3월에 시작했고, 주시경이 강사로서 직접 가르쳤다. 1912년 가을 에 도만(渡滿)했다는 기록[19]에 따라 졸업(1913년 3월)은 하지 못한 듯 보인다. 김진 은 국내 조선어 교재를 동창학교에 지참해 가지고 와서, 이극로에게 학문적 기초 를 제공해 주었다고 생각할 수 있다.[20]

---

15 이극로, 「나의 이력서―반생기」, 『조광』 4-10, 조선일보사출판부, 1938, 74~75쪽 ; 이극로, 조준희 역, 『고투사십년』, 아라, 2014, 37~40쪽.

16 위의 책, 40쪽.

17 김영숙(金永肅, 1886~1952), 호는 백주(白舟). 김진(金振), 김백(金白), 김형(金衡) 등 이명이 있다. 충남 홍성(원적은 논산) 출신 교육자・독립운동가. 1911년 중앙고보 사범과를 졸업한 뒤, 서울 승 동소학교에서 교편을 잡다가 1912년 8월 만주로 망명, 환인현 동창학교, 화룡현 청일학교, 동녕현 송화학교, 영안현 여명학교에서 교편을 잡았다. 대종교 교적역본기초위원(1922), 종리부령(1923) 등을 역임, 1942년 임오교변 사건으로 15년형을 언도받고 복역했다. 광복 후 윤세복과 함께 영안현 에 대종교총본사를 재건하였고, 귀국 후 단군전봉건회를 조직・활동하다가 한국전쟁 때 대구에서 작고했다. 1963년 건국훈장 국민장(독립장)이 추서되었고, 묘소는 국립서울현충원(애국지사묘역 47)에 안장되어 있다.

18 이규영 필사, 「한글모 죽보기」, (영인), 『한힌샘연구』 1, 한글학회, 1988, 190쪽.

19 大倧教倧經倧史編修委員會, 『大倧教重光六十年史』, 大倧教總本司, 1971, 841쪽.

20 이극로가 김진에게 한글을 배운 동기는, 첫째, 서간도행 여정 시 평북 창성에서 평안도 사투리로

1914년 겨울 일제에 의해 동창학교가 폐교되자 전성규(全星奎, 1887?~1920)[21]가 무송현에 설립한 백산학교에 가서 다시 교편을 잡았다. 이 학교는 독립군 양성과 훈련이 주된 목적이었는데 일제는 밀정을 보내 정탐을 계속했다. 이극로는 마적에게 붙잡혀 처형 직전까지 가는 등 만주에서 불안정한 환경이 계속되자 더 이상 안주할 수 없게 되었다.

1915년 윤세복의 권유로 교사 생활을 마감하고 귀국길에 오르던 중 발길을 돌려 중국 상하이로 갔다. 그는 1916년 4월 신규식의 학비 도움을 받아[22] 독일인 의사가 세운 동제덕문의학당(同濟德文醫學堂, 1924년 同濟醫工大學, 1927년 國立同濟大學으로 개칭─편자 주)에 입학해 1920년 2월에 졸업했다. 상하이 유학 시기 이극로에게 어문운동의 동기를 부여한 두 번째 인물은 백연 김두봉(金枓奉, 1889~1960?)이다.

내가 상해에 있을 때에 김두봉씨와 한글을 연구하게 되었는데 그때에 김씨의 창안인 한글 字母分割體 활자를 만들려고 商務印書館 인쇄소에서 여러 번 함께 다니면서 교섭한 일이 있다.[23]

김두봉은 경남 기장 태생으로, 주시경의 수제자이면서 동시에 대종교 도사교(교주) 홍암 나철의 수제자였다.

1921년 6월 18일, 이극로는 상해파 고려공산당 대표단(코민테른집행위원회, 소련 정부 당국과 레닌에 대한 외교를 목적으로 선정) 이동휘와 박진순의 모스크바 행 통역원으로 추천되어 중국 상하이 항에서 프랑스 기선을 타고 상하이 항을 떠났다. 일행은 홍콩 → 사이공(베트남) → 싱가포르 → 콜롬보(스리랑카) → 지부티 → 수에즈 운하를 거쳐 포트사이드 항(이집트)에 도착했다. 이집트 수도 카이로에서 2일 머문 뒤 알렉산드리아 항을 출발하여 이탈리아 시칠리아 섬의 시라쿠사 · 카타니아

___

인해 생활의 기본 단어인 '고추장'이 의사소통되지 못했던 경험, 둘째, 자신의 사투리로 인해 동창학교 동료들과 학생들까지 '영남 사투리꾼'이라고 놀려 충격을 받았던 경험을 들 수 있겠다(「朝鮮語學會 李克魯氏」, 『조선일보』, 1937.1.1).

21 김성규와 전성규 2가지 설이 있는데, "함북 무산 출신으로 본관은 정선 전씨"라는 대종교 측 공식 자료『영유인명부(令諭人名簿)』(연도 미상)가 발굴되어 '전성규'로 확정하고 바로 잡는다.

22 이극로, 조준희 역, 앞의 책, 61쪽.

23 위의 책, 82쪽.

〈그림 2〉 프리드리히 빌헬름 대학(지금의 훔볼트대학)

항을 거쳐 나폴리 항에 도착했다. 나폴리에서 2일, 로마에서 3일 간 구경을 하고서 밀라노→스위스 베른·제네바를 거쳐 독일 베를린에 도착해 한 달간 체류했다. 9월이 되어 독일공산당 대표 빌헬름 피크와 동행하여 슈테틴 항에서 배를 타고 에스토니아 레발(탈린) 항에 도착한 뒤 기차로 러시아 상트페테르부르크에 갔다. 여기서 다시 모스크바로 이동하여 모스크바 시내 륙스호텔에 투숙하고서 3개월 간 활동했다. 1922년 1월, 이극로는 독일 유학을 목적으로 홀로 라트비아→리투아니아→폴란드를 경유하여 베를린으로 돌아왔다.

2. 베를린대학의 조선어강좌

이극로는 1922년 1월 10일 독일 샤를로텐부르크(Charlottenburg)지구 빈민구역 아욱스부르거슈트라쎄 23번지(Augusburger Str. 23)[24] 다세대 주택에 거처를 잡고 고

---

24 정용대 편, 『海外의 韓國獨立運動史料』I─國際聯盟編, 국가보훈처, 1991, 160쪽; 「일제 첩보─고경 제2251호」, 1925.7.3. 및 1926년 11월 「학적부」를 살펴보면 이극로의 주소가 야고브슈트라쎄 23번

학을 시작하였다. 중국 봉천(Mukden 또는 Fong-tien) 국적의 코루 리(Kolu Li)라는 이름으로써 4월 28일 베를린[伯林]대학 — 정확히는 '프리드리히 빌헬름 대학(Friedrich-Wilhelms-Universität)' — 철학부에 입학했다. 베를린대학은 1810년에 일반언어학의 창시자 빌헬름 폰 훔볼트(Wilhelm von Humboldt, 1767~1835)가 세운 학교다. 1826년에 프리드리히 빌헬름 대학으로 교명을 바꾸고, 1949년부터 현재의 명칭 베를린 훔볼트 대학(Humboldt-Universität zu Berlin)으로 부른다.

그의 전공은 정치학과 경제학, 철학·인류학·언어학이 부전공으로 알려져 있는데,[25] 실제 자필「이력서(Lebenslauf)」에는 민족경제학(Nationalökonomie), 법학(Jura), 철학(Philosopie), 종족학(Ethnologie)으로 기록돼 있다. 총 44명의 교수로부터 배웠고, 4년 과정을 마친 뒤 연구생 시절 대학 연구실 교수는 사회경제학자 좀바르트(Werner Sombart, 1863~1941),[26] 경제정책학자 슈마허(Hermann Schumacher, 1868~1951),[27] 인식론자 마이어(Heinrich Maier),[28] 종족학자 투른발트(Richard Thurnwald, 1869~1954),[29] 그리고

지(Jagowstr. 23)로 기재되어 있어서, 형편 때문에 1925년도에 초기 거처에서 이사를 간 것으로 보인다. 이곳은 원래 살던 거주지에서 북쪽 2.58km 떨어진 모아비트(Moabit) 지구에 위치하며, 더 외진 곳이다.

25　이극로, 조준희 역, 앞의 책, 79쪽.

26　베르너 좀바르트(Werner Sombart, 1863~1941) : 독일 작센-안할트 주(하르츠 지구의 에름스레벤) 출신 경제학자·사회학자. 베를린대학을 졸업하고 1904년 막스 베버 등과『사회과학과 사회정책 잡지(Archiv für Sozialwissenschaft und Sozialpolitik)』편집을 시작했으며, '경제체제' 개념을 중심으로 이론과 역사를 종합한 경제사회를 전체적으로 파악하는 길을 찾으려고 했다. 1917년 베를린대학 교수를 역임, 1931년 베를린상과대학 명예교수가 되었다. 저서에『사회주의와 사회운동(Sozialismus und soziale Bewegung)』(1896),『프롤레타리아 사회주의(Der proletarische Sozialismus)』(1924),『3가지 경제학(Die drei Nationalökonomien)』(1930) 등 다수가 있다. 묘소는 베를린 다렘 산림묘지(Waldfriedhof Dahlem)에 안장되어 있다.

27　헤르만 슈마허(Hermann Schumacher, 1868~1952) : 독일 브레멘 출신 정치경제학자. 뮌헨 프라이부르크대학 등지에서 공부하고 1891년 예나대학에서 박사 학위를 받았다. 1893년 미국 뉴욕에서 공부했고 1897년부터 1898년까지 동아시아 프로이센 무역 대표단원으로서 일본, 중국, 한국을 여행한 경험이 있다. 1899년 키엘 대학, 1901년 본 대학을 거쳐 1917년부터 1935년까지 베를린대학교 사회정치학 교수를 지냈다. 딸은 엘리자베스 슈마허, 사위는 물리학자 베르너 하이젠베르크. 저서에『중국의 관광무역 조직』(1899),『세계 경제 연구』(1911),『국가학』(1930),『세계 경제에서의 삶』(1947) 등이 있다. 묘소는 베를린 다렘 묘지(Friedhof Dahlem-Dorf)에 안장되어 있다.

28　하인리히 마이어(Heinrich Maier, 1867~1933) : 독일 남부 바덴-뷔르템베르크 주(하이덴하임안데어브렌츠) 출신 철학자. 튀빙겐 에버하르트-카를대학교의 논리학적 심리주의자 크리스토프 폰 지그바르트 문하에서 철학을 공부해 1892년 박사 학위를 받았다. 1911년 튀빙겐대학, 1918년 하이델베르크대학, 1922년 베를린대학에서 강의했다. 부인은 지그바르트의 딸인 안나 지그바르트(Anna Sigwart). 주요 저서에『아리스토텔레스의 삼단논법(Die Syllogistik des Aristoteles)』(1896),『감정 사고의 심리

〈그림 3〉 헤르만 슈마허

〈그림 4〉 베르너 좀바르트

〈그림 5〉 하인리히 마이어

〈그림 6〉 리하르트 투른발트

〈그림 7〉 막스 슈미트

〈그림 8〉 프리드리히 빌헬름 카를 뮐러

학(*Psychologie des emotionalen Denkens*)』(1908), 『현실의 철학(*Philosophie der Wirklichkeit*)』(1926)이
있다.

29 리하르트 투른발트(Richard Thurnwald, 1869~1954); 독일 민족학자·사회인류학자. 오스트리아
빈에서 태어나 보스니아에서 법학 교육을 받은 뒤, 민족학연구에 뜻을 두고 1924년 베를린대학 교
수가 되었다. 솔로몬 군도, 미크로네시아, 뉴기니 및 동 아프리카를 조사한 바 있다. 독일 사회인류
학의 창시자로서 주목받고 있다. 주요 저서에 『민족사회학적 기반에서 고찰한 인류사회(1931~3
5)』, 『원시공동체의 경제』(1932)가 있다.

슈미트(Max Schmidt)[30]였다.

특히 슈마허는 중국의 비단이 세계 시장을 독점하는 것에 대해 이극로가 『중국의 생사(生糸)공업(Die Seidenindustrie in China)』 논문을 쓰게끔 지도해 주었다. 그는 한·중·일 무역업무 경험이 있었기 때문에 한국 사정을 잘 아는 인물이었다. 이 밖에 이극로가 민속학박물관(Völkerkundemuseum) 뮐러(F. W. K. Müller, 1863~1930)[31] 관장의 강의를 듣고 그의 연구실에 다녔는데, 뮐러는 저명한 언어학자로서 불교와 일본학의 대가였으며 한국어도 알았다.

이극로의 재학 중 특기할 만한 사항은 1923년 10월에 베를린대학 최초로 조선어강좌를 개설하여 강사(Lektor)로서 3년간 강의한 이력을 손꼽을 수 있다.

> 1923年 10월에 伯林大學에 조선어과를 창설하고 삼년 동안 강사로 있게 되었으니 그 동기는 그 때에 한문학자요 만주어와 몽골학자인 해니스교수에게 내가 몽골어를 배우게 되었다. 함께 공부하던 독일학생들은 틈틈이 나에게 조선어를 배우다가 하루는 청하는 말이, 이럴 것이 아니라 정식으로 공개한 조선어과를 설치하는 것이 어떠냐고 묻기에 물론 좋다고 하였더니 그들은 말하기를 오늘날 빈궁한 독일은 유료 강사를 초빙하지 못할 것이니 당신이 무보수 강사를 허락한다면 전례에 의하여 이것이 설치될 수 있다. 전례란 것은 당시 이태리와 불가리는 각각 자국어의 세계적 소개를 위하여 국비로 강사를 백림대학에 파송한 일이 있었다. 그들의 권고에 의하여 문부대신에게 신청서를 제출하였더니 곧 인가가 되었다. 그래서 내가 그 대학을 떠날 때까지 삼년 동안이나 그 강좌의 교편을 잡았다.[32]

위 내용에서 '해니스' 교수는 에리히 해니쉬(Erich Haenisch, 1880~1966)를 말한다. 해니쉬는 빌헬름 그루베(Wilhelm Grube, 1855~1908)에게서 중국학과 몽골어·만주어를 교육받은 언어학자 겸 중국학자다. 그루베는 러시아 태생의 독일 언어학자

---

30 막스 슈미트(Max Schmidt, 1874~1950) : 브라질 원주민 문화 연구의 선구자인 칼 폰 덴 슈타이넨(Karl von den Steinen, 1855~1929)의 제자로 1921년에 프리드리히-빌헬름대학 최초로 종족학 교수가 되었다. 저서에 『민족학(*Völkerkunde*)』(Berlin : Ullstein, 1924), 『페루의 예술과 문화(*Kunst und kultur von Peru*)』(Berlin : Propyläen-verlag, 1929) 등이 있다.

31 프리드리히 빌헬름 카를 뮐러(Friedrich Wilhelm Karl Müller, 1863~1930) : 독일 동부 노이담(Neudamm, 현 폴란드 뎅브노(Dębno)) 태생의 동양학자.

32 이극로, 조준희 역, 앞의 책, 80~82쪽.

겸 중국학 교수로서, 많은 저서 가운데 『여진언어문자고(Die sprache und Schrift der Jučen)』(Leipzig, 1896)가 유명하다. 이극로는 같은 동료 수강생들의 조언을 듣고 무보수 조건으로 조선어강좌 신청서를 제출하였다.[33] 1923년부터 1928년까지 이극로의 조선어강좌 관계 공문은 현재 프로이센문서보관소 내 문서철 문서번호 Rep. 208A, Nr. 90에 11점이 보관되어 온다.

〈표 1〉 프로이센문서보관소 문서철 「Rep.208A, Nr.90」의 목차

	작성일자	발신자 → 수신자	내용
1	1934.2.7	Sche-Hyong, Kang →Fridedr. Wilhem Runze	강세형이 룬체 박사에게 보낸 편지
2	1923.8.10	학장대리 Mittwoch → 학술, 예술, 국민교육부 장관	이극로의 한국어 허가 요청
3	1923.8.31	(교육부장관)직권대행 Becker → 베를린 동양어학과 학장	겨울학기 이극로의 한국어 교수 허가
—	1923.12.19	학장대리 Mittwoch → 학술, 예술, 국민교육부 장관	겨울학기 수강생 보고 및 후속 학기 강좌 지속 요청*
4	1923.9.17	학장대리 ?(※서명 판독 불가)→Kolu Li	강좌 승인통보
5	—	Kolu Li	이력서
6	1924.1.18	(교육부장관)직권대행 Richter → 베를린 동양어학과 학장	여름학기 이극로의 한국어 교수 허가
7	1925.1.30	Kolu Li → 학장대리 Mittwoch	한국어의 중요성과 차후 보수지급 요청
8	1927.5.12	Mittwoch → Kolu Li	이극로의 1923~26 한국어 강좌 확인서
9	1927.6.26.	Kolu Li → Rechnungsrat	런던發 자필 편지
10	1928.4.14.	—	이극로에게 발급할 추천서 초안*
11	1928.12.5	Kolu Li → Hildebrandt	도쿄發 자필 연하장
12	1931.11.26	(교육부장관)직권대행 Richter → 베를린 동양어학과 학장	강세형 관계 공문
13/14	1931.10.26	학장 Mittwoch → 학술, 예술, 국민교육부 장관	강세형 관계 공문
15	1931.10.23	Scharschmidt → Mittwoch교수	강세형 관계 편지*

---

33 프로이센문서보관소 문서철에 따르면, 당시 몽골어 강사는 해니쉬가 맞다. 그런데 베를린대학에서 몽골어가 개설된 시점이 1923년이 아닌, 1924년 여름학기고, 겨울학기에 총 수강생 6명으로 폐강되었다. 또한 이극로가 언급했던 이탈리아어는 1923년 겨울학기부터여서, 그의 기억에 혼동이 보인다.

	작성일자	발신자 → 수신자	내용
16	1934.4.28	W.Runze → ?(※첨부된 엽서로 가려짐)	강세형 관계 공문(강세형 엽서 첨부)

* 쥐터린(Suetterlin)체

이극로의 조선어 인식은 1925년 1월 30일 자 동양어학과 학장 대리 미트보흐[34] 교수에게 보낸 편지에 잘 나타나 있다.

동양어학과 학장 대리 미트보흐 교수님 좌하!

경애하는 교수님, 한 말씀 올림을 가납하여 주십시오.

한국어는 한국, 만주, 동시베리아에 사는 2천만 명 이상의 한국인이 사용하는, 극동 아시아에서 3번째로 중요한 문화어입니다. 한국어는 특히 그 문자가 매우 독특합니다. 실용적 측면 외에도 한국어는 언어학적으로 중대한 의미를 가지고 있습니다. 한국어 는 독일에 거의 알려져 있지 않습니다. 한국 문화와 언어를 독일에 소개하기 위하여 저 는, 잘 아시다시피, 3학기 전부터 무보수로 한국어강좌를 진행해 오고 있습니다. 그동 안 12명의 학생들이 수강하였습니다. 극동아시아 언어에 대한 관심이 다시금 증가하 고 있기 때문에, 한국어강좌는 동양어학과에서 중요하다고 생각합니다. 따라서 저는 교수님께서 장관님께, 차후 제가 저의 강좌에 관해 일정한 보수를 지급받을 수 있도록 신청해 주시기를 부탁합니다.

한국어 담당강사 코루 리

1919년에서 1929년 사이 베를린대학에 개설된 외국어 강좌 수는 45개어였는 데, 1923년 여름학기까지 중국어・일본어를 포함한 32개어가 개설된 상태였 다.[35] 독일에서 동아시아 지역 언어로 중국어와 일본어의 관심이 높았다. 이러한

---

34 오이겐 미트보흐(Eugen Mittwoch, 1876~1942) : 슈림(Schrimm, 현 폴란드령 시렘[Śrem]) 태생으로 독일 근대 이슬람학의 창시자이자 이스라엘 율법의 권위자다. 이극로가 조선어 강사 때 그는 아비시니 아어(Abessinisch, 古에티오피아어) 강사로 활동했다.

35 "Seminar-Chronik für die Zeit vom Oktober 1919 bis September 1929", *Mitteilungen des Seminars für Orientalische Sprachen*, Jg.32, Berlin : Westasiatische Studien, 1929, pp.VIII~IX.; 당시 개설된 32개어 를 어족(語族)으로 정리해 보자면 아래와 같다.

상황에서 이극로가 조선어의 가치와 중요성을 알리는 데 각별히 노력하였음을 엿볼 수 있다. 이에 대한 독일 측의 판단은 1923년 8월 10일자 동양어학과에서 교육 부장관에게 보낸 공문에서 간파된다.

〈그림 9〉 오이겐 미트보흐

> 1923.8.10.
>
> 학술, 예술, 국민교육부 장관 귀하
>
> 중국 시민권자 리 코루 씨(한국 출생)가, 첨부한 서신에서 보시다시피, 제 앞으로, 이번 겨울학기 동양어학과 수업에서 자신의 모국어인 한국말을 주당 3시간씩 교수할 수 있도록 교육부의 허가를 주선해 달라는 청을 담은 편지를 보내왔습니다.
>
> 이 언어를 익히는 일은, 제 생각이 틀리지 않는다면, 독일 학계뿐 아니라 제국의 대한국 상업관계를 위해서도 일정한 이익이 되겠으며 나아가 리 코루 씨가 강의 대가를 요구하지 않겠다고 하니, 그의 요청을 적극 지지하는 바입니다.
>
> 학장 대리 미트보흐

즉, 학술 목적뿐만 아니라 국가 경제 이익 차원까지 계산하고 있다. 이는 1922년 독일 화폐가치가 급락하여 대공황 상태에 있었을 정도로 경제난이 심각했던 상황[36]과도 무관하지 않다.

【인도유럽어족】 [슬라브어파] 南-불가리아어, 세르보-로아티아어, 西-폴란드어, 체코어. 東-러시아어(2종), [발트어파] 리투아니아어, [인도이란어파] 구자라트어, 힌두스탄어, 페르시아어, [게르만어파] 영어, 네덜란드어, [그리스어], [이탈리아어파/로망스어군] 스페인어, 프랑스어. 【남카프카스어족】 그루지아어.

【아프리카아시아어족】 [셈어파] 아라비아어, 게즈어(고대 에티오피아), 암하라어(에티오피아), [차드어파] 하우사어. 【니제르콩고어족】 어웨어, [아칸어군] 트위어, [반투어군] 스와힐리어(탄자니아, 케냐), 팡어(카메룬 부루족), 야운데어(카메룬), 킴분두어(앙골라), 헤레로어, 【콰디-코이산어족】 나마어(나미비아).

【중국티베트어족】 중국어. 【알타이어족】 터키어, 타타르어, 일본어.

전체의 34.4%(아라비아어 제외 11개어)가 아프리카 제어(諸語)인 것은 독일의 식민지와 관계 깊다. 동아시아어는 12.5%(4개어), 인도-유럽 지역어 및 아라비아어가 나머지 53.1%(17개어) 비율이었다.

36 홍선표, 앞의 글, 448쪽.

3. 조선어강좌의 성과

1) 조선어강좌 평가

베를린대학 동양어학과(Seminar für Orientialische Sprachen[SOS])는 1887년에 개설되었는데, 1904년부터 캠퍼스 뒤편 도로텐슈트라쎄 7번지(Dorotheenstr.7)에서 활성화되었다.

1923년 겨울학기부터 1926년까지 조선어강좌를 포함한 총 38개어가 개설되었다.[37] 전체 수강생 가운데 중국어(Chinesisch) 수강인원이 135명(5.0%), 일본어(Japanisch)가 77명(2.8%), 조선어(Koreanisch)가 17명(0.6%) 비중을 차지했다.

〈표 2〉 베를린대학 동양어학과 수강생 통계(1923~1927 발췌)

구 분	1923	1924			1925
	겨울 학기	여름 학기	겨울 학기		
중국어	12/3	8/1	13/3		19/2
일본어	8/0	6/0	9/2		9/3
조선어	7/0	4/0	4/0		1/0
강좌수	24	24	21		26
수강생수	570	264	463		337

* / : 성별 구분(남/여)

이극로는 독일 최초로 조선어강좌를 개설하여 조선어의 존재를 당당히 알렸고, 학교의 평가는 다음과 같다.

> 1927년 5월 12일
> 1) 한국 출신의 정치학 박사 리 코루 씨는 교육부 장관의 수권에 따라 1923년 겨울학

---

[37] 1923년 겨울학기부터 아프리카 제어 가운데 팡어, 헤레로어, 야운데어가 폐강되고, 아프리칸스어·누비어·페디어·소토어가 신설되었다. 아프리칸스어는 나비비아의 공영어로 나미비아가 독일의 식민지(1883~1915)였던 관계가 있다. 기타 언어로 아르메니아어, 이탈리아어, 말레이어, 몽골어, 오세트(이란)어가 신설되었다.

기 초부터 1926년 겨울학기 말까지 동양어학과에서 한국어를 교수하였습니다.

　2) 리 코루 씨는 시간을 엄수하였고 또한 유능하여 큰 성공 속에 그 교수 활동을 이끌어 갔다는 점을, 저는 기꺼이 확인해 드리는 바입니다.

　학장 대리 미트보흐

이극로의 박사 학위 취득과 동시에 조선어강좌가 폐강되었는데,[38] 1930년대 베를린대학 철학과 출신 강세형(姜世馨, 1899~1960)이 이를 부활시켰다.

　朝鮮人으로서 朝鮮文化를 獨逸에 紹介한 이로는, 朝鮮語學에 있어서는 李克魯 박사가 효시일 것이다. 李氏는 伯林大學에서 工夫하고 經濟學博士의 學位를 獲得한 이로서, 졸업 후 伯林大學 講師로 취임하여 朝鮮語時間을 擔當해서 敎授했었다. 그 후 氏가 辭任하고 歸國한 뒤에 불행히 伯林大學에는 그만 朝鮮語를 교수하는 일이 中斷되였었는데 내가 伯林大學을 졸업하자 同大學에 講師로 취임해서 다시 朝鮮語課目을 부활시켰다. 그리고 朝鮮語學과 함께 朝鮮文學도 紹介했었다.[39]

2) 철자법과 사전 부재 문제

조선어강좌 수강생은 독일인, 러시아인, 네덜란드인 등이 있었다. 그런데 강의 진행 과정에서 통일되지 않은 조선어 철자법 문제로 수강생들의 지적이 있었던 것으로 보인다.

　그때 독일, 화란, 불란서 등 주장 세 나라 학생들이 조선말을 배흐려는 뜻을 말하므로

38　이극로는 강사로서 도서관 차서(借書)의 보증금을 면제받는 것 외에는 무보수를 자청했기 때문에 어떠한 혜택이 없었다. 3학기 강의 후에 1925년 1월 30일자 미트보흐 교수 앞으로 보낸 편지에서 보듯이 보수지급을 요청했으나, 승낙되지 않았을 것이다. 그래서인지 그 후 4학기 동안은 단 2명의 수강생만 있는 것으로 실적이 저조하였다. 이극로는 1926년 박사과정을 수료한 뒤, 다시 연구생으로서 1년간 학위논문 준비와 후술할 항일활동으로 분주했다. 이에 조선어강좌도 자연히 폐강에 이른 것으로 이해할 수 있다.

39　강세형, 「朝鮮文化와 獨逸文化의 交流」, 『삼천리』 13-6, 삼천리사, 1941, 117쪽. 강세형은 이회창 전 자유선진당 대표의 이모부다. 그의 자세한 행적은 Frank Hoffmann, *Berlin Koreans and Pictured Koreans*(베를린 한국인들과 사진 찍힌 한국인들), Praesens Verlag, 2015, pp.149~153 참조.

리씨는 그 대학 총장에게 그 뜻을 옮겨 가지고 아무 보수 업시 한 독립된 「조선어학과」라는 것을 세우게 됐다 한다. 그러나 배흐든 학생들이 넘어도 철자법이 열 갈레 스무 갈레로 뒤둥대둥한데 긔이한 눈을 뜨고 『그대 나라말은 어째서 이다지 철자법이 통일 못됏는가? 사전이 업다니 참말인가!』 등등하고 질문이 언제나 떠나지 안흘때마다 리씨는 "허허 이런 민족적 부끄러운 일이 어데잇담!"하고 얼굴을 붉히고 말문이 마쳤다 한다. 이런 얼굴에 침뱃는듯한 부끄럼을 참어가면서 네헤동안을 꾸준히 가르치다가 일천구백이십팔년 귀국 (…중략…)[40]

이러한 독일에서 외국인들을 상대로 조선어강좌 시에 겪은 3년간의 체험이 그가 귀국 후 조선어사전 편찬에 주력하게 된 중요한 동기가 되었다.

3) 한글 활자 구비와 시험 인쇄

조선어강좌의 연장선상에서, 이극로는 한글 활자에 관해 독일 언어학자들과 상의한 일이 있었다. 그는 독일 국립인쇄소에 한글 활자를 준비하는데 대한 허가를 받고서, 상하이의 김두봉에게 연락을 취하여 한글자모 활자 한 벌을 구했다. 이를 본떠서 독일에서 4호 활자를 제작했고 첫 시험으로 이광수의 『허생전』 인쇄에 성공하여 1927년 『동방어학부연감(Mitteilungen des Seminars für Orientalische Sprachen)』에 공개하였다.[41] 즉, 『허생전』[42] 총 316쪽 중 7쪽을 새로 입력하되 세로쓰기를 가로쓰기 형태로 바꾸고, 한글을 지면 왼쪽에, 독일어 번역문을 오른쪽에 함께 실었다. 주인공 허생이 변진사에게서 돈을 빌리고 안성의 류진사 집에 머물며 과일 매점을 시작하는 대목인 「변진사」(3쪽)·「안성장」(3쪽)·「과일무역」(1쪽만 발췌)에서 「과일무역」장을 없애고 「안성장」으로 합쳐서, 「변진사」·「안성장」 2장으로 마무리했다.

40　「朝鮮語學會 李克魯氏」, 『조선일보』, 1937.1.1.
41　Li Kolu, "Aus dem Leben eines koreanischen Gelehrten", *Mitteilungen des Seminars für Orientalische Sprachen*, Jg. 30, Berlin : Ostasiatische Studien, 1927, pp. 99~110; 이극로, 조준희 역, 앞의 책, 82쪽; 이극로, 「4. 독일 伯林에서 류학하던 때와 그 뒤」, 앞의 책, 69쪽에서는 이광수를 언급했으나, 『고투사십년』에서는 삭제되었다. 이광수뿐만 아니라 『조광』에 있었으나 광복 후 친일 문제가 거론된 인사는 『고투사십년』에서 모두 삭제되어 있다.
42　이광수 편, 『許生傳』, 경성 : 시문사, 1924, 1~7쪽.

이극로가『동방어학부연감』에 기고한 글
의 제목은「한 조선 지식인의 삶 한 장면」이
다. 그는 해제에서 "첫째, 새로 국립인쇄소
에 구비된 한글 활자를 널리 알리고, 둘째,
조선어 학습을 위한 보조교재를 제공하기
위하여"라는 2가지 목적을 분명히 밝히고 있
다. 그런 다음, "약 35세의 작가 이광수가
1924년 서울에서 출간한 현대소설『허생전
(Hë Säng-djën)』을 저본(底本)으로 삼았는데 소
설의 주인공 허 씨가 효종조 때 식자(識者, 지
식인)"라고 소개하고, 예컨대 1량 = 약 0.5마

〈그림 10〉 후고 하인리히 피굴라 박사

르크라고 비교하면서 냥, 돈, 푼, 접의 조선조 수량단위에 관한 간단한 설명도 달
았다. 끝으로 독일어 번역을 감수해 준 피굴라(Figulla) 박사에게 감사의 뜻을 전하
며 글을 마쳤다.[43] 비록 12쪽 분량의 자료 소개에 불과하지만, 일제강점 하에 조
선인 스스로의 힘으로 유럽에서 한글 활자 준비의 효시를 이루었다는 점에서 충
분히 의미 있는 성과였다.

III. 독일과 벨기에에서의 항일활동

1. 유덕고려학우회 주도

유럽 최초의 한인유학생 단체는 1921년 1월 1일 독일 베를린에서 결성되었
다.[44] 단체명은 유덕고려학우회(留德高麗學友會)이며, 사무실은 칸트슈트라쎄 122

---

43 Li Kolu, *Op. cit.*, p.99; 피굴라의 본명은 후고 하인리히 피굴라(Hugo Heinrich Figulla, 1885~1969)로,
    1935년에 *Prolegomena zu einer Grammatik de koreanischen Sprache*(한국어문법서설)을 출판했다.

〈그림 11〉 유덕고려학우회(『동아일보』, 1922.3.27)　　　　　〈그림 12〉 유덕고려학우회 건물 터

번지(Kantstr. 122)[45]였다.

　초대 임원으로는 간사장(幹事長) 김갑수(金甲洙, 1894~1938)와 서무 윤건중(尹建重, 1897~1987), 1923년도에 이극로와 김준연, 1924년도에 이극로(서무)와 김필수(회계)만 알려져 있다.[46] 회원은 1924년 5월에 58명으로 파악되었다. 매년 2회 여름과 겨울 방학에 재독 한인이 모두 모여 행사를 개최했고, 1925년 국치일에 베를린 근교의 포츠담(Potsdam)에서 기념식을 갖기도 했다.[47]

　유덕고려학우회의 활동은 첫째, 1921년 11월 대한민국임시정부의 지지로, 그 존속을 바라는 통고문을 대내외적으로 발표하였다. 둘째, 1922년 재독 고학생을 돕기 위해 임시구제부를 설치하고 기부금을 모금하였다. 이극로가 독일에 온 뒤인 1924년까지도 미주 한인사회에서 모금운동이 계속되어 북미 대한인국민회를

44　홍선표, 앞의 글, 446쪽.
45　「不穩新聞『導報』ノ配送先ニ關スル件(高警 第2559號, 1925.8.6)」, 『한국독립운동사 자료 37―해외언론운동편』, 국사편찬위원회, 2001, 133쪽. 일제가 『앞잡이(導報)』 신문 수신처로 파악한 이극로의 주소가 '칸트슈트라쎄[カンツステル]122 支那留學生倶樂部'로 되어 있는데, 당시 유덕고려학우회 사무실로 사료된다. 일제 첩보의 '칸츠스테루(カンツステル)'나 '칸토초(カント町)'(「不逞團關係雜件―朝鮮人ノ部―在歐米(8)獨逸在留朝鮮人ノ動靜ニ關スル件(高警 第558號, 1925.4.20)」)는 칸트슈트라쎄(Kantstraße)를 가리킨다. 이곳은 현 훔볼트 대학에서 남서쪽 5.8km 떨어진 대로변에 위치하고, 다시 남동쪽 1.8km 지점에 이극로의 거주지가 있다.
46　홍선표, 앞의 글, 446~447쪽.
47　「『ヘーバー』雜誌記事ニ關スル件(高警 第4313號, 1925.12.4)」, 『한국독립운동사 자료 37―해외언론운동편』, 국사편찬위원회, 2001, 452쪽.

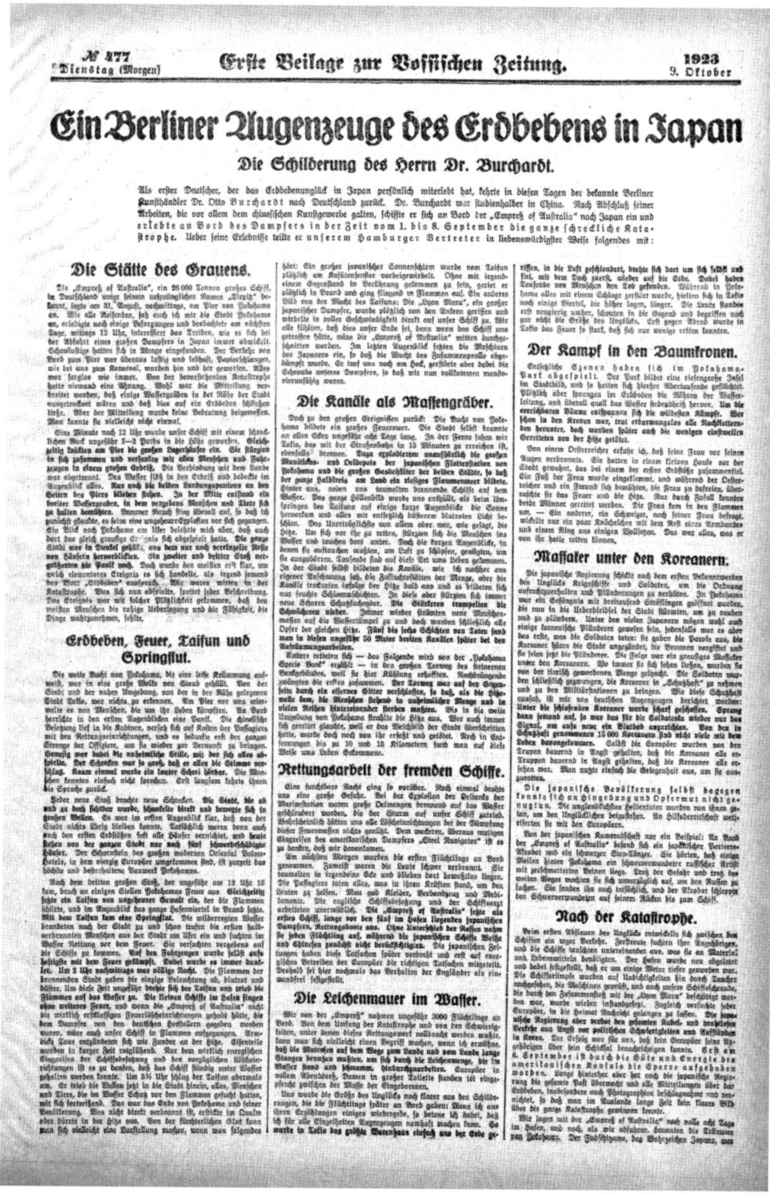

№ 477
Dienstag (Morgen)

Erste Beilage zur Vossischen Zeitung.

1923
9. Oktober

Ein Berliner Augenzeuge des Erdbebens in Japan

Die Schilderung des Herrn Dr. Burchardt.

Als erster Deutscher, der das Erdbebenunglück in Japan persönlich miterlebt hat, kehrte in diesen Tagen der bekannte Berliner Kunsthändler Dr. Otto Burchardt nach Deutschland zurück. Dr. Burchardt war studienhalber in China. Nach Abschluß seiner Arbeiten, die vor allem dem chinesischen Kunstgewerbe galten, schiffte er sich an Bord der „Empreß of Australia" nach Japan ein und erlebte an Bord des Dampfers in der Zeit vom 1. bis 8. September die ganze schreckliche Katastrophe. Ueber seine Erlebnisse teilte er unserem Hamburger Vertreter in liebenswürdigster Weise folgendes mit:

Die Stätte des Grauens.

Erdbeben, Feuer, Taifun und Springflut.

Die Kanäle als Massengräber.

Rettungsarbeit der fremden Schiffe.

Die Leichenmauer im Wasser.

Der Kampf in den Baumkronen.

Massaker unter den Koreanern.

Nach der Katastrophe.

〈그림 13〉『Vossische Zeitung』 1923.10.9, 부르하르트 박사 기고 게재면

통해 독일 유덕고려학우회에 전달되는 성과가 있었다.[48]

그런데 1923년 유덕고려학우회가 항일활동을 적극적으로 전개하게 된 사건이 발생했다. 1923년 9월 1일의 '일본 관동대지진과 한인학살'내용[49]이 독일 내 가장 권위 있는 일간신문이던 『포시쉐 차이퉁(Vossische Zeitung)』1923년 10월 9일 자에 보도된 것이다.

이에 유덕고려학우회에서는 10월 12일자로 「한인학살(韓人虐殺)」이라는 격문을 발표한 뒤,[50] 10월 18일에 고일청(高一淸)과 황진남(黃鎭南)이 『포시쉐 차이퉁』기고자인 오토 부르하르트(Otto Burchardt) 박사를 직접 인터뷰하였다.[51]

유덕고려학우회는 10월 26일을 기해 베를린에서 재독한인대회(Groß=Versammlung der Koreaner in Deutschland)를 대대적으로 개최하였다. 이날 대회에서 배포한 인쇄물은 「한국 내 일본의 유혈 통치(Japanische Blutherrschaft in Korea)」라는 제목의 독일어 (5,000부), 영어(Japan's Bloody Rule in Korea, 2,000부),[52] 중국어(약간 분)로 번역한 것인데, 서명자는 Ih Tsing Kao(고일청), C. J. Kim(김준연), Li Kolu(이극로) 3인으로 되어 있다.[53] 전단지의 내용은 일본의 한국침략사, 한인의 독립투쟁과 임정 수립, 『포시쉐 차이퉁』의 일본 관동대지진과 한인학살 기사, 한인 지지 호소문이 1쪽에 담겨 있다. 말미에서,

　　한국과 일본의 관계에 대해 관심이 있는 분들은 다음 주소를 찾아올 것:
　　(우편번호10735) 베를린 W50 슈타인광장 인근 아우그스부르거슈트라쎄 23번지 바

48　홍선표, 앞의 글, 450～451쪽.
49　기사 제목은 "Ein Berliner Augenzeuge des Erdbebens in Japan(일본 내 지진을 목격한 한 베를린인)".
50　「韓人虐殺」(留德高麗學友會, 紀元4256.10.12, 독립기념관 소장본(사본)).
51　「喫博士訪問記 上」, 『독립신문』168, 1923.12.26.
52　당시 독일 유학생 가운데 영어에 능통했던 사람은 미국 유학파 황진남과 이희경이 있었다. 본 영문 번역은 부르하르트 박사와 직접 면담까지 임했던 황진남이 협력했을 가능성이 있다. 함남 함흥 태생인 그는 미국, 독일, 프랑스에 유학하여 3개 국어에 능하였는데, 「한국독립운동」(『신한민보』, 1920.5.14)과 같은 시사성 기고를 적지 않게 했었고, 독일에서는 아인슈타인과 상대성 이론을 소개하는 등 재독유학생으로서 적극 활동하였다.
53　정용대 편, 앞의 책, 160～161쪽. 전단지 독문판과 영문판을 비교해 보면 영문판에 있는 내용이 독문판에 누락된 구절 ─ "47개의 교회와 2개의 학교가 소각되었다"(독문판), "47개의 교회와 2개의 학교, 그리고 715가옥이 소각되었다"(영문판) ─ 이 보인다. 따라서 한글 초고를 토대로 먼저 영역을 한 뒤 다시 독역한 것으로 보인다.

리쇼프 집, K. L. 리

   인쇄 : 베를린 SW 48, 프리드리히슈트라쎄 225, 프리드리히슈타트-인쇄소 유한회사

전화 : 슈타인플랏츠10 735.

   Ih Tsing Kao, C. J. Kim, Li Kolu

라고 밝혀, 이극로 자신이 본인의 거처를 아지트로 공개하여 전면에 나선 점이 주목된다. 베를린경찰국은 재독한인대회와 주동자(서명자 3인)의 신상조사 내역을 내무부장관에게 보고하고 이들의 행동을 예의주시하였다.[54]

이극로는 대회 이후 학업으로 돌아와 1923년 겨울학기부터 베를린대학 동양 어학과에서 주 3회의 조선어강좌를 시작하였다. 강좌 개설이 개인의 성과였지만, 신문지상에는 '유덕고려학우회의 주선'에 의해 설치된 것으로 알려졌다.[55] 한편 그가 1923년 12월 7일자로 동양어학과 중국어강좌의 카를 슐체(Karl Schulze)에게 「한국 내 일본의 유혈 통치」를 보낸 사실이 독일 당국에 보고되었는데,[56] 강의를 하면서도 일본의 만행을 알리는 행동을 지속했음을 알 수 있다.

2. 독일에서의 출판활동

이극로는 유럽인들에게 일본의 침략과 조선의 독립운동 현황을 본격적으로 알리고자 저서 집필에 몰두하였다. 그리하여 1924년과 1927년에 2권의 책자를 출판하였다.

---

54 관동대지진 당시 국제 정세와 독일 내 상황에 대해서는 홍선표, 「관동대지진 때 한인 학살에 대한 歐美 한인세력의 대응」(『동북아역사논총』 43, 동북아역사재단, 2014)을 참조.

55 「쎌린대학교에 우리 문학전과 설시」, 『신한민보』, 1923.11.29; 「德京伯林大學에 韓文學專科設置」, 『독립신문』, 1924.1.19.

56 정용대 편, 『해외의 한국독립운동사료』 III─독일외무성편, 국가보훈처, 1991, 599~602쪽.

1) 『한국의 독립운동과 일본의 침략정책(Unabhängigkeitsbewegung Koreas und japanische Eroberungspolitik)』(Berlin, 1924.2)

이극로가 앞서 재독한인대회 이후 4개월이라는 짧은 시간에 심혈을 기울여 완성한, 독일어로 펴낸 첫 저술이다. 세로 22.3cm×가로 14.6cm 적갈색 표지에, 본문은 32쪽이다.[57] 인쇄소인 율리우스 지텐펠트(Julius Sittenfeld)사는 1807년에 창립한 독일의 유서 깊은 출판사였다.

머리말에서,

이 소책자는 4천년 이상 정치 독립과 높은 문화를 누려 왔던 어느 한 민족이 어떻게 처음 외세의 지배에 놓였으며 다시 독립을 이루어 내려고 노력하고 있는가를 보이는 데 목적을 두고 있다. 아래에 기술하는 내용은 유럽 사람들에게 일반적인 도움을 주고자 함인데, 일본인과 우리들 사이의 야만적 전쟁사의 극히 일부분에 지나지 않는다. 극동에서 조선의 처지는 발칸반도가 지중해에서 처한 상황과 같다. 30년 전부터 조선의 문제는 극동에서 강대국의 정치적 충돌의 초점이 되어 왔다. 1910년 8월 29일 강점으로써 2천만 인구가 있는 218,650평방킬로미터의 국토는 일본인의 야수적 무단 통치 하에 넘어갔다.

라고 하여 유럽인들에게 일본의 강점을 폭로하는 목적을 분명히 밝히고 있다.

본문은 '조선의 개화와 외세의 쇄도', '1910년의 강점과 그 이후', '1919년 3월 독립선언과 그 이후'의 3장으로 구성되었다. 1장 1절(1884년 급진개화파의 실패)부터 3장 9절(일본인의 동만주 거주 한국 민간인 대량 학살)까지는 박은식의 『한국독립운동지혈사』(상해, 1920)를 요약한 내용이다. 이 점은 이극로가 동창학교 시절 자신의 은사이자 동료 교사였던 박은식의 역사서를 저본으로 삼아 1884년부터 1920년까지의 항일투쟁사를 번역했음을 말해 준다. 비록 그렇더라도, 국조 단군(Tankun)과 더불어

---

57 정용대가 독일 외무성 정치문서실에서 사본을 입수, 국내에서 영인·출판한 이래, 고영근은 괴팅엔대학 소장본을 사료로 이용했다. 편자는 독일 베를린 주립도서관, 스위스 SOZARCH, 영국 SOAS, 오스트리아 국립도서관에 소장된 것을 확인했고, 2007년 9월 10일 독일 루드비히스부루크 고서점 Jürgen Fetzer로부터 원본을 입수했다.

민족종교인 대종교(TaiChong-Kio, Tankunismus)와 천도교(Tsendokio, Himmelslehre)를 유럽에 소개한 2번째[58]의 문헌으로서 의미를 찾을 수 있다.

3장 10절과 11절은『한국독립운동지혈사』저술 이후 시기인 1922년 3월의 김익상·오성륜의 일본 육군대장 다나카 기이치 저격사건, 1923년 9월의 관동대지진과 한인학살 사건을 새로 넣은 것이다.

〈표3〉『한국의 독립운동과 일본의 침략정책』과『한국독립운동지혈사』비교

『한국의 독립운동과 일본의 침략정책』	『한국독립운동지혈사』
머리말	緒言
역사개관	上·第一章 民族之略歷
I. 조선의 개화와 외세의 침투	
1. 1884년 급진개화파의 실패	上·第二章 甲申獨立黨之革命失敗
2. 동학혁명과 청일전쟁	上·第三章 甲午東學黨之大風雲
3. 일본인의 황후 시해	上·第四章 日人弑我國母儒林擧義
4. 대한제국과 러일전쟁	上·第六章 日人之侵奪利權及勒締六條
5. '보호조약'에 대한 민중의 분노	上·第七章 國民大哭於保護勒約
6. 제2차 헤이그 만국평화회의에 3명의 밀사 파견	上·第八章 萬國平化會之密使
7. 황제의 양위와 '7항의 조약'	上·第九章 伊藤逼帝禪位勒締七條協約
8. 한국 군대의 해산	上·第十章 伊藤盡汰軍隊參領朴勝煥自殺
9. 지방의 '의병' 활동	上·第十一章 各地義兵之略歷
10. 장인환과 전명운의 스티븐스 저격 11. 이토를 암살한 안중근	上·第十三章 震動世界之義俠聲
II. 1910년의 강점과 그 이후	
1. 일본의 한국 강점	上·第十六章 總督之貪暴行政
2. 동양척식회사	上·第二十一章 東洋拓植會社
3. 한인의 투자를 방해	上·第二十二章 抑壓韓人之企業
4. 한인 사유재산의 감시	上·第二十三章 監視韓人之私有財産
5. 지식의 봉쇄와 일본화	上·第二十四章 教育之同化政策

---

58 1922년 1월 24일 모스크바 크레믈궁 극동민족대회에서 우사 김규식(1881~1950)이 발표했던 "The Korean Revolutionary Movement"(조선혁명운동)이 더 앞선 기록이다.

『한국의 독립운동과 일본의 침략정책』	『한국독립운동지혈사』
6. 종교의 억압	上·第二十五章 撲滅各宗敎之政策
III. 1919년 3월의 독립선언과 그 이후	
1. 서울의 독립운동 중심지	下·第三章 京城獨立運動之本部及內外學生團
2. 퇴위당한 황제의 승하	下·第四章 太皇之犧牲於獨立運動
3. 한국의 독립운동과 서울과 지방의 시위	下·第六章 獨立本部之示威運動 下·第七章 獨立運動一覽表
4. 시위 도중 일본인 범법행위의 한 예	下·第十二章 日人虐蠻之殺戮
5. 재외 한인과 노인 동맹	下·第十章 在外韓人之宣佈獨立
6. 임시정부와 외교활동	下·第十一章 上海之臨時政府議政院及各機關
7. 강우규의 사이토 총독 저격	下·第十九章 姜老俠爆擊齊藤
8. 일본인에 대한 한국 독립운동가들의 혈전	下·第二十五章 大韓光復軍之猛烈行動 下·第二十九章 我義軍四戰四捷之奇功
9. 일본인의 동만주 거주 한국 민간인 대량 학살	下·第三十章 倭賊虐殺我良民之大慘禍
10. 김익상과 오성륜의 일본 육군대장 다나카 저격 11. 1923년 9월에 있었던 관동대지진 당시 일본인의 한 인 학살	—

본 책자는 독일외무성에 입수되었을 뿐 아니라, 1931년 영국『왕립아시아학회 조선지부 회보(Transactions of the Korea Branch of the Royal Asiatic Society)』에 H. H. 언더우드가 작성한 서지목록으로 보고되었다.[59]

2)『한국, 그리고 일본제국주의에 맞선 독립투쟁(Korea und sein Unabhängigkeitska mpf gegen den japanischen Imperialismus)』(Berlin, 1927.5)

이 책은 국내외 학계에 소개되지 않았던 이극로의 또 다른 저술이다. 독일 베를린 주립도서관, 스위스 SOZARCH(Schweizerisches Sozialarchiv), 영국 SOAS(School of Oriental & African Studies)에 소장된 것이 확인된다.[60] 표지, 머리말, 본문 14쪽 분량으

---

[59] Horace H. Underwood, "A Partial Bibliography of occidental literature on Korea", *Transactions of the Korea Branch of the Royal Asiatic Society* 20, 1931, p.77.

[60] 본고에서 활용한 사료는 베를린 주립도서관 소장본으로서, 2006년 10월에 송병욱 선배와 편자가 연락을 주고받는 과정에서 최초 발굴했고 사본을 입수해 곧바로 한겨레에 제보했으나 묵살되었다. 그런데 최근 「한글학자 이극로, 독일어로 된 '독립운동 출판물' 첫 발굴」(『한겨레』, 2017.7.24) 기사에서 "원본 발견은 이번이 처음"이라며 최초 발굴자를 다른 사람(모 수집가)으로 오보를 냈

로 서지정보가 없다. 다만 머리말에 1927년 5월이라고 밝혀져 있어서 이극로가 베를린대학 졸업 전후 독일에서 자비로써 최후에 출간한 책자임을 알 수 있다.

표지는 『한국의 문제』의 교차된 태극기를 그대로 살려 제일 위에 놓고 그 위에 한국의 국기(Die Koreanische Flagge)라는 설명을 달았다. 책 제목을 중간에 배치하고, 그 아래에 『한국의 문제』의 동아시아 지도를 똑같이 활용하였다. 본문은 I. 문화와 역사에 대한 고찰(4.5쪽), II. 일본 통치하에 있는 현재 한국의 정세(4쪽), III. 독립을 위한 끊임없는 한국의 투쟁(5.5쪽)의 3장으로 구성된다. 『한국의 독립운동과 일본의 침략정책』이 번역서의 성격이 강했고, 『한국의 문제』는 일제의 침략을 고발하는 선언문에 가까웠다면, 이 책에서는 자신의 견해를 담아 한국의 언어계통과 문화 소개를 시작으로 유럽인의 이해를 돕는다. 마지막 장에서는 강우규, 김익상, 오성륜, 김지섭, 박열, 나석주와 그들의 의열투쟁을 소개하였다. 그가 1924년에 발간했던 책과 용어를 비교해 보면, '일본'에서 '일제(japanischen Imperialismus)'로, '독립운동(Unabhängigkeitsbewegung)'에서 '독립투쟁(Unabhängigkeitskampf)'으로 강하게 바꾼 점도 특징적이다. 이 책자는 그가 독일에서 일제에 항거할 수 있는 마지막 표출이 되었다.

3. 국제피압박민족대회 참가

1925년 베를린, 파리, 런던 등 세계 각국의 주요 도시를 중심으로 피압박 계급과 식민지 민족을 보호하기 위한 '국가독립 반제국주의 연맹(Liga gegen Imperialismus und für nationale Unabhängigkeit)'이 결성되었다. 이 국가독립 반제국주의 연맹은 제국주의에 대한 대응책 강구 목적에서 '반식민지 압제 및 제국주의 국제회의(Kongresses gegen Koloniale unterdrückung und Imperialismus)'(이하는 피압박민족대회)[61]를 1927년 2월 벨기에

가 언론중재위원회에 제소되어 정정 보도가 나가는 해프닝이 있었다(「이극로의 독일어판 관련 정정 보도문」, 『한겨레』, 2017.9.29). 편자는 앞서 밝힌 바 1924년 저술 「한국의 독립운동과 일본의 침략정책」 원본도 이미 구입했으며, 본 1927년 저술에 대해서는 2015년 11월 23일 베를린 유학생(현재 함부르크 공대 재학) 정현우 씨를 통해 도서관 측에 자료 스캔 및 영인 허락을 받았다.

61 영문은 International Congress against Colonial Oppression and Imperialism. 당시 국내 언론에서는

〈그림 14〉 황우일

〈그림 15〉 이의경(이미륵)

〈그림 16〉 김법린

브뤼셀 에그몽 궁전(Palais d'Egmont)에서 개최하였다. 이 대회에는 세계 각처의 21개국에서 174명이 참가하였다.

한국 측 조선 대표단(Koreanische Delegation)의 공식 참가자는 이극로(Kolu Li), 황우일(Wovil Whang),[62] 이의경(Yiking Li),[63] 김법린(Kin Fa Lin)[64] 4인이었다. 본래는 유

대회의 명칭을 '피압박민족대회'나 '약소민족대회'라고 번역했다. 세계약소민족대회(김법린·이극로의 회고)나 피압박민족반제국주의대회·국제반제국주의대회(『동아일보』), 반식민지압박민족회의라는 표현도 회자되었다.

[62] 황우일(黃祐日): 강화도 출신으로 일본 도쿄외국어학교를 마치고 독일로 유학하여 베를린대학 경제를 졸업했다. 1927년 피압박민족대회에 이극로, 이의경, 김법린과 함께 한국 대표로 참가했고, 1929년 3월 19일에 귀국했다.

[63] 이의경(李儀景, 1899~1950): 이명은 이미륵(李彌勒), 독일명은 Yiking Li(이킹 리) 또는 Mirok Li(미로크 리). 황해도 해주 출신 망명 작가. 경성의전 재학 중 3·1운동에 참가했다가 중국 상해를 거쳐 독일로 망명했다. 독일 뷔르츠부르크대학, 하이델베르크대학을 거쳐 1925년에 뮌헨대학으로 전학하여 동물학을 전공했다. 1927년 피압박민족대회에 이극로, 황우일, 김법린과 함께 한국 대표로 참가했다. 1946년 *Der Yalu fließt*(압록강은 흐른다)를 출간해 독일 문단에서 화제가 되었다. 1963년 대통령표창(1990년에 건국훈장 애족장)이 추서되었고, 묘소는 독일 뮌헨 서쪽 그레펠핑 신묘지(묘소번호 145-147)에 안장되어 있다.

[64] 김법린(金法麟, 1899~1964): 호는 범산(梵山), 프랑스명은 Fa Ling Kin(파링 킨). 경북 영천 출신 승려·독립운동가·교육자. 3·1운동 때 부산 범어사 만세운동을 주도했고, 1921년 프랑스로 유학하여 1926년에 파리대학 철학과를 졸업했다. 1927년 피압박민족대회에 참가하여 본회 첫날인 2월 10일 "한국에서 일본제국주의 정책 보고"라는 제목으로 일제 규탄 연설을 했다. 1928년 귀국한 뒤 1929년 조선어사전편찬회 준비위원으로 참가했다. 1930년에는 한용운의 지시로 불교계 비밀결사 만당(卍黨)을 결성했고, 1942년에는 조선어학회사건으로 투옥되었다. 1952년 문교부장관, 1959년 원자력원장, 1963년 동국대학교 총장을 역임했다. 1995년 건국훈장 독립장이 추서되었고, 묘소는

덕고려학우회 명의로 참가하려 했으나, 실제로는 이극로와 황우일이 서울의 한국작가언론인협회(Verein Koreanischer Schriftsteller und Journalisten, Seoul), 이의경이 재독한인학생협회(Verein Koreanischer Studenten in Deutschland), 김법린이 재불한인협회(Verein Koreanischer in Frankreich)라는 3개 단체 소속으로 바꿔 등록한 것이 확인된다.[65] 한국작가언론인협회의 경우 실재 존재하는 단체가 아니라서 임의 기재해 넣은 것으로 보인다.

조선 대표단이 각국 대표에게 배포한 것으로 알려진 『한국의 문제(Das Koreanische Problem)』(Berlin, 1927)는 당시 참가자 중의 한사람이었던 이의경(이미륵)의 소장본이 독립기념관에 기증되면서 국내 학계에 알려졌다.[66] 당시에 제출된 『한국의 문제』 원본은 현재 네덜란드 암스테르담 국제사회사연구소(IISG)에서 보관하고 있다.

『한국의 문제』 표지를 살펴보면, "한국의 문제"가 영어, 프랑스어, 독일어로 적혀 있고, 그 아래 교차된 원색 태극기와 동아시아 지도가 그려져 있다. 흥미롭게도 이 디자인은 1919년 임시정부 파리위원부 한국통신국(Le Bureau d'Information Coréen)이 파리에서 6,000부를 제작해서 광범위하게 배포했던 『한국의 독립과 평화 : 한국의 문제와 일본의 세계정책(L'INDÉPENDANCE DE LA CORÉE ET LA PAIX : La Question Coréenne et La Politique Mondiale Japonaise)』(Paris, 1919) 표지의 태극기 그림, 그리고 본문 12쪽과 13쪽 사이에 삽입된 동아시아 지도와 유사한 형태다. 또한 3개 국어를 3단의 제목으로 표현한 점은 『한국의 독립과 평화』에서 긴 제목을 3단으로 꾸민 방식과 흡사하다. 더욱이 부제의 "La Question Coréenne"은 『한국의 문제』의 프랑스어 제목 "Le Problème Coréen"과 같은 말이다.

『한국의 문제』 앞뒤 표지 안쪽에는 도안이 1면씩 있는데, 일제 강점 현황을 비교한 그림과 통계 수치 설명이 영어·프랑스어·독일어 순으로 되어 있다. 그렇지만 본문에는 프랑스어가 없고 독일어와 영어만으로 4쪽씩 총 8쪽 분량이고, 다

서울시 도봉구 쌍문1동 산271번지에 안장되어 있다.

[65] *Das Flammenzeichen vom Palais Egmont*, p.234. 원문의 Wovil Whang은 Wooil Whang의 오기로, Italiaander, *Schwarze haut im Roten griff*(Düsseldorf : Econ Verlag, 1962, p.30)에는 바로 잡혀 있다.

[66] 이정은, 앞의 글, 237쪽; 정규화, 『이미륵 박사 찾아 40년』, 범우, 2012, 71쪽 참조. 독립기념관 기증본은 표지 및 내지 일부가 손상되어 있다. IISG 소장본의 상태가 가장 좋다.

〈그림 17〉 『한국의 독립과 평화』(1919)

음 5단의 내용으로 구분되어 있다.

① 4천년 한민족의 역사 이래 일본의 끊임없는 침략, 그리고 1910년 8월 29일 강점. 이것은 조국의 상실이자 자유의 상실이며, 앞으로 예상되는 비참함의 의미라는 의견(2/3쪽).

② 일제 강점 이후 17년간 한민족의 경제 손실 통계. 5식구 가정이 연간 200마르크로 생활이 가능한지 반문(1쪽).

③ 한국에서 일본의 경제·문화 정책 속셈(1쪽).

④ 일본 정책의 현실(박해 사례)(5/6쪽).

⑤ 1919년 3월 1일 한국인의 독립 선언과 일본의 대응. 자유를 위한 투쟁 의지 천명(1/2쪽).

저자에 관한 기록이 없지만, 경제정책 분석 내용이 절반을 차지하는 것을 볼 때 집필의 주무자는 경제학 전공자와 관련 있을 것이다. 유덕고려학우회원 가운데 이극로와 황우일이 같은 베를린대학 경제과 동문이었고, 김필수(金弼洙)도 와세다대학 경제과를 졸업하고 독일에 유학 온 학생이었다. 인쇄처 Saladruck Zieger & Steinkopf는 베를린대학 2km 부근에 있었다.

그런데 당시 대회 참가자였던 김법린이 이 책자의 영어번역을 했을 가능성 주장[67]은 재고의 여지가 있다. 왜냐하면 「한국 내 일본의 유혈 통치」처럼 유덕고려학우회 내에서 충분히 영문번역이 가능한 회원이 있었으며, 김법린이 대회를 위해 준비해 간 서류가 별도로 존재하기 때문이다. 다시 말하자면, 당시 대회 자료를 독일어로 번역하여 베를린 노이어 도이처 출판사(Neuer Deutscher Verlag)에서 『에그몽 궁전의 봉화(Das Flammenzeichen vom Palais Egmont)』라는 단행본(284쪽 분량)으로 펴냈다. 본문에는 김법린의 연설문[68] 전문, 한국 참가자 명단과 직책, 조선

---

67 김광식, 앞의 글, 306쪽.
68 독역본에는 연설문 제목이 없으나, 프랑스어 원문에는 "RAPPORT SUR LA POLITIQUE IMPERIALISTE

대표단 결의안이 수록되어 있다.[69] 그렇지만 이 책에서는 연설문과 결의안만을 공식적으로 다루어 『한국의 문제』에 관한 언급이 없다. 세부적으로도 『한국의 문제』와 김법린의 「연설문」은 문투와 인용 출처 등에서 서로 차이 난다. 전자가 일본의 경제정책을 비판하고 박해 사례를 부각해 감정에 호소했다면, 후자는 교육문제를 중점으로 보다 논리적이고 치밀하게 준비하여 일본의 침략상을 통계수치로 일목요연하게 정리했다. 요컨대 『한국의 문제』의 저자는 밝혀져 있지 않지만, 적어도 김법린과 직접적인 관계가 희박하다. 집필에서 인쇄까지 출판경험이 있던 이극로가 이를 주도하고 유덕고려학우회 동료들이 영문번역과 프랑스어 표기, 도안 등을 도왔다고 보는 것이 타당하다.

본회 첫날인 2월 10일 가타야마 센(片山潛, 1859~1933)의 기조연설에 이어 김법린이 일제 규탄 발표를 했다.[70] 이극로는 2월 9일 「조선 대표단 결의안(Resolution der Koreanischen Delegation)」을 제출하였는데, "1. 대한민국은 일본에서 독립한 국가로 간주되어야 하며, 그 수반은 공화정부(임시로 상하이에 위치한)다. 2. 일본인들이 공적으로나 사적으로 한국에서 불법적으로 탈취한 모든 권리들은 무효다"라는 2가지 쟁점이었다.[71]

그는 2월 10일 정식회의 때 원동위원회 정치산업부 위원이 되었으나, 대회의

COLONIALE DU JAPON EN COREE"(한국에서 일본제국주의 정책 보고)로 되어 있다. IISG에는 김법린이 작성한 프랑스어 연설문 원고 3부가 보관되어 있다.

69 Liga gegen Imperialismus und für nationale Unabhängigkeit, *Das Flammenzeichen vom Palais Egmont*, Berlin : Neuer Deutscher Verlag, 1927, pp.148~158 · 230 · 234 · 253 · 261. 김법린의 연설문은 '한국에 대한 일본의 폭력'과 '일본의 한국점령(행정조직 · 사법행정 · 교육 · 경제정책과 식민지화 · 노동)'의 2장으로 구성되며, 일본의 조선침략사와 1910년 강점 이후 식민통치에 대한 실상을 규탄하는 내용을 담고 있다.

70 *Ibid.*, pp.146~148; 「大會劈頭에 朝鮮代表가 日本壓迫을 彈劾」, 『동아일보』, 1927.2.11; 「弱小民族大會 開會劈頭 朝鮮代表의 獅子吼―백이의에 세계약소민족대회 열리자 개회 벽두에 조선인 대표 김모가 연설―日本의 壓迫을 彈劾」, 『조선일보』, 1927.2.11. 김법린의 연설문에 관해서는 조준희, 「김법린의 민족의식 형성과 실천―1927년 브뤼셀 연설을 중심으로」(『한국불교학』 53, (사)한국불교학회, 2009) 참조.

71 이극로가 당시 "(一) 馬關條約을 실행하여 조선 독립을 확보할 것. (二) 조선 총독정치를 즉시 철폐할 것. (三) 상해 대한 임시정부를 승인할 것"의 안을 제출했다는 자신의 주장(이극로, 조준희 역, 앞의 책, 89쪽)은 실제 사료와 차이 난다. 제출본 또한 2종이 있고, 채택안은 내용이 줄었다. *Ibid.*, p.261 내용 ― 1. 대한민국은 일본으로부터 독립한 국가로 간주되어야 한다. 2. 일본인들이 한국에서 불법적으로 탈취한 모든 특권들은 무효다 ― 은 2월 14일 최종 채택안이다.

〈그림 18〉 킹 에드워드 7세 항해대학 건물 터 ⓒ 조혜령

주요 관심사가 반영(反英)운동이 주류를 이루어 한국 문제가 관심을 끌지 못했다. 이극로의 강력한 항의로 표결에 부쳐 약소민족 대표들의 동의를 얻었으나 결국 부결되어 무산되고 말았다.[72] 국제 사회에서 실패한 결과에 이극로는 낙담했을 것이다. 이는 그로부터 3개월 만에 『한국, 그리고 일본제국주의에 맞선 독립투쟁』을 집필하는 동기가 되었다고 본다.

---

72 위의 책, 90~91쪽.

IV. 유럽여행과 어문민족운동 준비

1. 영국 유학과 시오니스트 코헨 면담

이극로는 1927년 5월 25일 박사 학위를 취득한 뒤 6월 6일 같은 고향 지인인 신성모를 따라 영국 런던으로 가서 6월 15일부터 신성모가 재학 중인 킹 에드워드 7세 항해대학(King Edward Ⅶ Nautical College)[73] 기숙사에 머물렀다.

그 뒤 11월 23일 런던대학(LSE)[74] 정치경제학부에 입학해서 한 학기 청강을 했다.[75]

그는 영국에서 대표적 시오니스트(Zionist, 유대민족주의자)이자 작가였던 이스라엘 코헨(Israel Cohen, 1879~1961)을 찾아갔다. 이극로가 영국에 머물던 기간은 1927.6.16~1928.1.9, 4.2~5.1, 5.24~6.13일이므로 코헨을 찾아간 시기는 1927년 가을로 추정된다. 연배가 14살 높았던 코헨의 술회가 주목된다.

극동지역에서 귀국한 지 2년 뒤 한국에서 온 한국인의 방문이 있었다. 그 사람은 키가 작달막하고 남루한 레인코트를 입고 있었다. 그가 자리에 앉아서 독일어로 말하기 시작했다. 그는 몇 년간 베를린대학 학생으로 있었고 영국에 온 지는 얼마 안 되어 영어보다 독일어가 더 능통하다고 설명했다. 나는 그에게 무엇 때문에 나를 만나려고 하는지 묻자, 그는 자신이 일본 압제자들을 구축하기 위한 한국 혁명운동가의 일원이고, 팔레스타인의 유대인들처럼 독립 쟁취를 학수고대하고 있다고 말했다. 그는 내가 그에게 우리가 꾸민 계획에 대한 몇 가지 비밀 정보를 알려줄 수 있을 것이라고 생각한 듯싶었다. 나는 그에게 우리는 그런 계획 같은 것이 없다고 말해 주자, 그는 실망했고 약간 의심하는 듯 보였다. 그렇지만 내가 한국에 갔던 적이 있다고 말하자 그는 기뻐했다. 그의 이름은 코루 리(Kolu Li)였고, 내게 일본제국주의에 대항한 한국의 저항에

---

[73] 주소는 런던 커머셜로드 680번지(680 Commercial Rd. London).

[74] 정확한 교명은 런던정치경제대학교(London School of Economics and Political Science, LSE). 1895년 런던 중심 지역 웨스트민스터 시 존 거리(John Street)에 설립된 대학교로 1902년 현재의 호턴 거리(Houghton Street)로 이전했다.

[75] 위의 책, 40쪽.

〈그림 19〉 이스라엘 코헨

관한 2개의 팸플릿을 주었는데 둘 다 독일어로 쓰여 있었다.[76]

이극로는 피압박민족대회에서 좌절을 겪은데 이어, 내심 희망을 걸었던 유대민족주의자에게서 아무런 정보조차 얻지 못해 결국 유럽인들에게 기대할 수 있는 것이 없다는 현실을 직시(直視)하게 되었을 것이다. 물론 일제측 조사에서,

독일 있을 때 昭和 二年 白耳義 수도 브라슬에서 개최 되었던 제일회 세계 약소민족대회에 피고인은 조선 대표로서 출석하여, (첫째) 下關조약에 의하여 보증된 조선독립 실행을 일본 정부에 요구할 것, (둘째) 조선에 있어서 총독정치를 직시 중지 시킬 것, (셋째) 상해 대한민국 임시정부를 승인할 것, 등의 세 항목의 의안을 제출하여 조선 독립을 취하여 원조를 청하였으나 채택되지 않고 약소민족 대표자 사이에서도 조선의 존재를 대수롭지 않게 여기는 것 等을 보아 **조선독립은 外力 의존의 근본 관념을 룬正하여, 첫째, 조선민족의 문화와 경제력을 양성 향상시키는 동시에, 민족의식을 환기 앙양하여 독립의 실력을 양성한 다음 정세를 보아 무장봉기 그 외 적당한 방법으로 독립을 실현시켜야 된다는 생각을 가지고,** 다시 조선에 돌아오는 길에 미국과 布哇에서 이승만 서재필 그 외 민족주의자와 만나 의견의 교환을 하고 더욱 조선 독립에 대한 뜻을 굳게 하였다.[77]

라고 하여, 피압박민족대회 직후 사상 전환이 있었던 것으로 보인다.

---

76 Israel Cohen, *A JEWISH PILGRIMAGE : The Autobiography of Israel Cohen*, LONDON : Vallentine, Mitchell & Co,Ltd. 1956, p.346.

77 「조선어학회사건 함흥지방법원 예심종결서 일부」, 이극로, 조준희 역, 앞의 책, 203~204쪽.

〈그림 20〉 하이드파크, 연설자 코너 ⓒ Alfred Szendrei(1928)

이극로는 계속 런던에 체류하면서 하이드파크 공원 내 '연설자 코너(Speakers' Corner)'[78]에서 식민지 사람들도 자유롭게 연설을 하는 언론의 자유를 목격하고 깊은 인상을 받았다.[79] 그 후 언어 연구로 전략을 바꾸어 항일투쟁의 방향을 선회한

---

[78] 하이드파크(Hyde Park)는 영국 런던 중심부 버킹엄 궁전 북서쪽에 있는 큰 공원으로, 공원 내 자유로운 옥외 연설장인 연설자 코너(Speakers' Corner)가 유명하다.

[79] 이극로, 「倫敦 言論市場 實際 視察談」, 『동아일보』, 1930.1.2. 최린의 다음 회고도 주목된다. "내가 영국에서 깊이 느낀 것은 영국의 언론 자유다. 일요일에나 기타 공휴일에 보면 큰 거리에나 공원에 마치 야시장 노천 가게를 죽 벌려 놓듯이 곳곳에 각 정당이나 각 종교 단체나 기타 사회단체가 각각 노천 연대를 차리고 자기의 주의를 선전하는 것은 물론이요, 영국 식민지 백성들이 와서 자기의 독립 연설을 하는 연대까지 나타난다. 그리하면 오고가는 사람들은 여기 저기 돌아다니면서 제 마음에 맞는 대로 들어서 사상을 계발하며 사회 정세와 국제 정세를 통찰하게 된다. 그 결과는 영국 사람이 모든 일에 억제의 태도로 나가게 하고 맹종적 태도를 없게 한다."(위의 책, 101~102쪽); "어느 일요일 '하이드 팍'에서 산보하려고 孔濯군과 李克魯박사 등이 같이 나아갔다. 공원 각처에서는 路上연설도 한다. (…중략…) 한 곳에서는 印度人이 즉 '인도의 독립문제'로 각각 자기의 소신을 발휘하는 것은 진실로 장관의 현상이다. 구미 각국 중에 영국과 같이 언론자유를 존중하는 나라가 없

〈그림 21〉 베를린 비행장에서 최린(왼쪽에서 두 번째)과 이극로(1928.2.25)

것으로 사료된다.

이극로는 런던에 머무르는 동안, 구미시찰을 떠나 9월 초 영국에 온 최린(187
8~1958)을 만났다.

2. 유럽 음성학 연구와 아일랜드 방문

이극로는 영국 유학생활을 접은 뒤 1928년 1월 9일 모교로 되돌아와 음성학 실
험실(Phonetisches Laboratorium)에서 독일의 교육자이자 실험음성학자인 프란츠 베
틀로(Franz Wethlo, 1877~1960)의 지도를 받으며 3개월 간 언어학과 음성학을 연구
하였다.[80]

최린의 독일 일정을 살펴보면, 1928년 2월 3일 베를린에 도착, 2월 9일 이극로

다. 영국인의 언론은 절대로 자유이다. 또는 영국은 개성이 발달된 것만큼 개성을 존중한다. 그러
므로 印度에 대하여서도 그들 말을 결코 봉쇄 탄압하는 일이 없다. 즉 자기의 의사를 十分발표하게
한다고 그 후에 가르쳐 준다."(최린, 『如菴文集』上, 앞의 책, 234~235쪽)"
80 이극로, 조준희 역, 앞의 책, 102쪽.

의 가이드로 베를린대학 부속도서관 관람, 2월 10일 지멘스 공장 견학, 2월 11일 쾰른에 가서 공탁(1900~1972)[81]을 만나고, 13일 귀환하였다. 2월 15일 민속학박물관에서 프리드리히 빌헬름 카를 뮐러(Friedrich Wilhelm Karl Müller, 1863~1930)를 면담하였다. 2월 23일 이극로의 동행으로 독일 명사들이자 이극로의 은사이기도 한 정치경제학 교수 헤르만 슈마허(Hermann Schumacher, 1868~1952)와 경제사회학자 베르너 좀바르트(Werner Sombart, 1863~1941)의 자택을 방문하였고, 다음날 좀바르트의 경제학 연구실을 구경하였다. 2월 25일 오전 베를린 비행장을 견학하고, 인류학자 리하르트 투른발트(Richard Thurnwald, 1869~1954)와 청요릿집에서 만찬을 하였다.[82]

특히 투른발트는 최린·이극로와 함께 만찬을 하면서 "민족의 본질은 첫째 '어학의 통일'로서 동일한 문화생활을 해온 그 배경으로 된 것인 까닭에, 민족적 단결이란 무엇보다 강하다"고 강조한 바 있어서 주목된다.

최린은 2월 27일에 정론가 롤바흐를 만나고, 3월 1일에는 유덕고려학우회 회원들과 만찬을 하였고, 3월 6일 베를린을 떠나 모스크바로 향했다.[83] 최린의 독일 한 달 일정에 이극로가 가이드를 했다는 사실은 잘 알려져 있지 않다.[84]

이극로는 4월 25일 런던으로 되돌아왔다가, 5월 1일 다시 런던을 떠나 프랑스 파리로 건너갔다. 이극로에게 한글운동의 동기를 부여한 세 번째 인물은 공진항(공탁)이다. 귀국을 앞둔 이극로는 파리에 체류하면서 파리대학 유학생이던 천도교인 공진항의 도움을 받았고 자신의 진로에 대해 상담하였다. 동아일보사 사장 김성수도 프랑스에 체류하면서 공탁의 조언을 받고 교육 사업에 힘쓴 일이 있었다. 공탁은 "한글운동은 민족의 혼을 되찾고 동포들의 정신통일과 민심을 귀일시

---

81 공탁(孔濯, 1900~1972) : 본명 공진항(孔鎭恒), 호는 탁암(濯菴). 경기도 개성 출신 기업가·외교관·행정가. 개성 실업가 공성학(孔聖學)의 차남이다. 일본(와세다대학 영문과), 영국(런던대학 경제과), 프랑스(파리대학 사회과)에 유학한 뒤, 만주에서 만몽산업주식회사를 경영했다. 광복 후에는 초대 주프랑스한국대리공사(1949), 제4대 농림부장관(1950), 천도교 교령(1955)을 역임했다. 이극로에게 한글운동을 독려하여 진로를 결정케 한 장본인이다.

82 최린, 『如菴文集』上, 앞의 책, 275쪽.

83 위의 책, 270~279쪽.

84 최린의 구미시찰의 배경과 행적에 대해서는 이용창, 「나혜석과 최린, 파리의 '자유인'」(『나혜석연구』 2, 나혜석학회, 2013)이 참조된다. 다만 유럽에서 최린의 세밀한 활동과 현지 자료 활용이 없는 아쉬움이 있다.

키는 것"이라는 생각에서 이극로에게 한글운동을 독려했고, 이에 이극로는 오직
한글운동을 일념으로 실천에 옮기게 된다.

> (…중략…) 이런 일들이 있은 후 李克魯씨가 經濟學博士學位를 독일에서 받고 귀국길
> 에 오르게 되자 그도 또한 민족에 남는 일을 무엇인가 했으면 하고 의논을 해 왔다. 그
> 는 내가 어떤 해답을 주는 날까지는 귀국치 않겠다고 성화를 댓다. 그는 그의 전공이
> 아니었지마는 한글 硏究에 素質이 있었다. 나는 日帝下라 한글 맞춤법연구 自體보다도
> **한글운동은 민족의 魂을 되찾고 동포들의 정신통일과 민심을 歸一시키는 것**으로서, 仁村先生
> 께서 普成專門學校建立에 의한 민족운동과 雙璧을 이룰 수 있는 운동이라고 생각되었다.
> 나는 자금도 제공한다는 조건을 붙여 그를 귀국케 한 일이 있다.[85]

이극로는 마침내 한글운동가로 거듭 태어났고, 1928년 5월 1일부터 24일까지 프
랑스 파리대학 음성학연구소 실험실(L'Institut de Phonétique)에서 페르노(Hubert Pernot,
1870~1946)[86] 주임교수와 체코슬로바키아 출신 슈라메크(Em. Šrámek)[87] 박사와 함께
조선어 음성을 실험했다.[88] 슈라메크에게서 얻은 음성학 지식은 귀국 후 조선어학
회에서 활용되었다.

> 내가 일찌기 베를린, 파리, 란던에서 여러 音聲學者로 더불어 조선어 음성을 논한 바
> 있었는데 그 中에도 특히 파리대학 음성학 실험실에서 서력 1928년 봄에 일개월 동안
> 스라메크 교수의 청으로 나는 조선어 음성의 실험대상이 되어서 매일 6시간씩 실험실

---

85 공진항, 「잊지 못할 일 생각나는 사람들」, 『이상향을 찾아서』, 탁암공진항회수기념문집간행위원
    회, 1970, 603~604쪽.
86 위베르 페르노(Hubert Pernot, 1870~1946) : 프랑스 동부 오스톤 출신 음성학자로 고대 그리스
    어 전문가. 1911년 파리 언어학협회 회장, 1912년 파리대학 문학부 그리스어 및 그리스 문학 강
    사, 1924~1930년 음성학연구소(L'Institut de Phonétique) 소장 등을 지냈다.
87 에마누엘 슈라메크(Emanuel Šrámek, 1881~1954) : 체코 브르노 출신 음성학자. 체코 프라하 카를
    대학 철학학부에서 공부한 뒤, 1915년부터 1916년까지 브르노에서 수학 및 실험 물리학을 연구했
    다. 1921년 프랑스에 유학하여 프랑스 음성학자 아베 루슬로(Abbé Rousselot, 1846~1924)를 사사
    했고, 소르본대학 실험 음성 연구실 조교로 일했다. 1931년 귀국해 체코 브르노 마사리크대학에 교
    수로 재직했다.
88 이극로, 조준희 역, 앞의 책, 103쪽.

에 앉았던 일이 있다. 그 때에 쓰던 나의 人造 口蓋로써 발음 위치를 확정하는 재료와 또 카이모그라프(寫音機)로 실험한 재료를 얻었다. 그리고 조선어 학회에서 외래어 표기법 통일안을 내게 되어 그 成案위원의 一人이 되매 더욱 朝鮮語音의 과학적 근거를 세우기에 게으를 수가 없었다. 그러나 아직 우리나라에는 음성학 실험실이 없는 것만큼 충분한 실험을 하지 못한 것만은 유감이다.[89]

이극로가 5월 15일에 육성 녹음한 레코드 원판 2장이 프랑스 국립도서관에 소장되어 있는데, 그 하나는 '천도교리', 다른 하나는 '조선 글씨와 조선 말소리'다.

이극로는 파리에서 음성학 연구를 마치고 다시 영국으로 돌아와 영국 각지와 아일랜드를 시찰했다. 1928년 6월 1일에는 비행기로 런던 시내를 관람하고, 맨체스터(6.4~6.5), 아일랜드 더블린(6.5~6.6), 스코틀랜드 글래스고(6.7), 에든버러(6.8)를 둘러보았다. 특히 더블린에서는 문부성(교육부)을 방문해 국어교육 현황을 조사하면서 아일랜드인 들이 영어를 공용어로 사용하고 간판과 도로표식이 영어로 표기된 것을 보고 '우리말과 글도 저런 신세가 되지 않겠는가'라고 탄식했고 대오각성하는 계기가 되었다.

언제인가 나는 리극로에게 철학 박사 학위를 받았다는데 어떻게 되어 조선어연구를 전문으로 하게 되었는가, 선생이 조국에 돌아왔을 때 실업계에 나서라고 권고한 사람도 있고 벼슬길에 나서서 두각을 나타내라고 권고하는 사람들도 있었다는데 무슨 연고로 언어학자가 되였는가라고 물었습니다. 그랬더니 리극로는 아일랜드에 갔을 때 그 나라 사람들이 모국어 대신 영어를 공용어로 사용하는 것, 간판과 도로표식을 비롯하여 모든 것이 영어로 표기된 것을 보고 조선 말과 글도 저런 신세가 되지 않겠는가, 조국에 돌아가면 모국어를 지키는 운동에 한생을 바치자고 결심했다고 말했습니다.[90]

이극로는 6월 9일 에든버러 역에서 신형 기차를 타고 런던으로 돌아왔다. 11일에는 옥스퍼드 대학을 시찰하고, 12일에는 유니버시티 칼리지 런던(UCL)에 가서

89 이극로, 「머리말」, 『음성학』, 아문각, 1947, 1쪽.
90 김일성, 『세기와 더불어』(계승본) 8, 평양: 조선로동당출판사, 1998, 401~402쪽.

〈그림 22〉 위베르 페르노

〈그림 23〉 에마누엘 슈라메크 ⓒ 마사리크대학
아카이브

음성학 교수 대니얼 존스(Daniel Johns, 1881~1967)[91] 교수를 만나 조선어음성에 대한 많은 자문을 구하기도 했다.[92] 13일 런던에서 기차를 타고 사우샘프턴 항구로 가서 신성모의 배웅을 받으며 오후 5시 머제스틱 기선을 타고 미국으로 떠났다.

V. 맺음말

지금까지 일제강점기 민족어 수호 단체였던 조선어학회를 이끌었던 이극로의

---

91 대니얼 존스(Daniel Johns, 1881~1967) : 영국 런던 출신의 음성학자. 영국파 실용음성학 확립에 공헌한 인물로, 런던대학 음성학 교수(1921~1949), 국제음성학협회장(1950~1967)을 역임했다. 저서에 *The Pronunciation of English*(영어의 발음)(1909), *An English Pronouncing Dictionary*(영어 발음사전)(1917), *An Outline of English Phonetics*(영어 음성학 개설)(1918), *The Phoneme : Its Nature and Use*(음소)(1950)가 있다.

92 이극로, 조준희 역, 앞의 책, 43쪽.

유럽 유학 시기 행적을 살펴보았고, 다음과 같이 정리할 수 있다.

첫째, 이극로는 1922년 4월부터 1927년 5월까지 유럽 언어학의 조종이었던 독일 베를린대학(현 훔볼트대)에서 경제학을 전공하였다. 그런데 그는 동양어학과에서 1923년 겨울학기 초부터 1926년 겨울학기 말까지 독일 최초의 조선어강좌를 개설하였다. 나아가 독일 국립인쇄소에 한글 활자를 구비하고 이광수의 『허생전』으로 시험 인쇄하여 성공하였다. 여기에는 과거 서간도 환인현 동창학교에서 함께 활동했던 주시경의 제자 김진의 영향, 그리고 중국 상하이에서 한글 활자를 보내 준 김두봉의 도움이 컸다.

둘째, 이극로는 1921년에 결성된 재독 한인유학생 조직인 유덕고려학우회에서 서무로 활동하였다. 특히 1923년 9월의 일본 관동대지진과 한인학살 사건을 계기로 유덕고려학우회가 항일투쟁을 적극적인 방향으로 전개했을 때 주도적으로 활약했다. 그의 실천 방식은 출판활동과 피압박민족대회 참가를 통하여 일제의 침략을 고발하고 조선 독립운동 현황을 널리 알려 유럽인들에게 각인시키는 것이었다. 그러나 투쟁에 쏟은 열정에 비해 별다른 성취를 거두지는 못하였다.

셋째, 이극로는 자신의 항일활동이 기대했던 성과를 올리지 못했다는 좌절감 속에서 영국 런던에서 식민지인들의 언론 자유를 목격하고 깊은 인상을 받았다. 그 후 언어 연구로 전략을 바꾸어 1928년 1월부터 6월까지 독일, 프랑스, 영국에서 본격적인 음성학 연구를 시행하였다. 한계에 부딪친 항일투쟁이 어문운동의 동기로 작용했던 것으로 사료된다. 파리대학에 재학 중이던 천도교인 공진항의 결정적 조언도 진로에 큰 영향을 주었다. 이극로는 아일랜드 방문 시 아일랜드인들이 자기 나라말을 잊은 현황을 보고서 깨달음을 얻어 귀국 후 어문운동에 한평생을 바치기로 결심하기에 이르렀다.

유럽 사료로 보완해 본 이극로의 행적은 1920년대 재유럽 한민족사를 조명하는 데 중요한 의미를 시사한다. 이극로는 유럽에서 유학하면서 한글학자가 되기로 결심한 뒤 한글 수호에 큰 업적을 남긴 국학자로 평가될 수 있다.

참고문헌

원 사료

『독립신문』, 『동아일보』, 『신한민보』, 『조선일보』, 『삼천리』, 『조광』.

「韓人虐殺」, 留德高麗學友會, 紀元4256.10.12(독립기념관 소장본(사본)).

국사편찬위원회 편, 『한국독립운동사자료』 37 - 해외언론운동편, 국사편찬위원회, 2001.

대종교종경종사편수위원회, 『대종교중광육십년사』, 대종교총본사, 1971.

이극로, 『음성학』, 아문각, 1947.

정용대 편, 『해외의 한국독립운동사료』 I - 국제연맹편, 국가보훈처, 1991.

_____, 『해외의 한국독립운동사료』 III - 독일외무성편, 국가보훈처, 1991.

Kolu Li, *Unabhängigkeitsbewegung Koreas und japanische Eroberungspolitik*, Berlin : Julius Sittenfeld, 1924.

_____, *Das Koreanische Problem*, Berlin : Saladruck Zieger & Steinkopf, 1927(IISG 소장본).

_____, *Korea und sein Unabhängigkeitskampf gegen den japanischen Imperialismus*, Berlin : Selbstverl, 1927.

Liga gegen Imperialismus und für nationale Unabhängigkeit, *Das Flammenzeichen vom Palais Egmont*, Berlin : Neuer Deutscher Verlag, 1927.

Li Kolu, "Aus dem Leben eines koreanischen Gelehrten", *Mitteilungen des Seminars für Orientalische Sprachen*, Jg. 30, Berlin : Ostasiatische Studien, 1927.

Geheimes Staatsarchiv PK 소장 문서철 (①Rep.208A, Nr.90, ②Rep.76, Va, Sekt.2, Tit.X, Nr.124, Bd.11.)

저서

공진항, 『이상향을 찾아서』, 탁암공진항회수기념문집간행위원회, 1970.

안호상, 『한뫼 안호상 20세기 회고록』, 민족문화출판사, 1996.

이광수 편, 『許生傳』, 시문사, 1924(독립기념관 소장본).

이극로, 조준희 역, 『고투사십년』, 아라, 2014.

최린, 『如菴文集』 上, 여암최린선생문집편찬위원회, 1971.

김일성, 『세기와 더불어』(계승본) 8, 평양 : 조선로동당출판사, 1998.

Frank Hoffmann, *Berlin Koreans and Pictured Koreans*(베를린 한국인들과 사진 찍힌 한국인들), Praesens Verlag, 2015.

Horace H. Underwood, "A Partial Bibliography of occidental literature on Korea", *Transactions of the Korea Branch of the Royal Asiatic Society* Vol.20, 1931.

Israel Cohen, *A JEWISH PILGRIMAGE : The Autobiography of Israel Cohen*, LONDON : Vallentine, Mitchell & Co. Ltd., 1956.

Italiaander, *Schwarze haut im Roten griff*, Düsseldorf : Econ Verlag, 1962.

논문

고영근, 「이극로의 사회사상과 어문운동」, 『한국인물사연구』 5, 한국인물사연구소, 2006.

김광식, 「김법린과 피압박 민족대회」, 『불교평론』 2, 불교평론사, 2000.

김하수, 「식민지 문화운동과정에서 찾아본 이극로의 의미」, 『주시경학보』 10, 주시경연구소, 1993.

빌프리트 헤르만(Wilfried Herrmann), 「베를린 훔볼트 대학교(동독)에서의 한국말 교육과 교재에 대하여」, 『교육한글』 4, 한글학회, 1991.

이정은, 「이미륵과 한국의 문제」, 『한국독립운동사연구』 13, 독립기념관 한국독립운동사연구소, 1999.

이종룡, 「이극로연구」, 부산대 석사논문, 1993.

정용대, 「구주에서의 한국독립운동 사료발굴의 당면과제」, 『한국민족운동사연구』 4, 한국민족운동사학회, 1989.

조남호, 「이극로의 학문세계」, 『주시경학보』 7, 주시경연구소, 1991.

조준희, 「김법린의 민족의식 형성과 실천-1927년 브뤼셀 연설을 중심으로」, 『한국불교학』 53, (사)한국불교학회, 2009.

차민기, 「고루 이극로 박사의 삶」, 『지역문학연구』 2, 경남지역문학회, 1998.

홍선표, 「1920년대 유럽에서의 한국독립운동」, 『한국독립운동사연구』 27, 독립기념관 한국독립운동사연구소, 2006.

_____, 「관동대지진 때 한인 학살에 대한 歐美 한인세력의 대응」, 『동북아역사논총』 43, 동북아역사재단, 2014.

이극로 연보

1898~1911 한학·신학문 수학

1893.8.28.(陰)	경남 의령군 지정면 두곡리 827번지에서 출생.
1898.	두남재에서 한학 수학.
1910.	마산 창신학교 입학.

1912~1921 중국·러시아 활동

1912.4.	서간도 행.
	회인현 동창학교 교원 재직.
1913.7.	윤세용과 상하이 행.
8.	고적답사대 인솔, 통화현 광개토대왕릉 참배.
1914.1.25.(1913.12.30.(陰))	유하현 행.
1.	유하현 신흥무관학교에서 이시영·윤기섭 만남.
1.28(1.3(陰))	강일수와 러시아 행. 치타 감자농장에서 7개월 간 일함.
10.	1차 세계대전 발발로 동창학교로 귀환. 신채호 만남.
1915.1.	동창학교 폐교 후 무송현 이주, 백산학교 교원 재직.
8.(6월 하순(陰))	마적 습격, 악형 받음.
겨울.	안동현 거쳐 상하이 이주.
1916.4.	상하이 동제대학 입학.
1919.	상하이 유학생회 총무. 김두봉과 한글 연구. 이범석 만남.
1920.2.	동제대학 예과 졸업.
4.	동제대학 공과 진학(자퇴).
가을	일시 귀국, 기미육영회 지원 받아 독일 유학 준비.
	상하이에서 김원봉 만남.
10.	베이징에서 이태준과 베를린 행(장가구에서 귀환).

1921~1928 유럽 유학

1921.4.19.	이승만 위임통치청원 성토문에 연서.
6.18.	이동휘와 박진순의 통역원(신채호 추천)으로 모스크바 행.
1922.1.	독일 베를린 행.
4.28.	독일 프리드리히-빌헬름대학 철학부 입학.
	유덕고려학우회 가입.
1923.10.12.	관동대지진 대(對)일본 「한인학살」 규탄서 작성(동참).
10.26.	재독한인대회 개최. 「한국 내 일본의 유혈 통치」(독어/영어/중국어)
	전단지 배포.
10.	동양어학과에 조선어 강좌 개설, 3년간 강사 활동.
1924.	「중국의 농업 제도」(독어) 논문 기고.
1924.2.	『한국의 독립운동과 일본의 침략 정책』(독어) 출간.
1925.8.29.	포츠담 한인 국치기념식 참가.
1927.2.	벨기에 브뤼셀 국제피압박민족대회에 조선 대표단 단장으로 참가,
	『한국의 문제』(독어/영어) 배포.
5.25.	「중국의 생사 공업」으로 박사 학위 취득, 학위수여식.
5.	『한국, 그리고 일본제국주의에 맞선 독립투쟁』(독어) 출간.
	한글 4호 활자 구비 및 「한 조선 지식인의 삶 한 장면」(독어) 기고.
6.6.	영국 런던 행(루드비히스하펜-메쓰-베르됭-파리 거쳐 6.15 도착).
11.23.	런던대학(LSE) 정치경제학부 입학.
1928.1.10.	독일 프리드리히-빌헬름대학 음성학실험실에서 음성학 연구.
3.	「미지의 한국」(독어) 기고.
5.	프랑스 파리에서 공진항의 조언 받고 '한글운동가'로 진로 결심.
5.	파리대학 음성학연구소 실험실에서 음성 실험(5.24 런던 행).
6.1.	영국-아일랜드-스코틀랜드 시찰(~6.12).
6.19.	미국 뉴욕 도착(6.13 런던 출발).
~10.2.	북미대륙 횡단(뉴욕→샌프란시스코)(8.29 하와이 행→9.4 도착).
10.12.	일본 시찰(10.1 일본 행→10.12 도착).

1929~1945 한글 운동

1929.1.	부산 도착.8개월 간 조선 13도와 북간도 시찰.
4.	조선어연구회 가입.
10.31.	조선어사전편찬회 위원장.
12.24.	김공순과 혼례. 서울시 성북구 종암동 40번지에 새살림.
1930.1.6.	조선어연구회 간사(~1931.1.10).
9.30~10.27.	길돈사건에 재만동포위문사 겸 만주당국교섭사로 파견.
12.13.	한글맞춤법통일안 제정 결의.
1931.	장남 억세 출생.
1.10.	조선어연구회를 '조선어학회'로 개명.
1.11.	조선어학회 초대 간사장(~1932.1.9).
1.24.	외래어 표기법 및 부수문제 협의회 책임위원.
9.	조선어학회 주최로 한글날 기념식 거행.
1932.1.10.	조선어학회 2~6대 간사(~1937.4).
5.1.	조선어학회 기관지 『한글』 복간.
1933.1.	조선연무관 이사.
3.	사전편찬비밀후원회 조직.
10.29.	『한글 맞춤법 통일안』 발표.
1934.	장녀 세영 출생.
7.	조선어 표준어 사정위원회 구성.
	조선과학지식보급회 이사.
1935.3.15.	조선기념도서출판관 이사.
4.24.	조선음성학회 창립 발기인.
1936.8.	옛 발해 수도 동경성 답사.
10.28.	『사정한 조선어 표준말 모음』 발표.
1937.1.9.	차남 대세 출생.
4.	조선어학회 7대 간사장.
9.	조선씨름협회 회장.
1939.3.	남 한세 출생.
1940.3.	사전 출판 허가 받음.

1941.1.15.	『외래어 표기법 통일안』 발간.
1942.6.10.	대종교 『한얼노래』 출간(37곡 중 27곡 작사).
8(陰)	대종교 「널리 펴는 말」 작성(※원문에는 (陰)9.5일자 덧붙여짐).
10.1.	조선어학회 사건으로 체포, 함흥형무소에서 복역.
1944.9.30.	예심 종결.
1945.1.16.	징역 6년 언도.
8.13.	상고 기각.
8.17.	출옥.
8.25.	조선어학회 간사장.
9.	국어 교과서 편찬위원회 위원.
	한자 폐지와 교과서 한글 전용안 관철.
	전국정치운동자후원회 교섭위원.
10.9.	「한글노래」 작사, 한글날 기념식 거행.
10.14.	조선국술협회 회장.
10.18.	조선독립운동사 편찬발기인회 발기인.
10.	조선어학회 국어강습회 사범부 참여.
11.7.	개천절 봉축식 겸 제1회 국술대회 대회장.
11.14.	조선교육심의회 분과위원회 위원.
12.30.	신탁통치반대 국민총동원위원회 중앙위원.

1946~1948 민족 운동

1946.	차녀 세덕 출생.
1.	통일정권촉성회 위원.
2.15(음력 1.14).	비상국민회의와 민주주의 민족전선 결성대회 탈퇴 성명.
	대종교 남도본사 선강
3.	조선정경학회 위원장.
3.31(음력 2.28).	대종교총본사 전강(~음력 4.24).
4.	조선국민체육장건설기성회 회장.
5.3.	국립도서관 옹호협의회 위원.
5.8.	인류학회 회장.

5.8(음력 4.8).	대종교 종리연구실 찬수.
5.24(음력 4.24).	대종교 경의원 참의.
6.16.	조선건민회 위원장.
7.28.	조선장학협회 회장.
9.14.	독일 유학생 간친회 발기인.
10.9.	한글반포2백주년기념식 준비위원장.
10.27.	대종교 개천절 경축식에서 축사.
12.15.	조선에스페란토학회 위원장.
1947.1.11.	조선문화학관 이사.
1.29.	조선민족독립전선 준비위원.
2.1.	『고투사십년』 출간(을유문화사).
2.2.	통일전선결성준비임시위원회 상임위원.
2.26.	민주주의독립전선 상무위원.
3.11.	서재필박사 환국환영준비위원회 부위원장.
3.25.	조선방언학회 위원.
5.28.	미소공동대책 각정당사회단체 협의회 부주석.
6.	좌우합작위원회 위원.
6.21.	국제철학회 발기인.
7.20.	몽양여운형선생 인민장장의위원회 위원.
10.8.	민족자주연맹 준비위원회 선전국장.
10.9.	『조선말 큰사전』 1권 출간(을유문화사).
10.19.	민주독립당 결당대회 임시의장.
10.25.	민주독립당 상무위원.
11.	화태(사할린)재류동포구출위원회 회장.
11.15.	『실험도해 조선어 음성학』 출간(아문각).
11.23.	서울외국어대학기성회성립총회 감사.
12.	민족자주연맹 집행부 부의장.
1948.2.24.	대종교 중광절 경하식 특별강연.
3.	한글문화보급회 위원장.
4.	조선건민회 대표로 남북연석회의 참석차 평양 행, 잔류.

1948~1978 북한 활동

1948.8.	최고인민회의 제1기 대의원, 상임위원회 부위원장.
9.	제1차 내각 무임소상.
10.	조선어문화연구회 위원장.
11.30.	『국어학논총』 출간(정음사).
1949.3.31.	학술지 『조선어 연구』 발행.
6.	조국통일민주주의전선 중앙위원회 중앙상무위원.
11.	과학원 후보원사.
11.15.	『실험도해 조선어 음성학』(조선어문연구회) 출간.
1952.10.	조선어 및 조선문학연구소장.
1953.12.22.	최고인민회의 상임위원회 부위원장.
1955.5.	헬싱키 세계평화회의 참석.
1956.2.	『조선어 소사전』 출간.
1957.8.	최고인민회의 제2기 대의원.
12.	조국통일민주전선 중앙위원회 상무위원.
1958.1.	조·소 친선협회 중앙위원회 상무위원.
1959.	『조선어 어음 패도 해설서』(교육도서출판사) 출간.
1961.3.	조국평화통일위원회 부위원장.
1962.7.	조선어 및 조선문학연구소 소장. 문화어 운동 주도.
10.	최고인민회의 제3기 대의원.
1964.12.	조국통일민주주의전선 의장.
1966.3.	『조선어 조 연구』 출간(사회과학원출판사).
6.	조국통일민주주의전선 중앙위원회 의장단.
1967.11.	최고인민회의 제4기 대의원.
1968.3.	조국전선 의장으로 재일 조선인 민족교육 관련 담화 발표.
1970.1.	조국평화통일위원회 위원장.
1971.1.	재북 가족들과 서신 왕래한 한국인 처벌 관련 담화 발표.
1972.12.	양강도 인민위원회 부위원장.
1973.	과학원 및 사회과학원 원사.
1978.9.13.	85세로 귀천. 평양 애국렬사릉에 안장.